| | 7. Bundestag (19. 11. 1972) | | | 8. Bundestag (3. 10. 1976) | | | 9. Bundestag (5. 10. 1980) | | | 10. Bundestag (6. 3. 1983) | | | 11. Bundestag (25. 1. 1987) | | | 1. gesamtdeutscher Bundestag (2. 12. 1990) | | | 2. gesamtdeutscher Bundestag (16. 10. 1994) | | |
|---|---|---|---|---|---|---|---|---|---|---|---|---|---|---|---|---|---|---|---|---|---|
| | Millionen | Millionen | % | Millionen | Millionen | % | Millionen | Millionen | % | Millionen | Millionen | % | Millionen | Millionen | % | Millionen | Millionen | % | Millionen | Millionen | % |
| Wahlberechtigte Abgegebene Stimmen Wahlbeteiligung | 41,446 | 37,762 | 91,1 | 42,058 | 38,166 | 90,7 | 43,232 | 38,292 | 88,6 | 44,089 | 39,280 | 89,1 | 45,328 | 38,225 | 84,3 | 60,437 | 49,996 | 77,8 | 60,452 | 47,738 | 79,0 |
| Stimmenzahl Stimmenanteil Zahl der Mandate | Millionen | % | 496 | Millionen | % | 496 | Millionen | % | 497 | Millionen | % | 498 | Millionen | % | 497 | Millionen | % | 662 | Millionen | % | 672 |
| CDU/CSU | 16,806 | 44,9 | 225 | 18,395 | 48,6 | 243 | 16,898 | 44,5 | 226 | 18,998 | 48,8 | 244 | 16,762 | 44,3 | 223 | 20,358 | 43,8 | 319 | 19,517 | 41,5 | 294 |
| SPD | 17,175 | 45,8 | 230 | 16,099 | 42,6 | 214 | 16,261 | 42,9 | 218 | 14,866 | 38,2 | 193 | 14,026 | 37,0 | 186 | 15,545 | 33,5 | 239 | 17,140 | 36,4 | 252 |
| F.D.P. | 3,130 | 8,4 | 41 | 2,995 | 7,9 | 39 | 4,031 | 10,6 | 53 | 2,707 | 7,0 | 34 | 3,441 | 9,1 | 46 | 5,123 | 11,0 | 79 | 3,258 | 6,9 | 47 |
| Die Grünen | – | – | – | – | – | – | 0,570 | 1,5 | – | 2,167 | 5,6 | 27 | 3,126 | 8,3 | 42 | 1,788 | 3,8[1]) | – | – | – | – |
| Bündnis 90/Grüne | – | – | – | – | – | – | – | – | – | – | – | – | – | – | – | 0,559 | 1,2[2]) | 8 | [illegible] | [illegible] | [illegible] |
| Partei des Demokratischen Sozialismus/ Linke Liste | – | – | – | – | – | – | – | – | – | – | – | – | – | – | – | 1,130 | 2,4 | 17 | [illegible] | [illegible] | [illegible] |
| Republikaner | – | – | – | – | – | – | – | – | – | – | – | – | – | – | – | 0,987 | 2,1 | – | [illegible] | [illegible] | [illegible] |
| Sonstige | 0,348 | 0,9 | – | 0,334 | 0,9 | – | 0,180 | 0,5 | – | 0,230 | 0,4 | – | 0,513 | 1,3 | – | 1,543 | 2,2 | – | [illegible] | [illegible] | [illegible] |

[1]) nur Wahlgebiet West
[2]) nur Wahlgebiet Ost

*BUCHNERS KOLLEG GESCHICHTE*

*AUSGABE B*

# *VOM ZWEITEN WELTKRIEG BIS ZUR GEGENWART*

Von Jürgen Weber
und Bernhard Pfändtner
unter Mitarbeit von Sabine Lück

C.C. Buchners Verlag · Bamberg

**Buchners Kolleg Geschichte – Ausgabe B**

Vom Zweiten Weltkrieg bis zur Gegenwart.

Bearbeiter:
Bernhard Pfändtner Seiten 9 – 82
Jürgen Weber Seiten 83 – 346
Sabine Lück Seiten 347 – 365

Bildnachweis:

Adam Opel AG, Rüsselsheim (1); Archiv der sozialen Demokratie der Friedrich-Ebert-Stiftung, Bonn (3); Archiv für Christlich-Demokratische Politik, Konrad-Adenauer-Stiftung, St. Augustin (3); Archiv für Kunst und Geschichte, Berlin (1); Archiv Gerstenberg, Wietze (2); Associated Press GmbH, Frankfurt/Main (3); Bundesarchiv, Koblenz (3); Bundeskriminalamt, Meckenheim (1); Cartoon-Caricature-Contor, München (2); Deutsche Bundespost (1); Deutsches Filmmuseum, Frankfurt/Main (1); Deutsche Presse-Agentur, Frankfurt/Main (5); Deutsches Historisches Museum, Berlin (2); Die Zeit, Hamburg (1); Frankfurter Allgemeine Zeitung, Frankfurt/Main (1); Galerie Michael Werner, Köln und New York (1); Gedenkstätte Deutscher Widerstand, Berlin (1); Globus Kartendienst, Hamburg (7); Haitzinger, Horst, München (1); Harzfoto Barke, Clausthal-Zellerfeld (2); Haus der Geschichte, Bonn (1); Historisches Museum, Hannover (1); Imperial War Museum, London (1); Jürgens Ost + Europa-Foto, Köln (1); Keystone Pressedienst GmbH, Hamburg (6); Krischker, Gerhard C., Bamberg (1); Morgenstern, Klaus, Berlin (1); Presse- und Informationsamt der Bundesregierung – Bundesbildstelle, Bonn (6); Preußischer Kulturbesitz, Berlin (3); Rheinisches Landesmuseum, Köln (1); Sammlung Pablo Picasso, Vallauris (1); Simon, Sven, Essen (1); Stadtmuseum, München (1); Stiftung Auto-Museum Volkswagen, Wolfsburg (1); Süddeutscher Verlag, München (8); Transglobe Agency, Hamburg (1); Ullstein Bilderdienst, Berlin (10); Universitätsbibliothek, Freiburg (1); Verlagsarchiv; Wegner, Tim, Frankfurt (1).

Die Abbildung für den Umschlag (Jörg Immendorff, Café Deutschland IV, 1978) stellte freundlicherweise die Galerie M. Werner, Köln, zur Verfügung.

1. Auflage 4 3 2 1 2001 1998 96 95
Die letzte Zahl bedeutet das Jahr dieses Druckes.
Alle Drucke dieser Auflage sind, weil untereinander unverändert, nebeneinander benutzbar.



Satz und Druck: Fränkischer Tag GmbH & Co. KG, Bamberg
Bindearbeiten: Universitätsdruckerei H. Stürtz AG, Würzburg

ISBN 3 7661 **4648** 3

# Inhaltsverzeichnis

# Internationale Politik und Zweiter Weltkrieg

## Die Außenpolitik Hitlers bis 1939

Stationen deutscher Außenpolitik zwischen 1933 und 1939.
Im Juni 1934 besuchte der deutsche Reichskanzler Adolf Hitler auf seiner ersten Auslandsreise den italienischen „Duce" Benito Mussolini. Seine Berater hatten Hitler gedrängt, auf einen Auftritt in Uniform zu verzichten. So fiel es Mussolini leicht, den Neuling auf internationalem Parkett mit römischer Grandezza zu übertrumpfen.
1936 ließ der „Führer" die noch kaum gerüstete Wehrmacht „zur Wiederherstellung der deutschen Souveränität" in das entmilitarisierte Rheinland einmarschieren. Die begeisterte Bevölkerung begrüßte die Soldaten mit Blumen.
1938 kamen die Regierungschefs der westeuropäischen Siegerstaaten von 1918 zur Konferenz von München. Auf Vermittlung Mussolinis erkannten der englische Premierminister Neville Chamberlain und der französische Ministerpräsident Edouard Daladier die Abtretung des Sudetenlands an das Deutsche Reich an. Trotz nach außen gezeigtem Einvernehmen war die gegenseitige Verachtung der Staatsmänner groß. Chamberlain hatte Hitler kurz zuvor als den „ordinärsten kleinen Hund, dem ich je begegnet bin", bezeichnet. Der deutsche „Führer" verhöhnte nach der Konferenz seine Gegenspieler als „kleine Würmchen".
1939 verständigten sich die beiden größten europäischen Diktaturen in einem Überraschungscoup auf die Aufteilung Osteuropas. Mit Sekt feierten Stalin, der sowjetische Außenminister Molotow (halb verdeckt neben ihm) und die deutsche Delegation die verabredete Einverleibung von Millionen Menschen in ihre Imperien. Der Trinkspruch Stalins: „Ich weiß, wie sehr das deutsche Volk seinen Führer liebt; ich möchte darum auf seine Gesundheit trinken."

| *Wechselwirkungen in der internationalen Politik zwischen 1933 und 1939* | | |
|---|---|---|
| | *Deutschland* | *Ausland* |
| 1933 | Deutschland tritt aus dem Völkerbund aus | |
| 1934 | Deutschland schließt mit Polen einen Nichtangriffspakt<br>Nationalsozialisten putschen in Österreich | Die UdSSR wird Mitglied des Völkerbundes<br>Italien läßt Truppen am Brenner aufmarschieren |
| 1935 | Das Saargebiet kehrt nach einer Volksabstimmung ins Deutsche Reich zurück<br>Hitler bricht offen die Rüstungsbeschränkungen des Versailler Vertrags und führt die allgemeine Wehrpflicht im Deutschen Reich ein<br>Deutschland und Großbritannien schließen ein Flottenabkommen | Die Regierungschefs Frankreichs, Großbritanniens und Italiens bekennen sich zur Aufrechterhaltung internationaler Verträge (Stresa-Front)<br>Italien überfällt das Kaiserreich Äthiopien (Abessinien) |
| 1936 | Die Reichswehr marschiert im entmilitarisierten Rheinland ein<br>Deutschland und Italien verbünden sich zur „Achse Rom – Berlin"<br>Deutschland und Japan schließen den Antikominternpakt | Der Völkerbund verurteilt den Einmarsch Deutschlands<br>In Spanien bricht ein Bürgerkrieg zwischen der „Volksfrontregierung" und konservativen Militärs aus |
| 1937 | | Beginn des japanisch-chinesischen Kriegs<br>Die USA kündigen die Abkehr von der Neutralitätspolitik an |
| 1938 | Nach dem Anschluß Österreichs entsteht das „Großdeutsche Reich"<br>Das Münchener Abkommen zwischen Deutschland, Großbritannien, Frankreich und Italien regelt die Abtretung des Sudetenlandes an Deutschland | Die westlichen Alliierten reagieren mit diplomatischen Protesten |
| 1939 | Deutsche Truppen besetzen die „Resttschechei"<br>Hitler und Stalin vereinbaren einen Nichtangriffspakt und teilen Osteuropa in zwei Einflußsphären auf | Chamberlain verkündet das Ende der „Appeasement-Politik"[1]) und gibt eine Garantieerklärung für den Bestand Polens ab |

[1]) Siehe Seite 24

## Hitlers außenpolitisches Programm: von der „Revision" zur „Weltherrschaft"

Am 30. Januar 1933 war *Adolf Hitler*[1]) als Führer der *Nationalsozialistischen Deutschen Arbeiterpartei (NSDAP)* Reichskanzler des Deutschen Reichs geworden. Die Öffentlichkeit in den europäischen Staaten beobachtete mit Mißtrauen die nationalsozialistische „Machtergreifung". Der NS-Straßenterror, die Aushöhlung der Weimarer Verfassung, die Ausschaltung der Parteien sowie die einsetzende antijüdische Politik kosteten Deutschland sein in der Zeit der *Weimarer Republik* wiedergewonnenes Ansehen im Ausland.
Indem Hitler den bisherigen Außenminister *Konstantin von Neurath* im Amt beließ, schien er allerdings die Kontinuität der Weimarer Außenpolitik zu verbürgen. Diese hatte eine *Revision* des in Deutschland als demütigend empfundenen *Versailler Friedensvertrags* (1919) verfolgt, die politische und militärische Gleichberechtigung des Reichs gefordert und nach verstärktem Einfluß in Ostmitteleuropa getrachtet. In diesen Nahzielen stimmte Hitler durchaus mit den traditionellen Führungsschichten überein. Konsequenterweise folgte er deshalb in seiner Bündnisstrategie den überkommenen Mustern deutscher Außenpolitik: Einvernehmen mit England, um dadurch freie Hand gegen Frankreich und vor allem die Sowjetunion zu bekommen.
Die Pläne Hitlers blieben aber nicht bei einer Revision der Versailler Regelungen stehen. Seine weit darüber hinausgehenden Absichten hatte er bereits 1925/26 im Rahmen seines ideologischen Gesamtkonzepts in dem zweibändigen Werk *„Mein Kampf"* entworfen. Ziele der deutschen Außenpolitik waren demzufolge die Eroberung von „Lebensraum" im Osten Europas und die Herrschaft der arischen Rasse. Im Rahmen einer breit angelegten *Annexionspolitik* wollte der „Führer" zunächst sämtliche Nachbarstaaten seinem Einflußbereich einverleiben, um von dieser erweiterten Machtbasis aus zum „Kreuzzug" gegen die Sowjetunion aufzubrechen. Die Zerschlagung der kommunistischen UdSSR und zugleich des „jüdischen Bolschewismus" insgesamt bildeten den ideologischen Kern von Hitlers außenpolitischem Programm.
Letztendlich sollte die Beherrschung eines europäischen Imperiums als Ausgangspunkt dienen, um im Bündnis mit Japan und eventuell Großbritannien in einem Krieg der Kontinente gegen die USA die *Weltherrschaft* des Deutschen Reiches zu vollenden. Zur Erreichung seiner Ziele verfolgte der „Führer" dabei keinen fest vorgegebenen Stufenplan, sondern er machte sich mit großer Beweglichkeit und hohem taktischem Geschick die jeweiligen außenpolitischen Konstellationen zunutze. Der Wahn von der Weltherrschaft wurde dabei in einer sich zusehends beschleunigenden Weise zum alles bestimmenden Antrieb seiner Außenpolitik.

---

[1]) Adolf Hitler, geboren am 20. April 1889 im österreichischen Braunau, diente während des Ersten Weltkriegs als Freiwilliger in einem bayerischen Regiment. 1921 wurde er Vorsitzender der Nationalsozialistischen Arbeiterpartei Deutschlands, im November 1923 stand er an der Spitze eines gescheiterten Putschversuchs in München. Begünstigt durch die Weltwirtschaftskrise wurde die NSDAP 1932 unter Hitlers Führung zur stärksten Partei im Deutschen Reichstag.

## Erste außenpolitische Schritte

Angesichts seiner außenpolitischen Isolierung und seiner militärischen Unterlegenheit beteuerte Hitler seit der Regierungsübernahme öffentlich immer wieder seinen Friedenswillen. Gleichzeitig forderte er allerdings in geheimen Ansprachen vor Führern der NSDAP und der Reichswehr den Erwerb von Lebensraum im Osten als unumgänglich (⇨ M 1).
Dazu war es notwendig, sich von den militärischen Einschränkungen des Versailler Vertrages, der Deutschland nur ein schwach gerüstetes Berufsheer von 100 000 Mann belassen hatte, zu befreien. Ein erster Versuch scheiterte: Auf der 2. *Internationalen Abrüstungskonferenz*, die vom 2. Februar bis 14. Oktober 1933 in Genf tagte, sollte die 1932 bereits prinzipiell anerkannte militärische Gleichberechtigung Deutschlands durch Abrüstung der Siegermächte des Weltkriegs erreicht werden. Als das mißtrauisch gewordene Frankreich hierzu nicht mehr bereit war, nutzte Deutschland dies als willkommenen Anlaß, die Abrüstungskonferenz und den *Völkerbund*[1]) zu verlassen.
Der Abschluß eines *Nichtangriffspaktes mit Polen* im Januar 1934 sollte Hitlers Taktik der zweiseitigen Verträge einleiten. Sie schien für seine Zwecke besser geeignet, weil man einerseits geheime Abmachungen treffen, andererseits eine Aufkündigung des Bündnisses leichter vollziehen konnte, ohne weitere Vertragspartner zu brüskieren. Der Vertrag brach zwar mit den antipolnischen Traditionen der Weimarer Ostpolitik, doch dafür löste sich das Deutsche Reich aus der französischen Umklammerung und durchbrach seine internationale Isolierung. Zugleich machte der Pakt die neue, ideologisch begründete, gegen die Sowjetunion gerichtete Stoßrichtung der deutschen Außenpolitik deutlich.
Frankreichs Initiative, einen „Ost-Locarno-Vertrag" in Anlehnung an den Völkerbund zu schließen, wurde von der deutschen Regierung abgewiesen, da sie an einer internationalen Garantie der Ostgrenzen nicht interessiert war. Daraufhin trat die UdSSR im September 1934 in den Völkerbund ein, um ihren Willen zur Annäherung an den Westen und das kollektive Sicherheitssystem zu dokumentieren. Kurz zuvor, im Juli 1934, war der Versuch Hitlers mißlungen, den 1919 von den Alliierten verbotenen Anschluß Österreichs an das Reich vorzubereiten. Nach einem Putschversuch der nationalsozialistischen Schwesterpartei, bei dem der österreichische Bundeskanzler *Dollfuß* ermordet worden war, drohte Italiens Duce *Benito Mussolini*[2]) mit dem Einmarsch seiner Truppen. Hitler leugnete jede Beteiligung an der Aktion und steckte zurück. Noch konnte sein Revisionskurs von den europäischen Mächten in Schranken gehalten werden.

---

[1]) Der Völkerbund mit Sitz in Genf war 1919 auf Vorschlag des amerikanischen Präsidenten Woodrow Wilson gegründet worden. Er sollte als internationale Organisation den Frieden zwischen den Staaten wahren. Deutschland als Verlierer des Ersten Weltkriegs durfte dem Völkerbund erst 1926 beitreten.

[2]) Benito Mussolini (1883–1945) wurde als Führer der faschistischen Bewegung 1922 Regierungschef in Italien. Nach Ausschaltung der Oppositionsparteien herrschte er seit 1925 als Diktator, den Hitler lange Zeit als sein Vorbild betrachtete.

## Der Bruch mit Versailles: Wiederaufrüstung

Am 13. 1. 1935 fand die im Versailler Vertrag vorgesehene *Volksabstimmung über die Zukunft des Saargebiets* statt. Das Votum von 91 % der Bevölkerung für die Rückkehr ins Deutsche Reich feierte das Naziregime als großen politischen Erfolg. Die Verlängerung der Dienstzeit in der französischen Armee und die Erneuerung des französisch-belgischen Militärabkommens nahm Hitler kurz darauf zum Vorwand, alle Rüstungsbeschränkungen des Versailler Vertrags für nichtig zu erklären und die *allgemeine Wehrpflicht* einzuführen. Ein Jahr später, im August 1936, wurde der Diktator noch deutlicher: In einer geheimen Denkschrift forderte er: „Die deutsche Armee muß in vier Jahren einsatzfähig, die deutsche Wirtschaft in vier Jahren kriegsfähig sein."
Hitlers nachdrücklich betriebenen Zielen gegenüber blieb die Absichtserklärung der Regierungschefs von Großbritannien, Frankreich und Italien, „sich mit allen geeigneten Mitteln jeder einseitigen Aufkündigung von Verträgen zu widersetzen", rein deklamatorisch (*Konferenz von Stresa,* 11. bis 14. April 1935). Schon zwei Monate später schloß *England mit Deutschland ein Flottenabkommen*[1]). Damit hatte Hitler einen weiteren Erfolg errungen, denn ein wichtiger Siegerstaat des Ersten Weltkrieges setzte sich über den Vertrag von Versailles hinweg. Erste Vorsichtsmaßnahmen anderer Mächte blieben nicht aus: Die UdSSR schloß mit Frankreich und der Tschechoslowakei Beistandspakte für den Fall eines bewaffneten Angriffs von außen.

## Erweiterung des außenpolitischen Handlungsspielraums

Die im September des gleichen Jahres einsetzende *Abessinienkrise* konnte Hitler wieder geschickt für die eigenen Ziele ausnutzen. Der Völkerbund hatte gegen Italien, das Äthiopien angegriffen hatte, ein Waffenembargo[2]) sowie Kredit- und Rohstoffsperren verhängt. Hitler unterstützte den Duce mit Rohstofflieferungen, was zu einer Annäherung Deutschland – Italien führte. Gleichzeitig half er aber insgeheim auch dem Kaiserreich von Äthiopien, um die Krise zu verlängern.
Im März 1936 *besetzten deutsche Truppen* in einer Blitzaktion *das entmilitarisierte Rheinland.* Die Westmächte reagierten auf diese neuerliche Vertragsverletzung kaum: Frankreich war innen- und militärpolitisch gelähmt, und Großbritannien erkannte im Grundsatz die Forderung nach einer Revision von Versailles an, lehnte lediglich ein gewaltsames Vorgehen ab. Das Versagen des Völkerbundes, der nach der Eroberung Abessiniens die Sanktionen gegen Italien eingestellt hatte und die neuen Gegebenheiten anerkannte, mußte aggressive Mächte geradezu ermuntern, ihren Kurs weiter zu verfolgen.
Als sich aus einem Offiziersputsch in Spanisch-Marokko der *Spanische Bürgerkrieg* entwickelte, unterstützten die UdSSR und die sozialistische französi-

[1]) Die Stärke der britischen Seestreitkräfte wurde im Vergleich zur deutschen auf 100 zu 35 (U-Boote: 100 zu 45) festgelegt.
[2]) Verbot der Belieferung mit Waffen

Die Erweiterung des Deutschen Reiches zwischen 1933 und 1939.

sche Regierung die gewählte „Volksfrontregierung". Hitler, der das Gespenst einer Einkreisung Deutschlands durch den „Weltbolschewismus" an die Wand malte, und Mussolini stellten dagegen den Aufständischen unter General *Franco*[1]) Waffen und Truppenkontingente zur Verfügung. Die Annäherung zwischen den beiden faschistischen Diktatoren bekräftigte ein Vertrag: die *„Achse Rom – Berlin"* (1. 11. 1936). Deutschland und Japan schlossen einen Monat später den *Antikominternpakt*, der beide Mächte zur Zusammenarbeit gegen die *Kommunistische Internationale*[2]) verpflichtete. Am 6. November 1937 trat auch Italien dem Vertrag bei. Damit waren drei besonders aggressive Mächte in einem Bündnis geeint. Wenn auch das von Hitler stets angestrebte Bündnis mit England nicht zustande gekommen war, so schien das „weltpolitische Dreieck" Berlin – Rom – Tokio eine Politik ohne – oder sogar gegen – das britische Weltreich doch zuzulassen. Zwar signalisierte die *Quarantänerede* des amerikanischen Präsidenten *Roosevelt*[3]) eine Abwendung von der Neutralitätspolitik, aber der deutsche Diktator ließ sich davon nicht mehr beeindrucken (⇨ M 2).

---

1) Francisco Franco Bahamonde (1892–1975) war der Führer des Militäraufstandes seit Juli 1936. Nach seinem Sieg 1939 herrschte er als Diktator bis zu seinem Tod. Unter seinem Nachfolger König Juan Carlos I. wurde Spanien eine parlamentarische Demokratie und trat 1986 der EG bei.

2) 1919 auf Veranlassung Lenins gegründete Vereinigung aller kommunistischer Parteien. Unter sowjetischem Einfluß stehend, verfolgte die Internationale als Endziel die Weltrevolution.

3) Franklin Delano Roosevelt (1882–1945), Präsident der USA von 1933–1945

**Diktatur:** Die Bezeichnung „Diktator“ stammt aus der altrömischen republikanischen Verfassung. Der Diktator vereinigte in politischen Notzeiten die Staatsgewalt in seiner Person, allerdings für höchstens sechs Monate. Ursprünglich begrenzte die Diktatur also die Teilhabe berufener Verfassungsorgane an der politischen Macht; demokratische Grundsätze wie die Gewaltenteilung durften aber nur in inneren und äußeren Ausnahmesituationen zum Schutz der Verfassung außer Kraft gesetzt werden.
Solche Grenzsituationen wurden schon zu allen Zeiten ausgenutzt, um an Stelle des Sonderfalls eine Dauereinrichtung zu etablieren. In der Neuzeit bildeten sich Diktaturen häufig im Zusammenhang mit Krisen und revolutionären gesellschaftlichen Umbrüchen, zum Beispiel nach der Revolution von 1789 in Frankreich oder zwischen den beiden Weltkriegen in der Sowjetunion, Italien, Deutschland und Spanien. Heute bestehen solche Tendenzen vor allem in den Entwicklungs- und Schwellenländern der „Dritten Welt“.
Einige Strukturmerkmale sind allen Diktaturen der Neuzeit gemeinsam:

1. Die Staatsgewalt wird allein von einer Person oder Gruppe (Partei, Militär) ausgeübt.
2. Die Gewaltenteilung ist aufgehoben.
3. Opposition und pluralistische Gruppen in der Gesellschaft werden unterdrückt.
4. Menschen- und Bürgerrechte sind in der Praxis stark eingeschränkt.
5. Presse und Medien werden zensiert oder gleichgeschaltet.

Besonders bedrohlich für den Bürger sind „totalitäre“ Diktaturen (vor allem die Sowjetunion in der Stalin-Ära, das Deutsche Reich unter Hitler). Diese wähnen sich im Besitz einer allgemeinverbindlichen Heilslehre und sind deshalb in besonders hohem Maße bereit, zur Durchsetzung ihrer Ideologie Gewalt und Terror gegen Andersdenkende einzusetzen.

## Von der Revision zur Expansion: der „Anschluß“ Österreichs

Seit 1936 hatte sich die Regierung in Wien zunehmend an den deutschen Interessen ausgerichtet – jetzt unter der Duldung Mussolinis. Dennoch forderte Hitler Anfang 1938 anläßlich eines Besuchs des österreichischen Bundeskanzlers *von Schuschnigg* in Berchtesgaden ultimativ eine vollständige Koordinierung mit der Politik des Reichs. Außerdem sollte *Arthur Seyss-Inquart*, ein Vertrauter der Nationalsozialisten, Innenminister werden. Eingeschüchtert gab Schuschnigg zunächst nach, beraumte aber Anfang März kurzfristig eine Volksabstimmung über die Selbständigkeit Österreichs an, um weiteren Forderungen Hitlers vorzubeugen. Die Heraufsetzung des Wahlalters auf 24 Jahre, um die meist jugendlichen Anhänger der Nationalsozialisten von der Abstimmung auszuschließen, und die unzureichende Wahlvorbereitung lieferten Hitler den willkommenen Vorwand, v. Schuschnigg zur Aussetzung der Volksabstimmung zu zwingen. Am 11. 3. forderte die Reichsregierung

Höhepunkt der Außenpolitik Hitlers: der Anschluß Österreichs 1938. Hitler auf seiner Triumphfahrt vom Wiener Burgtheater zum Rathaus.

in einem Ultimatum die Einsetzung Seyss-Inquarts zum Bundeskanzler. Das verspätete Einlenken des österreichischen Bundespräsidenten konnte die militärische Intervention nicht mehr verhindern.
Nach dem triumphalen Empfang der Truppen durch die Bevölkerung folgte am 13. März der *Anschluß Österreichs an das Deutsche Reich.* Der 1848 gescheiterte Traum von einem geeinten großdeutschen Reich schien erfüllt, und Hitler verkündete vom Balkon der Wiener Hofburg stolz: „Als Führer und Reichskanzler der deutschen Nation und des Reiches melde ich vor der Geschichte nunmehr den Eintritt meiner Heimat in das Deutsche Reich." Und der Jubel, der ihm allenthalben entgegenbrandete, bestätigte ihm den Höhepunkt seiner Popularität. Eine für den 10. April 1938 anberaumte Volksabstimmung über die „Wiedervereinigung Österreichs mit dem Deutschen Reich" brachte eine Mehrheit von 98,75 Prozent der Stimmen. Wenn auch die Methoden der Stimmabgabe und der Ergebnisermittlung in ihrer Rechtmäßigkeit angezweifelt werden müssen, war die Abstimmung doch ein breites Sympathievotum für den „Führer". Schwache Proteste des Auslands fielen demgegenüber kaum ins Gewicht.

## Die Sudetenkrise und die Konferenz von München

Der problemlose Ablauf des Anschlusses von Österreich ermunterte Hitler, die *sudetendeutsche Frage* möglichst bald und rasch zu lösen. Die mehrheitlich von Deutschen bewohnten Distrikte am Rande des böhmischen Beckens waren 1919 dem tschechischen Vielvölkerstaat einverleibt worden. Der versprochene Aufbau eines föderativen Staatswesens blieb jedoch aus. Da sich die deutsche Volksgruppe kulturell, wirtschaftlich und politisch benachteiligt fühlte, kam es wiederholt zu Spannungen. Hier setzte die Politik des „Führers" an. *Konrad Henlein*[1]), Gründer der Sudetendeutschen Partei in der Tschechoslowakei, wurde veranlaßt, an den tschechischen Staat immer weitreichendere Forderungen zu stellen. Neben das Verlangen nach Gleichberechtigung, Wiedergutmachung der seit 1918 erlittenen Schäden und Autonomie trat seit 1938 die offene Forderung nach Eingliederung ins Deutsche Reich. Hitler gelang es, die Partei Henleins als verlängerten Arm der NSDAP zu benutzen.

Italien konnte der „Führer" durch den Verzicht auf Südtirol auf seine Seite ziehen. England und Frankreich erkannten zwar die Rücksichtslosigkeit der nationalsozialistischen Außenpolitik, aber sie konnten sich der Forderung nach dem Selbstbestimmungsrecht der Völker nur schwer entziehen. Deshalb übten sie ultimativen Druck auf *Eduard Benesch*[2]), den Präsidenten der CSR, aus. Dieser erklärte sich den Westalliierten gegenüber am 21. September prinzipiell bereit, sudetendeutsches Gebiet abzutreten, um eine von Hitler geforderte Volksabstimmung zu umgehen. In Wahrheit ging es Hitler freilich um die Zerschlagung der gesamten Tschechoslowakei. In dieser Situation zwischen Krieg und Frieden entschied sich der englische Premierminister *Neville Chamberlain*[3]) für die Fortsetzung seiner *Appeasement-Politik* (⇨ M 3). Trotz zweimaliger Vermittlungsversuche Chamberlains drohte der „Führer" weiterhin mit einer Gewaltlösung. Daraufhin wurde Mussolini von der englischen Regierung aufgefordert, sich als Vermittler einzuschalten. Die feierliche Beteuerung Hitlers vom 26. 9., die Abtretung des Sudetenlandes sei die letzte Revisionsforderung des Deutschen Reiches, schien diesen Schritt zu erleichtern.

Am 29./30. September 1938 fand in *München* eine *Konferenz der Staats- und Regierungschefs* von Deutschland, Italien, Frankreich und Großbritannien statt. Die betroffene Tschechoslowakei war nicht eingeladen worden. Die Teilnehmer legten Umfang und Modalitäten der sofortigen Abtretung deutsch besiedelter Randgebiete in Böhmen, Mähren und Schlesien fest. Ungarische und polnische Ansprüche sollten später geregelt werden. Garantieerklärungen der Signatarstaaten für den Bestand der Resttschechei waren vorgesehen, wurden jedoch nicht ausgesprochen. Hitler sah sich durch das Entgegenkommen der westlichen Demokratien um den erhofften Krieg gebracht. Eine im Anschluß an die Konferenz ausgetauschte deutsch-englische Nichtangriffserklärung und eine gleiche Deklaration zwischen Deutschland und Frankreich (Dezember 1938) schienen den Frieden auf dem Kontinent wieder sicherer zu machen. Es sollte sich allerdings zeigen, daß Nachgiebigkeit nicht der richtige Weg war, den Erpressungen des NS-Regimes entgegenzutreten.

---

1) Konrad Henlein (1889–1945) wurde später Gauleiter und Reichsstatthalter im Sudetenland.

2) Eduard Benesch (1884–1948), tschechischer Staatspräsident von 1933–1938 und von 1945–1948; trat nach einem kommunistischen Staatsstreich zurück.

3) Arthur Neville Chamberlain (1869–1940), erfolgreicher konservativer Sozial-, Wirtschafts- und Finanzpolitiker; britischer Premierminister von 1937–1940

## Die Annexion der „Resttschechei"

Die inneren Konflikte der „Resttschechoslowakei" kamen nach den Zwangsabtretungen verstärkt zum Ausbruch. Am 14. März 1939 erklärten sich die Slowakei und die Karpaten-Ukraine für unabhängig; letztere wurde von Ungarn besetzt. Bereits einen Tag später wurde der tschechische Staatspräsident *Hacha* in Hitlers Reichskanzlei zur Annahme eines Vertrages über die Schaffung eines *Reichsprotektorates Böhmen und Mähren* gezwungen (⇨ M 4). Noch am selben Tag marschierten deutsche Truppen ein und entwaffneten die tschechische Armee. Der „Erlaß über das Protektorat Böhmen und Mähren" wurde am 18. März in Prag verkündet. Beide Länder waren nun dem Reich angegliedert; sie behielten als Staaten beschränkter Souveränität ein eigenes Staatsoberhaupt, Autonomie in Verwaltung, Rechtsprechung und Kultur. Wieder schien Hitler durch die Überrumpelung seiner Gegenspieler die Expansion ohne besondere Schwierigkeiten geglückt. Aber diesmal konnte er seine Eroberung nicht mit dem Selbstbestimmungsrecht der Völker rechtfertigen; außerdem war durch den Bruch des feierlich abgegebenen Versprechens, das Deutsche Reich werde keine territorialen Ansprüche mehr stellen, das internationale Vertrauen endgültig verspielt.
Bislang hatten die Kabinette in den europäischen Hauptstädten die deutsche Revisionspolitik notgedrungen toleriert. Der offen zur Schau gestellte Antibolschewismus Hitlers kam den bürgerlichen Politikern Westeuropas gar nicht einmal ungelegen. Vor allem in England war man zu begrenzten Zugeständnissen bereit gewesen, solange man die deutsche Politik damit in eine europäische Friedensordnung einbeziehen konnte. Jetzt aber kündigte der englische Premierminister Chamberlain in einer Rede das Ende der „Appeasement- Politik" an.

## Europa am Vorabend des Krieges

Die deutsch-polnischen Beziehungen waren seit dem Ende des Ersten Weltkriegs nie spannungsfrei gewesen. Deutsche Revisionsansprüche und Polens territoriale Forderungen schlossen jede Annäherung aus. Eine rücksichtslose Polonisierungspolitik[1]) und schwere, teilweise ungesühnte Übergriffe gegen die deutsche Minderheit hatten zudem rund eine Million Deutsche zur Auswanderung veranlaßt. Seit dem Nichtangriffspakt von 1934 war das Verhältnis beider Staaten allerdings besser geworden: Polen hatte sich sogar durch Annexionen an der Zerschlagung der „Resttschechei" beteiligt.
1938 versuchte Hitler, den Nachbarn im Osten für ein Offensivbündnis gegen die UdSSR zu gewinnen. Polen, das seine Eigenständigkeit wahren wollte, lehnte das Angebot ab. Ebensowenig stimmte es der Wiedervereinigung

---

[1]) Aus nationalistischen Motiven unterlief die polnische Regierung den im Vertrag von Versailles garantierten Schutz nationaler Minderheiten (darunter 14 % Ukrainer und 2 % Deutsche) und versuchte diese Staatsbürger durch Zwangsmaßnahmen in die polnische Volkskultur zu integrieren.

In völliger Verkennung der Wirklichkeit träumten polnische Offiziere von einem Großmachtstatus zwischen der Sowjetunion und Deutschland. Das Manöverbild vom April 1939 zeigt eine Kavallerieeinheit mit Lanzen und Säbeln.

Danzigs mit dem Reich und einer exterritorialen Auto- und Eisenbahn durch den *Polnischen Korridor* zu. (Gegenleistung sollte eine langfristige Garantie der eigenen Grenzen sein.) Der *Einmarsch deutscher Truppen ins Memelgebiet* (23. 3. 1939), das von Litauen preisgegeben werden mußte, verschärfte die Situation, es kam wieder zu Ausschreitungen gegen die deutschsprachige Bevölkerung.

Die polnische Regierung fühlte sich gestärkt durch eine Garantieerklärung, die Chamberlain am 31. März für den Bestand Polens abgab. Überdies forderte der amerikanische Präsident Roosevelt den „Führer" und Mussolini auf, sich weiterer Überfälle auf fremde Territorien zu enthalten und an einer internationalen Konferenz teilzunehmen. Die Ablehnung der Diktatoren sowie die Aufkündigung des deutsch-britischen Flottenabkommens und des deutsch-polnischen Nichtangriffspakts durch Hitler lösten daraufhin rege diplomatische Tätigkeit aus.

## Der deutsch-sowjetische Nichtangriffspakt

Die UdSSR, deren politisches Gewicht angesichts der drohenden Kriegsgefahr zunahm, trieb ein raffiniertes Doppelspiel. Sie führte mit Großbritannien Verhandlungen über einen britisch-französisch-sowjetischen Dreibund, dem eventuell auch Polen beitreten sollte. Die getroffenen militärischen Absprachen scheiterten jedoch zunächst daran, daß Polen den sowjetischen Truppen kein Durchmarschrecht einräumen wollte: „Mit den Deutschen laufen wir Gefahr, unsere Freiheit zu verlieren. Mit den Russen verlieren wir unsere

Seele" (Marschall *Rydz-Smigly*). In dieser Situation entschied sich *Stalin*[1]) für das Bündnis mit Hitler: Am 23. August 1939 wurde ein *deutsch-sowjetischer Nichtangriffspakt* abgeschlossen. Ein geheimes Zusatzprotokoll[2]) teilte Osteuropa in zwei Einflußsphären auf. Finnland, Estland, Lettland und das rumänische Bessarabien wurden dem Interessengebiet der UdSSR zugeschlagen. Litauen sollte Deutschland vorbehalten bleiben, während in Polen die Flüsse Narew, Weichsel und San die Grenze zwischen den beiden Einflußbereichen bildeten (siehe auch Karte Seite 37) (⇨ M 5).
Hitler konnte Stalin natürlich wesentlich bessere Angebote unterbreiten, weil er keinerlei völkerrechtliche Rücksichten nahm; er hatte den Wettlauf um die Gunst der UdSSR trotz seiner ideologischen Einstellung gewonnen. Allerdings war er von Anfang an entschlossen, dieses Bündnis auf Zeit bei günstiger Gelegenheit zu brechen. Auch für Stalin war die Gültigkeitsdauer dieses Paktes nur beschränkt. Immerhin konnte er sich aus einem europäischen Kriege einstweilen heraushalten, was ihm bei einem Dreibund mit den Westalliierten nicht gelungen wäre. Ein Konflikt der hochindustrialisierten kapitalistischen Mächte Europas untereinander schien ihm hingegen nützlich für die Verbreitung der Revolution des Proletariats. Stalin blieb es zudem vorbehalten, zu einem günstigen Zeitpunkt entscheidend ins Geschehen einzugreifen. Seine Rechnung ist, wenn man vom verfrühten Scheitern des Hitler-Stalin-Pakts absieht, das die UdSSR an den Rand der Katastrophe brachte, insgesamt aufgegangen.
Auch ohne ein Bündnis mit der Sowjetunion war England nun entschlossen, nicht mehr nachzugeben. Aber trotz einer Warnung Chamberlains und trotz zahlreich vorgetragener Bedenken aus Kreisen des Militärs und der Industrie ließ sich der „Führer" nicht davon abbringen, sein außenpolitisches Programm jetzt unter dem Risiko der Entfesselung eines europäischen Krieges durchzusetzen (⇨ M 6).

[1]) Josef W. Stalin (1879–1953), Generalsekretär des Zentralkomitees der KPdSU seit 1922; setzte sich nach Lenins Tod (1924) als unumschränkter Diktator der UdSSR durch. Er behielt diese Position bis zu seinem Tod.

[2]) Die Existenz eines geheimen Zusatzprotokolls wurde bis zum Jahre 1989 von der UdSSR offiziell bestritten. Die baltischen Sowjetrepubliken Estland, Lettland und Litauen forderten deshalb zunächst vergebens, Vertrag und Zusatzprotokoll sowie die Eingliederung der baltischen Staaten in die Sowjetunion (siehe Seite 32) als von Anfang an ungültig zu erklären. Erst am 6. 9. 1991 erkannte die UdSSR die Unabhängigkeit der drei Republiken an.

M 1

## Hitlers Außenpolitik: Schein und Wirklichkeit

*Nur wenige Tage nach der „Machtergreifung", am 3. Februar 1933, führte Hitler vor den Befehlshabern von Heer und Marine seine außenpolitischen Vorstellungen aus. Die Rede wurde von Generalleutnant Liebmann protokolliert.*

Ziel der Gesamtpolitik allein: Wiedergewinnung der pol. Macht. Hierauf muß gesamte Staatsführung eingestellt werden (alle Ressorts!).

1. Im Innern. Völlige Umkehrung der gegenwärt. innenpol. Zustände in D. Keine Duldung der Betätigung irgendeiner Gesinnung, die dem Ziel entgegensteht (Pazifismus!). Wer sich nicht bekehren läßt, muß gebeugt werden. Ausrottung des Marxismus mit Stumpf und Stiel. Einstellung der Jugend u. des ganzen Volkes auf den Gedanken, daß nur d. Kampf uns retten kann u. diesem Gedanken gegenüber alles zurückzutreten hat. (Verwirklicht in d. Millionen d. Nazi-Beweg. Sie wird wachsen.) Ertüchtigung der Jugend u. Stärkung des Wehrwillens mit allen Mitteln. Todesstrafe für Landes- u. Volksverrat. Straffste autoritäre Staatsführung. Beseitigung des Krebsschadens der Demokratie!

2. Nach außen. Kampf gegen Versailles. Gleichberechtigung in Genf[1]) aber zwecklos, wenn Volk nicht auf Wehrwillen eingestellt. Sorge für Bundesgenossen. [. . .]

4. Aufbau der Wehrmacht wichtigste Voraussetzung für Erreichung des Ziels: Wiedererringung der pol. Macht. Allg. Wehrpflicht muß wieder kommen. Zuvor aber muß Staatsführung dafür sorgen, daß die Wehrpflichtigen vor Eintritt nicht schon durch Pazif., Marxismus, Bolschewismus vergiftet werden oder nach Dienstzeit diesem Gifte verfallen.

Wie soll pol. Macht, wenn sie gewonnen ist, gebraucht werden? Jetzt noch nicht zu sagen. Vielleicht Erkämpfung neuer Export-Mögl., vielleicht – und wohl bes-

*Für die Öffentlichkeit gab Hitler am 17. Mai 1933 vor dem Reichstag erstmals eine außenpolitische Erklärung ab.*

Denn alle die heutige Unruhe verursachenden Probleme liegen in den Mängeln des Friedensvertrages begründet, der es nicht vermochte, die wichtigsten und entscheidendsten Fragen der damaligen Zeit für alle Zukunft überlegen, klar und vernünftig zu lösen. Weder die nationalen noch die wirtschaftlichen oder gar die rechtlichen Angelegenheiten und Forderungen der Völker sind durch diesen Vertrag in einer Weise gelöst worden, daß sie vor der Kritik der Vernunft für alle Zeiten bestehen könnten. Es ist daher verständlich, daß der Gedanke einer Revision nicht nur zu den dauernden Begleiterscheinungen der Auswirkungen dieses Vertrages gehört, sondern die Revision sogar von seinen Verfassern als nötig vorausgesehen wurde und daher im Vertragswerk selbst eine rechtliche Verankerung fand. [. . .]

Wenn ich in diesem Augenblick bewußt als deutscher Nationalsozialist spreche, so möchte ich namens der nationalen Regierung und der gesamten Nationalerhebung bekunden, daß gerade uns in diesem jungen Deutschland das tiefste Verständnis beseelt für die gleichen Gefühle und Gesinnungen sowie für die begründeten Lebensansprüche der anderen Völker. Die Generation dieses jungen Deutschlands, die in ihrem bisherigen Leben nur die Not, das Elend und den Jammer des eigenen Volkes kennen lernte, hat zu sehr unter dem Wahnsinn gelitten, als daß sie beabsichtigen könnte, das gleiche anderen zuzufügen. [. . .] Indem wir in grenzenloser Liebe und Treue an unserem eigenen Volkstum hängen, respektieren wir die nationalen Rechte

[1]) Sitz des Völkerbundes

Die amerikanische Zeitschrift The Nation kommentierte die Rede Hitlers vom 17. Mai mit einer Karikatur.

ser – Eroberung neuen Lebensraumes im Osten u. dessen rücksichtslose Germanisierung. Sicher, daß erst mit pol. Macht u. Kampf jetzige wirtsch. Zustände geändert werden können. Alles, was jetzt geschehen kann – Siedlung – Aushilfsmittel.

Wehrmacht ist wichtigste u. sozialistischste Einrichtung d. Staates. Sie soll unpol. u. überparteilich bleiben. Der Kampf im Innern nicht ihre Sache, sondern der Nazi-Organisationen. Anders wie in Italien keine Verquickung v. Heer u. SA[1]) beabsichtigt. – Gefährlichste Zeit ist die des Aufbaus der Wehrmacht. Da wird sich zeigen, ob Fr(ankreich) Staatsmänner hat; wenn ja, wird es uns Zeit nicht lassen, sondern über uns herfallen (vermutlich mit Ost-Trabanten).

*Walther Hofer (Hrsg.), Der Nationalsozialismus, Frankfurt/Main 1957, S. 180 f.*

auch der anderen Völker aus dieser selben Gesinnung heraus und möchten aus tiefinnerstem Herzen mit ihnen in Frieden und Freundschaft leben. [. . .]

Wir aber haben keinen sehnlicheren Wunsch, als dazu beizutragen, daß die Wunden des Krieges und des Versailler Vertrages endgültig geheilt werden. Deutschland will keinen anderen Weg dabei gehen als den, der durch die Verträge selbst als berechtigt anerkannt ist. Die Deutsche Regierung wünscht, sich über alle schwierigen Fragen mit den Nationen friedlich auseinanderzusetzen. Sie weiß, daß jede militärische Aktion in Europa auch bei deren völligem Gelingen, gemessen an den Opfern, in keinem Verhältnis stehen würde zu dem Gewinn.

*Max Domarus, Hitler. Reden und Proklamationen 1932–1945, Würzburg 1962, S. 271 ff.*

1. *Welche außenpolitischen Zielvorstellungen gibt Hitler bereits 1933 seinen Generälen bekannt?*
2. *Wieso scheint das Gremium für die Darlegung seiner Pläne besonders geeignet?*
3. *Vergleichen Sie die Geheimrede mit der offiziellen Erklärung vor dem Reichstag. Worin erkennen Sie typische Züge der Außenpolitik Hitlers?*

[1]) Die SA (Sturmabteilung) war die Kampf- und Propagandatruppe der NSDAP. Sie verlor ihren Einfluß nach der Ermordung ihres Stabschefs Ernst Röhm (1934).

## Das Hoßbachprotokoll

**M 2**

*Die Gedächtnisniederschrift von Hitlers Wehrmachtsadjutanten Oberst Hoßbach über eine Besprechung des „Führers" mit dem Reichsaußenminister und den Oberbefehlshabern von Heer, Marine und Luftwaffe vom 5. 11. 1937 offenbart Hitlers außenpolitische Pläne.*

Das Ziel der deutschen Politik sei die Sicherung und die Erhaltung der Volksmasse und deren Vermehrung. [. . .]

Die deutsche Volksmasse verfüge über 85 Millionen Menschen, die nach der Anzahl der Menschen und der Geschlossenheit des Siedlungsraumes in Europa einen in sich so fest geschlossenen Rassekern darstellte, wie er in keinem anderen Land wieder anzutreffen sei, wie er andererseits das Anrecht auf größeren Lebensraum mehr als bei anderen Völkern in sich schlösse. [. . .]

Die einzige, uns vielleicht traumhaft erscheinende Abhilfe läge in der Gewinnung eines größeren Lebensraumes, ein Streben, das zu allen Zeiten die Ursache der Staatenbildung und Völkerbewegung gewesen sei. Daß dieses Streben in Genf und bei den gesättigten Staaten keinem Interesse begegne, sei erklärlich. Wenn die Sicherheit unserer Ernährungslage im Vordergrund stünde, so könne der hierfür nötige Raum nur in Europa gesucht werden, nicht aber ausgehend von liberalistisch-kapitalistischen Auffassungen in der Ausbeutung von Kolonien. [. . .]

Zur Lösung der deutschen Frage könne es nur den Weg der Gewalt geben, dieser niemals risikolos sein. [. . .]

Stelle man an die Spitze der nachfolgenden Ausführungen den Entschluß zur Anwendung von Gewalt unter Risiko, dann bleibe noch die Beantwortung der Fragen „wann" und „wie". Hierbei seien drei Fälle zu entscheiden:

Fall 1: Zeitpunkt 1943–1945.

Nach dieser Zeit sei nur noch eine Veränderung zu unseren Ungunsten zu erwarten. Die Aufrüstung der Armee, Kriegsmarine, Luftwaffe sowie die Bildung des Offizierskorps seien annähernd beendet. Die materielle Ausstattung und Bewaffnung seien modern, bei weiterem Zuwarten läge die Gefahr ihrer Veralterung vor. [. . .]

Sollte der Führer noch am Leben sein, so sei es sein unabänderlicher Entschluß, spätestens 1943/45 die deutsche Raumfrage zu lösen. Die Notwendigkeit zum Handeln vor 1943/45 käme im Fall 2 und 3 in Betracht.

Fall 2:

Wenn die sozialen Spannungen in Frankreich sich zu einer derartigen innenpolitischen Krise auswachsen sollten, daß durch letztere die französische Armee absorbiert und für eine Kriegsverwendung gegen Deutschland ausgeschaltet würde, sei der Zeitpunkt zum Handeln gegen die Tschechei gekommen.

Fall 3:

Wenn Frankreich durch einen Krieg mit einem anderen Staat so gefesselt ist, daß es gegen Deutschland nicht „vorgehen" kann.

*Walther Hofer (Hrsg.), a.a.O., S. 193 ff.*

1. *Stellen Sie stichpunktartig Hitlers außenpolitische Ziele, Pläne, die Methoden der Durchführung und die Termine zusammen.*
2. *Worin unterscheidet sich dieses Konzept wesentlich von der Revisionspolitik der Weimarer Kabinette?*

## M 3 Appeasementpolitik[1])

*Den Gründen der englischen Appeasementpolitik unter Premierminister Arthur Neville Chamberlain (1937 bis 1940) geht der Historiker Hans-Ulrich Thamer nach.*

Die Appeasement-Politik beruhte weniger auf Leichtfertigkeit und Naivität als auf einem rationalen Kalkül, das den vielfachen Belastungen eines im Niedergang befindlichen Weltreiches Rechnung zu tragen suchte. Großbritannien, sowohl von der weltwirtschaftlichen Depression als auch von überdehnten Verpflichtungen in seinem Empire beschwert, mußte aus nationalem Interesse darauf achten, den Frieden in Europa aufrechtzuerhalten. Im Mittelmeer wie im Fernen Osten befand es sich in der Defensive. Die internationalen Habenichtse Italien, Japan und Deutschland rückten enger zusammen und drohten mit einer Veränderung der internationalen Ordnung. Eine forcierte Nachrüstung als Antwort auf diese Herausforderung hätte jedoch finanzielle Belastungen mit sich gebracht, die Großbritannien im Interesse der notwendigen wirtschaftlichen und sozialen Modernisierung im Innern und im Interesse seiner internationalen Handelsverbindungen vermeiden wollte. Hinzu kam, daß die britischen Dominions[2]) ein militärisches Engagement des Mutterlandes auf dem europäischen Kontinent genauso ablehnten wie die Mehrheit der englischen Bevölkerung. Nur wenn alles unternommen würde, internationale Spannungen und Konflikte einzudämmen und am Verhandlungstisch abzubauen und damit den Frieden zu sichern, so das britische Kalkül, ließen sich Situationen vermeiden, die den Bestand des britischen Empire in Frage stellen würden. So sah die britische Regierung in der Erhaltung des Friedens den einzig gangbaren Weg, um der internationalen Krise ohne weitere Positionseinbußen zu begegnen und die überkommene Rolle einer Weltmacht behaupten zu können. Dies wiederum war wesentliche Voraussetzung für die Behauptung der britischen Sozialordnung. Es war eine konservative Strategie, deren Interesse vorrangig auf die Stabilisierung des politisch-gesellschaftlichen Systems gerichtet war und die darum auf die Beruhigung der internationalen Konfliktsituation hinarbeitete. Darum sollte die Befriedung Europas auch ohne die Sowjetunion erreicht werden, was freilich den Handlungsspielraum der britischen Regierung nicht unwesentlich einschränkte. Dissens herrschte innerhalb der britischen Führungsschichten nur darüber, zu welchem Zeitpunkt vitale britische Interessen gefährdet waren und wann die Schwelle zum Krieg als eines Mittels zur Verteidigung dieser Interessen überschritten werden mußte.

*Hans-Ulrich Thamer, Verführung und Gewalt, Berlin 1986, S. 582 f.*

1. *Erarbeiten Sie die Grundgedanken der Politik Chamberlains, und nennen Sie seine Motive.*
2. *Wo liegt die Fehleinschätzung Hitlers durch Chamberlain?*
3. *Wieso täuscht sich aber vermutlich auch Hitler im englischen Premierminister?*

---

[1]) Politik der Beschwichtigung

[2]) Herrschaftsgebiete; zwischen 1907 und 1953 Bezeichnung für die sich selbst regierenden Länder des Britischen Reiches (zum Beispiel Australien, Kanada)

## Die Kapitulation der „Resttschechei"

M 4

*Über den Besuch Hachas im März 1939 in Berlin sagte sein Referent, Dr. Josef Kliment, sechs Jahre später vor dem Internationalen Gerichtshof aus.*

Dr. Kliment sagte aus, daß er Dr. Hacha nach Berlin als Beamter seiner Kanzlei begleitete. Bei der Unterredung Dr. Hachas mit Hitler war er nicht anwesend. Er kann sich an Mitteilungen erinnern, die Dr. Hacha gleich nach seiner Rückkehr von der Reichskanzlei gegen 4.30 Uhr früh am 15. März 1939 ihm und den anderen tschechischen Persönlichkeiten im Hotel Adlon machte. Dr. Hacha hat bei seinem Besuch bei Hitler zuerst das Problem der Slowakei lösen wollen. Hitler hat Hacha angehört, und dann hat er nur gesagt, daß die Frage der Slowakei nicht ein Gegenstand seines Interesses sei. Er habe sich entschlossen, die tschechischen Länder von 6 Uhr früh angefangen durch die Wehrmacht zu besetzen, damit so der Frieden in Mitteleuropa sichergestellt wird. Er fügte hinzu, daß sein Entschluß unveränderlich sei. Dann ist zu Dr. Hacha Göring[1]) getreten und sagte ihm: „Mein Amt ist schwer, ich habe gar nichts gegen Ihre schöne Stadt, wenn ihr aber gegen den Entschluß des Führers irgend etwas machen wollt, besonders falls ihr versuchen solltet, Hilfe vom Westen zu erlangen, wäre ich gezwungen, der Welt die hundertprozentige Wirksamkeit meiner Luftwaffe zu zeigen." Dr. Hacha teilte seiner Begleitung weiter mit, daß er erst nach dieser weitgehenden Drohung, die an die ganze Nation gerichtet war, sich entschieden habe, die ihm vorgelegte bereits fertige Erklärung betreffend den Schutz der tschechischen Länder und des tschechischen Volkes durch den Kanzler des Deutschen Reiches zu unterschreiben.

Dr. Kliment fuhr wörtlich fort: Es ist mir als dem unmittelbaren Teilnehmer jener Tage klar, daß in der Schicksalsnacht Hitler, Göring und die anderen Anwesenden, besonders aber auch Ribbentrop[2]), sich stärksten Druckes bedienten, der gegen den Sprecher eines Volkes anzuwenden möglich ist, das heißt der Drohung, die Hauptstadt Prag von der Luft aus vollständig zu zerstören. Nur Grauen vor Repressalien, die dem tschechischen Volke angedroht wurden, hat nach meiner Überzeugung Dr. Hacha bewogen, sich dem Diktate Hitlers zu beugen. Dr. Hacha bestätigte, daß er während der Unterredung mit Hitler eine stärkende Injektion bekommen habe, obzwar er dagegen protestierte.

*Walther Hofer (Hrsg.), a.a.O., S. 222 f.*

1. *Inwieweit widerspricht oder entspricht die vorgenommene Annexion den bisherigen öffentlichen Äußerungen Hitlers? Vergleichen Sie dazu auch die Materialien M 1 und M 2.*
2. *Welche Auswirkungen könnte das Vorgehen der deutschen Machthaber noch heute auf das deutsch-tschechische Verhältnis haben?*
3. *Arbeiten Sie anhand der Materialien M 1, M 2, M 4, M 5 charakteristische Merkmale der Außenpolitik Hitlers heraus.*

---

[1]) Hermann Göring (1893–1946) war als designierter Nachfolger (1939) und Reichsmarschall einer der engsten Mitarbeiter Hitlers. 1946 entzog er sich seiner Verantwortung während des Nürnberger Prozesses durch Selbstmord.

[2]) Joachim von Ribbentrop (1893–1946), Außenminister von 1938 bis zum Kriegsende; wurde im Nürnberger Prozeß zum Tode verurteilt und hingerichtet.

## M 5 Der deutsch-sowjetische Nichtangriffspakt

*Zum Erstaunen der Weltöffentlichkeit einigten sich Hitler und Stalin am 23. August 1939 auf einen Nichtangriffspakt. Den Preis der Einigung hatten die Staaten zu zahlen, die an die beiden Großmächte angrenzten.*

Artikel I. Die beiden Vertragschließenden Teile verpflichten sich, sich jeden Gewaltakts, jeder aggressiven Handlung und jeden Angriffs gegeneinander, und zwar sowohl einzeln als auch gemeinsam mit anderen Mächten, zu enthalten.
Artikel II. Falls einer der Vertragschließenden Teile Gegenstand kriegerischer Handlungen seitens einer dritten Macht werden sollte, wird der andere Vertragschließende Teil in keiner Form diese dritte Macht unterstützen.
Artikel III. Die Regierungen der beiden Vertragschließenden Teile werden künftig fortlaufend zwecks Konsultation in Fühlung miteinander bleiben, um sich gegenseitig über Fragen zu informieren, die ihre gemeinsamen Interessen berühren.
Artikel IV. Keiner der beiden Vertragschließenden Teile wird sich an irgendeiner Mächtegruppierung beteiligen, die sich mittelbar oder unmittelbar gegen den anderen Teil richtet.
Artikel V. Falls Streitigkeiten oder Konflikte zwischen den Vertragschließenden Teilen über Fragen dieser oder jener Art entstehen sollten, werden beide Teile diese Streitigkeiten oder Konflikte ausschließlich auf dem Wege freundschaftlichen Meinungsaustausches oder nötigenfalls durch Einsetzung von Schlichtungskommissionen bereinigen.
Artikel VI. Der gegenwärtige Vertrag wird auf die Dauer von zehn Jahren abgeschlossen [. . .].

*Geheimes Zusatzprotokoll*

Aus Anlaß der Unterzeichnung des Nichtangriffsvertrages zwischen dem Deutschen Reich und der Union der Sozialistischen Sowjetrepubliken haben die unterzeichneten Bevollmächtigten der beiden Teile in streng vertraulicher Aussprache die Frage der Abgrenzung der beiderseitigen Interessensphären in Osteuropa erörtert. Diese Aussprache hat zu folgendem Ergebnis geführt:
1. Für den Fall einer territorial-politischen Umgestaltung in den baltischen Staaten (Finnland, Estland, Lettland, Litauen) gehörenden Gebieten bildet die nördliche Grenze Litauens zugleich die Grenze der Interessensphäre Deutschlands und der UdSSR. Hierbei wird das Interesse Litauens am Wilnaer Gebiet beiderseits anerkannt.
2. Für den Fall einer territorial-politischen Umgestaltung der zum polnischen Staate gehörenden Gebiete werden die Interessensphären Deutschlands und der UdSSR ungefähr durch die Linie der Flüsse Narew, Weichsel und San abgegrenzt.
Die Frage, ob die beiderseitigen Interessen die Erhaltung eines unabhängigen polnischen Staates erwünscht erscheinen lassen, und wie dieser Staat abzugrenzen wäre, kann endgültig erst im Laufe der weiteren politischen Entwicklung geklärt werden.
In jedem Falle werden beide Regierungen diese Frage im Wege einer freundschaftlichen Verständigung lösen.

Am 20. September 1939 erschien im Londoner Evening Standard eine Karikatur von D. Low unter der Überschrift „Rendezvous". Hitlers Bemerkung lautet übersetzt: *„Der Abschaum der Menschheit, wenn ich nicht irre?"* Stalin bemerkt: *„Habe ich nicht die Ehre mit dem blutigen Mörder der Arbeiterklasse?"*

3. Hinsichtlich des Südostens Europas wird von sowjetischer Seite das Interesse an Bessarabien betont. Von deutscher Seite wird das völlige politische Desinteresse an diesen Gebieten erklärt.
4. Dieses Protokoll wird von beiden Seiten streng geheim behandelt werden.

*Walther Hofer (Hrsg.), a.a.O., S. 229 ff.*

1. *Stellen Sie die wesentlichen Inhalte des deutsch-sowjetischen Nichtangriffspakts zusammen, und informieren Sie sich anhand einer Karte (siehe Seite 32) über die territorialen Abmachungen des geheimen Zusatzprotokolls.*
2. *Wieso entspricht dieser Vertrag weder der Ideologie des NS-Regimes noch der Weltanschauung der sowjetischen Führung?*
3. *Welchen Sinn hatten die Vereinbarungen für beide Staaten?*

## M 6 „Hitler war nicht Wilhelm III.“

*Der Publizist und Wissenschaftler Joachim C. Fest setzt sich in seiner Hitler-Biographie mit der Außenpolitik des Diktators auseinander. Er vergleicht sie dabei mit den Traditionen deutscher Außenpolitik im Kaiserreich und in der Weimarer Republik.*

Der Zusammenhang zwischen dem Ersten und dem Zweiten Weltkrieg ist nicht nur interpretatorisch auf unterschiedlichen Ebenen greifbar; vielmehr hat Hitler selber immer wieder ausdrücklich darauf verwiesen. [. . .]
Im Lichte dieses Zusammenhangs erscheint Hitler als der besonders radikale Vertreter einer deutschen Weltmachtidee, die bis in die späte Bismarckzeit zurückreicht, sich schon um die Jahrhundertwende zu konkreten Kriegszielen verdichtete und nach dem gescheiterten Anlauf der Jahre 1914–1918 im Zweiten Weltkrieg mit neuer und größerer Entschlossenheit zu verwirklichen versucht wurde: eine nahezu hundertjährige imperialistische Kontinuität der deutschen Geschichte fand in Hitler ihren Höhepunkt. [. . .]
Aber auch die Richtung, die Hitler seinen Expansionsabsichten gab, entsprach einer weit zurückreichenden Tradition. Es war seit langem Teil deutscher Ideologie, daß der Osten der natürliche Lebensraum des Reiches sei, und Hitlers Herkunft aus der Doppelmonarchie hat diese Blickwendung noch verstärkt. [. . .]
Desgleichen waren Hitlers Bündnisvorstellungen keineswegs ohne Vorbild. Der Gedanke, daß Deutschland sich der Neutralität Englands versichern müsse, um gemeinsam mit Österreich-Ungarn einen Eroberungskrieg nach Osten und möglicherweise zugleich gegen Frankreich zu führen, war der Politik des Kaiserreichs nicht gänzlich fremd. [. . .]
Über die ideologischen, raumpolitischen und bündnistechnischen Zusammenhänge hinaus läßt sich die Kontinuität des deutschen Weltmachtwillens aber auch unschwer von den gesellschaftlichen Gruppen her begründen. Es waren vor allem die konservativen Führungsschichten gewesen, deren Wortführer die ausgreifenden Konzepte der Kaiserzeit entworfen und aus dem Zusammenbruch des Jahres 1918 einen verstärkten Geltungskomplex entwickelt hatten: seither suchten sie, Deutschlands erschüttertes Selbstbewußtsein wiederherzustellen sowie die verlorenen Gebiete (vor allem von Polen) zurückzugewinnen, und weigerten sich selbst in ihren besonnensten Vertretern während der Weimarer Zeit stets, eine Grenzgarantie nach Osten zu geben. [. . .]
Im Führer der NSDAP sahen diese Gruppen den Mann, der in der Lage schien, ihre revisionistischen Absichten zu verwirklichen, weil er es wie kein anderer verstand, den Versailler Vertrag und die verbreiteten Gefühle der Demütigung über nahezu alle Schranken hinweg als integrierendes Mittel zur Mobilisierung der Nation zu nutzen. Bezeichnenderweise ermunterten sie ihn zu Beginn seiner Kanzlerschaft sogar zu einem verschärften Kurs: sowohl beim Rückzug aus der Abrüstungskonferenz und beim Austritt aus dem Völkerbund als auch in der Abrüstungsfrage drängten die konservativen Kabinettsmitglieder den zögernden Hitler voran, und bis hin zur Münchener Konferenz waren es im Grunde nur die waghalsigen Spielermethoden Hitlers, die ihre Mißbilligung fanden.

Dann freilich endet die Kontinuität. Denn was die revisionistischen Konservativen vom Schlage v. Neuraths, v. Blombergs[1]), v. Papens[2]) oder v. Weizsäckers[3]) als Ziel betrachteten, war für Hitler nicht einmal eine Etappe, sondern lediglich ein vorbereitender Schritt. Er verachtete die halbherzigen Partner, weil sie eben nicht wollten, was die umstrittene Formel ihnen zuschreibt: den „Griff nach der Weltmacht", der sein unverwandt angesteuertes „Zukunftsziel" war: nicht neue (oder gar alte) Grenzen, sondern neue Räume, eine Million Quadratkilometer, ja alles Land bis zum Ural und schließlich auch darüber hinaus. [. . .]

Was diesen Imperialismus von dem der Kaiserzeit qualitativ unterschied und die Kontinuität zerbrach, war weniger der gewaltige Raumhunger [. . .] als vielmehr das ideologische Ferment, das ihm Bindung und Stoßkraft verlieh: Vorstellungen von Auslese, Rasseblock und eschatologischer[4]) Sendung. Etwas von der jähen, meist freilich viel zu spät gewonnenen Erkenntnis dieser Andersartigkeit ist in den Worten enthalten, mit denen einer der Konservativen Hitler damals gekennzeichnet hat: „Dieser Mensch gehört ja eigentlich gar nicht zu unserer Rasse. Da ist etwas ganz Fremdes an ihm, etwas wie eine sonst ausgestorbene Urrasse."

Hitlers Äußerung, der Zweite Weltkrieg sei die Fortsetzung des Ersten, war denn auch nicht der imperialistische Gemeinplatz, für den sie vielfach gehalten wird: sie bezeichnete vielmehr den Versuch, sich in eine Kontinuität einzuschleichen, die er gerade nicht weiterführen wollte, und den Generalen und konservativen Mitspielern zum letzten Mal vorzuspiegeln, er sei der Sachverwalter ihrer unverwirklichten Großmachtträume, der Restitutor des verlorenen, gestohlenen Sieges von 1918, der ihnen nun doch noch gehören sollte. In Wirklichkeit hatte er nichts weniger im Sinn, die revisionistischen Affekte gaben ihm nur einen idealen Anknüpfungspunkt. [. . .] Hitler war nicht Wilhelm III.

*Joachim C. Fest, Hitler, Frankfurt – Berlin – Wien 1973, S. 843 ff.*

1. *Wieso läßt sich Hitlers Weltmachtkonzeption nach Meinung des Autors in einer „imperialistischen Kontinuität der deutschen Geschichte" sehen?*
2. *Inwiefern unterscheidet sich Hitlers Gedankenwelt vom Imperialismus der Kaiserzeit und den Vorstellungen der Konservativen der Weimarer Epoche?*

---

[1]) Werner von Blomberg (1878–1946), Reichswehrminister von 1933 von 1938

[2]) Franz von Papen (1879–1969), konservativer Zentrumspolitiker, war 1932 fünf Monate lang Reichskanzler eines „Präsidialkabinetts". Von Papen bereitete maßgeblich das Kabinett Hitler vor, in das er als Vizekanzler eintrat. Nach dem „Röhm-Putsch" mußte er zurücktreten und wurde als Botschafter nach Österreich und später in die Türkei abgeschoben.

[3]) Ernst Freiherr von Weizsäcker (1882–1951), Staatssekretär im Auswärtigen Amt von 1938 bis 1943, warnte die Briten vor den Kriegsabsichten Hitlers.

[4]) Eschatologie: die Lehre von einem neuen (besseren) Zustand der Welt am Ende der Weltgeschichte

# Der Zweite Weltkrieg

Wie weit die deutsche Aufrüstung in den ersten Kriegsjahren ihren östlichen Nachbarn voraus war, bewiesen die hochmodernen Panzertruppen bei ihren überraschenden Durchbrüchen durch die feindlichen Linien (vergleiche dazu auch die Abbildung auf Seite 19). Idealisierende Fotos wie dieses verbreitete die NS-Propaganda unter der deutschen Bevölkerung, aber auch in verbündeten und neutralen Staaten. Die Wahrheit des Krieges sah meist anders aus (siehe Seite 45).

| | |
|---|---|
| 1939 | Mit dem Einmarsch deutscher Truppen in Polen beginnt der Krieg zwischen den europäischen Großmächten |
| 1940 | In Blitzkriegen besetzt die deutsche Wehrmacht Dänemark, Norwegen, die Beneluxstaaten und Frankreich |
| 1941 | Deutschland greift die UdSSR an und erzielt riesige Gebietsgewinne<br>Mit dem japanischen Luftangriff auf Pearl Harbour und dem Kriegseintritt der USA wird der europäische Krieg zum Weltkrieg |
| 1943 | Die 6. deutsche Armee kapituliert in Stalingrad – Wende des Kriegs<br>Goebbels verkündet den „totalen Krieg" |

**Krieg** ist die bewaffnete Auseinandersetzung zwischen Staaten oder Bevölkerungsgruppen innerhalb eines Staates (Bürgerkrieg). Ob Krieg ein völkerrechtlich anerkanntes Rechtsmittel zur Durchsetzung eigener Interessen sei, ist bis heute umstritten.
Die christliche Lehre rechtfertigte den *gerechten Krieg* seit dem späten Altertum unter vier Voraussetzungen: legitime Herrschaft der kriegführenden Regierung, Rechtsbruch des Gegners, Angemessenheit der Mittel, Einbeziehung des Gegners in eine friedliche Nachkriegsordnung.
Seit der Französischen Revolution bekam der Krieg durch die Einführung der allgemeinen Wehrpflicht und die innere und äußere Mobilisierung von Massen den Charakter des *Volkskriegs*. Dieser gipfelte im Zweiten Weltkrieg in der Freisetzung aller wirtschaftlichen, technologischen, personellen und moralischen Mittel, mit dem Ziel der gänzlichen Vernichtung des Gegners.
Die Entwicklung von Kernwaffen durch die Großmächte – und möglicherweise darüber hinaus in einigen „Schwellenländern" – hat der Menschheit heute die Gefahr der Selbstvernichtung vor Augen geführt. Das unkalkulierbar gewordene Risiko zwingt verantwortlich handelnde Staaten, Kriegsvermeidung oder zumindest strategische Beschränkung und Lokalisierung der jeweiligen Konflikte anzustreben.
Die UNO hat in ihrer Satzung Krieg nur noch als Ausübung des Rechts zur Selbstverteidigung völkerrechtlich anerkannt. Darüber hinaus kann die UNO selbst zur Aufrechterhaltung oder Wiederherstellung des internationalen Friedens und der internationalen Sicherheit den Einsatz militärischer Mittel anordnen. Fraglich ist dabei jedoch, inwieweit sich das Völkerrecht gegenüber rivalisierenden Konfliktparteien auch tatsächlich durchsetzen läßt.
Auf der anderen Seite lehnen immer mehr Menschen bzw. politisch und weltanschaulich engagierte Gruppen Krieg als Mittel der Konfliktlösung generell ab.

## Der Angriff auf Polen

*Am 1. September 1939 griffen deutsche Truppen ohne Kriegserklärung Polen an.* Hatte Hitler bis zum letzten Augenblick an der Einlösung der Garantieerklärungen Frankreichs und Englands für Polen gezweifelt, so sollte er sich diesmal getäuscht haben. Auch der von der *SS*[1]) inszenierte „polnische Überfall" auf den deutschen Sender Gleiwitz überzeugte die Westmächte nicht von der Rechtmäßigkeit deutschen Vorgehens.

[1]) Die SS (Schutzstaffel) war eine Untergruppierung der NSDAP und diente seit 1925 dem persönlichen Schutz Hitlers. Nach dem 30. Januar 1933 war die SS zunächst vor allem als „Nachrichtendienst" mit der Überwachung der deutschen Bevölkerung betraut. Sie entwickelte sich zu einer der mächtigsten Organisationen im NS-Staat.

Die vierte Aufteilung Polens.

Nach Ablauf ihrer Ultimaten *erklärten Frankreich und Großbritannien am 3. September Deutschland den Krieg*, nachdem ein Vermittlungsversuch Mussolinis, der ein zweites „München" anstrebte, gescheitert war. Allerdings eröffneten die Westmächte keine Entlastungsoffensive zugunsten der Polen, sondern verschanzten sich hinter dem für unüberwindlich gehaltenen Festungsgürtel der *„Maginot-Linie"* (*„Sitzkrieg"*). Noch fühlten sie sich militärisch zu schwach. Eine von Großbritannien verhängte Blockade zeitigte wegen der guten Beziehung des Reiches zur UdSSR keine besondere Wirkung.

So konnten zwei Heeresgruppen mit starken Panzerkräften unter massiver Unterstützung der Luftwaffe in einem „Blitzkrieg" Polen niederringen. Am 6. Oktober erlosch der letzte Widerstand. Seit dem 17. September rückte auch die *Rote Armee* in Ostpolen ein, nachdem der Krieg zuvor bereits entschieden war. Ein deutsch-sowjetischer *Grenz- und Freundschaftsvertrag* legte die Demarkationslinie zwischen beiden Staaten fest (28. 9. 1939). Die UdSSR erhielt ein Territorium von etwa 200 000 qkm, während Deutschland ein Gebiet von ca. 118 000 qkm zugesprochen wurde.

Neben den bis 1918 deutschen Provinzen Posen und Westpreußen wurde auch eindeutig polnisches Territorium dem Großdeutschen Reich einverleibt; den Rest des im deutschen Interessenbereich liegenden Landes faßte man als *Generalgouvernement für die besetzten polnischen Gebiete* zusammen.

Die an die UdSSR gefallenen Gebiete Ostpolens wurden dem sowjetischen Staat angegliedert, die baltischen Staaten bis August 1940 als *Sozialistische Sowjetrepubliken* zum Eintritt in die UdSSR gezwungen. Der nahezu vollständigen Ausrottung des polnischen und baltischen Offizierscorps durch Massenexekutionen folgte die Deportation weiter Bevölkerungskreise.

## Die „Niederwerfung Frankreichs" und die „Luftschlacht" um England

Trotz der Niederwerfung Polens träumte Hitler jetzt – wie während des gesamten weiteren Kriegsverlaufs – von einer Verständigung mit England, das nur erst seine „wahren Interessen" erkennen müsse. Dem Diktator schwebte eine Aufteilung der Interessensphären vor zwischen Großbritannien als der führenden Kolonialmacht und dem „Dritten Reich" als Hegemonialmacht auf dem europäischen Kontinent. Dies hätte ihn in die Lage versetzen sollen, ungestört seine „Lebensraum-Politik" nach Osten weiter zu betreiben.
Als die englische Regierung auf Friedensangebote nicht reagierte, ließ Hitler zur Sicherung der skandinavischen Erzzufuhr im April 1940 Dänemark und Norwegen besetzen. Einen Monat später, am 10. Mai, fielen deutsche Truppen in Belgien, den Niederlanden und in Luxemburg ein, ohne deren Neutralitätsstatus zu achten. Die strategische Rückendeckung durch die Sowjetunion erlaubte die Konzentration aller Kräfte auf die Westfront. Abgesprungene Luftlandeeinheiten im Rücken der gegnerischen Front und Luftangriffe auf Städte, besonders die Zerstörung der dichtbesiedelten Hafenstadt Rotterdam, die trotz der angelaufenen Kapitulationsverhandlungen vorgenommen wurde, brachen schnell jeden Widerstand.
In Frankreich stießen starke Panzerkräfte bis nach Calais vor, um die Reste der belgischen Armee, das englische Expeditionskorps und Teile der französischen Truppen von der Hauptarmee zu trennen. Der Plan glückte vollständig. Aber die englische Armee (230 000 Mann) und ein großer Teil der französischen Einheiten (100 000 Mann) konnten bei Dünkirchen über den Kanal entkommen, bevor das gesamte Kriegsmaterial und die Stadt in deutsche Hände fielen. Am 14. Juni besetzten die Deutschen kampflos Paris. Vier Tage zuvor war Italien in den Krieg eingetreten, ohne indes besondere militärische Operationen vorzunehmen.
Am 22. Juni wurde im Walde von Compiègne, im selben Salonwagen, in dem 1918 die deutsche Kommission die Waffenstillstandsbedingungen entgegengenommen hatte, der deutsch-französische Waffenstillstand unterzeichnet. Deutsche Truppen besetzten Frankreich nördlich der Linie Genf – Tours und die gesamte Atlantikküste. Die Regierung des französischen Reststaats etablierte sich unter Marschall *Pétain*[1]) in Vichy. Das *Vichy-Regime* behielt das Kolonialreich, einen Teil der Flotte, eine kleine Luftwaffe und ein Freiwilligenheer von 100 000 Mann.
In London erklärte sich der Unterstaatssekretär des ehemaligen französischen Kriegsministeriums, *Charles de Gaulle*[2]), zum „Führer der freien Franzosen" und forderte die Fortsetzung des militärischen und zivilen Widerstandes an der Seite Großbritanniens.

---

[1]) Philippe Pétain (1856–1951) wurde nach dem Zweiten Weltkrieg wegen Zusammenarbeit mit den Deutschen zunächst zum Tode verurteilt, dann begnadigt; er starb in der Verbannung.

[2]) Charles de Gaulle (1890–1970), Organisator des Widerstands gegen die deutsche Besetzung und das Vichy-Regime, Präsident der Republik von 1959–1969 und Initiator der deutsch-französischen Aussöhnung

England – seit Mai 1940 unter dem konservativen Premierminister *Winston Churchill*[1]) – war entschlossen, den Krieg gegen das Deutsche Reich fortzuführen (⇨ M 1). Daher strebte Hitler eine Invasion auf den Britischen Inseln an; danach wollte er sich seinem eigentlichen Ziel, der „Raumpolitik", zuwenden. Ab Juli 1940 forcierte der deutsche Generalstab den Luft- und U-Boot-Krieg, um eine Landung vorzubereiten. Der Plan scheiterte schließlich an der unzureichenden Rüstung. Zum ersten Mal hatte Hitler sein Ziel nicht erreicht. Im Gegenteil, die strategische Lage verschlechterte sich angesichts der hohen Verluste, und auf der Gegenseite formierte sich die Abwehrbereitschaft durch immer offensichtlichere Parteinahme der USA.

## Das „Unternehmen Barbarossa"

Ohne im Westen den Gegner niedergerungen zu haben, kündigte Hitler im Sommer 1940 der Spitze der Wehrmacht den Entscheidungsangriff auf die Sowjetunion an, dessen Vorbereitung er dann endgültig am 18. Dezember befahl. Und am 30. März 1941 erklärte er vor 200 hohen Offizieren, daß der geplante Krieg ein rassenideologischer Vernichtungsfeldzug sein werde, der sich nicht nach kriegsrechtlichen Normen beurteilen lasse.
Doch zunächst mußten deutsche Truppen dem erfolglosen italienischen Bündnispartner auf dem Balkan und in Nordafrika beistehen. Der geplante Einmarsch in die Sowjetunion *(„Unternehmen Barbarossa")* wurde auf den 22. Juni verschoben. Mit seinem Überraschungsangriff, der ohne Kriegserklärung von der Ostsee bis zu den Karpaten auf breiter Front von über drei Millionen Soldaten gestartet wurde, eröffnete Hitler den Krieg.
Panzereinheiten sollten mit Luftwaffenunterstützung die Rote Armee in riesigen Kesselschlachten vernichten. Zwar gelang es in der Anfangsphase, weit ins Innere des Landes vorzudringen und sowohl Moskau als auch Leningrad zu bedrohen. Aber der Nichtangriffspakt mit Japan erlaubte der UdSSR die volle Konzentration auf den Gegner im Westen. Außerdem mobilisierte das *Zentralkomitee der KPdSU* durch die Heroisierung des Abwehrkampfes als *„Großer Vaterländischer Krieg"* Kräfte, die bisher abseits oder in Opposition zum Stalin-Regime gestanden hatten.
Die Weite des Landes, die herbstliche Schlammperiode, der russische Winter, auf den die Truppen nicht vorbereitet waren, die Taktik der „verbrannten Erde" der sich zurückziehenden sowjetischen Truppen und der beginnende Partisanenkrieg verhinderten einen durchschlagenden Erfolg. Im Dezember startete die Rote Armee eine Gegenoffensive; neue Truppenverbände erhöhten die Kampfkraft der Russen trotz hoher Verluste. Das „Blitzkriegunternehmen" war gescheitert, die deutsche Heeresführung in eine schwere Krise geraten.

---

[1]) Winston Leonard Churchill (1874–1965), seit 1900 als Abgeordneter und in verschiedenen Regierungsämtern einer der profiliertesten englischen Politiker. Churchill warnte vergeblich vor der Appeasement-Politik und wurde nach Beginn des Westfeldzugs zum Nachfolger Chamberlains gewählt. Für seine Darstellung des Zweiten Weltkriegs und andere historische Arbeiten erhielt Churchill 1953 den Nobelpreis für Literatur.

Europa 1942, zum Zeitpunkt der größten Ausdehnung des deutschen Einflusses. Noch scheint der Kontinent vom Faschismus geprägt.

Nach erneuten deutschen Landgewinnen im Sommer 1942 zwang die sowjetische Gegenoffensive seit November die deutschen Truppen zum Rückzug. Im *Kessel von Stalingrad*, den Hitler wider besseres Wissen aus Prestigegründen zu halten versuchte, erlitt die deutsche Armee eine vernichtende Niederlage, deren psychologische Wirkung für beide Seiten von großer Bedeutsamkeit war (Kapitulation der 6. deutschen Armee am 31. Januar 1943). Gegen die tiefe Niedergeschlagenheit in der Bevölkerung versuchte Propagandaminister *Goebbels*[1]) anzukämpfen, indem er zum „totalen Krieg" aufrief (◊ M 2), doch der Mythos, der den „Führer" umgeben hatte, war zerstört.

---

[1]) Dr. Joseph Goebbels (1897–1945), NSDAP-Abgeordneter seit 1928 und seit 1933 Minister für Volksaufklärung und Propaganda. In den letzten Kriegsjahren wurde er zum Sprachrohr des Regimes in der Öffentlichkeit.

## Kriegseintritt der Vereinigten Staaten – der europäische Krieg wird zum Weltkrieg

Der seit 1931 schwelende japanisch-chinesische Konflikt war seit 1937 in einen offenen Krieg übergegangen. Zwischen 1937 und 1941 eroberten japanische Truppen weite Teile Chinas und Südostasiens sowie zahlreiche Inselgruppen im Pazifik. Nachdem ein Interessenausgleich mit den Amerikanern nicht zustande gekommen war, eröffnete Japan am 7. Dezember 1941 mit einem *Luftangriff auf die amerikanische Pazifikflotte in Pearl Harbour* die Kampfhandlungen gegen die USA. Deutschland und Italien erklärten, ohne durch den *Dreimächtepakt*, der nur eine Unterstützung im Verteidigungsfall vorsah, genötigt zu sein, am 11. Dezember den USA den Krieg. Der „Führer" hoffte, durch einen Krieg im Pazifik die amerikanischen Kräfte zu binden.
Dagegen etablierte sich auf der anderen Seite die *Anti-Hitler-Koalition* der USA, Großbritanniens und der UdSSR, die der britische Premierminister Winston Churchill – trotz weltanschaulicher Bedenken – förderte. Im Pazifik kämpften die Amerikaner dennoch ohne Unterstützung der Sowjetunion, da letztere am Nichtangriffspakt mit Japan weiterhin festhielt.
Die großen Materialreserven, das Industriepotential und ausgeruhte Truppen der USA verhalfen den Alliierten zu einer deutlichen Überlegenheit. Zudem zwang die Fortentwicklung des Radarsystems und die Entschlüsselung des deutschen Funkverkehrs durch die Engländer seit Mai 1943 die deutsche Kriegsführung zu einer drastischen Reduzierung des U-Boot-Krieges, da die Verluste ungeheuer angestiegen waren. So konnten alliierte Truppen und Kriegsmaterial praktisch ungehindert den Atlantik überqueren. Anglo-amerikanische Fliegergeschwader demonstrierten ihre Luftherrschaft über Deutschland durch planmäßige Angriffe auf Produktionszentren und Verkehrsknotenpunkte. Herstellung und Nachschub von Kriegsmaterial wurden empfindlich getroffen, dicht besiedelte Städte systematisch zerstört, um die Bevölkerung durch Luftterror kapitulationsreif zu bombardieren. Flakabwehr und deutsche Jagdflugzeuge waren dem Angriffspotential nicht mehr gewachsen.

## Wirtschaft und Gesellschaft im „totalen Krieg"

Bis zu den alliierten Bombardements waren die NS-Machthaber bemüht gewesen, die Belastungen für die Bevölkerung in möglichst engen Grenzen zu halten. Niemand sollte Hunger leiden, denn Hitler lebte in ständiger Angst vor Streiks und inneren Unruhen, wie sie am Ende des Ersten Weltkriegs stattgefunden hatten. Nicht zuletzt auch durch die enormen Gebietsgewinne gelang es, die Zufuhr an Rohstoffen und Lebensmitteln ins Deutsche Reich zu steigern. Rücksichtslos wurden Produktion und Ressourcen aller besetzten Gebiete für die Bedürfnisse der deutschen Kriegswirtschaft eingesetzt. Not und Mangelernährung der Unterworfenen nahmen die Machthaber bewußt in Kauf. Außer in Dänemark war die Versorgung der Bevölkerung überall schlechter als in Deutschland, wo man bis Ende 1944 nur wenig Einbußen gegenüber dem Vorkriegsniveau verspürte.

| *Zeitpunkt* | *Brot* | *Fleisch* | *Fett* |
|---|---|---|---|
| | *(wöchentliche Ration in Gramm)* | | |
| Ende September 1939 | 2400 | 500 | 270 |
| Mitte April 1942 | 2000 | 300 | 206 |
| Anfang Juni 1943 | 2325 | 250 | 218 |
| Mitte Oktober 1944 | 2225 | 250 | 218 |
| Mitte März 1945 | 1778 | 222 | 109 |

| *Rüstungsproduktion 1943 (in Milliarden Dollar)* | | | |
|---|---|---|---|
| Deutschland: | 13,8 | USA: | 37,5 |
| Japan: | 4,9 | UdSSR: | 13,9 |
| | | Großbritannien: | 11,1 |

Erst als sich im Verlauf des Rußlandfeldzuges zeigte, daß das „Blitzkriegskonzept" nicht länger durchgehalten werden konnte, war Hitler widerstrebend bereit, alle Kräfte auf die Kriegswirtschaft zu konzentrieren. Großbritannien und die Sowjetunion hatten schon früher und wesentlich konsequenter ihre Volkswirtschaften umgestellt, so daß die Rüstungsproduktion der Alliierten die deutschen Anstrengungen um ein Vielfaches übertraf.
An der Spitze der forcierten deutschen Waffenproduktion stand *Albert Speer*[1]), der seit 1942 das Ministerium für Bewaffnung und Rüstung leitete. Obwohl Speer selbst zu dem Ergebnis gekommen war, daß der Krieg unter wehrwirtschaftlichen Gesichtspunkten verloren war, gelang es ihm durch Umorganisation, Rationalisierung und Improvisation die Effizienz der deutschen Rüstungsindustrie erheblich zu steigern. Trotz der zunehmenden Zerstörung durch Luftangriffe konnte der Ausstoß an Rüstungsgütern von 1942 bis Mitte 1944 verdreifacht werden.
Zu den Maßnahmen, mit denen die deutsche Kriegswirtschaft auf Höchstleistung gebracht werden sollte, zählte auch der Einsatz ausländischer Gefangener und Zwangsarbeiter. Da 1,8 Millionen Kriegsgefangene den Ausfall der in die Wehrmacht eingezogenen Männer nicht ausgleichen konnten, wurden in großem Stil „Fremdarbeiter" aus den besetzten Gebieten „angeworben". „Fliegende Kommandos" kämmten die Städte nach Arbeitsfähigen durch – im Verlauf des Krieges wurden rund sieben Millionen Frauen und Männer nach Deutschland geschickt, das waren gut 20 % aller Arbeitskräfte im Reich. Mehr als vier Millionen „Fremdarbeiter" stammten aus der Sowjetunion, eine Million aus Polen, der Rest kam aus West- und Südeuropa. Nach Aussagen der NS-Funktionäre gab es etwa 200 000 wirklich Freiwillige darunter. Massentransporte in Güterwaggons, schlechte Behandlung und Unterbringung, mangelhafte Ernährung, geringe Bezahlung und Kontaktverbot mit Deut-

[1]) Albert Speer (1905–1981) war Architekt und plante für Hitler die Repräsentationsbauten in Berlin, München und Nürnberg. Während des Nürnberger Prozesses wurde er 1946 zu 20 Jahren Haft verurteilt und 1966 entlassen.

Zu Hunderttausenden wurden sowjetische Kriegsgefangene zum Arbeitseinsatz ins Reich deportiert.

schen sowie schwerste körperliche Arbeit waren die unmenschlichen Bedingungen, denen vor allem die „Ostarbeiter" ausgesetzt waren.
Für besonders wichtige, geheime und gefährliche Aktionen setzte die SS ihre Häftlinge in den *Konzentrationslagern*[1]) ein oder „verlieh" sie zu billigen Preisen an Firmen. Auf Menschenleben kam es nicht an, und die Geheimhaltung fiel schon allein deswegen leicht, weil selbst nach der Schätzung der SS ein Häftling im Arbeitseinsatz nur eine Lebenserwartung von ca. neun Monaten hatte (⇨ M 3). Außerdem mußten keine besonderen Rücksichten auf Arbeitszeiten (üblich waren elf Stunden von Montag bis Samstag, eventuell ein halber Arbeitstag am Sonntag zusätzlich) und günstige Arbeitsbedingungen genommen werden. Beispielsweise haben 30 000 Häftlinge die Produktion der *V-Waffen* (ferngelenkte Raketen) in bombensicheren Stollen des Südharzes ermöglicht.

[1]) Seit 1933 eingerichtete Lager, in denen das Regime ohne Gerichtsverfahren zunächst vor allem politische Gegner unterbrachte. Ab 1935 mußten auch Angehörige ausgegrenzter Minderheiten in den Lagern Zwangsarbeit leisten. Zwischen 1939 und 1944 stieg die Zahl der in Konzentrationslagern Inhaftierten von ca. 25 000 auf 500 000; 95 % der Häftlinge stammten nicht aus Deutschland.

Erst nach der Wende des Kriegs in Stalingrad machte das Regime auch mit der „totalen Erfassung der deutschen Arbeitskräfte" ernst. Da Männer verstärkt für den Fronteinsatz gebraucht wurden, sollten Frauen in den Rüstungsbetrieben die entstehenden Lücken füllen. Doch ließ sich die Zahl der weiblichen Arbeitskräfte nur um rund 500 000 auf knapp 15 Millionen steigern (⇨ M 4, M 5).

Dennoch beschleunigte die Phase des sogenannten „totalen Kriegs" in Deutschland den Wandel zu einer modernen Gesellschaftsform. Der Versuch, die Rüstungsproduktion hochzuschrauben, verstärkte den Trend zu kapitalstarken Großbetrieben. Gleichzeitig lief auf verschiedenen Ebenen ein Prozeß gesellschaftlicher Nivellierung ab. Mehrere Gesetze ebneten die Unterschiede zwischen Arbeitern und Angestellten ein (Gleichstellung im Kündigungsschutz, Lohnfortzahlung im Krankheitsfall für Arbeiter); andere Maßnahmen wie die für alle geltende Rationierung von Lebensmitteln oder der propagierte Arbeitseinsatz verringerten den Abstand zwischen Ober- und Unterschichten.

## England kapituliert nicht

**M 1**

*Als die Niederlage Frankreichs offenbar wurde, betonte Englands Premierminister Winston Churchill in einer Rede am 18. 6. 1940, daß Großbritannien nicht aufgeben werde.*

Die Schlacht, die General Weygand[1]) die Schlacht um Frankreich nannte, ist vorbei. Ich erwarte, daß jetzt die Schlacht um England beginnen wird. Von ihrem Ausgang hängt der Fortbestand der christlichen Kultur ab. Von ihr hängt unsere eigene nationale Existenz, die lange währende Stetigkeit unserer Einrichtungen und unseres Weltreiches ab. Die ganze Wut und Macht des Feindes muß sich sehr bald gegen uns wenden, Hitler weiß sehr wohl, daß er entweder uns auf unserer Insel zerschmettern oder den Krieg verlieren muß. Vermögen wir ihm standzuhalten, so kann ganz Europa befreit werden, und die Menschheit kann zu weiten, sonnenhellen Höhen aufwärtsschreiten. Versagen wir aber, dann wird die ganze Welt, samt den Vereinigten Staaten und samt all dem, was wir gekannt und geliebt haben, in den Abgrund eines neuen dunklen Zeitalters versinken, dem die Lichter einer mißbrauchten Wissenschaft noch tiefere Finsternis und vielleicht auch längere Dauer verleihen. Rüsten wir uns daher zur Erfüllung unserer Pflicht; handeln wir so, daß, wenn das Britische Reich und seine Völkergemeinschaft noch tausend Jahre bestehen, die Menschen immer noch sagen werden: „Das war ihre größte Stunde."

*Winston S. Churchill, Memoiren, Der Zweite Weltkrieg, Band II, 1, Stuttgart 1954, S. 272*

1. *Wie analysiert Churchill die Situation Europas nach der Niederlage Frankreichs?*
2. *Welche Bedeutung hat für Churchill die Erwähnung der USA in dieser Rede?*
3. *Können Sie in der Diktion Ähnlichkeiten zu Rednern des NS-Regimes feststellen? Welche Ursachen könnte das haben?*

---

[1]) Maxime Weygand (1867–1965), französischer General, im Mai 1940 zum Oberbefehlshaber der französischen Truppen ernannt

M 2

## „Wollt Ihr den totalen Krieg?"

*Die Forderung der Alliierten nach „bedingungsloser Kapitulation" (siehe Seite 62) und die Vernichtung der 6. Armee in Stalingrad veranlaßten Propagandaminister Goebbels am 18. 2. 1943 zu der bekannten Rede im Berliner Sportpalast, die hier in ihrer Pressefassung abgedruckt ist.*

1

Die Engländer behaupten, das deutsche Volk habe den Glauben an den Sieg verloren.
Ich frage Euch:
Glaubt Ihr mit dem Führer und mit uns an den endgültigen totalen Sieg des deutschen Volkes?
Ich frage Euch:
Seid Ihr entschlossen, dem Führer in der Erkämpfung des Sieges durch dick und dünn und durch Aufnahme auch der schwersten persönlichen Belastungen zu folgen? [. . .]

3

Drittens: Die Engländer behaupten, das deutsche Volk hat keine Lust mehr, sich der Überhand nehmenden Kriegsarbeit, die die Regierung von ihm fordert, zu unterziehen.
Ich frage Euch:
Seid Ihr und das deutsche Volk entschlossen, wenn der Führer es befiehlt, zehn, zwölf, und wenn nötig 14 und 16 Stunden täglich zu arbeiten und das Letzte herzugeben für den Sieg?

4

Viertens: Die Engländer behaupten, das deutsche Volk wehrt sich gegen die totalen Kriegsmaßnahmen der Regierung. Es will nicht den totalen Krieg, sondern die Kapitulation.
(Zurufe: Niemals, niemals, niemals!)
Ich frage Euch:
Wollt Ihr den totalen Krieg? Wollt Ihr ihn, wenn nötig, totaler und radikaler, als wir ihn uns heute überhaupt noch vorstellen können?

5

Fünftens: Die Engländer behaupten, das deutsche Volk hat sein Vertrauen zum Führer verloren.
Ich frage Euch:
Ist Euer Vertrauen zum Führer heute größer, gläubiger und unerschütterlicher denn je? Ist Eure Bereitschaft, ihm auf allen seinen Wegen zu folgen und alles zu tun, was nötig ist, um den Krieg zum siegreichen Ende zu führen, eine absolute und uneingeschränkte?
(Die Menge erhebt sich wie ein Mann. Die Begeisterung der Massen entlädt sich in eine Kundgebung nicht dagewesenen Ausmaßes. Vieltausendstimmige Sprechchöre brausen durch die Halle: „Führer befiel, wir folgen", eine nicht abebbende Woge von Heilrufen auf den Führer braust auf. Wie auf ein Kommando erheben sich nun die Fahnen und Standarten, höchster Ausdruck des weihevollen Augenblicks, in dem die Masse dem Führer huldigt.) [. . .]

10

Ich frage Euch zehntens und zuletzt:
Wollt Ihr, daß, wie das nationalsozialistische Parteiprogramm es gebietet, gerade im Kriege gleiche Rechte und gleiche Pflichten vorherrschen; daß die Heimat die schweren Belastungen des Krieges solidarisch auf ihre Schultern nimmt und daß sie für hoch und niedrig und für arm und reich in gleicher Weise verteilt werden?
Ich habe Euch gefragt, Ihr habt mir Eure Antwort gegeben. Ihr seid ein Stück Volk, durch Euren Mund hat sich damit die Stellungnahme des deutschen Volkes manifestiert.
Ihr habt unseren Feinden das zugerufen, was sie wissen müssen, damit sie sich keinen Illusionen und falschen Vorstellungen hingeben.
Somit sind wir, wie von der ersten Stunde unserer Macht an und durch all die zehn Jahre hindurch, fest und brüderlich mit dem deutschen Volk vereint. Der mächtigste Bundesgenosse, den es auf dieser Welt gibt, das Volk selbst, steht hinter uns und ist entschlossen, mit dem Führer, koste es was es wolle, und unter Aufnahme auch der schwersten Opfer den Sieg kämpfend zu erstreiten. Welche Macht der Welt könnte uns jetzt hindern, alles das durchzusetzen und zu erfüllen, was wir uns als Ziel gesteckt haben. [...]
In den großen Krisen und Erschütterungen des nationalen Lebens erst bewähren sich die wahren Männer, aber auch die wahren Frauen. Da hat man nicht mehr das Recht, vom schwachen Geschlecht zu sprechen, da beweisen beide Geschlechter die gleiche Kampfentschlossenheit und Seelenstärke. Die Nation ist zu allem bereit. Der Führer hat befohlen, wir werden ihm folgen. Wenn wir je treu und unverbrüchlich an den Sieg geglaubt haben, dann in dieser Stunde der nationalen Besinnung und der inneren Aufrichtung. Wir sehen ihn greifbar nahe vor uns liegen; wir müssen nur zufassen. Wir müssen nur die Entschlußkraft aufbringen, alles andere seinem Dienst unterzuordnen. Das ist das Gebot der Stunde. Und darum lautet die Parole „Nun, Volk, steh auf und Sturm brich los!"
(Die letzten Worte des Ministers gehen in nicht endenwollenden stürmischen Beifallskundgebungen unter.)

*Völkischer Beobachter, Münchener Ausgabe, 19. 2. 1943, S. 3*

1. *Die Rede wurde als „Volksentscheid für den totalen Krieg" bezeichnet. Wie versucht Goebbels, der Kernstelle der Rede Volksentscheidungscharakter zu verleihen?*
2. *Welche Motive haben Goebbels wohl veranlaßt, diese Rede zu halten und für ihre weltweite Verbreitung zu sorgen?*
3. *Beurteilen Sie diese Motive unter den Aspekten der innen- und außenpolitischen Lage Deutschlands im Februar 1943.*

## M 3 Das Schicksal von Häftlingen und „Fremdarbeitern" im Arbeitseinsatz

*Die Häftlinge der SS in den Konzentrationslagern waren dem System buchstäblich mit Haut und Haaren verfallen. Das Beispiel zeigt, wie die SS die „Rentabilität" von „Leiharbeitern" berechnete, die sie Unternehmen zur Verfügung stellte.*

Täglicher Verleihlohn durchschnittlich RM 6,—  
abzüglich Ernährung RM —,60  
abzüglich Bekl. Amort. RM —,10  
durchschnittl. Lebensdauer 9 Mt. = 270 x RM 5,30 = RM 1431,—  
Erlös aus rationeller Verwertung der Leiche:  
1. Zahngold 3. Wertsachen  
2. Kleidung 4. Geld  
abzüglich Verbrennungskosten DM 2,— RM 200,—  
Gesamtgewinn nach 9 Monaten RM 1631,—  
zuzüglich Erlös aus Knochen und Aschenverwertung.

*Eberhard Aleff (Hrsg.), Das Dritte Reich, Hannover, 5. Auflage 1973, S. 208*

*Ganz anders liest sich das Schicksal von „Fremdarbeitern" in einem Bericht, den Fritz Sauckel, der Generalbevollmächtigte für den Arbeitseinsatz, am 14. April 1943 an Hitler schickte.*

Nach einjähriger Tätigkeit als Generalbevollmächtigter für den Arbeitseinsatz darf ich Ihnen melden, daß vom 1. April vorigen Jahres bis zum 31. März dieses Jahres der deutschen Kriegswirtschaft 3 638 056 neue fremdvölkische Arbeitskräfte zugeführt werden konnten. Im großen ganzen haben diese Kräfte zufriedenstellende Leistungen gebracht. Ihre Ernährung und Unterbringung ist sichergestellt, die Behandlung ist so einwandfrei geregelt, daß unser nationalsozialistisches Reich gegenüber den Methoden der kapitalistischen und bolschewistischen Welt auch in dieser Beziehung ein leuchtendes Beispiel darstellt. Dabei ist es natürlich unvermeidlich, daß hier und da noch Fehl- und Mißgriffe vorkommen. Ich werde stets bemüht bleiben, sie mit der größten Energie auf ein Mindestmaß zu beschränken.

*Wolfgang Michalka (Hrsg.), Deutsche Geschichte 1933–1945. Dokumente zur Innen- und Außenpolitik, Frankfurt/Main 1993, S. 297*

1. *Arbeiten Sie aus beiden Materialien das Menschenbild des Nationalsozialismus heraus.*
2. *Klären Sie die jeweiligen Unterschiede zum Umgang mit Arbeitskräften in der „kapitalistischen und bolschewistischen Welt".*

## M 4 Der freiwillige Arbeitseinsatz von Frauen

*Am 4. Mai 1941 hatte Hitler im Reichstag von den deutschen Frauen und Mädchen einen zusätzlichen Beitrag für die Kriegswirtschaft gefordert. Aus einer zusammenfassenden geheimen Meldung der SS vom 26. Mai erfahren wir, welche Wirkung die Rede bei den Betroffenen erzielt hat.*

Abgesehen von örtlichen Einzelerfolgen bringen die Berichte insgesamt zum Ausdruck, daß auch nach der Führerrede bisher Meldungen zur freiwilligen Übernahme eines Arbeitsplatzes noch nicht im erwarteten Maße erfolgt seien. Die in Frage kommenden Frauen warten anscheinend auf einen weiteren

Bis kurz vor Kriegsende ließ der nationalsozialistische Kulturbetrieb große Kinoerfolge produzieren. Bevorzugt waren Unterhaltungsfilme ohne ideologische Hintergedanken, die Ablenkung von den drückenden Sorgen des Alltags versprachen. Filme mit populären Ufa-Stars wie Hans Albers, Heinz Rühmann oder Zarah Leander sind nach wie vor häufig im Kino und Fernsehen zu sehen.
Etwa 15 Prozent der Filme wurden im Dienste der NS-Propaganda gedreht. Besonders verhängnisvoll wirkten die 1940 produzierten Spielfilme „Der ewige Jude" und „Jud Süß", letzterer wurde mit dem Prädikat „staatspolitisch und künstlerisch besonders wertvoll – jugendwert" ausgezeichnet. Im Anschluß an Aufführungen ereigneten sich Ausschreitungen gegen Juden und jüdische Einrichtungen.

Aufruf, welcher die Einzelheiten der in der Führerrede erwähnten geplanten Maßnahmen enthält.
Über die geringen Erfolge schreibt z. B. Dresden, daß von 1 250 zu einer Werbeveranstaltung geladenen Frauen nur 600 erschienen seien, von denen wiederum sich nur 120 zur Übernahme eines Arbeitsplatzes bereit erklärt hätten, wobei allerdings der größte Teil es vorgezogen hätte, unter Anführung verschiedenster Gründe die vorherige Zusage zurückzuziehen. [. . .] Ebenso sind in Dortmund nach übereinstimmenden Meldungen aus dem ganzen Berichtsbezirk bisher keine praktischen Erfolge bezüglich des freiwilligen Arbeitseinsatzes der deutschen Frau bekannt geworden. Es heißt z. B. in diesem Bericht, daß die Arbeitsfreudigkeit der Frauen, die bisher noch nicht im Arbeitsprozeß stehen, sich in keiner Weise gehoben hätte. Von 223 meist kinderlosen vorgeladenen Frauen habe man nur 17 für einen halbtägigen Arbeitseinsatz gewinnen können. [. . .] In Halle seien von 87 Frauen, welche die Zelluloidfabrik Eulenburg als Ehefrauen eingezogener Gefolgschaftsmitglieder zur Arbeit aufgefordert hätte, nur insgesamt 5 Frauen zur Übernahme einer ganztägigen und 5 zur Übernahme einer halbtägigen Arbeit „nach langem Hin und Her und ausführlichem Zureden seitens der Betriebsführer" bereit gewesen. Von den übrigbleibenden 77 Frauen konnten nur wenige berechtigte Gründe gegen die Annahme einer Arbeit anführen.

*Wolfgang Michalka (Hrsg.), a.a.O., S. 286 f.*

1. *Die britische Regierung verfügte während des Krieges eine Dienstverpflichtung für Frauen. Aus welchen Gründen verzichtete das NS-Regime wohl auf eine solche Maßnahme?*
2. *Versuchen Sie nachzuvollziehen, welche Gründe bei den betroffenen Frauen für oder gegen einen Arbeitseinsatz gesprochen haben.*

## M 5 Frauen in der Heimat

*Während die Front im Osten zurückwich, zeichnete ein geheimer Bericht der SS vom 18. 11. 1943 die Stimmung bei der weiblichen Bevölkerung auf.*

Am Kriegsgeschehen im einzelnen nehmen die Frauen weniger Interesse. Besonders die weibliche Jugend zeige sich recht teilnahmslos. Häufig trete bei den Frauen eine ausgesprochene Kriegsmüdigkeit zutage. Sie sind bestrebt, allem aus dem Wege zu gehen, was die Gedanken zum Kriegsgeschehen hinlenke, so vermeiden sie z. B. entsprechende Radio- oder Filmdarbietungen und lassen den politischen Teil der Zeitung unbeachtet. Im allgemeinen zeigten nur diejenigen Frauen, die nahe Angehörige an den Fronten haben, und Frauen der Intelligenzkreise wesentliches Interesse am politischen Geschehen. [. . .]

Mit Sorge sähen auch viele Frauen, daß der Zusammenhalt und das gegenseitige Verständnis in ihrer Ehe unter der langen Kriegsdauer zu leiden beginne. Die mit kurzen Unterbrechungen nun schon Jahre andauernde Trennung, die Umgestaltung der Lebensverhältnisse durch den totalen Krieg, dazu die hohen Anforderungen, die jetzt an jeden einzelnen gestellt werden, formten den Menschen um und erfüllten sein Leben. Der Frontsoldat zeige im Urlaub oft kein Verständnis mehr für die kriegsbedingten häuslichen Dinge und bleibe interesselos gegenüber vielen täglichen Sorgen der Heimat. Daraus ergebe sich häufiger ein gewisses Auseinanderleben der Eheleute. So wiesen Ehefrauen bekümmert darauf hin, daß das sehnlichst erwartete Zusammensein in der schnell vorübergehenden Urlaubszeit getrübt worden sei durch häufige Zusammenstöße, die durch gegenseitige Nervosität hervorgerufen wurde. Das trete selbst bei solchen Ehen ein, die früher vorbildlich harmonisch waren.

Auffallend sei, daß viele Maßnahmen der Partei und führender Persönlichkeiten von den Frauen in stärkerem Maße als von den Männern kritisiert würden, jedoch stellten sich die meisten Frauen stets hinter die Person des Führers. Allgemein werde von den Frauen immer der Standpunkt vertreten, daß der Führer bestimmt Abhilfe schaffen würde, wenn er alles wüßte.

Die meisten Frauen richteten jedoch ihre Gedanken vorwiegend auf ihre gegenwärtigen praktischen Aufgaben. Von den drängenden Tagesanforderungen bereiteten derzeit die Kartoffelnot und der Gemüsemangel den Frauen große Sorge. Viele Mütter von heranwachsenden Kindern hätten schlaflose Nächte, denn „sie wüßten oft nicht, was sie auf den Tisch bringen sollten". [. . .]

Mit lebhafter Freude sei von den Frauen die wesentlich erhöhte Mehlzuteilung und die Ankündigung der Weihnachtssonderzuteilungen begrüßt worden, da sie mit diesen Mengen nicht gerechnet hatten. Bedauert werde jedoch, daß kein Fleischzuschuß vorgesehen sei, ferner werde häufig die Erwartung ausgesprochen, daß die Zuwendungen später nicht wieder durch entsprechende Kürzungen eingespart werden müßten.

*Wolfgang Michalka (Hrsg.), a.a.O., S. 298 f.*

*Wie wirkt sich der Krieg nach dem vorliegenden Bericht auf die Frauen in der Heimat aus? Welche besonderen Belastungen kommen auf sie zu?*

# NS-Terror überzieht Europa

Frauen und Mütter suchen ihre Angehörigen unter toten sowjetischen Partisanen, die während der Kämpfe auf der Halbinsel Krim 1942 fielen. Bis zum Ende des Zweiten Weltkriegs sollten Millionen den Kummer dieser Frauen teilen.

## Unterschiedliche Besatzungspolitik in Ost- und Westeuropa

Welch neuartige Dimension der von Hitler vom Zaun gebrochene Krieg erreichen sollte, zeigte sich bereits im Herbst 1939 nach der Aufteilung Polens. Sofort ging der „Führer" daran, sein rassenideologisches Vernichtungskonzept durch SS-Truppen in die Tat umzusetzen.
Ein Großteil des polnischen Landes sollte von umgesiedelten Deutschen aus den baltischen Staaten und anderen osteuropäischen Gebieten „germanisiert" werden. Die polnische Bevölkerung wurde ins übervölkerte Generalgouvernement vertrieben, viele Angehörige der Intelligenz verhaftet, teilweise sofort erschossen oder in Konzentrationslager überstellt. Gymnasien und Hochschulen sollten geschlossen werden, um die Entstehung einer neuen Führungsschicht zu verhindern. Wer nicht „germanisiert" werden konnte – das waren nach deutschen Schätzungen über 95 % der polnischen Bevölkerung – waren als Arbeitssklaven für ein erbärmliches Schicksal vorgesehen (⇨ M 1).
In der UdSSR waren die einmarschierenden deutschen Truppen 1941 vielerorts als Befreier vom Bolschewismus begrüßt worden. Doch die Brutalitäten der Wehrmacht und vor allem der nachrückenden „Sonderkommandos" ließen die Stimmung rasch umschlagen. Die Behandlung der Bevölkerung war ähnlich wie in Polen, doch steigerte sich der Kampf um „Lebensraum" im

Litauen 1944: Erschießung von Partisanen.

Osten jetzt zu einem „rassischen Vernichtungskrieg" gegen angeblich minderwertige Völker. Dieser eskalierte noch während des Rückzugs der Wehrmacht seit 1943. Angst und eine nachlassende Disziplin steigerten Zahl und Ausmaß der Übergriffe und Kriegsverbrechen (⇨ M 2).
In West-, vor allem aber Nordeuropa behandelten die Besatzer die Bevölkerung anders als in Osteuropa. Manche Regionen erhielten eine eigene Zivilverwaltung, oder alte Regierungen bestanden zeitweise weiter fort – so in Dänemark bis 1943. Zum Teil wurden auch Regimes unter deutschem Einfluß eingesetzt, zum Beispiel in Norwegen unter Ministerpräsident *Quisling*. In Osteuropa hingegen blieben die einheimischen Verwaltungen auf die kommunale Ebene beschränkt, wenn man von den baltischen Staaten absieht, in denen „rassisch verwandte Völker" wohnten. Reichskommissare herrschten verhältnismäßig unabhängig, aber in ständiger Konkurrenz mit der SS.
Die unterschiedliche Behandlung resultierte aus der verbrecherischen Rassenideologie des Nationalsozialismus. Vor allem gegen die *Juden* richtete sich das Morden immer deutlicher. Im Osten wurden sie zu Tausenden von Exekutionskommandos der SS erschossen und in Massengräbern verscharrt. Aber auch aus den anderen unterworfenen Gebieten wurden Juden nach Polen und ins Baltikum deportiert und dort dem Zwangsarbeitereinsatz oder später der *„Endlösung"* zugeführt (siehe Seite 48 ff.). Öffentlicher Widerstand regte sich kaum; nur in Dänemark hat das Volk durch seine Solidarisierung mit den jüdischen Mitbürgern das Programm Hitlers weitgehend verhindert.

## Deutsche Besatzungspolitik zwischen Ideologie und Kriegswirtschaft

Dauernde Kompetenzstreitigkeiten und verschiedene einander widersprechende Maßnahmen ließen in der Besatzungspolitik oft keine klare Linie erkennen. Während die Armee und die Zivilverwaltung versuchten, möglichst bald Ruhe und Ordnung im Land herzustellen, wollten die Dienststellen der „Partei" ihr rassenideologisches Umsiedlungs- und Vernichtungsprogramm durchführen. Kräften der Wirtschaft war dagegen an der Ausbeutung und Angliederung der Ressourcen gelegen. Je länger der Krieg dauerte und je mehr man auf das Wirtschaftspotential der Besatzungsgebiete angewiesen war, desto eher mußte man aus rein opportunistischen Gründen auf eine Normalisierung der Beziehungen hinarbeiten. Aber die drakonischen Maßnahmen gegen die Widerstandsbewegungen, die die Bevölkerung ebenfalls trafen, sorgten immer wieder für eine Verschärfung der Spannungen. So sollten beispielsweise bei Vergeltungsaktionen an der Ostfront für jedes deutsche Partisanenopfer 50–100 Sowjetbürger sterben. Verschleppungen und Exekutionen erfolgten teilweise rein willkürlich oder nur aus Verdachtsgründen, wie die Schicksale des tschechischen Dorfes Lidice und des französischen Ortes Oradour-sur-Glane[1]) zeigen.

## Die Widerstandsbewegungen in den besetzten Ländern

Der Verlauf des Rußlandfeldzuges hatte gezeigt, daß der Krieg für Deutschland noch lange nicht gewonnen war. Diese Erfahrung und die Auswüchse der deutschen Besatzungspolitik riefen in allen eroberten Gebieten Widerstandsgruppen ins Leben. Hinter der Ostfront wuchs der Widerstand bald zum Partisanenkrieg. Im Norden, Süden und Westen Europas begannen größere Aktionen erst nach der Landung der Alliierten in Italien und der Normandie (siehe Seite 58). Widerstand leistete eine Vielzahl verschiedener Gruppen, die sich – etwa in Jugoslawien – auch untereinander bekriegten.

Soweit sich Exilregierungen gebildet hatten – das galt für Polen, die Tschechoslowakei, die Niederlande und Norwegen –, bestanden meist enge Beziehungen zu den Widerstandskämpfern in der Heimat. In Großbritannien und den USA unterstützten zudem seit 1940 bzw. seit 1943 eigene staatliche Institutionen die Partisanen mit Waffenlieferungen, Informationen und Agenten.

In Frankreich häuften sich seit dem Spätsommer 1941 Attentate und Sabotageakte verschiedener Bewegungen. Die von der Besatzungsmacht durchgeführten Massenexekutionen Unschuldiger führten zur Solidarisierung der Bevölkerung mit den *Maquis*, wie die bewaffneten Untergrundkämpfer genannt wurden. Im Mai 1943 gelang sogar die Koordination bisher konkurrie-

---

[1]) Lidice wurde am 10. 6. 1942 von der SS total zerstört, 190 Männer über 16 Jahren wurden erschossen, Frauen und Kinder in Konzentrationslager verschleppt, letztere teilweise unter anderem Namen „eingedeutscht". Anlaß war der Verdacht, daß sich die Attentäter auf den SS-Funktionär Heydrich in dem Dorf aufgehalten hätten.
Oradour wurde als Vergeltung für Partisanentätigkeit am 10. 6. 1944 von SS-Panzertruppen gleichfalls total zerstört; die Männer wurden exekutiert. SS-Angehörige trieben Frauen und Kinder in die Kirche und steckten das Gebäude in Brand.

render Gruppen unter einem „Nationalkomitee". Nach der Landung der Alliierten in der Normandie beteiligten sich die Widerstandskämpfer an der Befreiung Frankreichs.
In Polen hatte der Widerstandskampf – bedingt durch das historische Schicksal des Landes – eine lange Tradition. So entstand hier unter Führung der in London arbeitenden Exilregierung bald ein staatsähnliches Untergrundgebilde mit einer eigenen „Heimatarmee". Daneben formierte sich eine geheime „Volksarmee" als Streitmacht der Kommunisten, denn die Sowjets legten aus politischen Gründen keinen Wert auf eine Zusammenarbeit mit der „Heimatarmee". Deren Einheiten wurden beim Einmarsch der Roten Armee entwaffnet und teilweise in sowjetische Lager deportiert, soweit sie nicht 1944 beim *Aufstand von Warschau* aufgerieben worden waren (siehe Seite 63).
In der UdSSR selbst stand die Widerstandsbewegung eindeutig unter der Führung der Kommunisten. Sie hielt engen Kontakt zur politischen Führung und zur Roten Armee. Durch Sprengung von Streckenabschnitten der Eisenbahnlinien nach genauem Orts- und Zeitplan – im August 1943 an 12 000 Stellen – wurde der deutsche Nachschub empfindlich gestört.

## „Endlösung der Judenfrage"

In konsequenter Anwendung ihrer Ideologie hatten die NS-Machthaber zwischen 1933 und 1939 die bürgerlichen Rechte der jüdischen Bevölkerung immer mehr eingeschränkt und sie zahllosen Schikanemaßnahmen unterworfen: Berufsverbote, finanzielle „Sühneleistungen" und Beschlagnahmungen, Einschränkung der Bewegungsfreiheit. 1941 erging schließlich ein Auswanderungsverbot. Nahezu zeitgleich wurden alle Juden verpflichtet, in der Öffentlichkeit den gelben „Judenstern" zu tragen; dies grenzte sie endgültig in scheußlicher Weise aus der Gesellschaft aus.
Letztendlich ging es Hitler aber um die Durchführung seiner „historischen Mission", der vollständigen Entfernung der Juden aus seinem Machtbereich. Nach Kriegsbeginn waren deshalb zunächst Pläne einer Zwangsumsiedlung aller europäischen Juden nach Madagaskar verfolgt worden. Im Sommer 1941, auf dem Höhepunkt der Siegeseuphorie, fiel jedoch anscheinend in der engsten Führung des Regimes die Entscheidung zum Massenmord. Im Osten folgten „Sonderkommandos" der SS den vorrückenden deutschen Truppen und erschossen bereits in den ersten Monaten des Rußlandfeldzugs mehrere hunderttausend Juden. Im Reich und in den besetzten Ländern wurden seit Oktober 1941 Juden in Konzentrationslagern oder *Ghettos* zusammengezogen und anschließend in neu eingerichtete *Vernichtungslager* nach Osten deportiert. Die Durchführung der „Endlösung" wurde Anfang 1942 in Berlin verschiedenen betroffenen Dienststellen bekanntgegeben. Damit war der Judenmord der SS zur offiziellen Angelegenheit des deutschen Staates geworden. Die Zusammenkunft wurde im sogenannten *Wannseeprotokoll* festgehalten (⇨ M 3).

Die Zahl der von Nationalsozialisten ermordeten Juden – eine Schätzung. Große Vernichtungslager befanden sich in Auschwitz-Birkenau, Belźec, Chelmno, Majdanek, Sobibor, Treblinka. (Daten aus Martin Gilbert, Endlösung. Die Vertreibung und Vernichtung der Juden, Reinbek 1982, S. 244.)

In den meisten Lagern wurden die Ankömmlinge sofort ermordet. Vergiftung durch Dieselmotorabgase und schließlich die fast industriell betriebene Tötung durch das Blausäurepräparat Cyclon B dienten als Verfahren der Ausrottung. Lediglich in Auschwitz-Birkenau, dem größten Vernichtungszentrum, wurden Arbeitsfähige von Alten, Kranken und Müttern mit Kindern getrennt und bis zur physischen Vernichtung ausgebeutet. Man schätzt, daß allein in Auschwitz über zwei Millionen Juden umgebracht wurden. Insgesamt fielen dem terroristischen Völkermord an Europas Juden bis Kriegsende rund fünf Millionen Menschen zum Opfer (⇨ M 4).

| *Ermordung von Juden zwischen 1933 und 1945* | |
|---|---|
| 1933–1940 | unter 100 000 |
| 1941 | 1 100 000 |
| 1942 | 2 700 000 |
| 1943 | 500 000 |
| 1944 | 600 000 |
| 1945 | 100 000 |
| | Insgesamt 5 100 000 |

*Daten nach Raul Hilberg, Die Vernichtung der europäischen Juden, Frankfurt/Main 1990, S. 1300*

### Vernichtung anderer Minderheiten

In engem ideologischem Zusammenhang mit der Ermordung von Millionen Juden stand im „Dritten Reich" die „Vernichtung lebensunwerten Lebens". Zugrunde lag dem Nationalsozialismus insoweit eine sich seit dem 19. Jahrhundert entwickelnde „Rassenlehre". Danach bildeten gesellschaftliche Minderheiten wie Slawen, Sinti und Roma, psychisch Kranke oder geistig und körperlich Behinderte „rassische Gruppen", die wegen ihres andersartigen Erbgutes nicht in die Gesellschaft integrierbar seien. Dieser angeblich auf wissenschaftlichen Erkenntnissen beruhende Glaube war nicht nur in Deutschland verbreitet. Ein bereits 1933 von den Nationalsozialisten erlassenes Gesetz, das Erbkranke und geistig Behinderte zur Zwangssterilisation verpflichtete, erfuhr deshalb in der Bevölkerung durchaus Zustimmung.
1939 ging Hitler noch einen Schritt weiter und gab die Tötung von unheilbar Kranken in eigens ausgewählten „Heil- und Pflegeanstalten" frei. Man schätzt, daß ungefähr 80 000 Menschen, darunter viele Kinder, Opfer dieser Weisung wurden. Vor allem auf Grund von Protesten aus kirchlichen Kreisen wurde das *„Euthanasie-Programm"*[1]) zwar 1941 im Reich wieder eingestellt, doch in den Lagern im Osten ging die „Vernichtung unwerten Lebens" weiter.
Vom „Rassismus" besonders verfolgt waren auch die Sinti und Roma: Etwa 520 000 Angehörige dieser Volksgruppen ermordete die SS (⇨ M 5).

[1]) Euthanasie bedeutet eigentlich „Sterbehilfe". Doch steht dieser beschönigende Begriff im völligen Widerspruch zur zwangsweisen Tötung von Menschen durch ihre Ärzte und Betreuer.

M 1

## Deutsche Besatzungspolitik aus polnischer Sicht

*Waclaw Dlugoborski, Professor an der Akademie für Wirtschaftswissenschaften in Breslau, äußert sich zur Besatzungspolitik und deren Folgen für Polen.*

Mit ungefähr 6 Millionen Opfern, das heißt 220 auf 1000 Einwohnern, stand Polen an erster Stelle unter allen besetzten Ländern. Hohe Verluste waren vor allem die Folge der „Endlösung" und anderer Vernichtungsaktionen, die nicht nur den jüdischen Teil der polnischen Bevölkerung betrafen. Sie wurden erst im Laufe der Besatzungszeit durchgeführt, ihre sozialen Konsequenzen zeigten sich jedoch nicht sofort, vielmehr erst nach Kriegsende. Auf jeden Fall bedeutete der Tod jedes fünften Staatsbürgers einen tiefreichenden Eingriff in das gesellschaftliche Gefüge des Landes. [. . .]
Durch den Reichsführer SS[1]) wurde mehrfach ein klares Bild der künftigen sozialen Struktur des polnischen Volkes gezeichnet. Er verfolgte die Vernichtung der politischen, kulturellen und wirtschaftlichen Oberschichten, den „alten" Mittelstand dabei nicht ausgenommen. Nur „rassisch wertvolle" Personen, insgesamt kaum drei Prozent der Bevölkerung, waren zur Eindeutschung vorgesehen. Der Rest der Bevölkerung sollte als landloses, höchstenfalls ein dürftiges Ackerstück bebauendes Reservoir von unqualifizierten Arbeitskräften eingestuft werden, die entweder im Reich selbst oder im Generalgouvernement eingesetzt werden sollten. [. . .]

*Die Verfolgung der Intelligenz*

Die ersten Anregungen zu einer „direkten Aktion" gegen die polnische „Führungsschicht" stammen wahrscheinlich bereits aus der Zeit vor dem Angriff auf Polen. Im „Sonderfahndungsbuch Polen" waren die Namen wichtiger Vertreter der polnischen Intelligenz zusammengestellt mit dem Zweck, sie nach Besetzung des Landes zu verhaften bzw. zu füsilieren[2]). Am 7. September empfahl Reinhard Heydrich[3]), die ganze „führende Bevölkerungsschicht" Polens „unschädlich" zu machen und vom Rest der Bevölkerung zu isolieren; mit diesem Vorhaben wurde bereits während des Polenfeldzuges begonnen. Die Geiselnahmen und Erschießungen wurden im größten Umfang in Westpreußen durchgeführt, wo bis Ende 1939 von der SS und der Polizei über 7200 Polen getötet wurden. Neben Lehrern, Vertretern von freien Berufen, Beamten und Angestellten fielen diesen Aktionen auch Vertreter anderer Schichten zum Opfer. [. . .]
Entsprechend den Weisungen Himmlers vom November 1939 sollte die ganze polnische Intelligenz zunächst aus den eingegliederten Gebieten „restlos und umgehend" ins Generalgouvernement abgeschoben und anschließend einer „Sonderbehandlung" unterzogen werden. Die Pläne des Reichsführers SS stimmten hier mit den laufenden Bestrebungen der SS und der Polizei überein: Durch die Ausschaltung dieser Schicht sollte der polnische Widerstand im Keime erstickt werden. Sie stimmten ebenfalls mit der Schul- und Kulturpolitik der Besatzungsbehörden überein, die versuchte, durch Terroraktionen gegen die Intelligenz das im November verabschiedete Verbot von

[1]) Gemeint ist Heinrich Himmler (1900–1945), der zum entscheidenden Organisator der planmäßigen Tötung von Juden wurde.

[2]) erschießen

[3]) Reinhard Heydrich (1904–1942) war als Chef der Sicherheitspolizei und des Sicherheitsdienstes (SD) einer der Hauptverantwortlichen für den Einsatz der „Sonderkommandos" in Osteuropa. Heydrich starb an den Folgen eines Attentats, das auf ihn in Prag verübt wurde.

Gymnasial- und Hochschulunterricht generell durchzusetzen sowie die Weiterentwicklung des polnischen Kulturlebens zu verhindern.

*Waclaw Dlugoborski, Die deutsche Besatzungspolitik gegenüber Polen, in: Karl Dietrich Bracher u. a. (Hrsg.), Nationalsozialistische Diktatur 1933–1945, Bonn 1983, S. 573 ff.*

1. *Welche Prinzipien und Praktiken bei der Behandlung der Polen können Sie dem Text entnehmen?*
2. *Welche unmittelbaren Folgen hatte die deutsche Besatzungspolitik für Polen?*
3. *Welche Nachwirkungen hat das deutsche Vorgehen für das polnische Volk im wirtschaftlichen, politischen und gesellschaftlichen Bereich?*

## M 2 „Unsere Sorge, unsere Pflicht, ist unser Volk und unser Blut"

*Die Vorstellungen der SS vom Umgang mit der unterworfenen Bevölkerung des Ostens entwarf Heinrich Himmler vor SS-Gruppenführern in Posen am 4. 10. 1943.*

Ein Grundsatz muß für den SS-Mann absolut gelten: ehrlich, anständig, treu und kameradschaftlich haben wir zu Angehörigen unseres eigenen Blutes zu sein und zu sonst niemandem. Wie es den Russen geht, wie es den Tschechen geht, ist mir total gleichgültig. Das, was in den Völkern an gutem Blut unserer Art vorhanden ist, werden wir uns holen, indem wir ihnen, wenn notwendig, die Kinder rauben und sie bei uns großziehen. Ob die anderen Völker in Wohlstand leben oder ob sie verrecken vor Hunger, das interessiert mich nur soweit, als wir sie als Sklaven für unsere Kultur brauchen, anders interessiert mich das nicht. Ob bei dem Bau eines Panzergrabens 10 000 russische Weiber an Entkräftung umfallen oder nicht, interessiert mich nur insoweit, als der Panzergraben für Deutschland fertig wird. Wir werden niemals roh und herzlos sein, wo es nicht sein muß; das ist klar. Wir Deutschen, die wir als einzige auf der Welt eine anständige Einstellung zum Tier haben, werden ja auch zu diesen Menschentieren eine anständige Einstellung einnehmen, aber es ist ein Verbrechen gegen unser eigenes Blut, uns um sie Sorge zu machen und ihnen Ideale zu bringen, damit unsere Söhne und Enkel es noch schwerer haben mit ihnen. Wenn mir einer kommt und sagt: „Ich kann mit den Kindern oder den Frauen den Panzergraben nicht bauen. Das ist unmenschlich, denn dann sterben die daran", – dann muß ich sagen: „Du bist ein Mörder an deinem eigenen Blut, denn wenn der Panzergraben nicht gebaut wird, dann sterben deutsche Soldaten, und das sind Söhne deutscher Mütter. Das ist unser Blut." Das ist das, was ich dieser SS einimpfen möchte und – wie ich glaube – eingeimpft habe, als eines der heiligsten Gesetze der Zukunft: Unsere Sorge, unsere Pflicht ist unser Volk und unser Blut; dafür haben wir zu sorgen und zu denken, zu arbeiten und zu kämpfen, und für nichts anderes. Alles andere kann uns gleichgültig sein.

*Walther Hofer (Hrsg.), Der Nationalsozialismus, Frankfurt/Main 1957, S. 113*

1. *Welche „Moralvorstellungen" entwickelt Himmler in diesem Text?*
2. *Inwiefern könnte die Rede Himmlers auf Widerstände gegen die Besatzungspolitik, auch bei Deutschen, sogar in der SS, hinweisen?*
3. *Warum hat die Brutalität des Besatzungsregimes gegen Mitglieder der Widerstandsbewegung ihre Wirkung verfehlt?*
4. *Welche anderen Befriedungsmöglichkeiten hatte die Besatzungsmacht?*

## Protokoll der Wannsee-Konferenz

M 3

*In der Geschichtsforschung umstritten ist die Frage, ob es einen mündlichen oder schriftlichen Befehl Hitlers zur „Endlösung" gab. Zum Teil wird die systematische Tötung der Juden als Konsequenz einer permanenten Radikalisierung der nationalsozialistischen Judenverfolgung gewertet. Andere Historiker vertreten die Ansicht, daß der Führer etwa im Sommer 1941 im Zusammenhang mit dem Angriff auf die Sowjetunion den Bau von Vernichtungslagern in Polen befohlen habe. Sicher ist, daß auf Anordnung Görings der SS-Obergruppenführer und General der Polizei Reinhard Heydrich am 20. Januar 1942 in Berlin-Wannsee eine Konferenz abhielt. Das Ergebnis wurde protokolliert.*

Unter entsprechender Leitung sollen im Zuge der Endlösung die Juden in geeigneter Weise im Osten zum Arbeitseinsatz kommen. In großen Arbeitskolonnen, unter Trennung der Geschlechter, werden die arbeitsfähigen Juden straßenbauend in diese Gebiete geführt, wobei zweifellos ein Großteil durch natürliche Verminderung ausfallen wird. – Der allfällig endlich verbleibende Restbestand wird, da es sich bei diesen zweifellos um den widerstandsfähigsten Teil handelt, entsprechend behandelt werden müssen, da dieser, eine natürliche Auslese darstellend, bei Freilassung als Keimzelle eines neuen jüdischen Aufbaues anzusprechen ist. (Siehe die Erfahrung der Geschichte.) – Im Zuge der praktischen Durchführung der Endlösung wird Europa von Westen nach Osten durchkämmt. Das Reichsgebiet einschließlich Protektorat Böhmen und Mähren wird, allein schon aus Gründen der Wohnungsfrage und sonstiger sozialpolitischen Notwendigkeiten, vorweggenommen werden müssen. – Die evakuierten Juden werden Zug um Zug in sogenannte Durchgangsgettos verbracht, um von dort aus weiter nach dem Osten transportiert zu werden. – Wichtige Voraussetzung, so führte SS-Gruppenführer Heydrich weiter aus, für die Durchführung der Evakuierung überhaupt ist die genaue Festlegung des in Betracht kommenden Personenkreises. – Es ist beabsichtigt, Juden im Alter von über 65 Jahren nicht zu evakuieren, sondern sie einem Altersgetto – vorgesehen ist Theresienstadt – zu überstellen. – Neben diesen Altersklassen – von den am 31. Oktober 1941 sich im Altreich und der Ostmark befindlichen etwa 280 000 Juden sind etwa 30 Prozent über 65 Jahre alt – finden in den jüdischen Altersgettos weiterhin die schwerbeschädigten Juden und Juden mit Kriegsauszeichnungen (EK I) Aufnahme. Mit dieser zweckmäßigen Lösung werden mit einem Schlage die vielen Interventionen ausgeschaltet.

*Karl Dietrich Bracher/Manfred Funke/Hans-Adolf Jacobsen (Hrsg.), a.a.O., S. 532*

*Untersuchen Sie den Sprachgebrauch. Welche für die NS-Ideologie typischen Wendungen tauchen auf? Welche Haltung verbirgt sich dahinter?*

## Die „Endlösung der Judenfrage"

M 4

*Rudolf Höß (1900–1947) leitete dreieinhalb Jahre das Konzentrationslager Auschwitz. Während der Untersuchungshaft in Krakau (1946/47) schrieb er seine Autobiographie.*

Es kamen nun im Frühjahr 1942 die ersten Judentransporte aus Oberschlesien, die alle zu vernichten waren. Sie wurden nach dem Bauerngehöft – Bunker I – von der Rampe über die Wiesen des späteren Bauabschnitts II geführt. Aumeier, Palitzsch und noch einige Blockführer führten sie und unterhielten sich mit ihnen möglichst harmlos, frugen nach Berufen und

Kenntnissen, um so zu täuschen. Am Gehöft angekommen, mußten sie sich ausziehen. Sie gingen auch zuerst ganz ruhig in die Räume, wo sie desinfiziert werden sollten. Bis dann einige doch stutzig wurden und von Ersticken, von Vernichten sprachen. Es entstand dann sofort eine Art Panik. Doch schnell wurden die noch draußen Stehenden in die Kammern hineingetrieben und [die Türen] zugeschraubt. Bei den nächsten Transporten wurde von vornherein nach den unruhigen Geistern gefahndet und diese nicht aus den Augen gelassen. Machte sich Unruhe bemerkbar, so wurden die Unruheverbreiter unauffällig hinter das Haus geführt und dort mit dem Kleinkalibergewehr getötet, das war von den anderen nicht zu vernehmen. Auch das Vorhandensein des Sonderkommandos und dessen beruhigendes Verhalten besänftigte die Unruhigen, die Ahnenden. Weiterhin wirkte beruhigend, daß einige vom Sonderkommando mit in die Räume hineingingen und bis zum letzten Moment darinblieben, ebenso blieb bis zuletzt ein SS-Mann unter der Tür stehen. [. . .] Mit gutem Zureden wurden auch Widerspenstige besänftigt und ausgezogen. Die Häftlinge des Sonderkommandos sorgten auch dafür, daß der Vorgang des Entkleidens schnell vor sich ging, damit den Opfern nicht lange Zeit zu Überlegungen blieb. Überhaupt war die eifrige Mithilfe der Sonderkommandos doch eigenartig. Nie habe ich erlebt, habe auch nie davon gehört, daß sie den zu Vergasenden auch nur das geringste von dem ihnen Bevorstehenden sagten. Im Gegenteil, sie versuchten alles, um sie zu täuschen, vor allem die Ahnenden zu beruhigen. Wenn sie den SS-Männern nicht glaubten, aber den eigenen Rassengenossen (schon aus Gründen der Verständigung und auch der Beruhigung wurden die Sonderkommandos immer aus den Juden zusammengesetzt, die aus den Ländern stammten, aus denen die Aktionen gerade anliefen) glaubten sie zuversichtlich. Sie ließen sich von dem Leben im Lager erzählen und fragten zumeist nach dem Verbleib Bekannter oder Familienangehöriger aus früheren Transporten. Was die vom Sonderkommando denen alles vorlogen, mit welcher Überzeugungskraft, mit welchen Gebärden sie das Gesagte unterstrichen, war interessant. Viele Frauen versteckten ihre Säuglinge in den Kleiderhaufen. Die vom Sonderkommando paßten da ganz besonders auf und redeten der Frau solange

Zwei Überlebende im Vernichtungslager Bergen-Belsen.

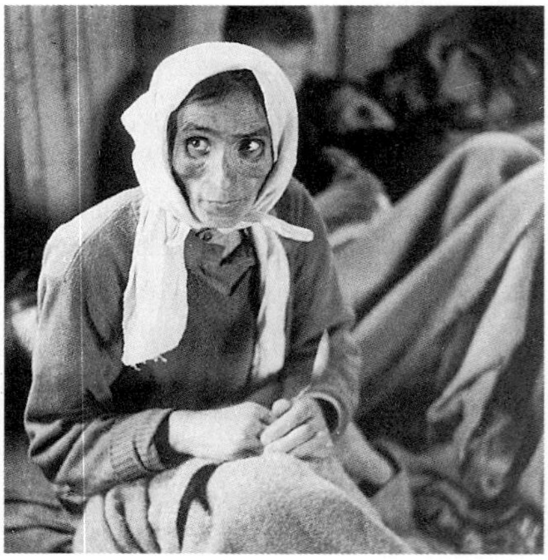

zu, bis sie das Kind mitnahm. Die Frauen glaubten, daß die Desinfektion den Kindern nicht gut täte, daher das Verstecken. Die kleinen Kinder jammerten meist ob des Ungewohnten beim Ausziehen, doch wenn die Mütter gut zuredeten, oder die vom Sonderkommando, beruhigten sie sich und gingen spielend, sich gegenseitig neckend, ein Spielzeug im Arm, in die Kammern. Ich habe auch beobachtet, daß Frauen, die ahnten oder wußten, was ihnen bevorstand, mit der Todesangst in den Augen die Kraft noch aufbrachten, mit ihren Kindern zu scherzen, ihnen gut zuzureden. Eine Frau trat einmal im Vorbeigehen ganz nahe an mich heran und flüsterte mir zu, indem sie auf ihre vier Kinder zeigte, die sich brav angefaßt hatten, um die Kleinsten über die Unebenheiten des Geländes zu führen: „Wie bringt ihr das bloß fertig, diese schönen lieben Kinder umzubringen? Habt ihr denn kein Herz im Leibe?" Ein alter Mann zischelte mir einmal im Vorbeigehen zu: „Diesen Massenmord an den Juden wird Deutschland schwer büßen müssen." Dabei glühten seine Augen vor Haß. Trotzdem ging er mutig in den Gasraum, ohne sich um die anderen zu kümmern.

*Rudolf Höß, Kommandant in Auschwitz, München 1963, S. 127 ff.*

1. *Vergleichen Sie den Bericht des Lager-Kommandanten mit den Vereinbarungen der Wannsee-Konferenz (M 3). Inwieweit stellen Sie Übereinstimmungen und Unterschiede fest?*
2. *Welches Menschenbild liegt der „Endlösung" der Judenfrage zugrunde? Beachten Sie besonders Inhalt und Art der Schilderung des SS-Funktionärs.*
3. *Die „Endlösung" ist ein schreckliches Erbe der deutschen Geschichte. Was bedeutet dieses „Erbe" für junge Menschen?*

## „. . . meine liebsten Häftlinge . . ." M 5

*Rudolf Höß, der Lagerkommandant von Auschwitz, berichtet auch über die Hintergründe der Verhaftung der Sinti und Roma und über deren Ermordung in Auschwitz.*

Das nächstfolgende Hauptkontingent stellten die *Zigeuner.* Schon lange vor dem Krieg waren bei den Asozialen-Aktionen auch Zigeuner in die KL[1]) gewandert. Beim Reichskriminalpolizeiamt befaßte sich eine Dienststelle nur mit der Überwachung der Zigeuner. In den Zigeunerlagern wurde laufend nach zugewanderten nichtzigeunerischen Personen gefahndet und diese in die KL als Arbeitsscheue bzw. als Asoziale eingeliefert. Weiter wurden die Zigeunerlager laufend biologisch überprüft. Der RFSS[2]) wollte die beiden großen Hauptstämme der Zigeuner unbedingt erhalten wissen [. . .]. Nach seiner Ansicht waren sie Nachfahren der indogermanischen Urvölker in direkter Linie und hatten sich in Art und Brauchtum noch ziemlich rein erhalten. Sie sollten nun zu Forschungszwecken alle erfaßt, genau registriert und unter Denkmalschutz gestellt werden. Sie sollten später in ganz Europa gesammelt und ihnen begrenzte Wohngebiete zugewiesen werden. – 1937/38 wurden alle umherziehenden Zigeuner in sogenannten Wohnlagern bei größeren Städten zusammengezogen, um sie besser überwachen zu können. –

[1]) Konzentrationslager
[2]) Gemeint ist Reichsführer SS Heinrich Himmler.

1942 kam nun der Befehl, daß alle zigeunerischen Personen, auch die Zigeunermischlinge im Reichsgebiet verhaftet und nach Auschwitz transportiert werden sollten, gleich welchen Alters und Geschlechts. [. . .] Die nach Auschwitz Transportierten sollten für die Dauer des Krieges in einem Familienlager untergebracht bleiben. [. . .] Wieviel Zigeuner bzw. Mischlinge in Auschwitz waren, kann ich nicht mehr sagen. Ich weiß nur, daß sie den Abschnitt, für 10 000 berechnet, voll besetzt hatten. Nun waren aber die allgemeinen Verhältnisse in Birkenau alles andere – nur nicht für ein Familienlager geeignet. Es fehlte dazu jegliche Voraussetzung, wenn man beabsichtigte, diese Zigeuner nur für die Dauer des Krieges aufzubewahren. Die Kinder richtig zu ernähren war schon gar nicht möglich, obwohl ich mich eine Zeitlang, – auf den RFSS-Befehl berufend, bei den Ernährungsämtern durchschwindelte und Nahrungsmittel für die Kleinkinder erhielt. Dies fiel aber bald weg, als vom Ernährungsministerium jegliche Kindernahrungsmittel für KL abgelehnt wurden.
Es kam der RFSS-Besuch im Juli 1942. Ich zeigte ihm das Zigeunerlager eingehend. Er sah sich alles gründlich an, sah die vollgestopften Wohnbaracken, die ungenügenden hygienischen Verhältnisse, die vollbelegten Krankenbaracken, sah die Seuchenkranken [. . .]. Er hörte die Sterblichkeitsziffern, die, gesehen am Gesamtlager, noch relativ niedrig waren. Doch die Kindersterblichkeit war außerordentlich hoch. Ich glaube nicht, daß von den Neugeborenen viele die ersten Wochen überstanden haben. Er sah alles genau und wirklichkeitsgetreu – und gab uns den Befehl, sie zu vernichten, nachdem die Arbeitsfähigen wie bei den Juden ausgesucht. [. . .] Trotz der widrigen Verhältnisse hat das Gros der Zigeuner, so viel ich beobachten konnte, psychisch nicht besonders unter der Haft gelitten, wenn man von dem nun gefesselten Wandertrieb absieht. Die Enge der Unterbringung, die schlechten hygienischen Verhältnisse, z. T. auch die mangelhafte Ernährung waren sie in ihrem primitiven bisher geführten Leben gewöhnt. Auch Krankheit und die hohe Sterblichkeit nahmen sie nicht so tragisch. Sie waren eben ihrem ganzen Wesen nach Kinder geblieben, sprunghaft in ihrem Denken und Handeln. Sie spielten gerne, auch bei der Arbeit, die sie nie ganz ernst nahmen. Sie mochten auch dem Schwersten die leichte Seite abzugewinnen. Sie waren Optimisten. Ich habe bei den Zigeunern nie finstere, haßerfüllte Blicke beobachtet. Kam man ins Lager, so kamen sie sofort aus ihren Baracken, spielten ihre Instrumente, ließen die Kinder tanzen, machten ihre üblichen Kunststückchen. [. . .] Obwohl ich in Auschwitz viel Ärger mit ihnen hatte, waren sie mir doch meine liebsten Häftlinge – wenn man das so überhaupt sagen kann.

*Rudolf Höß, a.a.O., S. 107 ff.*

1. *Arbeiten Sie die Einstellung Himmlers heraus. Aus welchen Gründen gab er schließlich den Befehl zur Tötung?*
2. *Sinti und Roma starben ebenso wie die Juden in den Gaskammern von Auschwitz. Versuchen Sie dennoch die Unterschiede herauszuarbeiten, die für die SS-Führer bei der Behandlung ihrer Gefangenen bestanden.*

# Ende des Krieges und Vorbereitung einer Nachkriegsordnung

Vom 13. auf den 14. Februar 1945 wurde das mit Flüchtlingen aus dem Osten überfüllte Dresden von amerikanischen und englischen Bombern völlig zerstört. Zwischen 25 000 und 35 000 Menschen kamen ums Leben. Die militärisch sinnlose Zerstörung Dresdens diente in erster Linie der Demoralisierung der deutschen Zivilbevölkerung. Unersetzliche Kunstschätze gingen verloren, der Wiederaufbau Dresdens ist noch lange nicht abgeschlossen. (Die Luftbilder aus den Jahren 1943 und 1949 wurden aus unterschiedlichen Perspektiven aufgenommen.)

| | |
|---|---|
| 14. 8. 1941 | Roosevelt und Churchill verkünden in der Atlantik-Charta ihre gemeinsamen Kriegsziele |
| 14. 1.–25. 1. 1943 | Auf der Konferenz von Casablanca geben die Westalliierten als Kriegsziel die „bedingungslose Kapitulation" der Achsenmächte bekannt |
| 28. 11.–1. 12. 1943 | Erstes Zusammentreffen der „Großen Drei" auf der Konferenz von Teheran |
| 6. 6. 1944 | Die Westalliierten landen in der Normandie |
| 4. 2.–11. 2. 1945 | Auf der Konferenz von Jalta bereiten die Alliierten die Nachkriegsordnung vor |
| 7./9. 5. 1945 | Kapitulation des Deutschen Reichs |
| 25. 6. 1945 | In San Francisco werden die Vereinten Nationen gegründet |
| 6./9. 8. 1945 | Der amerikanische Abwurf der ersten Atombomben über Hiroshima und Nagasaki zwingt Japan zur Kapitulation |

## „Totaler Krieg" – totale Niederlage

Seit 1943 befanden sich deutsche Truppen in Rußland und Nordafrika auf dem Rückzug. Stalin drängte die Westalliierten zur Invasion in Europa, um seine eigenen Armeen zu entlasten. Ursprüngliche Pläne Churchills sahen eine Landung auf dem Balkan vor. Dies lag jedoch nicht im Interesse des sowjetischen Diktators, der westliche Truppen von der osteuropäischen russischen Einflußzone fernhalten wollte, um dort später das eigene Gesellschaftssystem oktroyieren zu können. Die Amerikaner und Briten akzeptierten schließlich den Wunsch Stalins: Ihre Truppen landeten zwischen Juli und September 1943 auf Sizilien und dem italienischen Festland. Mussolini wurde durch einen Staatsstreich gestürzt, und die neue Regierung schloß einen Waffenstillstand mit den Alliierten. Deutsche Soldaten mußten auf der Apenninenhalbinsel eine weitere Front bilden. Am 6. Juni 1944 gelang den Westalliierten dann auch die *Invasion in der Normandie*, bereits am 25. August zogen sie zusammen mit General de Gaulle in Paris ein.

Im Osten kapitulierten die mit Hitler verbündeten Staaten Rumänien, Ungarn und Slowakei vor dem anrückenden Gegner. Wegen der Grausamkeit des deutschen Besatzungsregimes wurde die Rote Armee überall als Befreier gefeiert und konnte das Fundament für sowjetisch beeinflußte Regierungen legen.

In Deutschland war durch die Luftherrschaft der anglo-amerikanischen Flugzeuge der Nachschub fast zum Erliegen gekommen, denn Brücken, Schienen- und Straßennetz waren leicht zu bombardierende Angriffsziele. Auf den Straßen drängten sich Obdachlose aus den zerstörten Städten, zurückweichende Truppen und Flüchtlinge. Ihr Leben war ständig bedroht von den nachdrängenden Eroberern und alliierten Tieffliegerformationen (⇨ M 1). Zusätzlich sollten deutsche Truppen bei ihrem Rückzug alle Einrichtungen zerstören, die dem nachrückenden Feind von Nutzen sein konnten. Soldaten und Zivilisten haben solche unsinnigen Handlungen teilweise unterbunden. Sie taten dies unter Lebensgefahr, denn „Standgerichte“ fahndeten nach „Hochverrätern“ und „Fahnenflüchtigen“, die sie an Ort und Stelle, ohne ordentliche Gerichtsverhandlung, zum Tode verurteilten. Selbst vor der Verhängung von „Sippenhaft“ schreckten die NS-Schergen nicht zurück. So verloren viele Deutsche buchstäblich in den letzten Tagen und Stunden des Krieges durch fanatische Funktionäre des Hitlerregimes auf tragische Weise ihr Leben.

### Bedingungslose Kapitulation

Hitler hatte sich am 30. April 1945 durch Selbstmord der Verantwortung entzogen. Goebbels, von ihm als Nachfolger im Reichskanzleramt bestimmt, brachte sich wenige Stunden nach Hitlers Tod mit seiner ganzen Familie um. Großadmiral *Dönitz* übernahm weisungsgemäß das Amt des Staatsoberhaupts und berief eine geschäftsführende Regierung, die seit dem 2. Mai in seinem Hauptquartier bei Flensburg residierte.
Sein Ziel war, durch Teilkapitulationen Zeit zu gewinnen, um möglichst großen Teilen des Ostheeres und der Flüchtlinge ein Absetzen nach dem Westen zu ermöglichen. Diese Zeit war allerdings nur knapp bemessen. Am 7. Mai 1945 unterzeichnete General *Jodl* im Hauptquartier des westalliierten Oberbefehlshabers General *Eisenhower*[1]) in *Reims die deutsche Gesamtkapitulation.* Zwei Tage später wurde die Unterzeichnung im sowjetischen Hauptquartier in Karlshorst wiederholt.
Die Regierung Dönitz wurde, nachdem sie bisher teils inoffiziell, teils offiziell mit den Westalliierten zusammengearbeitet hatte, am 23. Mai 1945 auf Weisung von General Eisenhower verhaftet. Damit war das Deutsche Reich handlungsunfähig. Die vier Siegermächte übernahmen in der *Berliner Erklärung vom 5. Juni die oberste Regierungsgewalt.* Der Zweite Weltkrieg endete drei Monate später am 2. September 1945 mit der Kapitulation Japans.

| *Tote des Zweiten Weltkrieges* | | | | |
|---|---|---|---|---|
| Sowjetunion: | 26,3 Mio. | (darunter 7 Mio. Zivilisten) | Japan:<br>Jugoslawien: | 1,8<br>1,7 |
| Deutschland: | 7,3 Mio. | (darunter 0,5 Mio. Zivilisten und 2,1 Mio. Vertreibungsopfer[2])) | Frankreich:<br>USA:<br>Großbritannien | 0,6<br>0,407<br>0,388 |
| Polen: | 5,0 Mio. | (darunter 4,8 Mio. Zivilisten) | Tschechoslowakei:<br>Italien: | 0,375<br>0,330 |

[1]) Dwight D. Eisenhower (1890–1969), Oberbefehlshaber der amerikanischen Truppen in Europa, Organisator der Landeunternehmen in Nordafrika und Europa, 34. Präsident der USA von 1953–1961

[2]) Siehe Seite 86

Am 6. und 9. August 1945 warfen amerikanische Bomber über Hiroshima und Nagasaki die ersten Atombomben ab. 210 000 Menschen wurden sofort getötet, noch weitaus höher war die Zahl der Opfer von Verstrahlungen. Unter Historikern umstritten ist die Frage, ob der Einsatz der Atombombe notwendig war für eine rasche Beendigung des Krieges gegen das an Kapitulation denkende Japan oder ob er als Signal für die technologische Überlegenheit der USA gegenüber dem Vorgehen der Sowjetunion in Europa dienen sollte.

## Grundlagen einer Friedensordnung der „Anti-Hitler-Koalition"

Japans imperialistische Zukunftsträume, vor allem aber Hitlers verbrecherische und größenwahnsinnige, von der Ideologie diktierte Pläne, waren den außenpolitischen Gegnern nicht in vollem Ausmaß bekannt gewesen. Aber das, was vor und seit dem Beginn des Zweiten Weltkriegs zu erkennen war, genügte, um die internationale Staatenwelt über alle Gegensätze hinweg gegen die Bedrohung durch die „Achsenmächte" zu einen.
Kurz nach dem Beginn des deutschen Überfalls auf die UdSSR, aber noch vor dem plötzlichen Angriff Japans auf die USA, trafen sich Anfang August 1941 der englische Premierminister Churchill und der amerikanische Präsident Roosevelt auf dem Schlachtschiff „Prince of Wales" im Atlantik. Ergebnis der Besprechungen war die *Atlantik-Charta* vom 14. 8. 1941, die gemeinsame Ziele für einen gerechten Frieden verkündete und später zum Fundament der *Vereinten Nationen* (siehe Seite 64) werden sollte.

| *Die wichtigsten Kriegskonferenzen der Alliierten – eine Übersicht* | |
|---|---|
| „Prince of Wales" vor Neufundland im **Atlantik** (9. 8.–12. 8. 1941) Beteiligte: Churchill, Roosevelt | „Atlantik-Charta":<br>– Verzicht auf Annexionen<br>– Selbstbestimmungsrecht aller Völker bei der Wahl ihrer Regierungssysteme und bei territorialen Streitigkeiten<br>– Gleichberechtigung im Welthandel und wirtschaftliche Zusammenarbeit<br>– Freiheit der Meere<br>– Entwaffnung von Aggressorstaaten und Errichtung eines Systems der kollektiven Sicherheit |
| **Casablanca** 14.–25. 1. 1943 Beteiligte: Churchill, Roosevelt | Beschluß der Landung auf Sizilien |
| | Planung der systematischen Bombardierung Deutschlands |
| | Ausschluß von Separatfriedensverträgen und Verkündung der „bedingungslosen Kapitulation" Deutschlands, Italiens und Japans als Kriegsziel |
| **Teheran** (28. 11.–1. 12. 1943) Beteiligte: Churchill, Roosevelt, Stalin | Beschluß der Invasion in Frankreich |
| | Aussiedlung der Deutschen aus den Ostgebieten |
| | Stalin beansprucht Königsberg, Memel und den nördlichen Teil Ostpreußens |
| | Verschiedene Teilungspläne für Deutschland |
| | Frage der Behandlung des besiegten Deutschland an die „Europäische Beratende Kommission" verwiesen |
| | Westverschiebung Polens bis zur Oder; „Curzon-Linie" als Ostgrenze Polens |
| | Finnland soll als selbständiger Staat erhalten bleiben |
| | Österreich soll wieder selbständig werden |
| **Jalta** (4.–11. 2. 1945) Beteiligte: Churchill, Roosevelt, Stalin | Zusage der UdSSR zum Kriegseintritt gegen Japan |
| | Einigung über die zu gründende UNO |
| | Erklärung über das „befreite Europa": „gemeinsame Behebung politischer und wirtschaftlicher Probleme" ... „nach demokratischen Prinzipien" |
| | periodische Außenministerkonferenzen als ständige Einrichtung der Alliierten |
| | Nachkriegspolitik für Deutschland:<br>– Entmilitarisierung<br>– Beseitigung des Nationalsozialismus und Militarismus<br>– Bestrafung der Kriegsverbrecher<br>– Aufteilung in Besatzungszonen<br>– Einladung Frankreichs als vierte Besatzungsmacht<br>– Gebietsabtretungen<br>– Diskussion über Reparationen<br>– Abbau von Schlüsselindustrien |
| | – Endgültige Festlegung der polnischen Ostgrenze |

- ■ (violett) Entscheidungen über eine Nachkriegsordnung
- ■ (oliv) militär-strategische Planungen
- ■ (gelb) Beschlüsse Deutschland betreffend
- ■ (orange) Beschlüsse andere Länder betreffend

Den übergeordneten Zielen der Charta, wie Verzicht auf territoriale Annexionen oder Anerkennung des Selbstbestimmungsrechts der Völker, standen reale Interessen, vor allem der UdSSR, entgegen. Stalin forderte seit einem Treffen mit dem britischen Außenminister *Eden*[1]) im Dezember 1941 beständig die Anerkennung der mit Hitler zwischen 1939 und 1941 vorgenommenen Grenzziehungen. Dazu zählte auch polnisches Territorium. Obwohl Großbritannien 1939 für die Unversehrtheit des polnischen Staates in den Krieg eingetreten war, riskierte es angesichts der Kriegssituation keinen starken Widerstand. Es entstand der Gedanke einer Zwangsumsiedlung deutscher Bevölkerungsteile, um dadurch Raum für eine „Westverschiebung" Polens zu schaffen. Daß eine solche Lösung sich über das gerade erst in der Atlantik-Charta propagierte Selbstbestimmungsrecht der Völker hinwegsetzte, nahm die Regierung Churchill in Kauf.

## Die wichtigsten Kriegskonferenzen der Alliierten

Zentrales Thema der alliierten Verhandlungen in den Jahren 1942/43 waren in erster Linie notwendige militärstrategische Abstimmungen. Auf der *Konferenz von Casablanca* (14. bis 25. 1. 1943) beschlossen Roosevelt und Churchill zusätzlich die Fortsetzung des Krieges bis zur *bedingungslosen Kapitulation* (Unconditional Surrender) Deutschlands, Italiens und Japans.
Erst anläßlich der *Konferenz von Teheran* vom 28. 11. bis 1. 12. 1943 waren mit Churchill, Roosevelt und Stalin die *„Großen Drei"* zum ersten Mal zu politischen Gesprächen versammelt. Die UdSSR setzte im Prinzip ihre territorialen Gewinne aus dem Hitler-Stalin-Pakt durch, außerdem die Abtretung des nördlichen Ostpreußens mit Königsberg sowie die Westverschiebung Polens.
Mit der Anerkennung des kommunistischen Partisanenführers *Tito*[2]) als alliiertem Befehlshaber in Jugoslawien konnte Stalin ein prokommunistisches Regime in diesem Land vorbereiten.
Einem früheren Vorschlag des Sowjetführers folgend, erwogen die „Großen Drei" verschiedene Pläne zur Teilung Deutschlands. Roosevelt favorisierte eine Fünfteilung, Churchill schlug eine Zweiteilung vor. Er dachte an einen Zusammenschluß der mittel- und süddeutschen Staaten mit Österreich und Ungarn zu einer Donaukonföderation, während Preußen isoliert werden sollte. Die Vorbereitung einer einvernehmlichen Lösung und die Frage der Behandlung der besiegten Staaten verwiesen die „Großen Drei" an ihre in London tagende *Europäische Beratende Kommission (EAC)* (⇨ M 2). Folgenreich wurde die Vereinbarung der EAC vom 12. 9. 1944 über die Bildung von drei

[1]) Sir Robert Anthony Eden (1897–1977), konservativer Politiker, zwischen 1935 und 1955 wiederholt britischer Außenminister; Premierminister von 1955–1957

[2]) Eigentlich Josip Broz (1892–1980), kroatischer Bauernsohn, der seit 1920 am Aufbau der Kommunistischen Partei im jugoslawischen Königreich beteiligt war. Im Zweiten Weltkrieg stand Tito an der Spitze der kommunistischen Befreiungsfront und wurde 1945 Ministerpräsident. 1948 löste er sich aus der Abhängigkeit von der Sowjetunion und betrieb in der Folgezeit eine weitgehend neutrale Politik zwischen Ost und West. Nach Titos Tod brachen die Gegensätze der Nationalitäten in Jugoslawien wieder auf.

Besatzungszonen in Deutschland und Groß-Berlin *(Londoner Protokoll)*. Obwohl die drei Großmächte spätestens Anfang 1945 alle Teilungsabsichten aufgegeben hatten, war in diesem verwaltungstechnischen Besatzungsstatut der Keim für die spätere Teilung Deutschlands angelegt (siehe Seite 87).
Nicht erst seit Teheran befürchtete die englische Politik für die Nachkriegszeit ein Überhandnehmen des sowjetischen Einflusses in Europa. Deshalb versuchte Churchill im Laufe des Jahres 1944 das Machtstreben der neuen Hegemonialmacht nach Südosteuropa abzudrängen. Bei einem Besuch in Moskau sprach er im Oktober 1944 mit Stalin über die Aufteilung der Balkanländer in Einflußzonen. Rumänien und Bulgarien wurden mit 90 beziehungsweise 75 % dem sowjetischen Einflußbereich zugeschlagen; Griechenland sollte hingegen zu 90 % britischem Einfluß unterliegen. Für Ungarn und Jugoslawien wurde zwischen beiden Staatsmännern eine paritätische Regelung vorgesehen.
Kurz vor Kriegsende trafen sich die „Großen Drei" nochmals *(Konferenz von Jalta vom 4. 2. bis 11. 2. 1945)*. Streit gab es vor allem wegen Polen, weil die Rote Armee den von der polnischen Exilregierung gesteuerten Warschauer Aufstand den Deutschen preisgegeben hatte. Längst hatte Stalin vorgesehen, die Regierung Polens in die Hände einer kommunistischen Gruppe zu geben, die sich seit Januar 1945 als *Provisorische Regierung* bezeichnete. Stalin erreichte von seinen westlichen Partnern die Anerkennung seines Marionettenregimes gegen die Zusage, drei Exilpolitiker in die Regierung aufzunehmen. Damit ließen Roosevelt und Churchill die seit 1939 in London bestehende Exilregierung praktisch fallen. Die Westmächte vertrauten auf die gemeinsam verabschiedete „Erklärung über das befreite Europa". Die gegenseitige Zusicherung, den „befreiten Völkern" demokratische „Einrichtungen nach ihrer eigenen Wahl" zuzubilligen, schien auch den von der Roten Armee eroberten Staaten eine eigenständige Zukunft zu sichern. Doch

Die demonstrative Einigkeit der „Großen Drei" war hinter den Kulissen von Jalta bereits brüchig geworden. Von links nach rechts: Winston Churchill, Franklin D. Roosevelt und Stalin.

bald sollten die westlichen Politiker feststellen, daß das galt, was Stalin kurz vor Kriegsende dem Jugoslawen *Milovan Djilas* erklärt hatte: „Dieser Krieg ist nicht wie in der Vergangenheit; wer immer ein Gebiet besetzt, erlegt ihm auch sein eigenes gesellschaftliches System auf. Jeder führt sein eigenes System ein, soweit seine Armee vordringen kann. Es kann gar nicht anders sein."
Gemäß den in Jalta getroffenen Vereinbarungen über Deutschland sollte Frankreich eine eigene Besatzungszone erhalten. Die Sowjetunion weigerte sich allerdings, von dem ihr zugesprochenen Gebiet etwas abzutreten. In der Frage der *Reparationen* forderte Stalin, dem besiegten Deutschland die (verhältnismäßig gemäßigte) Summe von 20 Milliarden US-Dollar aufzuerlegen, von der zehn Milliarden seinem Land zufließen sollten. Eine Einigung unterblieb – vor allem wegen des Einspruchs der Briten. So wie in diesem Fall blieben auch andere Fragen über das künftige Schicksal Deutschlands offen. Endgültige Entscheidungen sollten einer Nachkriegskonferenz vorbehalten bleiben (⇨ M 3).

### Die Gründung der UNO

Wenn sich vor allem der amerikanische Präsident Roosevelt gegenüber sowjetischen Forderungen häufig nachgiebig zeigte, so wollte er damit seiner Idee von den Vereinten Nationen, mit einer von den Großmächten gemeinsam kontrollierten Welt, zum Durchbruch verhelfen. Tatsächlich stimmte die UdSSR in Jalta der Gründung der UN zu, nachdem sie ein absolutes Vetorecht der Großmächte durchgesetzt hatte. Außerdem sollte die Sowjetunion in dieser Organisation mit drei Stimmen vertreten sein; die Ukrainische und Weißrussische Sowjetrepublik wurden nämlich ebenfalls zu ordentlichen Mitgliedern der Weltorganisation erklärt.
*Am 25. 6. 1945 unterzeichneten in San Francisco 51 Staaten die Charta der **U**nited **N**ations **O**rganization.* Feindstaaten der Alliierten und Neutrale waren nicht vertreten. Sitz der Vereinten Nationen wurde New York. Ziel dieser globalen Einrichtung war und ist eine neue Weltfriedensorganisation, die den gescheiterten Völkerbund in Genf ersetzen sollte.
Wichtigstes Organ der UNO ist bis heute der *Sicherheitsrat*. Er besteht aus fünf ständigen Mitgliedern, den Großmächten USA, UdSSR, Großbritannien, Frankreich und China (seit 1971) sowie sechs (seit 1963 zehn) auf zwei Jahre gewählten Mitgliedern. Die ständigen Mitglieder können mit ihrem Vetorecht jeden Beschluß verhindern.
Die *Vollversammlung* aller Mitglieder (1994: 184) tagt einmal im Jahr. Außer bei wichtigen Fragen (Wahl der Mitglieder des Sicherheitsrates), bei denen eine Zweidrittelmehrheit verlangt wird, genügt für Beschlüsse die einfache Mehrheit. Diese sind allerdings für die Mitglieder nicht bindend.
Zentrales Verwaltungsorgan ist das *Sekretariat* mit seinem von der Vollversammlung auf fünf Jahre bestellten *Generalsekretär* an der Spitze. Für Streitigkeiten der Mitglieder untereinander ist der *Internationale Gerichtshof* in Den Haag zuständig – eine übriggebliebene Institution des Völkerbundes.

## Die letzten Kriegstage

M 1

*Über das Ende des Krieges in der bayerischen Kleinstadt Aichach führte eine junge Sparkassenangestellte Tagebuch.*

27. 2.
Beerdigung der 12 Opfer von den Tieffliegerangriffen. Mittags $^1/_2$ 12 Uhr ging ein fürchterlicher Angriff auf Augsburg nieder. Abends ... holte ich von dem Verwundetentransport zwei Soldaten heim. Sie waren zu ihrer Verwundung noch richtig erkältet und ausgefroren. [...]

9. 3.
Wir sprachen im Amt von der Zukunft. Herr K. meinte, wir hätten eigentlich gar keine Zukunft. Ich will nicht nachdenken, nur hoffen, daß alles noch gut wird. [...]

26. 3.
Die Panzerspitzen der Amerikaner sind schon in Würzburg, weiter in Richtung Südost, bald werden sie in Nürnberg sein. Mama schimpfte mich, weil ich so ausgelassen war, aber ich freue mich, daß jetzt endlich, endlich Aussicht besteht, daß der Krieg bald zu Ende ist. [...]

28. 3.
Heute mußte ich auch schippen. Es war fast eine Freude zu arbeiten: Der ganze lange Panzergraben bei Kühbach, $1^1/_2$ km lang und 3 m breit, wimmelte von fleißigen Leuten, 150 gefangenen Frauen der Strafanstalt, das Wehrertüchtigungslager, die Aicher HJ, der Oberwittelsbacher und Kühbacher Volkssturm, die Aichacher 2. Volkssturm-Kompanie, und viele Frauen und Mädchen. Ein komisches Gefühl, wenn man bedenkt, man schanzt hier zum Schutze unseres Städtchens. Bin ja gespannt, wann der erste amerikanische Panzer drinhängt in unserem Graben. $3^1/_2$ m tief muß er werden. In der Mittagspause schenkte ich trotz meines Wolfshungers alle meine Brote her, weil mir die Gefangenen so leid taten. Sie bettelten mit Augen und Händen ... zwei waren schon umgefallen vor Erschöpfung, viele weinten –. Eine war sehr krank, saß auf dem nassen Boden und weinte ... Die Aufseherin erzählte, daß die Gefangenen nur 3 Kartoffeln am Tag bekämen, alles übrige sei Wasser. [...]

12. 4.
Ständig Kleinalarm, Fliegeralarm, akute Luftwarnung, man wußte oft gar nicht mehr, was für ein Zustand gerade war. Den ganzen Tag war die Sirene in Betrieb.

13. 4.
Von Friedl aus Augsburg ein Brief. In der Regierung, bei der sie angestellt ist, räumen sie auch fleißig auf mit allem Kram, daß alles piekfein ist, wenn der Onkel aus Amerika kommt. Nachts im Keller. [...]

19. 4.
Von Erna aus M. ein Brief. Sie ist ganz hoffnungslos und verzweifelt. Alle Brücken dort sind bereit zum Sprengen, schreibt sie. Nachmittags packte ich Wäsche und Kleidung zusammen und brachte alles zum Nachbarn in die großen Keller. Viele Familien aus der Nachbarschaft schlugen dort Betten auf, brachten Kissen, Kleidungsstücke, Lebensmittel, alles was man braucht, um notfalls 4–5 Tage im Keller verbringen zu können. [...]

23. 4.
[. . .] Die Amerikaner stehen vor Augsburg. Vielleicht sind sie bis abends schon bei uns. Ich wäre fast froh, wenn es endlich soweit wäre. Denn dieses Warten und Warten und Hoffen und Bangen kostet mehr Nervenkraft als die Wirklichkeit, und sei sie auch noch so furchtbar. [. . .] Ein Leben herrschte abends auf der Straße, direkt unheimlich. Eine Komp. Volkssturmsoldaten, frisch zusammengestellt, feldmarschmäßig ausgerüstet, war vor dem Rathaus angetreten, in der ersten Reihe zwei Frauen. Die Straßen wimmelten nur so von Soldaten, Feldgendarmerie usw. Sie hielten heute in allen Häusern eine Razzia nach Fahnenflüchtigen. Die ganze Nacht rollten Fahrzeuge durch, dazu war öfters Kleinalarm, und die Flieger flogen ganz nieder. Vater ist eingeteilt zur Brückenbewachung im Harthof. Was war das bloß für eine Aufregung heute vormittag, als der Volkssturm einberufen wurde. Die Frauen weinten, und den Männern war es auch nicht ganz geheuer. Es kam aber nur ein ganz kleiner Teil weg nach Ingolstadt. [. . .]

26. 4.
Frühmorgens eine tolle Schießerei. Zwei Mädels kamen in die Kanzlei und trockneten ihre patschnassen Kleider. Sie erzählten, sie waren BDM-Führerinnen aus Nürnberg, mit der HJ im Einsatz, mit Panzerfäusten haben sie gekämpft. [. . .]

28. 4.
[. . .] Walter, der sich ständig in der Stadt herumtrieb, erzählte, daß ein paar Burschen den Bannführer erschießen wollten. An der Brücke nach Ecknach haben Feldgendarmen einen Soldaten aufgehängt wegen Fahnenflucht. Auf dem Marktplatz großer Tumult. Sie verprügeln den Ortskommandanten, hieß es, der die Stadt verteidigen will. Vormittags zog die geschlagene deutsche Wehrmacht durch die Stadt, einzeln, müde und abgekämpft, viele ohne Gewehr. Etwas SS ging mit Panzerfäusten Richtung Unterwittelsbach, sie wollen dort den Feind stellen. Plötzlich große Aufregung. Am Unteren Tor flatterte eine weiße Fahne. Die ganze Stadt lief zusammen und schaute hinauf zu dem weißen Tuch, wie ein Weltwunder wurde es bestaunt. Einer forderte den anderen auf, es an seinem Haus ebenso zu machen, aber keiner getraute es sich. Eine Stunde ungefähr hing die Fahne oben, dann war sie verschwunden. SS hatte sie entfernt. Gegen Mittag fing die Ari zu schießen an, Tiefflieger kamen wieder, ein tolles Theater. Um $4^1/_4$ Uhr das erste amerikanische Fahrzeug in der Stadt. Und abends kamen sie. Panzer um Panzer und Wagen um Wagen voller Soldaten. Der Krieg ist aus.

*Klaus-Jörg Ruhl, Unsere verlorenen Jahre, Darmstadt 1985, S. 107 ff.*

1. *Welche Erwartungen knüpfen die im Tagebuch genannten Personen wohl an das Kriegsende? Denken Sie zum Beispiel an die Soldaten, die im Amt Beschäftigten, die Strafgefangenen.*
2. *Beschreiben Sie die Einstellung der Tagebuchschreiberin zu den letzten Kriegstagen in Aichach.*

## Die Konferenz von Teheran

M 2

*In einem Zeitungsartikel zum 50. Jahrestag der Teheraner Kriegskonferenz 1943 beschreibt Klaus Schwabe die unterschiedlichen Interessen der alliierten Politiker und ihr Verhältnis zwischen Konferenztisch und abendlichen Banketten.*

Seit Hitlers Überfall auf die Sowjetunion wünschte Stalin zur Entlastung der Roten Armee die Eröffnung einer zweiten Front. Die Landung anglo-amerikanischer Truppen in Afrika und später in Italien galt in Stalins Augen bestenfalls als eine Vorleistung für die zweite Front, die mit einer massierten Landung westalliierter Truppen in Frankreich erreicht werden sollte. Da aber die Angelsachsen diese Invasion immer wieder verschoben, wuchsen bei Stalin Ungeduld und Mißtrauen. Von Ende 1942 bis Sommer 1943 sondierte er deshalb bei seinem Todfeind wegen eines Sonderfriedens, und am 12. Juli 1943 ließ er ein „Nationalkomitee Freies Deutschland" gründen, dessen Mitglieder – gefangene deutsche Offiziere und kommunistische Emigranten – den Kern für eine sowjetfreundliche deutsche Regierung abgeben konnten, falls es den Deutschen gelang, sich selbst Hitlers zu entledigen. Ein Frieden ohne den Westen also – ein Alptraum für die Westmächte –, auf den Stalin zuzusteuern schien. Trotz militärischer Erfolge befand sich die Anti-Hitler-Koalition im Sommer 1943 in einer Vertrauenskrise. [...]

[Roosevelts] Programm lief auf eine militärische Kontrolle der gesamten Welt durch die von Roosevelt so genannten „vier Weltpolizisten" hinaus – die Vereinigten Staaten und die Sowjetunion, dann Großbritannien und schließlich China, das ein Gegengewicht gegen die Sowjetunion im Fernen Osten bilden sollte. Sicherheitspolitisch gesehen, war dies eine Welt der Supermächte, ohne mittlere Staaten wie etwa Frankreich, die genau wie die ehemaligen Achsenmächte radikal abgerüstet werden sollten (de Gaulle sollte Roosevelt diese Zumutung nie verzeihen). Hinter dieser kühnen Konstruktion stand das Hauptanliegen Roosevelts, die Sowjetunion als gleichberechtigte und mitverantwortliche Supermacht an dieses Sicherheitssystem zu binden. Zu dieser Politik gab es für Roosevelt keine Alternative – es sei denn einen Bruch zwischen West und Ost mit dem Risiko eines dritten Weltkrieges. [...]

Stalins Ja zu Roosevelts Konzeption eines „kooperativen Imperialismus" verstand sich keineswegs von selbst. Abgrundtiefes Mißtrauen trennte die sowjetische Führung von den angelsächsischen Mächten nach wie vor. Doch auch Churchill stand der Zukunftsvision Roosevelts mit Vorbehalten gegenüber. Der ihm von Roosevelt nahegelegte Verzicht auf das britische Empire war für ihn natürlich ausgeschlossen. Gewiß hoffte auch er auf die Aufrechterhaltung eines erträglichen Verhältnisses zwischen West und Ost. Doch wünschte er, britischen Traditionen treu, daß ein solches auf dem Gleichgewicht der europäischen Mächte untereinander und auf einer klaren gegenseitigen Abgrenzung der Interessensgebiete beruhte. Für Frankreich und Osteuropa sah er in diesem neuen, auch von der Sowjetunion unabhängigen Europa eine entscheidende Rolle. [...]

Bei der Behandlung der deutschen Frage gingen ihre Meinungen [...] auseinander, und Churchill stand hier vielfach allein. Ein gemeinsames Bankett deutete dies zum ersten Mal an. Zwischen Kaviar und Krimsekt hänselte Stalin Churchill wegen seiner angeblichen Deutschenfreundlichkeit. Er erinnerte an die Zeit nach dem Ersten Weltkrieg; diese gefährlich vitale Nation werde sich erneut schnell erholen. Um ein deutsches militärisches Wiedererstarken zu verhindern, sprach er sich deshalb für schärfste Repressionsmaßnahmen aus, fünfzigtausend, ja vielleicht hunderttausend deutsche Offiziere sollten exekutiert, an strategischer Stelle Stützpunkte der Siegermächte eingerichtet werden. Stalins erste Forderung löste einen Eklat aus. Churchill verwahrte sich gegen die „kaltblütige Exekution von Soldaten, die nur für ihr Land gekämpft haben", und verließ das Bankett. Vorher noch hatte Roosevelt mit lahmendem Humor für nur 49 000 zu Exekutierende plädiert. Stalin selbst mußte Churchill beschwichtigen – es sei alles nur ein Scherz gewesen. Stimmte das? Zeugen dieser Szene, die sich abends spät in alkoholisierter Atmosphäre abspielte, bejahen dies. Churchill war sich auch im nachhinein nicht sicher. Die Sowjets sahen in Churchills Protest den Beweis für dessen Absicht, Gefolgsleute Hitlers eines Tages in britische, gegen die Sowjetunion gerichtete Winkelzüge einzuspannen.

*Klaus Schwabe, in: Frankfurter Allgemeine Zeitung, Nr. 276 vom 27. 11. 1993 (Beilage)*

1. *Arbeiten Sie die maßgeblichen Interessen der alliierten Großmächte aus dem Artikel heraus.*
2. *Diskutieren Sie den Einfluß von Gesprächen in inoffizieller Runde auf die Meinungsbildung von Politikern.*

## M 3 Die Bilanz des Zweiten Weltkriegs

*Beide Auszüge sind umfangreichen Abhandlungen von zwei renommierten Historikern entnommen. Sie beleuchten unter unterschiedlichen Blickwinkeln das Ergebnis des Zweiten Weltkriegs.*

Die Bilanz des Krieges übertraf nicht nur in quantitativer Hinsicht alles Dagewesene. Beispiellos war auch der Verlust der deutschen Staatlichkeit. Die bedingungslose Kapitulation, ein in der modernen Geschichte einzigartiger Vorgang, nahm der deutschen Nation ihr staatliches Gehäuse. In einer Rundfunkansprache vom 8. Mai 1945 beschrieb Großadmiral Dönitz die Lage des eroberten Deutschen Reiches: „Mit der Besetzung Deutschlands liegt die Macht bei den Besatzungsmächten." Nicht nur Deutschlands Großmachtrolle war zu Ende, sondern auch sein Nationalstaat. Das Zusammenwachsen der Deutschen zu einem Nationalstaat war abrupt unterbrochen.

Die Folgen von Hitlers Expansion und ihrem Scheitern gingen über den deutschen Nationalstaat hinaus. Mit dem Deutschen Reich endete auch die Epoche, in der europäische Geschichte Weltge-

Der Grundansatz ihrer Außenpolitik, der seit den zwanziger Jahren festlag, daß der Sowjetunion ein Kranz „imperialistischer", d. h. dem kommunistischen System prinzipiell feindlich gesonnener, Mächte gegenüberstünde, hatte im Verlauf des Zweiten Weltkrieges trotz aller Wechsel der Mächtekonstellationen und der Rolle der Sowjetunion in ihnen nicht von seiner Bedeutung eingebüßt. Hieraus war vielmehr für die sowjetische Außenpolitik konsequent die Aufgabenstellung erwachsen, schon während des Krieges durch diplomatische Anstrengungen und richtigen Einsatz der Roten Armee eine größere außenpolitische und eine – angesichts der sprunghaften Entwicklung der Militärtechnik um so notwendigere – strategische Bewegungsfreiheit für die im großen voraussehbare Nachkriegssituation in Europa und in der Welt zu gewinnen. [. . .] Durch die beherrschende Stel-

Soldaten der Roten Armee mit der sowjetischen Fahne über dem Berliner Reichstag. Das Foto wurde als äußeres Symbol für die neue Weltmachtstellung der Sowjetunion nachgestellt.

schichte war. „Ich bin für Europa die letzte Chance", hatte Hitler trotzig und hybrid[1]) in seinen letzten Tagen im Bunker verkündet. [. . .]

In gewissem Sinne war die nationalsozialistische Großraumordnung möglicherweise tatsächlich der Versuch gewesen, „von Europa aus antirevolutionäre Weltpolitik zu machen". Aber damit waren die Ressourcen Deutschlands ebenso überdehnt wie die Fähigkeiten des übrigen Europa überfordert waren, dieser Herausforderung aus eigener Kraft zu begegnen. Nur die Flügelmächte, die in den zwanziger und dreißger Jahren noch oder wieder abseits gestanden hatten, waren in der Lage, Hitlers Kontinental-Imperium zu zertrümmern. Der europäische Bürgerkrieg, der 1914 begonnen hatte und dessen radikalstes Produkt Hitler lung, die die Sowjetunion in Europa bis zur Elbe und Werra gewann, waren die Möglichkeiten zur Wiederbelebung antisowjetischer Kombinationen im Stile der zwanziger und dreißiger Jahre in Ostmittel- und Südosteuropa langfristig ausgeschlossen. Die der strategischen Sicherung untergeordnete, ja, ihr dienende sozialrevolutionäre Umgestaltung in einem weiten Ländergürtel jenseits des ohnehin nach Westen ausgedehnten sowjetischen Territoriums [. . .] war eine wichtige Voraussetzung hierfür. [. . .]

Während vor dem Zweiten Weltkrieg die Chance bestanden hatte, die verschiedenen Gruppen der „imperialistischen" Mächte – die „have-nots" gegen die Etablierten – zu lenken, war jetzt die ökonomische sowie die militärische und die technologische Überlegenheit der Welt-

[1]) hochmütig, vermessen

und der Nationalsozialismus waren, hatte ein Ende gefunden; aber auch die europäischen Staaten waren abgekämpft und ausgeblutet. Mitteleuropa wurde zwischen den Siegern geteilt; die Mitte Europas verlor ihre Mittlerstellung in Kultur und Politik, sie wurde zum Vorfeld der neuen Weltmächte, deren weltpolitische Auseinandersetzung bald beginnen sollte, wenn sie nicht schon längst latent angelaufen war.
Aber es waren Hitler und der nationalsozialistische Wille zur Welt- und Rassenherrschaft, die die Rote Armee bis an die Elbe gebracht hatten und die den deutschen Nationalstaat und das europäische Staatensystem zerstört haben. Sein Versuch, das alte und Bedrohte zu bewahren, war mit ganzen Strömen revolutionären Öls gesalbt gewesen und hat die Welt revolutionär verändert.

*Hans-Ulrich Thamer, Verführung und Gewalt, Berlin 1986, S. 769 f.*

macht USA im Kreise der verbliebenen „imperialistischen" Staaten so groß, daß ein vergleichbarer Konflikt zwischen den „imperialistischen" Mächten untereinander wie 1939/45 zumindest für absehbare Zeit auszuschließen war. Vielmehr konnte die neue Weltmacht USA im Krisenfall unter veränderten, aber infolge des amerikanischen Atomwaffenmonopols (bzw. später des nuklearen Übergewichts) für die Sowjetunion nicht grundsätzlich verbesserten Bedingungen von Mitteleuropa und von Ostasien aus die Zweifrontenkriegsituation erneuern, wobei sich die Sowjetunion jetzt einem wesentlichen fester gefügten „imperalistischen" „Block" gegenüber sah, der zudem im Ernstfall zweifellos anders als Hitler den Trumpf eines zündenden Freiheitsappells an die zwangsweise im Sowjetimperium vereinten Völker ausspielen würde. Der machtpolitische Durchbruch ins Freie im Sinne einer realen Chancengleichheit mit der stärksten gegnerischen Macht im Zuge des in ein neues Stadium eintretenden Ringens zwischen den Weltmächten war für die Sowjetunion 1945 noch nicht erreicht. Der Vorsprung der USA wurde vielmehr als bedrohlich betrachtet.

*Andreas Hillgruber, Der Zweite Weltkrieg 1939–1945. Kriegsziele und Strategie der großen Mächte, Stuttgart/Berlin/Köln/Mainz 1982, S. 159 ff.*

1. *Was meint Hans-Ulrich Thamer, wenn er vom 1914 begonnenen „europäischen Bürgerkrieg" spricht?*
2. *Arbeiten Sie die wichtigsten Thesen heraus, mit denen Andreas Hillgruber die außenpolitische Situation der Sowjetunion am Ende des Zweiten Weltkriegs beschreibt.*
3. *Was erfahren Sie aus beiden Analysen über die Nachkriegsrolle der europäischen Großmächte England und Frankreich? Welche Position nahmen diese Staaten vor dem Ersten Weltkrieg ein?*
4. *Nehmen Sie beide Bilanzen als Ausgangspunkt für die Frage, ob und unter welchen Voraussetzungen Kriege heute noch geführt werden dürfen. Ziehen Sie zu Ihrer Stellungnahme Beispiele aus der jüngsten Vergangenheit heran (Kriege im Irak und im ehemaligen Jugoslawien).*

# Deutscher Widerstand 1933 – 1945

Auch sie gaben ihr Leben für Deutschland. Gedenkblock der Deutschen Bundespost am 20. Jahrestag des Attentats auf Hitler.

**Schwierigkeiten der Begriffsklärung**

Die Begriffe *Widerstand* und *Widerstandsbewegung* für die gegen Hitler und sein Regime gerichteten Aktionen sind heute allgemein gebräuchlich. Ursprünglich stammten sie aus Frankreich, wo – wie in anderen besetzten Ländern Europas – *Résistance*[1]) für viele eng mit dem nationalen Befreiungskampf verknüpft war. In Deutschland selbst war lediglich in den Flugblättern der *Weißen Rose* von „Widerstandsbewegung“ die Rede.
Der deutsche Widerstand bildete weder eine organisatorische noch eine ideelle Einheit. Vielen Beteiligten war das Politische ihres Handelns – zumindest zeitweise – gar nicht bewußt. Ihnen ging es darum, sich nicht „gleichschalten“ zu lassen, ihre religiöse, humanitäre oder künstlerische Überzeugung gegen Übergriffe des totalitären Systems zu wahren und ihre Solidarität mit Gleichgesinnten nicht aufzugeben. Widerstand im Alltag fing da an, wo man sich den Umgang mit Freunden, Nachbarn und Kollegen oder den Einkauf in verfemten Geschäften nicht verbieten lassen wollte. Mancher wanderte auch frühzeitig aus und kämpfte aus dem Exil gegen die neuen Machthaber. Andere arbeiteten zeitweise oder partiell mit dem NS-Regime zusammen, anerkannten seine Ziele oder tolerierten sie zumindest weitgehend. Beispielsweise vertraten zahlreiche Mitverschwörer des 20. Juli 1944 ausgesprochen nationale Ideen.

---

[1]) Französische Widerstandsbewegung

Auch war der geleistete Widerstand unterschiedlich intensiv. Er reichte vom bewußten politischen Kampf bis zur „inneren Emigration". Zwischen Planung und Durchführung eines Umsturzes, dem freiwilligen Rücktritt aus einem Amt und privaten Unmutsäußerungen im Kreise Gleichgesinnter gab es eine Vielzahl von Abstufungen. Eines war allen gemeinsam – der Mut zum unabwägbaren Risiko; denn gerade gegen Ende der NS-Zeit konnte schon der leise geäußerte Zweifel am „Endsieg" oder das Weitererzählen eines politischen Witzes mit dem Tode bestraft werden.

## Motive des deutschen Widerstandes

So differenziert die Motive des Widerstands auch waren, gemeinsam war allen Gruppierungen der feste Glaube an ethische Grundnormen, der ihnen die Kraft zu einem eigenverantwortlichen Denken gab.
Schon vor Beginn der Hitlerdiktatur war das Verhältnis zwischen den *Kirchen* und dem Nationalsozialismus von unüberbrückbaren Gegensätzen im Welt- und Menschenbild bestimmt. Nach der Machtergreifung stieß der Versuch der „Gleichschaltung" der evangelischen Kirche bei vielen Protestanten auf Ablehnung. Die Abschaffung der Bekenntnisschule, die Beschlagnahme und Enteignung von Klöstern und kirchlichen Heimen forderte die katholische Seite heraus. Judenverfolgung und Tötung von Geisteskranken waren für Priester und Laien beider Konfessionen Anlaß zu Protesten. Vertreter aller Glaubensgemeinschaften wurden zu Kritikern und Gegnern des NS-Regimes (⇨ M 1).
Unvereinbar mit den Ideen des neuen Regimes waren auch die Programme der meisten verbotenen oder aufgelösten *Parteien* der Weimarer Republik. Kommunisten und Sozialdemokraten hatten schon frühzeitig vor Hitler gewarnt und waren deshalb von Anfang an verfolgt worden. Revolutionärer oder demokratischer Sozialismus, Klassenkampf und Weltrevolution standen im Widerspruch zu Hitlers nationalistischem und imperialistischem Konzept. Aus der Überzeugung, daß nur die „Überwindung der reaktionären NS-Diktatur den Fortschritt der Menschheit" sichern könnte, entschlossen sich viele zum aktiven Widerstand. Der UdSSR sollte nach Auffassung der Kommunisten in diesem Kampf eine bedeutende Rolle zufallen.
Aber auch Liberale und Konservative stellten sich gegen Hitler. Die brutale Mißachtung fundamentaler Grund- und Menschenrechte und die offensichtliche Verletzung demokratischer Spielregeln in Staat und Gesellschaft verletzten die freiheitlichen Prinzipien der einen; der Mißbrauch tradierter Werte wie Ehre, Treue, Deutschtum, Volk und Vaterland zeigte den anderen, daß sie lange Zeit die wahre Gesinnung Hitlers nicht erkannt hatten. Selbst manche Mitglieder der „Partei" und ihrer Organisationen konnten auf Dauer ihre moralischen Bedenken gegen die welt- und menschenverachtende Ideologie der NSDAP nicht zurückstellen.

Bei Staatsbediensteten und Vertretern der Wirtschaft überwogen häufig praktisch-politische Motive; selbst im Dienste Hitlers, versuchten sie, zeitweise mäßigend einzuwirken, um Schlimmeres zu verhüten. Doch fühlten viele Beamte, Richter, Militärs und Diplomaten sich wegen ihres Treueids auch an einen Unrechtsstaat gebunden. Einige rangen sich – häufig erst nach schweren inneren Kämpfen – zu dem Entschluß durch, nur durch aktiven Widerstand den politischen oder zumindest den moralischen Untergang Deutschlands aufhalten zu können.

## Ziele und Formen des deutschen Widerstandes

Hatte auch die letzte Übersteigerung des NS-Regimes seit Beginn des Zweiten Weltkrieges viele von der Notwendigkeit der Gewalt gegen die Diktatur überzeugt, so gab es doch auf die Frage „was dann?" keine eindeutige Antwort. Die Errichtung eines christlich-konservativen Nationalstaates, eine übernationale Ordnung Europas oder die Einführung der Diktatur des Proletariats als Übergang zur Weltrevolution deuteten die Spannweite der Zukunftsvorstellungen an.

Einzelpersonen, lose Gesprächskreise oder Verschwörergruppen arbeiteten auf sehr verschiedene Weise, meist ohne gegenseitige Kontakte, weil man vor den Spitzeln der *Geheimen Staatspolizei* auf der Hut sein mußte. Es wurden Flugblätter verteilt, Gegenparolen an die Häuserwände belebter Straßen geschrieben, Auslandssender abgehört und wichtige Nachrichten verbreitet. In Rüstungs- und Industriebetrieben kam es zu Arbeitsniederlegungen und Sabotageakten, politisch oder rassisch Verfolgte konnten bei Regimegegnern „untertauchen" und heimlich ins Ausland geschleust werden oder jahrelang im Verborgenen leben. Trotz umfangreicher Sicherheitsvorkehrungen waren selbst Attentate auf Hitler nicht zu verhindern.

Dennoch blieben Erfolge recht bescheiden. Das lag an der Heterogenität der Widerstandsgruppen, aber auch am Geschick der NS-Propaganda, Erfolge der Politik Hitlers auszunutzen und traditionelle deutsche Tugenden wie Pflichtbewußtsein und Gehorsam zu mißbrauchen. Entscheidend war jedoch die Brutalität, mit der das Regime jede Opposition im Keim zu ersticken suchte. Vermutlich wurden über 10 000 Angehörige des Widerstandes von NS-Schergen getötet oder vom *Volksgerichtshof* zum Tode verurteilt. Trotz ihres Scheiterns war ihr Opfer nicht sinnlos: Es brachte den Beweis, daß durchaus nicht das ganze Volk der Verführung Hitlers erlegen war.

Die meisten Staaten des Auslandes haben das Ringen des Widerstands um ein „neues Deutschland" kaum zur Kenntnis genommen und unterstützt. Nur die UdSSR bereitete Exilkommunisten aus Deutschland auf die Übernahme der Macht nach Beendigung des Krieges vor. Mangelnde Unterstützung durch das Ausland und die Uneinigkeit über die Zukunft Deutschlands haben viele Widerstandskämpfer als schwere Belastung empfunden.

Bekanntmachung.

Die vom Volksgerichtshof am 4. Juni 1937 wegen Vorbereitung eines hochverräterischen Unternehmens unter erschwerenden Umständen zum Tode verurteilten

Adolf Rembte

aus Kirchsteinbik, 35 Jahre alt, und

Robert Stamm

aus Remscheid, 37 Jahre alt,

sind heute morgen hingerichtet worden.

Berlin, den 4. November 1937.

Der Reichsanwalt beim Volksgerichtshof.

Während einzelne Widerstandsgruppen die Bevölkerung durch heimlich verteilte Handzettel wachzurütteln versuchten, gab das Regime die Hinrichtung seiner Gegner auf Plakaten öffentlich bekannt.

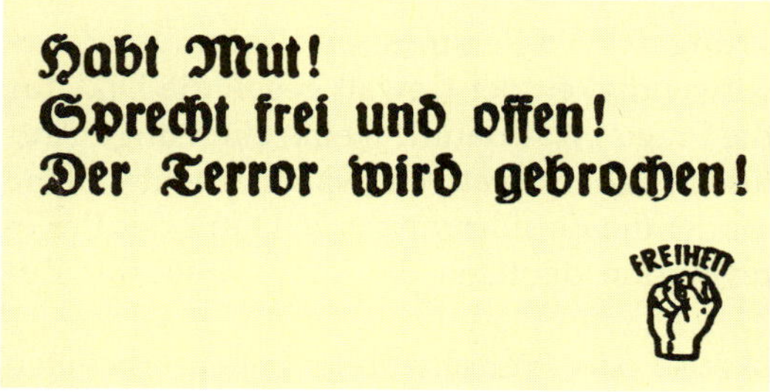

**Die wichtigsten zivilen Widerstandsgruppen und ihre Aktivitäten**

Die Mitglieder der *Mittwochsgesellschaft,* eines losen akademischen Zirkels, entstammten dem Bürgertum und waren vorwiegend Wissenschaftler verschiedener Fachrichtungen, wie der berühmte Chirurg Professor *Sauerbruch* oder der Philosoph *Spranger.* Sie trafen sich in Berlin zu Gedankenaustausch, Vorträgen, Diskussionen über wesentliche Daseinsfragen. Auch der Staatsaufbau nach Beseitigung des Nationalsozialismus wurde erörtert; Umsturzpläne hingegen wurden nicht erwogen. Führender Kopf des Kreises war der frühere Generalstabschef *Ludwig Beck,* der später bei der Verschwörung des 20. Juli 1944 eine wesentliche Rolle spielen sollte.
Auf dem schlesischen Gut Kreisau, das dem Sachverständigen für Kriegs- und Völkerrecht im Oberkommando der Wehrmacht, *Helmuth James Graf von Moltke,* gehörte, trafen sich seit Ende 1938 Männer verschiedenster Anschauungen und Herkunft: Konservative, Sozialisten, ehemalige Gewerkschaftsvertreter, Großgrundbesitzer und Angehörige beider Konfessionen. Der *Kreisauer Kreis* erabeitete Grundsätze für einen vom Europagedanken geprägten demokratischen Staats- und Gesellschaftsaufbau nach dem Sturz Hitlers. Im Sinne eines christlichen Sozialismus sollten die Schlüsselindustrien vergesellschaftet, Konzerne entflochten werden und Belegschaftsmitglieder ein Mitbestimmungsrecht und Gewinnbeteiligung an ihren Betrieben erhalten. Staatsstreichpläne wurden nicht ausgearbeitet, allerdings bestanden Kontakte zu anderen Widerstandsbewegungen, auch zu Vertretern des Umsturzes am 20.

Juli 1944, z. B. zu Oberst *von Stauffenberg* und *Carl Friedrich Goerdeler.* Das führte dazu, daß Helmut James Graf von Moltke, Pater *Alfred Delp* und der Gewerkschaftsführer *Julius Leber* als Mitglieder des Kreises 1945 hingerichtet wurden (⇨ M 2).
Die Bezeichnung für die *Rote Kapelle,* eine seit 1939 bestehende, vor allem kommunistisch orientierte Gruppe, die die UdSSR über Funk mit Berichten zur politischen, wirtschaftlichen und militärischen Lage in Deutschland versorgte, stammte von der Geheimen Staatspolizei. Wichtigste Persönlichkeiten des Kreises waren *Harro Schulze-Boysen,* Oberleutnant im Luftwaffenministerium, und der als Oberregierungsrat im Wirtschaftsministerium tätige *Dr. Arvid Harnack.* In einer Geheimdruckerei wurden Zeitschriften und Flugblätter mit Reden von Bischof *von Galen, Thomas Mann,* Churchill und Stalin hergestellt. Nach der Gefangennahme eines sowjetischen Fallschirmagenten konnte die Organisation 1942 großenteils zerschlagen werden. Bis zum Oktober 1943 wurden 75 Angeklagte zum Tode verurteilt und hingerichtet.
Die Angehörigen der *Weißen Rose* waren fast ausschließlich Studenten bis zum Alter von 25 Jahren. In bürgerlichen Elternhäusern mit vorwiegend christlichen Traditionen aufgewachsen, hatten sie zum Teil begeistert der Hitlerjugend angehört, aber bald Hohlheit und moralische Verwerflichkeit der NS-Bewegung durchschaut. Durch ihren Fronteinsatz wurden einige Zeugen der Unmenschlichkeit von Kriegsführung und Besatzungspolitik und hegten bald Zweifel am „Endsieg“. In München, wo die meisten Angehörigen der „Weißen Rose“ studierten, bildete sich um die Geschwister *Hans* und *Sophie Scholl, Willi Graf, Alexander Schmorell* und ihren Universitätslehrer, den Musikwissenschaftler *Kurt Huber,* ein Freundeskreis.
Im Sommer 1942 erschien das erste Flugblatt der „Weißen Rose“. 100 Exemplare verschickte man an ausgesuchte Adressen. Mitte Februar 1943 wurde das letzte Flugblatt in einer Auflagenstärke von 3000 Exemplaren erstellt und wieder teilweise per Post versandt (⇨ M 3, M 4). Bei der Verteilung des Restes im Lichthof der Universität stellte ein Hausmeister die Geschwister Scholl und übergab sie der Polizei. In mehreren Prozessen wurden Angehörige des Freundeskreises zum Tode verurteilt und hingerichtet, andere erhielten Gefängnisstrafen. Einer Ausweitung von Fahndungen und Verurteilungen kam das Kriegsende zuvor.

## Militärischer Widerstand

Der einzige Machtfaktor im Hitlerstaat, der zur Organisation und Durchführung eines Umsturzes in der Lage schien, war das Militär. Schon sehr früh hatte der Diktator die Spitzen der Generalität in seine Eroberungspläne eingeweiht. Art und Umfang der Rüstung ließen keinen Zweifel an der Ernsthaftigkeit der Bestrebungen. Bald regten sich deshalb bei führenden Militärs Widerstandsgedanken. Allerdings war jeder Soldat seit *Hindenburgs* Tod durch Eid persönlich dem „Führer“ zu unbedingtem Gehorsam verpflichtet, was viele Offiziere in schwere Gewissenskonflikte brachte.

Der erste großangelegte Plan zur Entmachtung Hitlers durch das Heer sollte anläßlich der Krise um die Tschechoslowakei durchgeführt werden. Die Nachgiebigkeit der Westmächte, die dem „Führer" im „Münchener Abkommen" einen großen Popularitätsgewinn bescherte, hielt die Verschwörer von ihrem Vorhaben ab. Die allgemeine Euphorie stieg noch dank der „Blitzkriegserfolge" 1939–1942 trotz der Kriegsgreuel der Einsatzgruppen der SS. Erst die Wende des Krieges, die 1943/44 weiten Kreisen der Bevölkerung bewußt wurde, und die zunehmende Brutalisierung des Regimes ließen die Chancen eines Umsturzes anwachsen.
Verschiedene Sachzwänge und Unwägbarkeiten belasteten die Putschpläne. Die von den Alliierten 1943 in Casablanca beschlossene „bedingungslose Kapitulation" Deutschlands war auch durch die Entmachtung Hitlers kaum abzuwenden. Ein Prozeß gegen den „Führer" vor einem deutschen Gericht, ein Akt, der aller Welt gezeigt hätte, daß Deutschland bereit war, sich selbst aus den Fesseln der Diktatur zu befreien, wurde wegen des unabsehbaren Wagnisses verworfen. Die Ermordung des Diktators konnte hingegen einer neuen „Dolchstoßlegende" Vorschub leisten. Ungewiß war auch, wie die Bevölkerung und vor allem NSDAP, SS und SA auf einen Putsch reagieren würden. Nicht einmal die Gefolgschaft des Heeres schien sicher.
Inhalte und Tendenzen einer künftigen Verfassung waren über allgemeine Beratungen nicht hinausgediehen. Dies lag – bei allem Bemühen um eine möglichst breite Basis des Widerstands – an der Gefährlichkeit, mit führenden Männern und Gruppen der Opposition gegen Hitler Kontakt aufzunehmen. Dennoch stand die vorläufige Besetzung der Spitzenpositionen schon fest. Generaloberst Ludwig Beck sollte der künftige Reichspräsident werden (⇨ M 5). Er war aus Ablehnung gegen Hitlers Einmarsch in die Tschechoslowakei 1938 als Generalstabschef zurückgetreten und seither der Motor des Widerstandes im Offizierskorps. Das Amt des Reichskanzlers war dem Zivilisten Carl Friedrich Goerdeler zugedacht. Er hatte zwischen 1920 und 1937 als Zweiter Bürgermeister von Königsberg, dann als Oberbürgermeister von Leipzig und als Preiskommissar der Regierung *Brüning* und Hitler politische Erfahrungen gesammelt. Aus Protest gegen die antisemitische Politik von seinen Ämtern zurückgetreten, hatte er als Berater der Firma *Robert Bosch* seine zahlreichen In- und Auslandskontakte zur Vorbereitung eines Umsturzes ausgenutzt.

## Der 20. Juli 1944

Der Vormarsch der Alliierten an allen Fronten brachte den Widerstand in Zugzwang. Die Sicherheitsorgane des NS-Staates hatten darüber hinaus schon einige wichtige Personen verhaftet, es bestand die Gefahr der endgültigen Aufdeckung der Verschwörung. Oberst Graf Schenk von Stauffenberg, aus einem alten fränkischen Adelsgeschlecht stammend, stellte sich als Organisator und Motor dem generalstabsmäßig ausgearbeiteten Unternehmen „*Walküre*" zur Verfügung. Seine Ernennung zum Chef des Stabes beim

Im Führerhauptquartier – wenige Stunden nach dem Attentat. In der Mitte Hermann Göring (in weißer Uniform).

Befehlshaber des Ersatzheeres gab ihm die Möglichkeit, an Lagebesprechungen im Führerhauptquartier teilzunehmen, so auch am 20. Juli 1944. Nachdem er eine Mappe mit Sprengstoff deponiert hatte, verließ er den Besprechungsraum, hörte und sah die Explosion und flog in der Überzeugung, das Attentat sei geglückt, nach Berlin zurück. Der schwere Eichentisch, die leichte Bauart der Baracke und die wegen des schwülen Wetters geöffneten Fenster ließen die Bombe nicht die erhoffte Wirkung erzielen, Hitler kam mit einigen Schürfwunden davon.

Das Offizierskorps stellte sich nicht geschlossen hinter die Attentäter, und so wurde der Aufstand vom 20. Juli 1944 blutig niedergeschlagen, Graf Stauffenberg und seine engsten Mitarbeiter noch in derselben Nacht erschossen. 7000 Personen, auch solche, die mit dem Aufstand nichts zu tun hatten, verhaftete die Gestapo; Himmler hatte die „absolute Sippenhaftung“ (Verwandte sind für die Tat mitverantwortlich und werden gleichfalls bestraft) befohlen.

Ein *Ehrenhof des Heeres* stieß die beteiligten Offiziere aus der Armee aus. Der Volksgerichtshof erkannte für Zivilisten und Soldaten „als Regelstrafe“ Tod durch Erhängen. Hitler ließ die Verhandlungen und teilweise auch die Exekutionen filmen, um sich persönlich von der Durchführung der befohlenen Racheakte zu überzeugen.

1946 erklärte Winston Churchill im englischen Unterhaus: „Diese Männer kämpften ohne eine Hilfe von innen oder außen, einzig getrieben von der Unruhe ihres Gewissens. So lange sie lebten, waren sie für uns unsichtbar und unerkennbar, weil sie sich tarnen mußten. [. . .] Diese Toten vermögen nicht alles zu rechtfertigen, was in Deutschland geschah. Aber ihre Taten und Opfer sind das Fundament eines neuen Aufbaus.“

## M 1 Ein Mitglied des Widerstandes berichtet

*Probst Heinrich Grüber (1899–1975), einer der führenden Männer der protestantischen Bekennenden Kirche, der außerdem vielen Juden zur Flucht aus Deutschland verhalf, schreibt in seinen Memoiren über seine Erfahrungen im Konzentrationslager; er verbrachte fünf Jahre in den Lagern Sachsenhausen und Dachau.*

Die katholischen Pfarrer waren im Laufe der Zeit erheblich in der Mehrzahl, weil die okkupierten Länder – zum Beispiel Polen, Tschechoslowakei, Belgien und Frankreich – eine überwiegend katholische Bevölkerung hatten. Dort verhaftete man meistens die Pfarrer, weil sie großen Einfluß auf die Bevölkerung ausübten. Im Lager verstanden sich die Angehörigen beider Konfessionen sehr gut. Äußerst heikel waren dagegen die nationalen Probleme. Insbesondere unter den polnischen und tschechischen Geistlichen waren manche, die uns Deutsche ablehnten. Ihnen habe ich oft klarzumachen versucht, daß wir eigentlich eine doppelte Last zu tragen hatten. Wir litten ja nicht nur unter den Schlägen und Schikanen, unter Kälte und Hunger wie sie, sondern bei uns kam noch ein Bewußtsein der Mitschuld und der Scham hinzu, weil die Peiniger unserem Volk angehörten.
Das habe ich nach dem Krieg im Ausland wiederholt: Die Männer und Frauen des deutschen Widerstands hatten einen schwereren Stand als etwa der Maquis in Frankreich oder die Widerstandskämpfer in Holland. Dort arbeiteten Patrioten für den Sieg und die Freiheit ihres Landes, für die Wiederherstellung ihrer eigenen Ordnung. Die deutschen Widerstandskämpfer lehnten sich gegen Hitlers Herrschaft auf und taten alles, um seinen Sieg zu verhindern. Für das Gros der Bevölkerung waren wir Landes- und Hochverräter, Verräter an unserem Vaterland.
Man hat in Holland und in Frankreich wohl nie ganz begriffen, daß wir uns in einer anderen Situation befanden als die Widerstandsgruppen im Ausland. Wenn wir dem „Feind" eine Nachricht zukommen ließen, sagen wir den Norwegern über den bevorstehenden Einfall, oder wenn wir die Holländer vor dem Angriff auf ihr Land warnen konnten, dann haben wir dadurch unsere eigenen Söhne, unsere Verwandten und Freunde, die Soldaten waren, gefährdet. Darin bestand für uns das große Problem.

*Heinrich Grüber, Erinnerungen aus sieben Jahrzehnten, Köln 1968, S. 172 f.*

*Worin sieht der Autor die Schwierigkeiten des deutschen Widerstandskämpfers im Gegensatz zum Widerstand in den unterworfenen Staaten?*

## M 2 „Wir werden gehenkt, weil wir zusammen gedacht haben."

*In einem seiner letzten Briefe aus der Haft beschreibt Helmuth James Graf von Moltke (1907–1945) die Motive des Kreisauer Kreises. Obwohl Moltke die Anwendung von Gewalt zur Beseitigung Hitlers ablehnte, wurde er am 23. 1. 1945 hingerichtet.*

(Eben fällt mir noch etwas zum Tatbestand ein. Mich fragte er: „Sehen Sie ein, daß Sie schuldig sind?" Ich sagte im wesentlichen nein. Darauf Freisler[1]): „Sehen Sie, wenn Sie das immer noch nicht erkennen, wenn Sie immer

[1]) Roland Freisler (1893–1945); seit 1942 Präsident des Volksgerichtshofs; führte die Prozesse gegen die Widerstandskämpfer durch; kam im Februar 1945 bei einem Luftangriff auf Berlin ums Leben.

noch darüber belehrt werden müssen, dann zeigt das eben, daß Sie anders denken und damit sich selbst aus der kämpfenden Volksgemeinschaft ausgeschlossen haben.") Das Schöne an dem so aufgezogenen Urteil ist folgendes: Wir haben keine Gewalt anwenden wollen – ist festgestellt; wir haben keinen einzigen organisatorischen Schritt unternommen, mit keinem einzigen Mann über die Frage gesprochen, ob er einen Posten übernehmen wollte – ist festgestellt; in der Anklage stand es anders. Wir haben nur gedacht, und zwar eigentlich nur Delp, Gerstenmaier[1]) und ich, die anderen gelten als Mitläufer. [. . .]
Und vor den Gedanken dieser drei einsamen Männer, den bloßen Gedanken, hat der NS. eine solche Angst, daß er alles, was damit infiziert ist, ausrotten will. Wenn das nicht ein Kompliment ist. Wir sind aus jeder praktischen Handlung heraus, wir werden gehenkt, weil wir zusammen gedacht haben. Freisler hat recht, tausendmal recht; und wenn wir schon umkommen müssen, dann bin ich allerdings dafür, daß wir über dieses Thema fallen.
Ich finde, und nun komme ich zum Praktischen, daß diese Sache richtig aufgemacht, sogar noch ein wenig besser ist als der berühmte Fall Huber. Denn es ist noch weniger geschehen. Es ist ja nicht einmal ein Flugblatt hergestellt worden. Es sind eben nur Gedanken ohne die Absicht der Gewalt.

*Walther Hofer (Hrsg.), Der Nationalsozialismus, Frankfurt/Main 1957, S. 336 f.*

1. *Wie charakterisiert Graf Moltke die Gedankenwelt des „Kreisauer Kreises" in diesem Text? Wie steht er zu anderen Widerstandsbewegungen?*
2. *Worin sieht er den Sinn des Einsatzes seines Lebens und dessen seiner Gesinnungsgenossen?*

## Das letzte Flugblatt der „Weißen Rose" M 3

*Bei der Verteilung des Flugblattes im Februar 1943 wurden die Geschwister Scholl ergriffen.*

*Kommilitonen! Kommilitoninnen!*
Erschüttert steht unser Volk vor dem Untergang der Männer von Stalingrad. Dreihundertdreißigtausend deutsche Männer hat die geniale Strategie des Weltkriegsgefreiten sinn- und verantwortungslos in Tod und Verderben gehetzt. Führer, wir danken dir!
Es gärt im deutschen Volk: Wollen wir weiter einem Dilettanten das Schicksal unserer Armeen anvertrauen? Wollen wir den niedrigsten Machtinstinkten einer Parteiclique den Rest unserer deutschen Jugend opfern? Nimmermehr! Der Tag der Abrechnung ist gekommen, der Abrechnung der deutschen Jugend mit der verabscheuungswürdigsten Tyrannis, die unser Volk je erduldet hat. Im Namen des ganzen deutschen Volkes fordern wir vom Staat Adolf Hitlers die persönliche Freiheit, das kostbarste Gut der Deutschen zurück, um das er uns in der erbärmlichsten Weise betrogen.
In einem Staat rücksichtsloser Knebelung jeder freien Meinungsäußerung sind wir aufgewachsen. HJ, SA und SS haben uns in den fruchtbarsten Bildungsjahren unseres Lebens zu uniformieren, zu revolutionieren, zu narkotisieren versucht. „Weltanschauliche Schulung" hieß die verächtliche Methode,

[1]) Eugen Gerstenmaier (1906–1986), Mitglied der Bekennenden Kirche, von Freisler zu sieben Jahren Zuchthaus verurteilt, CDU-Abgeordneter, von 1954–1969 Präsident des Deutschen Bundestags

das aufkeimende Selbstdenken und Selbstwerten in einem Nebel leerer Phrasen zu ersticken. Eine Führerauslese, wie sie teuflischer und zugleich bornierter nicht gedacht werden kann, zieht ihre künftigen Parteibonzen auf Ordensburgen zu gottlosen, schamlosen und gewissenlosen Ausbeutern und Mordbuben heran, zur blinden, stupiden Führergefolgschaft. [. . .]
Es gibt für uns nur eine Parole: Kampf gegen die Partei! Heraus aus den Parteigliederungen, in denen man uns politisch weiter mundtot halten will! Heraus aus den Hörsälen der SS-Unter- und Oberführer und Parteikriecher! Es geht uns um wahre Wissenschaft und echte Geistesfreiheit! Kein Drohmittel kann uns schrecken, auch nicht die Schließung unserer Hochschulen. Es gibt den Kampf jedes einzelnen von uns um unsere Zukunft, unsere Freiheit und Ehre in einem seiner sittlichen Verantwortung bewußten Staatswesen.
Freiheit und Ehre! Zehn Jahre haben Hitler und seine Genossen die beiden herrlichen deutschen Worte bis zum Ekel ausgequetscht, abgedroschen, verdreht, wie es nur Dilettanten vermögen, die die höchsten Werte einer Nation vor die Säue werfen. Was ihnen Freiheit und Ehre gilt, das haben sie in zehn Jahren der Zerstörung aller materiellen und geistigen Freiheit, aller sittlichen Substanz im deutschen Volk genugsam gezeigt. Auch dem dümmsten Deutschen hat das furchtbare Blutbad die Augen geöffnet, das sie im Namen von Freiheit und Ehre der deutschen Nation in ganz Europa angerichtet haben und täglich neu anrichten. Der deutsche Name bleibt für immer geschändet, wenn nicht die deutsche Jugend endlich aufsteht, rächt und sühnt zugleich, ihre Peiniger zerschmettert und ein neues geistiges Europa aufrichtet. Studentinnen! Studenten! Auf uns sieht das deutsche Volk!

*Inge Scholl, Die weiße Rose, Frankfurt 1979, S. 131 ff.*

1. *An welchen Adressatenkreis richtet sich das Flugblatt besonders?*
2. *Welche wesentlichen Vorwürfe werden gegen das NS-System erhoben?*
3. *Beurteilen Sie die Chancen des Flugblattes 1943.*

## M 4 Widerstand oder Dissidententum?

*Winfried Martini (geb. 1905), Mitarbeiter zahlreicher Zeitungen und Zeitschriften, wirkte nach dem Zweiten Weltkrieg 30 Jahre als Kommentator beim Bayerischen Rundfunk. In seinem Buch „Der Sieger schreibt die Geschichte" setzt er sich in einer neuen Sichtweise mit dem Widerstand der Geschwister Scholl auseinander.*

Legt man den Begriff des Widerstandes großzügig aus, so kannte er zahllose Formen. Dann könnte man die Verweigerung der NS-Grußriten dazu zählen. Ebenso die vielen, die der NS-Faszination bewußt nicht erlagen, was besonders im religiösen Bereich beider Konfessionen nicht selten der Fall war. Hilfeleistungen für Verfolgte, selbst Gesten der Sympathie ihnen gegenüber, wären Widerstand gewesen. Man hört heute gelegentlich von einem „Widerstandskreis um X", doch wurde dort lediglich, um das Bonmot Hans-Georg von Studnitz abzuwandeln, „gegen Hitler geredet": Insofern habe auch ich nicht wenigen „Widerstandskreisen" angehört, doch käme es mir nicht in den Sinn, dergleichen als Widerstand zu deklarieren. In Wirklichkeit waren es keine „Widerstands"-, sondern Dissidentenkreise. Verbal das NS-Regime zu mißbilligen, kann man nicht gut als „Widerstand" bezeichnen. Ehrenhaft war ihr Treiben – nicht mehr und nicht weniger.

Gewiß, die Personen der genannten und ähnlicher Art haben dem Nationalsozialismus „widerstanden", sie verdienen unseren Respekt. Doch zögere ich, ihr Verhalten als „Widerstand" zu qualifizieren. Ich meine, es gehört doch etwas mehr dazu.
Damals wie heute halte ich eine Definition für richtig, wonach man von Widerstand nur sprechen kann, wenn der Einsatz in einem vernünftigen Verhältnis zu dem zu erwartenden Erfolg stand. Diese Definition schützt den Begriff des Widerstandes vor der gängigen Inflationierung, bewahrt seine Würde.
Danach wäre etwa die „Weiße Rose" kein Widerstand gewesen, sondern der dramatische Aufschrei eines überwiegend religiös bestimmten und gequälten Gewissens. Es läßt sich nichts denken, was politisch sinnloser gewesen wäre, als 1943 in der Münchner Universität Flugblätter zu streuen. Es wäre die Pflicht des Professors Kurt Huber gewesen, als Erwachsener die unseligen jungen Leute von ihrem Tun abzuhalten, das von vornherein aussichtslos war und nur zum sicheren Tod führen konnte. Ihnen war es nicht einmal vergönnt, im eigentlichen Sinne des Wortes Märtyrer zu sein; denn der Märtyrer setzte Adressaten, eine Öffentlichkeit voraus, vor der er Zeugnis ablegt; die Gestapo und der Volksgerichtshof konnten nicht gut als „Öffentlichkeit" gelten. Doch der Platz vor der Münchner Universität wurde ausgerechnet nach Kurt Huber benannt, auf dessen Konto das Leben einiger prachtvoller und bewundernswerter junger Leute ging.

*Winfried Martini, Der Sieger schreibt die Geschichte, München 1991, S. 219 f.*

1. *Klären Sie, was der Verfasser unter Widerstand und was er unter Dissidententum versteht.*
2. *Stimmen Sie Martinis Urteil über die Weiße Rose zu? Lesen Sie dazu auch im Buch Seite 75 und den Text M 3.*

## Ein Aufruf an das deutsche Volk, der nie erschien

**M 5**

*Wenn der Staatsstreich des 20. Juli 1944 gelungen wäre, hätte Generaloberst Ludwig Beck als designierter Reichspräsident folgenden Aufruf erlassen, dessen zweiter Teil nachstehend abgedruckt ist.*

Deutsche!
Hitlers Gewaltherrschaft ist gebrochen.
Er hat Ehre und Würde, Freiheit und Leben anderer für nichts erachtet. Zahllose Deutsche, aber auch Angehörige anderer Völker, schmachten seit Jahren in Konzentrationslagern, den größten Qualen ausgesetzt und häufig schrecklichen Foltern unterworfen. Viele von ihnen sind zugrunde gegangen. Durch grausame Massenmorde ist unser guter Name besudelt. Mit blutbefleckten Händen ist Hitler seinen Irrweg gewandelt, Tränen, Leid und Elend hinter sich lassend. [. . .]
In höchster Not habe ich zusammen mit Männern aus allen Ständen des Volkes, aus allen Teilen des Vaterlandes gehandelt. Ich habe die einstweilige Führung des Deutschen Reichs übernommen und die Bildung einer Regierung unter Führung des Reichskanzlers angeordnet. Sie hat die Arbeit aufgenommen. Den Oberbefehl über die Wehrmacht führt Generalfeldmarschall v. Witzleben, dem sich die Oberbefehlshaber an allen Fronten unterstellt

haben. Diese Männer haben sich mit mir zusammengefunden, um den Zusammenbruch zu verhüten.
In ernster Stunde treten wir vor Euch. Die Verantwortung vor Gott, vor unserem Volke und vor seiner Geschichte, die kostbaren Blutopfer zweier Weltkriege, die ständig wachsende Not der Heimat, das Elend auch der anderen Völker, die Sorge um die Zukunft der Jugend verpflichten uns.
Die Grundsätze und Ziele der Regierung werden bekanntgegeben werden. Sie sind bindend, bis die Möglichkeit gegeben ist, das deutsche Volk darüber entscheiden zu lassen. Unser Ziel ist die wahre, auf Achtung, Hilfsbereitschaft und soziale Gerechtigkeit gegründete Gemeinschaft des Volkes. Wir wollen Gottesfurcht an Stelle von Selbstvergottung, Recht und Freiheit an Stelle von Gewalt und Terror, Wahrheit und Sauberkeit an Stelle von Lügen und Eigennutz. Wir wollen unsere Ehre und damit unser Ansehen in der Gemeinschaft der Völker wiederherstellen. Wir wollen mit besten Kräften dazu beitragen, die Wunden zu heilen, die dieser Krieg allen Völkern geschlagen hat, und das Vertrauen zwischen ihnen wieder neu zu beleben. Die Schuldigen, die den guten Ruf unseres Volkes geschändet und soviel Unglück über uns und andere Völker gebracht haben, werden bestraft werden.
Wir wollen der Hoffnungslosigkeit, daß dieser Krieg noch endlos weitergehen müsse, ein Ende machen. Wir erstreben einen gerechten Frieden, der an die Stelle der Selbstzerfleischung und Vernichtung der Völker friedliche Zusammenarbeit setzt. Ein solcher Friede kann sich nur auf Achtung vor der Freiheit und der Gleichberechtigung aller Völker gründen.
Ich rufe alle anständigen Deutschen, Männer und Frauen aller Stämme und Stände, ich rufe auch die deutsche Jugend. Ich baue auf die freudige Mitarbeit der christlichen Kirchen.
Habt Mut und Vertrauen! Die Aufgabe ist ungeheuer schwer. Ich kann und will Euch keine leeren Versprechungen machen. Wir werden in harter Arbeit ringen müssen, um langsam wieder vorwärts- und aufwärtszukommen. Aber wir werden diesen Weg als freie Menschen in Anstand gehen und wieder die Ruhe des Gewissens finden. Erfülle jeder seine Pflicht!
Helfe jeder mit, das Vaterland zu retten!

*Walther Hofer (Hrsg.), a. a. O., S. 350 ff.*

1. *Welche Motive des Staatsstreiches werden genannt?*
2. *Wie soll das zukünftige Deutschland aussehen?*
3. *Woran kann man die Unsicherheit der Männer des 20. Juli über die tatsächliche Stimmung im Volk erkennen?*
4. *Welche Legitimation zum politischen Handeln geben sie sich in diesem Text?*

# Neubeginn im Nachkriegsdeutschland

Der Schrecken war zwar zu Ende, doch die Zukunft für die Deutschen war ungewiß: Millionen Männer gerieten in alliierte Kriegsgefangenschaft, während in der Heimat die sogenannten „Trümmerfrauen" von den Behörden zu Aufräumungs- und Wiederaufbauarbeiten in den zerstörten Städten verpflichtet wurden. (Die beiden Aufnahmen entstanden 1945 in München und 1946 in Berlin.)

# Die Folgen des Krieges

| | |
|---|---|
| 5. 6. 1945 | In der „Berliner Erklärung" übernehmen die Siegermächte die oberste Regierungsgewalt in Deutschland |
| 17. 7.–2. 8. 1945 | Potsdamer Konferenz: Die drei Siegermächte legen die Grundsätze der Behandlung Deutschlands fest |

### Zusammenbruch

Der Zusammenbruch des staatlichen und gesellschaftlichen Lebens bei Kriegsende war zugleich auch die Stunde der Befreiung von einem menschenverachtenden Regime, zu dem sich zu diesem Zeitpunkt niemand mehr bekennen mochte. 750 000 Menschen in den Konzentrationslagern waren gerettet, Millionen von Menschen fühlten sich von einem Alpdruck befreit, Millionen anderer wußten nicht, wie es weitergehen sollte. Erleichterung und Bedrückung, Apathie und ein Hochgefühl der Freiheit vermischten sich zu jenem die Stimmungslage der Zeitgenossen so kennzeichnenden Lebensgefühl, das mit dem Begriff der „Stunde Null" umschrieben wurde.

Millionen von Menschen zogen im Sommer 1945 umher und bevölkerten die Straßen. Zahllose Familien waren zerrissen, Frauen suchten ihre Männer, Eltern ihre Kinder, Ausgebombte ein Dach über dem Kopf, viele waren auf der Flucht. Jeder zweite Deutsche war damals unterwegs. Hinzu kamen etwa acht bis zehn Millionen ausländische Kriegsgefangene und Zwangsarbeiter (*Displaced Persons, „DP's"*), von denen die meisten schnell in ihre Heimat zurückkehren wollten.

Auf der anderen Seite waren etwa elf Millionen deutsche Soldaten in alliierte Gefangenschaft geraten. Die Westmächte entließen die meisten von ihnen bald nach Kriegsende, andere wurden für Aufräumungsarbeiten und zur Arbeit in Bergwerken, in der Landwirtschaft nach Frankreich, Belgien und England gebracht. Die letzten Kriegsgefangenen der Westmächte kamen 1948 aus Frankreich zurück. Von den drei Millionen Gefangenen in sowjetischer Hand verloren über eine Million ihr Leben, die anderen mußten jahrelang in der UdSSR Schwerarbeit unter schlimmen äußeren Bedingungen leisten. Erst 1955 entließ die sowjetische Regierung die letzten Gefangenen aus den Straflagern.

### Zerstörte Infrastruktur

Bei der Besetzung Deutschlands fanden die Alliierten ein verwüstetes, in Auflösung befindliches Land vor. Viele Städte waren nahezu entvölkert, weil die Menschen versucht hatten, sich durch die Flucht aufs Land vor den Luftangriffen zu schützen. So hausten in dem schwer getroffenen Köln bei Kriegsende von ursprünglich 770 000 Einwohnern noch ganze 40 000 in den Trümmern. Mehr als drei Viertel der Wohnungen waren vernichtet. In den Städten fehlte es für Millionen Menschen an Gas, Wasser, Strom; Post und Telefonverkehr waren zusammengebrochen; es gab keine Nachrichten.

Die Wohnungsnot der Obdachlosen wurde noch durch die Millionen von Flüchtlingen aus dem Osten verschärft, die nach einer Behausung suchten, aber auch durch die Besatzungstruppen, die Häuser und Wohnungen für ihren Bedarf requirierten. Ein Zimmer diente häufig als Wohnraum für ganze Familien. Keller, Dachböden, Viehställe, stillgelegte Fabriken, primitive Baracken wurden zu Notunterkünften umgestaltet, in denen die Menschen auf engstem Raum, häufig ohne ausreichende Heizung und unter schlechten hygienischen Bedingungen leben mußten.
Schlimm war die Verkehrssituation. Ganze 650 Kilometer des Schienennetzes waren noch intakt, die meisten Lokomotiven und Güterwaggons unbrauchbar geworden. Straßen, Schienen und Flüsse mußten erst wieder passierbar gemacht werden. Das schwer getroffene Transportwesen erwies sich als der kritische Punkt beim Neubeginn. Demgegenüber war die industrielle Kapazität lediglich auf den Stand von 1936 zurückgefallen. Der Krieg hatte die Substanz der deutschen Wirtschaft nicht vernichtet, weil sich die alliierten Bombenangriffe weniger gegen Industrieanlagen als gegen Eisenbahngeleise, Brücken und Wohnhäuser gerichtet hatten.

**Hunger**

Zeitweilig katastrophale Ausmaße nahm in der ersten Nachkriegszeit die völlig unzureichende Lebensmittelversorgung der Bevölkerung in den Städten an. Während der durchschnittliche Kalorienverbrauch einer Person kurz vor Kriegsende bereits von 3000 auf immer noch über 2000 Kalorien abgesunken war, halbierte er sich bis Mitte 1946 noch einmal. Für einen „Normalverbraucher" in der britischen Besatzungszone hieß dies beispielsweise, daß er täglich mit zwei Scheiben Brot, etwas Margarine, einem Löffel Milchsuppe und zwei Kartoffeln auskommen mußte. In der amerikanischen Zone lag das durchschnittliche Gewicht eines Erwachsenen Mitte 1946 bei 51 Kilogramm. In der Not verwendete man sogar Viehfutter (Hafer), um daraus etwas Eßbares zu machen. Aber die Menschen litten nicht nur an Hunger, es fehlte auch an Brennstoffen, an Kleidung und Hausrat (⇨ M 1). Krankheiten wie Typhus, Diphtherie und Keuchhusten grassierten.
Ein Teil der produzierten Waren kam auch deshalb bei den Verbrauchern nicht an, weil die Hersteller sie für *Kompensationsgeschäfte* benötigten, um Ersatzteile, Rohstoffe oder andere Tauschgegenstände zu bekommen. Die Folge war ein florierender *schwarzer Markt* (⇨ M 2).
Hungermärsche und Hungerstreiks von Arbeitern, insbesondere im Ruhrgebiet, gab es bis ins Jahr 1948 hinein. Ohne die Einfuhr von Nahrungsmitteln und Kohle durch die Besatzungsmächte wäre die Situation noch schlimmer geworden. Karitative Organisationen, vor allem in Amerika, versuchten durch Lebensmittelpakete, *„Care-Pakete"*, die schlimmste Not zu mildern. Amerikanische und kanadische Bürger finanzierten für Westdeutschland insgesamt 9,5 Millionen Pakete in einem Gesamtwert von 346 Millionen Mark.

## Flucht und Vertreibung

Zu den einschneidendsten Folgen des Zweiten Weltkrieges wurde für etwa 20 Millionen Menschen in Europa der Verlust ihrer Heimat. Er traf Polen, Tschechen, Slowaken, Ukrainer, Weißrussen, Litauer, Ungarn und vor allem Deutsche. Für etwa zwölf Millionen Deutsche in den östlichen Gebieten des Deutschen Reiches (Ostpreußen, Pommern, Brandenburg und Schlesien) sowie in den deutschen Siedlungsgebieten in Ost- und Südosteuropa wurden *Flucht und Vertreibung* zum bitteren Schicksal. Etwa 2,1 Millionen von ihnen kamen dabei ums Leben.

Anfang 1945 flohen über fünf Millionen Menschen aus den deutschen Ostgebieten vor der anrückenden Roten Armee. Zu Rache und Vergeltung aufgerufene Sowjetsoldaten töteten zahllose Zivilisten. Grausame Mißhandlungen und massenhafte Vergewaltigungen waren an der Tagesordnung. Es wurde geraubt, geplündert, verschleppt. Im Juni 1945 begann dann die brutalste Phase der gezielten Vertreibung von rund 300 000 Deutschen östlich der Oder-Neiße-Linie. Aus der Tschechoslowakei wurden gleichzeitig etwa 800 000 meist ältere Menschen, Frauen und Kinder vertrieben.

Auf der *Potsdamer Konferenz* (siehe Seite 88 f.) vereinbarten die „Großen Drei" zwar eine „Ausweisung Deutscher aus Polen, der Tschechoslowakei und Ungarn", aber diese sollte in „ordnungsgemäßer und humaner Weise erfolgen". Doch zunächst blieb der Rachegedanke vorherrschendes Motiv für die gewaltsame und verlustreiche Vertreibung, die erst 1947 in eine „geordnete Umsiedlung" mündete (⇨ M 3).

Die aus ihrer Heimat vertriebenen Flüchtlinge besaßen nur noch das, was sie auf dem Leib trugen oder mit eigener Kraft mitschleppen konnten. Für die Aufnahmegebiete in der sowjetischen, britischen und amerikanischen Besatzungszone (die französische Besatzungsmacht weigerte sich bis 1948, Flüchtlinge aufzunehmen) bedeutete dieser Zustrom von Menschen eine ungeheuere Verschärfung der an und für sich schon katastrophalen Ernährungs- und Wohnsituation. Zur materiellen Not kam hinzu, daß die Einheimischen ihre vertriebenen Landsleute selten mit offenen Armen empfingen, mußten sie doch selbst Wohnraum abgeben, enger zusammenrücken, das wenige, was sie zum Essen hatten, teilen (⇨ M 4).

Rückblickend läßt sich jedoch feststellen, daß Millionen von Menschen in den Westen gekommen waren, die – zum Überleben entschlossen – arbeiten wollten und als in aller Regel gut ausgebildete Arbeitskräfte einen wichtigen Teil zu dem alsbaldigen Wiederaufbau und dem später in aller Welt gerühmten *„Wirtschaftswunder"* (siehe Seite 171 ff.) beitrugen (⇨ M 5).

Die Besatzungszonen und die neugebildeten Länder (1946/47).

**Besatzungszonen**

Schon im Londoner Protokoll vom 12. 9. 1944 hatten die Vereinigten Staaten, die Sowjetunion und Großbritannien vereinbart, Deutschland zum Zwecke der Besatzung in drei Zonen zu unterteilen. Nach der Kapitulation Deutschlands erhielt dann auch Frankreich aus der amerikanischen und britischen Verfügungsmasse eine eigene Besatzungszone zugewiesen. Die vier Zonen waren nur als rein militärische Abgrenzungen gedacht, denn nach wie vor sollte Deutschland von den Siegermächten gemeinsam verwaltet werden.
Dementsprechend übernahmen die vier Siegermächte mit der Berliner Erklärung vom 5. Juni 1945 zusammen die oberste Regierungsgewalt auf allen staatlichen Ebenen. In Berlin wurde der *Alliierte Kontrollrat* als eine Art Regierung der vier Militärgouverneure eingerichtet. Gemeinsam sollten die alliierten Befehlshaber die Besatzungsziele festlegen und dann in jeweils eigener Verantwortung in den einzelnen Besatzungszonen durchführen. Da im Kontrollrat jedoch das Einstimmigkeitsprinzip galt, führten Meinungsverschiedenheiten zwischen den Alliierten bald zu seiner Handlungsunfähigkeit.
Doch zunächst wahrten die Siegermächte noch den Schein der Einigkeit: Anfang Juli 1945 zogen sich die bei Kriegsende nach Mecklenburg, Thüringen und Sachsen vorgedrungenen amerikanischen und britischen Truppen zurück; die sowjetische Armee rückte in den für sie vorgesehenen Bereich nach und räumte im Gegenzug zwölf der 20 Bezirke Berlins für die drei Westalliierten.

## Die Potsdamer Konferenz – Verhandlungsziele der Siegermächte

Die politischen, territorialen und ökonomischen Probleme, die der Zweite Weltkrieg in Europa hinterlassen hatte, sollten auf der Potsdamer Konferenz gelöst werden, zu der sich die Regierungschefs der Vereinigten Staaten, Großbritanniens und der Sowjetunion mit ihren Ministern und Beraterstäben am 17. Juli 1945 im Schloß Cecilienhof einfanden. Die Gipfelkonferenz der „Großen Drei" dauerte bis zum 2. August 1945. Frankreich, obgleich Besatzungsmacht in Deutschland, wurde nicht hinzugezogen. Daß die Koalition der Sieger auf einem brüchigen Fundament ruhte, zeigte sich rasch. Nach dem Verlust des gemeinsamen Gegners wuchs das wechselseitige Mißtrauen.
Stalin betrachtete die Einstellung der amerikanischen *Pacht- und Leihhilfe* aus den Kriegsjahren als unfreundlichen Akt. Betroffen waren zwar ebenso die anderen Verbündeten der USA, doch die Sowjetunion war ganz besonders auf die amerikanischen Nahrungsmittel- und Gerätelieferungen angewiesen.
Churchill wiederum äußerte immer stärkere Zweifel an der Aufrichtigkeit der sowjetischen Politik, warnte vor der Gefahr einer sowjetischen Beherrschung ganz Europas und versuchte vergeblich, die USA für einen harten Kurs gegenüber Stalin zu gewinnen. Doch weder Churchill noch sein Nachfolger am Konferenztisch, *Clement Attlee*[1]), konnten sich durchsetzen.
*Harry S. Truman*[2]), der neue amerikanische Präsident, besaß keine klare deutschlandpolitische Konzeption. Er ging zunächst noch von einem tragfähigen sowjetisch-amerikanischen Einvernehmen zur Gestaltung der Nachkriegsordnung aus, zumal sich die Vereinigten Staaten seit der erfolgreichen *Zündung der ersten Atombombe* in Neu-Mexiko am 16. Juli 1945 der Sowjetunion militärisch überlegen fühlten.
Den „good will" der amerikanischen Seite verstand Stalin geschickt für seine Interessen zu nutzen. Seine Hauptziele waren:
1. Durchsetzung ausreichender Reparationslieferungen aus Deutschland für den industriellen Wiederaufbau seines vom Krieg verwüsteten Landes und
2. die Sicherung der sowjetischen Westgrenze durch die Schaffung eines Gürtels prokommunistischer, sowjetfreundlicher Staaten in Ostmitteleuropa.
Äußerliche Einigkeit bestand zwischen den Alliierten seit der Konferenz von Jalta über die politischen Grundsätze der zukünftigen Behandlung Deutschlands: *Entwaffnung* und *Entmilitarisierung, Entnazifizierung, Demokratisierung* des politischen Lebens, *Dezentralisierung* der staatlichen Ordnung und der Wirtschaft sowie Wiederaufbau der *lokalen Selbstverwaltung* „nach demokratischen Grundsätzen". In Wahrheit verbanden die Westmächte und die Sowjetunion mit den gefundenen „Formelkompromissen" gänzlich unterschiedliche Inhalte (⇨ M 6).

---

[1]) Clement Richard Attlee (1883–1967), Führer der Labour Party seit 1930 und von 1942 bis 1945 stellvertretender Premierminister. Überraschend schlug er bei Neuwahlen nach Kriegsende Churchill und wurde Premierminister (bis 1951).

[2]) Harry S. Truman (1884–1972), Politiker der demokratischen Partei, der als Vizepräsident nach dem Tod Roosevelts am 12. April 1945 ins Amt kam (bis 1953)

### Das „Potsdamer Abkommen"[1]) – ein Kompromiß

Am heftigsten stritt man im Verlauf der Konferenz über die Reparationen, die Deutschland auferlegt werden sollten, und die endgültige Festlegung der polnischen Westgrenze. Es kam schließlich zu einem Kompromiß, bei dem beide Problemkreise zu einem Paket geschnürt wurden.
Reparationen in Milliardenhöhe hätten das wirtschaftliche Chaos in Deutschland nur verschärft und wären darauf hinausgelaufen, daß letztlich die USA durch Importe in die westlichen Zonen die deutschen Reparationen für die Sowjetunion bezahlt hätten. Schließlich einigte man sich darauf, daß jede Besatzungsmacht ihre Reparationsansprüche aus ihrer eigenen Zone befriedigen sollte. Der Sowjetunion wurden darüber hinaus zehn Prozent der westlichen Reparationen ohne Gegenleistung sowie 15 Prozent der westlichen Reparationen im Austausch gegen Nahrungsmittel, Kohle und andere Waren zugesagt. Die Reparationen sollten jedoch „dem deutschen Volke genügend Mittel belassen, um ohne eine Hilfe von außen zu existieren". Die absolute Höhe der Reparationsleistungen sollte von den Außenministern zu einem späteren Zeitpunkt festgelegt werden.
Der Potsdamer Kompromiß hatte Deutschland in ein westliches und ein östliches Reparationsgebiet geteilt, was im Widerspruch zu der vereinbarten Behandlung Deutschlands als wirtschaftliche Einheit stand. Hinzu kam bald die unterschiedliche Handhabung der Reparationen durch die Besatzungsmächte. So nahm die wirtschaftliche Teilung Deutschlands die politische Teilung vorweg. Das Potsdamer Kommuniqué, über dessen Auslegung sich die Unterzeichnerstaaten bald heftig stritten, war der Versuch, durch eine Teilung Deutschlands die Einheit der Alliierten zu bewahren.
In der polnischen Grenzfrage akzeptierten die beiden Westmächte die Oder-Neiße-Linie „bis zur endgültigen Festlegung" durch einen Friedensvertrag. Letzterer Vorbehalt hatte nur Alibifunktion, weil gleichzeitig die „Umsiedlung" der dortigen deutschen Bevölkerung protokolliert wurde.
Im Gegensatz zur offiziellen amerikanischen Politik, die Potsdam als einen Erfolg der Kriegsalliierten feierte, sprachen skeptischere Stimmen schon damals von einer „Politik des Wunschdenkens" *(George Kennan),* die keine Zukunft habe (⇨ M 7). In der Tat zeigten die ergebnislosen Verhandlungen des *Rates der Außenminister,* die bis Ende 1947 die Grundsätze von Potsdam in praktische Politik umsetzen sollten, daß die Anti-Hitler-Koalition zerbrochen war, die Spaltung Europas und Deutschlands voranschritt und der Ost-West-Gegensatz zum bestimmenden Moment der internationalen Beziehungen werden sollte.

---

[1]) Die Potsdamer Konferenz endete mit einem gemeinsamen Kommuniqué (amtliche Verlautbarung), nicht mit förmlichen Beschlüssen. Im allgemeinen Sprachgebrauch hat sich die ungenaue Bezeichnung „Abkommen" eingebürgert.

„Kohlenklauen als Massenbewegung." Das Foto entstand 1947 im Ruhrgebiet.

## M 1 Die Kohlenkrise

*Ein Hamburger Bürger schrieb im Februar 1947 an einen deutschen Emigranten in New York:*

In Hamburg starben im Monat Januar 1947 224 Personen an Lungenentzündung. [. . .] Die Säuglingssterblichkeit ist im Januar 1947 auf 15 Prozent gestiegen. Am 15. Februar gab es in Hamburg allein 5200 arbeitsunfähige Grippekranke. 5° Minus ist die normale Temperatur in den Wohnungen. [. . .] Und keine Kohlen! Und zwei Stunden am Tag elektrischer Strom! Und die Menschen halb verhungert und ausgemergelt! Niemand darf vergessen, daß wir hier die Entfettungskur nicht erst seit 1945 machen. [. . .] So ist es denn also kein Wunder, daß das „Kohlenklauen" zu einer Massenbewegung geworden ist, von der man sich in anderen Ländern kein Bild machen kann. Ein Kohlenzug, der gezwungen ist, im Stadtgebiet oder am Rande der Stadt zu halten, wird in wenigen Minuten um einen riesigen Teil seiner kostbaren Ladung leichter gemacht, ohne daß das irgend eine Macht verhindern könnte. Plötzlich sind Kinder und Erwachsene in der Masse eines Heuschreckenschwarmes aus der Erde gewachsen und holen sich, worauf sie in der unerbittlichen Kälte stundenlang gewartet haben. Viele von ihnen arbeiten am Tage und gehen in der Nacht oder schon am Abend los, um sich an bereits bekannten Stellen auf die Lauer zu legen. Es ist für sie die einzige Möglichkeit, ihrer Familie eine warme Stube, eine warme Suppe oder das Waschen der Wäsche zu ermöglichen. Der An- und Abmarsch ist eine ständige Demonstration des Elends.

*Helga Grebing u. a. (Hrsg.), Lehrstücke in Solidarität. Briefe und Biographien deutscher Sozialisten 1945–1949, Stuttgart 1983, S. 135 f.*

1. *Erläutern Sie die Bedeutung der Kohle in der unmittelbaren Nachkriegszeit.*
2. *Informieren Sie sich bei älteren Familienangehörigen oder Bekannten über deren Erfahrungen nach Kriegsende.*

Heimkehr von einer erfolgreichen Hamsterfahrt aufs Land im Herbst 1945 in Berlin. Nur wer Zigaretten hatte, war fein heraus: Mit Zigaretten konnte man alles kaufen, was es für wertlose Reichsmark nicht gab. Die Zigarettenwährung war in jenen Jahren die heimliche Währung Deutschlands.

## Kompensationsgeschäfte und schwarzer Markt

M 2

*Bericht des Berliner Telegraf vom 24. Juni 1947:*

Einem hungrigen Freunde wurde ein Pfund Butter für 320,– RM angeboten. Er nahm sie auf Kredit, weil er soviel Geld nicht hatte. Er wollte sie morgen bezahlen. Ein halbes Pfund bekam seine Frau. Mit dem Rest gingen wir „kompensieren": In einem Tabakladen gab es für das halbe Pfund 50 Zigaretten. Zehn Stück behielten wir für uns. Mit dem Rest gingen wir in eine Kneipe. Wir rauchten eine Zigarette, und das Geschäft war perfekt: Für die 40 Zigaretten erhielten wir eine Flasche Wein und eine Flasche Schnaps. Den Wein brachten wir nach Hause. Mit dem Schnaps fuhren wir aufs Land. Bald fand sich ein Bauer, der uns für den Schnaps zwei Pfund Butter eintauschte. Am nächsten Morgen brachte mein Freund dem ersten Butterlieferanten sein Pfund zurück, weil es zu teuer war. Unsere Kompensation hatte $1^1/_2$ Pfund Butter, eine Flasche Wein, zehn Zigaretten und das Vergnügen eines steuerfreien Gewerbes eingebracht.

*Kurt Zentner (Hrsg.), Aufstieg aus dem Nichts, Köln/Berlin 1954, Band 1, S. 16*

1. *Beschreiben Sie die Bedeutung des „schwarzen Marktes" für die Versorgung der Bevölkerung.*
2. *Versuchen Sie zu erklären, unter welchen Umständen sich schwarze Märkte bilden.*
3. *Warum kann eine moderne Volkswirtschaft nicht auf der Basis des Tauschhandels funktionieren?*

Auf Handkarren versuchen ostpreußische Flüchtlinge, ihr letztes Gut vor der Roten Armee zu retten.

## M 3 Vertreibung aus Oberschlesien

*Ein Pfarrer beschreibt die Vertreibung aus dem oberschlesischen Leobschütz.*

Am 26. September 1945, frühmorgens gegen 5.00 Uhr, begann die Razzia gegen die Deutschen. Die polnische Miliz drang in die Häuser ein und jagte alle Deutschen auf die Straße. Die wenigsten hatten noch Zeit und Gelegenheit, etwas von ihren wenigen Habseligkeiten mitzunehmen. Man trieb alle auf dem Ring zusammen und schaffte sie von dort teils in Lastautos, teils zu Fuß in das Lager von Marschke und Zilger. Seit sechs Wochen befand sich dort die Bevölkerung von Schlegenberg in diesem Lager. Während der ganzen Nacht mußten die Männer ungeschützt im Regen stehen. Am folgenden Tag wurde die Belegschaft des Lagers vom Stadtkommandanten und der polnischen Miliz in bezug auf die Arbeitsfähigkeit der einzelnen ausgesondert: Frauen mit Kindern, junge Mädchen, Frauen ohne Kinder, arbeitsunfähige Männer. Die Parole hieß: Frauen mit Kindern und alte Leute kommen ins Reich, arbeitsfähige Männer, Frauen ohne Kinder und junge Mädchen bleiben hier zur Arbeit. Es waren gegen 3000 Menschen in dem Lager zusammengepfercht.

Am 27. September 1945 gegen 5.00 Uhr nachmittags wurden die für den Abtransport bestimmten Personen zur Bahn gebracht. Unter ihnen befand sich auch der Franziskanerpater Ludwig Bogdanski, der ehemalige Guardian[1]) des Franziskanerklosters Leobschütz. Als Transportleiter war Kantor Borsutzki aus Leobschütz bestimmt. Nachdem man 70 bis 80 Personen wie Vieh in einem Wagen zusammengepfercht hatte, begann die Fahrt gegen 8.00 Uhr abends. Die polnische Miliz war dem Transport als Bewachung beigegeben. Niemand wußte, wohin die Fahrt geht. Am 28. September 1945 kam der

---

[1]) Klostervorsteher

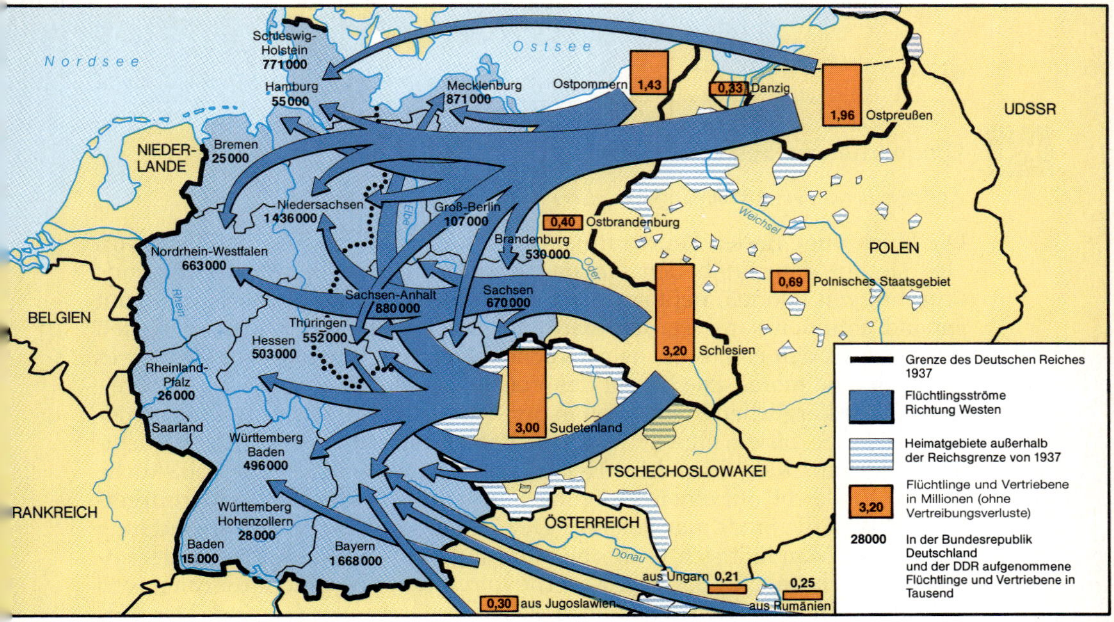


Flucht und Vertreibung aus den Ostgebieten.

Transport in Neiße O/S an und wurde vier Tage auf einem toten Gleis stehen gelassen. Da keine Lebensmittel mitgenommen waren, sich auch sonst niemand um die Verpflegung kümmerte, schrien die Menschen vor Hunger nach Brot. Aber keiner gab es ihnen. Soweit die Wagen von der polnischen Miliz geöffnet wurden, konnten die hungernden Menschen heraus und suchten sich Rüben und Kartoffeln auf den nächstliegenden Feldern. Dabei wurden viele, besonders alte Frauen, von der polnischen Miliz mit Gummiknüppeln geschlagen. Pater Ludwig begrub in den Wällen der Festung Neiße die ersten sieben Toten. Sie waren buchstäblich verhungert.

Weiter ging die Fahrt. In der Nacht drang die polnische Miliz in die Wagen ein, nahm den Frauen die Handtaschen ab, durchwühlte sie, stahl, was ihnen gefiel; den Männern wurde das Geld abgenommen. Immer wieder wurde versucht, Frauen aus den Wagen herauszuziehen, um sie zu vergewaltigen.

[...]

Auf jeder Haltestelle wurden die Toten ausgeladen und an den Bahndämmen, in Schanzlöchern oder auf dem freien Feld beerdigt. Kurz vor Görlitz wurden die Heimatvertriebenen von Russen und der polnischen Miliz noch einmal gründlichst ausgeplündert. In Löbau/Sachsen, der ersten deutschen Grenzstation, wo der Transport am 10. Oktober 1945 anlangte, gab es von deutscher Verwaltung die erste Verpflegung. Pro Kopf ein Viertel Brot mit Quark und eine Mehlsuppe. Von Löbau wurde der Transport nach Zittau-Sachsen und von dort nach dem Lager Niederoderwitz weitergeleitet.

Auf der 15tägigen Fahrt starben 88 Menschen am Hungertod und durch Erschöpfung. Weitere 280 Personen starben an den Folgen der Ausweisung wenige Wochen später in Zittau und Niederoderwitz.

*Bundesministerium für Vertriebene (Hrsg.), Dokumentation der Vertreibung der Deutschen aus Ost-Mitteleuropa, Band I/2, bearbeitet von Theodor Schieder (1954), Neudruck München 1984, S. 708 f.*

*Wie erklärt sich die Brutalität, mit der die Vertreibung der Deutschen durchgeführt wurde?*

## M 4 Umquartierung aus Flüchtlingslagern

*Aus dem Bericht eines Wohnungseinweisers in Bielefeld im Jahr 1946:*

Die Flüchtlinge finden heute oftmals einen fast oder ganz leeren Raum vor. Daß sie auf dem Fußboden schlafen müssen, ihre geringe Habe nirgends unterbringen können, nehmen sie mit Bitternis hin. Aber womit sich kaum jemand abfinden kann ist, daß man ihm nicht einmal das Kochen gestatten will. Gesetzt den Fall, es ist keine Küchenbenutzung vorgesehen, so wäre es dennoch eine moralische Pflicht des Vermieters, den Flüchtling die Zubereitung seiner kärglichen Mahlzeiten in der Küche vornehmen zu lassen, wenigstens so lange, bis ein eigener Herd zur Verfügung steht. Was soll der Flüchtling denn tun? Kein Ofen, kein Herd, kein Brennmaterial. In die Volksküche gehen? Vielleicht mit einem Säugling auf dem Arm von der Sonderburgerstraße bis in die Stadt marschieren? Der Einweiser dringt auf Mitbenutzung der Küche. Man läßt sich im Moment darauf ein, und kurze Zeit später sitzen die Flüchtlinge in der 55er-Kaserne und bitten um Umquartierung, weil sie vom Vermieter wieder aus der Küche verwiesen worden sind. Der Vermieter sagt dazu: Der Flüchtling verbraucht zuviel Gas und was der Dinge mehr sind.

*Christoph Kleßmann, Die doppelte Staatsgründung. Deutsche Geschichte 1945–1955, Göttingen 1982, S. 358 f.*

1. *Beschreiben Sie die Probleme zwischen Einheimischen und Flüchtlingen.*
2. *Suchen Sie im örtlichen Stadt-/Gemeindearchiv bzw. der Lokalredaktion einer Zeitung nach Berichten über das damalige Flüchtlingsproblem.*
3. *Flüchtlinge (Asylbewerber, Bürgerkriegsflüchtlinge) gibt es auch heute. Informieren Sie sich über spezielle Probleme und die Einstellung der Bevölkerung.*

## M 5 Stammbevölkerung und Flüchtlingsstrom im besetzten Deutschland (Stand 1. April 1947)

| *Zone* | *Bevölkerung 1939 Mill.* | *Zuwanderung in 1000 aus: den Ostgebieten* | *dem Ausland* | *den Westzonen* | *der russ. Zone einschl. Berlin* | *Zuwanderung in 1000* | *Abwanderung in 1000* | *Wanderungssaldo Mill.* | *v. H. Bev. 1939* |
|---|---|---|---|---|---|---|---|---|---|
| Britische | 19,8 | 2926 | 267 | 102 | 626 | 3921 | 251 | +3,67 | + 18 |
| Amerikanische | 14,2 | 802 | 2102 | 218 | 260 | 3382 | 132 | +3,25 | + 23 |
| Französische | 6,1 | 30 | 20 | 50 | 15 | 115 | 96 | +0,02 | +0,3 |
| Russische (einschl. Berlin) | 19,5 | 2762 | 1187 | 109 | — | 4058 | 901 | +3,16 | + 16 |
| | 59,6 | 6520 | 3576 | — | — | — | — | +10,1 | + 17 |

*Christoph Kleßmann, a.a.O., S. 355*

1. *Erläutern Sie anhand der Tabelle die Bevölkerungsverschiebung in Deutschland nach 1945. Wie verteilte sich der Flüchtlingsstrom?*
2. *Welche wirtschaftlichen und sozialen Folgen (kurzfristige und langfristige) hatte die Durchmischung der Bevölkerung in den Besatzungszonen?*

## Die Sieger in Deutschland – Besatzungsziele

M 6

*Gemäß dem Kommuniqué über die Potsdamer Konferenz vom 2. August 1945 einigten sich die drei Siegermächte auf folgende Formulierungen zur Behandlung Deutschlands:*

III: Über Deutschland.
Alliierte Armeen führen die Besetzung von ganz Deutschland durch, und das deutsche Volk fängt an, die furchtbaren Verbrechen zu büßen, die unter der Leitung derer, welche es zur Zeit ihrer Erfolge offen gebilligt hat und denen es blind gehorcht hat, begangen wurden. Auf der Konferenz wurde eine Übereinkunft erzielt über die politischen und wirtschaftlichen Grundsätze der gleichgeschalteten Politik der Alliierten in bezug auf das besiegte Deutschland in der Periode der alliierten Kontrolle. [. . .]
Es ist nicht die Absicht der Alliierten, das deutsche Volk zu vernichten oder zu versklaven. Die Alliierten wollen dem deutschen Volk die Möglichkeit geben, sich vorzubereiten, sein Leben auf einer demokratischen und friedlichen Grundlage von neuem wieder aufzubauen. Wenn die eigenen Anstrengungen des deutschen Volkes unablässig auf die Erreichung dieses Zieles gerichtet sein werden, wird es ihm möglich sein, zu gegebener Zeit seinen Platz unter den freien und friedlichen Völkern der Welt einzunehmen. [. . .]

A. Politische Grundsätze
[. . .]
3. Die Ziele der Besetzung Deutschlands, durch welche der Kontrollrat sich leiten lassen soll, sind:
(I) Völlige Abrüstung und Entmilitarisierung Deutschlands und die Ausschaltung der gesamten deutschen Industrie, welche für eine Kriegsproduktion benutzt werden kann oder deren Überwachung. [. . .]
(II) Das deutsche Volk muß überzeugt werden, daß es eine totale militärische Niederlage erlitten hat, und daß es sich nicht der Verantwortung entziehen kann für das, was es auf sich geladen hat, daß seine eigene mitleidlose Kriegsführung und der fanatische Widerstand der Nazis die deutsche Wirtschaft zerstört und Chaos und Elend unvermeidlich gemacht haben.
(III) Die nationalsozialistische Partei mit ihren angeschlossenen Gliederungen und Unterorganisationen ist zu vernichten [. . .].
(IV) Die endgültige Umgestaltung des deutschen politischen Lebens auf demokratischer Grundlage und eine eventuelle friedliche Mitarbeit Deutschlands am internationalen Leben sind vorzubereiten.
4. Alle nazistischen Gesetze [. . .] müssen abgeschafft werden.
5. Kriegsverbrecher und alle diejenigen, die an der Planung oder Verwirklichung der nazistischen Maßnahmen, die Greuel oder Kriegsverbrechen nach sich gezogen oder als Ergebnis gehabt hatten, teilgenommen haben, sind zu verhaften und dem Gericht zu übergeben. Nazistische Parteiführer, einflußreiche Nazianhänger und die Leitung der nazistischen Ämter und Organisationen und alle anderen Personen, die für die Besetzung und ihre Ziele gefährlich sind, sind zu verhaften und zu internieren.
6. Alle Mitglieder der nazistischen Partei, welche mehr als nominell an ihrer Tätigkeit teilgenommen haben, und alle anderen Personen, die den alliierten Zielen feindlich gegenüberstehen, sind aus den öffentlichen oder halböffentlichen Ämtern und von den verantwortlichen Posten in wichtigen Privatunternehmungen zu entfernen. [. . .]

„Banalität des Schreckens": „Jumbo" nannten die Amerikaner die erste Atombombe, die am 16. Juli 1945 zu Versuchszwecken in der Wüste von Neu-Mexiko gezündet wurde. Als Präsident Truman Stalin noch während der Potsdamer Konferenz von dem geglückten Versuch informierte, befahl dieser sofort die intensive Förderung der sowjetischen Atomforschung. So begann noch während der Potsdamer Konferenz der atomare Wettlauf der beiden Supermächte, und vier Jahre später hatte die Sowjetunion gleichgezogen.

7. Das Erziehungswesen in Deutschland muß so überwacht werden, daß die nazistischen und militärischen Lehrsätze völlig entfernt werden und eine erfolgreiche Entwicklung der demokratischen Ideen möglich gemacht wird.
8. Das Gerichtswesen wird entsprechend den Grundsätzen der Demokratie und der Gerechtigkeit auf der Grundlage der Gesetzlichkeit und der Gleichheit aller Bürger vor dem Gesetz ohne Unterschied der Rasse, der Nationalität und der Religion reorganisiert werden.
9. Die Verwaltung Deutschlands muß in Richtung auf eine Dezentralisation der politischen Struktur und der Entwicklung einer örtlichen Selbstverantwortung durchgeführt werden. Zu diesem Zwecke:
(I) Die lokale Selbstverwaltung wird in ganz Deutschland nach demokratischen Grundsätzen [. . .] wiederhergestellt.
(II) In ganz Deutschland sind alle demokratischen politischen Parteien zu erlauben und zu fördern [. . .].
(IV) Bis auf weiteres wird keine zentrale deutsche Regierung errichtet werden. Jedoch werden einige wichtige zentrale deutsche Verwaltungsabteilungen errichtet werden, an deren Spitze Staatssekretäre stehen, und zwar auf den Gebieten des Finanzwesens, des Transportwesens, des Verkehrswesens, des Außenhandels und der Industrie. Diese Abteilungen werden unter der Leitung des Kontrollrates tätig sein.
10. Unter Berücksichtigung der Notwendigkeit zur Erhaltung der militärischen Sicherheit wird die Freiheit der Rede, der Presse und der Religion gewährt. Die religiösen Einrichtungen sollen respektiert werden. Die Schaffung Freier Gewerkschaften, gleichfalls unter Berücksichtigung der Notwendigkeit zur Erhaltung der militärischen Sicherheit, wird gestattet werden.

B. Wirtschaftliche Grundsätze

11. Mit dem Ziel der Vernichtung des deutschen Kriegspotentials ist die Produktion von Waffen, Kriegsausrüstung und Kriegsmitteln, ebenso die Herstellung aller Typen von Flugzeugen und Seeschiffen zu verbieten und zu unterbinden. Die Herstellung von Metallen und Chemikalien, der Maschinenbau und die Herstellung anderer Gegenstände, die unmittelbar für die Kriegswirtschaft notwendig sind, ist streng zu überwachen und zu beschränken, entsprechend dem genehmigten Stand der friedlichen Nachkriegsbedürfnisse Deutschlands [. . .].

12. In praktisch kürzester Frist ist das deutsche Wirtschaftsleben zu dezentralisieren mit dem Ziel der Vernichtung der bestehenden übermäßigen Konzentration der Wirtschaftskraft [. . .].

Bei der Organisation des deutschen Wirtschaftslebens ist das Hauptgewicht auf die Entwicklung der Landwirtschaft und der Friedensindustrie für den inneren Bedarf (Verbrauch) zu richten.

14. Während der Besatzungszeit ist Deutschland als eine wirtschaftliche Einheit zu betrachten. [. . .]

15. Es ist eine alliierte Kontrolle über das deutsche Wirtschaftsleben zu errichten, jedoch nur in den Grenzen, die notwendig sind [. . .].

19. Die Bezahlung der Reparationen soll dem deutschen Volke genügend Mittel belassen, um ohne eine Hilfe von außen zu existieren. [. . .]

IV. Reparationen aus Deutschland

[. . .]

3. Die Reparationsansprüche der Vereinigten Staaten, des Vereinigten Königreiches und der anderen zu Reparationsforderungen berechtigten Länder werden aus den westlichen Zonen und den entsprechenden deutschen Auslandsguthaben befriedigt werden.

4. In Ergänzung der Reparationen, die die UdSSR aus ihrer eigenen Besatzungszone erhält, wird die UdSSR zusätzlich aus den westlichen Zonen erhalten:

a) 15 % [der westlichen Reparationsgüter] im Austausch für einen entsprechenden Wert an Nahrungsmitteln, Kohle, Kali, Pottasche, Zink, Holz, Tonprodukten, Petroleumprodukten und solchen anderen Waren, nach Vereinbarung,

b) 10 % [der westlichen Reparationsgüter] ohne Bezahlung oder Gegenleistungen irgendwelcher Art.

*Herbert Michaelis (Hrsg.) u. a., Ursachen und Folgen. Vom deutschen Zusammenbruch 1918 und 1945 bis zur staatlichen Neuordnung in der Gegenwart, Band 24, Berlin o. J., S. 447 ff.*

1. *Arbeiten Sie die zentralen Prinzipien der vereinbarten gemeinsamen Besatzungspolitik heraus, und vergleichen Sie sie mit den politischen Grundsätzen der Anti-Hitler-Koalition.*
2. *Erläutern und beurteilen Sie die Maßnahmen, die auf die Beseitigung von Militarismus und Nazismus in Deutschland zielen.*
3. *In welchen Formulierungen sind unterschiedliche Interpretationen und zukünftiger Streit angelegt? Begründen Sie Ihre Meinung.*
4. *Auf welche Weise sollte die „wirtschaftliche Einheit" Deutschlands gewahrt werden?*
5. *Weisen Sie nach, daß es den Siegern auch um die Ausschaltung Deutschlands als wirtschaftlicher Konkurrent am Weltmarkt ging.*

## M 7 Potsdam – eine Illusion

*Skeptisch beurteilte der amerikanische Geschäftsträger in Moskau, George F. Kennan, das Ergebnis der Potsdamer Konferenz. Im Sommer 1945 verfaßte er eine Stellungnahme, über die er in seinen Erinnerungen berichtet.*

„Die Idee, Deutschland gemeinsam mit den Russen regieren zu wollen, ist ein Wahn. Ein ebensolcher Wahn ist es, zu glauben, die Russen und wir könnten uns eines schönen Tages höflich zurückziehen, und aus dem Vakuum werde ein gesundes und friedliches, stabiles und freundliches Deutschland steigen. Wir haben keine andere Wahl, als unseren Teil von Deutschland – den Teil, für den wir und die Briten die Verantwortung übernommen haben – zu einer Form von Unabhängigkeit zu führen, die so befriedigend, so gesichert, so überlegen ist, daß der Osten sie nicht gefährden kann. Das ist eine gewaltige Aufgabe für Amerikaner. Aber sie läßt sich nicht umgehen; und hierüber, nicht über undurchführbare Pläne für eine gemeinsame Militärregierung, sollten wir uns Gedanken machen.

Zugegeben, daß das Zerstückelung bedeutet. Aber die Zerstückelung ist bereits Tatsache, wegen der Oder-Neiße-Linie. Ob das Stück Sowjetzone wieder mit Deutschland verbunden wird oder nicht, ist jetzt nicht wichtig. Besser ein zerstückeltes Deutschland, von dem wenigstens der westliche Teil als Prellbock für die Kräfte des Totalitarismus wirkt, als ein geeintes Deutschland, das diese Kräfte wieder bis an die Nordsee vorläßt.

[...] Wenn wir auch unsere bereits übernommenen Verpflichtungen bei der Kontrollkommission loyal erfüllen sollten, so dürfen wir uns doch über die Möglichkeiten einer Dreimächtekontrolle keine Illusionen machen. [...] Im Grund sind wir in Deutschland Konkurrenten der Russen. Wo es in unserer Zone um wirklich wichtige Dinge geht, sollten wir in der Kontrollkommission keinerlei Zugeständnisse machen."

Es versteht sich – bei solchen Überzeugungen –, daß ich die Arbeit der Konferenz von Potsdam mit Skepsis und Entsetzen verfolgte. Ich kann mich an kein politisches Dokument erinnern, das mich je so deprimiert hätte wie das von Truman unterzeichnete Kommuniqué am Ende dieser wirren und verwirrenden Verhandlungen. Nicht nur weil ich wußte, daß die Idee einer gemeinsamen Viermächtekontrolle, die man jetzt zur Grundlage für die Regierung Deutschlands gemacht hatte, abwegig und undurchführbar sei. Auch die unpräzise Ausdrucksweise, die Verwendung so dehnbarer Begriffe wie „demokratisch", „friedlich", „gerecht" in einem Abkommen mit den Russen lief allem direkt zuwider, was siebzehn Jahre Rußlanderfahrung mich über die Technik des Verhandelns mit der sowjetischen Regierung gelehrt hatten.

*George F. Kennan, Memoiren eines Diplomaten, Stuttgart 1968, S. 262*

1. *Wie begründet Kennan seine Skepsis gegenüber der Sowjetunion? Nehmen Sie dazu Stellung.*
2. *Welche Passagen des Potsdamer Kommuniqués sind in der Sicht Kennans besonders fragwürdig?*
3. *Die Politiker der SED behaupteten bis zum Untergang der DDR im Jahre 1989, daß die Westmächte das „Potsdamer Abkommen" gebrochen und nur die Sowjetunion und die DDR sich daran gehalten hätten. Nehmen Sie dazu Stellung.*

# Wiederbelebung des politischen Lebens in Deutschland

Treibeis. Das Lebensgefühl vieler Deutscher unmittelbar nach Kriegsende zeigte dieses Bild auf Seite eins, mit dem die erste Nummer der Wochenzeitung „Die Zeit" am 21. Februar 1946 erschien.

| | |
|---|---|
| 28. 5. 1945 | Die amerikanische Militärverwaltung setzt als ersten provisorischen Regierungschef auf Länderebene in Bayern Fritz Schäffer ein |
| 10. 6. 1945 | Die Sowjetunion läßt in ihrer Besatzungszone die ersten Parteien zu |
| Juli 1945 | In der Sowjetischen Besatzungszone werden fünf Länderverwaltungen und übergeordnete Zentralverwaltungen geschaffen |
| 27. 8. 1945 | Die US-Militärverwaltung läßt die ersten Parteien (auf Kreisebene) zu |
| 17. 10. 1945 | In der amerikanischen Zone wird ein Länderrat mit Sitz in Stuttgart gegründet |
| 20. 11. 1945–1. 10. 1946 | Im Nürnberger Prozeß werden die NS-Kriegsverbrecher verurteilt |
| Anfang 1946 | Erste Gemeindewahlen in der amerikanischen Zone: lokale Selbstverwaltungseinheiten werden wiederbelebt |
| 21./22. 4. 1946 | In der sowjetischen Zone schließen sich KPD und SPD zur SED zusammen |
| seit November 1946 | Die ersten Länder erhalten von den Alliierten genehmigte Verfassungen |

## Politische Konzepte der Besatzungsmächte

Pragmatisch, von den Gegebenheiten vor Ort geleitet, waren die alliierten Besatzungstruppen bemüht, die Verwaltung ihrer Gebiete in Gang zu bringen, damit die lebensnotwendigen Einrichtungen funktionieren konnten. Sie setzten Bürgermeister, Landräte und andere Verwaltungsfachleute ein, die unter der strengen Kontrolle der Besatzungsoffiziere tätig werden durften. So schnell wie damals jemand in sein Amt berufen wurde, konnte er allerdings auch wieder entlassen werden, wenn er das Mißfallen des zuständigen Besatzungsoffiziers erregt hatte. Von Anfang an wirkte sich die besondere Interessenlage jeder der vier Siegermächte in den einzelnen Zonen aus.

1. Die *amerikanische Deutschlandpolitik* hielt bis 1946 an einer primär moralisch begründeten Politik der Bestrafung und Umerziehung der Deutschen fest (⇨ M 1). Das US-Besatzungsregime schwankte zunächst zwischen pragmatischer Krisenbewältigung und der Scheu vor Entscheidungen, die die gemeinsame Deutschlandpolitik der vier Mächte in Frage stellen konnten. Neben dieser offiziellen US-Politik des Abwartens gab es aber in Washington damals bereits einflußreiche Kräfte, die zur Sicherung Westeuropas gegenüber der Sowjetunion den Zusammenschluß und den raschen Wiederaufbau der westlichen Besatzungszonen forderten.

2. *Großbritannien* war aus dem Krieg militärisch als Sieger, aber wirtschaftlich nahezu ruiniert hervorgegangen. Aus dem ehedem größten Kreditgeber der Welt war der größte Schuldner (gegenüber den USA) geworden. Die Briten wollten deshalb die deutsche Volkswirtschaft rasch wieder in Gang setzen, um sie von eigenen Hilfslieferungen unabhängig zu machen. Aus diesem Grund, und wegen des britischen Mißtrauens gegenüber der Sowjetunion, wurden in London frühzeitig Überlegungen in Richtung einer wirtschaftlichen und politischen Stabilisierung Westdeutschlands angestellt (⇨ M 2).

3. *Frankreich* war primär an einem politisch und ökonomisch zerstückelten Deutschland interessiert (⇨ M 3). Ein Wiederaufleben der deutschen Gefahr sollte dauerhaft verhindert werden. Entsprechend blockierte die französische Regierung bis 1947/48 alle Versuche der Briten und Amerikaner, gemeinsam die wirtschaftliche und politische Krise in Deutschland zu steuern, und schottete die eigene Besatzungszone von den übrigen ab.

4. Die *Sowjetunion* wollte zur Hegemonialmacht des gesamten Kontinents werden. Ein dauerhaftes militärisches Engagement der USA in Europa hielt Stalin für unwahrscheinlich, eine nachhaltige Schwächung Großbritanniens und Frankreichs für wahrscheinlich. In der Deutschlandfrage pendelte die sowjetische Politik zwischen einer Minimal- und einer Maximallösung. Dabei wollte sich Stalin die Option zur Einflußnahme auf ganz Deutschland offen halten, weil er umfangreiche Reparationen für sein zerstörtes Land benötigte. Zumindest ging es der Sowjetmacht aber um die Sicherung ihres Einflusses in der *Sowjetischen Besatzungszone (SBZ)*, in der grundlegende Strukturreformen ein kommunistisches Herrschafts- und Gesellschaftssystem mit Vorbildcharakter für Gesamtdeutschland vorbereiten sollten.

Auf der Anklagebank im Nürnberger Prozeß. Im Vordergrund die Verteidiger der Angeklagten. Auf der Tribüne in der ersten Reihe von links: Göring; Heß, ehemaliger Stellvertreter des Führers; von Ribbentrop, Außenminister; Keitel, Generalfeldmarschall, Chef des Oberkommandos der Wehrmacht; Rosenberg, Reichsminister für die besetzten Gebiete.

## Nürnberger Prozeß – Bestrafung der Hauptkriegsverbrecher

Am 20. November 1945 begann der *Internationale Militärgerichtshof* in Nürnberg, der Stadt der Reichsparteitage, den Strafprozeß gegen 24 Personen der NS-Führung. Angeklagt waren außerdem NSDAP, Gestapo und Sicherheitsdienst, SS, SA, Reichsregierung und Oberkommando der Wehrmacht. Die vier Anklagepunkte lauteten:

1. Verschwörung gegen den Frieden (Vorbereitung eines Angriffskrieges);
2. Verbrechen gegen den Frieden (Führen eines Angriffskrieges);
3. Kriegsverbrechen (Verletzung der Haager Landkriegsordnung von 1907 durch Tötung und Mißhandlung von Kriegsgefangenen, Hinrichtung von Geiseln, Mißhandlung der Zivilbevölkerung, Verschleppung zur Zwangsarbeit);
4. Verbrechen gegen die Menschlichkeit (Völkermord).

Nach einjähriger Verhandlung wurden am 30. September und 1. Oktober 1946 die Urteile verkündet: Von den 22 Angeklagten[1]) wurden zwölf zum Tode durch den Strang verurteilt, drei erhielten lebenslange Haft, vier Angeklagte erhielten Haftstrafen zwischen zehn und zwanzig Jahren, drei wurden

[1]) Das Verfahren gegen den Industriellen Krupp wurde wegen Krankheit des Angeklagten auf später verschoben; der ehemalige Führer der Deutschen Arbeitsfront, Ley, verübte vor Prozeßbeginn Selbstmord, so daß noch 22 Angeklagte übrigblieben.

freigesprochen. Von den angeklagten Organisationen wurden die NSDAP, die SS, die Gestapo und der SD zu verbrecherischen Organisationen erklärt; die Strafverfolgung ihrer Mitglieder ohne nachweisliche persönliche Schuld wurde jedoch verworfen.

Auch wenn die Urteile weitgehend begrüßt wurden, blieb Kritik an Einseitigkeiten des Verfahrens nicht aus:

1. Eine Verurteilung wegen Vorbereitung eines Angriffskriegs konnte sich erst auf nachträglich gestaltetes Völkerrecht stützen.
2. Nur deutsche, nicht jedoch alliierte, insbesondere sowjetische Kriegsverbrechen wurden abgeurteilt.
3. Die Bedeutung des Hitler-Stalin-Paktes für die Planung des deutschen Angriffskrieges wurde auf Betreiben des sowjetischen Richters nicht gewürdigt.
4. Ankläger und Richter aus neutralen Ländern wurden nicht zugezogen.

Trotz allem wurde durch den Nürnberger Prozeß ein wichtiges Kapitel für die Aufhellung der Geschichte des NS-Regimes in Deutschland geschrieben. Eine nachträgliche Bemäntelung und Beschönigung der nationalsozialistischen Verbrechen ist angesichts der Beweiskraft der vielen tausend Dokumente und Zeugenaussagen unmöglich. In Nürnberg begann somit die zeitgeschichtliche Erforschung des Nationalsozialismus.

Daß der einzelne für seine Taten haftet und sich nicht hinter seinem Amt oder seiner Funktion verstecken kann, ist eines der wichtigsten Ergebnisse dieses Prozesses. Allerdings fühlten sich allzu viele Deutsche durch diesen Prozeß gegen die Hauptkriegsverbrecher entlastet, und die Frage nach der Mitverantwortung weiter Bevölkerungskreise für das, was zwischen 1933 und 1945 geschehen konnte, trat zu schnell in den Hintergrund.

## Nachfolgeprozesse

In allen vier Besatzungszonen fanden zwischen 1945 und 1949 zahlreiche weitere Prozesse gegen NS-Täter statt. Von besonderer Bedeutung waren die zwölf großen Verfahren vor amerikanischen Militärgerichten in Nürnberg gegen SS-Ärzte, Juristen, Leiter von Einsatzgruppen der Sicherheitspolizei, Industrielle, hohe Offiziere, SS-Führer, leitende Beamte des Auswärtigen Amtes, KZ-Verwalter. Insgesamt verurteilten die westlichen Besatzungsmächte 5025 Angeklagte, darunter 806 zum Tode; 486 wurden hingerichtet, die übrigen Verurteilten zwischen 1950 und 1958 wieder entlassen. Sowjetische Militärtribunale haben schätzungsweise 45 000 Personen verurteilt und etwa ein Drittel von ihnen in Zwangsarbeitslager deportiert; als „Faschisten" verurteilten diese Tribunale aber nicht nur NS-Täter, sondern auch viele Gegner der kommunistischen Diktatur.

Vor westdeutschen Gerichten wurden, noch unter Besatzungskontrolle, bis 1951 weitere 5487 Personen wegen NS-Verbrechen, darunter 158 zu lebenslangem Zuchthaus, verurteilt. Aus vielerlei Gründen erlahmte in den fünfziger Jahren das Interesse der deutschen Öffentlichkeit und der Politik an der Verfolgung von NS-Tätern; Ermittlungsschwierigkeiten der Staatsanwaltschaften kamen hinzu. Erst mit der Gründung der *Zentralen Stelle der Landesjustizverwaltungen zur Aufklärung nationalsozialistischer Gewaltverbrechen* 1958 in Ludwigsburg begann eine systematische Erforschung und Verfolgung der NS-Gewaltverbrechen, deren Ausmaß einer breiteren Öffentlichkeit durch mehrere Großverfahren gegen SS-Wachmannschaften im Auschwitz-Prozeß in Frankfurt (1963–1965) und Majdanek-Prozeß in Düsseldorf (1975–1981) vor Augen geführt wurde. In einem der letzten großen NS-Prozesse wurde 1992 ein ehemaliger SS-Lagerkommandant zu lebenslanger Haft verurteilt.

## Entnazifizierung in den drei Westzonen

Neben der Aburteilung der Kriegsverbrecher gehörte zum Entnazifizierungskonzept der Alliierten auch eine umfassende politische Säuberung im besetzten Deutschland (⇨ M 4). Im Gegensatz zu Briten und Franzosen betrieben die Amerikaner die *Entnazifizierung* mit großer Strenge und einem gewaltigen bürokratischen Aufwand. Bereits in den ersten Monaten der Besatzung unterzogen sie den gesamten öffentlichen Dienst und auch viele Wirtschaftsunternehmen einer gründlichen Säuberung. Von 18 000 Volksschullehrern in Bayern zum Beispiel verloren 10 000 ihre Stellen. In Hessen wurde jeder zweite

Entnazifizierung. Wie viele andere Deutsche mußte sich auch Emmy Göring, die Witwe des ehemaligen Reichsmarschalls, vor einer Spruchkammer verantworten. Links neben der Angeklagten der frühere Intendant der Preußischen Staatstheater, Gustaf Gründgens, der als Entlastungszeuge aussagte. Die Spruchkammer ordnete Frau Göring der Gruppe der Belasteten zu (Juli 1948).

Beamte und jeder dritte Angestellte entlassen. Berufsverbote gab es auch in der privaten Wirtschaft. Mitglieder der NSDAP durften nur noch als Hilfsarbeiter beschäftigt werden. Gleichzeitig wurden jedoch Ausnahmen gemacht, wenn man Experten für bestimmte Tätigkeiten brauchte. In allen drei Westzonen wurden 182 000 NS-Aktivisten in Internierungslager („automatischer Arrest") gebracht, die meisten von ihnen aber bald wieder – die letzten 1948 – entlassen.

Im März 1946 übertrugen die Amerikaner den Vollzug der Entnazifizierung in deutsche Hände. Jeder Deutsche über 18 Jahre mußte einen Fragebogen mit 131 Fragen über seine berufliche und politische Vergangenheit ausfüllen. Spruchkammern stuften in einem prozeßähnlichen Verfahren die erfaßten Personen in fünf Kategorien – Hauptschuldige, Belastete, Minderbelastete, Mitläufer und Entlastete – ein und verhängten die vorgesehenen Strafen.

Von 13 Millionen Fragebögen in der US-Zone fielen 3,6 Millionen Personen unter die Entnazifizierung, zehn Prozent von ihnen wurden verurteilt, aber nur knapp ein Prozent auch wirklich bestraft. Es war dies die Zeit der „Persilscheine"[1]), die man sich wechselseitig ausstellte, aber auch der Denunziation und der Korruption.

Viele empfanden es als ungerecht, daß die harmloseren Fälle zuerst und mit Strenge, die wirklichen Nazis aber erst später und dann meistens milde behandelt wurden (⇨ M 5). Außerdem gelang es vielen schwer belasteten NS-Tätern durch Tarnung und geschickte Anpassung an die neuen Verhältnisse, durch die Maschen des Gesetzes zu schlüpfen – eine Hypothek, die später noch schwer auf der jungen Bundesrepublik lasten sollte (⇨ M 6).

## Entnazifizierung in der Sowjetischen Besatzungszone

In der Sowjetischen Besatzungszone vollzog sich der Prozeß der Entnazifizierung unter dem Motto der „antifaschistisch-demokratischen Umwälzung". Die personelle Säuberung betraf über eine halbe Million ehemaliger Nationalsozialisten in Verwaltung und Industrie. Radikal war der Schnitt vor allem bei Polizei und Justiz, weil die *Sowjetische Militäradministration in Deutschland (SMAD)* hier mehr als anderswo auf einen ergebenen Apparat Wert legte. Mindestens 150 000 Personen, darunter sehr viele Gegner der Kommunisten, die keine NS-Aktivisten waren, wurden in die UdSSR deportiert oder in Internierungslager gebracht. Unter furchtbaren Haftbedingungen starben dort um die 70 000 Menschen.

Andererseits wurden bereits frühzeitig die ehemaligen kleinen Parteigenossen von einer Bestrafung ausgenommen, um sie möglichst rasch in die neuen Verhältnisse zu integrieren. Neben der personellen Säuberung wurde gleichzeitig eine „strukturelle Entnazifizierung" durchgeführt mit Bodenreform, Enteignung und Verstaatlichung der großen Industriebetriebe (siehe Seite 122 f.).

---

[1]) So hießen im Volksmund die Bestätigungen, daß jemand Gegner oder wenigstens kein Sympathisant des Nationalsozialismus war.

## Umerziehung

Auch bei der *Umerziehung* der Deutschen entwickelten sich die Besatzungszonen bald auseinander. Die Erziehung zur Demokratie, für die sich insbesondere die Amerikaner mit geradezu missionarischem Eifer einsetzten, propagierte die Ideen von Freiheit, Rechtsstaat und Menschenrechten, während die Sowjets primär den „Antifaschismus" verordneten. Darunter verstanden sie freilich ganz generell die Ablehnung der bürgerlich-kapitalistischen Gesellschaftsordnung. So galt jeder als Faschist, wenn er sich gegen den politischen Kurs der deutschen Kommunisten in der Sowjetischen Besatzungszone auflehnte (⇨ M 7).

Auf dem Gebiet von Kultur und Bildung waren die Unterschiede zwischen den Besatzungsmächten ebenso unübersehbar. Die Sowjets setzten sofort eine „Demokratisierung der Schule" durch, worunter sie die Einführung der achtklassigen Einheitsschule, die Entlassung fast aller Lehrer wegen ihrer Mitgliedschaft in der NSDAP und die Einstellung von 40 000 „antifaschistischen" Neulehrern (zumeist Arbeiter und Kommunisten) verstanden, die in Schnellkursen von wenigen Monaten auf ihre Tätigkeit vorbereitet wurden. Die Westmächte entwarfen umfassende Pläne zur Demokratisierung des Schulwesens in Anlehnung an ihr jeweils eigenes Modell. Kernstück der amerikanischen Reformvorstellungen waren beispielsweise Schulgeld- und Lernmittelfreiheit, Eingliederung der Berufsausbildung in das allgemeine Schulwesen und die Universitätsausbildung der Lehrer.

Für die Umerziehung der Erwachsenen wurden die Möglichkeiten des Kinos (Wochenschauen) eingesetzt. Eigens produzierte Dokumentarfilme zeigten eindringlich die Greuel des Nationalsozialismus. Bei der Wiederbelebung des Literatur-, Theater- und Musiklebens erwiesen sich die Sowjets in Berlin als besonders aktiv und großzügig.

Neu gestaltet wurden Presse und Rundfunk. Nach Jahren der Staatspropaganda sollten die Deutschen in den Westzonen sich in staatsunabhängigen Zeitungen und Rundfunkprogrammen informieren können. Durch die Vergabe von Lizenzen an ausgewählte Journalisten stellten die Besatzungsmächte die Weichen für die Entwicklung einer demokratischen Publizistik und Öffentlichkeit. Die Sowjets hingegen verstanden Presse und Rundfunk von Anfang an als abhängige Instrumente im politischen Kampf der Kommunisten gegen ihre Gegner.

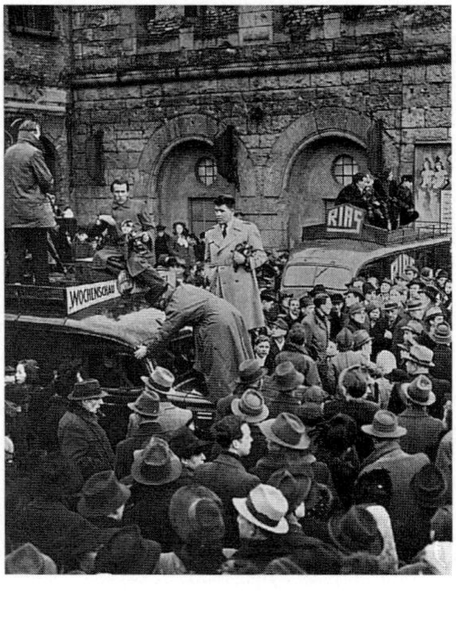


Lautsprecherwagen von Wochenschau und RIAS (Rundfunk im Amerikanischen Sektor Berlins) übertrugen die neuesten Nachrichten – hier am Berliner Bahnhof Zoo.

## Staatlicher und politischer Neuaufbau in den Zonen der Westalliierten

Am frühesten riefen die Amerikaner in ihrer Zone deutsche Verwaltungen auf Länderebene ins Leben. Schon Ende Mai 1945 setzten sie in Bayern eine erste provisorische Regierung mit dem 1933 von den Nationalsozialisten als bayerischen Finanzminister abgesetzten *Fritz Schäffer* an der Spitze ein (⇨ M 8). Im Herbst 1945 wurden die *Länder Bayern (ohne die Pfalz), Großhessen, Württemberg-Baden, Bremen* (seit 1947) gegründet; Koalitionsregierungen aller wieder zugelassenen Parteien (siehe Seite 107 f.) wurden unter Aufsicht der Militärregierung tätig. Da die amerikanische Militärregierung ihre Zone möglichst rasch aufbauen wollte, veranlaßte General *Clay*[1]) schon im Oktober 1945 in Stuttgart die Gründung eines *Länderrates,* eine Art ständiger Konferenz der Ministerpräsidenten der US-Zone, zur Bewältigung gemeinsamer Probleme.

Die Amerikaner ließen Anfang 1946 auch als erste wieder demokratische Wahlen in Gemeinden und Kreisen zu. Im Sommer 1946 entwarfen verfassunggebende Versammlungen die zukünftigen *Länderverfassungen,* die nach Genehmigung durch die Besatzungsmacht im November/Dezember 1946 durch *Volksabstimmung* in den drei Ländern der US-Zone in Kraft gesetzt wurden. Die ausgeprägte soziale Komponente dieser frühen Länderverfassungen sowie die starke Betonung der Grundrechte spiegeln die Nöte der Zeit wie die Erfahrungen wider, die man in den Jahren der Diktatur gemacht hatte. Wo freilich diese Verfassungen, wie vor allem in Hessen, Sozialisierungsziele formulierten, untersagte dies die Besatzungsmacht.

Erstmals nach 13 Jahren wählten die Bürger wieder in demokratischen Wahlen ihre *Landtage,* aus denen demokratisch legitimierte Regierungen hervorgingen (⇨ M 9). Die Besatzungsbehörden verlegten sich nunmehr auf die Kontrolle der deutschen Behörden, und in der Praxis erweiterten die Regierungschefs der Länder rasch ihre politischen Gestaltungsmöglichkeiten.

In der *britischen Zone* zog sich der Prozeß der Länderneugründung wesentlich länger hin. Außer *Hamburg* entstanden sozusagen am Reißbrett aus den Bruchstücken Preußens: *Nordrhein-Westfalen* (August 1946), *Schleswig-Holstein* (August 1946), *Niedersachsen* (November 1946). Die Befugnisse der Länder waren erheblich beschränkter als in der amerikanischen Zone; gemäß ihrer eigenen zentralistischen Tradition richteten die Briten *Zentralämter* als Exekutivorgane der britischen Kontrollkommission ein und besetzten sie mit Deutschen. Wahlen erfolgten dann Ende 1946/47.

In der *französischen Besatzungszone* zögerte die Besatzungsmacht den staatlichen Neuaufbau in den 1946 geschaffenen Ländern *Rheinland-Pfalz, Württemberg-Hohenzollern* und *Süd-Baden* noch bis Mitte 1947 hinaus, verhängte eine scharfe Zensur in allen politisch-gesellschaftlichen Bereichen und verbot lange Zeit das Wort „deutsch" in Parteibezeichnungen.

---

[1]) Lucius D. Clay (1897–1978) wurde als Stellvertreter General Eisenhowers 1947 Militärgouverneur der amerikanischen Besatzungszone (bis 1949).

Mit diesen Plakaten warben die Parteien der Westzonen um die Wähler.

## Neugründung von politischen Parteien in den Westzonen

Die Demokratisierung der staatlichen Einrichtungen setzte die Existenz von Parteien voraus, deren Zulassung im „Potsdamer Abkommen" vorgesehen war. Die Vereinigten Staaten und Großbritannien gaben aber erst im Herbst ihre anfänglich restriktive Haltung auf. Die bislang illegal tätigen Gruppierungen – darunter seit April 1945 das *„Büro Dr. Schumacher"*[1]) in Hannover als Zentralstelle der *Sozialdemokratischen Partei Deutschlands (SPD)* und die in Köln im Juni 1945 von verschiedenen Politikern des ehemaligen *Zentrums* und christlichen Gewerkschaften gegründete *Christlich-Demokratische Union (CDU)* – wurden im August/September 1945 von den amerikanischen und britischen Besatzungsbehörden offiziell lizenziert.

Das parteipolitische Novum der Nachkriegszeit war die Gründung der CDU in Berlin und im Rheinland. Die Überwindung der konfessionellen Spaltung zwischen evangelischen und katholischen Wählern sowie die Einbeziehung konservativ-bürgerlicher Schichten und von Anhängern der christlichen Gewerkschaften sollten mit dem Begriff „Union" zum Ausdruck gebracht werden. Kennzeichnend für die Gründungsphase der CDU ist der antikapitalistische Zug ihrer Programmatik, die Forderung nach der Vergesellschaftung bestimmter Grundstoffindustrien sowie nach Mitbestimmung der Arbeitnehmer *(Ahlener Programm von 1947)*. Vorsitzender der CDU der britischen Zone wurde im März 1946 *Konrad Adenauer*[2]); erst 1950 schlossen sich die CDU-Verbände unter seiner Führung zu einer Bundespartei zusammen.

In Bayern erhielt Anfang 1946 die neugegründete *CSU (Christlich-Soziale Union)* die Genehmigung, sich landesweit politisch zu betätigen. Nach hefti-

---

[1]) Dr. Kurt Schumacher (1895–1952), 1930–1933 Reichstagsabgeordneter der SPD, 1933–1944 im KZ, wurde 1946 Vorsitzender der SPD in den Westzonen.

[2]) Dr. Konrad Adenauer (1876–1967), 1917–1933 als Mitglied der Zentrums-Partei Oberbürgermeister von Köln, 1946–1950 Vorsitzender der CDU in der britischen Zone, bis 1966 Vorsitzender der Gesamtpartei

gen Flügelkämpfen zwischen einer klerikal-partikularistischen und einer liberal-konservativen Richtung prägte letztere schließlich das Bild der CSU.
Im Gegensatz zur CDU knüpfte die SPD organisatorisch, programmatisch (nach wie vor gültig war das *Heidelberger Programm* von 1925) und personell an ihre Weimarer Traditionen an. In den weitgehend von Kurt Schumacher formulierten „Politischen Leitsätzen" wurde die sofortige Sozialisierung der Bodenschätze und Grundstoffindustrien eingefordert. Antikapitalismus und Antikommunismus bildeten die Grundlage von Schumachers Denken. Mitbestimmung der Arbeitnehmer und eine volkswirtschaftliche Gesamtplanung zur Koordinierung der vergesellschafteten Betriebe waren die wirtschaftspolitischen Leitziele der SPD, die es Ende 1947 bereits wieder auf 875 000 Mitglieder brachte.
Die *liberalen Parteien* traten zunächst in den Westzonen unter verschiedenen Namen auf. Sie betonten stärker als die anderen Parteien das Recht auf Privateigentum und die Bedeutung der freien Initiative für die Wirtschaft. Ende 1948 schlossen sich konservativ-liberale und liberal-demokratische Politiker zur *Freien Demokratischen Partei* zusammen. *Theodor Heuss*[1]) wurde ihr erster Vorsitzender.
Obwohl das Parteiprogramm der *Kommunistischen Partei Deutschlands (KPD)* wesentlich gemäßigter war als das der SPD – es war weder von Sozialisierung noch von Mitbestimmung die Rede –, galt die KPD in den Westzonen als „Russenpartei" und blieb ohne größeren Wahlerfolg.

## Entwicklung in der sowjetischen Zone

Während die westlichen Besatzungstruppen zunächst viel improvisierten, um das Leben in halbwegs geordnete Bahnen zu lenken, ging die sowjetische Besatzungsmacht gezielter ans Werk. Schon Anfang Mai 1945 war eine Gruppe deutscher Exilkommunisten in die Sowjetische Besatzungszone eingeflogen worden. An ihrer Spitze stand der ehemalige kommunistische Reichstagsabgeordnete *Walter Ulbricht*[2]), der seit 1938 in Moskau gelebt hatte. Er und weitere Spitzenfunktionäre der KPD hatten seit langem präzise Pläne für eine wirtschaftlich-soziale Umwälzung und die Beseitigung des politischen Einflusses von Sozialdemokratie und sogenannten bürgerlichen Kräften in der Gesellschaft entworfen.
Die SMAD folgte in aller Regel den Empfehlungen der „Gruppe Ulbricht". Bürgermeister und sonstige Verwaltungspersonen wurden eingesetzt, wobei die Kommunisten keinesfalls alle Ämter beanspruchten, sondern Sozialdemokraten, Zentrumsmitglieder sowie Liberale und Parteilose, die als Gegner des

[1]) Professor Theodor Heuss (1884–1963) war in der Weimarer Republik für die Deutsche Demokratische Partei Reichstagsabgeordneter, wirkte 1949 entscheidend bei der Ausarbeitung des Grundgesetzes mit. Heuss prägte als Repräsentant des geistigen Deutschlands entscheidend das Amt des Bundespräsidenten (1949–1959).

[2]) Walter Ulbricht (1893–1973), seit 1919 Mitglied der KPD. Zwischen 1950 und 1971 übernahm Ulbricht als Sekretär der SED die eigentliche Führung in der DDR, obwohl er nie Regierungschef war.

NS-Regimes bekannt waren, auswählten. Stets stellten die Kommunisten aber den stellvertretenden Bürgermeister, die Personaldezernenten und vor allem den Polizeichef. „Es muß demokratisch aussehen, aber wir müssen alles in der Hand haben", lautete die Anweisung Ulbrichts.
Auch bei der Besetzung der im Juli 1945 errichteten (1952 wieder aufgelösten) Landesverwaltungen in Brandenburg, Mecklenburg-Vorpommern, Sachsen, Sachsen-Anhalt und Thüringen schienen die KPD-Funktionäre nicht im Vordergrund zu stehen, besetzten aber die wesentlichen Schlüsselfunktionen. Dies galt erst recht für die ebenfalls im Juli 1945 geschaffenen und wesentlich wichtigeren elf *Zentralverwaltungen* (für Verkehr, Finanzen, Justiz etc.). Die Zentralverwaltungen waren unmittelbar der sowjetischen Militärregierung zugeordnet und hatten deren Befehle zu vollziehen. Geplant waren sie als Keimzellen für eine spätere gesamtdeutsche Zentralregierung, dienten jedoch in der Praxis der Verfestigung der zentralistischen Staatsmacht in den Händen einer moskauhörigen Partei.

## Politische Parteien in der Sowjetischen Besatzungszone

Die Sowjets gestatteten noch vor Beginn der Potsdamer Konferenz als erste in ihrem Machtbereich die *Gründung politischer Parteien* (10. Juni 1945). KPD, SPD, CDU und *LDPD (Liberal-Demokratische Partei Deutschlands)* schlossen sich dann bereits einen Monat später zur *Einheitsfront der antifaschistisch-demokratischen Parteien (Antifa-Block)* zusammen.
Die SMAD revidierte ihr Entgegenkommen gegenüber allen Parteigruppierungen alsbald und förderte einseitig die Kommunistische Partei. Die wegen ihrer offensichtlichen Unterstützung der Besatzungsmacht unbeliebte KPD betrieb erst nach katastrophalen Wahlergebnissen der Kommunisten in Österreich und Ungarn den Zusammenschluß mit der SPD, um damit ihren vermeintlich schärfsten Konkurrenten auszuschalten.
Kurt Schumacher warnte vor der Fusion einer demokratischen Partei mit einer leninistischen Kaderpartei, und die SPD in der sowjetischen Zone wollte über eine Verschmelzung nur auf einem gesamtdeutschen Parteitag entscheiden. Drohungen, Redeverbote und Verhaftungen sorgten dafür, daß *Otto Grotewohl*[1]) und die Spitze der Ost-SPD nachgaben, um endlich die „Spaltung der Arbeiterklasse" zu überwinden. Der Beschluß auf dem „Vereinigungsparteitag" in Berlin am 21./22. April 1946 wurde einstimmig gefaßt. Die ideologische Ausrichtung der neuen *Sozialistischen Einheitspartei Deutschlands (SED)* beruhte auf einem Kompromiß: Richtschnur war nur der *Marxismus,* nicht aber der *Leninismus,* und man wollte einen „besonderen deutschen Weg zum Sozialismus" verfolgen, der nicht auf das sowjetische Vorbild fixiert war. Außerdem waren alle Vorstandsämter paritätisch von ehemaligen Mitgliedern beider Parteien besetzt.

---

[1]) Otto Grotewohl (1894–1964), SPD-Politiker während der Weimarer Republik, wurde 1945 Vorsitzender der SPD in der sowjetischen Zone. Formal war Grotewohl von 1949 bis zu seinem Tod Regierungschef der DDR, stand aber im Schatten der Parteiführung der SED.

Eine gestellte Aufnahme sollte die Vereinigung von KPD und SPD publikumswirksam darstellen.

Obwohl die sowjetische Militärregierung CDU und LDPD in der Folgezeit massiv benachteiligte (sie durften sich nicht in allen Orten zur Wahl stellen), erhielten bei den Kreis- und Landtagswahlen vom 20. Oktober 1946 die bürgerlichen Parteien mehr als die Hälfte der Stimmen (⇨ M 10). In Berlin, wo die SPD noch kandidieren durfte, wurde die SED mit 19,8 % der Stimmen gar nur drittstärkste Partei; es war offensichtlich, daß die SED in freien Wahlen nicht die Mehrheit erreichen würde. Die Sowjets verstärkten daraufhin ihren Druck sowohl auf die anderen Parteien als auch auf die SED selbst. Als die Spitze der CDU in der SBZ sich dem Führungsanspruch der SED nicht beugen wollte, wurden *Jakob Kaiser* und *Ernst Lemmer* kurzerhand auf Befehl der SMAD abgesetzt; ihr Nachfolger *Otto Nuschke* ordnete sich unter. Das gleiche Schicksal erfuhr die LDPD.
Auch vor der SED machte der verschärfte Kurs der Sowjetunion nicht halt. Vor dem Hintergrund einer sich zuspitzenden außenpolitischen Situation verwarf die *Kommunistische Partei der Sowjetunion (KPdSU)* alle nationalen Sonderwege. Die SED mußte zu einer „Partei neuen Typs“ nach leninistischem Modell umgebildet werden, sie wurde von oppositionellen Kräften „gesäubert“ und die paritätische Besetzung der leitenden Funktionen aufgehoben. Mit der I. Parteikonferenz im Januar 1949 übernahm die SED die Strukturen der KPdSU; eingeführt wurde der *„demokratische Zentralismus“*, also die Unterwerfung aller Parteiinstitutionen unter die übergeordneten Gremien. Die ehemaligen Sozialdemokraten mußten sich anpassen oder spielten keine Rolle mehr.

## Deutschlandpolitik der USA

M 1

*In der Direktive JCS 1067[1]) vom 26. April 1945 sind die Richtlinien der amerikanischen Regierung über ihre Besatzungspolitik in der US-Zone für General Dwight D. Eisenhower, den Militärgouverneur und Oberbefehlshaber der US-Streitkräfte, niedergelegt worden. Sie galten offiziell bis 1947.*

*4. Grundlegende Ziele der Militärregierung in Deutschland*

a. Es muß den Deutschen klargemacht werden, daß Deutschlands rücksichtslose Kriegsführung und der fanatische Widerstand der Nazis die deutsche Wirtschaft zerstört und Chaos und Leiden unvermeidlich gemacht haben, und daß sie nicht der Verantwortung für das entgehen können, was sie selbst auf sich geladen haben.

b. Deutschland wird nicht besetzt zum Zwecke seiner Befreiung, sondern als ein besiegter Feindstaat. Ihr Ziel ist nicht die Unterdrückung, sondern die Besetzung Deutschlands, um gewisse wichtige alliierte Absichten zu verwirklichen. Bei der Durchführung der Besetzung und Verwaltung müssen Sie gerecht, aber fest und unnahbar sein. Die Verbrüderung mit deutschen Beamten und der Bevölkerung werden Sie streng unterbinden.

c. Das Hauptziel der Alliierten ist es, Deutschland daran zu hindern, je wieder eine Bedrohung des Weltfriedens zu werden. Wichtige Schritte zur Erreichung dieses Zieles sind die Ausschaltung des Nazismus und des Militarismus in jeder Form, die sofortige Verhaftung der Kriegsverbrecher zum Zwecke der Bestrafung, die industrielle Abrüstung und Entmilitarisierung Deutschlands mit langfristiger Kontrolle des deutschen Kriegspotentials und die Vorbereitungen zu einem späteren Wiederaufbau des deutschen politischen Lebens auf demokratischer Grundlage.

d. Andere alliierte Ziele sind die Durchführung des Reparations- und Rückerstattungsprogramms, Nothilfe für die durch den Naziangriff verwüsteten Länder und die Betreuung und Rückführung der Kriegsgefangenen und Verschleppten der Mitgliedstaaten der Vereinten Nationen. [. . .]

*Deutscher Lebensstandard*

[. . .] Sie werden nichts unternehmen, was geeignet wäre, den Mindestlebensstandard in Deutschland auf einem höheren Niveau zu erhalten als in irgendeinem benachbarten Mitgliedsstaat der Vereinten Nationen, und Sie werden geeignete Maßnahmen ergreifen, um sicherzustellen, daß der Mindestlebensstandard des deutschen Volkes nicht höher liegt als bei irgendeinem benachbarten Mitgliedsstaat der Vereinten Nationen, falls solche Maßnahmen dazu beitragen, den Standard in irgendeiner dieser Nationen zu heben.

*Herbert Michaelis (Hrsg.) u. a., Ursachen und Folgen. Vom deutschen Zusammenbruch 1918 und 1945 bis zur staatlichen Neuordnung in der Gegenwart, Band 24, Berlin o. J., S. 25 ff.*

1. *Woraus läßt sich ablesen, daß dieser Direktive die amerikanische Politik eines harten Friedens mit Deutschland zugrunde lag?*
2. *Welche Auswirkungen auf das Verhältnis zwischen den Siegern und den Besiegten mußten die Aussagen unter Punkt 4b haben?*
3. *Diskutieren Sie, warum diese Direktive nur kurze Zeit praktische Bedeutung haben konnte.*

[1]) JCS: Joint Chief of Staff (Vereinigter Generalstab der US-Streitkräfte)

## M 2 Britische Deutschlandpolitik

*In einer streng geheimen Kabinettsvorlage des britischen Außenministers Bevin vom 11. März 1946 über die Zukunft Deutschlands wird die Einschätzung der britischen Regierung formuliert.*

*Die sowjetische Haltung*
[. . .]
50. Wir müssen in der Tat davon ausgehen, daß die sowjetische Regierung ihre Besatzungsherrschaft, unter welchem Vorwand auch immer, aufrechterhalten wird, solange die deutsche Regierung nicht von Kommunisten beherrscht wird, und die Sowjets werden alles daransetzen, um genau dies zu erreichen. [. . .]

*Die britischen Interessen*
59. Die britischen Interessen können folgendermaßen zusammengefaßt werden:
1. Die Sicherheit vor einem Wiederaufleben deutscher Aggression.
2. Einigermaßen stabile wirtschaftliche Verhältnisse in Deutschland und Europa.
3. Reduzierung der britischen Besatzungskosten in Deutschland und der Kosten für die Ernährung der Deutschen.
4. Ein demokratisches und nach Westen ausgerichtetes Deutschland.
5. Beschränkung des sowjetischen Herrschaftsbereichs so weit östlich wie möglich.
6. Wiederaufstieg Frankreichs zu einem stabilen Mitglied der westlichen Demokratien.

*Rolf Steininger, Deutsche Geschichte 1945–1961. Darstellung und Dokumente in zwei Bänden, Band 1, Frankfurt am Main 1988, S. 184 ff.*

1. *Arbeiten Sie die Punkte heraus, in denen Briten und Amerikaner übereinstimmen beziehungsweise unterschiedliche Auffassungen vertreten.*
2. *Beschreiben Sie die Haltung beider Mächte zu Deutschland.*

## M 3 Das französische Sicherheitskonzept

*Am 5. Oktober 1945 erläuterte der Ministerpräsident der provisorischen französischen Regierung, Charles de Gaulle, vor französischen Besatzungsoffizieren in Baden-Baden die zukünftige Deutschlandpolitik.*

Was tun wir hier nach unserem Sieg? Wir arbeiten darauf hin, hier Frankreich zu etablieren. [. . .]
Frankreich hier etablieren, das bedeutet zuerst, Frankreich die Verfügung über das Territorium zu verschaffen, das der Natur nach mit ihm verbunden ist. Dies betrifft die linksrheinischen Gebiete der Pfalz, Hessen, das rheinische Preußen, und das Saarland. Diese Gebiete, die alle untereinander in Verbindung stehen, müssen auch mit Frankreich verbunden werden [. . .].
Heißt dies Annexion? Nein, aber streiten wir nicht um Worte. Das Ziel ist eine wirtschaftliche und psychologische Vereinigung, eine französische Präsenz, eine unbegrenzte Kontrolle. [. . .]

Ich denke auch an das Ruhrgebiet, das soviel Kohle besitzt, die Westeuropa und vor allem Frankreich so dringend benötigen. Dieses Ruhrgebiet ist ein Pfand und ein Hilfsmittel zugleich. Ein Pfand, weil ohne das Ruhrgebiet Deutschland sich nicht wieder erheben und uns erneut bedrohen, angreifen, niederwerfen kann. Ein Hilfsmittel für den Wiederaufstieg Westeuropas, und besonders ein Hilfsmittel, das Frankreich helfen soll, eine große Industriemacht zu werden. [. . .]
Was die anderen deutschen Gebiete betrifft, so gehen sie ihrer Bestimmung entgegen, einer traurigen Bestimmung. Das geteilte und zerstörte Deutschland, regiert von verschiedenen, untereinander zerstrittenen Behörden, dieses so dem Unglück ausgelieferte Deutschland, dem sich keine Perspektive eines raschen Wiederaufstiegs öffnet – es wird sich ganz natürlicherweise auf das Land hin orientieren, das ihm die meisten Zukunftschancen bietet, die Möglichkeit, wieder einen Platz in Europa einzunehmen.

*Franz Knipping/Ernst Weisenfeld (Hrsg.), Eine ungewöhnliche Geschichte. Deutschland – Frankreich seit 1870, Bonn 1988, S. 142*

1. *Erläutern Sie die verschiedenen Komponenten des französischen Sicherheitskonzepts gegenüber Deutschland.*
2. *Referieren Sie die historischen Erfahrungen, vor denen die französische Deutschlandpolitik zu sehen ist.*
3. *Worin unterschied sich diese Politik von den Zielen der anderen Siegerstaaten?*

## Durch gerechte Sühne zum Wiederaufbau

**M 4**

*In Ermangelung eines Parlaments gab der von der US-Militärregierung am 20. September 1945 ins Amt eingesetzte bayerische Ministerpräsident Dr. Wilhelm Hoegner[1]) (SPD) über Rundfunk sein Regierungsprogramm bekannt. Neben den Problemen des wirtschaftlichen Aufbaus stand die Auseinandersetzung mit dem Erbe des Nationalsozialismus im Mittelpunkt seiner Ausführungen.*

Es bedarf nur eines Blickes auf unsere zerstörten Städte, um zu erkennen, daß die geschichtliche Schuld des Nationalsozialismus und seiner Anhänger und Förderer unermeßlich ist. Wenn jetzt von manchen Seiten um Gnade und Mitleid für die Nationalsozialisten geworben wird, weil sie ihre Wohnungen und Ämter verlieren sollen, so fragen wir: Wo blieb das Mitleid der Nationalsozialisten mit ihren wehrlosen politischen Gegnern, wo blieb ihr Mitleid mit dem militärisch längst besiegten unglücklichen deutschen Volk, das sie bis zum letzten Mann opfern wollten, um sich selbst ein paar Monate länger an der Macht zu halten, wo blieb ihr Mitleid mit den Kindern und Frauen, die sie in Kirchen einsperrten und verbrannten, wo blieb ihr Mitleid mit den Millionen Menschen, die sie in Gaskammern erstickten? [. . .]
Die neue bayerische Staatregierung ist entschlossen, den Einfluß des Nationalsozialismus in unserem öffentlichen Leben, besonders in unserer Beamtenschaft, vollkommen auszutilgen. [. . .]

---

1) Wilhelm Hoegner (1887–1980), Reichstagsabgeordneter der SPD bis 1933, überlebte den Zweiten Weltkrieg als Emigrant in der Schweiz. Bayerischer Ministerpräsident war Hoegner 1945/46 und von 1954 bis 1957.

„Habe ich den nicht schon einmal gesehen?" Die aus dem News Chronicle stammende Karikatur wurde in Deutschland erstmals vom Spiegel veröffentlicht (15. 2. 1947). Laut einem Memorandum der britischen Militärregierung vom 13. August 1948 gab es kein Wort, das die Deutschen so verabscheuten wie „Re-Education".

Die Gerechtigkeit erfordert ferner, daß den unglücklichen Opfern der nationalsozialistischen Verbrechen aus öffentlichen Mitteln nach besten Kräften geholfen wird.
Wir sind arm geworden, aber doch nicht so arm, daß wir nicht himmelschreiendes Unrecht einigermaßen wieder gutmachen könnten. Soweit unrechtmäßig erworbene nationalsozialistische Vermögen noch erfaßbar sind, sollen sie nach dem Willen der Staatsregierung zu Sühneleistungen herangezogen werden. Die im Dritten Reich unschuldig Verurteilten werden rehabilitiert werden. [. . .]
Die neue Regierung will daher unter Hintansetzung aller weltanschaulichen Meinungsverschiedenheiten ihre gesamte Kultur- und Schulpolitik überwiegend in den Dienst des Kampfes gegen die nationalsozialistischen Wahnlehren stellen. [. . .]
Wir müssen heute als ganzes Volk büßen, was Entartete in unseren Reihen verbrochen haben. Aber die Sühne darf nicht unangemessen sein, sie muß dem Verschulden angemessen sein. Die größte Schuld des deutschen Volkes ist es, daß es dem aufkommenden Unrecht nicht stark genug entgegengetreten ist, sondern es hat wuchern und wachsen lassen, bis es sich wie ein Krebsgeschwür ausgebreitet hat. Durch den Verlust des Weltkrieges, durch die Zerstörungen unserer Städte, durch unersetzliche Verluste an Menschenleben hat das deutsche Volk [. . .] bereits schwer gebüßt. So wird es an der Zeit sein, uns zu sagen, daß die Schmach von dem anständigen Teil unseres Volkes getilgt ist, daß wir den Blick erheben und den Siegern offen ins Auge schauen dürfen. Daß dieser Augenblick nicht mehr allzu ferne sein möge, ist unser aller Wunsch.

*Süddeutsche Zeitung, 1. Jahrgang, Nr. 9 vom 2. November 1945, S. 1 f.*

1. *Welche Haltung nahmen demokratische Politiker im besetzten Deutschland zur Entnazifizierung durch die Amerikaner ein?*
2. *Interpretieren Sie die Schlußpassage der Rundfunkansprache Hoegners.*

M 5

## NS-Landrat freigesprochen – Und die kleinen Pg[1])?

AUFRUF!

Vor der Spruchkammer in Stade soll das Entnazifizierungsverfahren gegen den früheren Propagandaleiter der NSDAP und Leiter des Sicherheitsdienstes (Gestapo) Kreisschulrat

**Friedrich Baumgarten**

geb. 10. 12. 98 in Ülzen
wohnhaft Peine, Hopfenstraße 13
eingeleitet werden.

Personen, welche über denselben konkrete Angaben, möglichst mit Zeugenbenennung hinsichtlich politischen Verhaltens, insbesondere in Bezug auf Judenverfolgungen und Verfolgungen Andersdenkender, machen können, werden gebeten, dieses schriftlich oder zu Protokoll bis zum

5. März 1948 in der Geschäftsstelle des
Entnazifizierungs - Schiedsgerichts in Peine
Am Markt 2

anzubringen. – Es wird ausdrücklich darauf hingewiesen, daß anonyme Schreiben nicht bearbeitet werden.

Deutsches Entnazifizierungs-Schiedsgericht
Landkreis Peine.

*Bericht der Hannoverschen Presse vom 16. Dezember 1947:*

Niedergandern. Ein früherer Landrat des Landkreises Göttingen, der „alte Kämpfer", SS-Hauptsturmführer und NSDAP-Ortsgruppenleiter Bodo Freiherr von Bodenhausen, wurde von der 13. Kammer des Spruchgerichtes Bielefeld freigesprochen. Das Urteil ist noch nicht rechtskräftig.

Von Bodenhausen ist der Besitzer der beiden Güter in Niedergandern und Reckershausen. 1932 trat er in die NSDAP ein, und 1933 wurde er wegen seiner „kämpferischen Haltung" zum NS-Abgeordneten des Kreistages und zum Kreisausschußmitglied ernannt. Zu dieser Zeit trat er auch der SS bei. Nicht lange darauf wurde er 1. Kreisdeputierter, und 1934 wurde er zum Landrat des Kreises Göttingen ernannt. Seit der Machtübernahme durch die Nazis war er außerdem Bürgermeister in Niedergandern, und der Kreisleiter von Göttingen ernannte ihn „wegen besonderer Verdienste um die Bewegung" zum Ortsgruppenleiter.

Die Verteidigung machte geltend, daß der Angeklagte als treuer Anhänger der Kirche bekannt sei und versucht habe, durch die Einberufung zur Wehrmacht seines Postens als Ortsgruppenleiter ledig zu werden. Der öffentliche Ankläger hatte eine Geldstrafe von 10 000 Mark beantragt, von der die Hälfte durch die Internierungshaft als getilgt gelten sollte. Das Gericht ging noch weiter und sprach ihn frei. Tausende kleiner Parteigenossen aus dem Landkreis haben ihren politischen Fehler mit fristloser Entlassung und Geldstrafen büßen müssen. Der erste Nazi des Landkreises, Inhaber hoher Ämter, hoher SS-Führer, aber „treuer Anhänger der Kirche", wird freigesprochen. Muß da nicht das Wort „Gerechtigkeit" zu einer Farce werden?

*Hannoversche Presse vom 16. 12. 1947, S. 4, in: Thomas Berger/Karl-Heinz Müller (Hrsg.), Lebenssituationen 1945–1948, Hannover 1983, S. 122 f.*

1. *Wie mußte der Zeitungsartikel in der Öffentlichkeit gewirkt haben?*
2. *Nehmen Sie Stellung zu einer scheinbar paradoxen Bewertung der Entnazifizierung: Sie war ein Fehlschlag, aber dennoch notwendig!*
3. *Seit dem Zusammenbruch der DDR 1989 erleben wir in Deutschland erneut die Notwendigkeit, sich mit den Folgen einer Diktatur auseinanderzusetzen. Vergleichen Sie die Probleme der neunziger Jahre mit der Nachkriegszeit.*

[1]) Pg: im „Dritten Reich" übliche Abkürzung für „Parteigenosse"

M 6

## Über die Schuldfrage nach dem Zusammenbruch der Diktatur

*In Leserbriefen nahmen Zeitgenossen zum Problem der „Entnazifizierung" Stellung.*

Hören wir doch jeden Pg. – er ist unschuldig. Noch sehe ich das Plakat, das wir in amerikanischer Gefangenschaft herausbrachten. Ein SA-Mann: Ich folgte meinem verführten Herzen, ich bin unschuldig. Ein SS-Mann: Ich folgte nur dem Führer, ich bin unschuldig. Ein Pg.: Ich war nur Mitglied der Partei, ich bin unschuldig. Ein Wehrmachtsoffizier: Ich folgte nur den Befehlen meiner Vorgesetzten, ich bin unschuldig. Darunter, eine Frau mit einem Kind auf den Armen, auf Trümmern sitzend: „Sollen das die Schuldigen sein?" – Lassen wir endlich die verfluchte Weichheit. Schuldig sind alle, der eine mehr, der andere weniger.

*R. A. aus Erkrath-Unterbach, in: Freiheit vom 8. 11. 1946, zitiert nach: Pädagogisches Institut der Landeshauptstadt Düsseldorf (Hrsg.), Dokumentation zur Geschichte der Stadt Düsseldorf. Nach dem Zweiten Weltkrieg 1945–1949, S. 221*

Jede Beurteilung nach einem Schema ist mißlich. Das Milieu – nicht nur das allgemeine historische, sondern auch das persönliche und lokale Milieu – die Motive, die Nötigung zur Handlung spielen eine Rolle. [. . .] Die Frage nach der Gesinnung ist zunächst nicht eine Frage der Vergangenheit, sondern der Gegenwart. Es kommt darauf an, wie der ehemalige Pg. heute gesinnt ist und nicht, wie er früher gesinnt war. Der Pg. kann aber seine politische Ansicht – früher oder später – durchaus geändert haben, vielleicht gerade aufgrund der Erfahrungen, die er als Parteigenosse mit der Partei gemacht hat. Es ist sogar denkbar, daß aus einem Saulus ein Paulus, aus einem großen Nazianhänger ein überzeugter Anhänger und Wegbereiter der Demokratie geworden ist. Entscheidend für die Beurteilung müßte deshalb an sich das Verhalten und die politische Überzeugung des Pg. in der Jetztzeit sein. Dies einwandfrei festzustellen, würde allerdings eine recht schwierige und höchst individuelle Aufgabe sein, die eine genaue Kenntnis der Einzelpersönlichkeit und gute Menschenkenntnis voraussetzt (der äußere Schein kann trügen). Für ein öffentlich-rechtliches Verfahren ist diese Methode wenig geeignet. Daher wird man andere, handgreiflichere Methoden hinzuzuziehen suchen. Und als solche bietet sich eben am einfachsten das Verhalten in der Vergangenheit, aus dem man mit einer gewissen Wahrscheinlichkeit auf Gesinnung und Verhalten in der Gegenwart und Zukunft schließen kann.

*Dr. W. B. aus Düsseldorf, in: Die Gegenwart, Nr. 9/10 vom 31. 5. 1947, S. 11, zitiert nach: Dokumentation zur Geschichte der Stadt Düsseldorf, a. a. O., S. 222*

1. *Wofür plädieren die Leserbriefschreiber? Diskutieren Sie über ihre Argumente.*
2. *Gibt es Ihrer Meinung nach ein „Recht" auf politischen Irrtum unter den Bedingungen der Diktatur? Wo würden Sie die Grenzen ziehen?*
3. *Übertragen Sie die Argumente der beiden Briefschreiber auf die aktuelle Debatte über die Aufarbeitung der DDR-Vergangenheit.*

## Kurzer Prozeß – zwei Schicksale in der sowjetischen Zone

M 7

*In der Sowjetischen Besatzungszone wurden in die Straflager des sowjetischen Geheimdienstes (NKWD) nicht nur Funktionsträger des NS-Staates eingeliefert, sondern auch „Klassenfeinde" aus Bürgertum und Sozialdemokratie.*

Der Bauer Richard Glanz aus Platkow im Oderbruch war nach Angaben seiner Tochter bis 1944 Amtsvorsteher und Bürgermeister. Er bewirtschaftete zwei Höfe mit insgesamt 50 Hektar Land. 1944 sei er seiner Ämter enthoben worden, weil eine seiner Töchter ein Verhältnis mit einem polnischen Fremdarbeiter eingegangen sei. Nach Kriegsende konnte Glanz seinen Betrieb zunächst weiterführen. Im September 1945 erhielt er jedoch, weil er nicht den Vorschriften ensprechend genug Korn abgeliefert hatte, eine Vorladung auf die sowjetische Kommandantur, von der er nicht mehr zurückkehrte. Die Behörden teilten der Familie weder die Verhaftung noch den Tod von Glanz ein Jahr später mit. Erst von einem ehemaligen Mithäftling erfuhr sie, daß Glanz sehr unter der Isolierung gelitten habe und an einer Blutvergiftung gestorben sei.

Kurt Reinke war nach Angaben seines Sohnes einfacher Parteigenosse gewesen. 1946 habe er beobachtet, wie Bauern einen Wald abholzten. Er habe sich dahingehend geäußert, daß dies Raubbau am deutschen Wald sei und die ganze Bodenreform nicht tauge. Diese Aussagen wurden von einem Spitzel an sowjetische Stellen weitergeleitet. Daraufhin wurde Reinke wegen „Verächtlichmachung der Sowjetunion" zu 15 Jahren Haft verurteilt. Er saß in verschiedenen Lagern in der DDR und der Sowjetunion ein, unter anderem in Sachsenhausen. 1954 wurde er entlassen.

*Heiner Wember, Umerziehung im Lager, Essen 1991, S. 43*

*Arbeiten Sie aus beiden Fallbeispielen die Ziele der sowjetischen Besatzungsmacht heraus.*

## Regierungschef auf Abruf

M 8

*Der ehemalige bayerische Finanzminister zur Zeit der Weimarer Republik, Fritz Schäffer (1888–1966), berichtet über seine Einsetzung als erster Regierungschef einer provisorischen bayerischen Regierung durch die amerikanische Militärregierung am 28. Mai 1945. Er wurde im September 1945 wieder abgesetzt. Schäffer war Gründungsmitglied der CSU und wurde später Finanzminister (1949–1957) und Justizminister (1957–1961) der Bundesrepublik.*

Als ich am 28. Mai 1945 von der amerikanischen Militärregierung in Bayern als Ministerpräsident und Chef der bayerischen Landesregierung eingesetzt wurde, erfolgte dies, wie ich ausdrücklich feststellen möchte, ohne jede vorherige Befragung, ohne sich zu erkundigen, ob ich damit einverstanden wäre, sie erfolgte in der Form einer Anordnung der Besatzungsbehörde. [. . .] Ende Mai wurde ich dann wieder an die Militärregierung gerufen, ohne daß mir überhaupt mitgeteilt wurde, zu welcher Aufgabe. Nach einigen Stunden Wartezeit, die mit Gesprächen über kleinere laufende Fragen verging, wurde ich dann in das Empfangszimmer des Kommandanten der amerikanischen Besatzungsmacht, eines gewissen Colonel Keegan, gerufen und fand dort zu meiner Überraschung schon alle Vorbereitungen getroffen, um in feierlicher Weise und angesichts zahlreicher Vertreter der amerikanischen und sonstigen

Presse der Alliierten mit gleichzeitigem Handschlag eine Urkunde überreicht zu bekommen, die, wie man mir sagte, meine Ernennung zum bayerischen Ministerpräsidenten mit dem Auftrag zur Berufung und Leitung einer bayerischen Landesregierung enthielt. Als ich die Urkunde dann durchlas, hatte ich allerdings Anlaß sofort zu bemerken, daß sie nicht mit meinem Einverständnis verfaßt sei. Sie enthielt nicht nur die Ernennung zum Leiter der bayerischen Regierung, mit dem Auftrag für die Geschäftsbereiche der Finanzen, des Inneren, des Kultus, der Justiz, der Wirtschaft und Landwirtschaft sowie der Arbeit Männer als Minister vorzuschlagen, sie enthielt auch eine Schlußbestimmung, daß für die Geschäftsführung der Ministerpräsident persönlich verantwortlich sei und bei jedem von der Besatzungsbehörde festgestellten Verstoß auch persönlich hafte und ggf. mit Freiheitsstrafe zu rechnen habe. Ich wandte ein, daß diese Form der Ernennung zur Leitung einer Landesregierung zumindest ungewöhnlich und verletzend sei. Ich erhielt den Bescheid, ich solle mich nicht daran stoßen, es sei nicht so streng gemeint, wie es laute. Es solle nur betont werden, daß, wie die Ernennung selbst, auch der Widerruf der Ernennung ganz in der Entscheidung der Besatzungsmacht liege.

*Fritz Schäffer, Die Zeit der Ministerpräsidentschaft in Bayern nach dem Zusammenbruch im Jahr 1945, München 1964, S. 7*

1. *Warum setzten die Amerikaner in bestimmte Ämter Deutsche ein und übernahmen diese Funktion nicht selbst?*
2. *Erläutern und beurteilen Sie an diesem Beispiel das Verhältnis zwischen den Siegern und Besiegten.*
3. *Welche Chance ergab sich für die deutsche Seite mit der Übernahme von provisorischen Regierungen?*

## M 9 Landtagswahlen in den Ländern der Westzonen 1946 – 1947

| | Wahlbeteiligung % | CDU/CSU | | SPD | | KPD | | FDP | | Sonstige | |
|---|---|---|---|---|---|---|---|---|---|---|---|
| | | Anz. d. Mand. | in % d. gült. St. | Anz. d. Mand. | in % d. gült. St. | Anz. d. Mand. | in % d. gült. St. | Anz. d. Mand. | in % d. gült. St. | Anz. d. Mand. | in % d. gült. St. |
| Baden | 67,8 | 34 | 55,9 | 13 | 22,4 | 4 | 14,3 | 9 | 7,4 | — | — |
| Bayern | 75,7 | 104 | 52,3 | 54 | 28,6 | — | 6,1 | 9 | 5,6 | 13 | 7,4 |
| Bremen | 67,8 | 24 | 22,0 | 46 | 41,7 | 10 | 8,8 | 15 | 13,9[1]) | 5 | 13,6 |
| Hamburg | 79,0 | 16 | 26,7 | 83 | 43,1 | 4 | 10,4 | 7 | 18,2 | — | 1,6 |
| Hessen | 73,2 | 28 | 30,9 | 38 | 42,7 | 10 | 10,7 | 14 | 15,7 | — | — |
| Niedersachsen | 65,1 | 30 | 19,9 | 65 | 43,4 | 8 | 5,6 | 13 | 8,8 | 33 | 22,3 |
| Nordrhein-Westfalen | 67,3 | 92 | 37,5 | 64 | 32 | 28 | 14 | 12 | 5,9 | 20 | 10,6 |
| Rheinland-Pfalz | 77,9 | 48 | 47,2 | 34 | 34,3 | 8 | 8,7 | 11 | 9,8[2]) | — | — |
| Schleswig-Holstein | 69,8 | 21 | 34,0 | 43 | 43,8 | — | 4,7 | — | 5,0 | 6 | 12,5 |
| Württemberg-Baden | 71,7 | 39 | 38,4 | 32 | 31,9 | 10 | 10,2 | 19 | 19,5[3]) | — | — |
| Württemberg-Hohenzollern | 66,4 | 32 | 54,2 | 12 | 20,8 | 5 | 7,3 | 11 | 17,7[3]) | — | — |

*Daten entnommen aus: Statistisches Amt des Vereinigten Wirtschaftsgebietes (Hrsg.), Statistische Berichte, Arb. Nr. II/3 vom 27. 5. 1949, Bonn o. J.*

1. *Analysieren Sie die Wahlergebnisse.*
2. *In welchen Ländern sind SPD bzw. CDU/CSU besonders stark?*

## Die (Landtags-)Wahlen in Berlin und in der Sowjetischen Besatzungszone vom 20. 10. 1946

**M 10**

| *Stadtverordnetenwahl in Berlin*<br>*Wahlberechtigte 2,307 Mill.*<br>*Wahlbeteiligung 92,3 %*<br>*Gesamtzahl d. gült. Stimmen 2,085 Mill.* | *Wahlbeteiligung %* | *SPD* | | *SED* | | *CDU* | | *LDPD* | |
|---|---|---|---|---|---|---|---|---|---|
| | | *Anz. d. Mand.* | *in % d. gült. St.* | *Anz. d. Mand.* | *in % d. gült. St.* | *Anz. d. Mand.* | *in % d. gült. St.* | *Anz. d. Mand.* | *in % d. gült. St.* |
| Berlin | 92,3 | 63 | 48,7 | 26 | 19,8 | 29 | 22,2 | 12 | 9,3 |
| Sowjetischer Sektor | 93,8 | | 43,6 | | 29,9 | | 18,7 | | 7,8 |
| Amerikanischer Sektor | 91,8 | | 51,9 | | 12,7 | | 24,8 | | 10,6 |
| Britischer Sektor | 90,3 | | 50,8 | | 10,4 | | 27,0 | | 11,8 |
| Französischer Sektor | 91,9 | | 52,6 | | 21,2 | | 19,0 | | 7,2 |

*Hauptamt für Statistik von Groß-Berlin (Hrsg.), Berliner Statistik, Sonderheft 4, Jahrgang 1947*

| | *Sachsen* | | *Sachsen-Anhalt* | | *Thüringen* | | *Brandenburg* | | *Mecklenburg* | | *Gesamtergebnis* | |
|---|---|---|---|---|---|---|---|---|---|---|---|---|
| *Wahlberechtigte* | *3,803 Mill.* | | *2,696 Mill.* | | *1,912 Mill.* | | *1,656 Mill.* | | *1,301 Mill.* | | *11,368 Mill.* | |
| *Wahlbeteiligung* | *92,5 %* | | *91,6 %* | | *90,7 %* | | *91,5 %* | | *90,1 %* | | *91,6 %* | |
| *Gesamtzahl der gültigen Stimmen* | *3,252 Mill.* | | *2,324 Mill.* | | *1,657 Mill.* | | *1,459 Mill.* | | *1,107 Mill.* | | *9,799 Mill.* | |
| | *Anz. d. Mand.* | *in % d. gült. St.* | *Anz. d. Mand.* | *in % d. gült. St.* | *Anz. d. Mand.* | *in % d. gült. St.* | *Anz. d. Mand.* | *in % d. gült. St.* | *Anz. d. Mand.* | *in % d. gült. St.* | *Anz. d. Mand.* | *in % d. gült. St.* |
| SED | 59 | 49,1 | 51 | 45,8 | 50 | 49,3 | 44 | 43,5 | 45 | 49,5 | 249 | 47,5 |
| CDU | 28 | 23,3 | 24 | 21,9 | 19 | 18,9 | 31 | 30,3 | 31 | 34,1 | 133 | 24,5 |
| LPDP | 30 | 24,8 | 33 | 29,9 | 28 | 28,5 | 20 | 20,5 | 11 | 12,5 | 122 | 24,6 |
| Massenorganisationen[1]) | 3 | 2,8 | 2 | 2,4 | 3 | 3,3 | 5 | 5,7 | 3 | 3,9 | 16 | 3,4 |

*Bundesministerium für gesamtdeutsche Fragen (Hrsg.), Die Wahlen in der Sowjetzone. Dokumente und Materialien, 1956, zitiert nach Jürgen Weber (Hrsg.), Geschichte der Bundesrepublik Deutschland, Band 1, München, 4. Auflage 1994, S. 185*

1. *Wie erklären Sie die besonders hohe Wahlbeteiligung?*
2. *Bewerten Sie das Wahlergebnis in den Ländern der SBZ. Welche politischen Konsequenzen wären daraus in einer pluralistischen Demokratie westlichen Zuschnitts denkbar gewesen?*

[1]) Vereinigung der gegenseitigen Bauernhilfe und Kulturbund

# Entscheidungen über die Wirtschaftsordnung

Der Marshall-Plan. Der Streit um die richtige Wirtschaftspolitik beschäftigte auch die Karikaturisten in West und Ost. Die rechte Abbildung stammt aus der in (Ost-)Berlin erschienenen Zeitschrift „Frischer Wind" (15. 7. 1948).

| | |
|---|---|
| 6. 9. 1945 | Die Verordnung über die Bodenreform in der Mark Brandenburg eröffnet die entschädigungslose Kollektivierung von Grund und Boden in der SBZ |
| 6. 9. 1946 | Der amerikanische Außenminister Byrnes gibt in Stuttgart die Wende in der amerikanischen Besatzungspolitik bekannt |
| 1. 1. 1947 | Amerikaner und Briten schließen ihre Besatzungszonen zur Bizone zusammen |
| 5. 6. 1947 | Der amerikanische Außenminister Marshall verkündet seinen Plan zum wirtschaftlichen Wiederaufbau Europas |
| 20. 6. 1948 | Währungsreform in den drei Westzonen: Die D-Mark erhält das Vertrauen der Bevölkerung |
| 23. 6. 1948 | In der sowjetischen Zone wird gleichfalls eine eigene Währung eingeführt |
| 24. 6. 1948 | Das „Leitsätze-Gesetz" hebt die Zwangswirtschaft in den Westzonen auf |

## Reparationen im besetzten Deutschland

Nach zähen Verhandlungen einigten sich die Vier Mächte Ende März 1946 im Alliierten Kontrollrat auf die drastische Absenkung der gesamten industriellen Tätigkeit in Deutschland. Allein in den Westzonen sollten 1800 Betriebe demontiert werden, doch tatsächlich wurde bis 1951 nur ein Viertel der Maßnahmen durchgeführt. Demgegenüber demontierten die Sowjets in ihrer Zone bis 1948 nach neuesten Erkenntnissen zwischen 2000 und 2400 Betriebe, was einer Kapazitätsminderung von über 40 Prozent gegenüber 1936 und einem Schaden von 4,5 Milliarden Reichsmark entsprach (⇨ M 1). Die Sowjetunion weigerte sich jedoch, die in Potsdam vereinbarten Gegenleistungen aus ihrer Zone (vor allem Nahrungsmittel) für ihren Anteil an den in den Westzonen demontierten Industrieausrüstungen zu liefern. Im Mai 1946 stoppte deshalb General Clay die amerikanischen Reparationslieferungen in die UdSSR, eine Maßnahme, die als Sensation empfunden wurde. In den anglo-amerikanischen Zonen wurde von nun an die Rücksicht auf den alliierten Partner dem Ziel einer raschen Krisenbewältigung untergeordnet.

## Der Marshall-Plan

Seit Kriegsende hatten die USA erhebliche Wirtschaftshilfe in Form von Krediten, Lebensmitteln und Rohstoffen für zahlreiche europäische Länder geleistet: Über elf Milliarden Dollar waren bis Ende 1947 nach Europa geflossen. Vor allem Großbritannien und Frankreich, aber auch zahlreiche osteuropäische Regierungen profitierten davon, ohne dadurch den allgemeinen wirtschaftlichen Niedergang bremsen zu können.

Um die drohende ökonomische Zerrüttung und politische Destabilisierung in Europa zu verhindern und einem wachsenden politischen Druck der Sowjetunion entgegenzuarbeiten, entwickelte die Truman-Administration ein umfassendes europäisches Wiederaufbauprogramm *(Marshall-Plan)* (siehe auch Seite 136). Der wegweisende und völlig neue Gedanke dieses Hilfsprogramms war die amerikanische Forderung nach zwischenstaatlicher Zusammenarbeit der Empfänger. Formal auch an die Sowjetunion und ihre Satellitenstaaten gerichtet, versprach dieses Programm allen Ländern Europas großzügige amerikanische Finanzhilfe bei ihrem wirtschaftlichen Wiederaufbau (⇨ M 2).

Da man in Washington inzwischen davon überzeugt war, daß die ökonomische Dauerkrise Westeuropas wegen der engen Verflechtung der deutschen mit der europäischen Wirtschaft ohne die Gesundung Deutschlands nicht zu überwinden sei, war der Marshall-Plan unter anderem ersonnen worden, um den hartnäckigen Widerstand Frankreichs gegen eine Stabilisierung der westlichen Besatzungszonen zu überwinden. Wie erwartet, lehnte die sowjetische Regierung die amerikanische Hilfe mit dem Hinweis auf die dadurch untergrabene Souveränität der europäischen Staaten ab und verbot zugleich allen osteuropäischen Ländern und der eigenen Besatzungszone die Annahme des amerikanischen Angebots.

**Wirtschaftliche und politische Bedeutung des Marshall-Plans**

16 europäische Länder schlossen sich 1948 zur *OEEC (Organization for European Economic Cooperation)* zusammen – eine gemeinsame Organisation, die über die Verteilung und Verwendung der amerikanischen Gelder zu wachen hatte. Alles in allem belief sich die amerikanische Marshall-Plan-Hilfe bis 1952 auf rund 14 Milliarden Dollar; davon erhielt Westdeutschland circa 1,4 Milliarden.
Selbstverständlich lag das Wiederaufbauprogramm auch im amerikanischen Eigeninteresse, da die amerikanische Wirtschaft einen funktionierenden westeuropäischen Absatzmarkt benötigte. Doch mindestens gleichrangig war das Interesse der USA an der Stabilisierung der liberal-demokratischen Gesellschaftsordnungen in Westeuropa.
In Westdeutschland ist der wirtschaftliche Wiederaufbau durch den Marshall-Plan zwar nicht verursacht, aber doch wesentlich verstärkt und beschleunigt worden. Nicht zu unterschätzen war die psychologische Wirkung des *Europäischen Wiederaufbauprogramms (ERP)* – jetzt hatte man Grund, auf bessere Zeiten zu hoffen. Außerdem war eine wichtige Vorentscheidung für die Einbindung dieses Teils von Deutschland in die westliche Gemeinschaft gefallen. Anders als nach dem Ersten Weltkrieg wurde der ehemalige Feind als künftiger Partner gesehen. So erwies sich der Marshall-Plan als Initialzündung für die europäische Integration (siehe Seite 294).

**Anfänge der Zwangswirtschaft in der Sowjetischen Besatzungszone**

Bei der Umgestaltung der SBZ vermischten sich Elemente einer Eroberungs- und Ausbeutungspolitik mit solchen einer Revolution von oben. Die Demontagen waren in ihrer Wirkung schlimmer als die unmittelbaren Kriegszerstörungen. Zur Befriedigung der sowjetischen Forderungen nach Gütern aus der laufenden Produktion gingen zusätzlich ganze Industriezweige in das Eigentum der Siegermacht über *(„Sowjetische Aktiengesellschaften", SAG).* Sie fielen damit für den wirtschaftlichen Wiederaufbau in ihrer Zone aus.
Hinzu kam die sogenannte „demokratische Umwälzung" im Bereich von Wirtschaft und Landwirtschaft auf Befehl der sowjetischen Besatzungsmacht und unter eifriger Mitwirkung der SED. In Etappen wurden von 1945 an insgesamt 75 Prozent des Industrievermögens, etwa 9000 Firmen einschließlich aller Banken und Versicherungen, entschädigungslos enteignet und verstaatlicht *(„Volkseigene Betriebe", VEB).* Ohne jede gerichtliche Überprüfung wurden die enteigneten Besitzer pauschal als Nazis und Kriegsverbrecher disqualifiziert. In einer Volksabstimmung in Sachsen stimmten über 77 Prozent der Wähler diesen Maßnahmen zu.
Die *Bodenreform* ging ebenfalls auf einen sowjetischen Befehl zurück. Unter der werbewirksamen Parole „Junkerland in Bauernhand" wurden der gesamte Großgrundbesitz, mehr als 7000 Güter über 100 Hektar, sowie weitere

4000 Höfe von „Naziaktivisten und Kriegsverbrechern" entschädigungslos enteignet. Auch NS-Gegner wurden nicht geschont, wenn sie nur über entsprechenden Grundbesitz verfügten. Insgesamt wurden 3,3 Millionen Hektar Felder, Wiesen und Wälder, etwa ein Drittel der landwirtschaftlichen Nutzfläche der SBZ, unter breiter Zustimmung aller politischen Kräfte enteignet. Der größere Teil der Fläche wurde an 350 000 Kleinbauern und 200 000 Neubauern verteilt, ein Drittel blieb im öffentlichen Besitz (*„Volkseigene Güter"*). Gegen den Widerstand von CDU und LDPD erhielten die meisten Höfe so wenig Land zugewiesen, daß keine funktionsfähigen Familienbetriebe entstehen konnten. Diese Bauern waren dann 1952 als erste bereit, sich in *Landwirtschaftlichen Produktionsgenossenschaften (LPG)* zusammenzuschließen. Es begann die zwangsweise *Kollektivierung* der einst von der SED gefeierten „freien Bauern auf freier Scholle".

Von Anfang an installierte die sowjetische Besatzungsmacht ein striktes System der Wirtschaftslenkung nach ihrem eigenen Modell. Die von der SMAD 1947 gegründete *Deutsche Wirtschaftskommission* sollte Kompetenzstreitigkeiten zwischen den gewählten Länderregierungen und den von den Sowjets berufenen Zentralverwaltungen regulieren. Die von SED-Funktionären beherrschte Kommission erhielt 1948 Gesetzgebungskompetenzen, mit denen sie die *Planwirtschaft* in der SBZ durchsetzte (⇨ M 3).

Die neuen Herren feiern die Aufteilung des Gutes Frauenmark.

Plakat zur Bodenreform in der SBZ von 1945.

## Die Bizone – Wende in der britisch-amerikanischen Besatzungspolitik

Seit 1946 warnte die britische Regierung nachdrücklich vor der „russischen Gefahr" und drängte auf die Schaffung eines separaten Westdeutschland. Nachdem auf der *Pariser Außenministerkonferenz* von April bis Juli 1946 die Sowjetunion alle amerikanischen Vorschläge blockiert hatte, schlug die US-Regierung im Alliierten Kontrollrat die sofortige Verschmelzung der eigenen mit einer oder mehreren Besatzungszonen vor. Wie zu erwarten war, lehnten die Sowjets und die Franzosen ab, die Briten stimmten einer Fusion zu. Den damit eingeleiteten amerikanischen Kurswechsel verdeutlichte US-Außenminister *Byrnes* am 6. September 1946 in Stuttgart. Seine von allen Rundfunksendern übertragene Rede wurde von den Zeitgenossen als die lang erwartete Wende in der amerikanischen Deutschlandpolitik verstanden (⇨ M 4).
Am 1. Januar 1947 trat das britisch-amerikanische Abkommen über die Bildung des *Vereinigten Wirtschaftsgebietes (Bizone)* in Kraft. Beide Seiten legten größten Wert darauf, den lediglich ökonomisch-administrativen Charakter dieses Zusammenschlusses zu betonen. Die weitere Entwicklung zeigte jedoch, daß mit der Gründung der Bizone, der sich 1948 auch die französische Besatzungszone anschloß, das Fundament für den späteren westdeutschen Staat gelegt worden war.

## Der Frankfurter Wirtschaftsrat – Parlament in einer Zeit des Übergangs

Die wichtigste Neuerung in der anglo-amerikanischen Zone war die Schaffung eines *Wirtschaftsrates*, des ersten deutschen Nachkriegsparlaments, dessen Beschlüsse über ein Land hinausreichten. Die 52, später dann 104 Abgeordneten des Wirtschaftsrates wurden von den Landtagen der acht Länder der Bizone gemäß den dort herrschenden Mehrheitsverhältnissen gewählt. Im *Exekutivrat* (dem Vorläufer des späteren Bundesrates) saßen die Vertreter der acht Länder, die zusammen mit dem Wirtschaftsrat die fünf Verwaltungsdirektoren – praktisch im Range von Ministern – ernannten und kontrollierten. Nach wie vor standen alle gesetzgeberischen und exekutiven Befugnisse des Wirtschaftsrats für das Vereinigte Wirtschaftsgebiet unter dem uneingeschränkten Genehmigungsvorbehalt der Amerikaner und Briten.
Bereits im Frankfurter Wirtschaftsrat bildeten sich die parteipolitischen Konstellationen, die für die spätere Bundesrepublik bis Mitte der 60er Jahre bestimmend blieben: SPD und CDU/CSU waren gleichstark, doch konnte die Unions-Fraktion auf die Unterstützung der niedersächsischen Abgeordneten der *Deutschen Partei (DP)* und der liberalen Abgeordneten rechnen, so daß das bürgerliche Lager insgesamt eine Mehrheit besaß (daneben waren noch das Zentrum, die KPD und die *WAV*[1]) vertreten). Als die SPD ihren Anspruch auf das Amt des Wirtschaftsdirektors nicht durchsetzen konnte, ver-

[1]) Wirtschaftliche Aufbauvereinigung, eine bayerische Regionalpartei, die sich unter anderem um die Wählerstimmen der Vertriebenen bemühte

zichtete sie auf die Besetzung der anderen Verwaltungen und übernahm gezielt die Rolle der Opposition. Hinfort bestimmte eine wachsende Polarisierung das Verhältnis der beiden großen Parteien zueinander.
Als mit dem Frankfurter Wirtschaftsrat bereits der Kern einer zukünftigen westdeutschen Staatsorganisation entstanden war, versuchten die deutschen Ministerpräsidenten noch einmal, Gesamtdeutschland ins Spiel zu bringen. Auf Betreiben des bayerischen Regierungschefs *Ehard* kam es am 5. Juni 1947 zum einzigen Treffen der Ministerpräsidenten aller vier Besatzungszonen in München. Doch die Konferenz scheiterte bereits am Vorabend ihres offiziellen Beginns am Streit über eine gemeinsame Tagesordnung.

## Währungsreform und Entscheidung für die soziale Marktwirtschaft

Anfang 1948 setzte der neugewählte parteilose Wirtschaftsdirektor *Ludwig Erhard*[1]) im Frankfurter Wirtschaftsrat gegen den heftigen Widerstand der sozialdemokratischen Fraktion eine marktwirtschaftliche Neuorientierung durch. Das System der staatlichen Befehlswirtschaft – die Produktion, Verteilung und Preise aller Güter wurden staatlich festgelegt – sollte aufgehoben und eine allmähliche Belebung der Marktkräfte in Gang gesetzt werden. Seine Grundüberzeugung von einer sozial verantwortlichen freiheitlichen Marktwirtschaft hatte Erhard bereits während des Krieges in einer Denkschrift entwickelt. *Alfred Müller-Armack*[2]) formulierte die Vorstellungen Erhards über eine neue Wirtschaftsordnung theoretisch aus und schuf auch den Begriff der *„sozialen Marktwirtschaft"*.
Die Neuorientierung der Wirtschaftspolitik bedurfte jedoch erst noch einer umfassenden Reform des zerrütteten Geldwesens. Der inflatorische Geldüberhang, dem keine ausreichenden Sachwerte gegenüberstanden, war die verspätete Rechnung für die über die Notenpresse finanzierte Rüstungspolitik Hitlers. Allerdings hatte man im Gegensatz zur „offenen" Inflation von 1923 jetzt mit einer „zurückgestauten" Inflation zu tun wegen des allgemeinen Lohn- und Preisstopps und der staatlichen Bewirtschaftung der Güterproduktion.
Während die von Erhard propagierte Wirtschaftsreform von den Deutschen ausging, war die *Währungsreform* – eines der einschneidendsten und zukunftsweisenden Ereignisse der Nachkriegszeit – eine Sache der Westalliierten, vor allem der Amerikaner. Die deutschen Banknoten wurden in den USA gedruckt und 1948 nach Bremerhaven gebracht. In Kraft gesetzt wurde das unter strengster Geheimhaltung vorbereitete *Währungsreformgesetz* von den westalliierten Militärregierungen. An einem Freitag, dem 18. Juni 1948, erfuhren die Deutschen, daß am 20. Juni die allseits erwartete Währungsreform

[1]) Professor Ludwig Erhard (1897–1977), Wirtschaftswissenschaftler, war 1945/46 bayerischer Wirtschaftsminister gewesen.
[2]) Alfred Müller-Armack (1901–1978), Professor der Nationalökonomie, enger Mitarbeiter Ludwig Erhards, später Staatssekretär im Bundeswirtschaftsministerium

Währungsreform: Überall in den westalliierten Zonen warteten am 20. Juni 1948 die Menschen in langen Schlangen vor Sparkassen und Banken, um ihr Kopfgeld von 40 DM gegen die wertlos gewordene Reichsmark einzutauschen.

stattfinden würde (⇨ M 5). Jeder Deutsche erhielt zunächst 40 (später noch einmal 20) *„Deutsche Mark"* als *„Kopfgeld"*. Löhne, Gehälter, Pensionen und Mieten wurden im Verhältnis 1 zu 1, Schulden auf ein Zehntel in DM-Beträgen umgewertet; vor allem aber wurden alle Sparer mit einem Schlag nahezu enteignet. Zunächst wurden ihre Guthaben im Verhältnis von 10 zu 1 auf D-Mark umgestellt (höchstens 250 DM waren sofort verfügbar), während der Rest durch eine weitere Verordnung im Oktober 1948 zusammengestrichen wurde, so daß von 100 Reichsmark nur 6,50 DM übrigblieben. Die Besitzer von Sachwerten wurden von solchen Eingriffen verschont. Erst aufgrund des Lastenausgleichsgesetzes von 1952 (siehe Seite 171) mußten auch sie bestimmte Abgaben entrichten.

Der schmerzhafte Währungsschnitt hatte auch etwas Befreiendes. Man konnte für sein Geld wieder etwas kaufen. Mit einem Schlag waren die Schaufenster mit all den Waren gefüllt, die man lange vermißt hatte. Der Handel hatte Waren gehortet und bot diese nun an. Der wirtschaftliche Impuls, den der jahrelang aufgestaute und nunmehr teilweise befriedigte Konsumbedarf auslöste, wirkte wie eine Initialzündung für den weiteren wirtschaftlichen Aufbau in den drei Westzonen. Die Antwort Stalins darauf war die Blockade West-Berlins (siehe Seite 137).

Gleichzeitig mit der Währungsreform beschloß der Frankfurter Wirtschaftsrat auf Betreiben Erhards im sogenannten *Leitsätze-Gesetz* die Aufhebung der Bewirtschaftung aller Produkte mit Ausnahme der Hauptnahrungsmittel und

SPD und Gewerkschaften bekämpften heftig die Politik Erhards, die auch in dessen eigener Partei umstritten war. Erst als die Erfolge der sozialen Marktwirtschaft unübersehbar waren, fand sich die Sozialdemokratie mit ihr ab.

wichtiger Rohstoffe sowie die Freigabe der Preise. Gegen den erbitterten Widerstand der SPD, die vor einer enormen Preissteigerung zu Lasten der sozial Schwachen und dem unkontrollierten Gewinnstreben der Unternehmer warnte, setzte Erhard mit Unterstützung von CDU/CSU und Liberalen sein Gesetz durch: Wettbewerb und Verbrauch sollten hinfort die wirtschaftliche Produktion steuern, nicht mehr staatlicher Dirigismus. Währungsreform und Wirtschaftsreform bildeten zusammen die Grundlage für eine umfassende Wirtschaftsneuordnung in Westdeutschland (⇨ M 6).
Das Ende der Bezugsscheinwirtschaft (rund 90 Prozent aller Preisvorschriften wurden innerhalb eines Monats außer Kraft gesetzt) führte zu einem raschen Anstieg der Lebenshaltungskosten und der Arbeitslosenzahl. Erhard antwortete auf diese Entwicklung und einen Generalstreik der Gewerkschaften mit einer größeren Zahl von Einzelmaßnahmen (zum Beispiel Aufhebung des Lohnstopps) und konnte Anfang 1949 als ersten Erfolg die Beruhigung an der Preisfront feiern. Die Währungsreform und die Beendigung der staatlichen Zwangswirtschaft setzten in kurzer Zeit ungeheuere Kräfte frei, die zur baldigen wirtschaftlichen Erholung Westdeutschlands beitrugen. Vor allem wurden damals ordnungspolitische Grundsatzentscheidungen getroffen, die zunächst wohl keine Mehrheit in der Bevölkerung hatten, aber mit der Wahl zum ersten Deutschen Bundestag im Sommer 1949 nachträglich gebilligt wurden.

## M 1 Reparationen in Ost- und Westdeutschland

*In einer wissenschaftlichen Untersuchung wird das Gesamtvolumen der Reparationsleistungen und zusätzlicher Belastungen durch die Besatzung in beiden Teilen Deutschlands miteinander verglichen.*

Die nunmehr auf Grundlage erstmals erschlossener Archivalien für die DDR berechnete Summe von circa 54 Milliarden RM/Mark zu laufenden Preisen, bzw. circa 14 Milliarden Dollar zu Preisen des Jahres 1938, ist eine Mindestangabe. [. . .]
Selbst unter Berücksichtigung ungünstiger Wechselkurse bleibt festzuhalten, daß die SBZ/DDR allein mehr Reparationen aufbringen mußte, als eigentlich von der Sowjetunion gefordert worden waren (ohne Besatzungskosten 10,4 Milliarden Dollar). [. . .]
Ein Vergleich der Kriegsschäden und Nachkriegslasten beider deutscher Teile kann hier abschließend anhand einer Gegenüberstellung als Einzelposition vorgenommen werden. Dabei wurden unter A) die einmaligen Substanzverluste und unter B) die laufenden Leistungen erfaßt.

| *A) Substanzverluste (in Milliarden RM, Preisbasis 1944)* | | |
|---|---|---|
| | *Bundesrepublik* | *DDR* |
| Kriegssachschäden | 40,50 | 12,70 |
| Beuteaktionen | 0,20 | 1,00 |
| Demontagen | 2,70 | 6,10 |
| Insgesamt | 43,40[1]) | 19,80[2]) |

| *B) Die Belastungen durch laufende Leistungen, gemessen am Bruttosozialprodukt (BSP) (in Milliarden RM, Preisbasis 1944)* | | | | | | | | | |
|---|---|---|---|---|---|---|---|---|---|
| | *1945* | *1946* | *1947* | *1948* | *1949* | *1950* | *1951* | *1952* | *1953* |
| DDR | | | | | | | | | |
| BSP | | 12,7 | 14,6 | 16,4 | 18,1 | 19,6 | 21,9 | 23,9 | 25,6 |
| Leistungen | | | | | | | | | |
| in Mrd. RM | 3,6 | 6,2 | 5,6 | 5,1 | 3,6 | 3,6 | 3,6 | 3,5 | 3,3 |
| in Prozent | | 48,8 | 38,4 | 31,1 | 19,9 | 18,4 | 16,4 | 14,6 | 12,9 |
| Bundesrepublik | | | | | | | | | |
| BSP | | 29,3 | 35,7 | 44,7 | 55,4 | 62,3 | 68,8 | 75,2 | 81,7 |
| Leistungen | | | | | | | | | |
| in Mrd. RM | 1,7 | 4,3 | 4,6 | 4,0 | 3,3 | 3,6 | 5,0 | 4,6 | 3,1 |
| in Prozent | | 14,6 | 12,8 | 9,0 | 6,0 | 5,8 | 7,1 | 6,0 | 3,8 |

[. . .] Bei einem Vergleich der laufenden Leistungen müssen die im Untersuchungszeitraum gewährten Auslandshilfen mit berücksichtigt werden. Nennenswerte Auslandshilfen hat die SBZ/DDR nicht erhalten. Der späteren Bundesrepublik standen hingegen umfangreiche öffentliche und private Auslandshilfen zur Verfügung.

*Rainer Karlsch, Allein bezahlt? Die Reparationsleistungen der SBZ/DDR 1945–53, Berlin 1993, S. 231 ff.*

[1]) 16 % des Volksvermögens
[2]) 18,5 % des Volksvermögens

Nicht nur Produktionsanlagen und Maschinen ließ die Sowjetunion in ihrer Zone demontieren – auch Bahngeleise wurden entfernt und in die UdSSR transportiert.

1. *Vergleichen Sie die Substanzverluste und die Belastungen durch laufende Leistungen und erläutern Sie die wirtschaftlichen Auswirkungen.*
2. *Diskutieren Sie über die Ursachen für die unterschiedliche Reparationspolitik der Besatzungsmächte.*
3. *Beziehen Sie diese Informationen auf die heutige Situation im wiedervereinigten Deutschland. Nehmen Sie Stellung zu den jährlichen Finanzhilfen von ca. 150 Milliarden für Ostdeutschland.*

## Amerikanische Hilfe für die europäischen Länder

**M 2**

*Am 5. 6. 1947 sprach der amerikanische Außenminister George Marshall vor Studenten der Harvard Universität. General Marshall (1880–1959) war im Zweiten Weltkrieg Generalstabschef der US-Armee und von 1947 bis 1949 US-Außenminister.*

In Wahrheit liegt die Sache so, daß Europas Bedarf an ausländischen Nahrungsmitteln und anderen wichtigen Gütern – hauptsächlich aus Amerika – während der nächsten drei oder vier Jahre um so viel höher liegt als seine gegenwärtige Zahlungsfähigkeit, daß beträchtliche zusätzliche Hilfsleistungen notwendig sind, wenn es nicht in einen wirtschaftlichen, sozialen und politischen Verfall sehr ernster Art geraten soll.
[. . .] Abgesehen von der demoralisierenden Wirkung auf die ganze Welt und von der Möglichkeit, daß aus der Verzweiflung der betroffenen Völker sich Unruheherde ergeben könnten, dürfte es auch offensichtlich sein, welche Folgen dieser Zustand auf die Wirtschaft der Vereinigten Staaten haben muß. Es ist nur logisch, daß die Vereinigten Staaten alles tun, was in ihrer Macht steht, um die Wiederherstellung gesunder wirtschaftlicher Verhältnisse in der Welt zu fördern, ohne die es keine politische Stabilität und keinen

sicheren Frieden geben kann. Unsere Politik richtet sich nicht gegen irgendein Land oder irgendeine Doktrin, sondern gegen Hunger, Armut, Verzweiflung und Chaos. Ihr Zweck ist die Wiederbelebung einer funktionierenden Weltwirtschaft, damit die Entstehung politischer und sozialer Bedingungen ermöglicht wird, unter denen freie Institutionen existieren können. [. . .]
Jeder Regierung, die bereit ist, beim Wiederaufbau zu helfen, wird die volle Unterstützung der Regierung der Vereinigten Staaten gewährt werden, dessen bin ich sicher. Aber eine Regierung, die durch Machenschaften versucht, die Gesundung der anderen Länder zu hemmen, kann von uns keine Hilfe erwarten. Darüber hinaus werden alle Regierungen, politischen Parteien oder Gruppen, die es darauf abgesehen haben, das menschliche Elend zu einem Dauerzustand zu machen, um in politischer oder anderer Hinsicht Nutzen daraus zu ziehen, auf den Widerstand der Vereinigten Staaten stoßen.

*Herbert Michaelis (Hrsg.) u. a., Ursachen und Folgen. Vom deutschen Zusammenbruch 1918 und 1945 bis zur staatlichen Neuordnung in der Gegenwart, Band 25, Berlin o. J., S. 208 ff.*

1. *Welchen Zusammenhang sieht Marshall zwischen ökonomischer und politischer Stabilisierung Europas?*
2. *An welche Bedingungen ist die Marshall-Plan-Hilfe geknüpft?*
3. *Erörtern Sie die psychologisch-politische Bedeutung der Ankündigung des amerikanischen Außenministers. Worin bestand dabei das Interesse der USA?*

## M 3 Zwangswirtschaft in der Sowjetischen Besatzungszone

*Zentrale Planung und staatlicher Dirigismus wurden zum Kennzeichen der Wirtschaftsordnung in der Sowjetischen Besatzungszone.*

Eine der fundamentalen Schwächen der neuen Wirtschaftsordnung bestand in der niedrigen Arbeitsmoral, denn für den einzelnen bestand nur ein geringer Zusammenhang zwischen eigener Leistung und Lebenslage. Durch die Ausbreitung der Leistungslöhne konnte der einzelne zwar sein Geldeinkommen erhöhen, dieses hatte aber angesichts der Warenknappheit nur eine vergleichsweise geringe Bedeutung. Außerdem war das klassische kapitalistische Druckmittel der Arbeitslosigkeit entfallen. Die Betriebe hatten wegen der strikten Menschenplanung ein Interesse, soviel Personen wie möglich einzustellen. Höhere Lohnkosten stellten kein Hindernis dar, Geld hatte auch für Betriebe nur eine untergeordnete Funktion. Ein VEB konnte nicht pleite gehen. Hier, und nicht etwa in geglückter Planung, ist die Hauptursache für einen der größten Erfolge der neuen Ordnung zu sehen: der raschen Überwindung der offenen Arbeitslosigkeit. Es ist bezeichnend, daß die SED auf das strukturelle Problem der niedrigen Arbeitsanreize, sieht man von den wenig wirksamen Leistungslöhnen ab, nur mit Appellen, Wettbewerben u. ä. zu antworten wußte, für die der Hauer Adolf Hennecke, der am 13. Oktober 1948 seine Norm nach gezielter Vorbereitung mit 387 Prozent erfüllt hatte, das bekannteste Beispiel ist. [. . .]
Die SED-Führung betrachtete die augenfälligen Schwächen der SBZ-Realität nicht als Folge eigener Fehler, sondern vornehmlich als „Erblast" der neuen Ordnung. Außerdem wurden die auftretenden Schwierigkeiten als das Ergebnis bewußter Sabotage durch feindliche Elemente erklärt. Zentralisierung, Kontrolle und Repression waren die entsprechenden Antworten. Daß gerade

die neue Ordnung massive Probleme selbst erzeugt hatte, wurde von der SED-Führung verdrängt. Längst hatte sie auch die im Juni 1945 formulierte Einsicht preisgegeben, daß es falsch wäre, Deutschland das Sowjetsystem aufzuzwingen.

*Wolfgang Zank, Die Gesellschaftspolitik der KPD/SED 1945–1949, in: Aus Politik und Zeitgeschichte, B 11/1990, S. 61 f.*

1. *Aus welchen Gründen organisierte die SED Wettbewerbe in den Betrieben?*
2. *Wägen Sie Vor- und Nachteile des planwirtschaftlichen Systems gegeneinander ab.*

## Die Wende in der amerikanischen Deutschlandpolitik

M 4

*Aus der Rede des US-Außenministers Byrnes in Stuttgart am 6. 9. 1946:*

Wir treten für die wirtschaftliche Vereinigung Deutschlands ein. Wenn eine völlige Vereinigung nicht erreicht werden kann, werden wir alles tun, was in unseren Kräften steht, um eine größtmögliche Vereinigung zu sichern.
Der Hauptzweck der militärischen Besetzung war und ist, Deutschland zu entmilitarisieren und entnazifizieren, nicht aber den Bestrebungen des deutschen Volkes hinsichtlich einer Wiederaufnahme seiner Friedenswirtschaft künstliche Schranken zu setzen. [. . .]
Die Vereinigten Staaten treten für die baldige Bildung einer vorläufigen deutschen Regierung ein. [. . .]
Während wir darauf bestehen, daß Deutschland die Grundsätze des Friedens, der gutnachbarlichen Beziehungen und der Menschlichkeit befolgt, wollen wir nicht, daß es der Vasall irgendeiner Macht oder irgendwelcher Mächte wird oder unter einer in- oder ausländischen Diktatur lebt. Das amerikanische Volk hofft, ein friedliches und demokratisches Deutschland zu sehen, das seine Freiheit und seine Unabhängigkeit erlangt und behält. [. . .]
Die Vereinigten Staaten können Deutschland die Leiden nicht abnehmen, die ihm der von seinen Führern angefangene Krieg zugeführt hat. Aber die Vereinigten Staaten haben nicht den Wunsch, diese Leiden zu vermehren oder dem deutschen Volk die Gelegenheit zu verweigern, sich aus diesen Nöten herauszuarbeiten, solange es menschliche Freiheit achtet und vom Wege des Friedens nicht abweicht.
Das amerikanische Volk wünscht, dem deutschen Volk die Regierung Deutschlands zurückzugeben. Das amerikanische Volk will dem deutschen Volk helfen, seinen Platz zurückzufinden zu einem ehrenvollen Platz unter den freien und friedliebenden Nationen der Welt.

*Die Neue Zeitung, Berliner Ausgabe, Nr. 72, 9. September 1946*

1. *Arbeiten Sie heraus, warum die Zeitgenossen die Rede des amerikanischen Außenministers als eine Wende empfinden konnten.*
2. *Erörtern Sie, wie die Rede von Byrnes auf die sowjetische beziehungsweise französische Regierung wirken mußte.*
3. *Warum hatte sich der inneramerikanische Entscheidungsprozeß über eine Neuformulierung der Deutschlandpolitik der USA ein Jahr lang hingezogen, obgleich General Clay bereits frühzeitig einen Kurswechsel von Washington forderte? Bedenken Sie dabei auch die psychologischen Momente.*

## M 5 „Reichsmarkdämmerung"

*Aus einem Zeitungsartikel über den Tag vor der Währungsreform:*

Es wurden die unsinnigsten Einkäufe gemacht. Am Samstagmittag war nichts mehr zu bekommen. In den Apotheken verlangten manche Kunden für Hunderte von Mark Kopfwehpulver, Badesalz, Einmachtabletten oder Rattengift. Eine Hausfrau erwarb u. a. einen Karton mit „Dr. Oetkers Tortin, ein bewährtes Triebmittel für Tortenböden", das, wie uns der Drogist versicherte, für die Zubereitung von etwa 2800 Torten reicht. Aus den Kunstgewerbe- und Ramschläden schleppten die Leute stoßweise gerahmte Wandsprüche, getrocknete Blumen hinter Glas und Topfuntersätze. Ein Kauflustiger keuchte unter der Last einer etwa eineinhalb Zentner schweren Gartensäule mit Büste, ein anderer hatte bei einer Tändlerei einen großen Sack mit Rehgeweihen erstanden. An den Kinos, bei denen der Vorverkauf gewöhnlich um halb zwölf Uhr beginnt, gab es schon ab halb neun Uhr riesigen Andrang. Die Straßenbahnen waren zum Brechen voll, und es hatte den Anschein, als ob ein Teil der Fahrgäste Dauerrundfahrten machte. Wer noch Briefe zu schreiben hatte, erledigte dies ebenfalls noch mit den alten Postwertzeichen. Samstag abend war in den Gaststätten kein Bier mehr zu haben. Dafür feierten in manchen Nebenzimmern die Schwarzmarktsnobs die „Reichsmarkdämmerung" bei Schnaps und Wein und zündeten sich ihre Zigaretten mit Fünfzigmarkscheinen an. Nachts sah man viele Betrunkene nach Hause schwanken.

*Süddeutsche Zeitung, 22. 6. 1948*

1. *Warum kauften die Menschen damals nichts Sinnvolleres für ihre Reichsmarkguthaben?*
2. *Erläutern Sie, inwiefern die Währungsreform die späte Rechnung für Hitlers Krieg war.*

## M 6 Planwirtschaft – Marktwirtschaft: Ludwig Erhard zum Grundsatzcharakter der Entscheidung von 1948

*Auf einer Sitzung des Zonenausschusses der CDU der britischen Zone erläuterte Ludwig Erhard am 25. Februar 1949 in Königswinter den fundamentalen Unterschied beider Ordnungsmodelle.*

Es ist eine völlige Illusion, etwa zu glauben, daß die Planwirtschaft sich von sozialen Aspekten leiten ließe und daß dieses Prädikat „sozial" der Marktwirtschaft nicht zukomme. Gerade das Gegenteil ist der Fall, und die Wahrheit beruht im Gegenteil. Die Planwirtschaft ist das Unsozialste, was es überhaupt gibt, und nur die Marktwirtschaft ist sozial. Abgesehen davon, daß die Dinge sich rechnerisch feststellen lassen, daß der Nachweis erbracht werden kann, daß der Anteil von Lohn und Gehalt am Fertigprodukt in der Marktwirtschaft immer höher ist als in der Planwirtschaft und daß die Planwirtschaft der Diktatur und Sklaverei immer mehr abnimmt an Volkseinkommen, ist diese Wahrheit auch noch anders zu begründen. Jede Planwirtschaft beruht auf der Vorstellung, daß irgendeine Behörde so weise sein kann und daß sie einen so großen Apparat hat mit Statistiken usw., daß es möglich ist, besser als das Volk selbst zu entscheiden, was dem Volke frommt.

1949 feierte man in Köln schon wieder Karneval unter dem Motto: „Un sönns hat ihr kein Sorje?" Die Lebensfreude war zurückgekehrt.

Auf Grund solcher Überlegungen muß dann notwendigerweise ein vorgefaßter Produktionsplan entstehen. Der Produktionsplan kann nur so entstehen, daß die Behörde sich einbildet, annehmen zu können, der durchschnittliche Mensch will soundsoviel sparen und soundsoviel verbrauchen, und für den Normalverbraucher wird gewissermaßen eine optimale Verbrauchsregelung konstruiert. Und diese wird mit 45 Millionen multipliziert, und dann bildet sich die Planwirtschaft ein, daß das der Verbrauch eines Volkes wäre und daß diese Methode die Harmonie der Gesellschaft verbürgen würde.
Was da herauskommt, das ist nicht der soziale Verbrauch eines Volkes, sondern das ist vollendeter Unfug im wirtschaftlichen Sinne. Und was auf der soziologischen Ebene herauskommt, ist nicht die Harmonie, sondern das ist das Chaos und die Tyrannei. Wohl oder übel muß die Planwirtschaft sehr bald zur Aufhebung jeder menschlichen Freizügigkeit kommen. [. . .]
So schafft man keinen organischen und gesunden Staat, so schafft man zwischen Staat und Volk einen Riß, so reißt man eine Kluft auf, die unüberbrückbar ist. Damit ist der Staat nicht mehr der inkarnierte Wille des Volkes, sondern er wird zur Zuchtrute des Volkes.

*Peter Bucher (Hrsg.), Nachkriegsdeutschland 1945–1949, Darmstadt 1990, S. 469*

1. *Arbeiten Sie das wirtschaftspolitische und weltanschauliche Grundkonzept Erhards heraus.*
2. *Warum lehnten die Gewerkschaften und die SPD Erhards Programm entschieden ab? Nehmen Sie dazu Stellung.*

# Teilung Deutschlands im Zeichen der weltpolitischen Blockbildung

Ausdehnung des sowjetischen Herrschaftsbereichs in Europa.

| | |
|---|---|
| 12. 3. 1947 | US-Präsident Truman erklärt die Eindämmung (containment) des sowjetischen Vordringens in der Welt zum Prinzip der amerikanischen Außenpolitik (Truman-Doktrin) |
| 23. 6. 1948 | Die Sowjetunion blockiert den freien Zugang nach Berlin (bis Mai 1949) |
| 1. 7. 1948 | Die Westalliierten beauftragen die Ministerpräsidenten der Westzone mit der Gründung eines Teilstaats („Frankfurter Dokumente") |
| 4. 4. 1949 | Die USA, Kanada und zehn westeuropäische Staaten unterzeichnen den NATO-Vertrag |
| 23. 5. 1949 | Mit der Unterzeichnung des Grundgesetzes wird die Bundesrepublik Deutschland gegründet |
| 14. 8. 1949 | Nach den ersten Wahlen zum Deutschen Bundestag wird Konrad Adenauer am 15. 9. Bundeskanzler der Bundesrepublik Deutschland |
| 7. 10. 1949 | Durch das Inkrafttreten einer eigenen Verfassung wird die DDR gegründet |

## Von der Anti-Hitler-Koalition zum „Kalten Krieg"

Die gescheiterte Viermächteverwaltung im besetzten Deutschland und die wachsenden Spannungen zwischen den Besatzungsmächten in Ost und West hatten ihre Ursachen in den gegensätzlichen deutschlandpolitischen Zielen, vor allem jedoch in dem sich zwischen 1945 und 1949 zuspitzenden weltpolitischen Konflikt zwischen der Sowjetunion und den USA.
Im Fernen Osten nahmen die Spannungen zwischen den zwei Weltmächten zu. Nach der Kapitulation *Japans* (2. 9. 1945) versuchte Stalin erfolglos, Einfluß auf die Besetzung und Kontrolle des Landes zu gewinnen. In *Korea* kam es im Dezember 1945 zur Teilung in einen russisch beherrschten Nordteil und einen amerikanisch beherrschten Südteil. In *China,* das die USA traditionell zu ihren Verbündeten zählten, flammte 1946 der Bürgerkrieg zwischen den chinesischen Kommunisten unter *Mao Zedong*[1]) und der chinesischen Nationalregierung unter *Tschiang Kai-schek* wieder auf. Er endete mit der Flucht Tschiang Kai-scheks nach Taiwan und der *Proklamation der Volksrepublik China* durch Mao Zedong (1. 10. 1949).
In Vorderasien weigerte sich die Sowjetunion zunächst, ihre Truppen aus dem *Iran* zurückzuziehen, wie in Potsdam vereinbart. Außerdem forderte sie Küstengebiete der *Türkei* sowie die türkischen Meerengen, was die USA mit der demonstrativen Entsendung ihrer Flotte ins Mittelmeer beantworteten.
Auch die britische Regierung sah überall ihre Sicherheitsinteressen bedroht: In *Griechenland, Ägypten,* in der gesamten *arabischen Welt,* in *Indien* und in den *fernöstlichen Kolonien* unterstützte die Sowjetunion „nationale Befreiungsbewegungen". Ebenso wurde die Unterstützung der kommunistischen Parteien in Frankreich und Italien in London als Beleg dafür gewertet, daß Stalin das Nachkriegschaos für seine Zwecke nutzen wollte.

## Die Sowjetisierung Osteuropas

Entscheidend für das immer schlechter werdende Verhältnis zwischen den Siegermächten war jedoch die Sowjetisierung der osteuropäischen Staaten. Im Gegensatz zu den Abmachungen von Jalta ließ die Rote Armee in Polen, Rumänien, Ungarn und Bulgarien keine liberal-demokratische Entwicklung zu. Durch Unterdrückung und Einschüchterung der Bevölkerung, durch Schauprozesse und Wahlterror sowie die Zwangsvereinigung der sozialdemokratischen und kommunistischen Parteien festigten die Kommunisten in diesen Ländern ihre Alleinherrschaft. Die Kollektivierung der Landwirtschaft sowie die Einbeziehung der zentral geplanten Volkswirtschaften nach Moskauer Muster in den sowjetischen Wirtschaftsbereich folgten auf dem

[1]) Mao Zedong (1893–1976) war Gründungsmitglied der Kommunistischen Partei Chinas (1921) und einer der Führer der Partei in häufigen Bürgerkriegen. Ideologische Meinungsverschiedenheiten mit der sowjetischen Führung führten schließlich um 1960 zu einem Bruch in den Beziehungen. Gegen Ende von Maos Leben öffnete sich das weitgehend abgeschottete China allmählich wieder der internationalen Öffentlichkeit.

Fuß. Die Gefolgsleute Stalins sorgten durch parteiinterne Säuberungsaktionen dafür, daß der Machtanspruch Moskaus in Osteuropa nicht durch nationalkommunistische „Abweichler" in Frage gestellt wurde. Als letztes Land wurde im Frühjahr 1948 die Tschechoslowakei durch einen kommunistischen Staatsstreich mit sowjetischer Unterstützung in das politisch-ökonomische Herrschaftssystem Moskaus einbezogen. Nur das Jugoslawien Titos konnte sich der sowjetischen Oberhoheit entziehen.

## Beginn der amerikanischen Eindämmungspolitik

In einer Aufsehen erregenden Rede am 5. März 1946 im amerikanischen Fulton plädierte der britische Oppositionsführer Churchill für einen engen militärischen Zusammenschluß der beiden angelsächsischen Mächte gegen die Sowjetunion und sprach dabei von einem *„Eisernen Vorhang"*, der den Kontinent geteilt habe (⇨ M 1).
Die ergebnislose Außenministerkonferenz in Paris Mitte 1946 sowie die wachsende Erkenntnis, schnellstens auf die wirtschaftliche, politische und militärische Stabilisierung der nicht unter sowjetische Herrschaft geratenen Regionen zu setzen, beschleunigten den neuen außenpolitischen Kurs der Truman-Administration. In seiner Botschaft an den amerikanischen Kongreß am 12. März 1947 erklärte Präsident Truman schließlich die *„Eindämmung" (containment)* des Kommunismus und der Sowjetunion zum Grundprinzip der amerikanischen Außenpolitik *(Truman-Doktrin)* (⇨ M 2).
Als Antwort darauf gründete Stalin Ende September 1947 das *Kommunistische Informationsbüro (Kominform)*, das die weltweite Steuerung der kommunistischen Parteien unter Führung der KPdSU zur Aufgabe hatte. Von nun an galt die *„Zwei-Lager-Theorie"*, der zufolge das sozialistische Weltlager in einer unerbittlichen Konfrontation zum westlichen Imperialismus stünde (⇨ M 3). In wirtschaftlicher Hinsicht reagierte Stalin auf den Marshall-Plan zunächst mit zweiseitigen Handelsabkommen, schließlich 1949 mit der Gründung des *Rates für gegenseitige Wirtschaftshilfe (RGW)*. Darin lenkte die Sowjetunion die Volkswirtschaften der ostmitteleuropäischen Verbündeten auf die Moskauer Bedürfnisse hin. Die Spaltung Europas in zwei Blöcke war offenkundig geworden. Der „Kalte Krieg" zwischen den Großmächten hatte begonnen.

## Militärisches Engagement der USA in Europa

Wegen des eindeutigen militärischen Übergewichts der Sowjetunion an Landstreitkräften in Europa gaben die britische und französische Regierung den Anstoß zu einem längerfristigen militärischen Engagement der USA in Europa. Nur ein gemeinsames Verteidigungssystem unter Mitwirkung der USA schien der Bedrohung Westeuropas durch die Sowjetunion standhalten zu können. Der *Brüsseler Beistandspakt* vom 17. März 1948 (Großbritannien, Frankreich und die Beneluxstaaten) wurde zwar offiziell zum Schutz gegen eine deutsche Aggressionspolitik geschlossen, in Wirklichkeit jedoch galt die

Sowjetunion als potentieller Angreifer, und den USA sollte signalisiert werden, daß die Europäer nicht nur Hilfe suchten, sondern auch selbst zum Handeln bereit waren.
Drei Monate später erteilte der Kongreß der US-Regierung das Recht, auch in Friedenszeiten Bündnisse abzuschließen. Diese dramatische Abkehr von der traditionellen amerikanischen Außen- und Sicherheitspolitik kulminierte in der Gründung der *NATO (North Atlantic Treaty Organization)* am 4. April 1949 durch zehn europäische Staaten (Belgien, Dänemark, Frankreich, Großbritannien, Italien, Island, Luxemburg, Niederlande, Norwegen, Portugal) sowie die USA und Kanada. Der noch heute in Kraft befindliche Vertrag verpflichtet nicht zu einem automatischen militärischen Beistand, sondern stellt die Anwendung erforderlicher Maßnahmen in das Ermessen jedes Partners.

**Die Berlin-Blockade 1948/49 – eine Etappe im „Kalten Krieg"**

Eine unmittelbare Folge der Währungsreform in den Westzonen war die *Berliner Blockade.* Es war der Versuch der Sowjetunion, die in der amerikanischen Eindämmungspolitik angelegte Schaffung eines antikommunistischen westdeutschen Staates in letzter Minute zu verhindern. Der Sowjetunion kam dabei eine Vertragslücke zugute, denn der Zugang nach Berlin auf dem Landweg war nicht geregelt.
Nachdem Verhandlungen der vier Siegermächte über die Einführung der D-Mark in Berlin geplatzt waren, verbot am 19. Juni 1948 der Chef der sowjetischen Militärverwaltung *Sokolowski* die Einführung des neuen Geldes in ganz Berlin. Vier Tage später wurde für die Ostzone eine eigene Währungsreform angeordnet unter ausdrücklicher Einbeziehung ganz Berlins. Gegen die Einbeziehung ihrer drei Sektoren erhoben die Westmächte sofort Einspruch und dehnten ihrerseits den Geltungsbereich der neuen D-Mark auf West-Berlin aus. In der Nacht vom 23. zum 24. Juni 1948 wurde daraufhin die Elektrizitätsversorgung West-Berlins unterbrochen; es begann die Sperrung des Personen- und Güterverkehrs sowie der Lebensmittellieferungen. Mit der Blockade zu Lande und zu Wasser wollte die Sowjetunion die 2,2 Millionen Westberliner aushungern und in einer Art Geiselnahme die Westmächte zwingen, ihre Weststaatspläne aufzugeben und ganz Berlin den Sowjets zu überlassen.
Den USA und ihren Verbündeten blieb zur Versorgung der eigenen Truppen sowie der Berliner Bevölkerung nur noch der Luftweg. Vor allem auf Betreiben General Clays begann Ende Juni 1948 die *„Operation Vittles"* (Lebensmitteloperation), das als *„Berliner Luftbrücke"* bekannt gewordene größte Transportunternehmen der Geschichte.
Als Sprecher der Berliner Bevölkerung wandte sich der 1947 gewählte, aber von den Sowjets an seiner Amtsausübung gehinderte Oberbürgermeister *Ernst Reuter* in Massenkundgebungen an die westliche Welt und beschwor den Durchhaltewillen der Berliner. Erst am 4. Mai 1949 beendete ein Abkommen die sowjetische Blockade.

Ein amerikanisches Versorgungsflugzeug landet auf dem Flugplatz Tempelhof in Berlin. Über die „Luftbrücke“ beförderten Transportflugzeuge in mehreren hundert Flügen pro Tag bis zu 7000 Tonnen Lebensmittel und Kohle täglich nach Berlin. Die Luftwaffe der Alliierten transportierte alles, was die Menschen zum Überleben benötigten: von der Trockenmilch für Säuglinge bis zu Turbinenteilen für ein Kraftwerk. 279 000 Flüge absolvierten die von den Westmächten finanzierten „Rosinenbomber“; 24 Maschinen stürzten ab, 76 Todesopfer waren zu beklagen.

Mit der rücksichtslosen Abschnürung Berlins von den Westzonen hatte Stalin alle Vorurteile bestätigt, die über seine Deutschlandpolitik im Umlauf waren. Er hatte es auch geschafft, daß Deutsche und Westalliierte sich zum ersten Mal als Verbündete verstanden. Insofern erwies sich die Blockade Berlins für die Sowjetunion als ein schwerer Fehler, durch den sie jeden Kredit bei der deutschen Bevölkerung verlor.
Die West-Berliner waren gerettet. Doch Berlin war zu einer gespaltenen Stadt geworden, denn noch während der Blockade hatte die SED die labile Lage dazu benutzt, einen eigenen Oberbürgermeister für den Ostsektor einzusetzen. Bis 1990 blieb Berlin verwaltungsmäßig geteilt.

## Auf dem Weg zu einem westdeutschen Teilstaat

Seit Ende 1947 waren Amerikaner und Briten entschlossen, den Weg zur Konsolidierung der Westzonen und damit der Schaffung eines westdeutschen Teilstaates zu gehen. Frankreich schloß sich dem britisch-amerikani-

schen Kurs erst an, als London und Washington die Abtrennung des Saargebietes und seine Einbeziehung in das französische Wirtschaftsgebiet sowie die internationale Kontrolle des Ruhrgebietes zusagten.
Die drei Westmächte (und die Beneluxländer) einigten sich schließlich in den *Londoner Empfehlungen vom 7. Juni 1948* auf einen Minimalkonsens über die Grundzüge des geplanten Staatswesens. Am 1. Juli 1948 übergaben die drei Militärgouverneure den elf deutschen Ministerpräsidenten im Hauptquartier der amerikanischen Besatzungsmacht die *Frankfurter Dokumente,* in denen der Kern der Londoner Empfehlungen enthalten war. Die Ministerpräsidenten wurden darin beauftragt, eine verfassunggebende Versammlung einzuberufen, die eine demokratische Verfassung für einen föderalistischen Staat ausarbeiten und dem Volk zur Entscheidung vorlegen sollte. Weiter wurde der Auftrag zur Länderneugliederung erteilt. Schließlich wurden die Ministerpräsidenten mit den Grundzügen des geplanten *Besatzungsstatuts* einschließlich der zahlreichen wirtschaftlichen Kontrollauflagen bekanntgemacht. Alles in allem sahen sich die westdeutschen Regierungschefs mit einem als Angebot getarnten Befehl zur Schaffung eines Weststaates mit beschränkter und kontrollierter Selbstverwaltung auf Probe konfrontiert.

## Die deutsche Option für den Weststaat

In ihrer Stellungnahme zu den Frankfurter Dokumenten legten die Ministerpräsidenten großen Wert auf die Vorläufigkeit der geplanten Maßnahmen. Es sollte nicht die Rede von einem „Staat", sondern nur von einem „Zweckverband administrativer Qualität" *(Carlo Schmid)* sein. Die Forderung lautete, daß „alles vermieden wird, was geeignet sein könnte, die Spaltung zwischen West und Ost weiter zu vertiefen". Deshalb wollten die Regierungschefs keine verfassunggebende Versammlung, sondern nur einen *„Parlamentarischen Rat"* sowie anstelle einer Verfassung ein *„Grundgesetz".* Auch der Wunsch, das Grundgesetz schließlich durch die Landtage und nicht durch einen Volksentscheid in Kraft zu setzen, ergab sich aus dem Provisoriumskonzept. Außerdem sollte das Besatzungsstatut vor Beginn der Verfassungsberatungen bekanntgegeben werden, um zu verhindern, daß die Alliierten die im Grundgesetz zugestandenen Rechte per Besatzungsstatut gleich wieder aufhoben.
Als General Clay alle deutschen Forderungen rundweg ablehnte, modifizierten die Ministerpräsidenten ihre ursprünglichen Vorstellungen. Auf einer *Konferenz im Jagdschloß Niederwald* bei Rüdesheim (21./22. Juli 1948) erklärten sie sich bereit, im Sinne der westlichen Vorschläge zu verfahren. Nur an den terminologischen Korrekturen wollte man festhalten, was die Alliierten am Ende akzeptierten. Ein Sachverständigenausschuß aus je einem Bevollmächtigten der Länder und noch weiteren juristischen Mitarbeitern erarbeitete auf Schloß Herrenchiemsee vom 10. bis 23. August 1948 einen Verfassungsentwurf als Diskussionsgrundlage.

## Die Beratungen des Grundgesetzes im Parlamentarischen Rat

Die 65 Abgeordneten des in Bonn tagenden Parlamentarischen Rates waren von den Länderparlamenten im August 1948 gewählt worden. Mit jeweils 27 Abgeordneten waren SPD und CDU/CSU (19 CDU, acht CSU) gleich stark vertreten, fünf Abgeordnete stellte die FDP und je zwei Abgeordnete die Deutsche Partei, das Zentrum und die KPD. Außerdem wirkten noch fünf Berliner Abgeordnete ohne Stimmrecht mit. Beamte und Juristen prägten das Profil des Parlamentarischen Rates, in den die Parteien ihre führenden Verfassungspolitiker entsandten. Zum Präsidenten wurde der 72jährige Parteivorsitzende der CDU in der britischen Zone, Konrad Adenauer, gewählt, während der einflußreiche Vorsitz im Hauptausschuß, in dem die eigentlichen Verfassungsberatungen stattfanden, an Professor Carlo Schmid (SPD) ging.
Viele Verfassungsfragen wurden vor dem Hintergrund der Erfahrungen der Weimarer Republik und der nationalsozialistischen Diktatur rasch und einvernehmlich gelöst. Die Geltungskraft der Grundrechte, die starke Stellung des Kanzlers, das konstruktive Mißtrauensvotum, die reduzierten Funktionen des Bundespräsidenten, die Ablehnung des Plebiszits und die Konstruktion eines rein parlamentarisch-repräsentativen Regierungssystems gehörten dazu.
Die Kirchen behielten ihre autonomen Rechte als öffentlich-rechtliche Institutionen nach dem Vorbild der Weimarer Verfassung. Sie konnten zwar ihre Vorstellungen im Zusammenhang mit dem Schutz von Ehe und Familie einbringen, aber die Festschreibung der Konfessionsschule gelang ihnen nicht. Ebensowenig konnten die Gewerkschaften ihre Forderung nach einem grundrechtlich geschützten Streikrecht durchsetzen, erreichten allerdings die Errichtung einer eigenen Arbeits- und Sozialgerichtsbarkeit. Da sich die SPD und die Unionsparteien in der Frage der Wirtschaftsordnung nicht einig waren, wurde das Grundgesetz in diesem Punkt bewußt offen gehalten.
Die heftigste Kontroverse im Parlamentarischen Rat betraf die Ausgestaltung der bundesstaatlichen Ordnung. Die SPD forderte eine starke Bundesgewalt, die CDU – und noch mehr die CSU – wollte das politische Gewicht der Län-

Die „Mütter des Grundgesetzes". Der heutige Artikel 3 des Grundgesetzes: „Männer und Frauen sind gleichberechtigt" geht wesentlich auf die Initiative dieser vier Frauen zurück. Das Bild zeigt von links nach rechts: Helene Wessel (Zentrum), Dr. Helene Weber (CDU), Friederike Nadig (SPD) und Dr. Elisabeth Selbert (SPD).

der sichern. In der Frage der Ländermitwirkung und damit der Ausgestaltung der Zweiten Kammer kam es schließlich zu einem Mehrparteienkompromiß, den die süddeutschen Föderalisten zu ihren Gunsten prägen konnten (Bundesratslösung), während die Regelung der Finanz- und Steuerfragen stärker die Handschrift der SPD trug (starke Bundesfinanzverwaltung, umfassende Steuererhebungskompetenzen des Bundes, Finanzausgleich zwischen den Ländern).

## Die Gründung der Bundesrepublik

Am 8. Mai 1949, genau vier Jahre nach der deutschen Kapitulation, stimmten 53 Abgeordnete des Parlamentarischen Rates für und zwölf gegen das Grundgesetz (darunter sechs Abgeordnete der CSU sowie die Abgeordneten der KPD, des Zentrums und der DP). Nachdem die Militärgouverneure das Grundgesetz am 12. Mai 1949 genehmigt hatten, wurde es in allen Ländern mit Ausnahme Bayerns ratifiziert. Der CSU war das Grundgesetz nicht föderalistisch genug. Das bayerische „Nein" vom 20. Mai 1949 blieb jedoch ohne Konsequenzen, weil der Landtag gleichzeitig mit Mehrheit beschloß, daß das Grundgesetz auch für Bayern rechtsverbindlich sei. Am 23. Mai 1949 unterzeichneten die Ministerpräsidenten der Länder und die Landtagspräsidenten in einem feierlichen Akt in Bonn das Grundgesetz. *Damit war die Bundesrepublik Deutschland gegründet.*

Die letzte Sitzung des Parlamentarischen Rats in Bonn am 23. Mai 1949 vor der feierlichen Unterzeichnung und Verkündung des Grundgesetzes. Die Beratungen über das Grundgesetz dauerten vom 1. September 1948 bis zum 8. Mai 1949. Links neben dem Mikrofon der erste Bundespräsident Professor Dr. Theodor Heuss (1949–1959).

Aus den *Wahlen zum ersten Deutschen Bundestag* am 14. August 1949 ging die CDU/CSU mit 31 Prozent als Gewinner hervor, gefolgt von der SPD mit 29,2 Prozent, der FDP mit 11,9 Prozent und der KPD mit 5,7 Prozent. Weitere sechs Parteien einschließlich einiger Parteiloser blieben unter fünf Prozent der Stimmen, waren aber im ersten Bundestag vertreten. Gegen einflußreiche Fürsprecher in den eigenen Reihen für eine Große Koalition mit der SPD setzte Adenauer eine kleine Koalition mit der FDP und der DP durch. Am 7. September 1949 trat der Bundestag zum ersten Mal in der Bundeshauptstadt Bonn zusammen und wählte am 15. September Konrad Adenauer mit einer Stimme Mehrheit zum *ersten Bundeskanzler der Bundesrepublik Deutschland.* Theodor Heuss, der Kandidat der FDP, war bereits am 12. September von der Bundesversammlung zum *Bundespräsidenten* gewählt worden. Kurt Schumacher (SPD) fiel die Rolle des Oppositionsführers zu. Aus den westlichen Besatzungszonen war ein Staat unter alliierter Aufsicht geworden.

### Regieren unter dem Besatzungsstatut

Am 21. September 1949 trat das Besatzungsstatut in Kraft. An die Stelle der drei Militärgouverneure trat die *Alliierte Hohe Kommission für Deutschland,* die auf dem Petersberg über Bonn residierte und die Bundes- und Länderregierungen kontrollierte. Das engmaschige Kontrollnetz, das die drei Westmächte der Bundesrepublik übergestülpt hatten, war Ausdruck des Mißtrauens den Deutschen gegenüber, das vor allem in Frankreich tief verwurzelt war: Die Außenpolitik und der Außenhandel sowie die Kontrolle der Ruhr und die Reparationsfragen waren der Zuständigkeit der Bundesregierung völlig entzogen. Außerdem hielten sich die Besatzungsmächte durch eine Generalklausel die Möglichkeit offen, jederzeit wieder alle Kompetenzen der deutschen Regierung an sich zu ziehen.

Von Anfang an war daher die Politik von Bundeskanzler Adenauer darauf ausgerichtet, die Beschränkungen der deutschen Souveränität schrittweise abzubauen und die Bundesrepublik vom Objekt der Politik der Westmächte zu ihrem Partner zu machen. Für dieses Ziel der politischen Gleichberechtigung an der Seite der Westmächte war Adenauer auch bereit, Vorleistungen zu erbringen (⇨ M 4), was der Regierung die heftige Kritik des sozialdemokratischen Oppositionsführers Kurt Schumacher eintrug. Dieser trat zwar genauso für die Einbeziehung der Bundesrepublik in die westliche Allianz ein, verlangte aber von den Westmächten vorab die Anerkennung der Bundesrepublik als gleichberechtigter Partner. Doch Bundeskanzler Adenauer konnte mit seinem Konzept, Handlungsfreiheit durch das Eingehen freiwilliger Bindungen zu gewinnen, bald erste Erfolge verzeichnen. Der Beitritt zur *Ruhrbehörde* (1949) – einem Kontrollgremium der Westmächte über die Kohle- und Stahlproduktion des Ruhrgebiets – beendete die Demontagen und wirkte ebenso vertrauensbildend wie ein Jahr später der Einzug in den *Europarat* (siehe Seite 294 f.).

## Die Gründung der DDR

Die Antwort der Sowjetunion auf die Gründung der Bundesrepublik war von langer Hand vorbereitet worden. Mit Rückendeckung Stalins setzte sich die SED Ende 1947 an die Spitze einer *Volkskongreßbewegung,* die zwar formal die Einheit Deutschlands und den Abschluß eines Friedensvertrages propagierte, aber in Wirklichkeit die Weichen für die Schaffung eines Teilstaates *Deutsche Demokratische Republik* stellen sollte. Am 6./7. Dezember 1947 trat der 1. Volkskongreß zusammen. Drei Viertel der über 7000 Delegierten waren von den „Blockparteien" oder anderen Massenorganisationen der SBZ entsandt, eine wirkliche gesamtdeutsche Repräsentanz besaß der Volkskongreß nicht. Anläßlich des 2. Volkskongresses (17./18. 3. 1948) wählten die Mitglieder als ständiges Organ den von der SED gesteuerten *Deutschen Volksrat,* ein 400köpfiges Gremium (darunter 100 Westdeutsche). Der sich als „Repräsentation für ganz Deutschland" bezeichnende Volksrat legte im Oktober 1948 einen Verfassungsentwurf vor, der auf SED-Vorstellungen aus dem Jahr 1946 basierte. Im Mai 1949 wurde in der SBZ der 3. Volkskongreß gewählt. Eingedenk des schlechten Ergebnisses bei den Landtagswahlen 1946 wollte die SED keinerlei Risiko eingehen: Gewählt wurde nach einer *Einheitsliste*[1]*).* Trotz Manipulation und Wahlfälschung stimmten nur 66,1 % der Wähler für die Einheitsliste (⇨ M 5).
Die sowjetische Regierung wartete mit der bis in alle Einzelheiten vorbereiteten Staatsgründung in der eigenen Besatzungszone allerdings noch, bis die neue Bundesregierung sich konstituiert hatte. Erst nach einer erneuten Besprechung führender SED-Funktionäre mit Stalin Ende September 1949 erklärte die sowjetische Regierung Anfang Oktober 1949 in einer Note an die drei Westmächte, daß mit der „Bildung der volksfeindlichen Separatregierung in Bonn ... jetzt in Deutschland eine neue Lage entstanden" sei. Am 7. Oktober 1949 nahm der nach den Wahlergebnissen im Mai zusammengesetzte Deutsche Volksrat den Verfassungsentwurf von 1948 praktisch unverändert an und erklärte sich selbst zur *Provisorischen Volkskammer. Damit war die DDR gegründet.* Wenige Tage später wurde *Otto Grotewohl (SED) zum Regierungschef, Wilhelm Pieck (SED) zum Präsidenten der Deutschen Demokratischen Republik gewählt.* Obwohl in der neuen Regierung alle Parteien vertreten waren, besetzte die SED die wichtigsten Ministerien und war entschlossen, die Macht nicht mehr aus der Hand zu geben (⇨ M 6).
Weil die Sieger des Zweiten Weltkriegs sich über Deutschland nicht einig geworden waren, hatten sie es geteilt. Die Wirtschaftskraft des Landes sowie seine strategisch wichtige Lage an der Nahtstelle zwischen zwei Gesellschaftsordnungen machten es zu einem wichtigen Element im Machtkalkül der Großmächte. Die USA und die Sowjetunion wollten die Kontrolle ihrer Gebiete nicht mehr abgeben, und die Menschen in Deutschland folgten von nun an den politischen Systemen ihrer Besatzungsmächte (⇨ M 7).

---

[1]) Die Einheitsliste konnte nur mit „Ja" oder „Nein" angekreuzt werden. Die Verteilung der Mandate erfolgte dabei nach einem zuvor festgelegten Schlüssel.

## M 1 Der „Eiserne Vorhang" in Europa

*In Gegenwart und nach Absprache mit US-Präsident Truman sprach Winston Churchill am 5. 3. 1946 in Fulton (Missouri) über die sowjetische Politik in Osteuropa und die Errichtung des „Eisernen Vorhangs". Churchill war zu diesem Zeitpunkt Oppositionsführer im britischen Unterhaus.*

Ein Schatten ist auf die Erde gefallen, die erst vor kurzem durch den Sieg der Alliierten hell erleuchtet worden ist. Niemand weiß, was Sowjetrußland und die kommunistische internationale Organisation in der nächsten Zukunft zu tun gedenken oder was für Grenzen ihren expansionistischen und Bekehrungstendenzen gesetzt sind, wenn ihnen überhaupt Grenzen gesetzt sind. [. . .] Von Stettin an der Ostsee bis hinunter nach Triest an der Adria ist ein „Eiserner Vorhang" über den Kontinent gezogen. [. . .] Die kommunistischen Parteien, die in allen diesen östlichen Staaten Europas bisher sehr klein waren, sind überall großgezogen worden, sie sind zu unverhältnismäßig hoher Macht gelangt und suchen jetzt überall die totalitäre Kontrolle an sich zu reißen. [. . .] Welches auch die Schlußfolgerungen sind, die aus diesen Tatsachen gezogen werden können, eines steht fest, das ist sicher nicht das befreite Europa, für dessen Aufbau wir gekämpft haben. Es ist nicht ein Europa, das die unerläßlichen Elemente eines dauernden Friedens enthält.
Ich glaube nicht, daß Sowjetrußland den Krieg will. Was es will, das sind die Früchte des Krieges und die unbeschränkte Ausdehnung seiner Macht und die Verbreitung seiner Doktrin. Was wir aber heute, solange noch Zeit vorhanden ist, in Erwägung ziehen müssen, das sind die Mittel zur dauernden Verhütung des Krieges und zur Schaffung von Freiheit und Demokratie in allen Ländern.

*Keesings Archiv der Gegenwart 1946, S. 669 f.*

1. *Wie bewertet Churchill die internationale Lage nach dem Zweiten Weltkrieg? Welche Kurskorrekturen werden angesprochen?*
2. *Inwieweit werden bei Churchill traditionelle Positionen der britischen Außenpolitik deutlich?*

## M 2 Die Truman-Doktrin

*In seiner Rede vor dem amerikanischen Kongreß am 12. 3. 1947 forderte Präsident Truman die Bereitstellung von 400 Millionen Dollar zur Unterstützung Griechenlands und der Türkei, wodurch verhindert werden sollte, daß kommunistische Kräfte im griechischen Bürgerkrieg die Macht an sich reißen konnten.*
*Die bislang eher zahlungsunwillige republikanische Kongreßmehrheit hatte Trumans Haushaltsplan, darunter auch die vorgesehenen Militärausgaben, kurz zuvor spürbar gekürzt. Sie bewilligte daraufhin sofort die geforderten Gelder. Die antikommunistische Rhetorik des Präsidenten traf auf eine im Kongreß und in der amerikanischen Öffentlichkeit verbreitete Überzeugung von der Bedrohung der Welt durch den Kommunismus.*

Eins der ersten Ziele der Außenpolitik der Vereinigten Staaten ist es, Bedingungen zu schaffen, unter denen wir und andere Nationen uns ein Leben aufbauen können, das frei von Zwang ist. Das war ein grundlegender Faktor im Krieg gegen Deutschland und Japan. Wir überwanden mit unserem Sieg

Länder, die anderen Ländern ihren Willen und ihre Lebensweise aufzwingen wollten. [. . .]
In einer Anzahl von Ländern waren den Völkern kürzlich gegen ihren Willen totalitäre Regimes aufgezwungen worden. Die Regierung der Vereinigten Staaten hat mehrfach gegen Zwang und Einschüchterung bei der Verletzung des Jalta-Abkommens in Polen, Rumänien und Bulgarien protestiert. Und weiter muß ich feststellen, daß in einer Anzahl anderer Staaten ähnliche Entwicklungen stattgefunden haben.
Im gegenwärtigen Abschnitt der Weltgeschichte muß fast jede Nation ihre Wahl in bezug auf ihre Lebensweise treffen. Nur allzuoft ist es keine freie Wahl. Die eine Lebensweise gründet sich auf den Willen der Mehrheit und zeichnet sich durch freie Einrichtungen, freie Wahlen, Garantie der individuellen Freiheit, Rede- und Religionsfreiheit und Freiheit vor politischer Unterdrückung aus.
Die zweite Lebensweise gründet sich auf den Willen einer Minderheit, der der Mehrheit aufgezwungen wird. Terror und Unterdrückung, kontrollierte Presse und Rundfunk, fingierte Wahlen und Unterdrückung der persönlichen Freiheiten sind ihre Kennzeichen.
Ich bin der Ansicht, daß es die Politik der Vereinigten Staaten sein muß, die freien Völker zu unterstützen, die sich der Unterwerfung durch bewaffnete Minderheiten oder durch Druck von außen widersetzen.
Ich glaube, daß wir den freien Völkern helfen müssen, sich ihr eigenes Geschick nach ihrer eigenen Art zu gestalten. [. . .]
Die Saat der totalitären Regimes gedeiht in Elend und Mangel. Sie verbreitet sich und wächst in dem schlechten Boden von Armut und Kampf. Sie wächst sich vollends aus, wenn in einem Volk die Hoffnung auf ein besseres Leben ganz erstirbt. Wir müssen diese Hoffnung am Leben erhalten. Die freien Völker der Erde blicken auf uns und erwarten, daß wir sie in der Erhaltung der Freiheit unterstützen.

*Herbert Michaelis (Hrsg.) u. a., Ursachen und Folgen. Vom deutschen Zusammenbruch 1918 und 1945 bis zur staatlichen Neuordnung in der Gegenwart, Band 25, Berlin o. J., S. 148 ff.*

1. *Inwiefern signalisiert die Rede Trumans eine fundamentale Neuorientierung der amerikanischen Außenpolitik?*
2. *Vergleichen Sie den neuen Kurs der USA mit der amerikanischen Außenpolitik nach dem Ersten Weltkrieg.*
3. *Zeigen Sie den inneren Zusammenhang zwischen Trumans Hilfsangebot und dem Marshall-Plan.*

## Die Welt ist in zwei Lager geteilt

**M 3**

*Der sowjetische Delegierte Shdanow entwickelt bei der Gründung des Kommunistischen Informationsbüros (Kominform) am 30. 9. 1947 in Warschau die Zwei-Lager-Theorie Stalins.*

Die Sowjetunion und die demokratischen Länder betrachteten als Hauptziele des Krieges die Wiederherstellung und Festigung der demokratischen Systeme in Europa, die Liquidierung des Faschismus, Verhütung der Möglichkeit einer neuen Aggression Deutschlands und allseitige dauernde Zusammenarbeit der Völker Europas. Die USA, und in Übereinstimmung mit ihnen

Großbritannien, setzten sich im Krieg ein anderes Ziel. Beseitigung ihrer Konkurrenten auf dem Weltmarkt (Deutschland und Japan) und Festigung ihrer eigenen Vormachtstellung. Die Meinungsverschiedenheiten in der Zielsetzung des Krieges und der Aufgaben der Nachkriegsgestaltung haben sich in der Nachkriegszeit vertieft. Es bildeten sich zwei einander entgegengesetzte politische Richtungen heraus: auf dem einen Pol die Politik der UdSSR und der demokratischen Länder, die auf Untergrabung des Imperialismus und Festigung der Demokratie gerichtet ist, auf dem anderen die Politik der USA und Großbritanniens, die auf Stärkung des Imperialismus und Drosselung der Demokratie abzielt. Da die UdSSR und die Länder der neuen Demokratie ein Hindernis bei der Durchführung der imperialistischen Pläne des Kampfes um die Weltherrschaft und der Zerschlagung der demokratischen Bewegung sind, wurde ein Kreuzzug gegen die UdSSR und die Länder der neuen Demokratie proklamiert, der auch durch Drohungen mit einem neuen Krieg von seiten der besonders eifrigen imperialistischen Politiker der USA und Englands bestärkt wird. Auf diese Weise entstanden zwei Lager: das imperialistische, antidemokratische Lager, dessen Hauptziel die Weltherrschaft des amerikanischen Imperialismus und die Zerschlagung der Demokratie ist, und das antiimperialistische und demokratische Lager, dessen Hauptziel die Untergrabung des Imperialismus, die Festigung der Demokratie und die Liquidierung der Überreste des Faschismus ist.

*Kessings Archiv der Gegenwart 1947, S. 1207 f.*

1. *Welche Länder zählt die Sowjetunion zu den demokratischen Ländern? Erläutern Sie den sowjetischen Demokratiebegriff.*
2. *Inwiefern sind die Ausführungen des sowjetischen Delegierten Shdanow eine Antwort auf Truman-Doktrin und Marshall-Plan?*
3. *Überprüfen Sie die Aussage Shdanows über die Gründe für den Kriegseintritt Großbritanniens und der USA.*
4. *Beurteilen Sie die Bedeutung der Zwei-Lager-Theorie für das Verhältnis zwischen Moskau und den kommunistischen Parteien Osteuropas.*

## M 4 Vertrauen gewinnen!

*In einer Rede vor dem Deutschen Bundestag am 24. 11. 1949 erläuterte Bundeskanzler Adenauer die Grundzüge seiner Außenpolitik.*

Wir Deutsche auf der einen Seite und die Alliierten auf der anderen Seite sehen naturgemäß den gleichen Tatbestand von zwei verschiedenen Gesichtspunkten aus an. Ich meine: Wir Deutsche sollten nicht vergessen, was sich von 1933 bis 1945 abgespielt hat, wir dürfen auch nicht vergessen, welches Unglück durch die nationalsozialistische Regierung über die ganze Welt gekommen ist. Ich meine: Wir dürfen weiter nicht vergessen, daß noch heute fast alle Völker der Erde schwer unter den Folgen dieses Krieges zu leiden haben. Endlich glaube ich, daß wir uns bei allem, was wir tun, klar darüber sein müssen, daß wir infolge des totalen Zusammenbruchs ohne Macht sind. Man muß sich deswegen darüber klar sein, daß bei den Verhandlungen, die wir Deutsche mit den Alliierten zu führen haben, um fortschreitend in im-

Antrittsbesuch von Bundeskanzler Adenauer bei den drei Hohen Kommissaren am 21. September 1949 anläßlich der Übergabe des Besatzungsstatuts. Selbstbewußt betritt Adenauer den Teppich, noch bevor ihn die Vertreter der drei Besatzungsmächte dazu auffordern.

mer größeren Besitz der staatlichen Macht zu kommen, das psychologische Moment eine sehr große Rolle spielt, daß man aber von vornherein nicht ohne weiteres volles Vertrauen verlangen und erwarten kann. Wir können und dürfen nicht davon ausgehen, daß nun bei den anderen plötzlich ein völliger Stimmungsumschwung gegenüber Deutschland eingetreten ist, daß vielmehr das Vertrauen nur langsam, Stück für Stück, wiedergewonnen werden kann. So unwürdig und falsch es sein würde, wenn wir eine Politik sklavischer Unterwürfigkeit verfolgen würden, eine dumme, unkluge und aussichtslose Politik wäre es, wenn wir etwa auftrumpfen wollten.
Ich glaube, wir Deutsche müßten uns auch vor der spekulativen Erwägung besonders hüten, daß wir aus einer Uneinigkeit unter den anderen großen Mächtigen irgendwie Erfolge erzielen könnten.

*Josef Selbach (Hrsg.), Konrad Adenauer: Bundestagsreden, Bonn 1967, S. 29 f.*

1. *Welche Methoden hielt Adenauer für allein erfolgversprechend im Umgang mit den Besatzungsmächten?*
2. *Analysieren Sie die Ziele der Adenauerschen Außenpolitik. Auf welchen Prämissen ruhte seine außenpolitische Konzeption?*

Eingang zu einem Wahllokal bei der Wahl zum 3. Deutschen Volkskongreß am 15./16. Mai 1949.

## M 5 Volkskongreßwahlen 1949: amtliche Wahlfälschungen

*Nach offiziellen Angaben stimmte bei der Wahl 1949 ein knappes Drittel der Wähler mit „Nein" oder hatte ungültige Stimmzettel abgegeben. Aber auch die 66,1 % „Ja"-Stimmen waren teilweise gefälscht. Als abzusehen war, daß die Ergebnisse nicht den Erwartungen der SED entsprechen würden, griffen in der Nacht vom 15. zum 16. Mai 1949 die Innenminister der Länder der SBZ ein. Bei den nächsten Wahlen im Herbst 1950 gab es die Möglichkeit der „Nein"-Stimme dann nicht mehr.*

Der Innenminister des Landes Mecklenburg gab wegen „bestehender Unklarheiten" am 16. Mai den Kreisräten und Stadtverwaltungen zur Weitergabe an die Gemeinden und Wahlbezirke die folgende Anweisung:
„Blitzfernschreiben – sofort auf den Tisch –!

1. Aus den Stimmzetteln muß der Wille des Wählers erkenntlich sein.
2. Alle weiß abgegebenen Stimmzettel sind gültig und als Ja-Stimmen zu zählen.
3. Stimmzettel, auf denen Kandidaten angestrichen oder Wahlzettel durchgestrichen sind, gelten als Ja-Stimmen, wenn sie im Ja-Feld angekreuzt sind.
4. Stimmzettel, die nicht durchkreuzt sind, sondern lediglich beschrieben sind, gelten nur dann als ungültig, wenn sie eine demokratisch-feindliche Gesinnung erkennen lassen.
5. Alle ungültigen Stimmzettel von gestern und die der heutigen Aufgabe sind nach obigen Richtlinien durch die Wahlkommission nochmals zu überprüfen."

*Bundesministerium für Gesamtdeutsche Fragen (Hrsg.), Die Wahlen in der Sowjetzone, Bonn/Berlin, 6. Auflage 1964, zitiert nach: SBZ 1945–1949. Politik und Alltag in der sowjetischen Besatzungszone, Bonn 1987, S. 100 f.*

1. *Für welche Tatsache sind die „bestehenden Unklarheiten" eine Umschreibung?*
2. *Arbeiten Sie aus dem Grundgesetz (Artikel 38) die Wahlrechtsgrundsätze der Bundesrepublik heraus. Gegen welche Grundsätze verstoßen die Anweisungen?*

## „Wenn wir eine Regierung gründen, geben wir sie niemals wieder auf ..." M 6

*Die DDR sollte gemäß der Verfassung von 1949 eine parlamentarische Republik mit Mehrparteiensystem und Verhältniswahlrecht sein. Doch die Führung der SED hatte in Übereinstimmung mit der Sowjetunion beschlossen, ihr Herrschaftsmonopol unangreifbar zu machen. Das folgende Sitzungsprotokoll des Parteivorstandes (später Politbüro) der SED vom 4. Oktober 1949 wurde erst 1989 zugänglich.*

Gerhart Eisler[1]) (Berlin): (empfiehlt die Durchführung einer gewaltigen Kundgebung anläßlich der Bildung einer provisorischen Regierung).
So wird sich die provisorische Regierung weithin sichtbar in der ganzen Zone von vornherein auf eine ständig anschwellende Bewegung der Massen stützen. Das sollten wir diskutieren und dann durchführen; denn als Marxisten müssen wir wissen: wenn wir eine Regierung gründen, geben wir sie niemals wieder auf, weder durch Wahlen noch andere Methoden.
(Walter Ulbricht: Das haben einige noch nicht verstanden!) – Daher müssen wir ihnen zeigen, daß die Massen bei uns sind, wenn wir eine Regierung bilden, jene Massen, die wollen, daß sie an der Regierung sind, und die sehr ungehalten gegen jene Leute sind, die das verhindern wollen. (Beifall)

*Siegfried Suckut, Die Entscheidung zur Gründung der DDR, in: Vierteljahrshefte für Zeitgeschichte, 39. Jahrgang 1991, Heft 1, S. 161*

*Diskutieren Sie das Demokratieverständnis der SED-Führung.*

## Zwei deutsche Staaten im Schlepptau der Siegermächte M 7

*Anläßlich der Gründung der DDR erhebt Ministerpräsident Otto Grotewohl (SED) am 12. 10. 1949 den Anspruch, die „erste unabhängige deutsche Regierung" zu repräsentieren.*

Der westdeutsche Sonderstaat ist nicht in Bonn, sondern in London entstanden. Bonn hat nur die Londoner Empfehlungen, die in Wahrheit Befehle der westlichen Alliierten waren, ausgeführt. Der nunmehr in die Volkskammer umgewandelte frühere Deutsche Volksrat hat wiederholt Vorschläge an die westdeutschen Politiker ergehen lassen, eine gemeinsame politische Plattform für eine demokratische Willensbildung in ganz Deutschland zu schaffen. Sie haben in Westdeutschland diesen demokratischen Weg abgelehnt und glauben, mit den Methoden einer maßlosen Hetze und Verleumdung gegen die Sowjetunion

*Der Oppositionsführer im Deutschen Bundestag, Kurt Schumacher (SPD), kommentiert am 15. 10. 1949 die Proklamation der DDR.*

Man kann erfolgreich bestreiten, daß der neue Oststaat überhaupt ein Staat ist. Dazu fehlt ihm auch der Ansatz zur Bildung einer eigenen Souveränität, er ist eine Äußerungsform der russischen Außenpolitik. [. . .]
Jetzt ist der Oststaat ein Versuch, die magnetischen Kräfte des Westens mit Hilfe staatlicher Machtmittel und eines scheinbaren Willens der deutschen Bevölkerung dieser Zone abzuwehren. Er bedeutet die Anerkennung der Tatsache, daß bis auf weiteres das große russische Unternehmen, ganz Deutschland in die politischen, gesellschaftlichen, wirtschaftlichen und kulturellen Formen der

[1]) Propagandachef der SED-Führung

und gegen die sowjetische Besatzungszone weiterzukommen. [. . .]
Statt der im Potsdamer Abkommen vorgesehenen Demokratisierung, Entmilitarisierung und Entnazifizierung Deutschlands sind sie [die Westmächte] bestrebt, die von ihnen besetzten Teile Deutschlands in eine Kolonie zu verwandeln, die mit den traditionellen Methoden imperialistischer Kolonialherrschaft regiert und ausgebeutet wird. Von Demokratisierung, Entmilitarisierung und Entnazifizierung ist keine Rede. Die von Anfang an sorgfältig konservierten Kräfte der deutschen Reaktion, verstärkt durch den in Westdeutschland immer mehr um sich greifenden Neofaschismus, haben mit aktiver Unterstützung der Besatzungsmächte die alten Machtpositionen wieder eingenommen. [. . .]
Wir wissen, daß wir in unserem Kampf um die Einheit Deutschlands, der ein Bestandteil des Kampfes um den Frieden ist, nicht allein stehen. Wir haben das Glück, uns in diesem Kampf auf das große Lager des Friedens in der Welt stützen zu können, dessen ständig zunehmende Stärke die imperialistischen Kriegsinteressen Schritt um Schritt zurückdrängt. Diese Kräfte des Friedens in der ganzen Welt werden geführt von der Sowjetunion, die eine andere Politik als die Politik des Friedens weder kennt noch kennen kann.

*Otto Grotewohl, Im Kampf um die einige Deutsche Demokratische Republik. Reden und Aufsätze, Band 1, Berlin 1959, S. 489 ff.*

Sowjets hineinzuzwingen, gescheitert ist. Die Loslösung der Ostzone durch die Russen, wie sie 1945 radikal und erfolgreich eingeleitet wurde, bedeutet das Hinausdrängen der westalliierten Einflüsse und der internationalen Kritik. Es war aber zur gleichen Zeit das Ende jeder demokratischen Freiheit der Deutschen in dieser Zone. Die westlichen Alliierten tragen an dieser Entwicklung viel Schuld. [. . .]
Der Protest der Sowjets gegen die deutsche Bundesrepublik im Westen ist ein selbstverständlich gewordenes Begleitgeräusch. In Deutschland entrüstet sich niemand mehr über die Verdrehung der Tatsachen und die Lügenhaftigkeit dieser Argumentation. Selbst die herzzerreißende Einfältigkeit in Dingen der politischen Psychologie wird kaum noch zur Kenntnis genommen. Das darf nicht darüber hinwegtäuschen, daß die Etablierung dieses sogenannten Oststaates eine Erschwerung der deutschen Einheit ist. Die Verhinderung dieser Einheit aber kann dieses Provisorium im Osten nicht bedeuten, weil das deutsche Volk und besonders die Bevölkerung der Ostzone Gebilde russischer Machtpolitik auf deutschem Boden ablehnt.

*Wolfgang Benz, Die Gründung der Bundesrepublik von der Bizone bis zum souveränen Staat, München 1984, S. 160 f.*

1. *Erläutern Sie die propagandistische Bedeutung der Rede Grotewohls.*
2. *Weisen Sie nach, wie bestimmte Begriffe unterschiedliche inhaltliche Bedeutung gewinnen, je nachdem, ob sie im Osten oder im Westen verwendet werden.*
3. *Worauf gründet das Urteil Schumachers über die DDR?*
4. *Was versteht Schumacher unter den „magnetischen Kräften" des Westens?*
5. *Diskutieren Sie Schumachers Aussage über die Schuld der Westmächte an der staatlichen Zweiteilung Deutschlands.*

# Integration der Bundesrepublik und der DDR in ihre Bündnissysteme

In den fünfziger Jahren wurde der von Sowjets und SED verkündeten Losung „Deutsche an einen Tisch“ in Westdeutschland die Forderung nach freien Wahlen für ganz Deutschland entgegengesetzt.

| | |
|---|---|
| 25. 6. 1950 | Nordkorea eröffnet den Korea-Krieg (1950–1953) |
| 10. 3. 1952 | Stalin bietet den Westmächten ein vereintes neutrales Deutschland an |
| 26. 5. 1952 | Unterzeichnung des Deutschland-Vertrags: Das Besatzungsstatut wird aufgehoben |
| 9. 5. 1955 | Die Bundesrepublik Deutschland wird Mitglied der NATO |
| 14. 5. 1955 | Der Warschauer Pakt wird unter Beteiligung der DDR gegründet |

### Neues Sicherheitsdenken im Westen

Am 25. Juni 1950 überschritten Truppen des kommunistischen Nordkorea die Demarkationslinie des 38. Breitengrades und fielen in die südkoreanische „Republik Korea“ ein, um das Land „wieder zu vereinigen“ (siehe Seite 308). Unter amerikanischem Oberbefehl schlugen UN-Truppen die nordkoreanischen Streitkräfte zurück. Nachdem auch chinesische Streitkräfte eingegriffen hatten, zogen sich die kriegerischen Auseinandersetzungen bis in den Juli 1953 hin. Am Ende stand ein Waffenstillstandsabkommen, mit dem der 38. Breitengrad wieder als Grenzlinie zwischen Nord- und Südkorea festgelegt wurde.

Der Korea-Krieg wirkte wie ein Katalysator auf die im Umbruch befindliche westliche Sicherheitspolitik. Grundsätzliche Bedenken gegen eine militärische Einbeziehung der Bundesrepublik in das westliche Verteidigungsbündnis wichen einer tiefsitzenden Furcht vor sowjetischen Welteroberungsplänen. Andererseits war die Wiederbewaffnung der eben erst entmilitarisierten Deutschen 1950 ein so unerhörter Gedanke, daß er zunächst nicht öffentlich propagiert wurde. Die USA wollten ihre militärische Präsenz in Europa aber nur beibehalten, sofern die Europäer selbst verstärkte Rüstungsanstrengungen unternahmen und die Wiederbewaffnung Westdeutschlands akzeptierten. Ohne einen deutschen Verteidigungsbeitrag, darin stimmten alle Experten überein, konnte Westeuropa weder finanziell noch personell ausreichend gestärkt werden.
Im August 1950 empfahl der Straßburger Europarat auf Betreiben des britischen Oppositionsführers Churchill mit großer Mehrheit, eine europäische Armee unter deutscher Beteiligung zu bilden. Bundeskanzler Adenauer war schon seit längerem entschlossen, die Chance zu ergreifen, um den deutschen Wunsch nach *Abbau des Besatzungsstatuts* und einer *alliierten Sicherheitsgarantie* für die Bundesrepublik mit dem amerikanischen Drängen nach deutschen Truppen zu verknüpfen (⇨ M 1).
Frankreich teilte zwar die verbreitete Furcht vor der Sowjetunion, schloß jedoch die Aufstellung nationaler westdeutscher Truppen im Rahmen des NATO-Bündnisses aus. Um aus dieser Sackgasse herauszukommen, schlug Premierminister *Pleven* im Oktober 1950 die Schaffung einer europäischen Armee unter Einbeziehung deutscher Kontingente auf kleinster Basis vor, wobei durch zahlreiche Klauseln der Bundesrepublik die Rolle eines Bündnispartners zweiter Klasse zugedacht wurde.

## Der deutsche Wehrbeitrag im Spannungsfeld der Interessen

Im Dezember 1950 segnete der NATO-Rat nach mühsamen Verhandlungen die Entscheidung für eine deutsche Wiederbewaffnung ab. Gleichzeitig verlangte Adenauer die baldige Revision des Besatzungsstatuts und betonte den unauflöslichen Zusammenhang zwischen dem Wehrbeitrag und mehr Gleichberechtigung im deutsch-alliierten Verhältnis.
Die sozialdemokratische Opposition machte einen deutschen Wehrbeitrag von der vorausgehenden Beendigung des Besatzungszustandes abhängig. Außerdem stellte Schumacher die westdeutsche Bündnispolitik unter einen gesamtdeutschen Vorbehalt und warf Adenauer mangelnden Wiedervereinigungswillen vor. Der Bundeskanzler argumentierte, erst müsse der Westen stark werden, bevor man mit der Sowjetunion über die Freilassung Ostdeutschlands verhandeln könne, und setzte im übrigen auf eine Politik der Gleichzeitigkeit: Im Zuge der Verhandlungen über den deutschen Wehrbeitrag sollten die drei Besatzungsmächte auf ihre besatzungsrechtlichen Befugnisse verzichten.

Dieser Prozeß ging allerdings viel langsamer vor sich, als der deutsche Regierungschef gehofft hatte. Frankreich verzögerte alles, und so kam es am 6. März 1951 zunächst nur zu einer kleinen Revision des Besatzungsstatuts: Die Bundesrepublik wurde nunmehr auch für ihre Außenpolitik zuständig (Adenauer übernahm das Amt des Außenministers bis 1955 selbst); als Gegenleistung mußte die Bundesrepublik die Vorkriegsschulden des Deutschen Reiches und die Nachkriegsschulden Westdeutschlands für alliierte Wirtschaftshilfe anerkennen und (zum Teil) bezahlen.
Deutsch-alliierte Verhandlungen in Bonn über den weiteren Abbau des Besatzungsregimes *(Deutschland-Vertrag)* und die Verhandlungen mit den Westmächten in Paris über eine *Europäische Verteidigungsgemeinschaft (EVG-Vertrag)* bestimmten das Jahr 1951. Dabei waren mittlerweile die USA auf den französischen Plan einer supranationalen europäischen Armee im Rahmen der NATO eingeschwenkt, nachdem Paris sich der Forderung nach militärischer Gleichberechtigung der deutschen Seite gebeugt hatte.

**Stalins Wiedervereinigungsangebot von 1952**

Die sowjetische Diplomatie beobachtete den Integrationsprozeß im Westen und die Debatte über die Wiederbewaffnung der Bundesrepublik mit großer Aufmerksamkeit. Als die Verhandlungen in Bonn und Paris ihrem Ende entgegengingen, schaltete sich die Sowjetunion am 10. März 1952 mit einer ersten von insgesamt vier Noten an die Westmächte ein (⇨ M 2). Stalin unterbreitete den Entwurf eines *Friedensvertrages mit Deutschland,* das als *einheitlicher Staat* wiederhergestellt und über *nationale Streitkräfte* verfügen sollte unter der Voraussetzung seiner *Neutralisierung.* In einer zweiten Note am 9. April 1952 erklärte sich die Sowjetunion sogar bereit, über gesamtdeutsche Wahlen zu verhandeln, nicht aber, sie unter Aufsicht der UNO zuzulassen. Über die Ernsthaftigkeit des sowjetischen Angebotes wurde viel spekuliert. Die drei Westmächte waren zu diesem Zeitpunkt jedoch nicht bereit, den mühsam errungenen Kompromiß des EVG- und Deutschland-Vertrages durch Verhandlungen mit der UdSSR zu gefährden.
Adenauer sah in der sowjetischen Initiative schon deshalb keinen Fortschritt, weil er eine nationalstaatliche Lösung der deutschen Frage ablehnte. Er hatte die unwiderrufliche Westorientierung der Bundesrepublik zum Pfeiler seiner Außenpolitik gemacht und den Plan einer europäischen Verteidigungsgemeinschaft deshalb unterstützt, um auch zukünftige Generationen vor den Fehlern einer Schaukelpolitik zwischen Ost und West zu bewahren. Nach neuesten Forschungserkenntnissen scheinen die Westmächte und Adenauer die Stalin-Note richtigerweise als bloßes Störfeuer zur Verhinderung der Einbeziehung der Bundesrepublik in das westliche Bündnis eingeschätzt zu haben (⇨ M 3).

### Scheitert die Wiederbewaffnung?

Am 27. Mai 1952 unterzeichneten die Außenminister der sechs Teilnehmerstaaten der EVG-Konferenz, darunter auch die Bundesrepublik, den EVG-Vertrag in Paris. Einen Tag zuvor war in Bonn der Deutschlandvertrag unterzeichnet worden, der die Aufhebung des Besatzungsstatuts vorsah. Die Antwort der Sowjetunion auf den Abschluß der Verträge erfolgte prompt: Am Tag der Unterzeichnung des Deutschlandvertrages wurde die Zonengrenze nach Westdeutschland abgeriegelt. In der DDR verkündete die SED nunmehr den „planmäßigen Aufbau des Sozialismus", der alsbald zu einer Massenflucht vor dem SED-Regime führte.
Im Westen verhalfen der überall mit Händen greifbare wirtschaftliche Aufschwung und der erfolgreiche erste Besuch eines deutschen Bundeskanzlers in Washington der CDU zu einem fulminanten Wahlsieg am 6. September 1953, den Adenauer als eine quasi plebiszitäre Bestätigung seiner Außenpolitik durch die Mehrheit der Bevölkerung interpretieren konnte: CDU/CSU erhielten 45,2 Prozent der Stimmen, während die SPD mit 28,8 Prozent eine schwere Niederlage hinnehmen mußte.
In der Bundesrepublik war das deutsch-amerikanische Integrationskonzept damit abgesichert, außenpolitisch stand es auf schwankendem Boden, denn in Frankreich war die EVG umstrittener denn je. Die Mehrheit in der Pariser Nationalversammlung wollte keine deutschen Soldaten und lehnte am 30. August 1954 den EVG-Vertrag ab.

### Die Pariser Verträge

Den Ausweg aus der EVG-Krise fand der britische Außenminister Eden. Er entwickelte den Plan, den Brüsseler Beistandspakt vom 17. 3. 1948 durch den Beitritt der Bundesrepublik und Italiens zu einer *Westeuropäischen Union (WEU)* mit einem Rüstungskontrollsystem zu erweitern, um damit den französischen Sicherheitsinteressen gegenüber der Bundesrepublik Rechnung zu tragen. Gleichzeitig sollte die Bundesrepublik Mitglied der NATO werden.
Auf der *Londoner Neun-Mächte-Konferenz* (Frankreich, Großbritannien, USA, Beneluxstaaten, Italien, Bundesrepublik und Kanada) vom 28. September bis 3. Oktober 1954 einigte man sich auf diese Lösung, nachdem die Bundesrepublik den Verzicht auf die Herstellung von atomaren, bakteriellen und chemischen Waffen sowie schweren Rüstungsgütern angeboten hatte. Außerdem verpflichtete sich die Bundesrepublik, nicht gewaltsam eine Wiedervereinigung Deutschlands oder eine Änderung der Grenzen zu erstreben. Die USA und Großbritannien garantierten ihre weitere militärische Präsenz auf dem Kontinent. Auf weiteren Konferenzen in Paris (19. bis 23. Oktober 1954) wurden die Beendigung des Besatzungsregimes und die Neuformulierung des Deutschland-Vertrages ausgehandelt und unterzeichnet. Letzterer blieb bis 1990 in Geltung.

Als Preis für die Zustimmung der französischen Regierung zu diesem Vertragswerk mußte Adenauer die Europäisierung des Saargebietes mit starker wirtschaftlicher Bindung an Frankreich zugestehen – vorbehaltlich einer Abstimmung der saarländischen Bevölkerung. (Diese fand am 23. Oktober 1955 statt und fiel im Gegensatz zu den Befürchtungen Adenauers und den Hoffnungen der französischen Regierung mit einer Zwei-Drittel-Mehrheit zugunsten eines Anschlusses des Saarlandes an die Bundesrepublik ab 1957 aus.)
Die Bundesrepublik war nunmehr als gleichberechtigter Vertragspartner des westlichen Verteidigungsbündnisses anerkannt und hatte den Status eines souveränen Landes unter gewissen Vorbehalten erreicht. Die alliierten Vorbehalte betrafen insbesondere die Sonderrechte für ihre Truppen auf dem Boden der Bundesrepublik, die Rechte der Westmächte hinsichtlich Berlins und für „Deutschland als Ganzes" bei einem späteren Friedensvertrag.
Die Ratifikationsprozedur in den nationalen Parlamenten zog sich bis ins Frühjahr 1955 hin, begleitet von parteipolitischen Auseinandersetzungen und öffentlichen Aktionen (*„Paulskirchen-Bewegung"* von SPD, DGB und Kreisen der evangelischen Kirche) gegen die Schaffung einer *Bundeswehr.* In der SPD hatten nach dem Tode Schumachers im August 1952 die prinzipiellen Gegner einer deutschen Wiederbewaffnung an Gewicht gewonnen. Gegen den erbitterten Widerstand der Opposition wurden die *Pariser Verträge* schließlich am 27. Februar 1955 vom Bundestag mit großer Mehrheit ratifiziert, die dann am 5. Mai 1955 in Kraft traten (⇨ M 4). Vier Tage später, zehn Jahre nach der Kapitulation, *trat die Bundesrepublik als 15. Mitglied der NATO bei* – eine der zentralen Weichenstellungen der Nachkriegszeit. Die NATO garantierte die Sicherheit für Deutschland (West) und gleichzeitig die Sicherheit vor Deutschland. Das amerikanische Konzept der „doppelten Eindämmung" – Abwehr des sowjetischen Hegemonialstrebens, Einbindung Deutschlands in die westliche Staatengemeinschaft – war verwirklicht. Ebenso hatte Adenauer sein Konzept einer politischen Stabilisierung der Bundesrepublik an der Seite der Westmächte durchgesetzt, um von dieser Basis aus das längerfristige Ziel der „Wiedervereinigung" zu betreiben. Gegner Adenauers erblickten in seiner Politik hingegen vor allem die Festschreibung der Teilung Deutschlands (⇨ M 5).

## Einbeziehung der DDR in den Ostblock

Bereits seit Anfang 1950 war die DDR Mitglied des Rates für gegenseitige Wirtschaftshilfe. Die Blockbildung in Europa und Deutschland wurde schließlich abgeschlossen mit der Gründung des *Warschauer Paktes* am 14. Mai 1955, zu dessen Unterzeichnerstaaten auch die DDR gehörte. Einen Tag später beschloß das Zentralkomitee der SED die Aufstellung bewaffneter Streitkräfte, die jedoch – anders als in der Bundesrepublik – bereits seit Jahren in Gestalt der kasernierten *Volkspolizei* existierten. Entsprechend rasch

Erst seit Mai 1952 wurde die „grüne Grenze" zwischen der DDR und der Bundesrepublik ausgebaut. Sperrzonen und Stacheldrahtverhaue machten sie nach und nach besser kontrollierbar und schließlich nahezu unpassierbar.

gingen die Aufstellung der *Nationalen Volksarmee* und die Schaffung eines *Ministeriums für nationale Verteidigung* vor sich. Anfang 1956 beschlossen die Warschauer Vertragsstaaten, die Nationale Volksarmee in die Streitkräfte des Warschauer Paktes aufzunehmen. Damit war die DDR auch militärisch voll in den Ostblock integriert.

Bereits am 20. September 1955, unmittelbar nach Aufnahme diplomatischer Beziehungen mit der Bundesrepublik, hatte die neue sowjetische Führung unter Parteichef *Chruschtschow*[1]) in dem *Vertrag über die Beziehungen zwischen der DDR und der UdSSR* die *Souveränität der DDR* bekräftigt. An die Stelle der sowjetischen Kontrollkommission trat ein Botschafter. Gleichzeitig wurde vereinbart, daß auch weiterhin Sowjettruppen in der DDR stationiert blieben. Das bedeutete eine politische Aufwertung der ehemaligen Besatzungszone, die für Moskau lange Zeit vor allem ein wirtschaftliches Ausbeutungsobjekt gewesen war. Als strategisch und ökonomisch wichtiger Eckpfeiler des östlichen Bündnisses wurde das von der Bevölkerung abgelehnte SED-Regime unter Walter Ulbricht zu einem zuverlässigen Partner des von der Sowjetunion beherrschten Ostblocks. Somit hatten die Sowjetunion und die USA 1955 ihre Einflußsphären konsolidiert, das Ringen um Deutschland war vorerst beendet.

---

[1]) Nikita Sergejewitsch Chruschtschow (1894–1971) nahm seinen Aufstieg unter Stalin und wurde 1939 ins Politbüro berufen. Nach Stalins Tod setzte er sich in der sowjetischen Führung durch. Von 1958 bis zu seiner Absetzung im Oktober 1964 hatte er die wichtigsten Machtpositionen inne.

## Deutsche Soldaten in einer europäischen Armee

M 1

*Memorandum des Bundeskanzlers Konrad Adenauer über die Sicherung des Bundesgebietes nach innen und außen vom 29. 8. 1950. Bereits im Juni hatte Adenauer den drei Hohen Kommissaren seine Sorge vor einem sowjetischen Überfall vorgetragen. Das Memorandum sollte auf der bevorstehenden Außenministerkonferenz mitberaten werden. Über diesen Schritt informierte Adenauer das Kabinett erst im nachhinein, was zum Rücktritt des Bundesinnenministers Gustav Heinemann (CDU) führte.*

II. Der ganze Ernst der Situation ergibt sich aus der Betrachtung der in der Ostzone versammelten sowjetischen Kräfte und der dort im beschleunigten Aufbau befindlichen Volkspolizei.

Nach bestätigten Informationen befinden sich im Raum der Ostzone an sowjetischen Truppen zur Zeit zwei Armeen schneller Truppen mit zusammen 9 motorisierten Divisionen, 4 Panzer-Armeen mit zusammen 13 Divisionen, insgesamt also 22 motorisierte und Panzerdivisionen. [. . .]

Neben diesen außerordentlich starken sowjetrussischen Kräften macht der Aufbau der Volkspolizei in der Ostzone in den letzten Monaten besondere Fortschritte. Dabei ist ihre Entwicklung von der Polizei zur Polizei-Armee bemerkenswert. In den letzten Monaten wurden ca. 70 000 Mann aus der Allgemeinen Polizei der Ostzone herausgelöst, in militärähnlichen Formationen organisiert und militärisch ausgebildet.

Es ist damit zu rechnen, daß die Volkspolizei in naher Zukunft etwa 150 000 Mann umfassen wird, die nach der Gesamtplanung auf rund 300 000 Mann gebracht werden soll.

Die Nachrichten über die Zielsetzung, die von seiten der Sowjet- und der Ostzonenregierung diesen Truppen gegeben wird, lauten einheitlich dahin, daß ihre in naher Zukunft zu lösenden Aufgaben darin bestehen sollen, Westdeutschland von seinen alliierten Gewalthabern zu befreien, die „kollaborationistische Regierung“ der Bundesrepublik zu beseitigen und West-

Wie sehr der Krieg in Korea auch in Europa Beachtung fand, zeigt ein Bild des spanischen Künstlers Pablo Picasso (1881–1973): Massaker von Korea.

deutschland mit der Ostzone zu einem satellitenartigen Staatengebilde zu vereinigen. Hält man dies mit der gleichlautenden öffentlichen Erklärung der ostzonalen Politiker Pieck und Ulbricht zusammen, so muß man annehmen, daß in der Ostzone Vorbereitungen zu einem Unternehmen getroffen werden, das unter vielen Gesichtspunkten an den Ablauf der Aktion in Korea mahnt. [. . .]
III. Als Gegenkräfte stehen in Westdeutschland diesen Gegnern je zwei amerikanische und britische Divisionen und einige französische Verbände gegenüber. [. . .]
Für einen Einsatz gegen einen organisierten inneren Feind oder gar gegen einen Eingriff der Volkspolizei sind die Polizeikräfte völlig unzureichend. [. . .]
IV. Das Problem der Sicherheit des Bundes stellt sich zunächst unter dem äußeren Gesichtspunkt. Die Verteidigung des Bundes nach außen liegt in erster Linie in den Händen der Besatzungstruppen. Der Bundeskanzler hat wiederholt um die Verstärkung dieser Besatzungstruppen gebeten und erneuert diese Bitte hiermit in dringendster Form. Denn die Verstärkung der alliierten Besatzungstruppen in Westeuropa kann allein der Bevölkerung sichtbar den Willen der Westmächte kundtun, daß Westdeutschland im Ernstfall auch verteidigt wird. [. . .]
Der Bundeskanzler hat ferner wiederholt seine Bereitschaft erklärt, im Falle der Bildung einer internationalen westeuropäischen Armee einen Beitrag in Form eines deutschen Kontingents zu leisten. Damit ist eindeutig zum Ausdruck gebracht, daß der Bundeskanzler eine Remilitarisierung Deutschlands durch Aufstellung einer eigenen nationalen militärischen Macht ablehnt.

*Klaus von Schubert (Hrsg.), Sicherheitspolitik der Bundesrepublik Deutschland. Dokumentation 1945–1977, Teil I, Bonn 1977, S. 79 ff.*

1. *Wie schildert Adenauer die Sicherheitslage in Deutschland und Europa?*
2. *Warum hätte Adenauer ohne den Ausbruch des Korea-Krieges im Sommer 1950 ein solches offizielles Memorandum nicht unterbreiten können?*
3. *Fassen Sie die Forderungen und das Angebot Adenauers zusammen und erläutern Sie die politische Brisanz, die damit verbunden war.*

## M 2 Die Stalin-Note vom 10. 3. 1952

*Die Sowjetregierung unterbreitete mit dieser Note den drei Westmächten den Entwurf eines Friedensvertrages mit Deutschland.*

Politische Leitsätze
1. Deutschland wird als einheitlicher Staat wiederhergestellt. Damit wird der Spaltung Deutschlands ein Ende gemacht, und das geeinte Deutschland gewinnt die Möglichkeit, sich als unabhängiger, demokratischer, friedliebender Staat zu entwickeln.
2. Sämtliche Streitkräfte der Besatzungsmächte müssen spätestens ein Jahr nach Inkrafttreten des Friedensvertrages aus Deutschland abgezogen werden. Gleichzeitig werden sämtliche ausländische Militärstützpunkte auf dem Territorium Deutschlands liquidiert.

3. Dem deutschen Volk müssen die demokratischen Rechte gewährleistet sein, [. . .] einschließlich der Redefreiheit, der Pressefreiheit, des Rechts der freien Religionsausübung, der Freiheit der politischen Überzeugung und der Versammlungsfreiheit.

4. In Deutschland muß den demokratischen Parteien und Organisationen freie Betätigung gewährleistet sein [. . .].

5. Auf dem Territorium Deutschlands dürfen Organisationen, die der Demokratie und der Sache der Erhaltung des Friedens feindlich sind, nicht bestehen.

6. Allen ehemaligen Angehörigen der deutschen Armee, einschließlich der Offiziere und Generale, allen ehemaligen Nazis, mit Ausnahme derer, die nach Gerichtsurteil eine Strafe für von ihnen begangene Verbrechen verbüßen, müssen die gleichen bürgerlichen und politischen Rechte wie allen anderen deutschen Bürgern gewährt werden zur Teilnahme am Aufbau eines friedliebenden, demokratischen Deutschland.

7. Deutschland verpflichtet sich, keinerlei Koalitionen oder Militärbündnisse einzugehen, die sich gegen irgendeinen Staat richten, der mit seinen Streitkräften am Krieg gegen Deutschland teilgenommen hat.

Das Territorium

Das Territorium Deutschlands ist durch die Grenzen bestimmt, die durch die Beschlüsse der Potsdamer Konferenz der Großmächte festgelegt wurden. [. . .]

Militärische Leitsätze

1. Es wird Deutschland gestattet sein, eigene nationale Streitkräfte (Land-, Luft- und Seestreitkräfte) zu besitzen, die für die Verteidigung des Landes notwendig sind.

2. Deutschland wird die Erzeugung von Kriegsmaterial und -ausrüstung gestattet werden, deren Menge oder Typen nicht über die Grenzen dessen hinausgehen dürfen, was für die Streitkräfte erforderlich ist, die für Deutschland durch den Friedensvertrag festgesetzt sind.

*Eberhard Jäckel (Hrsg.), Die deutsche Frage 1952–1956. Notenwechsel und Konferenzdokumente der vier Mächte, Frankfurt 1957, S. 23 f.*

1. *Nennen und erläutern Sie die wichtigsten Aussagen dieser diplomatischen Note. Zeigen Sie die Vieldeutigkeit mancher Formulierungen.*
2. *Vergleichen Sie das Angebot in seinen Einzelheiten mit der Interessenlage des Westens einschließlich der Bundesrepublik. Für welche Reaktion hätten Sie plädiert?*
3. *Adenauer sah in der Note Stalins die Gefahr einer Rückkehr zum System von Potsdam angelegt, also einer Einigung der vier Siegermächte über Deutschland ohne dessen Mitwirkung. Zeigen Sie, worauf sich diese Interpretation bezog.*

## M 3 Die Stalin-Note aus heutiger Sicht

*Die Stalin-Note geht auf einen wesentlich umfangreicheren Entwurf des sowjetischen Außenministeriums von 1951 zurück, in dem noch die Übernahme der politisch-wirtschaftlichen Ordnung der DDR in einem künftigen Gesamtdeutschland vorgesehen war. Auf Anregung des stellvertretenden Außenministers Gromyko wurde in Absprache mit Stalin die endgültige Fassung von solchen eindeutigen Formulierungen gereinigt, weil sie in den Worten Gromykos nicht „zweckmäßig" waren. Der Historiker Gerhard Wettig konnte 1993 erstmals Aktenbestände des ehemaligen sowjetischen Außenministeriums einsehen. Er kommt zu folgenden Ergebnissen:*

Bei den Gesprächen [zwischen SED-Führung und Stalin Anfang April 1952] bestand zwischen den Beteiligten Übereinstimmung darüber, daß die DDR als gegen die Bundesrepublik gerichteter Staat ausgebaut werden sollte. Der März-Note wurde in diesem Zusammenhang bescheinigt, *„eine große Bewegung der Massen ausgelöst"* zu haben, *„durch die die Westmächte und ihre Adenauer-Regierung in harte Bedrängnis geraten"* seien. Die *„Frage der Wahlen, ohne UN-Kommission"*, sollte *als Massenkampf zum Sturz der Adenauer-Regierung"* gestaltet werden. Die SED sollte in diesem Zusammenhang mit der *„Aktionseinheit der Arbeiterklasse"* operieren (wobei für das entsprechende *„Angebot der SED an SPD"* eine wahrscheinliche Ablehnung seitens der westlichen Sozialdemokraten vorausgesehen wurde) und einen *„Zusammenschluß der patriotischen Kräfte"* im *„Kampf um Einheit und Frieden"* herbeiführen. Konkrete Aktionen – von Konferenzvorhaben bis hin zu Proteststreiks, Demonstrationen und einer Unterschriftensammlung – zur Erreichung der gesetzten Ziele wurden ins Auge gefaßt.
Gleichzeitig war im Blick auf die 2. Parteikonferenz der SED im Sommer 1952 die Rede vom Aufbau nationaler Streitkräfte in der DDR, von der Sicherung der Grenzen gegen Westdeutschland, von dort durchzuführenden Absperrmaßnahmen, von Schritten der forcierten kommunistischen Umgestaltung der Landes (wie etwa einer *„Festigung der demokratischen Gesetzlichkeit")*, von einer weiteren Entwicklung der SED zur „Partei neuen Typs" und von weiteren Absagen an den Restbestand bisheriger Gemeinsamkeiten mit Westdeutschland. [. . .]
Analog dazu ergibt sich aus den Akten des russischen Außenministeriums, daß während des Moskau-Besuchs auch die Ersetzung der – eine formale Gemeinsamkeit mit der Bundesrepublik herstellenden – Länderstruktur in der DDR durch eine Bezirkseinteilung nach sowjetischem Vorbild sowie eine Reihe von sozialistischen Maßnahmen für die ostdeutsche Landwirtschaft festgelegt wurden. [. . .]

Fazit
[. . .] In der damaligen sowjetischen Deutschland-Politik läßt sich kein Wille zur Verständigung mit der westlichen Seite erkennen. [. . .] Es ging ihnen [Stalin und seiner Führungsmannschaft] um einen Krieg mit anderen als militärischen Mitteln, d. h. um eine Mobilisierung der Deutschen gegen die westdeutsche Regierung und die Westmächte.
Als geeignetes Mittel zur Erreichung des antiwestlichen Zweckes wurde der Appell an das nationale Interesse der Deutschen eingesetzt, die seit dem Ende des Zweiten Weltkrieges eingetretene Spaltung des Landes zu beseitigen. Die sowjetischen Akteure überschätzten dabei die Stärke des nationalen

Motivs in der deutschen Bevölkerung und übersahen zugleich, wie stark – nicht zuletzt angesichts der in der SBZ/DDR nach 1945 betriebenen Politik – die antisowjetischen und antikommunistischen Tendenzen im deutschen Volk waren. [...]

Ein dritter wichtiger Befund ist das enorme Ausmaß der Abhängigkeit, in der sich die SED-Führung 1951/52 von der sowjetischen Seite befand. Die Führer des ostdeutschen Staates mußten für jeden Schritt gegenüber einer westlichen Seite die Genehmigung aus Moskau einholen. Darüber hinaus erhielten sie, zumindest wenn die Angelegenheit von einiger Bedeutung war, von ihren sowjetischen Herren die zu verwendenden Texte wortwörtlich vorgeschrieben.

*Gerhard Wettig, Die Deutschland-Note vom 10. März 1952 auf der Basis der diplomatischen Akten des russischen Außenministeriums, in: Deutschland-Archiv, 26. Jahrgang 1993, Heft 7, S. 802 ff.*

1. *Arbeiten Sie die zentralen Argumente heraus, mit denen der Autor sein Urteil begründet.*
2. *Auch heute wird noch die These vertreten, daß der Westen im Jahr 1952 die Gelegenheit für eine Wiedervereinigung beider deutscher Staaten hat verstreichen lassen. Wägen Sie diese These gegenüber den Befunden des Historikers Gerhard Wettig ab.*

## Würdigung der Pariser Verträge

M 4

*Anläßlich der ersten Lesung der Pariser Verträge im Bundestag gab Konrad Adenauer am 15. 12. 1954 eine Regierungserklärung ab (linke Spalte). Sie wurde beantwortet von Erich Ollenhauer (1901–1963), der nach dem Tod Schumachers Vorsitzender der SPD geworden war (rechte Spalte).*

Das Vertragswerk macht die Bundesrepublik erst fähig, die Spaltung Deutschlands zu beseitigen und die sich mit der Wiedervereinigung stellenden Aufgaben zu bewältigen. [...]

Die *großen Mächte* werden sich entsprechend ihren vertraglichen Verpflichtungen bei kommenden Verhandlungen für unsere *Wiedervereinigung* solidarisch einsetzen. [...] Sie erklären also, daß die Schaffung eines völlig freien und vereinigten Deutschlands durch friedliche Mittel ein grundlegendes Ziel ihrer Politik ist. Ich sehe nicht, meine Damen und Herren, wie heute eine bessere Basis für die Wiedervereinigung Deutschlands gewonnen werden könnte. (Beifall bei den Regierungsparteien). [...]

Die *sowjetische Propaganda* versucht im Zusammenhang mit der jüngsten Konferenz der Ostblockstaaten den Eindruck zu erwecken, daß Sowjetrußland bedroht

Wir waren und wir sind der Meinung, daß nach dem Scheitern der EVG-Politik und vor der Beratung und Entscheidung über andere Formen eines militärischen Beitrags der Bundesrepublik zunächst ein neuer ernsthafter Versuch unternommen werden sollte, in *Vier-Mächte-Verhandlungen* die Möglichkeiten einer *befriedigenden Lösung der deutschen Frage* zu prüfen. (Sehr gut! bei der SPD.) [...]

In Paris ist zwar nicht schriftlich, aber tatsächlich festgelegt worden, daß neue Verhandlungen mit der Sowjetunion über das Problem der deutschen Einheit erst nach der Ratifizierung der Verträge ins Auge gefaßt werden sollen. Der Herr Bundeskanzler hat sich diese These wiederholt und ausdrücklich zu eigen gemacht, auch in seiner heutigen Rede. Damit ist eindeutig der *Aufrüstung* der Bundesrepublik der *Vorrang vor der Wiedervereinigung* gegeben worden. [...]

werde. Es kann aber kein Zweifel daran bestehen, meine Damen und Herren, daß die Westmächte mit ihren Verteidigungsanstrengungen erst begonnen haben, nachdem klar erwiesen war, daß die Sowjetunion nicht daran dachte, ihre hochgerüsteten Streitkräfte zu vermindern, und daß sie bereit war, diese Streitkräfte mindestens psychologisch für die Verfolgung ihrer unverändert expansiven Politik einzusetzen. (Lebhafte Zustimmung in der Mitte.)
Es ist, meine Damen und Herren, eine alte Taktik des Kommunismus, den Angriff stets in der Sprache der Verteidigung zu führen. (Beifall in der Mitte und rechts.)
Das heißt, man bereitet den Angriff vor, und wenn der, dem dieser Angriff gelten soll, daraufhin seinerseits entsprechende, defensive Maßnahmen trifft, sagen die Kommunisten, man bedrohe sie. (Beifall in der Mitte und rechts.)
Diese Politik basiert auf der Annahme, daß ohne die Einheit des Westens erfolgreiche Verhandlungen mit der Sowjetunion nicht möglich seien und daß die Sowjetunion nach der Ratifizierung der Pariser Verträge eine größere Bereitwilligkeit zu Verhandlungen über eine für den Westen und für das deutsche Volk tragbare Lösung der europäischen und deutschen Probleme zeigen werde. [. . .]
Nicht weniger beunruhigend ist auf der anderen Seite die *Haltung der Sowjetunion.* Selbstverständlich verfolgt die Sowjetunion mit ihren letzten Noten seit dem Scheitern des EVG-Vertrags ein taktisches Ziel. Sie hat das Interesse, die Ratifizierung der Pariser Verträge zu verhindern, weil sie eine Aufrüstung der Bundesrepublik nicht wünscht. Die Interessen der Sowjetunion sind nicht identisch mit unseren deutschen Interessen, und ihre Argumente sind nicht unsere Argumente. Aber vergessen wir nie, die

Demonstration gegen die Wiederbewaffnung im November 1954 in München.

Die ersten Soldaten der Bundeswehr. Bundeskanzler Adenauer beim Abschreiten der Front der Heerestruppen im Januar 1956.

Dieser Taktik folgend hat die Sowjetunion gegen Ende der Berliner Konferenz[1]) und seitdem mehrmals *Vorschläge für ein System kollektiver Sicherheit* gemacht, das die Verteidigungsorganisation des Westens in Europa auflösen, die Vereinigten Staaten ausschalten, die militärische Einheit des Ostblocks aber aufrechterhalten und die Sowjetunion zur vorherrschenden Militärmacht eines ganz Europa umfassenden Systems machen würde. (Zustimmung in der Mitte.) Ein derartiges System würde ihr nicht nur den lange angestrebten Einfluß auf ganz Deutschland, sondern auf die Dauer auch auf alle anderen freien Staaten Europas gewährleisten. (Sehr wahr! in der Mitte.)

Sowjetunion ist eine der vier Besatzungsmächte, und ohne ihre Zustimmung und ohne ihre Mitwirkung ist eine Wiedervereinigung Deutschlands ebenso unmöglich wie ohne die Zustimmung und die Mitwirkung der Westmächte. (Lebhafte Zustimmung bei der SPD.)
Es kann und darf uns daher nicht gleichgültig sein, welche Konsequenzen die Sowjetunion aus einer Einbeziehung der Bundesrepublik in die NATO im Hinblick auf ihre Deutschlandpolitik ziehen wird. [. . .]
Aber die *eindeutige Ankündigung*, daß dann *Verhandlungen über die deutsche Frage zwecklos* sein werden, können und dürfen wir nicht ignorieren.

*Verhandlungen des Deutschen Bundestages, 2. Wahlperiode 1953–1957, Band 22, S. 3135 ff.*

1. *Analysieren Sie beide Reden und erläutern Sie die Unterschiede in den jeweiligen außenpolitischen Positionen.*
2. *Prüfen Sie die Argumente im Lichte der Entwicklung, die 1990 zur Wiedervereinigung Deutschlands führte.*

## Adenauers Außenpolitik – Pro und Contra

**M 5**

*Zwei Historiker bewerten nach der Wiedervereinigung der beiden deutschen Staaten die Politik Adenauers.*

Niemand, auch nicht der erste Bundeskanzler, konnte die zweite Revolution in Ost- und Ostmitteleuropa vorhersehen, die mehr als zwanzig Jahre nach seinem Tod begann. Dennoch hat er, im Unterschied zu zeitgenössischen politischen Gegnern wie späteren Kritikern seiner Wiedervereinigungspolitik, an zwei Voraussetzungen festgehalten: die deutsche Frage auf friedlichem Wege in einer Weise zu europäisieren, daß sie die Bindung der Bundesrepublik an den Westen nicht zerstört, und im Rahmen einer europäischen Lösung die Überwindung

Dennoch: Zu Adenauers Kurs der unbedingten Westintegration gab es eine mindestens ebenso gut zu begründende Alternative. Mit seinem Abwehrkampf gegen jedes gesamtdeutsche Arrangement vor der Vollendung der Westintegration traf Adenauer eine Prioritätenentscheidung, die auf Kosten der Sowjetzonen- bzw. DDR-Deutschen ging. Diese Entscheidung lag nahe, wenn man, wie Adenauer, im Westen zu Hause war. Sie ist darum von der großen Mehrheit der Westdeutschen auch bald nachvollzogen worden, wenngleich eher instinktiv als

[1]) vom 25. 1. bis 18. 2. 1954; die Viermächte-Außenkonferenz in Berlin endete in der Deutschlandfrage mit dem Austausch der bekannten gegensätzlichen Positionen.

der Teilung nur anzustreben, wenn auch Freiheit und Sicherheit ganz Deutschlands garantiert sein würden.
Der Weg zu diesem Ziel sollte über das Selbstbestimmungsrecht aller Deutschen führen und dessen Ergebnisse sollten dann, wie immer sie ausfallen würden, gültig sein.
Adenauer hat dabei als sicher zu erwarten dreierlei einkalkuliert: 1. Die Magnetwirkung eines demokratischen, in Westeuropa verankerten und wirtschaftlich prosperierenden Teilstaats auf diejenigen Menschen – und nicht nur die 17 Millionen Deutschen in der DDR –, die unter kommunistischer Diktatur leben mußten, 2. ihren Freiheitsdrang und 3. eine aus eigenem Interesse Moskaus erfolgende Kursänderung der sowjetischen Deutschlandpolitik. [. . .]
Die von Adenauer prognostizierte Entwicklung hat mit der Epochenzäsur von 1989 begonnen, seine Deutschlandpolitik eine späte und [. . .] vollständige „Rechtfertigung" erfahren.

*Rudolf Morsey, Die Deutschlandpolitik Adenauers. Alte Thesen und neue Fakten, Opladen 1991, S. 46 ff.*

bewußt. Gleichwohl implizierte sie eine moralische Hypothek, die nicht so leicht abzutragen war.
Wenn die Deutschen mit ihrer Vergangenheit ins reine kommen wollen, werden sie nicht umhin können, sich die Problematik dieser Entscheidung einzugestehen – ebenso wie die Fragwürdigkeit der gesamtdeutschen Option. Das gilt erst recht, wenn es gelingen soll, die Gesellschaften in Deutschland-West und Deutschland-Ost, die sich in 40 und mehr Jahren sichtlich fremd geworden sind, mehr als formal zu einer Nation zu verbinden. [. . .]
Adenauers Beitrag zur Lösung der deutschen Frage hat darum zwei sehr unterschiedliche Seiten: Auf der einen Seite hat er nicht geringen Anteil daran, daß im Moment des Zusammenbruchs des Sowjetimperiums ein attraktives Deutschland im Westen zur Verfügung stand, an das sich die DDR-Deutschen wenden konnten. Auf der anderen Seite ist er selbst mit dafür verantwortlich, daß sich die deutsche Frage 40 Jahre lang so stellte, wie sie sich stellte. Daß ihre Lösung zum Schluß der von Adenauer geforderten Kapitulation ziemlich nahe kam, ändert nichts daran, daß seine Politik mit einer denkbar ungleichen Verteilung der Lasten und Risiken verbunden war.

*Wilfried Loth, in: Das Parlament vom 8. Mai 1992, S. 16*

*Arbeiten Sie die wichtigsten Argumente beider Autoren heraus und bewerten Sie diese nach ihrer Plausibilität.*

# Deutschland seit den fünfziger Jahren

## Die Bundesrepublik in der Adenauerzeit

Symbol des wirtschaftlichen Wiederaufstiegs war die D-Mark. Ludwig Erhard, mit seiner berühmten Zigarre, verkörperte Erfolg und Aufbauwillen der Bundesbürger.

| | |
|---|---|
| 1949–1963 | Konrad Adenauer ist Kanzler der Bundesrepublik in der Zeit des „Wirtschaftswunders“ |
| 1949 | Der Deutsche Gewerkschaftsbund wird als Dachverband von 16 Einzelgewerkschaften gegründet |
| 1957 | Die Rentenreform dynamisiert die Renten (Anpassung an die allgemeine Lohnentwicklung) |
| 1959 | Mit ihrem Godesberger Programm öffnet sich die SPD für neue Wählerschichten |

## Die akzeptierte Demokratie

Im Gegensatz zu den Verhältnissen in der Weimarer Republik entwickelte sich die Bundesrepublik zu einem politisch stabilen Staat. Vor allem das Wirtschaftswunder (siehe Seite 171 f.), der Aufbau des Sozialstaates (siehe Seite 170 f.) und die Handlungsfähigkeit der Regierungen unter Bundeskanzler Konrad Adenauer (1949–1963) festigten die Bonner Demokratie.
Stets konnte sich Adenauer auf klare Mehrheiten im Bundestag verlassen. Als eine wichtige Weichenstellung zur Stabilisierung der jungen Demokratie erwies sich 1949 die Entscheidung Adenauers, mit der FDP und der DP eine kleine Koalition zu bilden. Die Wähler hatten hinfort eine klare Alternative in den wichtigen wirtschafts- und außenpolitischen Fragen der Zeit und lernten rasch die Spielregeln einer parlamentarischen Demokratie. Die Parteiendemokratie funktionierte, weil sie – wiederum anders als zur Weimarer Zeit – von den Wählern akzeptiert wurde.

## Veränderungen und Konsolidierung der Parteienlandschaft

1949 war die Gefahr einer politischen Radikalisierung der Bevölkerung angesichts ungesicherter wirtschaftlicher Verhältnisse, Arbeitslosigkeit, sozialer Not und eines nicht gering zu veranschlagenden Potentials politisch Unbelehrbarer noch durchaus real. Als die Besatzungsmächte Anfang 1950 den Lizenzzwang für politische Parteien aufhoben, entstanden in kurzer Zeit rund 30 neue, zumeist nationale und rechtsextremistische Parteien.
Eine besondere Rolle spielte der *Block der Heimatvertriebenen und Entrechteten (BHE)*, eine Vertriebenen- und Flüchtlingspartei, die großen Zulauf in den von besonders vielen Flüchtlingen bewohnten Bundesländern Schleswig-Holstein, Bayern und Niedersachsen erzielte. Rund 16,5 Prozent der Gesamtbevölkerung waren Vertriebene, von denen etwa jeder zweite Stimmberechtigte für den BHE votierte. Mit der erfolgreichen wirtschaftlichen und sozialen Integration der Vertriebenen und der über drei Millionen Flüchtlinge aus der DDR im Laufe der fünfziger Jahre verlor diese Partei an Bedeutung; ihre Wähler wurden von den großen Parteien aufgesogen.
Nach der zweiten Bundestagswahl 1953 setzte eine Entwicklung ein, die bis Anfang der achtziger Jahre kennzeichnend für das Parteiensystem der Bundesrepublik und die Mehrheitsverhältnisse im Bundestag blieb: Die Zahl der im Bundestag vertretenen Parteien nahm stark ab (1953: sechs, 1957: vier, 1961: drei), und die insgesamt auf die beiden großen Gruppierungen Unionsparteien und Sozialdemokratie entfallenden Stimmen nahmen zu. CDU/CSU, SPD und FDP waren und blieben die politisch bestimmenden politischen Parteien.
Gefördert wurde der Konzentrationsprozeß des Parteiensystems durch eine Änderung des Wahlrechts (die Fünfprozentsperrklausel bezog sich seit 1953 auf das gesamte Bundesgebiet), den erkennbaren wirtschaftlichen Aufschwung, und nicht zuletzt durch die politisch dominierende Persönlichkeit des ersten Bundeskanzlers, der in der Bevölkerung bis Ende der fünfziger

Jahre hohes Ansehen genoß. 1957 votierten sogar knapp über 50 Prozent der Wähler für die Unionsparteien. Ihr werbewirksamer Slogan „Keine Experimente" hatte die vorherrschende Stimmung der Zeit getroffen. Und Adenauer konnte mit seinen Wahlerfolgen im Rücken die vom Grundgesetz gewollte starke Stellung des Kanzlers voll ausschöpfen („Kanzlerdemokratie").

## Herausbildung der Volksparteien

Mit den Wahlerfolgen Adenauers bildete sich in der Bundesrepublik ein neuer Parteientypus heraus – die *Volkspartei*. Die CDU (und in Bayern die CSU) entwickelte sich zu einer bürgerlichen Sammlungsbewegung, die für alle großen sozialen Gruppen und Schichten wählbar war. Pragmatisch suchte sie den Ausgleich zwischen den verschiedenen sozialen Interessen und innerparteilichen Gruppierungen. Den Zusammenhalt der Partei sicherten die Führungspersönlichkeit Adenauers und der Erfolg beim Wähler.

Nach mehreren empfindlichen Wahlniederlagen wandelte sich auch die klassische Arbeiterpartei SPD zu einer modernen Volkspartei. Die Wähler hatten ihre grundsätzliche Opposition gegen die Außen- und Wirtschaftspolitik der Regierung Adenauer nicht belohnt. Sozialdemokratische Landespolitiker und Reformer in der Parteiführung wie *Willy Brandt*[1]) und *Herbert Wehner*[2]) setzten einen Kurswechsel durch. Dieser fand seinen Niederschlag in einem neuen Parteiprogramm, dem *Godesberger Programm* von 1959, das an die Stelle des marxistisch orientierten Heidelberger Programms von 1925 trat. Auch schwenkte die SPD auf den von Adenauer und Erhard vertretenen Kurs der Westintegration und der sozialen Marktwirtschaft ein. Diese Politik öffnete die SPD in den 60er Jahren für neue Wählerschichten, die sich von einer gemäßigt linken reformistischen Volkspartei, orientiert an den Grundwerten Freiheit, Gerechtigkeit und Solidarität, angesprochen fühlten.

Der scharfe Gegensatz zwischen Unionsparteien und SPD verflüchtigte sich, Koalitionen zwischen ihnen wurden denkbar. Allein die FDP konnte sich zwischen beiden Großparteien als „dritte Kraft" halten, getragen von ihrer Klientel aus meist Akademikern und Selbständigen. In den Jahren 1949 bis 1956 und 1961 bis 1966 war die FDP an Koalitionsregierungen mit der CDU/CSU beteiligt.

---

[1]) Willy Brandt, früher Herbert Frahm (1913–1993). Brandt war in seiner Jugend Mitglied der SPD und später der Sozialistischen Arbeiterpartei. Deshalb mußte er nach der Machtübernahme der Nationalsozialisten nach Norwegen, später Schweden emigrieren. 1947 nahm er unter seinem Pseudonym „Willy Brandt" wieder die deutsche Staatsbürgerschaft an und trat erneut der SPD bei. Zwischen 1957 und 1966 erwarb sich Brandt als Regierender Bürgermeister von Berlin internationales Ansehen. Dennoch unterlag er als Kanzlerkandidat bei den Bundestagswahlen 1961/65 Konrad Adenauer beziehungsweise Ludwig Erhard. Seit 1964 war er Vorsitzender der SPD (bis 1987).

[2]) Herbert Wehner (1906–1990), seit 1927 Mitglied der KPD. Deshalb mußte er 1935 emigrieren und lebte zwischen 1937 und 1941 in Moskau. Nach seinem Bruch mit dem Kommunismus kehrte Wehner 1946 nach Deutschland zurück und schloß sich der SPD an. Bis zu seinem Ausscheiden aus der Politik 1983 war Wehner einer der maßgeblichen Politiker der SPD, zeitweise Minister (1966–1969) und Fraktionsvorsitzender (1969–1983).

Nicht nur in Wahlkämpfen war das Verhältnis der Bundesrepublik zum Kommunismus und zu der unter der Schutzherrschaft Moskaus stehenden SBZ (von DDR sprach damals im Westen noch niemand) das beherrschende politische Thema der fünfziger Jahre. Die Plakate stammen aus den Jahren 1953 (FDP, CDU) und 1957 (SPD).

## Politisches Klima im Zeichen des Antikommunismus

Während der Wahlkämpfe und im Parlament stritten die Parteien heftig miteinander. Die Politiker sparten nicht mit persönlichen Verunglimpfungen und Verdächtigungen des jeweiligen Gegners und kämpften mit harten Bandagen. Überlagert wurden die parteipolitischen Querelen jedoch von einem unter Politikern und Bürgern weit verbreiteten Antikommunismus. Das Gefühl, vom Sowjetkommunismus bedroht zu sein, war bei den Bundesbürgern vorherrschend, zumal Millionen ihre eigenen schlimmen Erfahrungen mit dem Regime der SED gemacht hatten. Insofern war der Antikommunismus eine Integrationsideologie für die noch ungefestigte Demokratie in Westdeutschland und Teil des antitotalitären Grundkonsenses.

Die westdeutsche KPD war ein Instrument der SED, weitgehend von Ostberlin finanziert und gelenkt. Obwohl zahlenmäßig unbedeutend, galt sie als eine Gefahr für die demokratische Verfassungsordnung. Deshalb ging die Bundesregierung straf- und dienstrechtlich gegen Kommunisten im öffentlichen Dienst vor; verschiedene der KPD nahestehende Organisationen wurden für verfassungswidrig erklärt, ihre Mitglieder mit Billigung der Arbeitsgerichte aus dem öffentlichen Dienst entlassen, bis schließlich die Partei 1956 vom Bundesverfassungsgericht verboten wurde[1]). Einrichtungen der staatlich geförderten politischen Bildung betrieben danach weiterhin Breitenarbeit zur Aufklärung über Ideologie und Praxis der kommunistischen Staaten, insbesondere der DDR.

Der allgemein geteilte Antikommunismus wurde freilich auch parteipolitisch instrumentalisiert, wenn die Regierungsparteien oppositionelle Kritik an den

[1]) Bereits 1952 hatte das Bundesverfassungsgericht als erste Partei die *Sozialistische Reichspartei (SRP)* als Nachfolgeorganisation der NSDAP verboten.

Eigentumsverhältnissen und außerparlamentarische Aktionen gegen die Außenpolitik Adenauers als kommunistisch inspiriert diffamierten. Eine Neigung zur Schwarzweißmalerei in der bundesdeutschen Gesellschaft – hier die heile Welt des Westens, dort die böse kommunistische Welt des Ostens – war nicht zu übersehen.

## Rolle der Gewerkschaften

Zur Integration großer Teile der Bevölkerung in den jungen Staat trugen auch die Gewerkschaften in erheblichem Maße bei. In Abkehr von den weltanschaulich zersplitterten Richtungsgewerkschaften der Weimarer Zeit schlossen sich 1949 16 Arbeitnehmerorganisationen zu einem Dachverband, dem *Deutschen Gewerkschaftsbund (DGB),* zusammen. Sie verstanden sich als überparteiliche Einheitsgewerkschaften und waren nach dem in anderen Ländern unbekannten Industrieverbandsprinzip – „Ein Betrieb, eine Gewerkschaft" – organisiert. Dies förderte ihre Schlagkraft gegenüber Arbeitgebern und Regierung in erheblichem Maße. An die Tradition der Weimarer Berufsverbände knüpften die 1949 gegründete *Deutsche Angestellten-Gewerkschaft (DAG)* und der *Deutsche Beamtenbund (DBB)* (1950) an, die neben und in Konkurrenz zum DGB agierten.
Von ihren ursprünglichen Zielen zur wirtschaftlichen Neuordnung in Westdeutschland – Wirtschaftsplanung, Vergesellschaftung der Schlüsselindustrien, Mitbestimmung – konnten die Gewerkschaften nur Teile ihres Mitbestimmungskonzeptes durchsetzen: die *paritätische (gleichberechtigte) Mitbestimmung in der Montanindustrie* (1951). In den übrigen Wirtschaftszweigen sprach das *Betriebsverfassungsgesetz* von 1952 den Arbeitnehmervertretern ein Drittel der Sitze im Aufsichtsrat von Aktiengesellschaften mit mehr als 500 Beschäftigten zu.
Ähnlich der SPD pochten die Gewerkschaften zunächst darauf, die gewachsenen Eigentumsstrukturen durch Umverteilung zu korrigieren. Erst im Laufe der 50er Jahre stellten sie sich auf den Boden der durch die erfolgreiche soziale Marktwirtschaft geschaffenen Tatsachen in Wirtschaft und Gesellschaft. In der Praxis betätigten sich die meisten Gewerkschaften nicht als Gegenmacht zur kapitalistischen Wirtschaftsordnung, sondern als Sozialpartner der Arbeitgeber. Auf dem Wege von Verhandlungen und zum Teil langen Streiks betrieben sie eine sehr erfolgreiche Lohn- und Tarifpolitik: 1963 verdiente der bundesdeutsche Arbeitnehmer real im Durchschnitt das Doppelte wie 1950, und 1971 waren die Reallöhne auf nahezu das Dreifache gestiegen.

## Der Sozialstaat schafft Stabilität

Als ein wichtiger Stützpfeiler der jungen Demokratie erwies sich ihre erfolgreiche Sozialpolitik. Das Sozialstaatsgebot des Grundgesetzes (Artikel 20 Absatz 1) legte den Staat auf eine Politik zur Verwirklichung von sozialer Gerechtigkeit und sozialer Sicherheit fest. Die Freiheitsrechte des Menschen als Kernbestand der neuen Verfassung sollten auch für die sozial und wirtschaftlich Schwachen realisiert werden. Denn die Not weiter Teile der Bevölkerung am Ende der Weimarer Republik und deren Anfälligkeit für die Schlagworte radikaler Parteien waren noch in lebhafter Erinnerung. Ohne sozialen Frieden im Land würde der politische und wirtschaftliche Wiederaufbau nicht gelingen, die Demokratie nicht Wurzeln schlagen – darin waren sich alle maßgeblichen politischen Kräfte einig.
Die Selbstverwaltungssysteme der *Sozialversicherung* (Kranken-, Renten-, Arbeitslosenversicherung, Arbeitsvermittlung, Sozial- und Arbeitsgerichtsbarkeit) wurden in den frühen fünfziger Jahren wiederhergestellt und ausgebaut. Für Gewerkschaften und Arbeitgeber führte das Tarifvertragsgesetz von 1949 die *Tarifautonomie* ein.

Vor allem ging es zunächst aber um die *Bewältigung der unmittelbaren Kriegsfolgen* für die Kriegsbeschädigten und Kriegshinterbliebenen, Flüchtlinge und Vertriebenen, Ausgebombten und Opfer nationalsozialistischer Verfolgung. In einer im Rückblick erstaunlich kurzen Zeit gelang es dem Gesetzgeber, diese außergewöhnliche Herausforderung rechtlich und materiell zu bewältigen. Auf die *Kriegsopferversorgung* (1950) für 4,5 Millionen Menschen folgten gesetzliche Maßnahmen zum Schutz und zur beruflichen Wiedereingliederung von *Schwerbeschädigten* (1953) und umfangreiche Hilfen für Vertriebene (*Bundesvertriebenengesetz,* 1953).

Das Motto der Ersten Industrieausstellung in Düsseldorf 1952.

Mit dem *Lastenausgleichsgesetz* (1952) sollten die Mitbürger entschädigt werden, die durch Krieg und Vertreibung ihr Hab und Gut verloren hatten: Unbeschädigt gebliebene Vermögen wurden mit Ausgleichsabgaben belegt, die für diejenigen verwendet wurden, die alles verloren hatten. Über mehrere Jahrzehnte wurden auf diese Weise über 120 Milliarden DM umverteilt; neben dem sozialen Effekt hatte dies auch zur Folge, daß sich die Kriegsgeschädigten nicht politisch radikalisierten. Für die vom NS-Regime in Deutschland aus rassischen, politischen und religiösen Gründen Verfolgten sah das *Bundesentschädigungsgesetz* (1953) *Wiedergutmachungsleistungen* in Form von Renten, Beihilfen etc. vor (Gesamtaufwand bis heute etwa 80 Milliarden DM). Auch die staatliche Förderung des sozialen (1950) und privaten (1953) *Wohnungsbaus* trug entscheidend dazu bei, die Notsituation der Nachkriegszeit zu überwinden. Bis 1961 wurden sechs Millionen neue Wohnungen gebaut, eine der ganz wichtigen Aufbauleistungen jener Jahre.
Eine der wichtigsten sozialpolitischen Neuerungen der Nachkriegszeit brachte die *Rentenreform* von 1957. Zu den „Stiefkindern" des wirtschaftlichen Aufschwungs gehörten nämlich die älteren Menschen. Winzige Renten – 62,40 DM betrug die durchschnittliche Altersrente 1953 – bedeuteten für viele Altersarmut. Mit der Rentenreform wurden die Renten um 60 Prozent erhöht und – das war das Neue – jährlich an die allgemeine Lohnentwicklung angepaßt („dynamisiert"). Erstmals wurde der Zirkel von Alter und Armut durchbrochen. Der „Generationsvertrag" sollte einen einmal erworbenen Lebensstandard weitgehend absichern. 1961 folgte eine umfassende Modernisierung der traditionellen Armenfürsorge mit dem *Bundessozialhilfegesetz* (⇨ M 1).

## Voraussetzungen des „Wirtschaftswunders"

Die Grundlage aller staatlichen Sozialleistungen, die in ganz erheblichem Maße zur Sicherung des inneren Friedens in der deutschen Nachkriegsgesellschaft beigetragen und die Akzeptanz der jungen Demokratie nachhaltig gefördert haben, war der unerwartet rasche wirtschaftliche Aufstieg. Populäres Symbol des „Wirtschaftswunders" der 50er Jahre war Wirtschaftsminister Ludwig Erhard. Die Erfolge seines schon vor Gründung der Bundesrepublik auf den Weg gebrachten Konzepts der „sozialen Marktwirtschaft" waren spätestens 1952 unübersehbar. Der wirtschaftliche Aufschwung, der zu Vollbeschäftigung, wachsendem Wohlstand und einem erfolgreichen Strukturwandel der Wirtschaft (Schrumpfen der Landwirtschaft, Anwachsen von produzierendem Gewerbe und vor allem des Dienstleistungssektors) führte, wurde von mehreren Faktoren begünstigt:
- Es gab genügend qualifizierte und motivierte Arbeitskräfte mit ausgeprägtem Arbeitswillen und Arbeitsdisziplin;
- eine zunächst bewußt zurückhaltende Tarifpolitik der Gewerkschaften versetzte die Unternehmen in die Lage, ihre Gewinne zu einem großen Teil für Investitionen zu verwenden (Selbstfinanzierung);

- vorhanden war eine gut ausgebaute und moderne industrielle Infrastruktur (Maschinen und Fabrikanlagen) – die Kriegsschäden waren geringer als befürchtet;
- es gab eine gewaltige Nachfrage nach Konsum- und Investitionsgütern aller Art (Nachholbedarf) sowie nach Wohnungen;
- nicht zu unterschätzen sind die psychologischen Faktoren wie Zukunftsvertrauen der Bevölkerung, Überlebenswille, Sehnsucht nach Normalität;
- in Engpaßsektoren (Wohnungen, Grundnahrungsmittel und Energie) wurde die staatliche Verwaltungswirtschaft noch eine zeitlang beibehalten, bis sich die Märkte normalisiert hatten;
- der Güteraustausch mit Amerika erlaubte die Einfuhr moderner Technologien in die Bundesrepublik und den Export von Produkten „Made in Germany";
- der durch den Krieg in Korea 1950 einsetzende Boom des Welthandels erzeugte eine besonders starke Nachfrage nach deutschen Industriegütern;
- ab 1958 erfuhr der deutsche Außenhandel einen weiteren Impuls durch die *Europäische Wirtschaftsgemeinschaft* (siehe Seite 296).

Nur wenige Jahre nach dem Krieg präsentierten Opel und Volkswagen, die beiden größten deutschen Automobilproduzenten, stolz ihre Exporterfolge. Automobil- und Investitionsgüterbranche machten die Bundesrepublik 1954 bereits wieder zur drittgrößten Handelsmacht hinter den USA und Großbritannien. Und im eigenen Land verdoppelte sich die Zahl der Pkws zwischen 1957 und 1961 von 2,4 Millionen auf 4,8 Millionen.

## Erfolge und Leistungen des „Wirtschaftswunders"

Es ging aufwärts (◊ M 2). Das reale Bruttosozialprodukt nahm in den 50er Jahren jährlich um 8 Prozent zu, zwischen 1950 und 1970 verdreifachte es sich nahezu. Entsprechend wuchs das verfügbare Einkommen der Arbeitnehmer; ab 1959 herrschte Vollbeschäftigung; ausländische Arbeitnehmer *(Gastarbeiter)* wurden angeworben. Zu verdanken war all dies weitgehend dem Exporterfolg der deutschen Industrie (Maschinenbau, Fahrzeuge, elektrische und chemische Erzeugnisse), die mit Unterstützung der USA auf den Weltmarkt zurückkehrte. Erstmals erzielte die Bundesrepublik 1952 wieder Ausfuhrüberschüsse, Ende 1958 wurden die geltenden Devisenbeschränkungen aufgehoben. Die Deutsche Mark war jetzt frei konvertierbar (konnte also unbeschränkt in Dollar etc. getauscht werden) und galt als „harte" Währung. Über den Geldwert wachte seit 1957 die „von Weisungen der Bundesregierung unabhängige" *Deutsche Bundesbank* (zuvor *Bank deutscher Länder*). Anfang 1961 wurde die D-Mark gegenüber dem Dollar (und anderen Währungen) sogar aufgewertet (von 4,20 DM auf 4,00 DM pro Dollar), um die Exporte und den daraus resultierenden inflationsfördernden Geldzufluß nach Deutschland zu drosseln.

## Von der Arbeits- zur Konsumgesellschaft

Insgesamt wurde die Verbesserung der Lebensverhältnisse für die große Masse der Bundesbürger erst gegen Ende der 50er Jahre zu einer realen Erfahrung. In den Anfangsjahren des Wirtschaftswunders lebten die meisten von ihnen recht bescheiden, noch geprägt von den erst kurz zurückliegenden Jahren des Mangels. Es wurde mit jedem Pfennig gerechnet, eifrig gespart und lange gearbeitet: Bis Mitte der 50er Jahre betrug die durchschnittliche Wochenarbeitszeit in der Industrie über 49 Stunden, der Samstag wurde erstmals 1956 für die Metallarbeiter zum arbeitsfreien Tag, der Jahresurlaub betrug zwei bis drei Wochen. 1955 mußten noch immer 20 Prozent der Erwachsenen mit einem Haushaltseinkommen von monatlich 250 DM auskommen und lagen damit an der Grenze des Existenzminimums. Über die Hälfte der Bevölkerung verfügte über nicht mehr als drei Wohnräume, Bad – sofern vorhanden – und Küche mitgerechnet, nur 11 Prozent hatten einen Kühlschrank, ein Drittel hatte noch nie eine Urlaubsreise unternommen.
Wer sich als Unternehmer oder Freiberufler betätigte, konnte den Wohlstand wesentlich früher genießen als die abhängig Beschäftigten. Hohe Gewinne und Einkommen, steuerlich begünstigt, wanderten in den Konsum, was in das Warenangebot der Geschäfte einen Hauch von Luxus brachte, von dem die meisten nur träumen konnten. Die „Neureichen" zeigten, was sie hatten. Das störte aber nur die wenigsten. Der naheliegende Vergleich mit der Kriegs- und unmittelbaren Nachkriegszeit sorgte für eine ausgeprägt optimistische Grundstimmung und einen ungetrübten Fortschrittsglauben. Die meisten waren überzeugt, daß man sich die Errungenschaften der Konsumgesell-

schaft – Kühlschrank, Waschmaschine, Auto, Ferienreise – in absehbarer Zeit erarbeiten könne. Der Vorkriegsverbrauch von Bohnenkaffee und Fleisch wurde zum Beispiel erst 1956/57 erreicht. Dann aber verbesserten sich die allgemeinen Lebensverhältnisse rapide. Nach der „Freßwelle" der Anfangsjahre folgten „Kaufwelle" (langlebige Gebrauchsgüter, Möbel), „Reisewelle" (Italien war das Traumland der Deutschen) und schließlich die „Motorisierungswelle" (⇨ M 3).
Die Nivellierung der Konsumchancen hatte eine egalisierende Wirkung auf das gesellschaftliche Zusammenleben. Auch verwischten sich die Unterschiede zwischen Angestellten und Arbeitern. Die große Mehrheit der Arbeitnehmer bewegte sich in einem mittleren Einkommensbereich. Von der Herausbildung einer „nivellierten Mittelstandsgesellschaft" (*Helmut Schelsky*), von der damals die Politiker der Regierungsparteien gerne sprachen, konnte allerdings erst in Ansätzen die Rede sein. Die Schichtung und damit die Unterschiede in der Verteilung von Einkommen und Vermögen zwischen den gesellschaftlichen Gruppen blieben bestehen. Selbständige verdienten durchschnittlich dreimal so viel wie Arbeitnehmer. Auch die Verteilung des Produktivvermögens (Besitz an Unternehmen) in der Gesellschaft blieb weitgehend gleich: 1960 verfügten 1,7 Prozent der Haushalte über 70 Prozent des Produktivvermögens (1966 waren es sogar 74 Prozent). Anders sah es beim privaten Vermögen – insbesondere Hausbesitz – aus: 1950 gehörte nur ein Viertel der 3,6 Millionen Einfamilienhäuser Arbeitnehmern, dagegen gehörten die zwischen 1952 und 1960 erstellten 1,3 Millionen Eigenheime zu 57 Prozent Arbeitnehmern (⇨ M 4).

## Lebensformen, Mentalitäten

Die Erfahrungen von Entwurzelung und Chaos, von Not und Hunger während und nach dem Krieg ließen in den Gründerjahren der Bundesrepublik ein spezifisches Lebensgefühl entstehen: ein unbändiger Wille, die „verlorenen Jahre" im Zeichen des anhebenden Wohlstandes nachzuholen. Eine kollektive Sehnsucht nach bürgerlicher Normalität hatte diejenigen gepackt, die „noch einmal davongekommen" waren. Das hieß konkret – viel und gerne arbeiten, in der Familie leben, die Konsumfreiheit genießen und sich nicht um Politik kümmern. Die große Mehrheit der Westdeutschen ging zwar zu den Wahlen, wollte aber ansonsten von der Politik in Ruhe gelassen werden – eine Reaktion auf die permanente politische Mobilisierung während der NS-Zeit. Das galt vor allem für die Jugendlichen („skeptische Generation"), für die Politik und Staat nur abstrakte Begriffe blieben.
Auf die Rückwendung zu den Werten und Lebensgewohnheiten der Vorkriegszeit folgte in der zweiten Hälfte der 50er Jahre eine Welle der Veränderungen. Die Bundesrepublik entwickelte sich zu einer modernen Industriegesellschaft, die sich wirtschaftlich und mentalitätsmäßig nach außen öffnete. Bindungen an Familie und Kirche verloren an Gewicht. Nichts prägte das

Der neue Fernsehapparat und Stilmöbel symbolisierten das Lebensgefühl der späten fünfziger Jahre.

Lebensgefühl breiter Schichten aber so stark wie der einsetzende Auslandstourismus. Der deutsche Provinzialismus verlor sich, ein friedlicher Drang in die Ferne ergriff viele; man sah sich wieder respektiert, weil man mit harter D-Mark bezahlen konnte. Wesentliche Begleiterscheinungen des Massenwohlstandes wie Motorisierung, besseres Wohnen, gewandeltes Freizeitverhalten veränderten das Bild der Städte und Dörfer. Neue Industriegebiete, Straßen, Autobahnen und Hochhäuser entstanden. Die Kehrseite dieser Entwicklung – Lärm, Zersiedelung, Gewässerverschmutzung, Unfalltote – wurde hingenommen. Die Technikbegeisterung der Deutschen war ungebrochen, und der „American way of life“ das große Vorbild.
Eine Grundstimmung materialistischer Zufriedenheit hatte weite Teile der Gesellschaft erfaßt. Die vom Ausland so mißtrauisch beäugten „unruhigen Deutschen“ schienen mit sich und der Welt zufrieden und für kollektive Hysterie nicht mehr anfällig zu sein. Um so erschreckter zeigte sich die Öffentlichkeit über die „Halbstarkenkrawalle“ der Jahre 1956/58 in vielen Städten. Sie waren Hinweise auf das Ende jugendlicher Anpassung an materielle und familiäre Zwänge, dabei jedoch kein ausschließlich deutsches Phänomen. Eine von Amerika ausgehende Massenkultur in Mode („Jeans“) und Musik („Rock 'n' Roll“) verband sich überall in Westeuropa mit dem Protest und einem veränderten Lebensgefühl vieler Jugendlicher, die nach Freiräumen von Arbeitsethos und Bürgerlichkeit verlangten (⇨ M 5).

## M 1 Sozialbudget (in Milliarden DM) 1950–1965

| | 1950 | 1955 | 1960 | 1965 | 1993 |
|---|---|---|---|---|---|
| Rentenversicherung | 3,9 | 7,8 | 18,3 | 29,0 | 317,7 |
| Altershilfe für Landwirte | – | – | 0,2 | 0,5 | 5,7 |
| Krankenversicherung und Mutterschutz | 2,5 | 4,7 | 9,6 | 15,9 | 209,7 |
| Unfallversicherung | 0,6 | 1,0 | 1,7 | 3,1 | 18,9 |
| Arbeitslosenversicherung | 1,9 | 1,8 | 1,1 | 1,4 | 48,6 |
| Kindergeld | – | 0,5 | 0,9 | 2,8 | 21,9 |
| Sozialhilfe | 1,0 | 1,3 | 1,6 | 2,5 | 48,0 |
| Jugendhilfe | 0,03 | 0,05 | 0,05 | 0,8 | 24,5 |
| Wohngeld | – | – | – | 0,2 | 7,3 |
| Öffentlicher Gesundheitsdienst | 0,1 | 0,2 | 0,3 | 0,7 | 3,5 |
| Pensionen | 2,5 | 5,1 | 6,9 | 10,4 | 49,2 |
| Kinderzuschläge im öffentlichen Dienst | 0,4 | 0,8 | 1,0 | 1,6 | 12,5 |
| Zusatzverordnung | – | – | – | 0,5 | – |
| Kriegsopferversorgung | 2,1 | 3,2 | 3,7 | 5,8 | 15,3 |
| Lastenausgleich | 0,7 | 1,0 | 1,3 | 2,0 | 0,8 |
| Sonstige Entschädigung | – | – | – | 0,7 | 0,7 |
| Arbeitsförderung | – | – | – | – | 131,9 |
| Zusatzversorgung im öffentlichen Dienst | – | – | – | – | 13,1 |
| Beihilfen für Beamte | – | – | – | – | 11,9 |
| Vermögensbildung | – | – | – | – | 11,7 |
| Erziehungsgeld | – | – | – | – | 7,0 |
| Ausbildungsförderung | – | – | – | – | 2,5 |
| Wiedergutmachung | – | – | – | – | 2,0 |
| Sozialbudget insgesamt | 15,7 | 27,3 | 46,7 | 77,9 | 964,4 |

*Werner Abelshauser, Die langen Fünfziger Jahre. Wirtschaft und Gesellschaft der BRD 1949–1966, Düsseldorf 1987, S. 80, und Globus Schaubild Nr. 1854*

1. *Inwiefern spiegelt die Statistik den wirtschaftlichen Aufstieg der Bundesrepublik wider?*
2. *Welche Teilbereiche des „sozialen Netzes" erfuhren eine besonders starke Steigerung? Nennen Sie einige Gründe dafür.*
3. *Interpretieren Sie die Entwicklung der Arbeitslosenversicherung.*

M 2

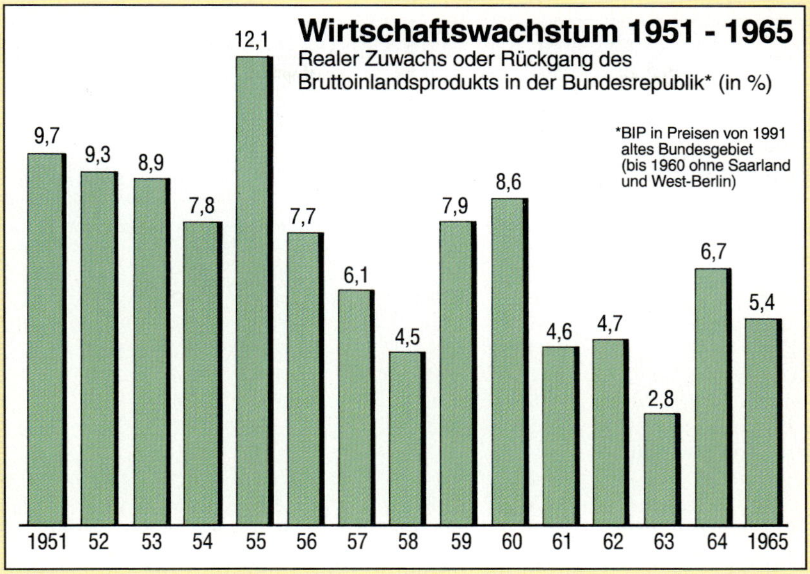


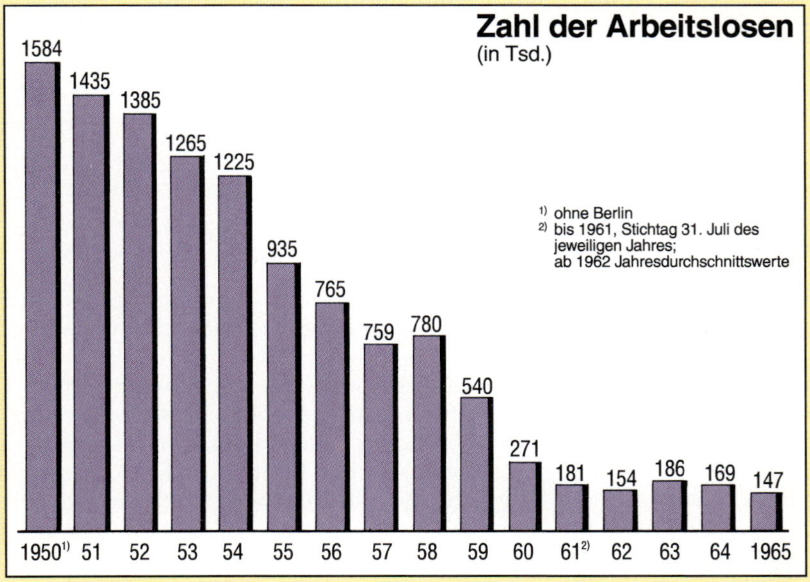


*Setzen Sie die Entwicklung der Arbeitslosenquote in Beziehung zur Grafik über das Wirtschaftswachstum in der Bundesrepublik.*

## M 3 Das „Wirtschaftswunder" im bundesdeutschen Haushalt (Stand: 1962)

| *Haushalte / Gebrauchsgüter* | *Haushalte insgesamt* | *Haushalte nach der sozialen Stellung des Haushaltsvorstandes* | | | | | |
|---|---|---|---|---|---|---|---|
| | | *Landwirt* | *Selbständige (ohne Landwirte)* | *Beamter* | *Angestellter* | *Arbeiter* | *Nichterwerbstätiger* |
| *Haushalte (in 1000)* | *17 409* | *1045* | *1760* | *1039* | *2514* | *5868* | *5183* |
| Von diesen Haushalten besaßen ... % nachstehende Gebrauchsgüter | | | | | | | |
| Personenkraftwagen | 27,3 | 41,5 | 67,0 | 40,2 | 40,0 | 22,0 | 8,1 |
| Motorrad | 6,1 | 17,8 | 3,9 | 4,5 | 3,4 | 9,3 | 2,5 |
| Fernsehgerät | 34,4 | 13,0 | 40,2 | 39,8 | 38,4 | 41,1 | 26,2 |
| Radio | 79,3 | 87,1 | 75,6 | 81,9 | 78,4 | 80,3 | 77,9 |
| Plattenspieler | 17,7 | 8,4 | 22,8 | 27,3 | 25,4 | 18,0 | 11,8 |
| Tonbandgerät | 5,1 | 1,6 | 10,0 | 7,8 | 7,6 | 5,3 | 2,3 |
| Kühlschrank | 51,8 | 32,3 | 67,9 | 73,5 | 70,2 | 53,7 | 34,7 |
| Geschirrspülmaschine | 0,2 | 0,1 | 1,1 | 0,2 | 0,3 | 0,1 | – |
| Staubsauger | 64,7 | 34,7 | 77,3 | 85,2 | 80,3 | 66,5 | 52,8 |
| Waschmaschine | 25,3 | 42,3 | 26,5 | 28,6 | 22,9 | 31,5 | 15,2 |

*Daten nach: Statistisches Jahrbuch für die Bundesrepublik Deutschland 1964, S. 530*

*Analysieren Sie die Tabelle über die in den Haushalten vorhandenen Gebrauchsgüter. Wie verteilten sie sich auf die verschiedenen gesellschaftlichen Gruppen? Bei welchen Gebrauchsgütern spielte die soziale Stellung ihrer Nutzer keine Rolle mehr, wo gab es noch deutliche Unterschiede?*

## M 4 Chancen und Grenzen der Konsumgesellschaft

*In einer wissenschaftlichen Untersuchung arbeitet der Wirtschaftshistoriker Werner Abelshauser die Merkmale der bundesdeutschen Konsumgesellschaft, auch ihre Probleme, heraus.*

Überraschenderweise konnte die Konsumgesellschaft Bundesrepublik in vielem, was für sie charakteristisch geworden ist, an die Entwicklung der dreißiger Jahre anknüpfen [...].

Neu für die fünfziger Jahre war hingegen, daß der Konsum langlebiger Gebrauchsgüter nicht mehr auf mittlere und gehobene Einkommensklassen begrenzt war, sondern mit wachsendem Realeinkommen in nahezu alle Schichten der Bevölkerung einsickerte. Für den Besitz mancher Konsumgüter wie zum Beispiel für Fernsehgeräte, Musiktruhen oder Kühlschränke spielte in der zweiten Hälfte der fünfziger Jahre die soziale Stellung kaum noch eine bestimmende Rolle. Die „Demokratisierung des Konsums" – ein Effekt, der seit der Industriellen Revolution für zahlreiche, vormals dem privilegierten Konsum herrschender Schichten vorbehaltene Verbrauchsgüter nachzuweisen ist – setzte sich erneut durch. Kennzeichnend für diese Entwicklung ist das Scheitern schichtspezifisch konzipierter Automobile (z. B. die „Kabinenroller" von Gutbrod, Maico oder Messerschmidt) nebst der Motorisierungsvariante „Kraftrad" und der Siegeszug des auf technische Funktionalität und ein (Käufer-)schichtübergreifendes Image angelegten Volkswagen-Käfers [...].

Das private Automobil wurde in den 50er Jahren zum Schlüsselbegriff für soziales Wohlbefinden, bürgerliches Freiheitsgefühl, wirtschaftliche Erwerbschancen und gesellschaftliches Prestige. Die Konsequenzen, die sich daraus für Städtebau, Siedlungspolitik, Freizeitgestaltung, Kommunikationsverhalten, Wirtschaftsstruktur, Umwelt, ja nahezu für alle Bereiche des menschlichen Lebens ergaben, revolutionierten das Alltagsleben. [. . .]
In dieselbe Richtung zeigten die Herausbildung des Tourismus als Kollektivphänomen und die Expansion des neuen Massenmediums „Fernsehen". Beide ebenfalls epochemachenden Entwicklungen haben in Deutschland ihren Ursprung in den dreißiger Jahren, so daß auch hier auf eigene Erfahrungen zurückgegriffen werden konnte. [. . .]
Es gibt keinen Zweifel daran, daß die Hauptstützen der „Konsumgesellschaft" – Motorisierung, Tourismus und Massenmedien – ihre tiefen Spuren im öffentlichen Bewußtsein und im Lebensgefühl der Massen erst im Laufe der fünfziger und sechziger Jahre hinterlassen haben und daher zu Recht als Ergebnis des Wirtschaftswunders nach dem Zweiten Weltkrieg gesehen werden. [. . .]
Vor der generellen Verbesserung der wirtschaftlichen Lage traten andere Probleme der „Wirtschaftswunderzeit" zurück. [. . .] Je weiter die Motorisierung voranschritt und die Freiheit des einzelnen zu erweitern versprach, desto mehr stiegen die sozialen Kosten einer „autogerechten" Welt, in der die Mehrheit der Bundesbürger nunmehr wohnen wollte, und verringerten sich in den Verdichtungsräumen des Straßenverkehrs die Entfaltungsmöglichkeiten des einzelnen Autofahrers. Ursprüngliche Lebensqualität schlug um in Umweltbelastung. Ähnliches gilt für den Massentourismus, dessen Reiz gerade durch die Folgen seiner steigenden Popularität und der Erschwinglichkeit von Pauschalreisen zwangsläufig Schaden nehmen mußte, und für die elektronischen Medien, deren kulturelle Problematik im vollen Maße erst in den siebziger Jahren erkannt worden ist.
Schließlich: In dem Maße, wie die Bundesrepublik in den fünfziger Jahren zur Industriegesellschaft par excellence geworden ist, hat sie auch deren außerordentliche Probleme in Kauf nehmen müssen. Hohe Abhängigkeit vom Weltmarkt, von Energieimporten und knappen Rohstoffen, starke Umweltbelastungen durch industrielle Emissionen und Abfälle, Zersiedelung der Landschaft durch dezentrale Industrieansiedlung oder Beschäftigungskrisen durch wirtschaftlichen Strukturwandel waren noch keine dringenden Fragen der sechziger Jahre. Aber alle diese Probleme, die die Bundesrepublik jenseits der „Grenzen des Wachstums" besonders hart trafen, sind in den Langen Fünfziger Jahren entstanden.

*Werner Abelshauser, a.a.O., S. 56 ff.*

1. *Arbeiten Sie die wichtigsten Kennzeichen der Konsumgesellschaft der Zeit des „Wirtschaftswunders" heraus.*
2. *Welche positiven und negativen Folgen waren mit der „Demokratisierung" des Konsums verbunden?*
3. *Wie beurteilen Sie aus heutiger Sicht das Konsumverhalten der Menschen damals?*

## M 5 Jugend in den fünfziger Jahren

*Die Realschullehrerin Magda M. (geb. 1935) beschreibt ihre Erinnerungen an das Familienleben:*

Onkel Helmuth, der sich seit 1938 mit den Nazis eingelassen und für die Gauleitung in unserer alten Heimat, in Karlsbad in Böhmen, gearbeitet hatte, war lange Zeit nach dem Krieg noch eine Art Außenseiter in unserer Familie. Meine Mutter hat ihn gelegentlich als „Nazi" bezeichnet, auch vor uns Kindern. Das war gar nicht politisch gemeint. Zumindest nicht in erster Linie. Was sie meinte war: Der Mann hat keine Religion und keine Kultur – er ist ein Banause. Onkel Helmuth war 1938 aus der Kirche ausgetreten. Ich habe ihn auch nie ein Buch lesen sehen. Bildung hatte er nicht, das stimmte schon.

Beides, Religion und Bildung, war in unserer Familie jedoch damals sehr wichtig. Ohne das dreimalige Tischgebet, die 10-Uhr-Messe am Sonntag und die monatlichen Vorstellungen des „Theater- und Kulturvereins", dem wir fast alle angehörten, konnten sich meine Eltern ein Leben als „noch einmal Davongekommene" – wie Vater oft sagte – nicht vorstellen. Der „TKV", an den ich wegen der Schubertabende gerne zurückdenke, nahm keine „Roten" auf. Zumindest wurde das gemunkelt. Ganz abwegig war es vielleicht nicht. Denn die paar Sozialdemokraten, die man in einer Kleinstadt im „schwarzen" Rheinland so kannte, waren alle nicht im „TKV". Heute denke ich manchmal: vielleicht war denen das aber auch zu bildungsbeflissen und spießig. Wenn ich nämlich heute an so manche Festrede im „TKV" und auch Predigten in „St. Annen" zurückdenke, wie soll ich sagen, wundere ich mich auch. Noch in meiner Trauungspredigt sagte Monsignore Dr. L., ein alter Bekannter meiner Familie und Hölderlinverehrer:

„Wir Deutschen sind wieder Bürger des christlichen Abendlandes. Die braune

*Auszug aus dem Bericht einer hessischen Zeitzeugin über ihre Teenagerzeit in einer Kleinstadt zwischen 1954 und 1960:*

Ich kann mich noch gut an meinen 13. Geburtstag erinnern, weil ich jetzt endlich, wie die meisten meiner Klassenkameradinnen, ein „Teenager" geworden war – und das war schick! Schon das Wort war es, das meine Omi zeit ihres Lebens nicht begriff. Sie nannte mich ab vierzehn einen „Backfisch", wie übrigens die meisten älteren Verwandten. Ich fand das furchtbar altdeutsch. Das roch irgendwie nach Mief. In die Jugendgruppe der Kirchengemeinde gingen Elke, meine beste Freundin, und ich auch nicht mehr, weil dort immer von „Mädeln" und „Backfischen" die Rede war.

Wir wollten anders sein, so wie die Teenager in den Musikfilmen von Peter Kraus und auch in der Zeitschrift „Bravo": So mit Petticoats, Pumps oder sogenannten Ballerinaschuhen, Pferdeschwanz, Lippenstift, Nylonstrümpfen *ohne* Rückennaht ...

Schminken mußten Elke und ich uns lange heimlich auf einer Parkbank, auf dem Wege zum „Tanzcafé Rondo", wohin uns unsere Eltern zum Glück am Samstagabend ziehen ließen. Schminken zu Hause – das war undenkbar, genau wie Rauchen. Vorbeikommende ältere Männer und Frauen riefen uns beiden zu: „Wenn das euer Vater wüßte ...!" Aber weiter geschah nichts. Irgendwie werden die gegenüber uns Teenagern unsicher gewesen sein. Bei den Jungen war das schon anders: „Ihr Halbstarken!" wurde denen gesagt, und rumms hatten die eine runter – manchmal von Wildfremden, die sie beim Plattenhören im Park, wo das streng verboten war damals, erwischt hatten.

Vielleicht wußte unser Vater, was wir da machten, oder ahnte es – aber er tat nichts! Elkes Vater hatte ihr, als sie gerade dreizehn war, sich heimlich eine „Bravo" gekauft hatte, die er in ihrer Schul-

Sorgenvoll kommentiert „Der Spiegel" 1956 die Einflüsse der amerikanischen Musik: „Wie in Trance taumeln die Halbwüchsigen in die Gänge der Riesenhalle und tanzen allein für sich wie besessene Medizinmänner eines Urwaldstammes, nur beherrscht von einer Musik, die ... einen neuen Schlagertyp bescherte, der auch Erzieher, Eltern und Polizei zu erbitterten Protesten aufrief." Und östlich des Eisernen Vorhangs übte man gerne Kritik an der „Orgie amerikanischer Unkultur in der BRD".

Pest haben wir mit Gottes Hilfe überstanden. Gegen die rote Flut laßt uns in jeder unserer Familien Deiche bauen – viele kleine christliche Deiche . . .!"

tasche gefunden hatte, eine runtergehauen. Danach beruhigte er sich aber schnell, denn er merkte wohl, daß ich und die anderen Mädchen aus der Nachbarschaft genauso waren. Außerdem, das hat ihr Vater ihr später selber erzählt, fand er die heiße Musik, nach der wir tanzten – wir sagten „hotteten" – so übel nicht. „Geht ganz schön in die Beine!" sagte sogar mein Vater, der eigentlich unmusikalisch war, Weihnachten 1957. Da schenkten meine Eltern mir einen eigenen Kofferplattenspieler. Das fand ich unheimlich nett, auch daß ich die Musik in meinem Zimmer etwas lauter spielen durfte. Aber bei anderen Sachen gab es dafür reichlich Gemecker und Moralpredigten: „Gegen dein Schwofen im Tanzcafé haben wir eigentlich nichts", hieß es ständig, „wenn du die Schulaufgaben fertig hast, Punkt zehn Uhr zu Hause bist und dir das eklige Kaugummikauen dort nicht angewöhnst!"

Einmal hat mein Klassenkamerad Rudi an einem einzigen Abend zweimal nach neun Uhr abends bei uns angerufen. Mein Vater tobte: „So ein Flegel!" Meine Mutter roch woanders Unrat: „Laß dir bloß kein Kind andrehen!" sagte sie in der Küche leise zu mir. Ich war sauer, daß meine Mutter mir so etwas unterstellte. Außerdem – wie sollte das wohl gehen: „Ein Kind andrehen?" Da war gar nichts zwischen Rudi und mir. Im Grunde waren wir alle noch furchtbar harmlos!

*Harm Mögenburg, Kalter Krieg und Wirtschaftswunder. Die fünfziger Jahre im geteilten Deutschland (1949–1961), Frankfurt am Main 1993, S. 132 f. und 144 f.*

1. *Beschreiben Sie typische Merkmale der Zeit des Wiederaufbaus in der Bundesrepublik.*
2. *Vergleichen Sie die beiden Berichte mit Ihren eigenen Lebensumständen heute. Beschreiben Sie die Unterschiede im Verhältnis zu den Eltern sowie Änderungen im jugendlichen Lebensgefühl und Lebensstil zwischen damals und heute.*

# Die sechziger Jahre: Irritation und Aufbruchstimmung

„Der Mohr hat seine Schuldigkeit getan, der Mohr kann gehen." Die Karikatur von Klaus Pielert wurde am 16. Februar 1963 im „Industriekurier" veröffentlicht.

| | |
|---|---|
| 1963 | Ludwig Erhard wird als zweiter Bundeskanzler Nachfolger Konrad Adenauers |
| 1966/67 | Eine erste Wirtschaftsrezession verunsichert die Bundesrepublik |
| 1966 | Kurt Georg Kiesinger wird Kanzler einer „Großen Koalition" |
| 1968 | Die jugendliche Protestbewegung erreicht ihren Höhepunkt |

### Regierung im Übergang: Bundeskanzler Erhard

Äußeres Zeichen für das Ende der Gründerjahre war 1963 der Rücktritt des 87jährigen Konrad Adenauer. Als seinen Nachfolger wählten die Abgeordneten der Regierungskoalition aus CDU/CSU und FDP den populären Wirtschaftsminister Ludwig Erhard am 16. Oktober 1963 zum Bundeskanzler. Obwohl sich Erhard als „Volkskanzler über den Parteiungen" verstand, konnte er nicht an die Erfolge seiner Zeit als Wirtschaftsminister anknüpfen. Angesichts immer kürzerer Arbeitszeiten (Vierzigstundenwoche) und der Großzügigkeiten des beginnenden „Verteilerstaats" kritisierte er die Begehrlichkeit der organisierten Gruppen und Verbände und ermahnte die Bürger, weniger an den Konsum und mehr an Arbeit und Leistung zu denken. In einer Zeit der wirtschaftlichen Hochkonjunktur bei ausgeprägtem Arbeitskräftemangel wurden Erhards „Maßhalteappelle" jedoch nicht ernst genommen, und ihm selbst fehlte der rigide Führungswille gegenüber der eigenen Regierungsmehrheit. Der fortgesetzte kostenintensive Ausbau des Sozialstaats *(Kriegsopferversorgung, Kindergeld, Wohngeld, vermögenswirksame Leistungen, Studentenförderung)* sowie eine Senkung der Einkommensteuern und Wahlgeschenke an Bauern und andere Gruppen führten bald zu einem wachsenden Defizit im Bundeshaushalt.

## Die erste Wirtschaftsrezession der Bundesrepublik

Mitte der 60er Jahre endete das unaufhaltsame Wirtschaftswachstum der Nachkriegsjahre. Die Arbeitsproduktivität sank, die Steuereinnahmen blieben unter den Erwartungen, und die Staatsausgaben stiegen erstmals stärker als das Bruttosozialprodukt. Mit einem *Haushaltssicherungsgesetz* mußte die Regierung Ende 1965 einige der Wahlgeschenke wieder rückgängig machen. Wegen der wachsenden Inflationsgefahr verteuerte die Bundesbank trotz der konjunkturellen Stagnation die Kreditzinsen. Private und öffentliche Investitionen (vor allem im Baugewerbe) gingen zurück, und erstmals wuchs wieder die Zahl der Arbeitslosen (von 100 000 im September 1966 auf 673 000 im Februar 1967). Firmen mußten schließen, Kurzarbeit zwang viele Arbeitnehmer zu Einschränkungen.
Die vergleichsweise harmlose kurzfristige Wachstumsstörung rief in weiten Teilen der Bevölkerung Unsicherheit hervor. Den zunehmenden Vertrauensverlust ihrer bisherigen Wähler bekam die regierende CDU bei anstehenden Landtagswahlen zu spüren. In Nordrhein-Westfalen, wo die Krise des Bergbaus (Zechenstillegungen) für zusätzliche Unruhe sorgte, verlor sie kräftig an Stimmen. Internationales Aufsehen erregte der Wahlerfolg der neugegründeten rechtsradikalen *Nationaldemokratischen Partei (NPD)*, die in Hessen und Bayern 7,9 % beziehungsweise 7,4 % der Stimmen erzielte.

## Weichenstellungen: die Große Koalition aus CDU/CSU und SPD

Wegen einer geplanten Steuererhöhung zum Ausgleich des Haushaltsdefizites von 4 Mrd. DM kündigte die FDP im Oktober 1966 die Koalition auf. Nach längeren Auseinandersetzungen mußte Erhard schließlich unter dem Druck seiner eigenen Partei am 30. November 1966 zurücktreten. Die Spitzenpolitiker von CDU/CSU und SPD einigten sich daraufhin auf eine Große Koalition. Für beide Volksparteien war unter den gegebenen Umständen eine gemeinsame Koalition von Vorteil. Die Unionsparteien konnten weiterregieren, die Sozialdemokraten ihre Regierungsfähigkeit im Bund unter Beweis stellen. Neuer Bundeskanzler wurde am 1. Dezember 1966 der bisherige Ministerpräsident von Baden-Württemberg, *Kurt-Georg Kiesinger*[1]) (CDU).

[1]) Kurt-Georg Kiesinger (1904–1988), Ministerpräsident von Baden-Württemberg zwischen 1958 und 1966 und Vorsitzender der CDU von 1967 bis 1971

Wichtige Ministerämter übernahmen Willy Brandt (SPD/Außenminister), *Franz Josef Strauß*[1]) (CSU/Finanzminister) und *Karl Schiller*[2]) (SPD/Wirtschaftsminister). Daß den 447 Abgeordneten des Regierungslagers nur eine extrem schwache Opposition von 47 Abgeordneten der FDP gegenüberstand, war die Kehrseite dieses Regierungsbündnisses und Anlaß für vielfältige Kritik.

Der Elan, mit dem die Regierung Kiesinger sich an die Bewältigung einer ganzen Reihe jahrelang verschleppter Probleme der Innenpolitik machte, verbesserte bald die politische Stimmung im Land. Mit Ausnahme der nicht zustande gekommenen Wahlrechtsreform – die geplante Einführung des Mehrheitswahlrechts scheiterte an der SPD – konnte die Große Koalition eine Reihe von gesetzgeberischen Reformprojekten verwirklichen (z. B. das Ziel der Resozialisierung im Strafrecht, der weitere Ausbau des Sozialstaates im Sinne einer allgemeinen Daseinsvorsorge) und damit eine Phase der gesellschaftlichen Modernisierung einleiten, die bis in die 70er Jahre reichte.

### Die Notstandsgesetze

Zu den großen Leistungen der Regierung Kiesinger gehörte die Verabschiedung der bereits seit zehn Jahren geplanten und heftig umstrittenen *Notstandsgesetzgebung* Ende Mai 1968. Was in den westlichen Nachbarländern als normal galt, nämlich für den Fall des inneren und äußeren Notstandes (Unruhen, Katastrophen beziehungsweise Spannungs- und Verteidigungsfall) Vorsorge zu treffen, um die Handlungsfähigkeit der Regierung zu sichern, wurde in der Bundesrepublik zum Gegenstand heftigster Kontroversen. Die Kritiker lehnten die vorübergehende Einschränkung von Grundrechten (z. B. Vereinigungsfreiheit, Post- und Fernmeldegeheimnis) ab. Unumgänglich waren die Verfassungsänderungen aber deshalb, weil nur so die entsprechenden alliierten Vorbehaltsrechte für den Spannungsfall abgelöst werden konnten. Ungeachtet dieser Zusammenhänge wurden die Notstandsgesetze zu einem Reizthema für Aktionen der Gewerkschaften und der *Außerparlamentarischen Opposition (APO)* (siehe Seite 186 ff.). Die beiden Volksparteien einigten sich unter dem Eindruck der öffentlichen Diskussion schließlich auf eine Lösung, die die Parlamentsrechte respektierte. Der Notstand sollte nicht zur Stunde der Exekutive werden.

---

[1]) Franz Josef Strauß (1915–1988), 1945 Mitbegründer der CSU in Bayern und seit 1961 bis zu seinem Tode Vorsitzender der Partei. Strauß war mehrfach Bundesminister; als Verteidigungsminister (1956–1962) mußte er wegen der sogenannten „Spiegelaffäre" zurücktreten. (Der „Spiegel" hatte über den Zustand der NATO einen kritischen Bericht veröffentlicht, den Strauß und Adenauer als Landesverrat bezeichneten. Auf Veranlassung des Bundesverteidigungsministers wurden der Autor des Artikels und der Herausgeber des Spiegel Augstein verhaftet und die Spiegel-Redaktionsräume polizeilich durchsucht. Strauß stellte vor dem Bundestag seine Urheberschaft für diese Aktion der Staatsanwaltschaft in Abrede und mußte sich deshalb schließlich von der SPD-Opposition und der FDP vorhalten lassen, das Parlament belogen zu haben.) 1978 wurde Strauß Ministerpräsident in Bayern (bis zu seinem Tod), 1980 unterlag er als Kanzlerkandidat der Union bei den Bundestagswahlen.

[2]) Karl Schiller (1911–1994) war ursprünglich Professor in Hamburg, zeitweise auch Wirtschaftssenator in Hamburg und Berlin. Seit 1965 galt Schiller als wirtschaftspolitischer Sprecher der SPD-Fraktion.

## Neue Wirtschaftspolitik

Zukunftsweisende Weichenstellungen nahm die Regierung Kiesinger auch im Bereich der Finanz- und Wirtschaftspolitik vor. Die Koalitionspartner einigten sich auf eine Modernisierung der marktwirtschaftlichen Ordnung durch die Einführung von Elementen einer gesamtstaatlichen Rahmenplanung. „Globalsteuerung" und „aktive Konjunkturpolitik" waren die neuen Stichworte. Staatlich finanzierte Investitionsprogramme und eine auf die allgemeine wirtschaftliche Lage von Bund, Ländern und Gemeinden abgestimmte Ausgabenpolitik sollten hinfort die gesamtwirtschaftliche Nachfrage beeinflussen und verstetigen. Hinzu kamen gezielte Hilfen für notleidende Wirtschaftszweige wie den Bergbau. Mit dem *Gesetz zur Förderung der Stabilität und des Wachstums der Wirtschaft (Stabilitätsgesetz)* von 1967, das wesentlich auf Wirtschaftsminister Karl Schiller zurückging, erkannte der Staat seine Verantwortung für die Sicherung von wirtschaftlichem Wachstum, Preisstabilität, Vollbeschäftigung und Gleichgewicht im Außenhandel („magisches Viereck") an. Neugeschaffene Einrichtungen wie die *„Konzertierte Aktion"* (ein Beratungsgremium aus Vertretern der Regierung, der großen Wirtschaftsverbände und der Gewerkschaften), die mittelfristige Finanzplanung und der „Konjunkturrat der öffentlichen Hand" sollten diesen Zielen dienen.
Ab 1967 setzte ein „Aufschwung nach Maß" (Schiller) ein, der zu einem raschen Abbau der Arbeitslosigkeit führte: 1969 herrschte wieder Vollbeschäftigung, und die Zahl der ausländischen Gastarbeiter erreichte die Rekordmarke von 1,5 Millionen Menschen; das Bruttosozialprodukt wuchs um 8,2 %, die Inflationsrate ging zurück, und die Mehrheit der Bevölkerung sah wieder mit Zuversicht in die Zukunft.

## Das Wiedererwachen des politischen Extremismus

Problematisch blieb freilich, daß die Demokratiezufriedenheit der Bevölkerung eng mit dem wirtschaftlichen Wohlergehen verknüpft war. Der mit der ersten wirtschaftlichen Rezession in der Bundesrepublik erstarkende Rechtsextremismus war Ausdruck der fehlenden demokratischen Tradition des jungen Staates. Die Wahlerfolge der NPD erreichten mit 9,8 % ihren Höhepunkt bei den Landtagswahlen in Baden-Württemberg im April 1968. Mit autoritären, nationalistischen, antiparlamentarischen, antieuropäischen Schlagworten und Kritik an den vielfältigen Bemühungen um eine „Bewältigung" der NS-Vergangenheit (Auschwitz-Prozeß 1960–1963 in Frankfurt/Main, Debatten im Bundestag über die Nichtverjährung von NS-Verbrechen 1965 und 1969) sprach die NPD Unzufriedene und Unbelehrbare an. Bei den Bundestagswahlen 1969 verfehlte sie allerdings knapp den Einzug ins Bonner Parlament und verschwand dann weitgehend von der politischen Bildfläche.
Auf der anderen Seite des politischen Spektrums trat mit der 1968 neugegründeten *Deutschen Kommunistischen Partei* wieder eine orthodoxe linksextremistische Partei in Erscheinung, moskautreu und von der DDR finanziert. Die

DKP fand jedoch keinerlei Anklang bei den Wählern. Ihre Zulassung hatte außenpolitische Gründe: Die Regierung Kiesinger wollte die Beziehungen zur Sowjetunion verbessern (siehe Seite 260).

## Protestbewegung und Suche nach neuen Lebensformen in den westlichen Industriegesellschaften

Während die Mehrheit der Bevölkerung zufrieden den wieder wachsenden Wohlstand genoß, formierte sich in der westlichen Welt aus überwiegend studentischen Gruppen eine Protestbewegung gegen die bestehenden Zustände in Staat und Gesellschaft. Vorbild war die Protestbewegung von Studenten in den USA gegen gesellschaftliche Mißstände (Armut, Benachteiligung der schwarzen Bevölkerung) und den *Vietnam-Krieg* (siehe Seite 313 f.). Hinzu kamen die Ablehnung der überkommenen Werte der Erwachsenen, eine Rebellion gegen die Industriegesellschaft und die Suche nach neuen Lebensformen (⇨ M 1).
Ganz grundsätzlich wurden alle Autoritäten in Staat und Gesellschaft in Frage gestellt. Zum „establishment" zählten alle Vertreter der tradierten Ordnung und bürgerlichen Lebensformen – Väter, Lehrer, Professoren, Politiker der etablierten Parteien. Oft kritiklose Verehrung fanden dagegen das China Mao Zedongs, der nationalkommunistische Revolutionsheld Nordvietnams *Ho Chi Minh* und lateinamerikanische Revolutionäre wie *Che Guevara* und *Fidel Castro*. Leitbild der Ideologie der „Neuen Linken" waren die Politisierung und Demokratisierung aller Lebensbereiche und die Utopie von der herrschaftsfreien Gesellschaft, in der es keine Klassengegensätze und keine Ausbeutung mehr gebe, in der Selbstbestimmung statt Fremdbestimmung herrsche.
Die Protestbewegung der studentischen Jugend erfaßte alle westlichen Länder. Besonders heftige Unruhen brachen in Frankreich im Mai 1968 aus. Dort demonstrierten die Studenten ihre Unzufriedenheit mit den Zuständen an den überfüllten Universitäten und der autoritären Staatsführung unter Präsident de Gaulle, errichteten Barrikaden und lieferten sich heftige Straßenschlachten mit der Polizei. Im Gegensatz zu den USA oder der Bundesrepublik sympathisierten weite Kreise der Bevölkerung, insbesondere die Arbeiter, mit den rebellierenden Studenten.
Jugendproteste ganz anderer Art gab es in der kommunistisch beherrschten Tschechoslowakei. In den Zielen der Reformkommunisten um *Alexander Dubček*[1]) sahen viele den „Frühling" einer Entwicklung hin zur Meinungs- und allgemeinen politischen Freiheit. Die Panzer der Warschauer-Pakt-Staaten begruben diese Hoffnungen jedoch (siehe Seite 315).

---

[1]) Alexander Dubček (1921–1992) eröffnete als Erster Sekretär der KPČ 1968 einen liberalen Reformkurs *(„Prager Frühling")*. Nach dem Einmarsch der Truppen des Warschauer Paktes wurde er entmachtet und aus der Partei ausgeschlossen. 1990 kehrte er in die Politik zurück und wurde Parlamentspräsident der ČSFR.

An den Universitäten kamen die seit Beginn der sechziger Jahre eingeleiteten Reformen nur schleppend voran. Hier entzündete sich der jugendliche Protest zuerst. Der von Hamburger Studenten aufgebrachte Slogan verbreitete sich rasch in der gesamten Bundesrepublik.

## Anfänge im Universitätsmilieu

In Deutschland blieb die Kritik an der bestehenden Gesellschaftsordnung zunächst auf universitäre Zirkel in Berlin und Frankfurt/Main begrenzt. Der *Sozialistische Deutsche Studentenbund (SDS)*, von dem sich die SPD bereits 1960 getrennt hatte, mit seinem Wortführer *Rudi Dutschke* bildete den Kern der außerparlamentarischen Opposition, eines lockeren Bündnisses unterschiedlicher gesellschaftskritischer Gruppierungen.
Mit den Mitteln der Provokation und des spielerischen, witzigen Protests („Sit-ins") stellte die Studentenbewegung zunächst die autoritären Strukturen an den Universitäten in Frage. Widerspruchsgeist regte sich allenthalben. Nicht immer ging es um Politik; die Qualität des Mensa-Essens konnte ebenso schnell zum Gegenstand des Protests werden wie Fahrpreiserhöhungen der städtischen Busse (⇨ M 2). Mit Demonstrationen gegen Politiker wie den Regierenden Bürgermeister von Berlin („Brecht dem Schütz die Gräten, alle Macht den Räten"), mit Verkehrsblockaden und Eierwürfen gegen Amerika-Häuser gingen die militanten Gruppen schließlich in die Öffentlichkeit.

## Ziele und Gegenstände des Protests in der Bundesrepublik

Die immer stärker neomarxistisch beeinflußte universitäre Protestszene verlagerte sich auf die Straßen, setzte erfolgreich auf den Solidarisierungseffekt bei handgreiflichen Auseinandersetzungen mit der Polizei und entwickelte sich so zu einem Massenphänomen.
Neben den Anti-Vietnam-Kampagnen richtete sich die Kritik der Demonstranten vor allem gegen die Verdrängung der NS-Vergangenheit in der bundesdeutschen Gesellschaft, die Notstandsgesetze der Großen Koalition, gegen das „Meinungsmonopol der Springer-Presse", gegen den „Konsumterror" der Kaufhäuser, gegen Rechtsdiktaturen (Persien), und zunehmend auch ganz pauschal gegen die „repressive Toleranz" des demokratischen Rechtsstaates, den Kapitalismus und „US-Imperialismus". Ein militanter Antiamerikanismus und Antikapitalismus waren das gemeinsame Band der „Neuen Linken".

## Ausschreitungen und die Eskalation der Gewalt

Gewaltsame Auseinandersetzungen mit der Polizei häuften sich. Anfang Juni 1967 wurde in Berlin bei einer Demonstration gegen den Schah von Persien ein Student von einem Polizisten erschossen. Die Protestwelle erreichte jetzt auch das Bundesgebiet, es kam zu gewaltsamen Ausschreitungen, Belagerungen von Zeitungsredaktionen („Enteignet Springer") und Brandanschlägen auf Kaufhäuser. Ihren Höhepunkt erreichten die Unruhen nach einem Mordanschlag auf den Wortführer der SDS in Berlin, Rudi Dutschke, durch einen 23jährigen Hilfsarbeiter im April 1968. Die Schüsse lösten eine Welle von Demonstrationen in allen größeren Städten der Bundesrepublik aus, die teilweise in regelrechte Straßenschlachten ausarteten. Am Ende waren zwei Tote und über 400 Verletzte zu beklagen. Die Unruhen hielten bis weit ins Jahr 1969 an.
Mit dem Ende der Großen Koalition zerfiel die APO. Ein großer Teil ihrer jugendlichen Anhänger fand in der SPD eine politische Heimat. Der harte Kern der Aktivisten zerfiel in verschiedene linksradikale Gruppen und einen terroristischen Flügel. Was blieb, war die Hoffnung, in einem „langen Marsch durch die Institutionen" in fernerer Zukunft das „System zu überwinden".

## Lebensgefühl und Lebensstil

Neben den politischen Aktionen propagierten die verschiedenen Gruppen, die sich der APO zurechneten, neue Lebensformen, die der bürgerlichen Moralvorstellung widersprachen. Wohngemeinschaften entstanden (Vorbild: die „Kommune I" in Berlin), die „repressive Sexualmoral" der Gesellschaft wurde kritisiert und Freizügigkeit proklamiert, ein Jugendlichkeitskult machte sich breit in Kleidung und Auftreten. Antiautoritäre Erziehung der Kinder sollte die Gesellschaft auf Dauer zum Besseren hin verändern.

Mit Plakaten ihrer Idole Lenin, Rosa Luxemburg, dem südamerikanischen Guerilla-Führer Che Guevera und dem nordvietnamesischen Präsidenten Ho Chi Minh protestierte die außerparlamentarische Opposition 1968 in Berlin gegen den Krieg in Vietnam.

Viel nachhaltiger als auf die Politik im engeren Sinn wirkte die „68er Bewegung", wie der Studentenprotest jener Zeit bald verallgemeinernd bezeichnet wurde, auf die Einstellungen und Wertüberzeugungen einer ganzen Generation. Selbstbestimmung, Selbstverwirklichung, Kritik an einer normierten Form der Lebensgestaltung waren Ziele und Schlagworte, die jenseits aller politischen Standpunkte und Überzeugungen das Lebensgefühl der Kinder der Aufbaugeneration bestimmten. Eine Revolution des Lebensstils hatte stattgefunden, freilich auf der Grundlage gesicherter wirtschaftlicher und sozialer Verhältnisse (⇨ M 3).

M 1

## „Es siege die sozialistische Weltrevolution!"

*Ein Zentrum der APO-Bewegung war die Berliner Universität. 1968 wurde im Auditorium maximum der Technischen Universität eine Erklärung verabschiedet. Die Resolution endete mit dem Aufruf „Es siege die sozialistische Weltrevolution!"*

Die Opposition steht vor dem Übergang vom Protest zum politischen Widerstand . . .

Die in West-Berlin versammelten Vertreter der sozialistischen Jugend Westeuropas, der amerikanischen Widerstandsbewegung und der revolutionären Jugend der drei Kontinente sind sich darin einig, durch folgende Aktionen ihren gemeinsamen antiimperialistischen Kampf zu konkretisieren und zum aktiven Widerstand zu entfalten:

1. In allen westeuropäischen Ländern wird die Kampagne zur materiellen Unterstützung des bewaffneten Befreiungskampfes der FNL[1]) Südvietnams auf breiter Basis fortgesetzt und verstärkt.
2. In westeuropäischen Ländern mit amerikanischen Truppenstützpunkten werden, so wie in den USA selbst, Aufklärungsaktionen unter den GIs durchgeführt mit dem Ziel, die Wehrkraft der US-Armee zu zersetzen und die Soldaten von der Notwendigkeit des Widerstands, der Sabotage und der Desertion zu überzeugen.
3. Gegen NATO-Basen in westeuropäischen Ländern wird in Aktionen und Demonstrationen eine Kampagne „Zerschlagt die NATO" geführt. In allen Ländern wird der Austritt aus der NATO zum Ablauf des NATO-Vertrags 1969 gefordert.
4. In jenen westeuropäischen Ländern, aus deren Häfen Rüstungsgüter für die US-Aggression in Vietnam verschifft werden, wird auf Hafenarbeiterstreiks hingearbeitet.
5. In West-Berlin wird eine Dokumentationszentrale gegen den Mißbrauch der Wissenschaft zu Zwecken der imperialistischen Kriegführung eingerichtet. Die antiimperialistische Widerstandsbewegung wird aufgefordert, diese Zentrale zu unterstützen und zu benutzen.
6. In allen westeuropäischen Ländern wird eine Kampagne vorbereitet zur Aufklärung der Bevölkerung über Konzerne, die als Produktionsstätten für Vernichtungswaffen am schmutzigen Krieg verdienen. Dieser Kampagne werden sich Demonstrationen und Blockaden anschließen (zum Beispiel gegen den Napalm-Produzenten Dow Chemical).

*Peter Mosler, Was wir wollten, was wir wurden, Reinbek 1988, S. 46*

1. *Untersuchen Sie den Sprachstil der Erklärung.*
2. *Benennen Sie die Ziele des Papiers. Ließen sich diese Ziele unter Einhaltung der Rechtsordnung durchsetzen?*
3. *Befragen Sie Personen der „68er-Generation" nach ihren Erinnerungen, Einschätzungen und Bewertungen aus heutiger Sicht.*

[1]) Front National de Libération du Vietnam Sud (franz.): Südvietnamesische Befreiungsfront

## „Tausend rote Punkte blüh'n"

M 2

*In Hannover kam es zu neuen Formen des Protests gegen Preiserhöhungen im Nahverkehr. Schüler, Arbeiter und Studenten starteten die Aktion „Roter Punkt". Während sie die Fahrt der Straßenbahnen blockierten, organisierten sie einen florierenden kostenlosen Transport der Fahrgäste. Der folgende Artikel wurde in der Gewerkschaftszeitung Metall 13/1969 abgedruckt.*

Tausende Pkw-Fahrer machten mit einem roten Punkt deutlich, daß sie bereit waren, an jeder Bushaltestelle anzuhalten, um die Fahrgäste an Zielorte zu bringen, die in Fahrtrichtung lagen. Das Experiment, vom DGB Hannover unterstützt, gelang so ausgezeichnet, daß bald niemand mehr Straßenbahnen oder Busse vermißte. Mit Erfolg wehrte sich so eine ganze Stadt seit dem 7. Juni gegen Preiserhöhungen. Ein Verkehrschaos blieb aus. Ganzseitige Anzeigen der Stadtverwaltung und des Innenministers brachten ebensowenig eine Wende wie zuvor der Einsatz von Tränengas durch die Polizei. Eine Stadt praktizierte Solidarität.
In Heidelberg sollte es sich bald zeigen, wie das hannoversche Experiment zum Modell wurde. Ab 15. Juni wurden die Fahrpreise auch dort heraufgesetzt. Ab 16. Juni war der Straßenbahnverkehr in der Innenstadt völlig lahmgelegt. Hannover und Heidelberg hatten ihr „Verkehrsproblem" bei fließendem Personenverkehr durch die Aktion „Roter Punkt" gelöst. Das Experiment hannoverscher Prägung war auch in Heidelberg gelungen. Ohne Straßenbahnen erreichte jeder sein Ziel in fast allen Fällen schneller als sonst. Schüler, Studenten und Polizisten, die bei drückender Hitze den Verkehr mustergültig regelten, verdienen besondere Erwähnung. Daß selbst Heidelberger Polizeibeamte unter Beifall einen sauer gewordenen Pkw voller Fahrgäste anschoben, zeigte, wo deren Sympathien lagen. [. . .]
Deshalb sollten sich die Herren allerorts eines merken: Auch der Bundesmichel hat gelernt, sich zur Wehr zu setzen. Während der Wirtschaftsflaute führte er Abwehrkämpfe gegen den Abbau von Lohn- und Sozialleistungen, heute kämpft er bereits gegen die Erhöhung von Verkehrstarifen. Morgen wird er vielleicht schon mit anderen Demonstrationsformen gegen Preissteigerungen bei Lebensmitteln, gegen das Nachobenklettern der Mieten und sonstige Kostensteigerungen Position beziehen. Der Bundesmichel läßt sich zwar noch manches servieren, aber er wird nicht mehr alles kommentar- und tatenlos schlucken.

*Christoph Kleßmann, Zwei Staaten, eine Nation. Deutsche Geschichte 1955–1970, Bonn 1988, S. 547*

1. *Was war das spezifisch Neue an diesen Aktionen? Vergleichen Sie die darin zum Ausdruck kommende Einstellung mit der vorherrschenden Mentalität der 50er Jahre.*
2. *Wogegen beziehungsweise wofür demonstrieren heute Jugendliche?*
3. *Suchen Sie in örtlichen Zeitungs-/Stadtarchiven nach Berichten über vergleichbare Aktionen aus den 60er Jahren.*
4. *Überlegen Sie: Was ist aus der Prognose geworden, die der Artikelschreiber am Ende vornimmt?*

## M 3 Die APO in einer Epoche des Wertewandels und einer neuen Jugendkultur

*Unter den Historikern werden die Bedeutung und die Folgen der Studentenbewegung Ende der 60er Jahre kontrovers interpretiert.*

a) Rudolf Morsey:
Die Ablehnung tradierter Arbeits- und Lebensformen sowie herkömmlicher Berufs- und Leistungsorientierung (bei gesteigerter Anspruchshaltung gegenüber staatlichen Leistungen) manifestierte sich im äußeren Erscheinungsbild einer juvenil uniformierten bärtigen Generation („Schäbigkeitslook"). Neuartige Protestformen und Massendemonstrationen wurden, nach amerikanischen Vorbildern, aus anderen westlichen Industriestaaten übernommen. Unbehagen an den Erscheinungsformen der technokratisierten Industriegesellschaft und der „amerikanischen Herausforderung Europas" breitete sich aus. Fundamentalkritik an der liberal-parlamentarischen Demokratie und Überdruß an der herkömmlich-rationalen Krisenbewältigung verbanden sich mit der Sehnsucht nach neuer Sinnstiftung kollektiven Lebens in einer „anderen Republik". Dabei dienten der Übergang der SPD zu einer Volkspartei („Anpassungspartei") sowie Bildung und Effizienz der großen Koalition als Anlaß oder Vorwand, um eine Legitimationskrise des Parlamentarismus zu konstruieren. [. . .]
Eine rasch fortschreitende neomarxistische Re-Ideologisierung („Frankfurter Schule") seit Mitte der sechziger Jahre führte, zunächst innerhalb der studentischen Jugend und von West-Berlin ausgehend, zu einer „Bewußtseinsrevolution" [. . .]. In ihrem Gefolge entstand eine „Neue Linke" mit teilweise anarchistischen, teilweise aber auch totalitären Zielsetzungen und Ausdrucksformen. Sie reichten von neuartigen Zügen kollektiven Protest- und Demonstrationsverhaltens bis hin zu nacktem (Psycho-)Terror und fanden enorme Fernsehpublizität.

*Rudolf Morsey, Die Bundesrepublik Deutschland. Entstehung und Entwicklung bis 1969, München 1987, S. 102*

Die vielleicht auffälligsten Veränderungen des Lebensstils der jungen Generation gingen von der Musik aus. Trendsetter waren die in Liverpool 1963 gegründeten Beatles. In Musik, Haartracht und Kleidung waren sie Vorbild für die Jugendlichen aller Kontinente. Die Beat-Welle wurde zum Symbol des Aufstands gegen die Erwachsenen.

b) Anselm Doering-Manteuffel:

Von „1968" leitet sich folglich zweierlei her: Zum einen ist das die große gesellschaftliche Emanzipationsbewegung, die politisch keineswegs folgenlos blieb, sondern die Demokratisierung der bundesdeutschen Gesellschaft und die Herausbildung eines echten Pluralismus gefördert hat. Die Fähigkeit zum Meinungsstreit, zur konstruktiven Kontroverse ohne Frageverbot und Tabuisierung ist gewachsen; gesellschaftliches Harmonisierungsstreben, die Tendenz zum Beschwören von gemeinsamen Werten und Interessen trotz realer Konfliktlagen hat nachgelassen. Das ist ein großer Zugewinn für eine in dieser Hinsicht traditionell unterentwickelte Gesellschaft. Die Bürgerinitiativen wuchsen aus diesen Einflüssen hervor, und die mühsame, von der Frauenbewegung erkämpfte Angleichung im Rollenverhalten der Geschlechter wäre ohne „1968" nicht denkbar.

Zum anderen leitete sich von dort das allmähliche Hinübergleiten politischer Protestformen in faktische Gewaltanwendung her. Die Studentenbewegung hatte ihre Opfer: Benno Ohnesorg, der als Teilnehmer einer Demonstration gegen den Schah von Persien am 2. Juni 1967 von einem Berliner Polizisten erschossen wurde; Rudi Dutschke, der am 11. April 1968 das Opfer des Attentats eines neonazistischen jungen Arbeiters wurde, an dessen Spätfolgen er elf Jahre später starb. Das waren die Anlässe, aus denen die Protestbewegung die Rechtfertigung zog, hinfort in ihren Aktionen das staatliche Gewaltmonopol und überhaupt die Rechtsstaatlichkeit absichtlich zu mißachten, was sich weiterentwickelt hat bis zur gezielten Gewaltanwendung der Autonomen gegen Menschen und Sachen bei Demonstrationen und Straßenschlachten. Auch das prägt die politische Atmosphäre in der Bundesrepublik, und eine Neigung zur Minimalisierung dieser Entwicklung wirkt heute bis in Parteien und Parlamente hinein.

*Anselm Doering-Manteuffel/Friedrich P. Kahlenberg (Hrsg.), Vierzig Jahre Bundesrepublik Deutschland, Koblenz 1989, S. 227*

Aus der an sich „unpolitischen" Beat-Musik entwickelte sich der sozialkritische Protestsong. Sein populärster Repräsentant, Bob Dylan, erhielt 1970 die Ehrendoktorwürde der Universität Princeton – ein für deutsche Verhältnisse undenkbarer Vorgang. In seiner Laudatio nannte der Universitätspräsident Dylan „den authentischen Ausdruck des beunruhigten Gewissens seiner Generation".

c) Christoph Kleßmann:

Welche Tiefen- und Breitenwirkung hat die APO gehabt? Was hat sie verändert, wie weit ist sie gescheitert? Die Antworten gehen weit auseinander und reichen von grotesker Überschätzung der angeblichen Zerstörung der Werte bis zur resignierenden Bilanz eines kompletten Scheiterns. [...] Aus der Retrospektive eines der führenden SDS-Vertreter stellte sich die Studentenrevolte dar als „seltene Verbindung von politischem Gewissen, Rationalität, Witz und Lust". Sie dokumentierte einen „Wendepunkt der Epoche", „nämlich den Versuch, auf Macht und herrschende Politik neuartig zu reagieren, betroffen und spontan, selbstkritisch, frech ohne Vor-Bilder aus der dunklen Geschichte der Arbeiterbewegung der ersten Jahrhunderthälfte, diesem Gruselkabinett von Biederkeit, Machtwahn, Selbstverleugnung und Täuschung – und zerbrochenen Hoffnungen". Vor allem aber wird die „vorpolitische" Stärke der Studentenbewegung betont: „Sie riß alle wesentlichen, fast existentiellen Fragen von Familie, Erziehung, Sexualität, Kultur und Wissenschaft, Bewußtsein, sinnloser Arbeit, langweiliger Freizeit, Herrschaft auf, im Zusammenhang mit den politischen Verhältnissen des eigenen Landes und der ganzen Welt.

Eben hier stellt sich die Frage, was wirklich neu und umwälzend war und wo die APO nur latente Strömungen und schon spürbare Veränderungen bewußtgemacht, vorangetrieben und formuliert, teilweise aber auch diskreditiert hat. Denn viele dieser Themen standen bereits Mitte der sechziger Jahre auf der Tagesordnung öffentlicher Diskussionen. Insofern hat die APO oftmals nur eine – allerdings wichtige – Verstärkerfunktion ausgeübt. [...]

Gegenüber dem häufig als besonders provozierend empfundenen Protest der Schüler- und Studentenbewegung gegen die „repressive Sexualmoral" und ihrer Forderung nach zeitgemäßer Aufklärung in den Schulen und freier Entwicklung von Sexualität waren die Illustrierten-Serien von Oswalt Kolle, der sich selber als Urheber der „Sexwelle" betrachtete, vermutlich breitenwirksamer. Tabus waren also schon gründlich erschüttert, bevor ihre Zerstörung zum Teilelement der Rebellion der Jugend wurde. [...]

Der politische Protest der Studenten traf somit – wenn man die vielfältigen Erscheinungen des „unruhigen Jahrzehnts" der sechziger Jahre zu resümieren versucht – bereits auf eine Erschütterung vieler Normen, Konventionen und Verhaltensweisen in der Gesellschaft der Bundesrepublik. Diese Feststellung relativiert zumindest den von ihren Gegnern oft beträchtlich überschätzten Einfluß der „68er".

*Christoph Kleßmann, a.a.O., S. 272, 281 ff.*

1. *Welches waren die hervorstechenden Merkmale der neuen Jugendkultur der sechziger Jahre?*
2. *Arbeiten Sie anhand der drei Texte die Unterschiede in der historischen Bewertung der APO-Bewegung heraus.*
3. *Worin bestand die in der Studentenbewegung beförderte „Bewußtseinsrevolution"? Vergleichen Sie dazu die Bewertung der drei Autoren.*

# Republik im Wandel

Wandel in der Politik: 1985 wird Joschka Fischer als erster Politiker aus der Partei der „Grünen" Minister in einem Bundesland. Im hessischen Landeskabinett des Sozialdemokraten Holger Börner (links neben Fischer) übernimmt er das Ressort für Umwelt und Energie. Mit den „Grünen" verändern sich Stil und Atmosphäre in den bundesdeutschen Parlamenten und Gemeinderäten.

| | |
|---|---|
| 1969 | Willy Brandt wird Kanzler einer Koalition von SPD und F.D.P. |
| 1974 | Nach dem Rücktritt Brandts wird Helmut Schmidt Kanzler der Bundesrepublik |
| 1977 | Die terroristischen Anschläge der Roten-Armee-Fraktion erreichen ihren Höhepunkt |
| 1980 | Die Partei der „Grünen" schließt sich auf Bundesebene zusammen |
| 1982 | Mit einem konstruktiven Mißtrauensvotum wählen CDU / CSU und F.D.P. Helmut Kohl zum sechsten Kanzler der Bundesrepublik |

## Machtwechsel

Die Wahl des amtierenden Justizministers *Gustav Heinemann*[1]) (SPD) zum neuen Bundespräsidenten Anfang März 1969 mit den Stimmen von SPD und F.D.P. signalisierte das bevorstehende Ende der Großen Koalition. Unter ihrem neuen Vorsitzenden *Walter Scheel*[2]) griff die F.D.P. die allgemeine Aufbruchstimmung jener Jahre auf („Wir schneiden die alten Zöpfe ab") und näherte sich der SPD („Wir schaffen das moderne Deutschland") an. Obwohl die F.D.P. bei den Bundestagswahlen vom 28. September 1969 einen großen Teil ihrer früheren Anhänger verlor und auf 5,8 % schrumpfte, entschied sich die Parteiführung für eine Koalition mit der SPD.
Am 21. Oktober 1969 wurde der SPD-Vorsitzende Willy Brandt zum Bundeskanzler gewählt, Walter Scheel wurde Vizekanzler und Außenminister der sozialliberalen Koalition. Zum ersten Mal seit 1930 stellten die Sozialdemokraten wieder einen Kanzler und in der Person des ehemaligen Emigranten Willy Brandt einen Repräsentanten des „anderen Deutschland", was insbesondere viele Künstler und Intellektuelle öffentlich begrüßten.

## Regierung Brandt: Politik der inneren Reformen

Bundeskanzler Brandt traf die Erwartungen vieler Bürger, insbesondere in der jungen Generation, mit seiner Devise „Wir wollen mehr Demokratie wagen" (⇨ M 1). „Partizipation", „Demokratisierung", „Modernisierung" waren die Zauberworte der frühen siebziger Jahre, die den Anfang einer neuen Ära signalisieren sollten.
Ganz auf der Linie dieser Politik lagen die erweiterten Rechte von Arbeitnehmern, Betriebsräten und Gewerkschaften, die das *Betriebsverfassungsgesetz* von 1972 eröffnete. Und für Großbetriebe mit über 2000 Beschäftigten wurde im Grundsatz die Parität zwischen Anteilseignern und Arbeitnehmern im Aufsichtsrat festgelegt (*Mitbestimmungsgesetz* von 1976).
Auch der weitere *Ausbau des Sozialstaats* machte Fortschritte. So brachte das *Rentenreformgesetz* vielen alten Menschen – vor allem Frauen –, die früher wenig verdient hatten, eine spürbare Verbesserung ihrer Renten; die starre Altersgrenze von 65 Jahren wurde durch eine „flexible Altersgrenze" ersetzt. Weitere kostenintensive Leistungsverbesserungen betrafen die Krankenversicherung und das Kindergeld. Insgesamt verdoppelten sich die Sozialausgaben zwischen 1970 und 1975 auf 334 Milliarden DM und machten ein Drittel des gesamten Bruttosozialproduktes aus (1970 war es noch ein Viertel gewesen).

---

[1]) Gustav Heinemann (1899–1976) gehörte ursprünglich der CDU an; er trat 1950 als Innenminister zurück, nachdem Adenauer den Westmächten ohne Wissen des Kabinetts den Aufbau der Bundeswehr vorgeschlagen hatte. 1957 wurde Heinemann SPD-Mitglied und war von 1966–69 Bundesjustizminister. Als Bundespräsident (1969–74) setzte er sich vor allem für die gesellschaftliche Eingliederung von Randgruppen ein.

[2]) Walter Scheel (geb. 1919) setzte sich als Vorsitzender der F.D.P. (1968–74) für eine programmatische Neuorientierung seiner Partei und eine Koalition mit der SPD ein. 1974 verzichtete Scheel auf das Amt des Außenministers, um sich als Bundespräsident wählen zu lassen (bis 1979).

Wichtig war auch die *Reform des Ehe- und Familienrechts*. Sie orientierte sich am Gedanken der Gleichberechtigung von Mann und Frau. Das neue Namensrecht von 1976 brach mit der jahrhundertealten Tradition, daß der Name des Mannes automatisch zum Familiennamen wurde. Im Scheidungsrecht gilt seit 1976 nicht mehr das Schuld-, sondern das Zerrüttungsprinzip, mit der weitreichenden Folge, daß grundsätzlich der wirtschaftlich Stärkere für den Unterhalt des früheren Ehepartners aufzukommen hat. Diese Regelung bewirkte eine erhebliche Besserstellung geschiedener nichtberufstätiger Frauen. Die Neufassung des *Abtreibungsrechts* wurde zunächst vom Bundesverfassungsgericht verworfen und sah daraufhin eine weitgefaßte Indikationslösung (Straffreiheit des Schwangerschaftsabbruchs bei Vorliegen einer medizinischen, eugenischen, ethischen oder sozialen Notlage der Schwangeren) vor.

Eine umfassende *Bildungsreform* sollte Chancengleichheit im Bildungswesen herstellen – unabhängig von der sozialen Herkunft der Schüler. Bildung als allgemeines Bürgerrecht *(Ralf Dahrendorf)* galt es ebenso zu verwirklichen wie die „Begabungsreserven" in bildungsferneren Schichten zu fördern, um die seit Mitte der sechziger Jahre von zahlreichen Kritikern des deutschen Bildungswesens vorhergesagte „Bildungskatastrophe" *(Georg Picht)* zu verhindern: Mehr Abiturienten und Studenten, besser ausgestattete Schulen, kleinere Klassen, mehr Lehrer, neue Hochschulen, demokratische Mitbestimmung aller Lehrenden und Lernenden etc. seien nötig, damit die Bundesrepublik als Industriestaat international konkurrenzfähig bleiben könne. Die Kritik richtete sich auch gegen die föderalistische Zersplitterung der bildungspolitischen Kompetenzen in der Bundesrepublik.

Die Regierung enttäuschte aber auch manche ihrer Anhänger durch ihre anfänglich harte Haltung bei der Frage der Abwehr von „Radikalen im öffentlichen Dienst". Zwischen 1972 und 1976 wurden rund eine halbe Million Bewerber für den öffentlichen Dienst durch Regelanfrage beim Verfassungsschutz auf ihre Verfassungstreue überprüft, von denen 430 abgelehnt wurden. Unter dem Eindruck der öffentlichen Kritik aus dem linken Lager verzichteten die Bundesregierung und die SPD-regierten Länder seit 1976 auf die Regelanfrage beim Verfassungsschutz, während die unionsregierten Länder daran festhielten.

## Behauptung und Ende der Regierung Brandt/Scheel

Im Verlauf der harten Auseinandersetzungen um die neue „Ostpolitik" (siehe Seite 260 ff.) verlor Bundeskanzler Brandt seine parlamentarische Mehrheit, nachdem mehrere Abgeordnete der F.D.P. und der SPD aus Protest mit der Opposition stimmten oder gar zur Union übergewechselt waren. Der Kanzlerkandidat der CDU/CSU *Rainer Barzel*[1]) wollte die Gunst der Stunde nut-

[1]) Rainer Barzel (geboren 1924), Jurist, seit 1957 Bundestagsabgeordneter und zeitweise Minister für gesamtdeutsche Fragen (1962/63). Der Unionsfraktion stand Barzel zwischen 1964 und 1973 vor. Von 1971 bis 1973 war er gleichzeitig Vorsitzender der CDU.

zen und durch ein *konstruktives Mißtrauensvotum* den Bundeskanzler stürzen. Bei der Abstimmung am 27. April 1972 stimmten jedoch zwei Abgeordnete der CDU/CSU gegen Barzel, davon einer bestochen vom Ministerium für Staatssicherheit in Ost-Berlin (wie sich erst sehr viel später herausstellte). Trotz des Mißerfolgs der Opposition besaß die Regierung Brandt/Scheel aber keine Mehrheit mehr, so daß Neuwahlen unumgänglich wurden.
Die Popularität Willy Brandts sicherte der Koalition einen eindeutigen Wahlsieg, erstmals wurde die SPD stärkste Partei. Dennoch verlor Brandt in der Folgezeit innerhalb seiner von Flügelkämpfen zerrissenen Partei an Autorität. Schwere Niederlagen der SPD bei Landtagswahlen machten den Stimmungsumschwung deutlich. Zum auslösenden Moment für den Rücktritt Brandts wurde schließlich die „Guillaume-Affäre“: Ein langjähriger persönlicher Referent des Kanzlers wurde als Geheimdienstagent der DDR enttarnt. Nachfolger Brandts wurde am 16. Mai 1974 *Helmut Schmidt*[1]) (SPD).

## Herausforderung des Staates durch den Terrorismus

Die Anfänge des Terrorismus in der Bundesrepublik reichen in den April des Jahres 1968 zurück. In Frankfurt setzten links-revolutionäre Aktivisten, die aus der APO-Bewegung hervorgegangen waren, zwei Kaufhäuser in Brand. Unter den Tätern befanden sich die späteren Hauptakteure des bundesdeutschen Terrorismus *Andreas Baader* und die Pfarrerstochter und Germanistikstudentin *Gudrun Ensslin*. Wenig später schloß sich ihnen die Journalistin *Ulrike Meinhof* an. Aus dem Untergrund baute die „Baader-Meinhof-Gruppe“ die *Rote-Armee-Fraktion (RAF)* auf (⇨ M 2).
Nach einer paramilitärischen Ausbildung im Nahen Osten verübten die RAF-Terroristen in der Bundesrepublik eine Serie von bewaffneten Banküberfällen und Attentaten, bei denen es mehrere Tote und zahlreiche Verletzte gab. Im Sommer 1972 konnte zwar der harte Kern der RAF verhaftet werden, doch aus den Reihen ihrer Sympathisanten rekrutierte sich alsbald die zweite Terroristen-Generation *(„Bewegung 2. Juni“)*. Mit spektakulären Entführungen und Überfällen (z. B. auf die deutsche Botschaft in Stockholm 1975) versuchte die neue RAF die Freilassung der Inhaftierten zu erpressen, wobei sie vor brutalem Geiselmord nicht zurückschreckte.
1977 erreichten die terroristischen Aktivitäten in der Bundesrepublik ihren blutigen Höhepunkt. Ermordet wurden unter anderem der Generalbundesanwalt *Siegfried Buback* und der Vorstandsvorsitzende der Dresdner Bank *Jürgen Ponto*. Am 5. September 1977 wurden der Arbeitgeberpräsident *Hanns-Martin Schleyer* entführt und vier seiner Begleiter ermordet. Die Gewalttäter forderten die Freilassung der elf prominentesten inhaftierten Terroristen.

---

[1]) Helmut Schmidt (geboren 1918), seit 1953 Bundestagsabgeordneter. Zwischen 1966 und 1974 war Schmidt Fraktionschef der SPD im Bundestag, Verteidigungs-, Finanz- und Wirtschaftsminister.

Mit Plakaten, die in allen öffentlichen Gebäuden aushingen, fahndete der Staat nach den Gewalttätern der RAF.

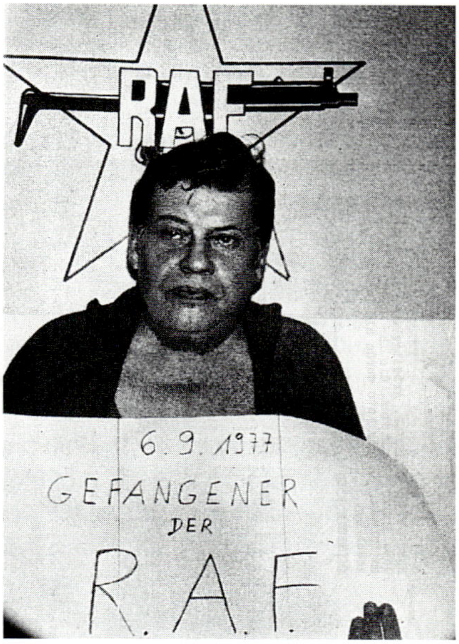


Mit der Entführung des Arbeitgeberpräsidenten Hanns-Martin Schleyer am 6. September 1977 wollte die RAF ihre inhaftierten Mitglieder freipressen. Dazu ließ sie ein Foto Schleyers in der Presse veröffentlichen. Am 10. Oktober wurde Schleyer ermordet.

Unterstützt wurde die Aktion der RAF durch vier palästinensische Terroristen, die eine Lufthansa-Maschine mit 91 Personen an Bord entführten. Im Krisenstab der Bundesregierung herrschte Einigkeit, daß der Staat sich nicht erpressen lassen dürfe: Ein Antiterrorkommando des Bundesgrenzschutzes *(GSG 9)* befreite in Mogadischu (Somalia) in der Nacht vom 17. auf den 18. Oktober die Geiseln. Wenige Stunden später begingen die drei Top-Terroristen Ensslin, Baader, Raspe im Gefängnis Stuttgart-Stammheim Selbstmord. Tags darauf fand die Polizei den ermordeten Arbeitgeberpräsidenten in einem Auto in Mülhausen im Elsaß.
Während die Mehrheit der Bevölkerung die Entschlossenheit der Regierung begrüßte, mußte diese sich mit dem Vorwurf von Teilen der linken Intelligenz, auch aus dem Ausland, auseinandersetzen, die Bundesrepublik sei auf dem Weg in einen Polizeistaat. Entscheidend war jedoch, daß die Terroristen jetzt und in der Folgezeit keinen Solidarisierungserfolg in der Gesellschaft erzielen konnten (⇨ M 3). Gleiches galt für den rechtsextremistischen Terrorismus, der in der Öffentlichkeit nur auf Abscheu und Unverständnis stieß.

### Der Ölschock und seine Folgen

Seit 1973 verteuerten sich schlagartig wichtige Rohstoffe auf dem Weltmarkt durch Kartellbildung der Erzeugerländer. Die weltwirtschaftliche Erschütterung gipfelte schließlich in den beiden *Ölkrisen* der Jahre 1973/74 und 1979/80 (siehe Seite 351). Die schlagartig gestiegenen Energiekosten zogen Kaufkraft aus Deutschland und den wichtigen Abnehmerländern in Westeuropa und Amerika ab. Der folgende wirtschaftliche Einbruch übertraf die kurzfristige Rezession der sechziger Jahre bei weitem.
Insgesamt gesehen, kam die Bundesrepublik jedoch relativ glimpflich davon. Die Sonntagsfahrverbote und vorübergehenden Geschwindigkeitsbegrenzungen Ende 1973 hatten eher symbolische Bedeutung. Der Regierung unter Bundeskanzler Schmidt gelang es besser als den meisten Nachbarländern, mit dem „Ölschock" von 1973 fertig zu werden: durch staatliche Förderung von Maßnahmen zur Energieeinsparung und durch Diversifizierung bei den Energieträgern (mehr Erdgas, Kohle und Kernenergie) und den Lieferländern (mehr Importe aus England, den Niederlanden, der Sowjetunion). Der Wertverlust des Dollars gegenüber der Deutschen Mark (er sank 1973/79 von 2,70 DM auf 1,70 DM) tat das Seine, damit die Energieverteuerung des in Dollar abgerechneten Erdöls erträglich blieb.
Die zweite Ölkrise 1979/80 traf die westlichen Industriestaaten einschließlich der Bundesrepublik eher noch härter als die erste. Nach einer Revolution in Persien, die den Schah außer Landes trieb, ließen Panikkäufe die Preise ein weiteres Mal dramatisch steigen. Diese Preisexplosion löste in der gesamten westlichen Welt eine Kettenreaktion von negativen wirtschaftlichen Folgen aus – wachsende Inflation, hohe Lohnsteigerungen, Rückgang der Produktion und Anstieg der Arbeitslosigkeit. Die Ölpreiserhöhungen bremsten 1980 das Wirtschaftswachstum in der Bundesrepublik um zwei Prozent.

### Neue Technologien

Etwa zeitgleich erlebte die Welt einen Modernisierungsschub in der industriellen Produktion und im Dienstleistungsbereich. Die *neuen Technologien* der Mikroelektronik, der Mikroprozessoren und Mikrocomputer leiteten eine *„dritte industrielle Revolution"* ein, die Arbeitsabläufe in Fabriken und Büros von Grund auf veränderte (◊ M 4). Der Computer hielt Einzug in Verwaltungen und industrielle Fertigungsstätten und veränderte ganze Berufsbilder. Durch Automatisierung und den Einsatz von Industrierobotern, zum Beispiel im Maschinenbau und in der Automobilindustrie, gingen viele Arbeitsplätze verloren, andererseits wurde schwere körperliche Arbeit durch die Steuerung intelligenter Maschinen ersetzt.

### Dauerproblem Arbeitslosigkeit

Das Ende der Wiederaufbauphase nach dem Zweiten Weltkrieg, Ölkrisen, neue Technologien, aber auch häufig überzogene Ansprüche an die Wirtschaftskraft in den Industriestaaten beendeten in den siebziger Jahren die

Deutschlands Autoindustrie stöhnt unter der japanischen Konkurrenz (1990). Der wachsende internationale Wettbewerb hat auch Auswirkungen auf die Arbeitsplätze in Deutschland (Aquarell von Erich Sokol).

Periode der Vollbeschäftigung auf dem Arbeitsmarkt. Weltweit stiegen Inflations- und Arbeitslosenraten. In der Bundesrepublik sank das jährliche Wachstum der Volkswirtschaft auf durchschnittlich knapp zwei Prozent, und die Arbeitslosenquote schnellte gleichzeitig von 2,6 % im Jahr 1974 auf 9,3 % im Jahr 1985 (fast ein Drittel der Arbeitslosen war unter 25 Jahre alt). Obwohl die Zahl der Arbeitsplätze seit den achtziger Jahren wieder deutlich wuchs, blieb im Auf und Ab der Konjunktur eine immer größere Zahl von Arbeitslosen zurück (⇨ M 5).
Während die Bundesbank erfolgreich die Stabilität der Währung schützte, setzte sich Bundeskanzler Schmidt nachdrücklich für die Stärkung der Wachstumskräfte durch die staatliche Förderung der Nachfrage ein. Durch dieses „Zusammenspiel" bewältigte die Bundesrepublik, verglichen mit den anderen Industriestaaten, die weltweite Krise noch relativ gut. Doch kosteten die Konjunkturprogramme und Maßnahmen zur Bekämpfung der Arbeitslosigkeit viele Milliarden. Die Verschuldung des Staates stieg zwischen 1970 und 1982 von 47 Mrd. auf 309 Mrd. DM. Differenzen über die alarmierend wachsenden Defizite im Bundeshaushalt sowie über die Wirtschafts- und Sozialpolitik insgesamt bedeuteten schließlich das Ende der Regierung Schmidt. Als die F.D.P. 1982 die Koalition aufkündigte, stürzte die neue Mehrheit aus Union und Liberalen in einem konstruktiven Mißtrauensvotum den Kanzler (1. Oktober 1982). Nachfolger wurde *Helmut Kohl*[1]) (CDU).

[1]) Helmut Kohl (geb. 1930), Ministerpräsident von Rheinland-Pfalz von 1969–76, seit 1973 Bundesvorsitzender der CDU. 1976 unterlag er Helmut Schmidt bei den Bundestagswahlen. Als Parteivorsitzender und Fraktionsvorsitzender im Bundestag war er unbestritten der Oppositionsführer.

## Die Nachrüstungsdebatte

Zu einer der großen innenpolitischen Streitfragen noch in den letzten Jahren der Regierung Schmidt war die Sicherheitspolitik der NATO gegenüber der Sowjetunion geworden (⇨ M 6). Auf Betreiben des Kanzlers hatten die Mitgliedstaaten am 12. Dezember 1979 mit dem sogenannten *„NATO-Doppelbeschluß"* reagiert: Gegen die wachsende Bedrohung Westeuropas durch die neuen sowjetischen SS-20-Mittelstreckenraketen sollten bis Ende 1983 in Westeuropa Pershing-II-Mittelstreckenraketen und bodengestützte Marschflugkörper (Cruise Missiles) aufgestellt werden, falls bis dahin Verhandlungen über den Abbau der sowjetischen Mittelstreckenraketen in Europa ohne Erfolg bleiben würden (siehe Seite 326).
In der Bundesrepublik geriet Bundeskanzler Schmidt wegen des Nachrüstungsbeschlusses der NATO zunehmend unter öffentlichen und parteiinternen Druck. Kritiker sahen durch die geplante Nachrüstung die deutsch-sowjetischen Beziehungen bedroht und bestritten überhaupt die Notwendigkeit einer Nachrüstung. Zum Teil verlangten sie den einseitigen Abzug aller westlichen Atomwaffen aus der Bundesrepublik und Europa und plädierten für den unbedingten Vorrang von Abrüstungsverhandlungen; manche befürchteten gar, daß die USA einen nur auf Europa begrenzten Nuklearkrieg führen wollten.
Die medienwirksame und massenmobilisierende *„Friedensbewegung"* gewann mit Demonstrationen und Appellen Teile der verunsicherten Öffentlichkeit für sich. Anstoß erregten die weltweiten Rüstungsausgaben von jährlich 1000 Milliarden DM für den Rüstungswettlauf zwischen Ost und West, nicht jedoch die Tatsache, daß die Sowjetunion die Entspannungspolitik der siebziger Jahre für eine drastische Aufrüstung ihres Militärapparats genutzt hatte. Das große Erschrecken über die mögliche Auslöschung der Menschheit durch einen Atomkrieg bestimmte das Denken und Handeln der ansonsten sehr heterogenen Gruppen innerhalb der Friedensbewegung.
Dagegen hatte die Regierung mit ihren realpolitischen Erwägungen einer atomaren Abschreckungs- und Gleichgewichtspolitik einen schweren Stand. Obwohl Helmut Schmidt gegenüber den USA nachdrücklich auf Verhandlungen mit der Sowjetunion pochte, verlor er die Unterstützung von Teilen seiner Partei. Nach dem Regierungswechsel setzten Bundeskanzler Helmut Kohl und Außenminister *Hans-Dietrich Genscher*[1]) (F.D.P.) die bisherige offizielle Außen- und Sicherheitspolitik fort. Nachdem die Sowjetunion keinerlei Anzeichen eines Einlenkens zu erkennen gab, stimmte schließlich am 23. November 1983 die neue Regierungsmehrheit des Bundestages der Stationierung von Mittelstreckenraketen in der Bundesrepublik zu.

---

[1]) Hans-Dietrich Genscher (geb. 1927) flüchtete 1952 aus Halle in die Bundesrepublik, wo er 1965 Mitglied des Bundestags wurde. In der sozialliberalen Koalition übernahm er zwischen 1969 und 1974 das Innenministerium. Nach der Wahl Walter Scheels zum Bundespräsidenten wurde er Vorsitzender der F.D.P. und Außenminister (bis 1992).

Waldsterben. 1983 steht das Gasthaus „Hanskühnenburg" im Harz nur noch auf einer kahlen Kuppe. Laut Erhebungen des Landwirtschaftsministeriums sind im selben Jahr 34 Prozent des deutschen Waldes krank, fünf Jahre später sind es über 52 Prozent.

## Umweltproblematik und Krisenbewußtsein

Die fortschreitende Industrialisierung und die zunehmende Motorisierung belasteten die Umwelt immer stärker. Die Folgen dieser Entwicklung (zum Beispiel Waldschäden) blieben lange Zeit unerkannt. Eine Art neues Umweltbewußtsein zeigte sich erstmals Anfang der sechziger Jahre, als in Nordrhein-Westfalen das erste Umweltschutzgesetz auf Länderebene vom Landtag beschlossen wurde. Das erste Ministerium für Landesentwicklung und Umweltfragen rief Bayern Ende 1970 ins Leben. Und als erste politische Partei postulierte die F.D.P. in ihren *Freiburger Thesen* von 1971 das „Recht auf eine menschenwürdige Umwelt" als künftiges Verfassungsziel (seit 1994 im Grundgesetz verankert). Vor allem Angehörige der jüngeren Generation engagierten sich in der alternativ-ökologischen Bewegung, die an der Wende zu den achtziger Jahren in die Gründung einer völlig neuen Partei mündete: *Die Grünen* (siehe Seite 206). Der Zielkonflikt zwischen Umweltschutz und Arbeitsplätzen wurde dabei von den ökologischen Gruppierungen einseitig zugunsten der Erhaltung der Natur entschieden, was die Gewerkschaften wie die Industrie heftig kritisierten.

Die *„Grenzen des Wachstums"*, so der Titel eines vom *Club of Rome*, einer internationalen Runde von Wissenschaftlern, 1972 veröffentlichten Buches, wurde zum Signalwort der siebziger und achtziger Jahre. Verstärkt durch den „Ölschock" von 1973, wurden die Begrenztheit von nichtregenerierbaren Ressourcen und deren globale Verschwendung vielerorts diskutiert. Erstaunlich schnell schlugen in der öffentlichen Meinung Reformeuphorie und Fortschrittsgläubigkeit in Skeptizismus, Zivilisationskritik und Krisenbewußtsein um. Die Forderung nach einem effektiven Schutz der Umwelt verband sich mit vermehrter Kritik an der friedlichen Nutzung der Kernenergie und dem Appell, sich mit einem bescheideneren Lebensstandard zufriedenzugeben.

Allerdings zeigte sich bald, daß die geschätzten Reserven mineralischer Brennstoffe und anderer Bodenschätze wesentlich größer waren als vermutet.

Ungeachtet dessen blieben die Gefahren für die Umwelt erkennbar. Als wesentliche Probleme der Politik gelten seit den siebziger Jahren bis heute:

- das Abholzen der tropischen Regenwälder mit der Folge einer Störung des Sauerstoffhaushaltes der Erde;
- der „Treibhauseffekt", der sich aus der Zersetzung der Ozonschicht in der Atmosphäre durch Kohlendioxid, Methan und Fluorkohlenwasserstoffe (FCKW) ergibt – Ende der achtziger Jahre wurden erste Schritte zur Einschränkung der sogenannten Treibhausgase unternommen;
- die Zerstörung der Wälder durch den „sauren Regen";
- die Belastung der Gewässer durch Kunstdünger und Schwermetalle;
- die weltweite Zunahme des Wasserverbrauchs.

Vor allem die *Explosion im sowjetischen Kernkraftwerk Tschernobyl* (Ukraine) im April 1986, die neben den tödlichen Folgen in der unmittelbaren Umgebung ganz Europa in Mitleidenschaft zog, verbreitete Angst in der deutschen Bevölkerung. Die Förderung von geeigneten Energiesparmaßnahmen und die Gefahren der Atomenergie wurden zu beherrschenden innenpolitischen Themen. Das 1986 neugeschaffene *Bundesministerium für Umwelt, Naturschutz und Reaktorsicherheit* erhielt umfassende Kompetenzen im Bereich des Strahlenschutzes, der Luftreinhaltung, der Lärmbekämpfung, der Wasserwirtschaft, des Gewässerschutzes, der Abfallwirtschaft, des Naturschutzes etc. In dem andauernden Konflikt zwischen wirtschaftlichen Interessen und den Belangen der Ökologie gelang eine Reihe von Fortschritten zugunsten der Umwelt: zum Beispiel die Einführung des (in den USA entwickelten) Katalysators für Autos, des bleifreien Benzins, die drastische Verringerung des Schwefeldioxidausstoßes von Kohlekraftwerken und die Wiederbelebung von Flüssen.

## Migrationsbewegungen

Die Bundesrepublik als ein Land des Wohlstands und der Freiheit wurde für viele Millionen Menschen in anderen Ländern zum Ziel ihrer Hoffnungen auf ein besseres Leben. Obwohl der Zustrom dieser Männer und Frauen der beste Beweis für den Erfolg der Bonner Demokratie und ihrer Wirtschaftsordnung war, verlief diese Masseneinwanderung zu keinem Zeitpunkt problemlos. Die Einwanderer lassen sich in drei Gruppen einteilen:

*1. Gastarbeiter*: Zwischen 1955 und 1973 hatten 14 Millionen Ausländer in der Bundesrepublik gearbeitet, elf Millionen kehrten wieder in ihre Heimatländer zurück. Von den anderen ließen viele ihre Familien nachkommen, bekamen Kinder in der Bundesrepublik und richteten sich faktisch auf einen Daueraufenthalt ein. Der Beitrag der Gastarbeiter zum wirtschaftlichen Aufstieg der Bundesrepublik ist ebenso unbestritten, wie sie für eine ganze Reihe von Berufen unentbehrlich wurden.

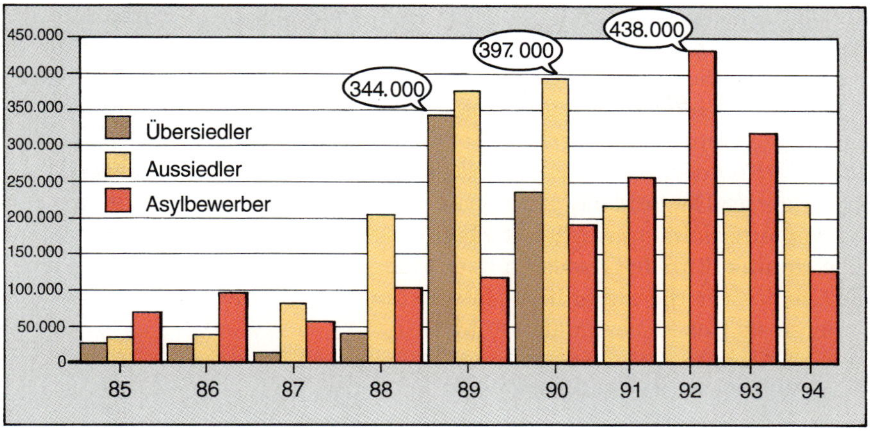


2. *Aussiedler und Übersiedler*: Deutsche, deren Vorfahren bereits vor Generationen in die östlichen Teile Europas ausgewandert waren (Aussiedler), und Flüchtlinge aus der DDR (Übersiedler) verstärkten den Zuwandererstrom in die Bundesrepublik. Insgesamt wurden zwischen 1950 und Ende 1988 rund 1,6 Millionen Aussiedler, vor allem aus Polen, der Sowjetunion und Rumänien, aufgenommen. Ihre Ausreise wurde zumeist auf der Grundlage westdeutscher Wirtschaftshilfen oder durch gezielte „Freikaufaktionen" der Bundesregierung ermöglicht. Mit einer Reihe staatlicher Förderprogramme vom Sprachkurs bis zur beruflichen Eingliederungshilfe versuchte die Bundesregierung die Integration der Aussiedler zu beschleunigen. Nach dem Ende der kommunistischen Diktaturen in Europa (siehe Seite 328 f.) wuchs die Zahl der Zuwanderer noch einmal stark an (⇨ M 7). Unbeachtet von der Öffentlichkeit, wanderten auch aus dem Gebiet der ehemaligen DDR seit 1989 viele Menschen nach Westdeutschland ab (1991: 180 000).
3. *Ausländische Flüchtlinge*: Viele Deutsche, darunter so prominente wie *Thomas Mann* oder *Albert Einstein* , überlebten die nationalsozialistische Gewaltherrschaft, indem sie in anderen Ländern der Welt Zuflucht fanden, jeder zweite von ihnen in den USA. Der Parlamentarische Rat schrieb deshalb das Grundrecht auf Asyl für politisch Verfolgte in das Grundgesetz.
Bis 1970 kamen fast nur Flüchtlinge aus kommunistisch regierten Ländern Europas in die Bundesrepublik, seit Ende der siebziger Jahre dann in wachsender Zahl aus Ländern der „Dritten Welt" (siehe Seite 348 f.). Die seit 1989 dramatisch ansteigende Zahl der Zuflucht suchenden Asylbewerber stellte Bund, Länder und Gemeinden bei der Unterbringung und Versorgung dieser Menschen vor große Probleme. Die Gewährung des Asylrechts und sein wirklicher oder angeblicher Mißbrauch wurden zu einem heftig diskutierten Thema. Fremdenangst und Ausländerfeindlichkeit eskalierten 1991/92 im wiedervereinigten Deutschland zu Gewalttaten und Mordanschlägen durch jugendliche Rechtsextremisten, wogegen Millionen jedoch eindrucksvoll demonstrierten („Lichterketten"). Da die meisten Antragsteller aus wirtschaftlicher Not flüchteten, beschloß der Deutsche Bundestag 1993 mit den Stimmen

der sozialdemokratischen Opposition eine Änderung des Asylgrundrechts. Hinfort sollte die Zuwanderung nach Deutschland begrenzt und gesteuert werden. Um die Rückkehr und Wiedereingliederung ehemaliger Asylbewerber in ihre Heimatländer zu beschleunigen, finanziert die Bundesregierung eine Reihe von Förderprogrammen (Ausbildung, berufliche Bildung).
Ungeklärt ist nach wie vor der rechtliche Status (Staatsbürgerschaft, Wahlrecht) der in Deutschland geborenen und aufgewachsenen Generation von Ausländern. Heftig umstritten ist ebenso die Frage, inwieweit in Deutschland eine „multikulturelle Gesellschaft" entstehen soll. Diese wird von den einen als Chance für die zukünftige Entwicklung der Bundesrepublik, von den anderen als Gefahr verstanden (⇨ M 8).

**Neue politische Strömungen**

Seit Anfang der achtziger Jahre veränderte sich das Parteiensystem der Bundesrepublik. An den Rändern des politischen Spektrums nahmen neue Gruppierungen den beiden großen Volksparteien Wähler ab.
*Die Grünen:* Ihren Anfang nahmen die Grünen in Niedersachsen, wo aus verschiedenen Bürgerinitiativen der Antiatomkraftbewegung 1977 die erste landesweite grüne Partei hervorging. Nach ersten Wahlerfolgen auf kommunaler Ebene zog die *Grüne Liste Umweltschutz (GLU)* bei den Landtagswahlen 1982 mit elf Abgeordneten (6,5 % der Stimmen) in den niedersächsischen Landtag ein. Auch in den übrigen Bundesländern entstanden aus den verschiedensten Initiativgruppen gegen den Bau von Kernkraftwerken und atomaren Zwischenlagern grüne Parteien mit linker, konservativer und kommunistischer Weltanschauung, die teilweise heftig miteinander konkurrierten.
Seit dem Zusammenschluß zu einer Bundespartei (1980) stehen sich bei den Grünen zwei Lager gegenüber. Die eher pragmatischen „Realos" wollen praktische Politik im Rahmen der parlamentarischen Demokratie betreiben. Demgegenüber beharren die „Fundis" auf Fundamentalopposition und Systemveränderung. Den Sprung in den Deutschen Bundestag schafften die Grünen erstmals 1983 mit 5,6 % der Stimmen. Anfangs verstanden sie sich im Gegensatz zu den „etablierten" Parteien ausdrücklich als basisorientierte „Bewegung". Seit den neunziger Jahren sind sie selbst zu einer im deutschen Parteiensystem fest verankerten Partei geworden. In mehreren Bundesländern bildeten die Grünen Koalitionsregierungen mit der SPD. 1993 schlossen sie sich mit Bürgerrechtlern der ehemaligen DDR zu einer gesamtdeutschen Partei *Bündnis 90/Die Grünen* zusammen.
*Die Republikaner:* Am rechten Rand des Parteienspektrums kam es in den achtziger Jahren immer wieder zu Neugründungen extremistischer Gruppierungen, die als ein Sammelbecken für Unzufriedene aller Schattierungen mit nationalistischen, rassistischen und Antiausländerparolen auf Wähler- und Stimmenfang gingen. Am bekanntesten wurde die 1983 in Bayern gegründete Protestpartei *Die Republikaner,* die in verschiedene Stadt- und Landesparlamente Einzug hielt. Den Sprung in den Bundestag verfehlten die Republikaner 1994.

## Mehr Demokratie wagen

M 1

*Am 28. Oktober 1969 trat Bundeskanzler Willy Brandt mit seiner ersten Regierungserklärung vor den Deutschen Bundestag.*

Wir wollen mehr Demokratie wagen. Wir werden unsere Arbeitsweise öffnen und dem kritischen Bedürfnis nach Information Genüge tun. Wir werden darauf hinwirken, daß durch Anhörungen im Bundestag, durch ständige Fühlungnahme mit den repräsentativen Gruppen unseres Volkes und durch eine umfassende Unterrichtung über die Regierungspolitik jeder Bürger die Möglichkeit erhält, an der Reform von Staat und Gesellschaft mitzuwirken.
Wir wenden uns an die im Frieden nachgewachsenen Generationen, die nicht mit den Hypotheken der Älteren belastet sind und belastet werden dürfen; jene jungen Menschen, die uns beim Wort nehmen wollen – und sollen. Diese jungen Menschen müssen aber verstehen, daß auch sie gegenüber Staat und Gesellschaft Verpflichtungen haben. [. . .]
Mitbestimmung, Mitverantwortung in den verschiedenen Bereichen unserer Gesellschaft wird eine bewegende Kraft der kommenden Jahre sein. Wir können nicht die perfekte Demokratie schaffen. Wir wollen eine Gesellschaft, die mehr Freiheit bietet und mehr Mitveranwortung fordert. Diese Regierung sucht das Gespräch, sie sucht kritische Partnerschaft mit allen, die Verantwortung tragen, sei es in den Kirchen, der Kunst, der Wissenschaft und der Wirtschaft oder in anderen Bereichen der Gesellschaft. [. . .]
Die Regierung kann in der Demokratie nur erfolgreich wirken, wenn sie getragen wird vom demokratischen Engagement der Bürger. Wir haben so wenig Bedarf an blinder Zustimmung, wie unser Volk Bedarf hat an gespreizter Würde und hoheitsvoller Distanz. Wir suchen keine Bewunderer; wir brauchen Menschen, die kritisch mitdenken, mitentscheiden und mitverantworten.
Das Selbstbewußtsein dieser Regierung wird sich als Toleranz zu erkennen geben. Sie wird daher auch jene Solidarität zu schätzen wissen, die sich in Kritik äußert. Wir sind keine Erwählten; wir sind Gewählte. Deshalb suchen wir das Gespräch mit allen, die sich um diese Demokratie mühen.
In den letzten Jahren haben manche in diesem Lande befürchtet, die zweite deutsche Demokratie werde den Weg der ersten gehen. Ich habe dies nie geglaubt. Ich glaube dies heute weniger denn je.
Nein: Wir stehen nicht am Ende unserer Demokratie, wir fangen erst richtig an. Wir wollen ein Volk der guten Nachbarn werden im Innern und nach außen.

*Klaus von Beyme, Die großen Regierungserklärungen der deutschen Bundeskanzler von Adenauer bis Schmidt, München/Wien 1979, S. 252, 281*

1. *Arbeiten Sie die zentralen Begriffe heraus, mit denen der neugewählte Bundeskanzler unterstreichen wollte, daß eine neue Ära beginnt.*
2. *Einige Passagen der Rede Brandts erregten Anstoß bei den Unionsparteien und in der konservativen Publizistik. Arbeiten Sie diese heraus. Warum wurden sie von den politischen Gegnern der sozialliberalen Koalition kritisiert?*
3. *Wie beurteilen Sie die Rede aus heutiger Sicht? Fühlen Sie sich von dieser Rede angesprochen? Begründen Sie Ihre Einschätzung.*

## M 2 Von der Normverletzung zum bewaffneten Kampf

*In einer 1971 veröffentlichten Schrift „Kollektiv RAF – Über den bewaffneten Kampf in Westeuropa" propagierte Horst Mahler, Berliner Rechtsanwalt und zeitweiliges Mitglied der Terrorgruppe „Rote-Armee-Fraktion", den bewaffneten Kampf gegen den Staat. Mahler schrieb diesen Text im Gefängnis in Berlin. Später rückte der Ideologe der RAF vom Terrorismus ab und wurde 1980 vorzeitig aus der Haft entlassen.*

- „Es ist kein Zufall, sondern Ausdruck der wirklich antagonistischen Widersprüche im kapitalistischen System, wenn heute mehr und mehr junge Menschen bereit und entschlossen sind, ihr persönliches Schicksal konsequent mit dem Schicksal der proletarischen Revolution zu verbinden, die auch bereit sind, die persönlichen Risiken des bewaffneten Kampfes auf sich zu nehmen. Sind es in Westdeutschland erst Hunderte oder schon Tausende? Diese Frage kann erst die Praxis entscheiden. Jedenfalls haben sie – noch spontan, unsystematisch, ohne Koordination und ohne organisatorische Grundlage – begonnen, die ersten praktischen Schritte zu gehen. Haben sie erst einmal die Angst vor dem Staatsapparat überwunden, wird sie auch das Gezeter der Revolutionsliteraten und der Maulhelden nicht davon abhalten, diesen Weg weiterzugehen."
- „In der ersten Phase stellt sich die Aufgabe, durch geeignete Aktionen zu demonstrieren, daß sich bewaffnete Gruppen bilden und gegen den Staatsapparat behaupten können; daß bewaffnete Überraschungsangriffe ein Mittel sein können, legitime Interessen gegen ein repressives System erfolgreich durchzusetzen. Kurz: das Mittel des bewaffneten Kampfes ist praktisch zu entdecken."
- „Die Entwöhnung vom Gehorsam gegenüber der bürgerlichen Rechtsordnung ist eine wesentliche Voraussetzung für die Revolutionierung der Massen. Sie ist keine Frage der theoretischen Einsicht. In der Protestbewegung von 1967/68 wurde von vielen der Klassencharakter der bürgerlichen Ordnung und die Notwendigkeit ihrer gewaltsamen Beseitigung sehr schnell begriffen. Damit waren aber noch längst nicht die sogenannten Hemmungen, der eingeschliffene Gehorsamsreflex, überwunden. Dazu bedurfte es erst der *wiederholten* bewußten und *praktischen* Normverletzung. Mag dieser Reflex in proletarischen Schichten auch nicht so ausgeprägt sein und nicht den ausgesprochen skrupulösen Charakter haben wie bei kleinbürgerlichen Intellektuellen, so ist er doch vorhanden." [. . .]
- „Es hat sich in den vergangenen Jahren ein eigenes gesellschaftliches Selbstbewußtsein der Jugend entwickelt, das sich nicht mehr auf die ‚Welt der Erwachsenen', auf die Erwartungshaltungen und Normvorstellungen bezieht . . . Träumten früher die Jugendlichen davon, möglichst früh ‚erwachsen' zu sein, ihren erwachsenen Vorbildern gleich zu werden, so jagt ihnen heute diese Identifikation Angst ein."
- „In der Jugend besteht eine Ideologie der Anpassungsverweigerung, die – so konfus sie im einzelnen auch sein mag – heute schon breite Massen ergriffen hat."

*Hans Josef Horchem, Die verlorene Revolution. Terrorismus in Deutschland, Herford 1988, S. 34 f.*

*Benennen Sie die Ziele der RAF. Erläutern Sie dabei den Stellenwert des Mittels der „Provokation" gegenüber den Repräsentanten des Staates.*

## Staatliches Handeln gegen den Terrorismus

M 3

*Während der Entführung des Arbeitgeberpräsidenten Schleyer und einer Lufthansamaschine arbeiteten Regierung und die Spitzen der Opposition eng zusammen. Bundeskanzler Helmut Schmidt schilderte nachträglich am 20. Oktober 1977 in einer Regierungserklärung die Grundlagen staatlichen Handelns gegenüber den terroristischen Erpressungsversuchen.*

Viele Wochen früher, nämlich unmittelbar nach der Entführung Dr. Schleyers, habe ich in dem soeben erwähnten Beratungskreis mit Zustimmung der Beteiligten *die drei Maximen, die unser Handeln bestimmen* sollten, folgendermaßen umrissen: 1. Dr. Schleyer lebend zu befreien; zu einem späteren Zeitpunkt war es selbstverständlich, daß dies ebenso galt für die als Geiseln genommenen 82 Passagiere und 5 Besatzungsmitglieder in dem entführten Lufthansa-Flugzeug. 2. Die Täter zu ergreifen und vor Gericht zu stellen. 3. Die Fähigkeit des Staates, seine Bürger gegen Gefahren zu schützen, zu sichern und das Vertrauen der Bürger, aber auch das Vertrauen der Menschen außerhalb der Bundesrepublik Deutschland in diese Schutzfunktion unseres Staates zu wahren. [. . .]
Jedermann kann erkennen, daß es kaum vorstellbar erscheinen konnte und erscheinen kann, alle drei Maximen zugleich, durch eigenes Handeln und durch eigenes Unterlassen, in die Wirklichkeit zu übertragen. Vielmehr war von Anfang an klar [. . .], daß die Erfüllung jeder einzelnen der drei Maximen nach menschlicher Voraussicht die Erfüllung der übrigen Maximen einschränken oder gar gefährden mußte. In dieser unausweichlichen Gewißheit hatten wir unsere Entscheidungen zu treffen. Unausweichlich befanden wir uns damit im Bereich von Schuld und Versäumnis. [. . .]
Die elf Gefangenen, die in erster Instanz wegen Mordes verurteilt worden oder nach Richterspruch des Mordes dringend verdächtig sind und deren Freilassung durch die zuständigen Landesregierungen erpreßt werden sollte, haben wir nicht ausgeliefert. Ihnen liegen die Tötung von 13 Menschen und 43 weitere Mordversuche zur Last. Drei von ihnen haben gestern Selbstmord begangen. Wir mußten befürchten, daß sie nach ihrer Freilassung weitere schwere Verbrechen begehen – so wie diejenigen, die durch die Entführung von Peter Lorenz[1]) freigepreßt wurden; ihnen werden der Mord an neun Personen und weitere Mordversuche zur Last gelegt.

*Archiv der Gegenwart, 20. 10. 1977, S. 21307 ff.*

1. *Erläutern Sie die Zwangslage der Regierung. Warum mußte jede Entscheidung unbefriedigend bleiben?*
2. *Nennen Sie die Beweggründe, weshalb die Regierung Politiker der Opposition in den Krisenstab aufnahm.*
3. *Untersuchen Sie die Präzedenzwirkung dieses Falles für das staatliche Handeln. Informieren Sie sich über den Unterschied zwischen Verantwortungs- und Gesinnungsethik (Max Weber).*

[1]) Vorsitzender der Berliner CDU, der nach seiner Entführung im Austausch gegen inhaftierte RAF-Terroristen wieder freigelassen wurde

## M 4 Wirtschaftlicher Wandel durch neue Technologien

*Zwischen der Erfindung und der ökonomischen Nutzung neuer Technologien vergehen häufig Jahrzehnte. Obwohl der entscheidende Durchbruch der Mikroelektronik Anfang der fünfziger Jahre stattgefunden hatte, wurden erst in den siebziger Jahren ihre Möglichkeiten genutzt.*

Der schnellste Fortschritt wurde bei den unabhängigen mikroelektronischen Anwendungen erzielt. Nachdem die Japaner ab 1971 dazu übergegangen waren, Taschenrechner herzustellen (zunächst mit amerikanischen Chips), hatten sie bald darauf den US-Markt mit billigen Rechnern überschwemmt und hielten einen Marktanteil von bis zu 85 Prozent. Schließlich fielen die Preise so stark, daß Taschenrechner fast zu einem Wegwerfartikel wurden. In den 30er Jahren hatte ein mechanischer Rechner noch den Gegenwert zweier Familienautos gekostet. [. . .]
Die Auswirkungen der Mikroelektronik auf die Beschäftigung wurden ab Mitte der 70er Jahre heftig diskutiert. Allgemein wurde befürchtet, daß die Großrechenanlagen Büropersonal verdrängen würden. Tatsächlich jedoch schufen Computer ebenso viele neue Arbeitsaufgaben, wie sie Arbeitsplätze vernichteten. Ihre Herstellung machte völlig neue Produktionskapazitäten notwendig und schuf neue Arbeitsstellen im Verkauf und Vertrieb, im Ausbildungsbereich und in der Kundenbetreuung sowie bei der Entwicklung von Programmen.
Noch langsamer verlief die Entwicklung der Biotechnologie, worunter der Einsatz biologischer Vorgänge zur industriellen Produktion von Chemikalien oder Medikamenten zu verstehen ist; das wichtigste Verfahren ist hier die Gentechnik. Aufbauend auf den Arbeiten von Crick und Watson, die 1953 die Struktur der DNS herausgefunden hatten, brauchte sie noch fast zwanzig Jahre, bevor Anfang der 70er Jahre die ersten Gentransfers vorgenommen werden konnten. [. . .] In den ersten 15 Jahren nach den ersten Genübertragungen schossen etwa 600 biotechnologische Unternehmen aus dem Boden – die meisten davon in den USA. Das erste Patent, das für ein biotechnologisches Produkt vergeben wurde, bezog sich auf eine Mikrobe, die in der Lage war, Rohöl zu verzehren. Das erste kommerziell verfügbare Medikament, eine Form des Insulins, wurde Ende der 70er Jahre hergestellt. Doch erst in den späten 80er Jahren begann man, die Auswirkungen der Gentechnik in vollem Umfang zu erahnen.

*Peter Furtado (Hrsg.), Geschichte im 20. Jahrhundert, Band 8: Von der Entspannung zum neuen Europa 1973 – 1991, Oxford/Gütersloh 1994, S. 59*

1. *Warum wird die Erfindung und Anwendung der Mikroelektronik als eine technologische „Revolution" bezeichnet? Nennen Sie Beispiele für ihre Anwendung und erläutern Sie die damit jeweils verbundenen ökonomischen und sozialen Konsequenzen.*
2. *Welche neuen Technologien werden gegenwärtig entwickelt? Informieren Sie sich über die Rolle der deutschen Forschung im internationalen Vergleich.*

## Daten zur wirtschaftlichen Entwicklung

M 5

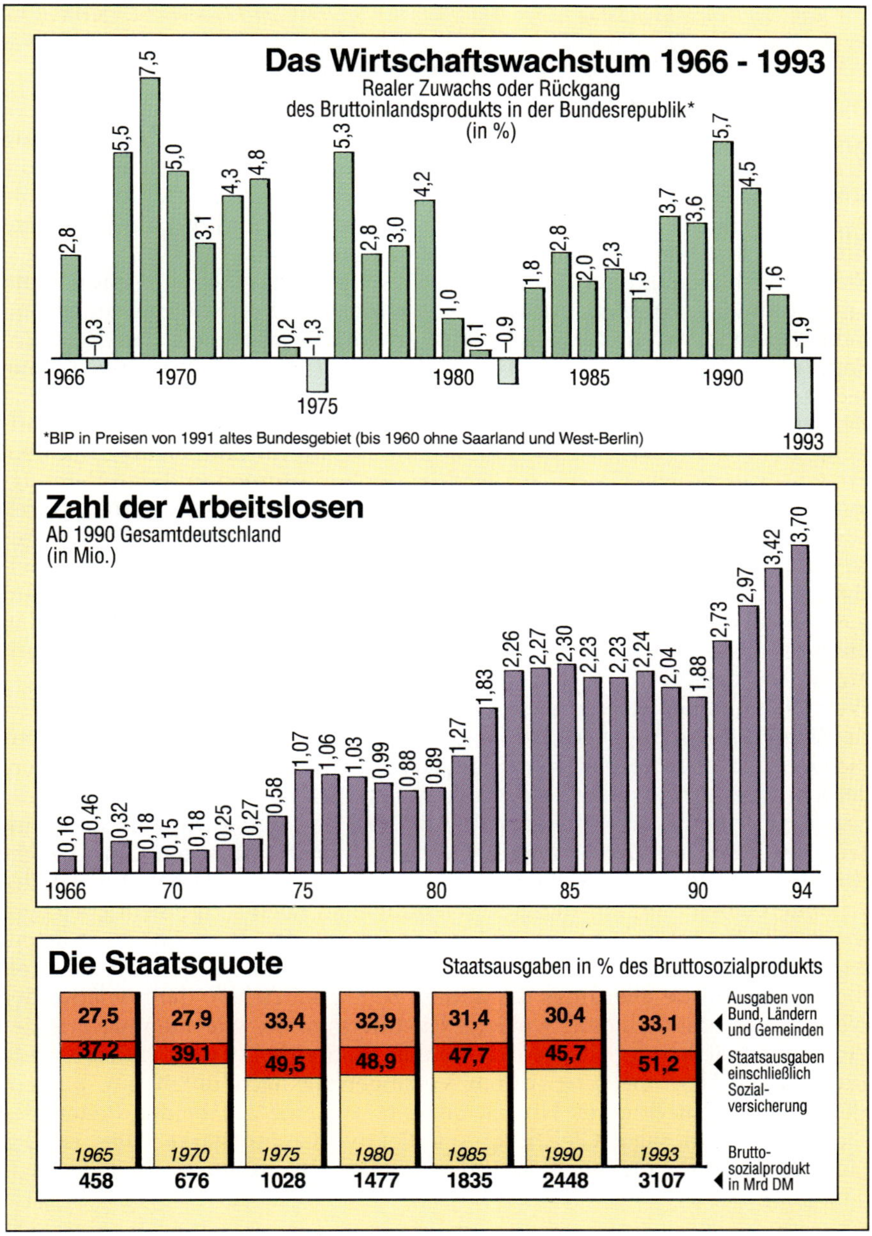


*Beschreiben Sie anhand der Statistiken die wirtschaftliche Entwicklung der Bundesrepublik seit den sechziger Jahren.*

## M 6 Regierung contra Friedensbewegung

*Vor dem Deutschen Bundestag nahm Bundeskanzler Schmidt am 12. Mai 1977 Stellung zu der von ihm vertretenden Sicherheitspolitik der NATO. Das auf Seite 213 abgedruckte Plakat ist der Aufruf der „Aktion Sühnezeichen/Friedensdienste, Berlin".*

Das Bündnis dient der *Strategie des Friedens.* Neben der militärischen Komponente – der Abschreckung eines eventuellen Angreifers und der Erhaltung der Fähigkeit, sich selbst zu verteidigen – steht die *politische Zielsetzung,* die schließlich doch alles überwölben muß. Aus ihr entsteht die konsequente Bemühung um den Abbau bestehender Spannungen und um die Verkleinerung aller den Frieden gefährdenden Reibungsflächen.
Es ist ganz klar, daß Entspannungspolitik keineswegs eine mit leichter Hand unternommene, keine zur Aufweichung wirksamer Verteidigung unternommene Operation ist. Im Gegenteil, nur Verteidigungsfähigkeit, Gleichgewicht und Entspannung zusammen können uns dem Ziel, den Frieden noch sicherer zu machen, näher bringen. [. . .]
Zu dem bestehenden *Ungleichgewicht* auf dem Felde der klassischen Bewaffnung, der *konventionellen Waffen:* Man muß das im Zusammenhang mit dem großen strategischen Gespräch zwischen der Sowjetunion und den Vereinigten Staaten sehen. Die amerikanische Regierung bemüht sich darum, durch ein neues Abkommen mit der Sowjetunion, SALT II genannt, die strategischen atomaren Waffen, nämlich die, die von Kontinent zu Kontinent reichen, in ein stabiles Gleichgewicht, in Parität zu bringen. Wir hoffen sehr, daß die beiden Weltmächte dabei Erfolg haben werden. Dieser Wunsch, daß die beiden Weltmächte darin Erfolg haben mögen, wird von allen Partnern im Westen geteilt.
Wenn es nun aber gelingt, die großen strategischen Nuklearwaffen, die von Kontinent zu Kontinent reichen, mit ihrer ungeheuren Zerstörungskraft tatsächlich und auch formell – vertraglich – in ein Gleichgewicht zu bringen, dann wird es um so mehr darauf ankommen, daß nicht auf niedriger Ebene, nämlich bei den konventionellen Waffen, bei den Bodentruppen, den Panzern, der Artillerie, den unterstützenden Luftstreitkräften, ein Übergewicht einer Seite bestehenbleibt. Es gibt, ganz theoretisch gesprochen, zwei Möglichkeiten, auch hier, auf dieser konventionellen Ebene, zu einem Gleichgewicht, zur Parität zu kommen. Man könnte auf der einen Seite aufrüsten, insbesondere zunächst auf westlicher Seite, um das Gleichgewicht zu erreichen; dann würde allerdings die andere Seite nachziehen, dann wieder der Westen, und damit hätten wir jene Rüstungsspirale, wie man sie aus der Vergangenheit kennt. Theoretisch könnte man sich auf der anderen Seite auch durch Abschmelzung, durch Verringerung nach unten hin, auf ein gleichmäßiges niedrigeres Niveau einigen, auf eine auf beiden Seiten der Gleichung – ich sage: Gleichung – kollektive Gesamtstärke. Dies ist das Ziel der von den beteiligten Bündnispartnern gemeinsam erarbeiteten Haltung [. . .].

*Irmgard Wilharm (Hrsg.), Deutsche Geschichte 1962–1983. Dokumente in zwei Bänden, Band 2, Frankfurt/Main 1985, S. 198 f.*

# Frieden schaffen ohne Waffen

## Aufruf zur zweiten bundesweiten Friedenswoche vom 15. bis 21. 11. 1981

**Seit dem Ende des Zweiten Weltkrieges, der mehr als 50 Millionen Menschenleben kostete, hat es 127 Kriege gegeben, an denen 88 Staaten beteiligt waren. Ihre Gesamtdauer betrug mehr als 368 Jahre. Sie forderten 32 Millionen Opfer.**

**Etwa eine Million Menschen in Asien und Lateinamerika hungern, viele davon ständig an der Grenze zum Tode. Sie sterben nicht erst am Krieg, sie sterben schon an der Rüstung, die weltweit jährlich 500 Milliarden Dollar verschlingt. Das sind mehr als 100 Millionen DM stündlich.**

**Wir leben in einem Land, das sich einst schwor: „Nie wieder Krieg!", einem Land mit den dritthöchsten Militärausgaben, einer schnell wachsenden Zuwachsrate an Rüstungsexporten und der größten Atomwaffen-Dichte der Erde, einem Land, das – so Helmut Schmidt – nur um den Preis seiner Zerstörung zu verteidigen ist. Die Bundesregierung befürwortet jedoch den Plan der USA, neue Mittelstreckenraketen hier zu stationieren, obwohl diese Waffen die Wahrscheinlichkeit eines Atomkrieges vergrößern.**

**Bisher gilt der Satz: Die Angst, die ich meinem Gegner mache, sichert meinen Frieden. Dagegen wächst die Erkenntnis: Die Angst, die ich dem Gegner nehme, gewährleistet meine eigene Sicherheit. Deshalb treten wir für kalkulierte einseitige Abrüstungsschritte ein.**

**Wir dürfen den Frieden nicht einigen wenigen „Experten" überlassen. Nur durch die Beteiligung möglichst vieler Menschen dieses Landes an der Meinungsbildung in Fragen von Rüstung und Abrüstung ist eine Veränderung der augenblicklichen Situation denkbar. Das heißt: Wir müssen uns stärker unseres Friedensauftrages bewußt werden, über Formen und Möglichkeiten nichtmilitärischer Friedensstärkung nachdenken, uns der Frage stellen, wie Frieden ohne Waffen geschaffen werden kann. In diesem Sinne muß es zu einem gemeinsamen Handeln aller Menschen kommen.**

*Arbeiten Sie die unterschiedlichen Denkansätze der Regierung und der Friedensbewegung heraus. In welchen Kategorien argumentieren beide Positionen?*

Friedensdemonstranten bildeten im Oktober 1983 eine Menschenkette von Neu-Ulm bis Stuttgart.

## M 7 Eine Familie aus der ehemaligen Sowjetunion

*Das geschilderte Beispiel steht für viele vergleichbare Fälle.*

Georg K. ist 70 Jahre alt. Seit mehr als zwanzig Jahren hat er versucht, für sich und seine Familie eine Ausreisegenehmigung zu erhalten. Jetzt bekam er sie unerwartet schnell, und nach seinen Aussagen „verlief plötzlich alles reibungslos". Mit Herrn K. kommen seine Tochter im Alter von 48 Jahren, sein Schwiegersohn, 51 Jahre, und sein Enkel, 19 Jahre alt. Einige Jahre zuvor reiste der Sohn in die Bundesrepublik ein.
Die Familie spricht den schwäbischen Dialekt der Rußlanddeutschen. Die Verständigung in der süddeutschen Kleinstadt, in der sie augenblicklich lebt, gelingt daher recht gut. Familie K. ist froh, daß sie ihr lang angestrebtes Ziel erreicht hat. Die nachstehenden Probleme, mit denen sie jetzt konfrontiert wird, kommen für sie völlig unerwartet.
Das erste Problem betrifft die Wohnungssituation. Im Übergangswohnheim ist kein Platz. Um die alternative Einquartierung in ein Hotel zu vermeiden, nimmt K.'s Sohn die vier Verwandten bei sich auf. Doch der Vermieter ist damit nicht einverstanden, und es gibt Schwierigkeiten. Im Übergangswohnheim ist immer noch kein Platz; auf eine eigene Wohnung besteht keinerlei Aussicht. Dazu kommen berufliche Probleme. Die Angst darüber wächst, ob mit 51 bzw. mit 48 Jahren noch eine Eingliederung in den Arbeitsprozeß gelingt. Die Kontaktmöglichkeiten der Familie sind gering. Vor allem der 19jährige ist isoliert. In dieser Situation ist es besonders bedrückend, daß auch die erste Begegnung mit der Kirche als frustrierend erlebt wird. Frau K. beschreibt sie sogar als „feindlich", abweisend. An den Einheimischen fällt der Familie vor allem die „Unzufriedenheit" auf. Es bleiben Fragen, mit denen Familie K. allein gelassen wird. Sie hat im Augenblick keine Gesprächspartner, die ihr informierend, erklärend, stützend zur Seite stehen könnten.

*Christa Günther (unter Mitarbeit von Andreas Dornheim), Weiterbildung für die Arbeit mit Aussiedlern. Psychosoziale Integrationsprobleme, Tübingen 1992, S. 17*

1. *Nennen Sie die Motive dafür, daß so viele Deutschstämmige ihre Heimatländer verlassen (haben).*
2. *Beschreiben Sie Probleme der Aussiedler in der Bundesrepublik. Führen Sie eine Befragung durch – bei Betroffenen und/oder sozialen Einrichtungen, die mit der Betreuung von Aussiedlern befaßt sind.*
3. *Sollte die Bundesregierung Deutschstämmige in Osteuropa ermuntern, in ihren Ländern zu bleiben, oder ihnen weiterhin die Zuwanderung in die Bundesrepublik ermöglichen? Diskutieren Sie in Ihrem Kurs eine denkbare politische Strategie unter Berücksichtigung des Grundgesetzes.*

M 8

## „Multikulturelle Gesellschaft" – ein Ziel?

*Der CDU-Politiker Heiner Geißler nennt die Voraussetzungen einer multikulturellen Gesellschaft.*

Multikulturelle Gesellschaft bedeutet die Bereitschaft, mit Menschen aus anderen Ländern und Kulturen zusammenzuleben, ihre Eigenart zu respektieren, ohne sie germanisieren und assimilieren zu wollen. Das heißt auf der anderen Seite, ihnen, wenn sie es wollen, ihre kulturelle Identität zu lassen, aber gleichzeitig von ihnen zu verlangen, daß sie die universellen Menschenrechte und die Grundwerte der Republik, zum Beispiel die Gleichberechtigung der Frau und die

Türkische Geschäfte in Berlin. Im Einzelhandel oder in der Gastronomie gelingt Ausländern der Sprung in die Selbständigkeit.

*Ein Jugendlicher äußert sein Unbehagen über die von ihm befürchtete „Überfremdung" durch Ausländer.*

Macht ein ausländischer Typ eines von unseren Mädchen an, passiert gar nichts. Machst du aber ein ausländisches Mädchen an und deren Familie erfährt das, dann hast du sofort den dicksten Krach am Hals hängen. Vielleicht aus religiösen Gründen. Ich weiß ja nicht, was die für Sitten haben. Sie sagen es einem auch nicht.

Auf der anderen Seite ist es doch nicht meine Aufgabe, mich als Deutscher in eine andere Kultur zu versetzen. Es ist vielmehr Aufgabe der Ausländer, sich in meinem Land mit meiner Kultur auseinanderzusetzen. Nach außen müssen die sich doch an unsere Lebensweise anpassen, und wir nicht uns an deren Sitten und Gebräuche. Du kannst doch nicht, wenn du einen Türken siehst, einen Türken nachempfinden, wenn du einen Itaker siehst, plötzlich einen Chinesen spielen. Ich bin doch in meinem eigenen Land. Ich lebe doch lieber in einem Stadtteil, wo gutbürgerliche Verhältnisse vorherrschen, wo mich die Nachbarn grüßen, wo einer dem anderen hilft, wo mich jeder kennt. In solch einem Stadtteil fühle ich mich doch wohler als in Rödelheim, wo die Ausländer den Stadtteil entfremden; wird dir doch die ganze Umgebung gestohlen. Schlimm wird es halt nur, wenn die Ausländer probieren, die deutschen Stadtbilder zu verändern. Dazu, finde ich, haben sie kein Recht. Wenn ihnen das nicht paßt, dann sollen sie ihren Stadtteil in der Türkei aufbauen, aber nicht in meinem Land ...

Du wirst bei vielen, die gegen Ausländer eingestellt sind, hören, daß sie einen ausländischen Bekannten haben, mit dem sie sich eigentlich gut verstehen. Genauso oft wirst du auch hören, daß viele nichts gegen einen einzelnen Türken haben. Die haben etwas gegen die Masse. Und so denke ich auch. Auf jeden Fall

Glaubens- und Gewissensfreiheit, achten und zweitens die deutsche Sprache beherrschen. Unter diesen Prämissen ist Zusammenarbeit und gegenseitige Akzeptanz möglich.

*Heiner Geißler: Meise zu Meise? Plädoyer für eine Multikulturelle Gesellschaft, in: Der Spiegel 13/1990*

finde ich gut, wenn die ganze Ausländergeschichte durch die Skinheads und die sogenannten rechtsradikalen – was ja ein Blödsinn ist – Fußballfans offen zum Ausdruck kommt. Das ist besser, als wenn das ganze Ausländerproblem in den deutschen Wohnzimmern vor sich hin gärt. Da braucht nur einmal so ein Verrückter an die Macht kommen, und schon hast du wieder den größten Mist. Ich bin dafür, daß zumindest Ausländerstopp ist. Die Mehrheit der Deutschen, glaube ich, denkt ebenso . . .
Wenn ich durch Bockenheim laufe und mich nicht mehr wie in meinem eigenen Land fühle, weil ich da eine Seltenheit bin, wenn ich sehe, daß in Schulklassen dreißig Ausländerkinder und zwei Deutsche sind, dann ist das für mich Überfremdung. Bei den letzten Wahlen in Hessen habe ich zwar die Grünen gewählt, aber es stinkt mir schon, daß sie für das Wahlrecht von Ausländern in Deutschland eintreten. Ich sehe doch nicht ein, daß ein Türke hier wählen darf, wenn ein Deutscher in der Türkei nicht wählen darf. Ich finde, daß man so etwas ruhig sagen darf, ohne gleich als Nazi bezeichnet zu werden.

*Hessischer Jugendring (Hrsg.), Jugend und Gewalt – Materialien zur aktuellen Diskussion – Band 4, zitiert nach Landeszentrale für politische Bildung, Stuttgart (Hrsg.), Migration (Politik und Unterricht 1/1994)*

1. *Arbeiten Sie die wichtigsten Argumente beider Texte heraus. Halten Sie einen Kompromiß zwischen der Befürwortung und der Ablehnung einer multikulturellen Gesellschaft für möglich?*
2. *Welche Möglichkeiten besitzen der einzelne Bürger beziehungsweise der Staat, um ein friedliches Zusammenleben zwischen Deutschen und Ausländern zu fördern?*

# Entwicklung in der DDR: vom Umbau nach stalinistischem Modell bis zum Mauerbau

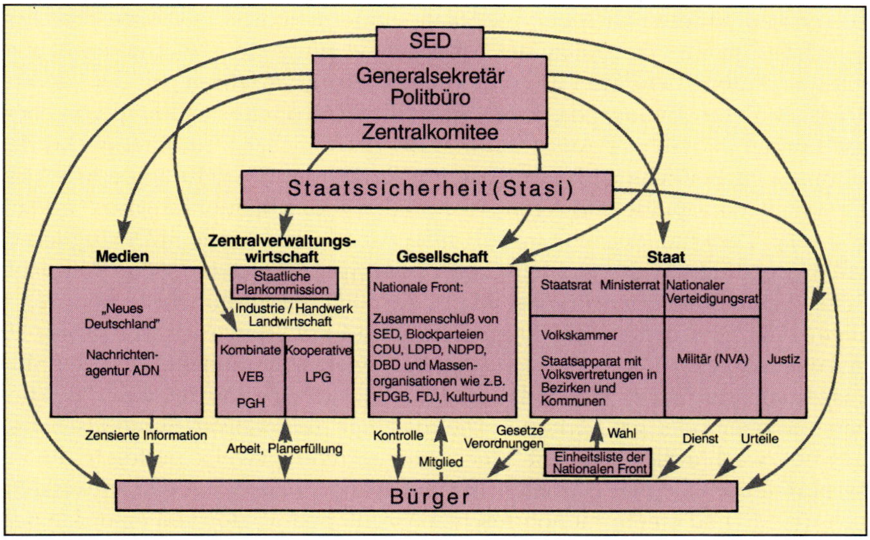


Die Verfassungswirklichkeit in der DDR.

| | |
|---|---|
| 1950 | Die SED richtet zur Überwachung der Bevölkerung das Ministerium für Staatssicherheit (MfS) ein |
| | Auf der Basis einer Einheitsliste finden die ersten Volkskammerwahlen in der DDR statt |
| 1953 | 17. Juni: Arbeiter- und Volksaufstand gegen das SED-Regime |
| 1961 | 13. August: DDR-Brigaden beginnen in Berlin mit dem Bau der Mauer |

## Eroberung der Macht nach sowjetischem Vorbild

Seit der Gründung der DDR am 7. Oktober 1949 übernahm die SED das sowjetische Modell in allen Bereichen von Politik, Gesellschaft, Wirtschaft und Kultur als Vorbild des Neuaufbaus. Es entstand eine Diktatur, deren Machthaber sich zu keinem Zeitpunkt auf die mehrheitliche Zustimmung der Bevölkerung berufen konnten. Die kommunistische Führungsgruppe der Partei beschritt bei der Durchsetzung ihres Machtmonopols mehrere Wege:

1. die innere Umgestaltung der SED zu einer „Partei neuen Typus"
2. die Umformung des gesamten Parteiensystems zu einem Instrument der SED
3. die Lenkung der Strafjustiz zur Absicherung der Diktatur
4. der Einsatz der Geheimpolizei *(Ministerium für Staatssicherheit)* zur Überwachung der Bevölkerung und zur Unterdrückung der Opposition.

## Monolithischer Herrschaftsapparat der SED

Schon vor der Staatsgründung der DDR war die SED als „Partei neuen Typus" dem Musterbeispiel der KPdSU gefolgt. Danach stand sie nicht in Konkurrenz zu anderen Gruppen im Staat, sondern sie übte – wissenschaftlich gerechtfertigt – an der Spitze der Arbeiterbewegung ein Machtmonopol aus. Für den Aufbau der Partei und ihre Entscheidungsverfahren galt der „demokratische Zentralismus", das heißt die strikte Herrschaftsausübung von oben nach unten bei völliger Ausschaltung innerparteilicher Demokratie. Das Bekenntnis zu Stalin und zur „führenden Rolle" der Sowjetunion sowie den Kampf gegen „Spione und Agenten" und den „Sozialdemokratismus" erklärte der III. Parteitag der SED im Juli 1950 zur Pflicht für alle SED-Mitglieder. Mit Unterstützung der sowjetischen Geheimpolizei setzte Walter Ulbricht, Erster Sekretär und mächtigster Mann der SED, Parteisäuberungen durch – allein 1950/51 wurden 150 000 Mitglieder und Funktionäre, darunter vor allem ehemalige Sozialdemokraten, aber auch viele Kommunisten, aus der SED ausgeschlossen. Sogar Mitglieder der Führungsgruppe wurden ihrer Funktionen enthoben oder gar verhaftet. Die mächtige *Zentrale Parteikontrollkommission* überwachte die „Reinheit" der Partei beziehungsweise verfolgte die innerparteilichen Gegner Ulbrichts. In einer Atmosphäre der Angst entwickelte sich die SED zu einem monolithischen Machtapparat, der von einer kleinen Gruppe von Spitzenfunktionären gelenkt wurde (⇨ M 1).

## Die Umformung des Parteiensystems

Neben den seit 1945 in der Sowjetischen Besatzungszone zugelassenen Parteien CDU und LDPD waren von der SED und der SMAD 1948 zwei weitere Parteien ins Leben gerufen worden: die *Demokratische Bauernpartei Deutschlands (DBD)* und die *National-Demokratische Partei Deutschlands (NDPD)*. Diese beiden „bürgerlichen" Parteien hatten die Aufgabe, im Auftrag der SED Zugang zu bäuerlichen und liberal-konservativen Kreisen zu gewinnen sowie die tatsächlichen Machtverhältnisse zu verschleiern.
Eine ähnliche Rolle wie den Parteien teilte die SED-Spitze den großen Massenorganisationen zu wie beispielsweise dem *Freien Deutschen Gewerkschaftsbund (FDGB)* oder der *Freien Deutschen Jugend (FDJ)*. Sie sollten als „Transmissionsriemen" *(Lenin)* zur Durchsetzung des Willens der kommunistischen Parteispitze wirken. Im Zeichen des Stalinkults bestand ihre Aufgabe darin, die Bevölkerung für den Marxismus-Leninismus als alleingültige Staatsideologie zu gewinnen.
Parteien und Massenorganisationen wurden seit der Staatsgründung in der *Nationalen Front des demokratischen Deutschland* zusammengeschlossen. Da die maßgeblichen Stellen der Nationalen Front von SED-Funktionären eingenommen wurden, konnte die SED auf diesem Weg alle Parteien und Massenorganisationen steuern. Sogar die politisch Unorganisierten fanden sich über sogenannte Hausgemeinschaften von der Nationalen Front erfaßt.

In besonderer Weise nahm sich die SED der Jugend an. Über 700 000 Jugendliche kamen im Mai 1950 zum I. Deutschlandtreffen für Frieden und Völkerfreundschaft.

Die *ersten Volkskammerwahlen vom Oktober 1950* fanden auf der Basis einer Einheitsliste der Nationalen Front statt und ermöglichten keine Auswahl, sondern nur eine Akklamation. Für das bereits zuvor festgelegte Ergebnis (98 Prozent Wahlbeteiligung, 99,7 Prozent Zustimmung) mußten die SED und ihre Geheimpolizei allerdings Druck und Gewalt gegenüber der Bevölkerung anwenden und die Wahlergebnisse fälschen.

| *Parteien/Organisationen* | *Verteilung der Sitze* |
|---|---|
| SED | 100 Sitze |
| CDU | 60 Sitze |
| LDP | 60 Sitze |
| NDPD | 30 Sitze |
| DBD | 30 Sitze |
| FDGB | 40 Sitze |
| andere Massenorganisationen | 80 Sitze |

Festgelegte Verteilung der 400 Sitze in der Volkskammer. Da fast alle Abgeordneten der Massenorganisationen Mitglieder der SED waren, verfügte diese über die absolute Mehrheit der Mandate. Dennoch wurde die Sitzverteilung im Laufe der Zeit wiederholt zu Gunsten der SED korrigiert.

Seit Anfang der 50er Jahre wurde die Gleichschaltung der bürgerlichen Parteien forciert. Widerstandsbereite Persönlichkeiten wurden ihrer Ämter enthoben, verhaftet und, sofern sie nicht rechtzeitig fliehen konnten, zu Zuchthaus oder Zwangsarbeit in sowjetischen Straflagern verurteilt. Seit 1952/53 erkannten CDU und LDPD in ihren Satzungen „die führende Rolle der SED als der Partei der Arbeiterklasse“ vorbehaltlos an.

## Justiz im Parteiauftrag

Die Säuberung des Justizapparates von ehemaligen Nationalsozialisten nutzte die Führung der SED planmäßig und zielbewußt, um an ihre Stelle zuverlässige Kommunisten zu plazieren. „Volksrichter" wurden in Schnellkursen vorbereitet, man konnte Präsident eines Bezirksgerichts werden, ohne zuvor Jura studiert zu haben. Im Gegensatz zum Wortlaut der Verfassung waren die Richter nicht unabhängig, sondern politische Funktionäre, angeleitet und gelenkt vom Obersten Gericht und den Parteiinstanzen.
Das Strafrecht wurde ein Instrument der Diktatur zur Bekämpfung ihrer Gegner; wesentliche Verfahrensrechte, wie das Prinzip der Öffentlichkeit im Gerichtsprozeß oder das Recht des Angeklagten auf Verteidigung, verkamen zu einer Farce, die Haftbedingungen in den Gefängnissen waren unmenschlich (⇨ M 2). Als Straftatbestand diente häufig die Generalklausel des Artikels 6 der Verfassung von 1949 („Boykotthetze gegen demokratische Einrichtungen"). Bereits kritische Meinungsäußerungen über das Regime wurden mit hohen Freiheitsstrafen geahndet (⇨ M 3).
Eines der schwersten Justizverbrechen in der Frühzeit der DDR waren die sogenannten „Waldheimer Prozesse". Unter dem Vorwand, Nazi- und Kriegsverbrechen zu ahnden, wurden innerhalb von nur zweieinhalb Monaten im Jahre 1950 in Waldheim (Sachsen) 3324 Insassen ehemaliger sowjetischer Speziallager in der DDR gleichsam am Fließband zu Regelstrafen von 15 Jahren Zuchthaus und mehr, 33 zum Tode verurteilt. Tausende von Unrechtsurteilen folgten nach. Allein im Jahr 1950 wurden über 78 000 Menschen wegen politischer Delikte verurteilt. Später arbeitete die DDR-Justiz vor allem mit unbestimmt formulierten Rechtsbegriffen des Strafgesetzbuches („staatsfeindliche Hetze", „Beeinträchtigung staatlicher oder gesellschaftlicher Tätigkeit", „ungesetzliche Verbindungsaufnahme", „öffentliche Herabwürdigung"), die allesamt der Einschüchterung und der Kriminalisierung jeglicher Opposition dienten.
Schauprozesse zur Bekämpfung des sozialdemokratischen und bürgerlichen Widerstandes, aber auch der innerparteilichen Gegner Ulbrichts wurden vom Justizapparat der SED regelrecht inszeniert und von den Gerichten ausgeführt. Das Politbüro betätigte sich in der Ära Ulbricht nicht selten als Ankläger, Richter und Gnadeninstanz. Die Spitzenfunktionäre im Politbüro und im Zentralkomitee gaben bei allen wichtigen politischen Prozessen zum Teil detaillierte Anweisungen an die Staatsanwaltschaften und Gerichte über den Ablauf der Verfahren und die zu verhängenden Strafen. Zwischen 1950 und 1962 hat die Justiz der DDR kein Todesurteil verhängt, über das nicht vom Politbüro entschieden worden war.
Heute wird die Zahl der politisch Verfolgten in 40 Jahren DDR auf 150 000 bis 200 000 geschätzt. Nicht weniger als 33 755 „politische Häftlinge" kaufte die Bundesregierung zwischen 1963 und 1989 für insgesamt 3,4 Milliarden DM frei. Seit dem Untergang des SED-Regimes können die Opfer des Justizterrors ihre gerichtliche Rehabilitierung beantragen. Etwa 80 000 solcher Verfahren sind gegenwärtig anhängig (Stand 1995).

Auch das Zivil-, Familien- und Arbeitsrecht mißbrauchte der SED-Staat, um Andersdenkende, Kritiker oder Systemgegner einzuschüchtern. So wurden Schulabschlüsse, die Berufsausbildung, der berufliche Aufstieg von Menschen, die unliebsam aufgefallen waren, verhindert, die Wohnungszuteilung oder die Reiseerlaubnis versagt, der Personalausweis entzogen, der Arbeitsplatz gekündigt etc. Wegen der herrschenden Rechtsunsicherheit blieb für die Bürger das staatliche Handeln stets unberechenbar.

## Die Allgegenwart des Geheimdienstes

Neben der Roten Armee gewährleistete insbesondere der *Staatssicherheitsdienst (SSD)* den Machterhalt der SED. Er war eine Kopie des sowjetischen Geheimdienstes und mit diesem lange Zeit aufs engste verflochten. Im Februar 1950 wurde das Ministerium für Staatssicherheit (MfS) gegründet, um „Saboteure, Agenten und Diversanten" zu bekämpfen, die, wie es damals hieß, im Auftrag des amerikanischen Imperialismus „das Aufblühen unserer jungen Republik" unterminierten. Vom ersten Tag seiner Existenz an arbeitete der SSD unter strengster Geheimhaltung als „Schild und Schwert der Partei" *(Erich Mielke)*. Kein Gesetz oder Parlament schränkten seine Ziele und Methoden ein. In einem als „Geheime Kommandosache" deklarierten Statut wurden die Aufgaben des MfS 1969 erstmals ausführlicher dargelegt.
Im Laufe der Zeit entwickelte sich die Geheimpolizei der SED zu einem gigantischen Überwachungsapparat mit der Zentrale in Ost-Berlin und nachgeordneten Behörden auf Bezirks- und Kreisebene. Anfangs zählte das MfS 1000 hauptamtliche Mitarbeiter, Mitte der 50er Jahre bereits 13 000. Die personelle Expansion verdeutlicht, daß die SED-Führung ihren Parolen von der Einheit von Volk und Partei selbst nicht traute (1989 waren es schließlich rund 100 000 hauptamtliche Mitarbeiter).
Um die vermuteten „feindlich-negativen" Personen, Handlungen und Meinungen flächendeckend aufzuspüren, bediente sich der Apparat eines zusätzlichen Netzes von Spitzeln, die ihre Führungsoffiziere über „staatsfeindliche" Gespräche oder Absichten im eigenen Freundeskreis, am Arbeitsplatz, in der Familie, in staatlichen und gesellschaftlichen Organisationen informierten. Die allgegenwärtige Spitzelei und Denunziation durch sogenannte *Inoffizielle Mitarbeiter (IM)* wurde bereits in den 50er Jahren systematisch organisiert. Am Ende der SED-Diktatur (1989) verfügte das MfS über rund 173 000 Zuträger. Im statistischen Mittel kontrollierte in der Endphase der DDR ein Inoffizieller Mitarbeiter 120 Einwohner.
Von Anfang an nutzte das MfS alle zur Verfügung stehenden Mittel, um Opponenten zu kriminalisieren, sie beruflich oder privat zu ruinieren: Öffnung von Briefen, heimliche Wohnungsdurchsuchungen, Einbau von Wanzen, Durchsicht von Bankunterlagen und Krankheitsberichten bis zur permanenten Beschattung verdächtiger Personen.

### „Planmäßiger Aufbau des Sozialismus"

Im Juli 1952 verordnete Walter Ulbricht mit Erlaubnis Stalins den „planmäßigen Aufbau des Sozialismus". Das hieß im wesentlichen:
- weitere Zentralisierung der Staatsmacht (Auflösung der Länder), Ausbau von Partei und Sicherheitsorganen, verstärkte Indoktrination durch Ideologie und Medien;
- Ausbau der Volkseigenen Betriebe, die bereits rund 80 % zur industriellen Produktion beisteuerten; damit einher ging die Enteignung und politische Verfolgung der bürgerlichen Mittelschichten, die als private Unternehmer, kleine Handels- und Gewerbetreibende eine wichtige Stütze für die ostdeutsche Wirtschaft bildeten; durch eine extrem hohe Besteuerung und bürokratische Gängeleien wurde ihre berufliche Existenz vielfach vernichtet;
- einseitige Förderung der Schwerindustrie und des militärischen Komplexes ohne Rücksicht auf die wachsenden Versorgungsengpässe für die Bevölkerung, verbunden mit einer Erhöhung der geforderten Arbeitsleistung;
- forcierte Kollektivierung der Landwirtschaft; durch extrem hohe Ablieferungsverpflichtungen wurden selbständige Bauern in landwirtschaftliche Produktionsgenossenschaften (LPG) gepreßt;
- rascher Aufbau von „nationalen Streitkräften", finanziert durch Steuererhöhungen und Einsparungen im sozialen Bereich.

### Die Krise von 1953

Besonders die von Moskau angeordnete und von der SED-Spitze zielstrebig durchgesetzte Militarisierung des Landes belastete die Wirtschaft enorm. Obwohl es in einigen wichtigen Industriezweigen gelang, die Produktion der Vorkriegszeit wieder zu übertreffen, geriet die DDR doch wegen der einseitigen Konzentration auf den militärischen Komplex und die alte Schwerindustrie sowie der starren Strukturen in den Betrieben in immer größeren Rückstand zur Entwicklung im Westen Deutschlands. Das *Gesetz zum Schutz des*

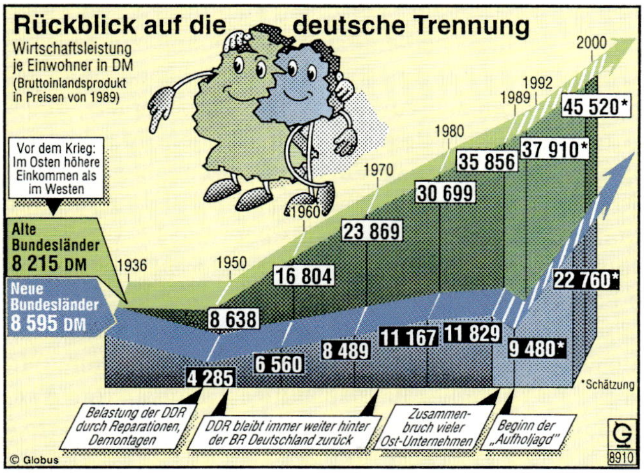


Nicht der Mensch, das System hatte schuld, wenn die Menschen in der ehemaligen DDR wirtschaftlich immer weiter hinter den Westdeutschen zurückblieben.

*Volkseigentums* vom Oktober 1952 diente der Legalisierung des Justizterrors gegen angebliche „Wirtschaftsverbrecher“, die als Sündenböcke für die von der SED verursachte Krise herhalten mußten. Tausende wurden aus nichtigen Anlässen zu Zuchthausstrafen verurteilt – etwa wegen des Diebstahls von zwei Kilogramm Zement im Wert von 0,25 Pfennigen.
Selbständige und Privateigentümer, circa zwei Millionen Menschen, bekamen keine Lebensmittelkarten mehr; sie sollten in den staatlichen Läden zu höheren Preisen kaufen, doch noch nicht einmal dort gab es Butter, Öl, Margarine, Fleisch. Während die gelenkte Presse von ständig neuen Produktionserfolgen berichtete, blieben die Lebensmittel weiterhin rationiert, fehlte es an Kohle, an frischem Gemüse, Obst, sogar die Versorgung mit Kartoffeln und Brot bereitete Schwierigkeiten. Immer mehr Menschen – Bauern, Kaufleute, Unternehmer, Ärzte, Lehrer und Wissenschaftler – flüchteten nach West-Berlin und in die Bundesrepublik, im ersten Halbjahr 1953 226 000 Personen. Bei denen, die blieben, wuchs die Erbitterung.
Die SED-Führung antwortete mit verschärften Repressionsmaßnahmen und einer großen Propagandakampagne zur freiwilligen Erhöhung der Arbeitsleistung bei unveränderten Löhnen. In einigen Betrieben kam es daraufhin zu Protesten, nur wenige ließen sich zu den gewünschten Selbstverpflichtungen drängen. Obgleich dem Politbüro Berichte über die Stimmung in der Bevölkerung vorlagen, verschärfte Ulbricht den eingeschlagenen Kurs noch zusätzlich. Per Dekret wurden Mitte Mai 1953 die Arbeitsnormen um mindestens zehn Prozent erhöht (⇨ M 4). Nicht nur in Berlin, sondern auch in Leipzig, Gotha und in anderen Städten der DDR brachen erste Warnstreiks aus.

## Der Neue Kurs – von Moskau verordnet

Beunruhigt über die katastrophale ökonomische Situation und Stimmungslage in der DDR, versuchten die Nachfolger Stalins – dieser war am 5. März 1953 gestorben –, die Lage zu entschärfen. Anfang Juni 1953 befahl die sowjetische Parteiführung einen sofortigen Kurswechsel: Die privaten Produzenten sollten gefördert, geflüchtete Bauern und Selbständige zurückgerufen, die „Wirtschaftsverbrecher“ aus den Gefängnissen entlassen, das Gespräch mit den Kirchenleitungen gesucht werden (⇨ M 5).
Diesen sogenannten „Neuen Kurs“ verkündete das Regime am 11. Juni 1953, und offiziell wurden sogar schwerwiegende Fehler zugegeben. Doch ausgerechnet die Erhöhung der Arbeitsnormen wurde nicht zurückgenommen. Die Empörung in der Arbeiterschaft und weiten Kreisen der Bevölkerung nahm eher noch zu. Das plötzliche Umschwenken galt als Bankrotterklärung der SED; Gerüchte über eine Auflösung der Partei machten die Runde; Meldungen der Staatssicherheit berichteten von Freudenfesten auf dem Land, wo bereits die Befreiung von der SED-Herrschaft gefeiert wurde; und viele glaubten sogar an eine kurz bevorstehende Wiedervereinigung, nachdem die SED alle Losungen mit dem Wort „Sozialismus“ kurzfristig entfernen ließ. Auf Großbaustellen häuften sich spontane Streiks, Bauern traten wieder aus den LPGs aus, vielerorts wurde vor Gefängnissen demonstriert.

### Vom Arbeiterprotest zum Volksaufstand

Am 16. Juni formierten sich die Bauarbeiter in der Ost-Berliner Stalinallee zu einem Protestmarsch gegen die Beibehaltung der Normenerhöhung. Fast alle Betriebe in Berlin schlossen sich an. Die Demonstranten verlangten freie Wahlen, den Sturz der Regierung und kündigten einen Generalstreik an. Jetzt erst entschied sich das Politbüro für die Zurücknahme der Normenerhöhung. Doch die Arbeiter ließen sich nicht mehr beschwichtigen. Innerhalb weniger Stunden weitete sich am 17. Juni die Streikwelle zu einem landesweiten Aufstand der Bevölkerung gegen die SED aus. In über 370 Städten und Ortschaften beteiligten sich rund eine halbe Million Menschen an Demonstrationen, besetzten öffentliche Gebäude, Parteibüros und Dienststellen der Staatssicherheit, auch Gefängnisse wurden gestürmt und über 1300 Häftlinge befreit (⇨ M 6).
Doch jetzt nahmen die Sowjets der SED-Führung das Heft aus der Hand. Im Laufe des 17. Juni verhängte die Besatzungsmacht den Ausnahmezustand über Ost-Berlin und weite Teile der DDR: Es galt das Kriegsrecht. Etwa 90 Menschen, darunter auch sowjetische Befehlsverweigerer, wurden erschossen. Da dem Aufstand jede überregionale Koordination fehlte, hatten die russischen Panzer keine Schwierigkeiten, das Freiheitsbegehren der Menschen zu ersticken. Dennoch flackerten bis in den Juli 1953 hinein immer wieder Streiks auf, und auf dem Land wollten viele Bauern nicht aufgeben. Etwa 1300 Mitglieder der SED traten aus Protest gegen die Führung aus der Partei aus.
In den Wochen und Monaten nach dem 17. Juni wurden rund 13 000 Menschen verhaftet, etwa 1600 von ihnen angeklagt, die meisten zu teilweise hohen Zuchthausstrafen, in zwei Fällen zum Tod, verurteilt. Mehr als die Hälfte der höheren Parteifunktionäre verlor im Zuge von Säuberungsaktionen ihre Ämter. Dazu zählten auch die Gegner Ulbrichts im Politbüro, die auf einen langsameren Kurs beim Aufbau des Sozialismus gesetzt hatten.
Obwohl die SED ihre Macht retten und weiter festigen konnte, blieb der angeblich vom Westen gesteuerte „faschistische Putsch" von nun an das Trauma der Parteiführung (⇨ M 7). Auf der anderen Seite hatte die Bevölkerung die bittere Erfahrung machen müssen, daß Widerstand gegen das eigene Regime aussichtslos war, solange die Sowjetunion dessen Existenz garantierte. Daran änderte sich auch nichts, als Mitte der 50er Jahre der sowjetische Parteichef Nikita Chruschtschow eine Politik der „Entstalinisierung" betrieb (siehe Seite 322). Die Hoffnungen von Studenten, Schriftstellern und Intellektuellen *(Ernst Bloch, Robert Havemann)* auf einen demokratischen, „menschlichen Sozialismus", der die theoretischen Ideale des Marxismus in die Praxis umsetzen wollte, scheiterten am nach wie vor stalinistischen Führungssystem der SED.

## Sozialismus um jeden Preis

Seit 1954 verbesserten sich die Lebensverhältnisse schrittweise. Die Sowjetunion verzichtete auf Reparationen, die industrielle Produktion nahm zu, die Versorgung der Bevölkerung mit Konsumgütern machte erkennbare Fortschritte, Lohnerhöhungen wurden gewährt, die Lebensmittelkarten 1958 abgeschafft. Mit einer konsumfreundlicheren Wirtschaftspolitik gelang Ulbricht eine Konsolidierung des Regimes. Dies ließ sich auch an den leicht zurückgehenden Zahlen der in die Bundesrepublik Flüchtenden ablesen, die freilich immer noch eine eindeutige „Abstimmung mit den Füßen" gegen die SED zum Ausdruck brachten.
Die verbesserte Wirtschaftslage schien Ulbricht günstig, den „Aufbau des Sozialismus" erneut zu beschleunigen. Die Bundesrepublik bis 1961 „einholen und überholen" war jetzt die Devise – ein völlig irreales Ziel, das schon allein wegen der Abhängigkeit der DDR-Wirtschaft von den sowjetischen Planvorgaben scheitern mußte (⇨ M 8). Neben den unrealistischen, vom Politbüro vorgegebenen Wirtschaftsplänen führte die mit vehementem staatlichem Druck vorangetriebene Kollektivierung von Landwirtschaft und Handwerk bald wieder zu Versorgungsproblemen, wachsender Unzufriedenheit in der Bevölkerung und ab 1960 zu sprunghaft ansteigenden Flüchtlingszahlen. Ein zusätzlicher Grund für die Massenflucht war die seit 1958 schwelende *Berlin-Krise* (siehe Seite 310 f.). Viele unzufriedene, zumeist jüngere und gut qualifizierte DDR-Bürger befürchteten daher, daß der Fluchtweg über West-Berlin bald verschlossen werden könnte. Seit Anfang Juni 1961 brachten sich täglich etwa 1000 DDR-Bürger nach West-Berlin in Sicherheit (⇨ M 9, M 10).

## Ein Staat wird eingemauert

Ulbricht zeigte sich entschlossen, die Massenflucht zu stoppen. Der drohende wirtschaftliche Kollaps des für die Ostblockstaaten wichtigen Wirtschaftspartners und die nicht auszuschließende Gefahr eines erneuten Volksaufstandes veranlaßten Chruschtschow schließlich, die Schließung der innerdeutschen Grenzen zu akzeptieren. Die vorhersehbare Reaktion der internationalen Staatenwelt wurde in Kauf genommen, nachdem klar war, daß US-Präsident *Kennedy*[1]) ausschließlich die Freiheit West-Berlins militärisch garantierte (siehe Seite 311).
In der Nacht vom 12. zum 13. August 1961 begannen Volkspolizei, Nationale Volksarmee und Betriebskampfgruppen damit, Stacheldrahtverhaue, Steinwälle und schließlich eine *Betonmauer entlang der Berliner Sektorengrenze* zu errichten. In der Folgezeit wurden die Sperranlagen an der innerdeutschen Grenze (1400 km) und um West-Berlin herum (166 km) durch Beton, Stachel-

[1]) John Fitzgerald Kennedy (1917–1963) wurde 1961 als Vertreter der Demokratischen Partei 35. Präsident der Vereinigten Staaten. Wegen seines jugendlichen Charismas und seines sozialpolitischen Programms wurde zum Idol der Jugend. 1963 fiel er einem Attentat in Dallas zum Opfer.

Am 28./29. 10. 1961 standen sich in Berlin an der Friedrichstraße sowjetische (Hintergrund) und amerikanische Panzer gegenüber. Trotz Drohgebärden kam es zu keinem Zusammenstoß.

Am 17. 8. 1962 schossen Vopos an der Berliner Sektorengrenze einen Jugendlichen nieder. Sein Begleiter konnte nach West-Berlin entkommen. Das vom Feuer der Maschinenpistolen niedergestreckte Opfer verblutete, niemand half ihm. Später trugen Grenzpolizisten der DDR den Toten durch den Stacheldraht.

draht, Minen und Selbstschußanlagen zu einem immer perfekteren und todbringenden Sicherungssystem ausgebaut.

Die Vorbereitung und Durchführung des Mauerbaus lagen in den Händen *Erich Honeckers*[1]), der im September 1961 den Schußwaffengebrauch „gegen Verräter und Grenzverletzer" anordnete. Bereits in den ersten Monaten nach dem Mauerbau kamen 32 Menschen ums Leben – sie wurden bei Fluchtversuchen erschossen, ertranken oder stürzten beim Sprung aus grenznahen Häusern zu Tode. Bis 1989 verloren nach heutigen Erkenntnissen über 200 Menschen bei der Flucht ihr Leben, Tausende wurden verletzt. Überdies wurden im Herbst 1961 zur Sicherung der Grenzen und zur Einschüchterung der Bevölkerung über 3000 Menschen aus ihren grenznahen Heimatorten zwangsausgesiedelt („Aktion Festigung").

Vier Wochen nach dem Mauerbau wurde die Wehrpflicht eingeführt. Schüler oder Studenten, die es wagten, dagegen zu protestieren, wurden aus Schule beziehungsweise Universität entfernt. Bis Ende 1961 fielen monatlich mindestens 1500 Personen einer Verhaftungswelle zum Opfer. Mit Befriedigung konnte die Parteiführung danach eine Stabilisierung der Lage feststellen.

---

[1]) Erich Honecker (1912–1994), aus Neunkirchen/Saar stammend, wurde 1929 Mitglied der KPD. Während des NS-Regimes saß Honecker zehn Jahre in Haft. 1946 wurde er Vorsitzender der FDJ (bis 1955). In der SED nahm er einen raschen Aufstieg: Mitglied des Vorstands/Zentralkomitees (1946/1950), des Politbüros (seit 1958), Sekretär des Zentralkomitees für Sicherheitsfragen (1958–1971).

## Die Partei

M 1

*1949 textete Louis Fürnberg das Lied „Die Partei", dessen drei erste Strophen hier abgedruckt sind. Die SED verbreitete die Hymne erstmals 1950 anläßlich ihres III. Parteitags.*

Sie hat uns alles gegeben,
Sonne und Wind, und sie geizte nie
und wo sie war, war das Leben,
und was wir sind, sind wir durch sie.

Sie hat uns niemals verlassen,
wenn die Welt fast erfror, war uns warm.
Uns führte die Mutter der Massen,
es trug uns ihr mächtiger Arm.

Die Partei
die Partei
die hat immer recht,
Genossen, es bleibt dabei!
Denn wer
für das Recht kämpft,
hat immer recht
gegen Lüge und Heuchelei!

Wer das Leben beleidigt,
ist immer schlecht.
Wer die Menschheit verteidigt,
hat immer recht,
denn aus Leninschem Geist
wächst von Stalin geschweißt
die Partei
die Partei
die Partei!

*Ilse Spittmann/Gisela Helwig (Hrsg.), DDR-Lesebuch. Stalinisierung 1949–1955, Köln 1991, S. 128*

1. *Beschreiben Sie die Rolle der Partei und – in Folge daraus – die Rolle des einzelnen Bürgers in dem Gedicht von Fürnberg.*
2. *Diskutieren Sie die Frage, inwieweit die Parteihymne als „stalinistisch" bezeichnet werden darf.*

Einstimmigkeit – wie hier bei der II. Parteikonferenz der SED im Juli 1952 – war bei allen Beschlußvorlagen der Parteiführung gesichert. Gleiches galt auch für die Abstimmung über Gesetze in der Volkskammer. Das einzige Gesetz in 40 Jahren DDR, das nicht einstimmig verabschiedet wurde, betraf 1972 die Fristenlösung bei der Schwangerschaftsunterbrechung.

## M 2 „Helft uns!" – Brief aus der Strafvollzugsanstalt Bautzen

*Dieses Dokument der Haftbedingungen in den Strafanstalten der DDR machte der damalige Vorsitzende des Bundestagsausschusses für gesamtdeutsche Fragen, Herbert Wehner, auf dem Hamburger SPD-Parteitag 1950 der Öffentlichkeit bekannt. Der Brief vom 6. April 1950 wurde nach dem Hungerstreik und dem Aufstand der Gefangenen gegen ihre Bewacher geschrieben und aus dem Gefängnis hinausgeschmuggelt.*

Deutsche Männer und Frauen! [. . .]

Nachdem in den ersten Tagen des Februar d. J. die deutsche Verwaltung das Gefangenenlager Bautzen übernommen hatte, in dem etwa siebentausend Unschuldige schmachten, begann sie ihr Regime mit einer Kürzung der Lebensmittelrationen. Die Verpflegung bestand nun: Frühmorgens aus heißem Wasser mit vereinzelten Nudeln, mittags aus einer Futterrunkelbrühe, eingesäuerten Mohrrüben oder Kartoffelschalensuppe mit Sauerkrautfäden. Die Tuberkulose, die schon vorher als Schreckgespenst vor den Häftlingen gestanden hatte, wütete mit jedem Tage stärker. Medikamente waren praktisch nicht vorhanden, die sanitären Einrichtungen in einem Zustande, der es jedem erlaubte, sich auszurechnen, wann er dem würgenden Tod oder dem Hunger zum Opfer fallen würde. [. . .]

Es war alles vergebens; es rührte und regte sich nichts. Hunger, Tbc und seelische Qualen trieben die Menschen zum Äußersten. Am 13. März rissen sie die Fenster auf und schrien ihre Not, ihre Angst und ihr Elend, schrien damit aber auch zugleich die Schande und die Schmach dieses Regimes in die Öffentlichkeit. [. . .]

Am 31. März d. J. schlug dann die Verzweiflungsstimmung um, wehrten sich die Tausende gegen den immer näher rückenden Würgeengel Tbc und den Hungertod, schrien sie zum zweitenmale ihre Angst, Not und Pein in die Welt hinaus. [. . .]

Wiederum wurden spontan die Fenster aufgerissen, wiederum gellten die tausendfachen Schreie und Sprechchöre den Kerkermeistern und Henkersknechten entgegen, wiederum schrien 6000 gequälte, halbverhungerte Menschen all ihre Not in eine Welt, von der allein sie sich Hilfe versprachen! [. . .]

Die Repräsentanten dieser Schandrepublik der DDR selbst stürmten mit Gummiknüppeln in der Hand die Säle und Zellen, in denen die Häftlinge ruhig auf ihren Pritschen saßen, sie selbst knüppelten alte, weißhaarige Männer nieder; sie schrien ihren Männern immer wieder zu: „Schlagt vor allem die Jugendlichen zusammen! Schlagt die Verbrecher tot!"

Freie Menschen in Deutschlands Westen! Wenn Ihr nur einen Blick in unsere Säle hättet werfen können, nur einen einzigen Blick während dieser schmachvollen Vorgänge, wenn Ihr gesehen hättet, wie alte Männer, die ein Lebensalter schon im Dienste der Gemeinschaft standen oder für die sozialistische Bewegung sich eingesetzt hatten, nicht nur körperlich, sondern auch seelisch vollkommen zusammenbrachen, als sie von 18- bis 20jährigen politisch zuverlässigen Bestien den neuen Sozialismus eingeprügelt bekamen, wenn Ihr gesehen hättet, wie man die Kranken von den Liegestätten herunterwarf und blindwütig mit Gummiknüppeln auf sie einschlug, dann würdet Ihr, freie Menschen, mit grenzenlosem Entsetzen und namenloser Empörung vor diesem Verbrechen stehen, vor diesem Verbrechen gegen die Menschlichkeit, begangen fünf Jahre nach der Beseitigung des Regimes, dessen es würdig wäre. [. . .]

Hört uns, Genossen der SPD! Tausende Eurer Genossen wurden von den Banditen der Einheitspartei ermordet, hört die Überlebenden und helft ihnen. Hört uns, Freunde der CDU, LDPD! Eure besten Mitglieder sind es, die hier brutal und systematisch zu Tode gequält werden, weil sie es gewagt hatten, für ihre Partei einzutreten! [. . .]
Helft uns!

*Dieter Rieke (Hrsg.), Sozialdemokraten als Opfer im Kampf gegen die rote Diktatur, Bonn 1994, S. 37 ff.*

1. *Benennen Sie die Motive für die unmenschlichen Haftbedingungen.*
2. *In der Bevölkerung wurde nur hinter vorgehaltener Hand von „Bautzen" und anderen Gefängnissen gesprochen. Welchen Zweck verfolgte die Parteiführung der SED mit ihrer Geheimhaltung?*
3. *Seit 1990 haben sich ehemalige politische Häftlinge der DDR in verschiedenen Organisationen zusammengeschlossen, zum Beispiel Bautzen Komitee e. V. Informieren Sie sich über deren Aktivitäten. Stellen Sie einige Zeitzeugenberichte zusammen (unter anderem hat der Schriftsteller Walter Kempowski seine Haftjahre in Bautzen literarisch verarbeitet).*

## Der Fall der Werdauer Oberschüler

**M 3**

*Am 4. Oktober 1951 verurteilte das Landgericht Zwickau eine Gruppe von Oberschülern aus Werdau, die antikommunistische Flugblätter verteilt hatten, zu hohen Zuchthausstrafen. Einer jener ehemaligen Schüler berichtete 1993 vor der Enquête-Kommission des Deutschen Bundestags zur „Aufarbeitung von Geschichte und Folgen der SED-Diktatur in Deutschland".*

Der Vorwurf in der Anklageschrift lautete, „Boykotthetze gegen demokratische Einrichtungen und Organisationen" betrieben zu haben, „im bewußten und gewollten Zusammenwirken Anfang Oktober 1950 eine Widerstandsgruppe in Werdau gegen die Deutsche Demokratische Republik gegründet, die Verbindung mit der Kampfgruppe gegen Unmenschlichkeit in Westberlin aufgenommen und auf Weisung dieser die Herstellung und Verbreitung von Hetzzetteln vorgenommen" zu haben. In der Anklageschrift hieß es dann weiter, wir hätten klar zu erkennen gegeben, daß wir

> Feinde des Friedenslagers der 800 Millionen friedliebenden Menschen sind. Sie haben sich selbst durch ihre verbrecherischen Handlungen aus der Gemeinschaft der friedliebenden Menschheit ausgeschlossen. Wir werden es nicht zulassen, daß die Erfolge im Kampf um die Einheit Deutschlands und die Erhaltung des Friedens sowie des friedlichen Aufbaus durch solche Elemente zunichte gemacht werden. [. . .]

Wir haben Flublätter verteilt und geklebt, insbesondere gegen die Volkskammerwahl 1950, haben zum Widerstand gegen das SED-Regime aufgerufen, haben gegen das Todesurteil gegen Hermann Josef Flade[1]) protestiert. [. . .] In der Nacht vom 18. zum 19. Mai 1951 wurden während einer Flugblattaktion zwei unserer Freunde verhaftet. Am darauffolgenden Morgen gab es

---

[1]) Am 10. Januar 1951 hatte die Große Strafkammer des Landgerichts Dresden gegen den 18jährigen Oberschüler Flade ein Todesurteil verkündet, weil dieser antikommunistische Flugblätter verbreitet und sich bei seiner Festnahme mit einem Messer zur Wehr gesetzt hatte.

Absprachen und Diskussionen über Fluchtwege und -zeiten. Aber nur wenige Schüler konnten fliehen. Meist waren dies Sympathisanten und/oder Mitwisser. Die Aktivisten wurden sämtlich verhaftet. [. . .]
Wir wurden vom Staatssicherheitsdienst verhört, ich selbst in Sonneberg, Zwickau und Dresden, meist mit nicht mehr feinen Methoden: total abgedunkelter Raum, festgeschraubter Sessel, Scheinwerfer, Kreuzverhör. In Sonneberg brachte man es fertig, mir für einige Stunden einen Schäferhund in die Zelle zu setzen. In Dresden gab es psychischen Druck. Als Beispiel: Auf einem großen Tisch wurden gezielt verschiedene Peitschen unterschiedlicher Größe demonstriert, die man, wie es hieß, ja auch anwenden könne. Es ging so weit, daß man uns zum Selbstmord provozieren wollte. Die Wände im Umkleideraum zum Duschen und Rasieren in Dresden bei der Stasi waren voller roter Flecke, ob Blut oder Farbe, sei dahingestellt. Der Aufseher meinte, es hätten hier schon viele ihrem Leben ein Ende gemacht. [. . .]
Die Verhandlung selbst begann am 3. Oktober 1951, vormittags, 10.00 Uhr, im Landgericht Zwickau. Sie wurde nur kurz durch wenige Pausen unterbrochen. Die Urteile wurden am 4. Oktober 1951, gegen 0.30 Uhr, verkündet. Es war mein 19. Geburtstag. Die Strafen lagen zwischen zwei und 15 Jahren Zuchthaus. Unter den Verurteilten befanden sich sechs Jugendliche unter 18 Jahren.
Die Verhandlung selbst bestand vor allem in einer Abarbeitung der in der Anklageschrift und damit den SED-Untersuchungsakten niedergelegten Vorwürfen und Vorhaltungen und deren Bestätigung während der Verhandlung. Ein Leugnen schien uns zwecklos. Einer unserer Freunde verweigerte die Aussage, was zwar für erhebliche Aufregungen sorgte und ihm die Aberkennung der Untersuchungshaftzeit einbrachte, aber ansonsten ohne Erfolg blieb.
[. . .] Fünf Minuten vor der Verhandlung stellten sich uns einige Herren als unsere Verteidiger vor: für jeweils drei bis vier Angeklagte ein Pflichtverteidiger. Doch was konnten und wollten sie in diesem Fall ausrichten? Ein Rechtsanwalt beantragte Einsichtnahme in die Beweisstücke. Daraufhin sprang der SED-Kreissekretär Kurt Benda auf und schrie ihn an: „Sie haben wohl die Absicht, heute nacht diese Flugblätter zu kleben, was?!“ Während der Verhandlung durfte niemand mitschreiben, auch nicht die Presse, und dennoch wurde bekannt, was man uns vorwarf, wie sich jeder von uns Anschuldigungen des Staatsanwalts Piel gegenüber verhielt.
In der Mittagspause geschah etwas, was keiner von uns je vergessen wird. In einem Vorraum wurden wir streng getrennt voneinander aufgestellt, als plötzlich hinter uns hinter einer mit Ölfarbe verschmierten Glaswand unsere Eltern, die wir monatelang nicht sehen durften, unsere Namen riefen, wie sie mit den Fingernägeln die Farbe abkratzten, nur um uns wieder einmal sehen zu können. Ich werde auch nicht vergessen, wie ein Polizeikommando mit Gummiknüppeln unsere Eltern aus dem Gerichtsgebäude trieb. Wir hörten sie laut dagegen protestieren und weinend unsere Namen rufen.

*Deutscher Bundestag, 12. Wahlperiode, Enquête-Kommission „Aufarbeitung von Geschichte und Folgen der SED-Diktatur in Deutschland“, Protokoll Nr. 41 vom 2. Juni 1993, S. 52 ff. (Achim Beyer)*

1. *Erläutern Sie das Zusammenwirken von Staatssicherheit und Justiz.*
2. *Diskutieren Sie die Frage, ob dieser Bericht eines Zeitzeugen exemplarisch für die Durchsetzung des Herrschaftsanspruchs der SED sein kann.*

Während die Parteiführung den Druck auf die Arbeiter erhöhte, blieb die Versorgung der Bevölkerung immer mehr hinter der Entwicklung in der Bundesrepublik zurück. Unter den Augen Stalins am Ost-Berliner Alexanderplatz drängten sich noch 1952 Käuferschlangen vor behelfsmäßigen Verkaufsbaracken.

M 4

## Erhöhung der Arbeitsnormen

*Am 28. Mai 1953 gibt die Regierung der DDR den zwei Wochen zuvor von der SED-Spitze getroffenen Beschluß zur Erhöhung der Arbeitsnormen bekannt.*

Der von der II. Parteikonferenz der Sozialistischen Einheitspartei Deutschlands gefaßte und von der gesamten werktätigen Bevölkerung begrüßte Beschluß zur Schaffung der Grundlagen für den Aufbau des Sozialismus in der Deutschen Demokratischen Republik erfordert die Stärkung der sozialistischen Industrie, d. h. Rekonstruktion der bestehenden und Errichtung neuer sozialistischer Betriebe, Entwicklung der Schwerindustrie und des Maschinenbaues entsprechend den Gesetzen über die erweiterte Reproduktion der sozialistischen Wirtschaft. Die Lösung dieser Aufgaben erfordert vor allem eine ununterbrochene Steigerung der Arbeitsproduktivität und die ständige Senkung der Selbstkosten. [. . .]

Die Regierung der Deutschen Demokratischen Republik begrüßt die Initiative der Arbeiter zur Erhöhung der Arbeitsnormen. Sie dankt allen Arbeitern, die ihre Normen erhöht haben, für ihre große patriotische Tat. Die Regierung der Deutschen Demokratischen Republik kommt gleichzeitig dem Wunsche der Arbeiter, die Normen generell zu überprüfen und zu erhöhen, nach. Diese generelle Erhöhung der Arbeitsnormen ist ein wichtiger Schritt zur Schaffung der Grundlagen des Sozialismus.

[. . .] Das Ziel dieser Maßnahmen ist, die Arbeitsnormen mit den Erfordernissen der Steigerung der Arbeitsproduktivität und der Senkung der Selbstkosten in Übereinstimmung zu bringen und zunächst eine Erhöhung der für die Produktion entscheidenden Arbeitsnormen im Durchschnitt um mindestens 10 % bis zum 30. Juni 1953 sicherzustellen.

*Gesetzblatt der DDR Nr. 72 vom 2. Juni 1953, S. 781 ff.*

1. *Welchen Anschein versuchte die DDR-Regierung mit diesem Beschluß zu erwecken? Nennen Sie Gründe dafür.*
2. *Wie mußte diese Anordnung auf die Arbeiter wirken? Wie reagierten sie?*
3. *Beschreiben Sie die wirtschaftliche Lage im Land und die Haltung der SED-Führung. Warum warb die Partei um Verständnis der Bevölkerung? Nennen Sie weitere Ursachen für die Empörung der Menschen.*

## M 5 Der „Neue Kurs“

*Bei geheimen Beratungen in Moskau am 2. und 3. Juni 1953 erhielten die SED-Spitzenfunktionäre Ulbricht, Oelßner und Grotewohl Verhaltensmaßregeln von der neuen sowjetischen Führung. Der Beschluß des sowjetischen Politbüros „Über die Maßnahmen zur Gesundung der politischen Lage in der Deutschen Demokratischen Republik“ wurde erstmals im Herbst 1990 veröffentlicht.*

Infolge der Durchführung einer fehlerhaften politischen Linie ist in der Deutschen Demokratischen Republik eine äußerst unbefriedigende politische und wirtschaftliche Lage entstanden.

Unter den breiten Massen der Bevölkerung, darunter auch unter den Arbeitern, Bauern und der Intelligenz, ist eine ernste Unzufriedenheit zu verzeichnen in bezug auf die politischen und wirtschaftlichen Maßnahmen, die in der DDR durchgeführt werden. Das kommt am deutlichsten in der massenhaften Flucht der Einwohner der DDR nach Westdeutschland zum Ausdruck. [. . .]

Als Hauptursache der entstandenen Lage ist anzuerkennen, daß gemäß den Beschlüssen der Zweiten Parteikonferenz der SED, gebilligt vom Politbüro des ZK der KPdSU (B), fälschlicherweise der Kurs auf einen beschleunigten Aufbau des Sozialismus in Ostdeutschland genommen worden war ohne Vorhandensein der dafür notwendigen realen sowohl innen- als auch außenpolitischen Voraussetzungen. Die sozial-wirtschaftlichen Maßnahmen, die in Verbindung damit durchgeführt werden, und zwar eine Beschleunigung der Entwicklung der Schwerindustrie, die dabei auch keine gesicherten Rohstoffquellen hat, eine jähe Einschränkung der Privatinitiative, die die Interessen einer breiten Schicht der (kleinen und mittleren) Eigentümer in Stadt und Land beeinträchtigt, (der) Entzug der Lebensmittelkarten für alle Privatunternehmer und Freischaffenden, besonders eine übereilte Schaffung der landwirtschaftlichen Produktionsgenossenschaften ohne eine dafür notwendige Grundlage auf dem Dorf haben dazu geführt, daß auf dem Gebiet der Versorgung der Bevölkerung mit Industriewaren und Nahrungsmitteln ernste Schwierigkeiten entstanden, daß der Kurs der Mark stark gefallen ist, daß eine große Anzahl der kleinen Eigentümer wie Handwerker, Gewerbetreibende usw. ruiniert sind, und haben bedeutende Schichten der Bevölkerung gegen die bestehende Macht gestimmt. Es ist soweit gekommen, daß zur Zeit über 500 000 Hektar Land verlassen (sind) und brachliegen, und die haushälterischen deutschen Bauern, die sonst stark an ihrem Landstück hängen, begannen massenhaft ihr Land und ihre Wirtschaft zu verlassen und sich nach Westdeutschland zu begeben.

Die politische und ideologische Arbeit, geführt unter der Lenkung der SED, entspricht nicht den Aufgaben der Stärkung der Deutschen Demokratischen Republik. Insbesondere wurden ernste Fehler in bezug auf die Geistlichen begangen, die in einer Unterschätzung des Einflusses der Kirche unter den breiten Massen der Bevölkerung, in groben Administrierungsmaßnahmen und Repressalien ihren Ausdruck fanden. [. . .]

1. Unter den heutigen Bedingungen (ist) der Kurs auf eine Forcierung des Aufbaus des Sozialismus in der DDR [. . .] für nicht richtig zu halten.

Zur Gesundung der politischen Lage in der DDR und zur Stärkung unserer Positionen sowohl in Deutschland selbst als auch in der Deutschlandfrage auf der internationalen Ebene und zur Sicherstellung und Ausbreitung der

Basis einer Massenbewegung für die Schaffung eines einheitlichen, demokratischen, friedliebenden unabhängigen Deutschlands ist der Führung der SED und der Regierung der DDR die Durchführung folgender Maßnahmen zu empfehlen.

a) Ein künstliches Aufbringen der landwirtschaftlichen Produktionsgenossenschaften, die sich in der Praxis nicht bewährt haben und die eine Unzufriedenheit unter den Bauern hervorrufen, ist einzustellen. Alle bestehenden landwirtschaftlichen Produktionsgenossenschaften sind sorgfältig zu überprüfen, und dieselben, die auf einer unfreiwilligen Basis geschaffen sind oder die sich als lebensunfähig gezeigt haben, sind aufzulösen. [. . .]

c) Die Politik der Einschränkung und der Ausdrängung des mittleren und kleinen Privatkapitals ist als eine vorzeitige Maßnahme zu verwerfen. Zur Belebung des wirtschaftlichen Lebens der Republik ist es notwendig, eine breite Heranziehung des Privatkapitals in verschiedenen Zweigen der kleinen und Gewerbeindustrie, in der Landwirtschaft sowie auch auf dem Gebiet des Handels für zweckmäßig zu halten, ohne dabei seine Konzentrierung in großem Ausmaß zuzulassen. [. . .] Das existierende System der Besteuerung der Privatunternehmer, das praktisch den Drang zur Beteiligung an dem Wirtschaftsleben tötet, ist in der Richtung einer Linderung der Steuerpresse zu revidieren. Die Kartenversorgung mit Lebensmitteln für die Privatunternehmer sowie auch für die Freischaffenden ist wiederherzustellen.

d) Der Fünfjahrplan der Entwicklung der Volkswirtschaft der DDR ist zu revidieren in der Richtung einer Lockerung des überspannten Tempos der Entwicklung der Schwerindustrie und einer schroffen Vergrößerung der Produktion der Massenbedarfswaren und der vollen Sicherung der Versorgung der Bevölkerung mit Lebensmitteln, um schon in der nächsten Zeit es (zu ermöglichen), das Kartensystem der Versorgung mit Lebensmitteln zu liquidieren. [. . .]

f) Maßnahmen zur Stärkung der Gesetzlichkeit und Gewährung der Bürgerrechte zu treffen, von harten Strafmaßnahmen, die durch Notwendigkeit nicht hervorgerufen werden, (ist) abzusehen. Die Gerichtsunterlagen der bestraften Bürger (sind) zu prüfen zwecks Befreiung der ohne genügende Gründe zur Verantwortung gezogenen Personen. [. . .]

h) [. . .] Es ist im Auge zu halten, daß Repressalien gegenüber der Kirche und den Geistlichen nur dazu beitragen können, den religiösen Fanatismus der rückständigen Schichten der Bevölkerung zu stärken und ihre Unzufriedenheit zu vergrößern. Darum muß (das) Hauptkampfmittel gegen den reaktionären Einfluß der Kirche und der Geistlichen eine tüchtig durchdachte Aufklärungs- und Kulturarbeit sein.

*Ilse Spittmann/Gisela Helwig (Hrsg.), DDR-Lesebuch, a. a. O., S. 200 ff.*

1. *Fassen Sie die Hauptkritikpunkte des Papiers zusammen. Was können Sie daraus über den Informationsstand der sowjetischen Politiker ableiten?*
2. *Beurteilen Sie die vorgeschlagenen „Therapiemaßnahmen" der sowjetischen Seite – sehen Sie darin einen grundsätzlichen oder einen nur temporären Kurswechsel? Welches Ziel verfolgte die Sowjetunion in erster Linie?*
3. *Versuchen Sie, die Reaktion der nach Moskau zitierten SED-Führung auf den Beschluß des sowjetischen Politbüros herauszuarbeiten.*
4. *Vergleichen Sie die Kernaussage dieses Dokumentes mit dem Text M 4. Ziehen Sie Rückschlüsse auf die Machtverhältnisse in der DDR im Jahr 1953.*

## M 6 Ein Augenzeuge berichtet über den 17. Juni 1953

*Friedrich Schorn, 39jähriger Rechnungsprüfer aus Halle, gehörte zu den Sprechern der Arbeiter, die sich gegen die SED-Herrschaft erhoben.*

Während das Streikkomitee seine Beschlüsse faßte, setzte ich mich an die Spitze der 20 000 Betriebsangehörigen, und wir zogen nach Merseburg. Bauarbeiter, Straßenbahner, Fabrikarbeiter, Vopos, Hausfrauen und andere Zivilisten reihten sich noch ein. Voran ging eine Malerkolonne der Leuna-Werke, die in Blitzesschnelle die alten Parolen abriß und die Wände mit unseren Freiheitslosungen bestrich. Mehrfach wurden alle drei Strophen des Deutschlandliedes und Brüder zur Sonne zur Freiheit[1]) gesungen. Als gerade die letzten Demonstranten der Bunawerke den Uhlandplatz erreicht hatten, traf unser Zug mit seiner Spitze ein. Ein ungeheuerlicher Jubel setzte ein. Fremde Menschen, jung und alt, fielen einander in die Arme, und viele weinten. Es war ein Begrüßungstaumel, der nicht enden wollte. Wir hatten auf dem Uhlandplatz drei Lautsprecherwagen und konnten verständlich zur ganzen Menge sprechen. Es waren etwa 100 000 Menschen. Zunächst sprach ein Mann von den Bunawerken gegen die SED-Tyrannei. Anschließend gaben wir unter großem Beifall unsere Freiheitslosungen bekannt. Doch rief ich gleichzeitig zur Disziplin auf und forderte auf, nichts zu unternehmen, wodurch die sowjetische Besatzungsmacht sich provoziert sehen könnte. Zahllose Bürger traten an uns heran und baten um „Einsätze". Sie sagten dem Sinne nach: Ich bin zu allem bereit, sei es noch so gefährlich und koste es, was es wolle. Der Buna-Streikleiter schickte 200 – teilweise ausgesuchte – Männer zur Papierfabrik Königs-Mühle mit dem Auftrag, dort die von Vopos bewachten Arbeiter zu befreien. Kommandos zur Besetzung der Stadt- und der Kreisverwaltung wurden fortgeschickt. Später wurde uns gemeldet, daß alles gelang. [. . .]
Nun wurde mir gemeldet, daß sowjetische Truppen das Gefängnis, aus welchem wir die politischen Gefangenen befreit hatten, inzwischen besetzten und Neuverhaftete eingeliefert waren. [. . .]
Ich fuhr voraus in die Leuna-Werke [. . .]. Da kamen auch schon die ersten sowjetischen Lastwagen mit Fliegern in Infanterieausrüstung im Werk an. Die empörte Menge beschrie die Soldaten mit Pfuirufen. „Was wollt ihr hier, macht, daß ihr fortkommt!" „Nennt ihr das Demokratie?" Andere Betriebsangehörige riefen: „Laßt die armen Kerle, die wollen genauso frei sein wie wir. Was können die dafür, daß sie hier sein müssen." Die Soldaten waren zum Teil noch Kinder, waren ängstlich und eingeschüchtert. [. . .] Ein Offizier schien die Situation jedoch besser zu durchschauen und sagte: „Gut so, weitermachen, in einem Jahr sind wir in Rußland auch soweit."

*Ilse Spittmann/Karl Wilhelm Fricke (Hrsg.), 17. Juni 1953. Arbeiteraufstand in der DDR, Köln, 2. erweiterte Auflage 1988, S. 141*

1. *Nennen Sie die Forderungen der Aufständischen.*
2. *Klären Sie die Gründe, die die sowjetische Führung zur gewaltsamen Niederschlagung des Aufstands bewogen haben dürften.*
3. *Arbeiten Sie die Ursachen für das Scheitern des Aufstands vom 17. Juni 1953 heraus.*

[1]) Hymne der Sozialistischen Internationale

17. Juni 1953: Sowjetische Panzer retten Staats- und Parteiführung der DDR vor den Aufständischen.

## Der 17. Juni – geheimer Stimmungsbericht und offizielle Lesart

**M 7**

*Die wiedergegebenen Auszüge aus Protokollen des SED-Bezirks Rostock geben ein ungeschminktes Bild der Lage im Sommer 1953.*

*Ulbrichts offizielle „Analyse" vor dem IV. Parteitag der SED wurde zum Dogma erhoben und galt bis 1989.*

*Protokoll der SED-Grundorganisation VEB Neptun-Werft vom 17. Juni 1953:*
Wir müssen jetzt in der Erreichung des Sozialismus kürzertreten. Letzten Endes ist für die Massen in der augenblicklichen Situation die Kardinalfrage die Magenfrage ... Auch die Angst, nachts abgeholt zu werden, wenn man etwas sagt, muß verschwinden ... Die Kollegen im Betrieb fordern die Absetzung der Regierung und daß die Schuldigen zur Verantwortung gezogen werden und nicht nur Selbstkritik üben.

*Hausmitteilung der SED-Bezirksleitung Rostock vom 18. Juni 1953:*
Der Genosse Schmidt, 1. Kreissekretär der VdgB *(Vereinigung der gegenseitigen Bauernhilfe* – Red.) im Kreis Rosenstock ... wurde in seinem Referat laufend von den Großbauern unterbrochen,

Die junge Staatsmacht der Arbeiter und Bauern hat im vorigen Jahr, als die faschistischen Provokateure ihren Putsch organisierten, ihre Festigkeit gezeigt. Auf die Frage westdeutscher Werktätiger, was am 17. Juni 1953 war, möchte ich klar antworten: Die Vertreter der amerikanischen Besatzungsmacht und die aggressiven Kräfte in Bonn hatten schon seit langer Zeit offen die Losung der Eroberung der Deutschen Demokratischen Republik ausgegeben. Nach der Verkündung des neuen Kurses setzten sie alles ein, um die Verbesserung der Lebenshaltung der Werktätigen und die Festigung der demokratischen Gesetzlichkeit zu verhindern.

Die Hintermänner des faschistischen Putsches kamen vom Ministerium des Herrn Kaiser[1]) und standen unter unmit-

[1]) Jakob Kaiser (1888–1961), Abgeordneter des Zentrums im Reichstag und Widerstandskämpfer in der Zeit des Nationalsozialismus. Als Vorsitzender der CDU in der Sowjetischen Besatzungszone wurde er 1947 von der SMAD seines Amtes enthoben. Zwischen 1949 und 1957 war Kaiser Bundesminister für gesamtdeutsche Fragen und unter anderem auch Vorsitzender der Sozialausschüsse der CDU.

so daß er kaum zwei Sätze zu Ende sprechen konnte, indem sie schrien: „Euch müßte man alle aufhängen und totschlagen, besonders aber auch die Regierung, die alle Verbrecher sind."

*Informationsbericht der SED-Kreisleitung Rostock vom 19. Juni 1953:*
Anonymer Brief an den Rat der Stadt Rostock vom 19. Juni: „An den Bürgermeister und alle Bonzen der SED. Ihr Verbrecher, bald ist Euer Tag gekommen. Wir Arbeiter haben das Signal gegeben. Alle werden wir Euch hängen. Ihr Lumpen, Strolche, Russenknechte, Speichellecker, Abschaum der Menschheit, wir verlangen unsere Freiheit. Acht Jahre habt Ihr uns hungern lassen. Ihr seid die Pest am deutschen Volke. Mit Euren Lügen und leeren Versprechungen ist es aus. Adenauer wollen wir haben, keinen anderen, einen Menschen mit Verstand."

*Situationsbericht der SED-Kreisleitung Rostock vom 20. Juni 1953:*
Erklärung der CDU Rostock-Stadt: „Wir erklären hiermit, daß unser Vorstand der CDU im Bezirk Rostock heute abend, den 19. 6. 1953, abgesetzt wurde. Ab heute abend übernehmen drei Leute von der CDU die neue Leitung. Wir fordern die gesamte Arbeiterschaft auf, ihre Forderungen weiterhin zu verfolgen. Als Mitglieder der CDU fordern wir den Rücktritt von Otto Grotewohl und Walter Ulbricht. Wir wünschen den Arbeitern viel Erfolg und fordern sie auf, bei den gesamtdeutschen Wahlen für die CDU zu stimmen."

*Der Spiegel Nr. 24/1993, S. 68*

telbarer Leitung eines unter der irreführenden Bezeichnung „Forschungsbeirat für Fragen der Wiedervereinigung Deutschlands" zusammengefaßten Gremiums. [. . .]

Die uns bekannten Beratungen des „Forschungsbeirates" hatten das Ziel, durch einen Putsch die Arbeiter- und Bauernmacht in der Deutschen Demokratischen Republik zu stürzen und dann die ehemaligen Konzernbetriebe ihren früheren Besitzern zurückzugeben. Das Programm der Putschisten war in der Landwirtschaft gegen die Klein- und Mittelbauern gerichtet, die entsprechend dem „Grünen Plan" Westdeutschlands in großbäuerliche Wirtschaften verwandelt werden sollten. Die Initiatoren des Putsches in der Deutschen Demokratischen Republik waren Faschisten, die früher Funktionäre von Hitlerorganisationen gewesen waren, Agenten des Ostbüros der SPD und verschiedene Agenten des Kaiser-Ministeriums, die sich in die kleinbürgerlichen Parteien in der Deutschen Demokratischen Republik eingeschlichen hatten. Gewisse aggressive Kreise der USA waren an einer Verschärfung der internationalen Lage interessiert: und deshalb waren sie bereit, ihre Reserven in der Deutschen Demokratischen Republik einzusetzen und in einem solchen Putsch zu opfern.

*Ilse Spittmann/Gisela Helwig (Hrsg.), DDR-Lesebuch, a. a. O., S. 256*

1. *Was erfahren wir aus den parteiinternen Lageberichten über die Einstellung der Bevölkerung zum „Arbeiter- und Bauernstaat" der DDR?*
2. *Vergleichen Sie die „offizielle" Interpretation des Juni-Aufstands mit dem wirklichen Geschehen und seinen Ursachen.*
3. *Warum halfen die Westmächte den Aufständischen in Ost-Berlin und der DDR nicht?*
4. *In der Bundesrepublik wurde von 1954 bis 1990 der 17. Juni als staatlicher Feiertag begangen, um die Erinnerung an jene Ereignisse wachzuhalten. Befragen Sie die ältere Generation, welche Erinnerung sie mit diesem Tag verbindet.*

## „Die Bundesrepublik ein- und überholen“

M 8

*Auf dem V. Parteitag der SED im Juli 1958 propagierte Ulbricht die Wirtschaftsziele eines neuen Siebenjahresplans, die unter anderem durch die vollständige Kollektivierung der Landwirtschaft nach sowjetischem Muster erreicht werden sollten. Die Parteizeitung „Neues Deutschland“ berichtete am 1. Oktober 1959 über die Beratung des Gesetzes vor der Volkskammer (linke Spalte). Wie die Kollektivierung in der Praxis aussehen konnte, wird aus einem Bericht des Ministeriums für Staatssicherheit vom 2. April 1960 deutlich.*

Der Zukunft zugewandt, begann am Mittwoch, kurz vor dem 10. Gründungstag der DDR, die Volkskammer die zweitägige Beratung des Gesetzes über den Siebenjahrplan zur Entwicklung der Volkswirtschaft in der Deutschen Demokratischen Republik. Die historische Tagung wurde eingeleitet mit einer richtungweisenden Rede des Ersten Sekretärs des ZK und Ersten Stellvertreters des Vorsitzenden des Ministerrates, Walter Ulbricht. Er entwickelte vor den Abgeordneten des Volkes das begeisternde Programm des Sieges der sozialistischen Gesellschaftsordnung, das allen schaffenden Menschen ein glückliches Leben verheißt. Das Gesetz, zustande gekommen unter der Mitarbeit von Millionen Werktätigen in den Betrieben, der Landwirtschaft, in den wissenschaftlichen

In der Gemeinde Klein-Kmelen sprachen am 14. 3. 1960 fünf Genossen der Brigade der Nationalen Front bei dem Bauern L. zwecks Werbung für die LPG vor. L. war beim Eintreffen der Brigade mit Holzhacken beschäftigt und ließ sich auf kein Gespräch ein. In der Zwischenzeit vergrößerte sich die Brigade auf 11 Mann. Da L. jegliches Gespräch ablehnte, nahm ihm ein Genosse die Axt aus der Hand. Daraufhin erklärte der L., daß er für den Familienfrieden und für ein vollgenossenschaftliches Dorf sei, jedoch nicht unterschreiben werde. Die hinzugekommenen Brigademitglieder verließen bis auf 5 Genossen wieder das Gehöft. L. brachte im weiteren Gespräch zum Ausdruck, daß er mit dem Eintritt in die LPG sein Eigentum verlieren würde, brach in Weinkrampf aus und ging kurze Zeit später in die Scheune. Nach einer Wartezeit gingen die Genossen ihm nach und sahen ihn in der Scheune hängen. Die Genossen Kühnel und Gutzeit schnitten sofort den Strick durch. Dabei stellten sie fest, daß L. die Schlinge vorn am Kinn hatte, wodurch sich diese nicht zuziehen konnte. Auch zeigte das Gesicht und der Hals keinerlei Druckstellen und L. hatte auch keine Atembeschwerden, sondern arbeitete sofort wieder weiter. Die Genossen sind deshalb der Ansicht, daß L. sich erst von der Leiter losließ, als sie die

Unter Verwendung sowjetischer Originalplakate warb das Amt für Information der DDR für mehr Leistung.

Forschungsstätten, stellt gigantische Aufgaben. Wissenschaftlich-technischer Höchststand, neue große Betriebe, fruchtbare Felder, von modernen Maschinen bestellt, helle wohnliche Städte – glückliche Menschen: das ist der Ausblick, der sich unserer Republik auftut. Als Walter Ulbricht am Schluß seiner Rede ausrief: „Das Reich des Menschen ist gekommen!" erhoben sich die Abgeordneten aller Fraktionen in einer Welle von Begeisterung von ihren Plätzen.

Scheune betraten, um einen Selbstmord vorzutäuschen. Am 15. 3. 1960 suchten die Genossen der Brigade den L. erneut auf. Bei diesem Besuch erklärte er sich durch Unterschrift bereit, zur Entwicklung des vollgenossenschaftlichen Dorfes beizutragen.

*Armin Mitter/Stefan Wolle, Untergang auf Raten. Unbekannte Kapitel der DDR-Geschichte, München 1993, S. 302 f. und 312*

1. *Erläutern Sie an diesem Beispiel die Funktion der Medien in der DDR.*
2. *Nennen Sie die Gründe für die Kollektivierung der Landwirtschaft. Warum setzte die SED nicht auf das Prinzip der Freiwilligkeit?*

## M 9 Vor dem Mauerbau 1961 – ein Flüchtling berichtet

*In Notaufnahmelagern in West-Berlin gaben Flüchtlinge aus der DDR die Gründe für ihre Flucht zu Protokoll. Im folgenden berichtet ein 36jähriger Automateneinrichter, der in seiner Firma Vorsitzender der Betriebsgewerkschaftsleitung (BGL) war.*

Ich fuhr am 6. Mai 1960 zum Todestag meiner Schwiegermutter nach Berlin-Schöneberg. Als ich zurückkam, bekam ich ein Parteiverfahren.
Das Parteiverfahren wurde mündlich durchgeführt. Ich erhielt eine Rüge und eine Bewährungsfrist von einem Jahr. Ich mußte nun laufend fast jeden Sonnabend und Sonntag hinaus aufs Land und Landarbeit zur Bewährung verrichten.
In einer Belegschaftsversammlung, am 26. 10. 1960, mußte ich vor allen Kollegen des Betriebes Stellung nehmen zu meinem Verhalten (Fahrt nach West-Berlin zum Todestag meiner Schwiegermutter).
Jeder Betriebsangehörige wurde aufgefordert, an mich Fragen zu stellen. Viele Fragen wurden gestellt und ich mußte sie alle beantworten. Diese Tortur dauerte zweieinhalb Stunden. [. . .]
Da meine Frau und die Kinder katholisch sind, trat die Betriebsparteileitung im November 1960 an mich heran mit der Aufforderung, meine Frau und die Kinder zu veranlassen, aus der katholischen Kirche auszutreten. Ich teilte der SED mit, daß meine Frau ein Austreten aus der Kirche ablehnt. Daraufhin wurde mir gesagt, daß ich mich von meiner Frau scheiden lassen solle.
Im Februar 1961 wurde ich erneut aufgefordert, mich von meiner Familie zu trennen oder meinen Arbeitsplatz (BGL-Vorsitzender) zu verlassen.
Seit Oktober 1960 wurde nicht nur ich laufend von der Betriebsparteileitung schikaniert, sondern auch mein Sohn. Er wurde laufend in der Schule von anderen Kindern beschimpft, weil er ständig zum katholischen Unterricht ging. Das ging soweit, daß man meinem Sohn immer nachrief: „Sehet her, da geht der junge Pfaffe". Mein Junge wurde auch durch den Klassenlehrer

schikaniert. Wenn er einmal frei haben wollte, wurde von dem Klassenlehrer gesagt: „Wie oft feiert ihr Katholiken denn noch? Du bekommst nicht frei." Nachdem ich diesen Terror der SED monatelang über mich habe ergehen lassen müssen und meine Frau vor einem Nervenzusammenbruch stand, haben wir uns schweren Herzens entschlossen, am 24. März 1961 die Ostzone zu verlassen und nach West-Berlin zu flüchten. Ich bin froh, daß ich mit meiner Frau und meinen beiden Kindern West-Berlin erreicht habe.
Berlin, den 10. April 1961 gez. Unterschrift

*Bundesministerium für Gesamtdeutsche Fragen (Hrsg.), Der Bau der Mauer durch Berlin. Die Flucht aus der Sowjetzone und die Sperrmaßnahmen des kommunistischen Regimes vom 13. August 1961, Bonn 1986, S. 63 ff.*

1. *Arbeiten Sie die verschiedenen Formen der Schikanen heraus, denen viele DDR-Bürger ausgesetzt waren. Kennen Sie vergleichbare Schicksale?*
2. *Machen Sie sich anhand des Protokolls des Gewerkschaftlers den Einfluß der Politik auf das Leben jedes einzelnen klar. Stellen Sie auch Gründe fest, warum Millionen sich für einen Verbleib in der DDR entschieden haben.*

## Fluchtbewegung aus der DDR (1949 – 30. 6. 1990) **M 10**

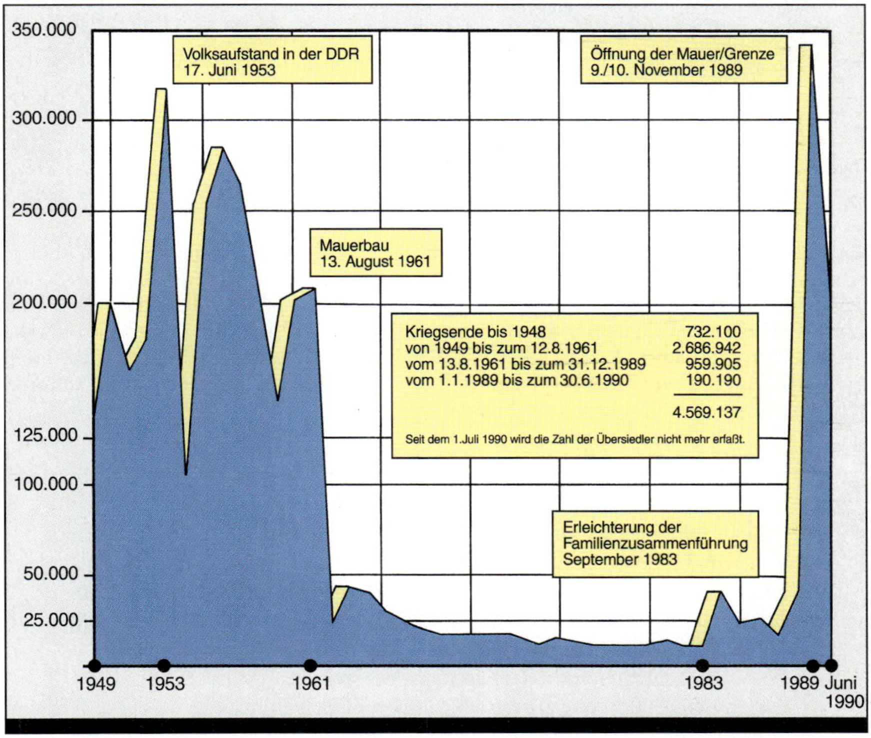


1. *Erläutern Sie die Folgen der Fluchtbewegung für Staat, Gesellschaft und Wirtschaft der DDR.*
2. *Befragen Sie ehemalige DDR-Bürger, die in die Bundesrepublik geflohen sind, nach ihren Motiven und Erfahrungen.*

# Der vormundschaftliche Staat: Stabilisierung, innere Erstarrung und Niedergang der DDR (1961–1989)

Nachdem Erich Honecker 1971 Ulbrichts Sturz im Politbüro durchgesetzt hatte, wurde Ulbricht vor die Wahl gestellt, sich entweder anläßlich seines Geburtstages als Kranker in Bademantel und Hausschuhen zu präsentieren oder aber noch seine letzte Funktion als Staatsratsvorsitzender zu verlieren. Ulbricht ließ sich demütigen und spielte bis zu seinem Tod am 1. August 1973 eine Nebenrolle. Walter Ulbricht gegenüber steht sein Nachfolger Erich Honecker, umrahmt von Politbüromitglied Hermann Axen und Ministerpräsident Willi Stoph (am Bildrand).

| | |
|---|---|
| 1971 | Erich Honecker löst Walter Ulbricht an der Spitze der SED ab |
| 1983 | Gegen einen Milliardenkredit der Bundesregierung ist die DDR zu humanitären Erleichterungen bereit |
| 1985 | Oppositionelle schließen sich in einer Bürgerrechtsbewegung zusammen |
| 1989 | August / September: Tausende von DDR- Bürgern fliehen über Ungarn, Prag, Warschau in den Westen |
| | 9. Oktober: Höhepunkt der Montagsdemonstrationen in Leipzig |
| | 18. Oktober: Egon Krenz wird Nachfolger Erich Honeckers |
| | 9. November: Die Mauer fällt |

## Konsolidierung in den letzten Jahren der Ära Ulbricht

Ebenso wie in anderen Ostblockstaaten konnten sich die Menschen in der DDR seit dem Mauerbau nicht mehr durch Flucht der kommunistischen Diktatur entziehen, sondern mußten sich von nun an mit der SED-Führung arrangieren. Tatsächlich führte dies zu einer gewissen Konsolidierung der inneren Verhältnisse, zumal die Partei nach Durchführung der ideologisch bedingten Eingriffe in die Gesellschaft jetzt einen pragmatischeren Kurs steuern konnte. Überdies zeigten die von Moskau seit 1961 ausgehenden Impulse für eine weitere Absage an den Stalinismus Wirkungen. So gestand das Regime auf Drängen der evangelischen Kirche seit 1964 Wehrdienstverweigerern einen waffenlosen Wehrersatzdienst („Bausoldaten") zu. Besonders auf wirtschaftlichem Gebiet wurde zeitweilig eigenverantwortliches Handeln gefördert und das System der strikten Lenkung von oben flexibler gestaltet („Neues ökonomisches System der Planung und Leitung").
Gleichzeitig fand die immer stärkere Unterordnung des Staates unter die „marxistisch-leninistische Partei" der Arbeiterklasse ihren Niederschlag in der neuen Verfassung von 1968. Diese schrieb in Artikel 1 die Hegemonie der SED fest. Leerformeln schienen zwar Grundrechte wie Gewissens- und Pressefreiheit zu garantieren, doch angesichts des Machtmonopols der Partei blieben in der Praxis Pluralismus und rechtsstaatliche Gewaltenteilung außer Kraft gesetzt.
Ungebrochen war auch der Führungsanspruch der SED auf das Wirtschaftsleben. Notwendige Reformen unterblieben und machten trotz offenkundiger Erfolge im Vergleich zu anderen sozialistischen Staaten die Schwierigkeiten eines zentralistischen Systems deutlich. Weil der autokratisch herrschende Parteichef Ulbricht von seinen ehrgeizigen Zukunftsplänen, den Sieg über den Kapitalismus wenigstens auf deutschem Boden zu erzwingen, nicht ablassen wollte, lenkte er Milliarden Mark in den Bereich moderner Technologien (Mikroelektronik, Flugzeugbau, Robotertechnik), die jedoch den internationalen Standard nicht erreichten. Die Investitionsmittel waren verschleudert und fehlten dringend beim Wohnungsbau und bei der Konsumgüterproduktion. Als Ulbricht trotz einer erneuten wirtschaftlichen Krise auch noch auf mehr Eigenständigkeit gegenüber der Sowjetunion pochte, verlor er die Unterstützung von Parteichef *Leonid Breschnew*[1]). Honecker betrieb in Absprache mit Moskau Ulbrichts Sturz und wurde im Mai 1971 als 1. Sekretär der Partei (seit 1976 Generalsekretär) mächtigster Mann im Staat, der bald alle wichtigen Ämter (Vorsitzender des Nationalen Sicherheitsrates, Staatsratsvorsitzender) in seinen Händen vereinte.

[1]) Leonid Iljitsch Breschnew (1906–1982), ursprünglich Anhänger Chruschtschows, war 1964 maßgeblich an dessen Sturz beteiligt. Breschnew übernahm selbst das Amt des Ersten Sekretärs der KPdSU und baute in den folgenden Jahren seine Machtstellung aus, die er bis zu seinem Tod nicht mehr abgab.

### Unveränderter Machtanspruch der SED

Seine bis 1989 unumschränkte Machtposition sicherte sich Honecker, indem er
- die Führungsrolle der Sowjetunion anerkannte;
- das Politbüro und den Ministerrat weitgehend entmachtete und im wesentlichen mit Hilfe *Erich Mielkes* (Staatssicherheit) und *Günter Mittags* (Wirtschaft) sowie des bürokratischen Apparats im Zentralkomitee die Partei und damit die Politik des Staates steuerte;
- die Bevölkerung durch Lohn- und Rentenerhöhungen, eine großzügige Sozialpolitik und eine konsumorientierte Wirtschaftspolitik für sich zu gewinnen suchte;
- die faktische Anerkennung der DDR durch die Bundesrepublik und den Westen erreichte (siehe Seite 262 f.).

Anfangs schienen sich mit Erich Honecker auch für das geistige Leben der DDR, im Bereich von Kunst und Literatur, neue Freiheitsräume für Phantasie und Individualität zu eröffnen. Man traute dem neuen Parteichef eine liberalere Handhabung der Macht zu. Seit Mitte der siebziger Jahre zeigte sich jedoch, daß die Hoffnungen auf eine tiefgreifende Reform vergeblich waren. Künstler und Schriftsteller wie *Reiner Kunze* wurden gemaßregelt und verließen die DDR, andere wie *Erich Loest* erhielten Publikationsverbot, mußten jahrelang auf die Genehmigung zur Ausreise in die Bundesrepublik warten oder wurden wie *Wolf Biermann* als Staatsfeinde zwangsausgebürgert (1976). Zahlreiche Schriftsteller, zumeist Mitglieder der SED, protestierten öffentlich dagegen und gerieten selbst als „feindlich-negative Kräfte" ins Visier des MfS. Nicht besser erging es kommunistischen Abweichlern, wie etwa *Rudolf Bahro* und Robert Havemann, die von einer marxistischen Position aus die Parteidiktatur der SED kritisierten. Nur die Kirchen konnten ein gewisses Maß an geistiger Unabhängigkeit gegenüber Staat und Partei verteidigen – allerdings um den Preis, daß sich die katholische Kirche völlig aus den öffentlichen Angelegenheiten heraushielt und die evangelische Kirche sich als „Kirche im Sozialismus" (1978) definierte, was die SED als Anerkennung ihrer Herrschaft interpretierte.

### „Nischengesellschaft"

Die meisten DDR-Bürger versuchten, das Beste aus ihrer Lage zu machen, arbeiteten hart und suchten nach persönlichen Freiräumen und Nischen. Das erzwungene Arrangement mit dem ungeliebten Regime produzierte allerdings auch politische Apathie. Die politische Stabilität blieb vordergründig und führte nicht zur Aussöhnung zwischen Bürgern und Staat. Trotz pausenloser ideologischer Indoktrination behielt die große Mehrheit der Bevölkerung ihre innere Distanz zum „real existierenden Sozialismus". Das geforderte Mindestmaß an Loyalität wurde erbracht, die öffentlichen Losungen hingenommen, aber nicht befolgt, die Doppelzüngigkeit zwischen dem, was öffentlich und im vertrauten Kreis gesagt wurde, perfektioniert. Im übrigen zogen

Die verfallende Altbausubstanz der Städte wie hier in Schönebeck/Elbe war zumeist mit Wohnbedingungen verbunden, die für die westdeutsche Wohlstandsgesellschaft als unzumutbar gelten konnten. Andererseits bildete die geruhsame Biedermeier-Stimmung nicht selten einen wohltuenden Gegensatz zum hektischen Alltag der Bundesbürger, für die diese Atmosphäre endgültig verloren war.

sich die Menschen in der Honecker-Ära immer mehr in ihre Privatsphäre und den Freundeskreis zurück, sahen Westfernsehen oder träumten von Reisen in den Westen. Das mühselig, aber trickreich und mit großer Ausdauer errichtete Wochenendhaus, die „Datsche", wurde zum Symbol einer „Nischengesellschaft" im Obrigkeitsstaat. Die Nischengesellschaft stiftete Solidarität zwischen den gegängelten Bürgern; vielfach bestimmten aber auch Neid, Unaufrichtigkeit und Mißtrauen ihre Beziehungen untereinander als Folge von Bespitzelung und Überwachung (⇨ M 1).

## Die „Einheit von Wirtschafts- und Sozialpolitik" und ihr Preis

Auf dem wirtschaftlichen Sektor konnte Honecker zunächst einige Erfolge vorweisen. Die Industrieproduktion stieg zwischen 1970 und 1974 um etwa 30 Prozent, die durchschnittlichen Löhne in der gleichen Zeit von 755 auf 860 Mark. Eine Reihe von sozialen Vergünstigungen kamen Frauen und Jugendlichen (aber nicht den Alten) zugute, die Mieten und die Kosten für Grundnahrungsmittel sowie Gebrauchsgüter für das tägliche Leben blieben stabil. Es gab keine offene Arbeitslosigkeit, aber der Preis dafür war eine sehr geringe Arbeitsproduktivität der Betriebe. Die staatliche Planwirtschaft konnte kaum konkurrenzfähige Produkte am Weltmarkt anbieten und produzierte Verluste, die jedoch eine Zeitlang verheimlicht werden konnten. Amtliche Statistiken wurden geschönt, um Planerfüllung vorzutäuschen. Besonders krasse Leistungsfälschungen wurden in der Wohnungsbaustatistik üblich. Als sich die Partei- und Staatsführung der SED im Oktober 1988 durch ihre gleichgeschalteten Medien für die Übergabe der dreimillionsten Wohnung feiern ließ, waren erst 1,92 Millionen fertiggestellt.

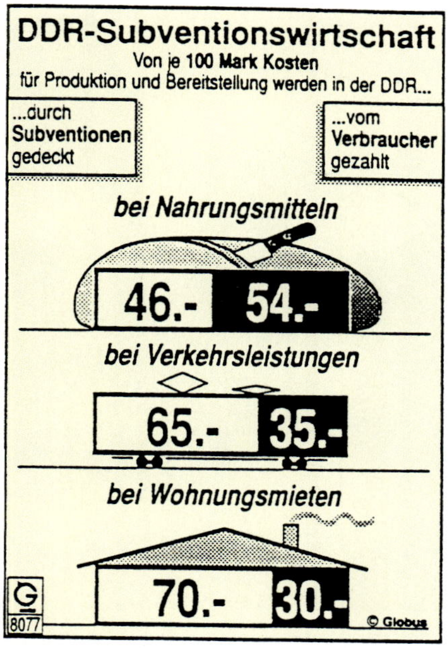


Die Preise in der DDR hatten nichts mit den Kosten für die Herstellung oder die Bereitstellung von Gütern und Leistungen zu tun. Sie waren ein sozialpolitisches Instrument des Staats. Die Angaben in dem Schaubild stammen von 1989.

Der Lebensstandard in der DDR war zwar der höchste aller kommunistisch regierten Staaten, aber trotz aller Propaganda der SED blieb die Bundesrepublik der einzig von den Bürgern akzeptierte Vergleichsmaßstab. Diesem Vergleich hielten die Ergebnisse der Planwirtschaft in keiner Weise stand. Die beiden Ölkrisen der siebziger Jahre sowie die immer engere Eingliederung der DDR-Volkswirtschaft in den sowjetisch dominierten Wirtschaftsbereich des Rates für gegenseitige Wirtschaftshilfe (RGW) ließen die Entwicklung seit Ende der siebziger Jahre in irreparabler Weise stagnieren. Entsprechend fehlten Investitionsmittel für die Erneuerung der herabgewirtschafteten Betriebe, die zerfallenden Städte, die zerstörte Umwelt. Viele der von Honecker unablässig gefeierten „sozialen Errungenschaften" wie billige Wohnungen erforderten hohe staatliche Subventionen und konnten letztlich nur durch eine immer höhere Verschuldung im Westen finanziert werden.

### Wirtschaftlicher Kollaps auf Raten

Bereits 1976 war die DDR mit fünf Milliarden DM verschuldet, damals ein Staatsgeheimnis, das nur einigen Vertrauten Honeckers im Politbüro bekannt war. Am Ende des Jahrzehnts belief sich der Schuldenberg bereits auf 30 Milliarden DM. 1983 konnte die internationale Kreditwürdigkeit nur durch einen Milliardenkredit der Bundesregierung gewahrt werden. Im Gegenzug erklärte sich die DDR bereit, Minenfelder und Selbstschußanlagen an der innerdeutschen Grenze abzubauen, über tausend DDR-Bürger aus der Haft freizulassen, beziehungsweise ihre Übersiedlung in die Bundesrepublik zu erlauben und umfangreiche Erleichterungen im Reiseverkehr zu gestatten. 1989 entsprach die Auslandsverschuldung von 49 Milliarden DM bereits dem volkswirtschaftlichen Nettoprodukt eines Jahres. Die DDR lebte über ihre Verhältnisse, der wirtschaftliche Kollaps war nur eine Frage der Zeit. Doch nur wenige Spitzenfunktionäre wußten dies; noch funktionierte die offizielle Propaganda.

## Kritik von Friedens- und Umweltgruppen

Die Krise der kommunistischen Herrschaft in der DDR entzündete sich nicht nur am Versagen der Ökonomie. Den Boden für den Massenprotest des Jahres 1989 bereiteten oppositionelle Gruppierungen, die seit den frühen achtziger Jahren mit wachsender Unerschrockenheit das Regime herausforderten, aber auch viele einzelne Bürger, die unter Berufung auf die von der DDR 1975 unterschriebenen *KSZE-Schlußakte* (siehe Seite 325) ihre Menschenrechte einforderten.

Anfangs waren es vor allem Friedens- und Umweltgruppen, die zumeist unter dem Schutz der Kirche eine Art Gegenöffentlichkeit zur staatsoffiziellen Erziehung und zur offiziell ignorierten ökologischen Krise im Land bildeten. Zunächst entstanden diese informellen Zusammenschlüsse von aufbegehrenden jungen DDR-Bürgern aus der Empörung über konkrete Maßnahmen des SED-Staates. Die Einführung des „Wehrunterrichts" an allen Schulen seit 1978, die staatlich verordnete Militarisierung der Gesellschaft sowie die Aufrüstung in Ost und West entwickelten sich alsbald zu Plattformen für eine umfassendere Kritik der Verhältnisse. Eine wichtige Rolle spielte etwa der von Pfarrer *Rainer Eppelmann* und Robert Havemann gemeinsam formulierte *„Berliner Appell – Frieden schaffen ohne Waffen"* (1982). Die Forderungen nach Toleranz und Anerkennung des Rechtes auf freie Meinungsäußerung unterschrieben innerhalb weniger Monate Tausende.

In Friedensseminaren und Friedenswerkstätten fanden sich zumeist jugendliche Teilnehmer aus der ganzen DDR zusammen. Ihr gemeinsames Protestsymbol war ein Annäher mit der Aufschrift *„Schwerter zu Pflugscharen"*. Die Staatsmacht reagierte wieder mit Verhaftungen und Ausbürgerungen prominenter Oppositioneller und vor allem mit dem massiven Einsatz von Inoffiziellen Mitarbeitern der Staatssicherheit. Die beabsichtigte „Zersetzung" oppositioneller Gruppierungen ging so weit, daß manche Friedenskreise regelrecht von Stasi-Spitzeln kontrolliert wurden.

## Eine Bürgerrechtsbewegung entsteht

Eine neue Qualität in die zunächst stark christlich-pazifistisch ausgerichtete Protestbewegung brachte die 1985 von einigen Bürgerrechtlern in Ost-Berlin (u. a. *Bärbel Bohley, Ralph Hirsch, Gerd Poppe, Wolfgang Templin, Vera Wollenberger*) gegründete *„Initiative Frieden und Menschenrechte" (IFM)*. Erstmals wurden hier von ostdeutschen Oppositionellen die Forderungen nach einer freiheitlichen Demokratie, wie sie die Bürgerrechtsbewegungen in Polen *(Solidarnosc)*, Ungarn und der Tschechoslowakei *(Charta 77)* schon länger vertraten, aufgegriffen und propagiert.

Die Reformpolitik in der Sowjetunion unter Parteichef *Michail Gorbatschow*[1]) (siehe Seite 327 ff.) machte den Oppositionellen Mut. Immer mehr Menschen

[1]) Michail Sergejewitsch Gorbatschow (geb. 1931), seit 1980 Mitglied des Politbüros der KPdSU, seit 1985 Generalsekretär der Partei

solidarisierten sich mit jenen, die verhaftet, ausgebürgert oder auf andere Weise eingeschüchtert werden sollten. Zählten auch die dauerhaft aktiven Regimegegner nur wenige hundert Personen, so verstanden sie es doch, einige tausend Sympathisanten zu gewinnen, so daß sich allmählich ein regelrechtes Netzwerk von Verbindungen (Untergrundblätter, Treffen, Protestaktionen) über das ganze Land erstreckte.
Landesweite Aufmerksamkeit und wachsende Anerkennung in der Bevölkerung verschafften den Bürgerrechtlern die Ereignisse im Zusammenhang mit den Kommunalwahlen vom 7. Mai 1989. In mehreren Städten der DDR beobachteten Vertreter dieser Gruppen die Auszählung der Stimmen in den örtlichen Wahllokalen und protestierten anschließend gegen die festgestellten Wahlfälschungen.

### Flucht vor der Staatsmacht

Trotz verschärfter Repression durch die allgegenwärtige Staatssicherheit stellten immer mehr Bürger Anträge auf Ausreise aus der DDR, obwohl sie in vielen Fällen deswegen jahrelang benachteiligt und schikaniert wurden. Im ersten Halbjahr 1989 gestattete die Regierung 46 343 Personen die Übersiedlung in die Bundesrepublik. Doch die Hoffnung der SED, auf diese Weise wieder Ruhe herstellen zu können, erfüllte sich nicht (⇨ M 2). Im Gegenteil: Im Sommer 1989 lagen nach Berichten des MfS an die Parteispitze bereits eine Viertelmillion weiterer Ausreiseanträge vor.

Ein Moment der Weltgeschichte: Die Außenminister Ungarns und Österreichs, Gyula Horn (rechts) und Alois Mock, zerschneiden im Mai 1989 den Eisernen Vorhang.

Nach und nach verloren die Drohgebärden der Machthaber ihre Wirkung, wenngleich niemand vorherzusagen wußte, wie die SED auf die wachsende Unruhe im Land reagieren würde. Immerhin wagten es die Bürgerrechtler im August/September 1989, sich in vier erstmals öffentlich auftretenden Vereinigungen *(Neues Forum, Demokratie Jetzt, Demokratischer Aufbruch, Sozialdemokratische Partei)* zusammenzuschließen und eine Reform der DDR an Haupt und Gliedern zu fordern.
Am 10./11. September erlaubte die reformkommunistische Regierung Ungarns, die bereits seit Mai ihre Grenzsperren nach Östereich abbaute, fluchtwilligen Urlaubern aus der DDR die Ausreise. Über 25 000 Menschen nutzten das überraschend entstandene Schlupfloch im bislang undurchlässigen Eisernen Vorhang. Andere fanden Einlaß in den diplomatischen Vertretungen der Bundesrepublik in Prag, Warschau und Ost-Berlin. Von dort forderten sie die Chance, ein Leben in Freiheit zu führen. Nach langwierigen Verhandlungen zwischen beiden deutschen Regierungen durften sie Anfang Oktober in den Westen übersiedeln.

Im September gelangten nach und nach 5500 Fluchtwillige aus der DDR auf das Gelände der bundesdeutschen Botschaft in Prag. Am 30. September verkündete Bundesaußenminister Hans-Dietrich Genscher den Wartenden den „berühmtesten Halbsatz der deutschen Geschichte" (Prager Zeitung): „Wir sind zu Ihnen gekommen, um Ihnen mitzuteilen, daß heute Ihre Ausreise möglich geworden ist ...". Allerdings bestand die DDR darauf, daß alle Flüchtlinge mit Sonderzügen über DDR-Gebiet in die Bundesrepublik gebracht wurden.

## Massenprotest und friedliche Revolution

Seit Anfang September 1989 demonstrierten in Leipzig an jedem Montag nach Friedensgebeten in der Nikolaikirche immer mehr Menschen für Reisefreiheit statt Massenflucht (⇨ M 3). Rief die Menge anfangs noch „Wir wollen raus!", so hieß es bald „Wir bleiben hier!". Mit Mahnwachen für Inhaftierte protestierten in Berlin, Leipzig und Potsdam Bürgerrechtler unter den Augen der Staatssicherheit, die mit Verhaftungen die um sich greifende Protestwelle ersticken wollte.

In den ersten Oktobertagen spitzte sich in vielen Städten die Situation gefährlich zu. Während die Machthaber den 40. Jahrestag der DDR am 6. und 7. Oktober vor den (Fernseh-)Augen der Welt und in Anwesenheit des sowjetischen Partei- und Staatschefs Gorbatschow mit Pomp, Militärparaden und FDJ-Vorbeimärschen feierten, versuchten sie gleichzeitig, mit einem Riesenaufgebot bewaffneter Sicherheitskräfte die Demonstranten einzuschüchtern.

Honecker weigerte sich, Reformen einzuleiten, zu denen ihm Gorbatschow dringend geraten hatte („Wer zu spät kommt, den bestraft das Leben"). Da Gorbatschow jedoch nicht mehr bereit war, die kommunistische Diktatur in Deutschland mit Gewalt zu schützen, erfüllte sich, was Breschnew 1970 Honecker eingeschärft hatte, als beide den Sturz Ulbrichts planten: „Erich, ich sage dir offen, vergiß das nie: die DDR kann ohne uns, ohne die Sowjetunion, ihre Macht und Stärke nie existieren. Ohne uns gibt es keine DDR."

Die Montagsdemonstration vom 9. Oktober in Leipzig brachte den Umschwung (⇨ M 4). 70 000 Menschen – mehr als jemals zuvor – zogen auf dem Ring rund um die Innenstadt, demonstrierten friedlich, im klaren Bewußtsein, daß es zu einem Blutbad kommen könnte. Ähnliches geschah in Berlin. Obgleich die bewaffneten Kräfte in höchste Alarmbereitschaft versetzt worden waren, wurde der Befehl zur gewaltsamen Zerschlagung der Demonstrationen nicht gegeben. Offenbar auch unter dem Einfluß der Sowjets unterlief eine Gruppe im Politbüro um *Egon Krenz*, dem „Kronprinzen" Honeckers, dessen Absicht zur gewaltsamen Beendigung des Bürgerprotests. Die Mehrheit im Politbüro versuchte jetzt, durch Gesprächsangebote an die Bevölkerung und die *Entmachtung Honeckers am 18. Oktober 1989* die Situation wieder in den Griff zu bekommen. Krenz übernahm Honeckers Ämter. Doch die Menschen wollten sich nicht mehr mit kleinen Korrekturen der bisherigen Politik zufriedengeben. „Wir sind das Volk!" scholl es selbstbewußt den Machthabern entgegen, und im November mischte sich darunter immer häufiger der Ruf „Wir sind ein Volk!"

Einige Losungen, die auf Transparenten während einer Kundgebung am 4. November 1989 auf dem Ost-Berliner Alexanderplatz zu sehen waren.

**PÄSSE FÜR ALLE –**
**DER SED DEN LAUFPASS**

**SED ALLEIN –**
**DAS DARF NICHT SEIN**

**WIR SIND DAS VOLK**

Berlin, 9./10. November 1989: Menschen auf und vor der Mauer. Am Abend des 9. November 1989 wurde der Öffentlichkeit der noch unklare Beschluß des DDR-Ministerrats mitgeteilt, alle Grenzen in die Bundesrepublik und nach West-Berlin zu öffnen. Nachdem diese sensationelle Nachricht sich wie ein Lauffeuer verbreitet hatte, strömten die Menschen aus Ost- und West-Berlin an die Mauer. Auf beiden Seiten der Grenze kam es in der Nacht zu volksfestartigen Verbrüderungsszenen. Bis Sonntag besuchten schätzungsweise zwei Millionen DDR-Bürger kaum kontrolliert West-Berlin, und eine weitere Million passierte die innerdeutsche Grenze. Bis zum Monatsende kamen 13 bis 14 Millionen Menschen aus der DDR in den Westen. In West-Berlin und in der Bundesrepublik erhielten die Reisenden aus der DDR ein bereits früher gesetzlich festgelegtes Begrüßungsgeld von DM 100,–.

## Das Ende der SED-Diktatur

Die anhaltende Massenflucht und der zunehmende Massenprotest im ganzen Land untergruben innerhalb weniger Wochen das bereits brüchige Machtfundament der SED. Das Ende ihrer Herrschaft kam mit der *Öffnung der Mauer und der Grenzübergänge nach West-Berlin und in die Bundesrepublik am 9. November 1989*. Die Annahme der SED-Führung, mit der Gewährung der von den Demonstranten dringlich geforderten Reisefreiheit die DDR noch in letzter Minute stabilisieren zu können, erwies sich als illusionär. Nach dem Fall der Mauer besuchten Millionen den anderen Teil Deutschlands und entschieden sich gegen die DDR.

Unter dem Druck der Bevölkerung gab die SED ihre Hegemonialstellung schrittweise auf. Im Dezember 1989 wurde ihre „führende Rolle" aus der Verfassung gestrichen, das Ministerium für Staatssicherheit aufgelöst, Politbüro und Zentralkomitee traten geschlossen zurück, Partei- und Staatschef Krenz gab seine Ämter ab. Die friedliche Revolution in der DDR hatte gesiegt, die SED-Diktatur war zusammengebrochen, und widerstrebend mußte der amtierende Regierungschef *Hans Modrow* (SED) zur Kenntnis nehmen, daß die übergroße Mehrheit der Bevölkerung keine verbesserte DDR, sondern die Wiedervereinigung mit der Bundesrepublik wollte.

## M 1 Das Leben wird einem nur einmal geschenkt – Anpassung als Strategie des Überlebens

*Joachim Gauck, Jahrgang 1940, war bis zum Zusammenbruch der DDR Pfarrer in Rostock. Er schloß sich im Herbst 1980 der Bürgerrechtsbewegung an und war Abgeordneter der ersten und einzigen frei gewählten Volkskammer der DDR vom März bis Oktober 1990. Er leitet die nach ihm genannte Behörde in Berlin – „Bundesbeauftragter für die Unterlagen des Staatssicherheitsdienstes der ehemaligen DDR".*

Mit dem Bau der Mauer wurde gleichsam die Leibeigenschaft zur Staatsdoktrin erhoben, denn von da an konnte nur derjenige diesem System noch entgehen, der bereit war, sein eigenes Leben aufs Spiel zu setzen. Das Gefühl, wehrlos in der Falle zu sitzen, veränderte das Verhältnis zu diesem Staat und seinen schamlosen Lügen wieder, daß mit dem Bau des „antifaschistischen Schutzwalles" der Frieden gerettet worden sei. Der Bürger dachte sich zwar immer noch seinen Teil, aber er konnte es nicht mehr wagen, dies auch auszusprechen, denn es gab ja kein Entrinnen mehr. Hinter der Formel vom „gelernten DDR-Bürger" verbirgt sich vor allem diese Grunderfahrung. [. . .]
Wer fortan nicht als Märtyrer kämpfen wollte, mußte sich ohne diese letzte Möglichkeit der Selbstverteidigung arrangieren. Für alle, die auch im real existierenden Sozialismus das Leben, das einem schließlich nur einmal geschenkt wird, genießen wollten, die fröhlich sein und Kinder haben wollten – für die wurde Anpassung von nun an zu einer Strategie des Überlebens.
Zwar gehörten die terroristischen Instrumente des Stalinismus wie Folter, Verschleppung oder Mord der Vergangenheit an, aber seine zivile Spielart breitete sich nun ungehemmt in alle Lebensbereiche aus. Die Vorstellung der SED, im Besitz der absoluten Wahrheit zu sein, ihr Anspruch auf die absolute Macht bestimmten von nun an das Leben der DDR-Bürger buchstäblich von der Wiege bis zur Bahre. Das Ministerium für Staatssicherheit drang immer umfassender in das gesamte gesellschaftliche Leben der DDR ein und war als Angstapparat der SED ungeheuer wirkungsvoll. Die Stasi wurde zur Chiffre für die ständige Bedrohung, in der ein DDR-Bürger auch in den sechziger, siebziger und achtziger Jahren zu leben gezwungen war.
In dieser Situation wirkte die Angst gleichsam als ein Signalsystem, das ein unauffälliges Alltagsleben durch Anpassung gewährleistete. Sie wurde für mehrere Generationen zum ständigen Ratgeber, ja geradezu zum Motor, der vieles in Gang setzte: Angst bewirkte Anpassung oder sogar Überanpassung bei denen, die ihre Ellenbogen einzusetzen vermochten, sie bewirkte Depression und Rückzug in die vielbeschriebenen Nischen der DDR-Gesellschaft. Sehr selten bewirkte die Angst auch Protest – bezeichnenderweise vor allem bei den Jüngeren, die noch nicht jahrzehntelang das Gefühl permanenter Bedrohung verinnerlicht hatten. In der Regel war die Angst jedenfalls so wirksam, daß ein gewisses Maß an Überanpassung zur DDR-Normalität gehörte. [. . .]
Die Erziehung zur Anpassung begann bereits in der Kinderkrippe und im Kindergarten. Rigoros wurde hier das oberste sozialistische Erziehungsziel „Individualität hemmen und den eigenen Willen brechen" durchgesetzt. Schon ein Erstkläßler bekam mitunter zu spüren, wie unverzichtbar Anpassung war, weil die Lehrer häufig eher die staatstreue Gesinnung als die fachliche Leistung bewerteten. [. . .]

Gegen den Rückzug ins Private setzte die SED groß inszenierte Aufmärsche und Personenkult ein. Bei den Feierlichkeiten zum 1. Mai 1987 trugen Jugendliche Plakate mit den Bildern führender Politiker.

Die in der Volksbildung vorherrschende Pädagogik, die den Schülern antrainierte, anders zu reden als zu denken, setzte sich auch in vielen Familien fort. Manche Eltern haben ihre Kinder sogar gegen die eigene Überzeugung zu angepaßtem Verhalten erzogen, um ihnen eine reibungslose Entwicklung zu ermöglichen. Denn ungeachtet aller sozialistischen Ideale war die DDR eine Ellenbogengesellschaft à la bonheur, nur wurden hier die Ellenbogen anders eingesetzt als von den Menschen in den westlichen Demokratien. Wichtig war nicht so sehr, wirtschaftlich erfolgreich zu sein, sondern der Nachweis, daß der einzelne funktionierte, indem er das, was von ihm gefordert wurde, akzeptierte und bereit war, die von anderen formulierten Gesellschaftsziele „schöpferisch" mitzugestalten. [...]
Diese fast pathologische Spaltung der Persönlichkeit finden wir nicht nur bei vielen inoffiziellen Mitarbeitern der Stasi – sie ist, wenn man so will, geradezu ein Kennzeichen des Menschen in der sozialistischen Gesellschaft gewesen. Denn obwohl viele Menschen anders redeten und auch anders handelten, waren sie doch insgeheim Gegner des Systems. Für sie war es eine Strategie des Überlebens oder auch des Erfolges, *so zu tun, als ob* sie für das System seien [...].

*Joachim Gauck, Die Stasi-Akten. Das unheimliche Erbe der DDR, Reinbek 1991, S. 45 ff.*

1. *Erläutern Sie anhand des Textes von Joachim Gauck, wie die SED-Führung die Funktionstüchtigkeit ihres Regimes zu sichern versuchte.*
2. *Versetzen Sie sich in die Lage eines Bürgers in einem Staat, aus dem (vor dem) es „kein Entrinnen" gibt. Diskutieren Sie verschiedene Möglichkeiten, das eigene Leben unter solchen Umständen zu meistern.*

## M 2 Die Mauer kurz vor ihrem Fall – aus der Sicht der Herrscher und der Beherrschten

*Während Erich Honecker sich noch Anfang 1989 vom Nutzen der Mauer überzeugt zeigte (linke Spalte), beschrieb der Physiker und Bürgerrechtler Hans Jürgen Fischbeck im Februar 1988 in der Dresdener Kreuzkirche deren Folgen auf Bewußtsein und Mentalität der meisten DDR-Bürger (rechte Spalte).*

Mit dem Bau des antifaschistischen Schutzwalls im Jahre 1961 wurde die Lage in Europa stabilisiert, der Frieden gerettet. [. . .]
Die Herren von der Springerpresse und jene, die assistieren, scheinen zu vergessen, daß es eine ständige Aufgabe der Regierung eines jeden Staates sein sollte, seine Bürger vor Ausplünderungen zu schützen. Der Handelskurs, der Umwechslungskurs 1 Mark der BRD gegen 7 Mark der DDR, ist ein Beispiel dafür. Dabei ziehen wir noch nicht einmal in Betracht, daß es ein ernsthaftes Anliegen unseres Staates ist, unsere Bürger vor den Machenschaften der Drogengesellschaft des Westens zu schützen. [. . .] Soviel sei aber jetzt schon gesagt: die Mauer wird [. . .] so lange bleiben, wie die Bedingungen nicht geändert werden, die zu ihrer Errichtung geführt haben. Sie wird in 50 und auch in 100 Jahren noch bestehenbleiben, wenn die dazu vorhandenen Gründe noch nicht beseitigt sind. Das ist schon erforderlich, um unsere Republik vor Räubern zu schützen, ganz zu schweigen vor denen, die gern bereit sind, Stabilität und Frieden in Europa zu stören. Die Sicherung der Grenze ist das souveräne Recht eines jeden Staates, und so auch unserer DDR.

Mir wurde klar: Die Mauer war ja nicht nur eine harte und nun einmal hinzunehmende Einschränkung unserer Reisefreiheit – schließlich gibt es Wichtigeres als Reisen –, sondern sie hat unser Selbstverständnis, unser Lebensgefühl und unser gesellschaftliches Verhalten viel tiefer geprägt und deformiert, als ich mir bis dahin selbst eingestand. Unser Minderwertigkeitskomplex, unser ungerechtfertigter Pauschalverdruß, unsere Arme-Vettern-Mentalität gegenüber Besuchern von drüben, unsere Begehrlichkeit nach westlichen Waren, unsere Unbeholfenheit und Kommunikationsunfähigkeit gegenüber Ausländern, unsere falsche Fixierung auf die zum Ideal stilisierte liberale Konsumgesellschaft westlich der Mauer wurden mir deutlich als Symptome eines Syndroms.
Als Wissenschaftler muß ich hinzufügen, was mir vorher schon klar war: Der Ausschluß der meisten Wissenschaftler vom internationalen Kommunikationsprozeß (der sich eben nicht über die Zeitschriften abspielt) hat viele von ihnen um berufliche Lebenserfüllung gebracht und unserer Wissenschaft großen Schaden zugefügt.

*Gisela Helwig (Hrsg.), Die letzten Jahre der DDR. Texte zum Alltagsleben, Köln 1990, S. 131, 133*

1. *Arbeiten Sie aus beiden Reden die wichtigsten Argumente heraus und stellen Sie sie gegenüber.*
2. *Welche unterschiedlichen Schwerpunkte werden bei Honecker und dem Bürgerrechtler deutlich? Diskutieren Sie über das Spannungsverhältnis zwischen Politik und dem Erfahrungsbereich des „Mannes von der Straße."*
3. *Vergleichen Sie den Text von Fischbeck über den Einfluß der „Mauer" auf die DDR-Bürger mit M 1. Welche zusätzlichen Akzente betont Hans Jürgen Fischbeck?*

Der bundesdeutsche Karikaturist Horst Haitzinger spielt am 16. 8. 1989 auf eine von Erich Honecker öffentlich gehaltene Rede über die Zukunft des Sozialismus an.

## Der Einfluß der evangelischen Kirche

M 3

*Am 19. September 1989 nahm die Synode des evangelischen Kirchenbundes Stellung zur Situation in der DDR.*

Die Massenauswanderung von Bürgern der DDR in die Bundesrepublik Deutschland zwingt dazu, Ursachen dafür zu benennen, daß offensichtlich viele, besonders auch junge Menschen in unserem Land und für unser Land keine Zukunft mehr sehen. In der Synode wurden vielfältige Erfahrungen genannt:

- erwartete und längst überfällige Reformen werden offiziell als unnötig erklärt;
- die Mitverantwortung des einzelnen Bürgers und seine kritische Einflußnahme sind nicht ernsthaft gefragt;
- den Bürgern zustehende Rechte werden vielfach lediglich als Gnadenerweis gewährt;
- hier geweckte und von außen genährte Wohlstandserwartungen können nicht befriedigt werden;
- ökonomische und ökologische Mißstände erschweren zunehmend das Leben;
- Alltagserfahrungen und die Berichterstattung der Medien klaffen weit auseinander;
- eine öffentliche Aussprache über Ursachen der Krisenerscheinungen wird nicht zugelassen;

- Hinweise auf offensichtliche Unkorrektheiten in der Durchführung der Wahl und der Bekanntgabe es Ergebnisses blieben ohne Reaktionen; [...]
- gewaltlose Demonstrationen junger Menschen werden gewaltsam unterdrückt, Beteiligte werden zu Unrecht und überdies unangemessen bestraft;
- Freizügigkeit im Reiseverkehr wird nicht gewährt.

Aus diesen und anderen Gründen sind viele Hoffnungen auf Veränderung in der DDR erloschen. Die Folgen der Abwanderung betreffen alle in diesem Land:

Familien und Freundschaften werden zerrissen, alte Menschen fühlen sich im Stich gelassen, Kranke verlieren ihre Pfleger und Ärzte, Arbeitskollektive werden dezimiert, haben die Grenze ihrer Belastbarkeit erreicht und überschritten, die Folgen für die Volkswirtschaft sind unübersehbar. Auch Kirchengemeinden werden kleiner. [...]

40 Jahre DDR sind auch ein Lernweg unserer Kirchen, Christsein in einem sozialistischen Staat zu bewähren. Wir sehen uns heute vor die Herausforderung gestellt, Bewährtes zu erhalten und neue Wege in eine gerechtere und partizipatorische Gesellschaft zu suchen. Wir wollen mithelfen, daß Menschen auch in unserem Land gerne leben. Wir möchten sie dazu ermutigen. So bitten wir sie, hier zu leben und einen Beitrag für eine gute gemeinsame Zukunft in unserem Land zu leisten. Wir können und dürfen aber nicht alle Probleme gleichzeitig lösen wollen.

Wir brauchen:

- ein allgemeines Problembewußtsein dafür, daß Reformen in unserem Land dringend notwendig sind;
- die offene und öffentliche Auseinandersetzung mit unseren gesellschaftlichen Problemen;
- jeden für die verantwortliche Mitarbeit in unserer Gesellschaft;
- Wahrhaftigkeit als Voraussetzung für eine Atmosphäre des Vertrauens;
- verantwortliche pluralistische Medienpolitik;
- demokratische Parteienvielfalt;
- Reisefreiheit für alle Bürger;
- wirtschaftliche Reformen;
- verantwortlichen Umgang mit gesellschaftlichem und persönlichem Eigentum;
- Möglichkeiten friedlicher Demonstrationen;
- ein Wahlverfahren, das die Auswahl zwischen Programmen und Personen ermöglicht.

*Gisela Helwig, Die letzten Jahre der DDR, a. a. O., S. 9*

1. *Stellen Sie die verschiedenen Kritikpunkte der evangelischen Kirche fest.*
2. *Warum war diese Stellungnahme in der damaligen Situation besonders aufsehenerregend? Arbeiten Sie die zentralen Punkte heraus, die in der DDR einer öffentlichen Diskussion entzogen waren.*

## Entscheidende Stunden am Rande des Bürgerkrieges

M 4

*Ein Augenzeuge berichtet über die Montagsdemonstration vom 9. Oktober 1989 in Leipzig.*

Über den Ablauf jenes schicksalhaften Montags ist schon viel geschrieben und noch mehr spekuliert worden. Ob es nun für diesen Leipziger 9. Oktober einen speziellen Schießbefehl gegeben hat, sei dahingestellt. Auch ist die noch ausstehende Klärung dieser Frage gar nicht von so entscheidender historischer Relevanz, galt doch uneingeschränkt der vom Vorsitzenden des Nationalen Verteidigungsrates, Erich Honecker, am 26. September erlassene Geheimbefehl Nr. 8/89, der in Hinblick auf zu erwartende „Krawalle" eindeutig formulierte: „Sie sind von vornherein zu unterbinden." Und weiter wurde darin unmißverständlich angewiesen, daß „feindliche Aktionen offensiv verhindert werden sollen".
Wie wortgetreu die Leipziger Einsatzleitung unter Vorsitz des amtierenden 1. Sekretärs der SED-Bezirksleitung, Helmut Hackenberg, diesen Befehl nahm, erwies sich schon am frühen Vormittag. In Betrieben wurde davor gewarnt, nach 16 Uhr die Innenstadt zu betreten; Mütter sollten ihre Kinder bis 15 Uhr aus den Krippen und Kindergärten des Zentrums abholen; Schülern und Studenten wurde mit Relegation für den Fall der Beteiligung an „Aktionen" gedroht. Gerüchte schwirrten durch die Stadt. Man munkelte von MG-Nestern auf zentralen Gebäuden, befürchtete den Einsatz von Fallschirmjägern und wollte erfahren haben, daß der NVA-Hubschrauberstaffel in Cottbus „Führungsbereitschaft" befohlen wurde. Verläßlicher waren Meldungen über Stützpunkte der Sicherheitskräfte im Küchenholz und im Rosental sowie über Vorbereitungen auf dem agra-Gelände in Markkleeberg zur schon am 7. Oktober geprobten Internierung von „Zugeführten". Kirchen sollten für Flüchtende offengehalten werden, in St. Thomas entstand in fliegender Eile eine Sanitätsstelle. In Krankenhäusern wurden Notbetten aufgestellt und vor allem die chirurgischen und Intensivstationen verstärkt besetzt. Tausende von zusätzlichen Blutkonserven standen bereit. [. . .]

Die Montagsdemonstrationen vom 9. Oktober 1989 in Leipzig brachten die Wende.

Leipzig glich an diesem Tag einem Heerlager. Nach späteren Aussagen von Bereitschaftspolizisten war ihnen vormittags mitgeteilt worden, daß ein friedlicher Ausgang der Demonstration wenig wahrscheinlich sei und sie vorbereitet sein müßten, möglichen Gewalttätigkeiten zu begegnen. Dementsprechend trugen sie Kampfausrüstung: Helme mit Visier und Nackenschutz, Schilde, Gasmasken (Tränengas war in großen Mengen herangeschafft worden), Schlagstöcke und sogenannte RWKs (Reizwurfkörper); Offiziere waren mit Pistolen bewaffnet, auch Hundestaffeln eingesetzt. Auf dem Hof der VP-Bezirksbehörde standen „aufmunitionierte" Schützenpanzerwagen bereit, die tonnenschweren Stahlkolosse ausgerüstet mit Räumschilden, die Fahrer mit MPi und je sechzig Schuß Munition. Die Polizeitruppe zählte insgesamt dreitausend Mann, davon zwölfhundert zur Verstärkung aus den Bezirken Halle und Neubrandenburg herbeibeordert. Hinzu kamen noch fünf Hundertschaften von Betriebskampfgruppen sowie eine sicher vierstellige Anzahl von Einsatzkräften des Ministeriums für Staatssicherheit, dessen Arsenale nicht nur Handfeuerwaffen bargen. [...]

In der Nikolaikirche und in drei weiteren Gotteshäusern wurde während der Friedensgebete ein von sechs Persönlichkeiten der Stadt getragener Aufruf zur Besonnenheit verlesen: „Unsere gemeinsame Sorge und Verantwortung haben uns heute zusammengeführt. Wir sind von der Entwicklung in unserer Stadt betroffen und suchen nach einer Lösung. Wir alle brauchen einen freien Meinungsaustausch über die Weiterführung des Sozialismus in unserem Land. Deshalb versprechen die Genannten heute allen Bürgern, ihre ganze Kraft und Autorität dafür einzusetzen, daß dieser Dialog nicht nur im Bezirk Leipzig, sondern auch mit unserer Regierung geführt wird. Wir bitten Sie dringend um Besonnenheit, damit der friedliche Dialog möglich wird."

Dieser gemeinsame Appell des Kabarettisten Bernd-Lutz Lange, des Gewandhauskapellmeisters Kurt Masur und des Theologen Peter Zimmermann sowie der Sekretäre der SED-Bezirksleitung Kurt Meyer, Jochen Pommert und Roland Wötzel wurde um 18 Uhr auch vom Sender Leipzig und etwa eine Stunde später vom Stadtfunk ausgestrahlt. Die engagierte wie couragierte Wortmeldung hat unzweifelhaft beigetragen zum friedlichen Verlauf dieses Tages, ohne jedoch die voreilig bescheinigte entscheidende Rolle gespielt zu haben. Einzig die geballte Kraft der siebzigtausend angsterfüllten und dennoch nicht weichenden Menschen in der Innenstadt und auf dem Ring erzwang um 18.25 Uhr den endgültigen Rückzug der bewaffneten Einheiten. Jene Namenlosen meinte wohl Christoph Hein, als er vorschlug, Leipzig zur „Heldenstadt der DDR" zu ernennen. –

An diesem Leipziger 9. Oktober siegte die Deutsche Demokratische Revolution 1989. An jenem Montag nämlich wurde der Ruf „Wir sind das Volk!" zur materiellen Gewalt, die fortan alle zögerlichen Zugeständnisse von Partei und Regierung bewirkte und beschleunigte.

*Wolfgang Schneider, Leipziger Demontagebuch, Leipzig/Weimar 1990, S. 71 f.*

1. *Vergleichen Sie die Situation am 9. Oktober 1989 in Leipzig mit dem 17. Juni 1953 (siehe auch Seite 234 ff., M 6 und M 7).*
2. *Analysieren Sie verschiedene Gefahrenmomente im Verlauf des Tages.*
3. *Diskutieren Sie darüber, aus welchen Gründen die SED-Führung auf den Einsatz von Gewalt verzichtet hat.*

# Innerdeutsche Beziehungen – die Frage der deutschen Einheit

Symbol der deutschen Teilung seit 1961: die Mauer am Brandenburger Tor in Berlin.

| | |
|---|---|
| 1955 | Sowjetunion und DDR fordern die Anerkennung der DDR als souveräner Staat (Zwei-Staaten-Theorie)<br>Die Bundesrepublik will keine diplomatischen Beziehungen zu Staaten unterhalten, die die DDR anerkannt haben (Hallstein-Doktrin) |
| 1963 | Das Passierscheinabkommen zwischen dem Westberliner Senat und der DDR ermöglicht nach dem Mauerbau erste Kontakte zwischen Bürgern aus West-Berlin und der DDR |
| 1968 | Die neue Verfassung der DDR gibt die gemeinsame deutsche Staatsbürgerschaft auf |
| 1970 | Die Regierungschefs der Bundesrepublik und der DDR, Brandt und Stoph, kommen erstmals zu Verhandlungen zusammen |
| 1972 | Die Bundesrepublik und die DDR vereinbaren Beziehungen auf der Grundlage der Gleichberechtigung (Grundlagenvertrag) |
| 1973 | Beide deutschen Staaten werden Mitglied der UN |

## Alleinvertretungsanspruch der Bundesrepublik oder sozialistisches Gesamtdeutschland?

Bereits in seiner Regierungserklärung vom Oktober 1949 formulierte Bundeskanzler Adenauer das Prinzip, das der Deutschlandpolitik aller Bundesregierungen bis 1969 zugrunde lag: „Die Bundesrepublik Deutschland ist allein befugt, für das deutsche Volk zu sprechen." Der von sämtlichen demokratischen Parteien geteilte *Alleinvertretungsanspruch* und die strikte Nichtanerkennung des nicht frei gewählten DDR-Regimes bestimmten und begrenzten die Beziehungen Bonns zu Ost-Berlin zwei Jahrzehnte lang. Für die Bundesrepublik hatte das Ziel der Wiederherstellung der Einheit Deutschlands Verfassungsrang – allerdings nicht um jeden Preis, sondern nur im Rahmen einer freiheitlichen Ordnung nach westlichem Muster. Umstritten zwischen Regierung und Opposition waren allerdings häufig die Methoden der praktischen Politik auf diesem Weg.
Auf der anderen Seite nahm die SED für sich in Anspruch, mit der DDR den „Grundstein für ein einheitliches, demokratisches und friedliebendes Deutschland" (Stalin 1949) gelegt und ein Modell für ein zukünftiges Gesamtdeutschland unter kommunistischer Führung geschaffen zu haben (⇨ M 1). Diesen gesamtdeutschen Anspruch hielt die SED mit Unterstützung der Sowjetunion bis in die späten sechziger Jahre aufrecht. In der Praxis überwog allerdings von Ulbricht bis Honecker stets das Ziel der Absicherung der eigenen Herrschaft durch Abgrenzung gegenüber der Bundesrepublik. Schließlich strich die SED unter Erich Honecker alle Hinweise auf die Einheit Deutschlands aus der Verfassung und führte den Begriff einer „sozialistischen Nation" ein (⇨ M 2).

## Auseinanderleben von Ost und West

Da es bis weit in die sechziger Jahre hinein auf Regierungsebene keine Kontakte zwischen der Bundesrepublik und der DDR gab, beschränkten sich die innerdeutschen Beziehungen auf die Bereiche Handel, Verkehr und Sport. Doch auch hier wirkten sich die grundsätzlichen Gegensätze störend aus, wie sich an den seit 1952 immer umfassender werdenden Sperrmaßnahmen der DDR (Straßen und Autobahnen, privater Reiseverkehr) oder ihren schikanösen Kontrollen der Grenze und des Post- und Fernmeldeverkehrs zeigte. Als immer häufiger Sportler aus der DDR nach Veranstaltungen in der Bundesrepublik nicht mehr zurückkehrten, drosselten die DDR-Behörden schließlich den innerdeutschen Sportverkehr unter der Beschuldigung, die Bundesregierung betreibe „Abwerbung" und „Menschenhandel". Nach dem Mauerbau kam es zum Abbruch der innerdeutschen Sportbeziehungen; nur bei den Olympischen Spielen 1964 konnte man sich noch ein letztes Mal auf eine gesamtdeutsche Mannschaft einigen. Beibehalten wurden von der SED die verdeckten Aktivitäten ihrer „Westarbeit", mit denen sie Parteien und öffentliche Meinung in der Bundesrepublik im eigenen Sinne beeinflussen wollte.

## Zweistaatentheorie contra Hallstein-Doktrin

Nach der Einbeziehung der Bundesrepublik in das atlantische Militärbündnis und der DDR in den Warschauer Pakt verfolgte die sowjetische Führung unter Nikita Chruschtschow das Ziel der Anerkennung der DDR als souveräner Staat durch den Westen *(Zwei-Staaten-Theorie, 1955).* Zugleich stellten die Sowjets klar, daß es eine Wiedervereinigung nur unter Wahrung der „sozialistischen Errungenschaften" der DDR geben könne. An ihrer Politik hielt die Sowjetunion, die im September 1955 diplomatische Beziehungen mit der Bundesrepublik aufnahm, konsequent fest und forderte später sogar noch die Umwandlung West-Berlins in eine „selbständige politische Einheit" (Berlin-Ultimatum vom 27. November 1958).
Demgegenüber verdichtete die Bundesregierung ihren Alleinvertretungsanspruch zu dem außenpolitischen Grundsatz, daß die Bundesrepublik keine Beziehungen zu Staaten unterhalte, die durch Aufnahme diplomatischer Beziehungen die DDR anerkannten *(Hallstein-Doktrin, 1955).* Bis zum Ende der sechziger Jahre konnte die Bundesregierung auf diese Weise die internationale Anerkennung der DDR verhindern, weil sie ihre wirtschaftliche Hilfe an Länder der Dritten Welt von der Respektierung der Doktrin abhängig machte. Im Falle der Sowjetunion hatte die Bundesrepublik allerdings eine wichtige Ausnahme zulassen müssen.
Das sich seit Ende der fünfziger Jahre zwischen den beiden Weltmächten herausbildende „Gleichgewicht des Schreckens" (atomares Patt) sowie die Erfahrungen der Doppelkrise Berlin/Kuba (1961/62) (siehe Seite 310 ff.) mündeten in eine Periode der Entspannung, die faktisch die wechselseitige Anerkennung der jeweiligen Einflußsphären bedeutete. Vor diesem Hintergrund verlor die Deutschlandfrage ihre weltpolitische Bedeutung. Beide Supermächte hatten sich auf den Status quo festgelegt. Die Sicherheits- und Abrüstungsproblematik trat ins Zentrum der internationalen Diskussion. Für die Bundesrepublik bedeutete dies, daß sie sich im Gefolge des neuen Kurses der USA umorientieren mußte. Offiziell hielt Adenauer an seiner Politik fest, die Wiedervereinigung sei nur aus einer Position der Stärke mit Rückendeckung der Westmächte möglich. Durch informelle Fühlungnahme zeigte er jedoch, daß er die Notwendigkeit eines Übereinkommens mit der Sowjetunion einsah. Dies mußte eine Anerkennung der Realitäten in der DDR und in Osteuropa einschließen. Angebote des Kanzlers, die Frage der Einheit vorläufig zugunsten menschlicher Erleichterungen für die Bevölkerung der DDR zurückzustellen, wurden von Moskau allerdings nicht aufgegriffen. So geriet die Bonner Ost- und Deutschlandpolitik in eine Phase der Stagnation.

## Erste Kurskorrekturen in den sechziger Jahren

Im Dezember 1963 schloß der Berliner Senat unter dem Regierenden Bürgermeister Willy Brandt mit der DDR-Regierung ein *Passierscheinabkommen,* das den West-Berlinern erstmals wieder den Besuch ihrer Verwandten im Ost-

teil der Stadt ermöglichte. Bis 1966 wurde das Abkommen mehrfach verlängert. Diese Berliner „Politik der kleinen Schritte" war die erste praktische Umsetzung eines neuen ost- und deutschlandpolitischen Konzepts, das *Egon Bahr*, ein enger Mitarbeiter Willy Brandts, entwickelt hatte: Die Bundesrepublik sollte mit allen Staaten des Ostblocks, einschließlich der DDR, diplomatische Beziehungen aufnehmen, um einen „Wandel durch Annäherung" herbeizuführen.
Auch die Bundesregierung unter Bundeskanzler Erhard und Außenminister *Gerhard Schröder* (CDU) ließ es nicht an Initiativen fehlen, behutsam auf die Linie der amerikanischen Entspannungspolitik einzuschwenken. Letztlich scheiterten diese Versuche jedoch daran, daß die DDR von den Bemühungen um verbesserte Beziehungen zur Sowjetunion und zu deren Verbündeten ausgenommen blieb. Erhards Angebot zum Austausch von Gewaltverzichtserklärungen wurde vom sowjetischen Ministerpräsidenten *Kossygin* mit der Forderung nach Anerkennung zweier deutscher Staaten und der Unantastbarkeit der bestehenden Grenzen einschließlich der Oder-Neiße-Grenze beantwortet. Die Wirtschaftsbeziehungen wurden dagegen erheblich durch die Errichtung von Handelsvertretungen in Polen, Ungarn, Rumänien, Bulgarien und in der Tschechoslowakei ausgeweitet.
Die Große Koalition unter Bundeskanzler Kiesinger und Außenminister Brandt erklärte erneut den Willen der Bundesrepublik zu Verständigung und Aussöhnung mit den Staaten im Osten und wiederholte das Angebot zum Austausch von Gewaltverzichtserklärungen, erstmals unter Einbeziehung der DDR. Des weiteren signalisierte die Bundesregierung ihr Interesse an „Maßnahmen zur Erleichterung des täglichen Lebens für die Menschen in beiden Teilen Deutschlands", ohne allerdings den Alleinvertretungsanspruch aufzugeben. Alle Initiativen stießen auf erhebliche Widerstände seitens der DDR, die ihren Abgrenzungskurs verschärfte, weil sich die Bundesregierung weigerte, über die Aufnahme diplomatischer Beziehungen zu verhandeln. Die Berliner Passierscheinregelung wurde nicht verlängert, die gemeinsame Staatsangehörigkeit aufgekündigt (1967), für den Transit von und nach West-Berlin eine Paß-, Visums- und Gebührenpflicht eingeführt und der Zwangsumtausch pro Person und Tag von 5 DM auf 10 DM erhöht.

### Die neue Ostpolitik

Um humanitäre Erleichterungen in den innerdeutschen Beziehungen zu erreichen, erklärte sich die seit 1969 amtierende sozialliberale Koalition bereit, die DDR als einen der beiden Staaten in Deutschland anzuerkennen (⇨ M 3). Dabei wurde das besondere Verhältnis beider Staaten zueinander unterstrichen, die „füreinander nicht Ausland" sein sollten. Die Formel von den „zwei Staaten in Deutschland" war mit den USA abgestimmt worden und sollte verdeutlichen, daß die Bundesregierung an der Einheit Deutschlands unverändert festhielt. Außerdem galt die Kontinuität der Westbindung der Bundesrepublik als Grundvoraussetzung der neuen Deutschlandpolitik.

Mit Ovationen feierte die DDR-Bevölkerung Bundeskanzler Brandt bei seinem Besuch in Erfurt (hier bei der Abreise).

Die beiden Treffen von Bundeskanzler Brandt mit dem Ministerpräsidenten der DDR *Willi Stoph* in Erfurt (März 1970) und Kassel (Mai 1970), die in der Öffentlichkeit von großen Erwartungen begleitet wurden, brachten keine Annäherungen der unterschiedlichen Standpunkte. Während die Bundesregierung in ihrem *„20-Punkte-Programm"* detailliert Möglichkeiten für vertragliche Regelungen zwischen den beiden deutschen Staaten vorlegte, beharrte die DDR auf ihrer Forderung nach völkerrechtlicher Anerkennung einschließlich des Austauschs von Botschaftern.
Da die Sowjetunion die ostpolitische Kurskorrektur der Bundesregierung nicht gefährden wollte, bot die DDR Ende Oktober 1970 eine Fortsetzung der Kontakte auf Staatssekretärebene an, und zwar ohne ihre bekannten Vorbedingungen. Dieser „Meinungsaustausch" blieb zunächst ohne Ergebnis und mündete erst nach dem Abschluß des Berliner *Vier-Mächte-Abkommens* (siehe Seite 343) in konkrete Verhandlungen. Im Auftrag der Alliierten handelten die beiden Staatssekretäre Bahr (Bundesrepublik) und *Michael Kohl* (DDR) die Einzelheiten der *Ausführungsbestimmungen für den Transitverkehr* von und nach Berlin aus, während gleichzeitig Vertreter der DDR und des Berliner Senats innerstädtische Fragen des Berlinverkehrs berieten. Beide Abkommen wurden im Dezember 1971 in Bonn bzw. Ost-Berlin unterzeichnet. Die Mauer wurde durchlässiger.

## Vertragliche Beziehungen zwischen beiden deutschen Staaten

Nicht mehr im Auftrag der vier Alliierten, sondern in eigener Verantwortung setzten die Bundesrepublik und die DDR ihre Verhandlungen im Jahre 1972 fort. Aus diesen Verhandlungen ging als erster Staatsvertrag zwischen der Bundesrepublik und der DDR der *Verkehrsvertrag* (26. Mai 1972) hervor, der die Rechtsgrundlagen für den Verkehr von Personen und Gütern auf Straßen, Schienen und Wasserwegen zwischen beiden Staaten schuf.

Zum ersten Mal seit dem Mauerbau erhielten DDR-Bürger, die noch nicht im Rentenalter waren, die Möglichkeit, in dringenden Familienangelegenheiten in die Bundesrepublik zu reisen. Zugleich wurden Touristenreisen in die DDR möglich, was bald zu einem drastischen Anschwellen der Besucherzahlen aus der Bundesrepublik führte und die DDR zu intensivierten ideologischen Abgrenzungsbemühungen veranlaßte.
Unmittelbar nach Abschluß des Verkehrsvertrages begannen die Verhandlungen über den sogenannten *Grundlagenvertrag.* Mit dem am 21. Dezember 1972 in Ost-Berlin unterzeichneten Vertragswerk (⇨ M 4) kamen beide Staaten überein, unbeschadet unterschiedlicher Auffassungen, ihre Beziehungen zueinander auf der Grundlage der Gleichberechtigung zu entwickeln; sie verzichteten auf die Anwendung von Gewalt, bekräftigten die Unverletzlichkeit der deutsch-deutschen Grenze und verpflichteten sich, durch weitere Abkommen humanitäre Fragen zu regeln und die Zusammenarbeit unter anderem auf den Gebieten der Wirtschaft, Wissenschaft, der Technik, des Verkehrs, des Fernmeldewesens, des Umweltschutzes zu fördern.
Die Bundesrepublik gab ihren seit 1949 erhobenen Alleinvertretungsanspruch auf und erkannte ausdrücklich die Gleichberechtigung der DDR an. Gleichzeitig setzte sie durch den Austausch von „ständigen Vertretungen" an Stelle von Botschaften ihren Standpunkt von den „besonderen Beziehungen" zwischen den beiden deutschen Staaten durch, die nicht mit den völkerrechtlichen Beziehungen zu irgendeinem anderen Staat auf eine Stufe gestellt werden dürften. In einem „Brief zur deutschen Einheit" unterstrich die Bundesregierung das Selbstbestimmungsrecht der Deutschen hinsichtlich einer späteren friedensvertraglichen Regelung (⇨ M 5). Außerdem dokumentierte sie in einer weiteren Protokollerklärung ihren Standpunkt, demzufolge es für alle Deutschen nur eine Staatsangehörigkeit gebe.

## Besondere Beziehungen

Der Vertrag brachte für die DDR die lange Zeit vergeblich angestrebte internationale diplomatische Anerkennung. Während der Grundlagenvertrag von vielen Kommentatoren im Ausland als Besiegelung der Zweistaatlichkeit Deutschlands interpretiert und deshalb auch von der Opposition im Deutschen Bundestag abgelehnt wurde, legte die Bundesregierung Wert darauf, daß der Vertrag nichts an der rechtlichen Lage in Deutschland ändere. Er sei vielmehr „ein Vertrag für die Menschen und die Zukunft in Deutschland. Wir wollen die Bindungen zwischen den beiden Teilen Deutschlands stärken, und wir wollen wieder Kontakte zwischen den Menschen möglich machen" (Walter Scheel). Am 11. Mai 1973 wurde der Grundlagenvertrag im Bundestag mit 268 (SPD, F.D.P. und vier CDU-Abgeordnete) gegen 217 Stimmen der CDU/CSU gebilligt.
In einem Grundsatzurteil lehnte das Bundesverfassungsgericht den Antrag des Freistaates Bayern ab, den Grundlagenvertrag als verfassungswidrig aufzuheben (Juli 1973). Das Bundesverfassungsgericht unterstrich allerdings

die Gültigkeit des Wiedervereinigungsgebots des Grundgesetzes und legte einen verbindlichen Interpretationsrahmen fest, an den jede Bundesregierung gebunden sei. Unter anderem unterstrich das Karlsruher Gericht auch die „Besonderheit" in den Beziehungen zwischen den beiden deutschen Staaten, die „auf dem Fundament des noch existierenden Staates ‚Deutschland als Ganzes' existieren".
Mit der Aufnahme der Bundesrepublik und der DDR in die UNO als Vollmitglieder der Weltorganisation (18. September 1973) hatte die DDR endgültig die ihr wichtige internationale Anerkennung erreicht. Die Hoffnung der Bundesregierung erfüllte sich nicht, die DDR werde daraus so viel Selbstbewußtsein ziehen, um ihren Bürgern mehr Freiheit einzuräumen. Die SED-Führung perfektionierte vielmehr ihren Überwachungsapparat (⇨ M 6) und versuchte, die von der innerdeutschen Vertragspolitik erzwungene Ausweitung der Begegnungs- und Kommunikationsmöglichkeiten zwischen den Deutschen in Ost und West abzublocken (zum Beispiel Verdoppelung des Mindestumtausches für DDR-Besucher 1973; weitere drastische Erhöhung sogar für Rentner 1980; Verbot für SED-Mitglieder, Schulleiter, Polizisten und Wehrpflichtige, mit Bundesbürgern Kontakte zu pflegen).
Da Honecker aber aus wirtschaftlichen Gründen auf eine Zusammenarbeit mit der Bundesrepublik angewiesen war, steuerte er insgesamt einen Zickzackkurs zwischen Abgrenzung und Annäherung. Zusätzlich hing die Intensität der Beziehungen zwischen beiden deutschen Staaten dabei auch vom jeweiligen Verhältnis beider Supermächte ab (siehe Seite 324 ff.). Alles in allem war die Verständigungspolitik der Regierungen Schmidt und Kohl zweifelsohne erfolgreich: Mit den bis 1989 abgeschlossenen 70 weiteren Abkommen (unter anderem Familienzusammenführung, Reiseerleichterungen im grenznahen Verkehr, Arbeitsmöglichkeiten für Westjournalisten, Sport- und Jugendreisen) konnte die Abwehrstrategie der DDR letztendlich unterlaufen werden (⇨ M 7).

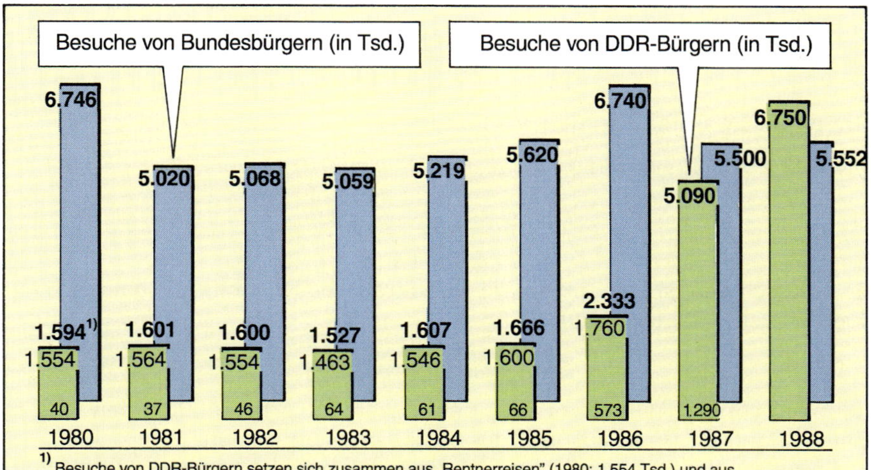

## M 1 Die Macht behalten – unsere sozialistische Demokratie

*Hermann Matern, Spitzenfunktionär und Mitglied des SED-Politbüros, erläuterte der 7. Gesamtdeutschen Arbeiterkonferenz in Leipzig im Jahr 1958, wie sich die Kommunisten einen gesamtdeutschen Staat vorstellten. Die Rede wurde im „Neuen Deutschland" vom 18. März abgedruckt.*

Die Staatsmacht in den Händen zu haben, das ist eine große Sache. [. . .] Wir denken nie daran, die Arbeiter- und Bauernmacht wieder aufzugeben. Bei uns lassen wir nicht zu, daß jemand bei den Wahlen kandidiert, der den Kapitalismus wieder aufbauen will. Es geht doch um die Macht, und die Macht ist keine Kleinigkeit, versteht ihr? Ich kenne keinen Fall in der Geschichte der Arbeiterbewegung, wo die Arbeiterklasse durch den Stimmzettel die Macht erobert hat. [. . .]
Da wären wir doch rückständige Menschen, wenn wir zulassen würden, die Macht mit dem Stimmzettel zu verlieren. Was wären wir denn dann für Politiker und für Arbeiterfunktionäre. Nein, das dürft ihr von uns nicht erwarten, aber daß wir sagen, bitte schön, wir treten ab und der Kapitalismus kann die Macht wieder übernehmen – das kommt nicht in Frage. Und wenn wir einmal die Macht gemeinsam erobert haben, sollen wir dann vielleicht erlauben, daß uns die Bourgeoisie und ihre Parteien mit dem Stimmzettel die Macht wieder wegnehmen könnten? Dann wären wir doch Trottel, dann müßten uns die Arbeiter zum Teufel jagen! [. . .]
Und es gibt bei uns auch keine Partei, die den Standpunkt vertritt, bei uns den Kapitalismus wiederherzustellen. Deshalb gibt es also auch keine Opposition nach bürgerlichen Vorstellungen. Das ist unsere sozialistische Demokratie, und darüber muß man sich klar sein. Wir betrachten alles unter dem Gesichtswinkel: Wie machen wir unsere Volksmacht stärker, um die Macht in Westdeutschland gemeinsam zu erringen.

*Eckart Thurich, Die Teilung Deutschlands. 1955 bis zur Einheit, Informationen zur politischen Bildung Nr. 23, Bonn 1991, S. 3*

1. *Diskutieren Sie das kommunistische Verständnis von der politischen Macht.*
2. *Erläutern Sie die deutschlandpolitische Konzeption der SED-Führung.*

## M 2 Die deutsche Einheit in den Verfassungen von Ost und West

*In den 40 Jahren ihres Bestehens gab sich die DDR drei Verfassungen.*

*Die Verfassung von 1949*

Artikel 1

(1) Deutschland ist eine unteilbare demokratische Republik; sie baut sich auf den deutschen Ländern auf.

*Die Verfassung von 1968*

Getragen von der Verantwortung, der ganzen deutschen Nation den Weg in eine Zukunft des Friedens und des Sozialismus zu weisen,
in Ansehung der geschichtlichen Tatsache, daß der Imperialismus unter Führung der USA im Einvernehmen mit Kreisen des westdeutschen Monopol-

kapitals Deutschland gespalten hat, um Westdeutschland zu einer Basis des Imperialismus und des Kampfes gegen den Sozialismus aufzubauen, was den Lebensinteressen der Nation widerspricht,
hat sich das Volk der Deutschen Demokratischen Republik,
fest gegründet auf den Errungenschaften der antifaschistisch-demokratischen und der sozialistischen Umwälzung der gesellschaftlichen Ordnung,
einig in seinen werktätigen Klassen und Schichten das Werk der Verfassung vom 7. Oktober 1949 in ihrem Geiste weiterführend [. . .]
diese sozialistische Verfassung gegeben.

Art. 1

Die Deutsche Demokratische Republik ist ein sozialistischer Staat deutscher Nation. [. . .]

*Die 1974 revidierte Verfassung*

In Fortsetzung der revolutionären Traditionen der deutschen Arbeiterklasse und gestützt auf die Befreiung vom Faschismus hat das Volk der Deutschen Demokratischen Republik in Übereinstimmung mit den Prozessen der geschichtlichen Entwicklung unserer Epoche sein Recht auf sozial-ökonomische, staatliche und nationale Selbstbestimmung verwirklicht und gestaltet die entwickelte sozialistische Gesellschaft.
Erfüllt von dem Willen, seine Geschicke frei zu bestimmen, unbeirrt auch weiter den Weg des Sozialismus und Kommunismus, des Friedens, der Demokratie und Völkerfreundschaft zu gehen, hat sich das Volk der Deutschen Demokratischen Republik diese sozialistische Verfassung gegeben.

Art. 1

Die Deutsche Demokratische Republik ist ein sozialistischer Staat der Arbeiter und Bauern.

*Herwig Roggemann, Die DDR-Verfassungen, Berlin (West), 3. Auflage 1980, S. 175 ff., 200*

*Das Grundgesetz*

Präambel

Im Bewußtsein seiner Verantwortung vor Gott und den Menschen, von dem Willen beseelt, seine nationale und staatliche Einheit zu wahren und als gleichberechtigtes Glied in einem vereinten Europa dem Frieden der Welt zu dienen, hat das Deutsche Volk in den Ländern Baden, Bayern, Bremen, Hamburg, Hessen, Niedersachsen, Nordrhein-Westfalen, Rheinland-Pfalz, Schleswig-Holstein, Württemberg-Baden und Württemberg-Hohenzollern, um dem staatlichen Leben für eine Übergangszeit eine neue Ordnung zu geben, kraft seiner verfassungsgebenden Gewalt dieses Grundgesetz der Bundesrepublik Deutschland beschlossen. Es hat auch für jene Deutschen gehandelt, denen mitzuwirken versagt war. Das gesamte Deutsche Volk bleibt aufgefordert, in freier Selbstbestimmung die Einheit und Freiheit Deutschlands zu vollenden.

1. *Arbeiten Sie anhand der drei DDR-Verfassungen den Wandel der Auffassungen in der SED zu Staat, Nation und deutscher Einheit heraus.*
2. *Vergleichen Sie mit dem Grundgesetz der Bundesrepublik aus dem Jahr 1949.*

## M 3 Neue Ost- und Deutschlandpolitik

*Aus der Regierungserklärung von Bundeskanzler Willy Brandt am 28. Oktober 1969:*

Aufgabe der praktischen Politik in den jetzt vor uns liegenden Jahren ist es, die Einheit der Nation dadurch zu wahren, daß das Verhältnis zwischen den Teilen Deutschlands aus der gegenwärtigen Verkrampfung gelöst wird.
Die Deutschen sind nicht nur durch ihre Sprache und ihre Geschichte – mit ihrem Glanz und ihrem Elend – verbunden; wir sind alle in Deutschland zu Haus. Wir haben auch noch gemeinsame Aufgaben und gemeinsame Verantwortung: für den Frieden unter uns und in Europa.
20 Jahre nach Gründung der Bundesrepublik Deutschland und der DDR müssen wir ein weiteres Auseinanderleben der deutschen Nation verhindern, also versuchen, über ein geregeltes Nebeneinander zu einem Miteinander zu kommen. [. . .]
Die Bundesregierung setzt die im Dezember 1966 durch Bundeskanzler Kiesinger und seine Regierung eingeleitete Politik fort und bietet dem Ministerrat der DDR erneut Verhandlungen beiderseits ohne Diskriminierung auf der Ebene der Regierungen an, die zu vertraglich vereinbarter Zusammenarbeit führen sollen. Eine völkerrechtliche Anerkennung der DDR durch die Bundesregierung kann nicht in Betracht kommen. Auch wenn zwei Staaten in Deutschland existieren, sind sie doch füreinander nicht Ausland; ihre Beziehungen zueinander können nur von besonderer Art sein.
Anknüpfend an die Politik ihrer Vorgängerin erklärt die Bundesregierung, daß die Bereitschaft zu verbindlichen Abkommen über den gegenseitigen Verzicht auf Anwendung oder Androhung von Gewalt auch gegenüber der DDR gilt. Die Bundesregierung wird den USA, Großbritannien und Frankreich raten, die eingeleiteten Besprechungen mit der Sowjetunion über die Erleichterung und Verbesserung der Lage Berlins mit Nachdruck fortzusetzen. Der Status der unter der besonderen Verantwortung der vier Mächte stehenden Stadt Berlin muß unangetastet bleiben. Dies darf nicht daran hindern, Erleichterungen für den Verkehr in und nach Berlin zu suchen. [. . .]
Unser nationales Interesse erlaubt es nicht, zwischen dem Westen und dem Osten zu stehen. Unser Land braucht die Zusammenarbeit und Abstimmung mit dem Westen und die Verständigung mit dem Osten. [. . .]
Dabei geben wir uns keinen trügerischen Hoffnungen hin: Interessen, Machtverhältnisse und gesellschaftliche Unterschiede sind weder dialektisch aufzulösen noch dürfen sie vernebelt werden. Aber unsere Gesprächspartner müssen auch dies wissen: Das Recht auf Selbstbestimmung, wie es in der Charta der Vereinten Nationen niedergelegt ist, gilt auch für das deutsche Volk. Dieses Recht und dieser Wille, es zu behaupten, können kein Verhandlungsgegenstand sein.

*Klaus von Beyme (Hrsg.), Die großen Regierungserklärungen der deutschen Bundeskanzler von Adenauer bis Schmidt, München 1979, S. 253 ff.*

1. *Arbeiten Sie die zentralen Aussagen heraus, durch die sich das politische Programm der Bundesregierung unter Willy Brandt von ihren Vorgängerinnen unterscheidet.*
2. *Warum schließt der Bundeskanzler eine „völkerrechtliche Anerkennung der DDR" aus? Welche Politik wünscht die sozialliberale Koalition gegenüber der DDR einzuschlagen?*

## Grundlagenvertrag zwischen der Bundesrepublik und der DDR

M 4

*Am 21. Dezember 1972 unterzeichneten die Vertreter der Bundesrepublik und der DDR in Ost-Berlin den Vertrag über die Grundlagen der Beziehungen zwischen der Bundesrepublik Deutschland und der Deutschen Demokratischen Republik, der am 6. Juni 1973 in Kraft trat.*

Artikel 1

Die Bundesrepublik Deutschland und die Deutsche Demokratische Republik entwickeln normale gutnachbarliche Beziehungen zueinander auf der Grundlage der Gleichberechtigung.

Artikel 2

Die Bundesrepublik Deutschland und die Deutsche Demokratische Repbulik werden sich von den Zielen und Prinzipien leiten lassen, die in der Charta der Vereinten Nationen niedergelegt sind, insbesondere der souveränen Gleichheit aller Staaten, der Achtung der Unabhängigkeit, Selbständigkeit und territorialen Integrität, dem Selbstbestimmungsrecht, der Wahrung der Menschenrechte und der Nichtdiskriminierung.

Artikel 3

Entsprechend der Charta der Vereinten Nationen werden die Bundesrepublik Deutschland und die Deutsche Demokratische Republik ihre Streitfragen ausschließlich mit friedlichen Mitteln lösen und sich der Drohung mit Gewalt oder der Anwendung von Gewalt enthalten.
Sie bekräftigen die Unverletzlichkeit der zwischen ihnen bestehenden Grenze jetzt und in der Zukunft und verpflichten sich zur uneingeschränkten Achtung ihrer territorialen Integrität.

Artikel 4

Die Bundesrepublik Deutschland und die Deutsche Demokratische Repbulik gehen davon aus, daß keiner der beiden Staaten den anderen international vertreten oder in seinem Namen handeln kann.

Artikel 6

Die Bundesrepublik Deutschland und die Deutsche Demokratische Republik gehen von dem Grundsatz aus, daß die Hoheitsgewalt jedes der beiden Staaten sich auf sein Staatsgebiet beschränkt. Sie respektieren die Unabhängigkeit und Selbständigkeit jedes der beiden Staaten in seinen inneren und äußeren Angelegenheiten.

Artikel 7

Die Bundesrepublik Deutschland und die Deutsche Demokratische Republik erklären ihre Bereitschaft, im Zuge der Normalisierung ihrer Beziehungen praktische und humanitäre Fragen zu regeln. [. . .]

Artikel 8

Die Bundesrepublik Deutschland und die Deutsche Demokratische Republik werden ständige Vertretungen austauschen. Sie werden am Sitz der jeweiligen Regierung errichtet.

*Europa-Archiv, Folge 1/1973, D. 13 ff.*

## M 5 Brief zur deutschen Einheit

*Anläßlich der Unterzeichnung des Grundlagenvertrages übergab der Bundesminister für besondere Aufgaben beim Bundeskanzler, Egon Bahr, seinem Verhandlungspartner, dem Staatssekretär beim Ministerrat der DDR, Michael Kohl, diesen Brief.*

Sehr geehrter Herr Kohl!
Im Zusammenhang mit der heutigen Unterzeichnung des Vertrages über die Grundlagen der Beziehungen zwischen der Bundesrepublik Deutschland und der Deutschen Demokratischen Republik beehrt sich die Regierung der Bundesrepublik Deutschland festzustellen, daß dieser Vertrag nicht im Widerspruch zu dem politischen Ziel der Bundesrepublik Deutschland steht, auf einen Zustand des Friedens in Europa hinzuwirken, in dem das deutsche Volk in freier Selbstbestimmung seine Einheit wiedererlangt.

Mit vorzüglicher Hochachtung
*Bahr*

*Europa-Archiv, Folge 1/1973, D. 13*

1. *Welche jeweiligen Ziele verfolgten die Bundesrepublik und die DDR mit dem Grundlagenvertrag?*
2. *Welche Vereinbarungen dienten vor allem den Interessen der DDR, welche den Interessen der Bundesrepublik? Gibt es Bereiche gemeinsamer Interessen?*
3. *Welche Bedeutung hatte dieser Brief zur deutschen Einheit?*
4. *Warum wurde über den Grundlagenvertrag in der Bundesrepublik heftig gestritten?*
5. *Zeigen Sie den Zusammenhang zwischen der Entwicklung der Ost-West-Beziehungen und der neuen Ostpolitik der Bundesregierung Anfang der 70er Jahre.*

## M 6 „... muß bei Grenzdurchbruchsversuchen von der Schußwaffe rücksichtslos Gebrauch gemacht werden ..."

*Auf der 45. Sitzung des Nationalen Verteidigungsrates der DDR am 3. Mai 1973 berichtete der stellvertretende Verteidigungsminister Keßler über die „Lage an der Staatsgrenze" zur Bundesrepublik. Erich Honecker formulierte daraufhin seine Anweisungen für die Maßnahmen zur „Grenzsicherung". Das Protokoll dieser Sitzung, von Honecker eigenhändig unterschrieben, wurde als „Geheime Kommandosache" eingestuft und erst 1990 bekannt.*

Zu Beginn gab Genosse Generaloberst Keßler einen Bericht von 15 Minuten.
In der Aussprache zu diesem Tagesordnungspunkt legte Genosse Erich Honecker folgende Gesichtspunkte dar:
- die Unverletzlichkeit der Grenzen der DDR bleibt nach wie vor eine wichtige politische Frage
- es müssen nach Möglichkeit alle Provokationen an der Staatsgrenze verhindert werden
- es muß angestrebt werden, daß Grenzdurchbrüche überhaupt nicht zugelassen werden
- jeder Grenzdurchbruch bringt politischen Schaden für die DDR
- die Grenzsicherungsanlagen müssen so angelegt werden, daß sie dem Ansehen der DDR nicht schaden;
  dies trifft insbesondere für einige Abschnitte der Mauer in BERLIN zu
- der pioniermäßige Ausbau der Staatsgrenze muß weiter fortgesetzt werden

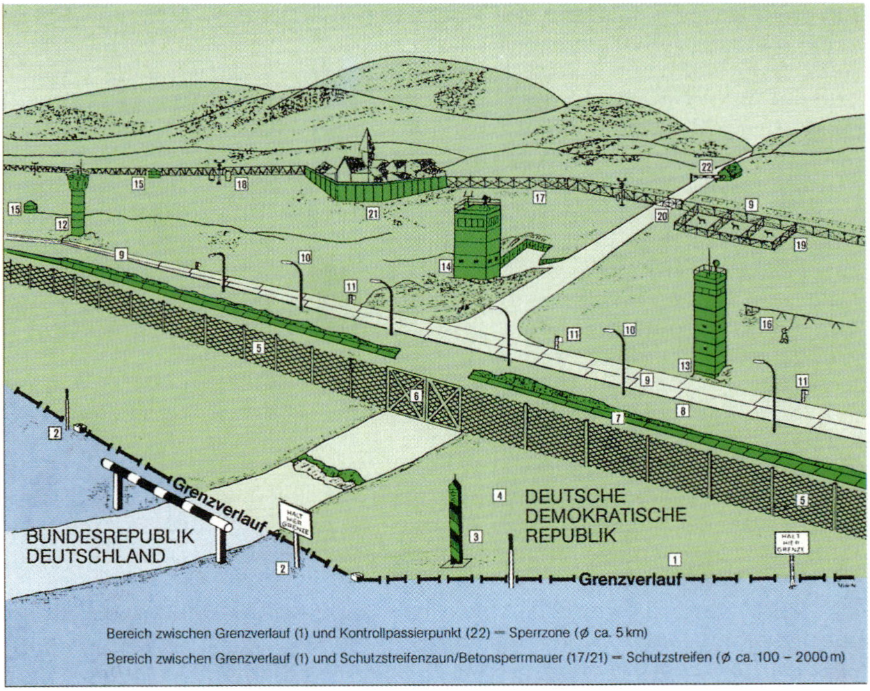


1 Grenzverlauf mit Grenzsteinen
2 Grenzhinweisschild bzw. -pfahl unmittelbar vor dem Grenzverlauf
3 DDR-Grenzsäule (ca. 1,8 m hoch, schwarz-rot-gold mit DDR-Emblem)
4 Abgeholzter und geräumter Geländestreifen
5 Einreihiger Metallgitterzaun (ca. 3,2 m hoch)
6 Durchlaß im Metallgitterzaun
7 Kfz-Sperrgraben (mit Betonplatten befestigt)
8 ca. 6 m bzw. 2 m breiter Kontrollstreifen (Spurensicherungsstreifen)
9 Kolonnenweg mit Fahrspurplatten (Lochbeton)
10 Lichtsperre
11 Anschlußsäule für das erdverkabelte Grenzmeldenetz
12 Beton-Beobachtungsturm (BT 11)
13 Beton-Beobachtungsturm (2 x 2 m)
14 Beton-Beobachtungsturm (4 x 4 m zum Teil noch mit Führungsstelle)
15 Beobachtungsbunker
16 Hundelaufanlage
17 Modifizierter Schutzstreifenzaun mit elektronischen und akustischen Signalanlagen
18 Stromverteilungs-/ und Schalteinrichtungen am modifizierten Schutzstreifenzaun
19 Hundefreilaufanlage
20 Durchlaßtor im Schutzstreifenzaun mit Signaldrähten
21 Betonsperrmauer / Sichtblende
22 Kontrollpassierpunkt zur Sperrzone

*Bundesministerium für innerdeutsche Beziehungen (Hrsg.), Zahlenspiegel, Bundesrepublik Deutschland/ Deutsche Demokratische Republik. Ein Vergleich, Bonn, 2. Auflage 1988, S. 127*

– in BERLIN sollte man die alte Mauer stehen lassen und dort wo notwendig, dahinter eine neue bauen;
  erst wenn der Neubau fertig ist, sollte man die alte Mauer abreißen
– überall muß ein einwandfreies Schußfeld gewährleistet werden
– die Unantastbarkeit der Grenze ist durch ein gemeinsames Zusammenwirken der Sicherheitsorgane zu gewährleisten
– man muß alle Mittel und Methoden nutzen, um keinen Grenzdurchbruch zuzulassen und die Provokationen von WESTBERLIN aus zu verhindern
– nach wie vor muß bei Grenzdurchbruchsversuchen von der Schußwaffe rücksichtslos Gebrauch gemacht werden, und es sind die Genossen, die die Schußwaffe erfolgreich angewandt haben, zu belobigen
– an den jetzigen Bestimmungen wird sich diesbezüglich weder heute noch in Zukunft etwas ändern

In diesem Zusammenhang stellte Genosse Erich Honecker dem Genossen Generalleutnant Peter[1]) die Frage, wieviel Mittel für den weiteren pioniermäßigen Ausbau noch benötigt werden und ob es möglich sei, die sogenannten „Todesminen" zu überwinden.
Genosse Generalleutnant Peter gab zur Antwort, daß ihm die genaue Summe für den weiteren pioniermäßigen Ausbau zur Zeit nicht vorliege, aber 1 km Ausbau der Staatsgrenze mit der neuen Splittermine SM-70 koste annähernd 100 000,– Mark.
Auf Grund der Halterung der Minen bzw. durch einen zeitweiligen Stromausfall an den Minensperren gelang es in einigen Fällen, die Minensperre SM-70 zu überwinden. Diese Mängel wurden beseitigt, so daß zur Zeit eine höhere Wirksamkeit dieser Minensperre gegeben ist.
Abschließend unterstrich Genosse Erich Honecker, daß der pioniertechnische Ausbau der Staatsgrenze zielstrebig fortgesetzt werden muß, und daß alle Anstrengungen zu unternehmen sind, um Grenzdurchbrüche nicht zuzulassen und Provokationen, besonders vom Westberliner Territorium aus, voll zu unterbinden.
Die bestehenden Bestimmungen zur Gewährleistung der Unantastbarkeit der Staatsgrenze der DDR und die Schußwaffengebrauchsbestimmungen sind nach wie vor voll durchzusetzen.
Dem Bericht und den mündlichen Ausführungen wurde unter Berücksichtigung der Ausführungen des Genossen Erich Honecker die volle Zustimmung gegeben.

*Werner Filmer/Heribert Schwan, Opfer der Mauer. Die geheimen Protokolle des Todes, München 1991, S. 393 f.*

1. *Fassen Sie die wichtigsten Aussagen dieses Dokuments zusammen.*
2. *Weisen Sie nach, daß die Führung der SED den Tod von Flüchtlingen bewußt in Kauf nahm.*
3. *Nach dem Ende der DDR argumentierten hohe SED-Politiker vor Gericht, daß jeder Staat der Welt seine Grenzen notfalls auch mit Waffengewalt sichern würde. Diskutieren Sie diese Verteidigung.*
4. *Sprechen Sie in der Klasse darüber, ob und inwieweit Strafgerichte für das Handeln von Politikern zuständig sein können.*

[1]) Chef der Grenztruppen

M 7

## Die Einheit Deutschlands im Widerstreit

*Zwei Jahre vor dem Zusammenbruch der SED-Herrschaft gelang Generalsekretär Honecker, was die SED-Führung seit Ulbricht vergeblich gefordert hatte – in Bonn offiziell empfangen zu werden. Vom 7. bis 11. September 1987 besuchte Honecker die Bundes- und mehrere Landeshauptstädte. In ihren Tischreden anläßlich des Empfanges der Bundesregierung am 7. September nahmen Bundeskanzler Kohl (linke Spalte) und Generalsekretär Honecker (rechte Spalte) zur Frage der deutschen Einheit Stellung.*

Das Bewußtsein für die Einheit der Nation ist wach wie eh und je, und ungebrochen ist der Wille, sie zu bewahren. Diese Einheit findet Ausdruck in gemeinsamer Sprache, im gemeinsamen kulturellen Erbe, in einer langen, fortdauernden gemeinsamen Geschichte. [. . .]

Unser Zusammentreffen in Bonn ist aber weder Schlußstrich noch Neubeginn. Es ist ein Schritt auf dem Weg einer schon lange währenden Entwicklung. Sie ist gekennzeichnet durch das Bemühen um ein geregeltes Miteinander.

Vor fast fünfzehn Jahren haben die Bundesrepublik Deutschland und die Deutsche Demokratische Republik den Vertrag über die Grundlagen ihrer Beziehungen unterzeichnet. Dieser Vertrag zeigt Grenzen und Möglichkeiten auf. Möglichkeiten eröffnen sich dort, wo praktische Fragen zum Wohle der Men-

Die Entwicklung unserer Beziehungen, der Beziehungen zwischen der Deutschen Demokratischen Republik und der Bundesrepublik Deutschland, dessen sind wir bewußt, ist von den Realitäten dieser Welt gekennzeichnet, und sie bedeuten, daß Sozialismus und Kapitalismus sich ebensowenig vereinigen lassen wie Feuer und Wasser.

Bei alledem gehen wir davon aus, daß beiden deutschen Staaten, fest eingefügt in die mächtigsten Militärkoalitionen dieser Zeit, die Verpflichtung zukommt, besonders aktiv zu Frieden, Abrüstung und Entspannung beizutragen. [. . .]

Angesichts der unverändert komplizierten internationalen Lage ist die Deutsche Demokratische Republik bestrebt, dazu beizutragen, daß Vernunft und guter Wille zu bestimmenden Faktoren der Weltpolitik werden, Kooperation an die

Helmut Kohl empfängt Erich Honecker am 7. September 1987 zu einem Arbeitsbesuch in Bonn. Die Bundeswehrkapelle spielt beide Nationalhymnen.

schen in beiden Staaten gelöst werden können, damit es zu einem Verhältnis guter Nachbarschaft kommt. [. . .]
An den unterschiedlichen Auffassungen der beiden Staaten zu grundsätzlichen Fragen, darunter zur nationalen Frage, kann und wird dieser Besuch nichts ändern. [. . .]
Wir achten die bestehenden Grenzen, doch die Teilung wollen wir überwinden: auf dem Weg friedlicher Verständigung und in Freiheit. Die deutsche Frage bleibt offen, doch ihre Lösung steht zur Zeit nicht auf der Tagesordnung der Weltgeschichte, und wir werden dazu auch das Einverständnis unserer Nachbarn brauchen. [. . .]
Die Menschen in Deutschland leiden unter der Trennung. Sie leiden an einer Mauer, die ihnen buchstäblich im Wege steht und die sie abstößt. Wenn wir abbauen, was Menschen trennt, tragen wir dem unüberhörbaren Verlangen der Deutschen Rechnung: Sie wollen zueinander kommen können, weil sie zusammengehören.

Stelle von Konfrontation tritt und mehr Vertrauen in den internationalen Beziehungen geschaffen wird. [. . .]
Dabei messen wir den humanitären Fragen und den Menschenrechten, die in ihrer Gesamtheit von politischen, zivilen, ökonomischen und sozialen Rechten in der Deutschen Demokratischen Republik im praktischen Leben ihre tägliche Verwirklichung finden, keine geringe Bedeutung bei. [. . .]
Ausgangspunkt für eine konstruktive, nicht nur beiden Staaten nützliche Politik können nur die Realitäten sein, die Existenz von zwei voneinander unabhängigen souveränen deutschen Staaten mit unterschiedlicher sozialer Ordnung und Bündniszugehörigkeit.

*Bundesministerium für innerdeutsche Beziehungen (Hrsg.), Texte zur Deutschlandpolitik. Reihe III/Band 5 – 1987, Coburg 1988, S. 194 ff.*

1. *Arbeiten Sie die gegensätzlichen Positionen in der Frage der deutschen Einheit heraus.*
2. *Warum legte Honecker so großen Wert auf die „Souveränität" der DDR?*
3. *Beurteilen Sie beide Reden aus heutiger Sicht.*
4. *Bundespräsident Richard von Weizsäcker (1984–1994) äußerte einmal: „Die Deutsche Frage ist so lange offen, wie das Brandenburger Tor geschlossen ist." Interpretieren Sie diese Aussage.*

# Der Weg zur staatlichen Einheit Deutschlands

„Und zugenäht." Der jugoslawische Künstler Borislav Sajtinac lebt seit 1969 in Deutschland. Seine Zeichnung entstand zur deutschen Wiedervereinigung und wurde erstmals im Zeitmagazin am 13. 4. 1990 veröffentlicht.

| | |
|---|---|
| 28. 11. 1989 | Das Zehn-Punkte-Programm von Bundeskanzler Kohl weist einen langfristigen Weg zur staatlichen Einheit Deutschlands |
| 18. 3. 1990 | In den ersten freien Wahlen zur Volkskammer siegt das Wahlbündnis „Allianz für Deutschland" |
| 12. 4. 1990 | Lothar de Maizière (CDU) wird zum Ministerpräsidenten der DDR gewählt |
| 1. 7. 1990 | Die D-Mark wird zum Zahlungsmittel in der DDR (Wirtschafts- und Währungsunion) |
| 15./16. 7. 1990 | Der sowjetische Regierungschef Gorbatschow stimmt der NATO-Mitgliedschaft Gesamtdeutschlands zu |
| 31. 8. 1990 | Der Einigungsvertrag zwischen beiden deutschen Staaten wird in Ost-Berlin unterzeichnet |
| 12. 9. 1990 | Die Unterzeichnung des „Zwei-plus-Vier-Vertrags" gibt Deutschland die volle Souveränität zurück |
| 3. 10. 1990 | Durch Beitritt der fünf neuen Länder zur Bundesrepublik wird die Wiedervereinigung Deutschlands vollzogen |
| 2. 12. 1990 | Gesamtdeutsche Wahlen bestätigen die konservativ-liberale Koalition unter Bundeskanzler Helmut Kohl |

## Die Krise der DDR spitzt sich zu

Die seit Mitte November 1989 amtierende SED-Regierung unter Ministerpräsident Hans Modrow geriet unter starken Erfolgszwang. Die schwierigen Probleme der Wirtschaft, über die jetzt in aller Öffentlichkeit kritisch berichtet und diskutiert wurde, ließen sich mit den gegebenen Möglichkeiten der DDR nicht mehr bewältigen. Es blieb bei halbherzigen Ankündigungen („Wir bekennen uns zu sozialistischem Unternehmergeist"), einer „klaren Absage" an die Wiedervereinigung, notwendige Reformen stockten, die Auflösung des Ministeriums für Staatssicherheit vollzog sich nur schleppend, statt dessen wurden Akten vernichtet und Vorkehrungen für eine mögliche Fortsetzung der „Feindbekämpfung" unter neuem Etikett getroffen. Das steigerte die Empörung der Bürger und brachte die neue Regierung um ihren Kredit (⇨ M 1). Im November und Dezember 1989 kehrten 176 650 Menschen der DDR den Rücken.
Einer Stabilisierung der Verhältnisse sollte Anfang Dezember die Einrichtung eines *„Runden Tisches"* nach polnischem Vorbild unter Beteiligung der wichtigsten Gruppierungen der Bürgerrechtsbewegung dienen. Unter öffentlichem Druck erklärten Modrow und die SED/PDS[1]) sich schließlich bereit, den Forderungen des Runden Tisches zu entsprechen und die ersten freien Volkskammerwahlen auf den 18. März 1990 vorzuziehen. Nach einer Regierungsumbildung traten Anfang Februar 1990 acht Vertreter der Oppositionsgruppen als Minister ohne Geschäftsbereich in die „Regierung der nationalen Verantwortung" ein. Noch ging die Opposition vom Fortbestand der DDR, jedoch als demokratischer Staat, aus.

## Auf der Suche nach einem Weg zur Einheit

Inzwischen hatte Bundeskanzler Kohl Ende November 1989 mit einem *„Zehn-Punkte-Programm zur Überwindung der Teilung Deutschlands und Europas"* die Initiative ergriffen (⇨ M 2). Der Plan basierte auf der Überlegung, daß die Bundesregierung mit einer demokratisch legitimierten DDR-Regierung in einer „Vertragsgemeinschaft" behutsam die Vereinigung der beiden Staaten vorantreiben sollte, um den Menschen in der DDR eine Perspektive zu geben. Einen Zeitplan gab es nicht, denn noch wußte niemand, wie die Sowjetunion auf den Untergang des alten DDR-Regimes reagieren würde.
Doch sowohl die Bonner als auch die Ost-Berliner Regierung mußten sich der demonstrativen Entschlossenheit der übergroßen Mehrheit der Ostdeutschen beugen, die Einheit möglichst rasch zu vollenden. Die Übersiedlerwel-

[1]) Auf einem außerordentlichen Parteitag am 16./17. 12. 1989 fügte die SED ihrem Namen die Bezeichnung „Partei des Demokratischen Sozialismus" (PDS) hinzu, um ihren Reformwillen und ihre Loslösung vom Stalinismus zu demonstrieren, ohne jedoch auf ihr gewaltiges Parteivermögen zu verzichten. Die Delegierten sahen sich veranlaßt, „sich im Namen der Partei gegenüber dem Volk aufrichtig zu entschuldigen, daß die ehemalige Führung der SED unser Land in diese existenzgefährdende Krise geführt hat". Seit Februar 1990 hieß die frühere SED dann nur noch PDS.

le der zumeist jungen und beruflich gut qualifizierten DDR-Bürger schwoll im Januar 1990 auf 73 729 Personen an. Alle langfristig angelegten Pläne wurden rasch zu Makulatur – so auch Modrows Stufenplan („Deutschland, einig Vaterland") für eine Konföderation beider Staaten bei gleichzeitiger militärischer Neutralität, den er mit Zustimmung des sowjetischen KP-Chefs Gorbatschow am 1. Februar 1990 vorstellte. Weil der wirtschaftliche Zusammenbruch der DDR offenkundig nicht mehr aufzuhalten war und gute Beziehungen zu Deutschland im sowjetischen Interesse lagen, bestätigte Michail Gorbatschow am 10. Februar 1990 Bundeskanzler Kohl und Außenminister Genscher in Moskau, daß die Sowjetunion nichts gegen die deutsche Vereinigung einzuwenden habe („Es ist Sache der Deutschen, den Zeitpunkt und den Weg der Einigung selbst zu bestimmen").

### Freie Wahlen in der DDR

Angesichts der bevorstehenden ersten freien Parlamentswahl in Ostdeutschland seit 58 Jahren am 18. März 1990 gingen die Montagsdemonstrationen bald in Wahlkampfveranstaltungen über. Nach einer kurzen Phase einer eigenständigen Entwicklung der ehemaligen Blockparteien kam es zu Parteienzusammenschlüssen und Wahlbündnissen entsprechend den Grundstrukturen des westdeutschen Parteiensystems.
Der Wahlausgang brachte eine große Überraschung. Obwohl allgemein mit einem Sieg der neugegründeten und von 40 Jahren DDR-Sozialismus völlig

Erfurt, 20. Februar 1990. Bundeskanzler Helmut Kohl auf einer Wahlkampfveranstaltung der CDU (Ost) vor über 100 000 Menschen.

Wahlplakate für die Volkskammerwahl vom 18. März 1990.

unbelasteten SPD gerechnet wurde, konnte diese nur 21,8 Prozent der Stimmen auf sich vereinen, während das Wahlbündnis *„Allianz für Deutschland"* (Wahlslogan: „Nie wieder Sozialismus!") aus CDU, *Demokratischem Aufbruch* und *Deutscher Sozialer Union* mit 47,8 Prozent klar siegte. Die Politik des Kanzlers und der Bonner Regierung – rasche Einheit angesichts der unsicheren weltpolitischen Lage durch den Beitritt der DDR zur Bundesrepublik – hatte gegen den abwartenden Kurs der SPD (West) die klare Zustimmung der ostdeutschen Wähler erhalten. Zusammen mit den SPD-Wählern hatten sich über 75 Prozent für die Wiedervereinigung und die soziale Marktwirtschaft entschieden und damit die DDR abgewählt. Die im *Bündnis 90* zusammengeschlossenen Bürgerbewegungen, die für den Fortbestand einer demokratischen DDR eingetreten waren, kamen nur auf 2,9 Prozent der Stimmen.
Die Wahlsieger bildeten mit der SPD eine Große Koalition unter Ministerpräsident *Lothar de Maizière* (CDU), der sein Amt im Bewußtsein antrat, der letzte Regierungschef der DDR zu sein. Neben einer Fülle von Gesetzen im Rahmen des Einigungsprozesses verabschiedete die Volkskammer am 17. Juni 1990 ein verfassungsänderndes Gesetz von großer symbolischer Bedeutung, das die politische Wende in der DDR festschrieb und den Trägern der friedlichen Revolution ein Denkmal setzte. Artikel 1 der geänderten DDR-Verfassung lautete jetzt: „Die Deutsche Demokratische Republik ist ein freiheitlicher, demokratischer, föderativer, sozialer und ökologisch orientierter Rechtsstaat."

*Ergebnisse der Volkskammer-Wahl vom 18. 3. 1990*

| | |
|---|---|
| *Wahlberechtigte* | *12 426 443* |
| *Wahlbeteiligung* | *11 604 418 (93,39 %)* |
| *Gültige Stimmen* | *11 541 155* |

| | | Stimmen (%) | Mandate |
|---|---|---|---|
| Allianz für Deutschland (= Wahlbündnis von CDU, DSU und DA): 47,79 % der Stimmen; 192 Mandate | | | |
| CDU | Christlich-Demokratische Union Deutschlands | 40,59 | 163 |
| DSU | Deutsche Soziale Union | 6,27 | 25 |
| DA | Demokratischer Aufbruch – sozial + ökologisch | 0,93 | 4 |
| SPD | Sozialdemokratische Partei Deutschlands | 21,76 | 88 |
| PDS | Partei des Demokratischen Sozialismus | 16,32 | 66 |
| BFD | Bund Freier Demokraten: Deutsche Forumpartei. Liberaldemokratische Partei, Freie Demokratische Partei | 5,28 | 21 |
| Bündnis 90 | Neues Forum, Demokratie Jetzt Initiative Freiheit und Menschenrechte | 2,90 | 12 |
| DBD | Demokratische Bauernpartei Deutschlands | 2,17 | 9 |
| Grüne-UFV | Grüne Partei + Unabhängiger Frauenverband | 1,96 | 8 |
| NDPD | National-Demokratische Partei Deutschlands | 0,38 | 2 |
| DFD | Demokratischer Frauenbund Deutschlands | 0,33 | 1 |
| AVL | Aktionsbündnis Vereinigte Linke, Die Nelken | 0,18 | 1 |
| Sonstige | | 0,45 | – |

## Wirtschafts-, Währungs- und Sozialunion

Noch bevor die außenpolitischen Voraussetzungen der staatlichen Vereinigung geklärt waren, wurde durch die Einführung der D-Mark in der DDR die Einheit Deutschlands unumkehrbar. Um die Übersiedlerzahlen und den Einigungsprozeß insgesamt unter Kontrolle zu bringen, entschied sich Bundeskanzler Kohl bereits im Februar 1990 gegen die Empfehlung vieler Wirtschaftsexperten dafür, die Wirtschafts- und Währungsunion so schnell wie möglich zu verwirklichen. Um den Erwartungen der DDR-Bürger entgegenzukommen, einigte man sich auf für sie günstige Wechselkurse: Löhne, Renten und Mieten wurden im Verhältnis 1:1 umgestellt, Sparguthaben bis 6000 Mark ebenfalls 1:1, darüber hinausgehende Beträge 2:1.

Der *Staatsvertrag zur Wirtschafts-, Währungs- und Sozialunion* zwischen der Bundesrepublik Deutschland und der DDR wurde am 18. Mai 1990 unterzeichnet, im Juni von der Volkskammer (gegen die Stimmen der PDS und der Fraktion von Bündnis 90), vom Bundestag und vom Bundesrat ratifiziert, und trat am 1. Juli 1990 in Kraft. Einen Tag später wurde die D-Mark als offizielle Währung in der DDR eingeführt. Was die in der DDR lebenden Menschen seit Jahrzehnten ersehnt hatten, war Wirklichkeit geworden: Mit „richtigem" Geld konnten sie die begehrten Westwaren, vor allem Autos, kaufen. Sozusagen über Nacht wurde aber auch die gesamte Wirtschaft der DDR dem internationalen Wettbewerb ausgesetzt, dem die meisten Betriebe nicht gewachsen waren. Ein gewaltiger Modernisierungsschock erfaßte Wirtschaft und Gesellschaft (⇨ M 3).

## Der Einigungsvertrag

Anfang Juli 1990 begannen in Ost-Berlin die Verhandlungen der beiden deutschen Regierungen über den *zweiten Staatsvertrag zur deutschen Einheit*. Die beiden jeweils 50 Personen umfassenden Verhandlungsdelegationen unter der Leitung von Bundesinnenminister *Wolfgang Schäuble* und DDR-Staatssekretär *Günther Krause* standen bei der Bewältigung dieser hochkomplizierten Materie unter großem Zeitdruck. Auf Wunsch der DDR-Regierung wurde die bundesrepublikanische Rechtsordnung nicht pauschal in Ostdeutschland übernommen. In vielen Bereichen wurden detaillierte Verfahrensweisen und Sonderregelungen (zum Beispiel für den Paragraphen 218 Strafgesetzbuch oder Eigentumsfragen) vereinbart. Erhebliche Probleme bereiteten besonders die Frage der Finanzierung der Einheit und die Regelung der Rechtsansprüche all derer, die in der DDR enteignet worden waren („Rückgabe vor Entschädigung").

Nach nur knapp acht Wochen wurde der *Einigungsvertrag in Ost-Berlin am 31. August 1990 unterzeichnet und am 20. September von Volkskammer und Bundestag mit großer Mehrheit verabschiedet*. Die im Juli von der Volkskammer wieder ins Leben gerufenen (seit 1952 aufgelösten) Länder Brandenburg, Mecklenburg-Vorpommern, Sachsen, Sachsen-Anhalt und Thüringen sollten mit Wirkung vom 3. Oktober 1990 der Bundesrepublik beitreten.

## Die außenpolitische Strategie der Bundesregierung

Während die inneren Aspekte der Vereinigung seit dem Frühjahr 1990 in einem Verhandlungsmarathon zwischen Bonn und Ost-Berlin geregelt wurden, liefen parallel dazu zwischenstaatliche und internationale Verhandlungen über die äußere Absicherung des Einigungsprozesses. Ohne die Zustimmung der vier Siegermächte des Zweiten Weltkrieges, die sich vertraglich ihre Zuständigkeit für „Deutschland als Ganzes“ vorbehalten hatten, konnte es keine Wiedervereinigung geben. Ebenso mußten die Interessen der übrigen europäischen Staaten, insbesondere Polens, berücksichtigt und mögliche Befürchtungen über ein größer und mächtiger werdendes Deutschland entkräftet werden. Denn die europäische Staatengemeinschaft war, wie viele Deutsche auch, von der fortdauernden Existenz zweier deutscher Staaten ausgegangen. Die Bundesregierung entwickelte deshalb eine Strategie, die fünf Ziele umfaßte:

– Einhegung der wirtschaftlichen und politischen Macht Deutschlands durch die Stärkung der europäischen Integration und die Schaffung einer Wirtschafts- und Währungsunion;
– Beschränkung der deutschen Streitkräfte, nuklearwaffenfreier Status Deutschlands, besondere Zusicherungen an die Sowjetunion;
– grundlegende Erneuerung des bilateralen Verhältnisses zwischen Deutschland und der Sowjetunion;
– Anerkennung der Oder-Neiße-Grenze als definitive Westgrenze Polens;
– Mitwirkung bei der Schaffung von neuen Formen und Mechanismen einer gesamteuropäischen Zusammenarbeit.

Zugute kam der Bundesrepublik dabei das beträchtliche Vertrauenskapital, das sie sich durch die jahrzehntelange Zusammenarbeit mit den USA, im westlichen Bündnissystem und in der Europäischen Gemeinschaft, aber auch im Verhältnis zu den östlichen Staaten erworben hatte.

Die Karikatur von Walter Hanel wurde am 15. Februar 1990 veröffentlicht.

## Verhandlungen auf allen Ebenen – sowjetischer Kurswechsel

Ohne Einschränkung förderten die USA unter Präsident *Bush*[1]) und Außenminister *Baker* die Wiedervereinigung Deutschlands. Für die amerikanische Weltmacht war die Wiederherstellung der Einheit Deutschlands eine Bestätigung ihrer jahrzehntelangen Europapolitik. Und keineswegs wollte George Bush eine Schwächung der NATO durch ein deutsches Ausscheiden hinnehmen. Der französische Staatspräsident *Mitterrand*[2]) sorgte sich anfangs um die Haltung eines größeren Deutschland zum europäischen Zusammenschluß, schwenkte aber bald auf die amerikanische Linie ein. Gegen die Wiedervereinigung sprach sich offen die britische Premierministerin *Thatcher*[3]) aus, die eine deutsche Dominanz in Europa befürchtete. Einen radikalen Kurswechsel nahm der sowjetische Staats- und Parteichef Gorbatschow vor. Aus dem unaufhaltsamen Zusammenbruch der DDR zog er schließlich den Schluß, die Wiedervereinigung im Grundsatz zu akzeptieren, um Deutschland als Partner für den wirtschaftlichen Neuaufbau der Sowjetunion zu gewinnen.

Im Februar 1990 vereinbarten die Außenminister Frankreichs, Großbritanniens, der Sowjetunion, der USA sowie der DDR und der Bundesrepublik Deutschland in sogenannten *„Zwei-plus-vier-Gesprächen"*, die offenen Fragen der Grenzen, der Bündniszugehörigkeit Deutschlands, der Höchststärke einer gesamtdeutschen Armee und der deutschen Souveränität einvernehmlich und ohne Mitsprache dritter Staaten zu klären. Zunächst hielten Gorbatschow und sein Außenminister *Schewardnadse* an der Forderung fest, ein größeres Gesamtdeutschland dürfe nicht Mitglied der NATO werden. Hingegen erklärten die Bundesregierung und die Westmächte wiederholt, daß gerade die Einbeziehung Gesamtdeutschlands in die NATO eine Sicherheitsgarantie für die Sowjetunion wie für alle übrigen europäischen Länder darstelle.

Den historischen Durchbruch erreichten Bundeskanzler Kohl und Außenminister Genscher bei ihren Gesprächen mit Gorbatschow in Moskau und im Kaukasus am 15./16. Juli 1990. Der sowjetische Regierungschef stimmte der NATO-Mitgliedschaft Gesamtdeutschlands zu, nachdem der Bundeskanzler – wie schon zuvor Präsident Bush – eine Reihe von Sicherheitsgarantien sowie finanzielle Zusicherungen im Rahmen des Abzugs der sowjetischen Truppen aus Deutschland und zukünftiger wirtschaftlicher Beziehungen gegeben hatte (⇨ M 4).

---

[1]) George Bush (geboren 1924), republikanischer Politiker, seit 1981 Vizepräsident der USA unter Ronald Reagan, Präsident von 1989 bis 1992

[2]) François Mitterrand (geboren 1916), seit den sechziger Jahren der führende sozialistische Politiker in Frankreich, wurde zweimal zum Staatspräsidenten gewählt (1981–1995)

[3]) Margaret Thatcher (geboren 1925), seit 1975 Führerin der Konservativen Partei, wurde nach einem Wahlsieg 1979 erstmals Premierministerin. In der eigenen Partei zunehmend umstritten, mußte sie nach einer parteiinternen Abstimmung 1990 ihrem Nachfolger John Major weichen.

## Der Zwei-plus-Vier-Vertrag

Am 12. September 1990 wurde in Moskau der *Vertrag über die abschließende Regelung in bezug auf Deutschland* unterzeichnet. Am 15. März 1991 trat er in Kraft. Mit diesem Vertrag, der die Funktion eines Friedensvertrages hatte, erhielt das wiedervereinigte Deutschland die volle staatliche Souveränität zuerkannt und damit auch das Recht, seine Bündniszugehörigkeit frei zu wählen (⇨ M 5). In einem weiteren von Bundeskanzler Kohl und Staatspräsident Gorbatschow am 9. November 1990 in Bonn unterzeichneten Vertrag wurde die umfassende Zusammenarbeit beider Staaten vereinbart. Den Abschluß bildete der *deutsch-polnische Grenzvertrag* vom 14. November 1990, der die definitive Anerkennung der polnischen Westgrenze durch das wiedervereinigte Deutschland bestätigte.
Damit hatten die Deutschen ihre staatliche Einheit nicht gegen den Willen, sondern mit Zustimmung ihrer europäischen Nachbarn gewonnen, die „Einheit wurde niemandem aufgezwungen, sondern friedlich vereinbart" *(Richard von Weizsäcker).*

## Wiedervereinigung und Wahlen

Die vielen historischen Ereignisse des Jahres 1989/90 mündeten am *3. Oktober 1990, um Mitternacht, in die Wiedervereinigung Deutschlands durch den Beitritt der fünf ostdeutschen Länder zur Bundesrepublik Deutschland.* Sowohl die ersten Landtagswahlen in den neuen Bundesländern am 14. Oktober als auch die erste gesamtdeutsche Bundestagswahl am 2. Dezember bestätigten die regierenden Parteien CDU/CSU und F.D.P. und wurden von Bundeskanzler Kohl als Volksabstimmung über seine Politik der deutschen Einheit gewertet. In vier von fünf ostdeutschen Ländern stellte die CDU den Ministerpräsidenten, in Brandenburg die SPD. In der vorherrschenden Euphorie honorierten die Wähler, daß Kohl und Genscher die Chance zur schnellen Herstellung der Einheit genutzt hatten. Insbesondere das Versprechen Kohls einer raschen Angleichung der Lebensverhältnisse im Osten an den Standard des Westens überzeugte die neuen Bundesbürger. Dagegen erwies sich die zögernde Haltung des SPD-Kandidaten *Oskar Lafontaine* und seine (an die Westbürger gerichtete) Warnung vor den Kosten einer raschen Vereinigung als nicht wählerwirksam.

Berlin, die Nacht vom 2. auf den 3. Oktober 1990. Tausende feiern vor dem Reichstagsgebäude. Der „Tag der deutschen Einheit" wurde am 3. Oktober 1990 mit einem Staatsakt feierlich begangen.

## Die innere Einheit als Aufgabe

*Umbau der Wirtschaft:* Die Folgen der vierzigjährigen kommunistischen Herrschaft waren schwerer zu bewältigen und benötigten mehr Zeit, als Politiker und Experten ursprünglich vermutet hatten. Die Transformation der ostdeutschen Planwirtschaft in eine Wettbewerbswirtschaft war eine Aufgabe ohne Vorbild. So erwiesen sich die meisten ehemaligen Staatsbetriebe als völlig veraltet und unproduktiv, ihre Produkte und Dienstleistungen als nicht konkurrenzfähig, zumal die Ostdeutschen zunächst nur Westwaren kauften und 1991 die bisher belieferten Märkte in Osteuropa völlig wegbrachen.
Die Stillegung, Sanierung und Privatisierung der Betriebe nach marktwirtschaftlichen Gesichtspunkten ließen die Arbeitslosigkeit dramatisch anwachsen und erforderten gewaltige Geldsummen. Die mit dieser einzigartigen Aufgabe noch von der letzten Volkskammer der DDR beauftragte *Treuhandanstalt* mit Sitz in Berlin übernahm im Sommer 1990 8500 Staatsunternehmen mit etwa 45 000 Einzelbetrieben und 4,1 Millionen Beschäftigten sowie rund 60 Prozent der Fläche der DDR. Als die Treuhandanstalt, das zeitweilig größte Unternehmen der Welt, im Sommer 1994 ihre Tätigkeit beendete, hatte sie 3400 Betriebe als nicht sanierungsfähig stillgelegt, aber über 90 Prozent der Firmen mit 1,5 Millionen Arbeitsplätzen privatisiert. Durch die Übernahme der Altschulden der früheren DDR-Betriebe und Finanzhilfen aller Art für private Investoren hinterließ die Treuhandanstalt 275 Milliarden DM Schulden, die den Bundeshaushalt hinfort jährlich mit etwa 17 Milliarden belasten werden. Nach der staatlichen Abwicklung der DDR-Volkswirtschaft wird es künftig davon abhängen, ob und inwieweit private Investoren zu wachsendem Engagement in den *„neuen Ländern"* bereit sind.

*Finanzielle Lasten:* Der wirtschaftliche Umbau und die schrittweise Angleichung der Lebensverhältnisse an den westlichen Standard erfordert die Modernisierung der gesamten Infrastruktur in Ostdeutschland (Straßen, Autobahnen, Wohnungen, Telefonnetz, Eisenbahn, Energieversorgung, Gesundheitswesen, Schulen, Hochschulen). Die dafür notwendigen Mittel müssen ganz überwiegend aus dem Bundeshaushalt aufgebracht werden. Zwischen 1990 und 1995 betrugen die öffentlichen Finanztransfers in die neuen Länder fast 1000 Milliarden DM, und durchschnittlich weitere 180 Milliarden DM pro Jahr werden nach übereinstimmenden Schätzungen der Experten noch mindestens zehn Jahre lang notwendig sein, um das Ziel vergleichbarer Lebensverhältnisse in Ost und West zu verwirklichen.

*Lebensgefühl im Umbruch:* Schließlich sind auch die menschlich-psychologischen Probleme der Wiedervereinigung nicht zu unterschätzen. Die Übernahme der westdeutschen Gesellschaftsordnung erwies sich für die neuen Bundesbürger als eine gewaltige Umstellung ihres gesamten Alltagslebens. Vom Kindergarten bis zur Altersversorgung hatte sich alles geändert. Manche reagierten auf den extrem hohen Anpassungsdruck mit DDR-Nostalgie, was in Westdeutschland Unverständnis hervorrief. Viele Bürger im Osten fühlten sich deklassiert und von den „Wessis" überrollt, auf der anderen Seite sahen sich zahlreiche Bürger in der alten Bundesrepublik durch die Erwartungen ihrer Landsleute im Osten überfordert. Die Unterschiede in der Lebenserfahrung und im Lebensgefühl zwischen den Deutschen in Ost und West waren doch tiefergehender, als man in den Monaten der Euphorie 1989/90 angenommen hatte.

In den kommenden Jahren wird es darauf ankommen, daß die aus unterschiedlichen politisch-weltanschaulichen Systemen zusammengekommenen Bürger ihre innergesellschaftliche und internationale Identität gemeinsam bestimmen. Erst dann wird die am 3. Oktober 1990 erreichte staatliche Einheit wirklich vollzogen sein (⇨ M 6).

Obwohl die Politik der SED für die Misere der ehemaligen DDR verantwortlich war, profilierte ihre Nachfolgepartei PDS sich als Fürsprecherin der „Zukurzgekommenen" in den neuen Ländern. Mit dieser Anzeige warb sie beispielsweise im Oktober 1994 während des Bundestagswahlkampfs in der Leipziger Stadtzeitung „Kreuzer".

**Den »realen Sozialismus« hatten wir.**
**Jetzt sind alle schlau,**
**vor allem die Oberschlauen;**
**jetzt wissen alle, was alles nicht geht.**

**Jetzt gilt das regierungsoffizielle**
**»Weiter so!«:**
**Nun soll der Mensch des Menschen**
**Feind bleiben.**
**Nun wird, was oben ist,**
**stets oben sein, die Armen ärmer,**
**die Reichen reich.**
**Nun soll klein beigeben, wer Frau,**
**wer Ausländer, wer behindert ist.**
**Nun kann das Profitdenken**
**das ökologische Denken besiegen.**
**Nun darf die Demokratie**
**den Machtspielen der Lobbyisten**
**geopfert werden.**
**Nun hat der Autoritätsstaat**
**das Sagen und die Zivilgesellschaft**
**das Nachsehen.**

**Alles andere sind doch Visionen.**
**Aber ohne Visionen keine**
**Alternativen! Für einen neuen**
**Gesellschaftsvertrag.**

**PDS**

## Gibt es eine Zukunft für die Deutsche Demokratische Republik?

M 1

*Bei einer Großkundgebung auf dem Berliner Alexanderplatz am 4. November 1989 riefen Schriftsteller und Künstler der DDR zu einem eigenständigen Weg ihres Staates auf. Daran schloß sich der Appell „Für unser Land" vom 26. November 1989 an (linke Spalte).*
*Auf diesen Aufruf reagierte der Schriftsteller Günter Kunert (geboren 1929). Kunert war wegen seines Protests gegen die Ausbürgerung von Wolfgang Biermann 1977 aus der SED ausgeschlossen worden; 1979 durfte er in die Bundesrepublik ausreisen.*

Unser Land steckt in einer tiefen Krise. Wie wir bisher gelebt haben, können und wollen wir nicht mehr leben. Die Führung einer Partei hatte sich die Herrschaft über das Volk und seine Vertretungen angemaßt, vom Stalinismus geprägte Strukturen hatten alle Lebensbereiche durchdrungen. Gewaltfrei, durch Massendemonstrationen hat das Volk den Prozeß der revolutionären Erneuerung erzwungen, der sich in atemberaubender Geschwindigkeit vollzieht. Uns bleibt nur wenig Zeit, auf die verschiedenen Möglichkeiten Einfluß zu nehmen, die sich als Auswege aus der Krise anbieten.

*Entweder*

können wir auf der Eigenständigkeit der DDR bestehen und versuchen, mit allen unseren Kräften und in Zusammenarbeit mit denjenigen Staaten und Interessengruppen, die dazu bereit sind, in unserem Land eine solidarische Gesellschaft zu entwickeln, in der Frieden und soziale Gerechtigkeit, Freiheit des einzelnen, Freizügigkeit aller und die Bewahrung der Umwelt gewährleistet sind.

*Oder*

wir müssen dulden, daß, veranlaßt durch starke ökonomische Zwänge und durch unzumutbare Bedingungen, an die einflußreiche Kreise aus Wirtschaft und Politik in der Bundesrepublik ihre Hilfe für die DDR knüpfen, ein Ausverkauf unserer materiellen und moralischen Werte beginnt und über kurz oder lang die Deutsche Demokratische Republik durch die Bundesrepublik vereinnahmt wird.
Laßt uns den ersten Weg gehen. Noch haben wir die Chance, in gleichberech-

Der deutsche Intellektuelle nebst seinen Visionen vom Guten, Schönen und Humanen ist durch keine noch so massive Tatsachenfülle widerlegbar ... Trotz überwältigender Kenntnis der trostlosen Lage und ihrer kaum minder trostlosen Ursachen, wird die längst mumifizierte Utopie beschworen. Ob Christa Wolf auf dem Alexanderplatz in Berlin oder der aus seiner Versenkung auferstandene Rudolf Bahro im Fernsehen – entgegen jeder Erfahrung, auch ihrer eigenen, meinen sie ernsthaft, nun sei der Zeitpunkt gekommen, den „demokratischen Sozialismus" einzuläuten: das Himmelreich schon auf Erden errichten, Heinrich Heines lyrischem Diktum zufolge. Blindlings fallen die großen, pathetischen Worte, denen man abgeschworen hatte, auf die Zuhörer nieder und gemahnen den etwas kritischeren unter ihnen an die Früchte des Tantalus. Würde man die Hand danach ausstrecken, sie entzögen sich dem Zugriff wie eh und je. Die nach vierzig Jahren Tristesse ungeduldige Mehrheit jedoch greift lieber nach dem Nächstliegenden, den Bananen bei „Aldi" ...
Die gegenwärtig erhobene Forderung nach einer Erneuerung des Systems übertüchtiger Ruinenbaumeister (wirkt) wie ein später und deplazierter Scherz. Nun endlich, heißt es, werde man auf den Trümmern des zusammengebrochenen ein wahrhaft bewohnbares Haus errichten. Ergo jene angestrebte Gesellschaft, die ihre Widersprüche und Gegensätze gewaltfrei und menschlich behandeln würde. Diese Hoffnung ist trügerisch. Denn sie ignoriert den ökonomischen und ökologischen Zustand des Landes, aber nicht nur diesen; sie miß-

tigter Nachbarschaft zu allen Staaten Europas eine sozialistische Alternative zur Bundesrepublik zu entwickeln. Noch können wir uns besinnen auf die antifaschistischen und humanistischen Ideale, von denen wir einst ausgegangen sind. Alle Bürgerinnen und Bürger, die unsere Hoffnung und unsere Sorge teilen, rufen wir auf, sich diesem Appell durch ihre Unterschrift anzuschließen.

*Neues Deutschland vom 28. November 1989*

achtet vor allem die Kondition des Menschen, jenes Geschöpfes, das eine Idee nur zu realisieren vermag, indem es diese in ihr Gegenteil verkehrt ...
Auch der Traum vom „demokratischen Sozialismus" wird wohl eher verhallen, als daß er irgendwelche Wirkung zeitigt. Nach vier Jahrzehnten einer am Grünen Tisch erdachten, der Bevölkerungsmajorität aufgenötigten Ordnung kann eine Modifikation dieser oder analoger Ordnungen keine Chance mehr haben.

*Michael Naumann (Hrsg.), Die Geschichte ist offen, Reinbek 1990, S. 97 ff.*

1. *Stellen Sie die wichtigsten Argumente gegenüber.*
2. *Informieren Sie sich anhand einer Literaturgeschichte oder eines Lexikons über Günter Kunert. Versuchen Sie einen Zusammenhang herzustellen zwischen dem Werdegang des Schriftstellers und seiner Stellungnahme.*
3. *Diskutieren Sie die Frage, ob oder unter welchen Umständen 1989/90 in der DDR die Chance für eine selbständige Entwicklung bestand.*

## M 2 Das Zehn-Punkte-Programm Bundeskanzler Kohls vom 28. November 1989

*Auf das nachstehend in einer Grafik veranschaulichte Zehn-Punkte-Programm des Bundeskanzlers reagierte das SED-Organ „Neues Deutschland" am 29. November 1989 mit dem auf Seite 285 oben wiedergegebenen Kommentar.*

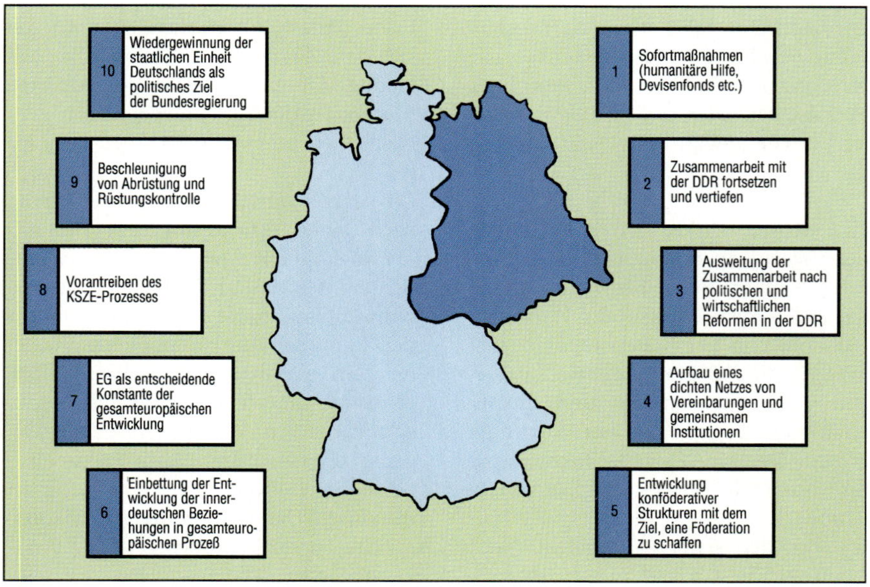

Solche Erklärungen gehen nicht nur an den Realitäten vorbei, sondern können sehr leicht zu Irritationen führen, da sie sowohl die im Grundlagenvertrag als auch in der Schlußakte von Helsinki[1]) festgeschriebene Souveränität und Unabhängigkeit der beiden deutschen Staaten außer acht lassen. In den Beziehungen zwischen der DDR und der BRD ist von der gegenseitigen Achtung und Respektierung der Souveränität, territorialen Integrität und Gleichberechtigung auszugehen.
Eine „Wiedervereinigung" steht nicht auf der Tagesordnung, und niemand in Ost und West will ernsthaft eine Veränderung des europäischen Gleichgewichts. Für Sicherheit und Stabilität in Europa ist Stabilität in den Beziehungen zwischen beiden deutschen Staaten eine entscheidende Voraussetzung. [...]
Was die Vorschläge des Bundeskanzlers für die Zusammenarbeit mit der DDR anbelangt, so bieten sie interessante Ansatzpunkte für Verhandlungen ... Das betrifft auch die Überlegungen hinsichtlich der Möglichkeit der Bildung gemeinsamer Kommissionen, die zur Ausgestaltung der von Ministerpräsident Hans Modrow vorgeschlagenen Vertragsgemeinschaft beitragen könnten.

*Gerhart Maier, Die Wende in der DDR, Bonn 1990, S. 69*

1. *Erläutern Sie anhand beider Materialien die Offenheit der Situation Ende 1989.*
2. *In welchen Überlegungen stimmen die beiden Regierungen überein, in welchen Punkten entdecken Sie Widersprüche?*

## „Rote Zahlen vom roten Sozialismus"

**M 3**

*Der Münsteraner Wirtschaftswissenschaftler Karl-Hans Hartwig faßte zwei Monate nach der Einführung der Währungs-, Wirtschafts- und Sozialunion in einem Zeitungsartikel die wirtschaftlichen Probleme der DDR zusammen.*

Die DDR-Wirtschaft befindet sich gegenwärtig in einer tiefen Krise [...]. Auch die weiteren Aussichten sind zunächst düster. Arbeitslosenzahlen von 1,5 bis 2 Millionen oder 15 Prozent werden selbst von Optimisten nicht mehr als unrealistisch angesehen. [...]
Die Marktwirtschaft und der mit ihr notwendig verbundene freie Informationsfluß bringen diese Altlasten der planwirtschaftlichen Vergangenheit an den Tag. Sie machen deutlich, daß vom roten Sozialismus vorwiegend rote Zahlen bleiben. Experten ist nicht erst seit dem 9. November bekannt, daß etwa 30 bis 40 Prozent der DDR-Betriebe nicht konkurrenzfähig sind und in Wirtschaft und Verwaltung schon immer eine große Anzahl von Arbeitskräften mitgeschleppt wurde, die ökonomisch nicht gerechtfertigt war. Produktivitätsrückstände bis zu 60 Prozent gegenüber westlichen Betrieben kommen ja nicht von ungefähr. D. h. aber, daß von den vorhandenen 9,3 Millionen Arbeitsplätzen in den ersten Jahren nach Einführung der Marktwirtschaft mehr als drei Millionen wahrscheinlich sowieso nicht zu halten wären. Sie durch neue wettbewerbsfähige Arbeitsplätze zu ersetzen, ist die vordringliche Aufgabe und nicht irgendwelche Beschäftigungsgarantien zu geben. Das in den Köpfen der Menschen noch immer verankerte Recht auf Arbeit hat es

[1]) Siehe Seiten 325 und 333

ja faktisch auch in der DDR nie gegeben. Praktiziert wurden vielmehr ein Recht auf Lohn und der Zwang zur Beschäftigung an den falschen Stellen. Auch wenn die Mißstände der sozialistischen Planwirtschaft seit langem bekannt sind, ihre Dimension tritt erst jetzt allmählich zutage. Daher geht auch die immer wieder an die politisch Verantwortlichen gestellte Forderung am Kern vorbei, endlich endgültige Zahlen über die Kosten der wirtschaftlichen Vereinigung auf den Tisch zu legen. Sie sind einfach nicht bekannt. Zu vermuten ist lediglich, daß der eingeschlagene Weg einer sofortigen Währungs-, Wirtschafts- und Sozialunion gegenüber einer längerfristig angelegten Strategie zumindest kurzfristig die Probleme verschärfen dürfte. Auf der anderen Seite weist er allerdings nicht zu unterschätzende Vorteile auf. [. . .] Wenn man einmal betrachtet, wie in anderen sozialistischen Reformstaaten ideologischer Ballast, mangelnde Kenntnisse über die marktwirtschaftlichen Funktionsprinzipien oder massiver Widerstand der um ihre Privilegien fürchtenden Funktionäre dringend notwendige Reformen behindern, und wie sich durch Zögerlichkeiten und Halbherzigkeiten die wirtschaftliche Lage immer weiter verschlechtert, scheint die Schocktherapie fast die einzige Lösung. Auch wenn kurzfristig größere Härten entstehen, dürfte sie langfristig der erfolgversprechendere Weg sein.

*DAS PARLAMENT vom 14. September 1990*

1. *Arbeiten Sie die Problempunkte der Transformation der Planwirtschaft der DDR in eine soziale Marktwirtschaft heraus.*
2. *Welche Aufgaben haben demokratisch gewählte Politiker in diesem Umwandlungsprozeß der Wirtschaft?*
3. *Historiker sprechen angesichts der Vorgänge in der DDR seit Herbst 1989 von drei „Revolutionen"; einer „liberalen", einer „nationalen" und einer „sozialen". Welche Gründe sprechen für eine solche Einteilung?*

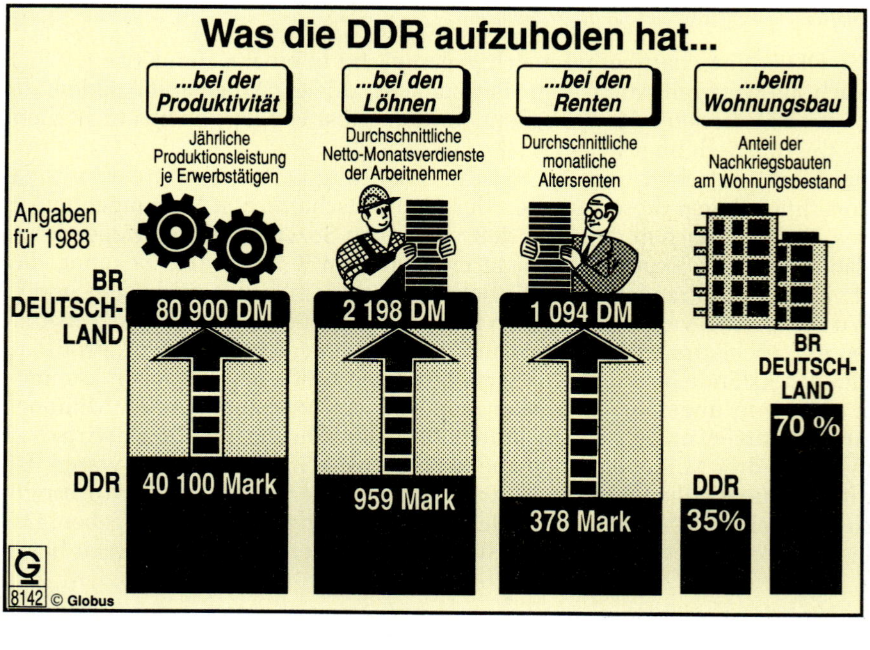

## Gorbatschow ist einverstanden

M 4

*Am Sonntag, dem 15. Juli 1990, treffen sich Michail Gorbatschow und Helmut Kohl, nur von ihren beiden engsten Beratern begleitet, in Moskau. Die Unterredung protokolliert Horst Teltschik, der Leiter der Außen- und Sicherheitspolitik im Kanzleramt.*

Gorbatschow wendet sich jetzt den Zwei-plus-Vier-Themen zu. Er gehe davon aus, daß das geeinte Deutschland in den Grenzen der Bundesrepublik, der DDR und Berlins gebildet werde. Als zweiten Punkt spricht er den Verzicht Deutschlands auf ABC-Waffen an. Er wisse, daß das die Position des Kanzlers sei. Die militärischen Strukturen der NATO, so fährt er fort, dürften nicht auf das DDR-Territorium ausgedehnt werden. Für die Präsenz der sowjetischen Truppen müsse eine Übergangsregelung vereinbart werden. Als letztes spricht sich Gorbatschow dafür aus, die Viermächterechte abzulösen.
Sofort fragt der Bundeskanzler nach, ob Gorbatschow damit einverstanden sei, daß Deutschland mit der Einigung seine volle Souveränität erhalte. Das sei selbstverständlich, erwidert der Präsident.
Als wichtigste Frage bezeichnete Gorbatschow die Mitgliedschaft eines geeinten Deutschland in der NATO. *De jure* sei die Frage klar, *de facto* heiße das jedoch, daß der Geltungsbereich der NATO nicht auf das Territorium der DDR ausgedehnt werden dürfe. Es müsse eine Übergangsregelung geben.
Ganz ruhig und ernst stimmt Gorbatschow zu, daß Deutschland weiter Mitglied in der NATO bleiben kann. Auf diese überraschende Aussage reagiert der Bundeskanzler ohne erkennbare Regung. [...]

Die Verhandlungen zwischen Michail Gorbatschow und Helmut Kohl wurden am 16. Juli im Kaukasus in freundschaftlicher Atmosphäre fortgesetzt. Mit ihnen am Tisch sitzend Außenminister Hans-Dietrich Genscher; hinter den beiden Regierungschefs stehen Bundesfinanzminister Theo Waigel (CSU), Raissa Gorbatschowa und Eduard Schewardnadse, der sowjetische Außenminister.

Gorbatschow wiederholt seine Aussage, daß Deutschland Mitglied in der NATO bleiben könne. Die NATO müsse jedoch für eine Übergangsperiode berücksichtigen, daß ihr Geltungsbereich nicht auf das DDR-Territorium übertragen werden dürfe, solange dort sowjetische Truppen stationiert seien. Eine solche Entscheidung, fügt Gorbatschow hinzu, stelle beide Seiten zufrieden.
Die zweite Überraschung folgt auf dem Fuß: Gorbatschow kündigt an, daß das Abschlußdokument der Zwei-plus-Vier-Gespräche die Aufhebung der Viermächteverantwortung ohne Übergangszeit feststellen werde. Es müsse jedoch einen separaten Vertrag über den Aufenthalt sowjetischer Truppen für die Dauer von drei bis vier Jahren auf dem bisherigen DDR-Territorium geben. Der Kanzler wiederholt noch einmal diese entscheidenden Aussagen Gorbatschows, um sie unmißverständlich festzuschreiben. Gorbatschow stimmt dieser Zusammenfassung zu und wiederholt erneut Punkt für Punkt alle seine Aussagen. Damit ist jedes Mißverständnis ausgeschlossen.
Der Durchbruch ist erreicht! Welch' eine Sensation! So klare Zusagen Gorbatschows hatten wir nicht erwartet. Alle Vorzeichen waren zwar positiv, doch wer hätte ein solches Ergebnis voraussagen wollen? Für den Bundeskanzler ist dieses Gespräch ein unglaublicher Triumph.

*Horst Teltschik, 329 Tage, Berlin 1991, S. 323 f.*

1. *Durch welche Äußerungen überraschte Gorbatschow seinen Gesprächspartner?*
2. *Überlegen Sie die Gründe, die Gorbatschow zu seinen Zusagen bewogen haben dürften.*

## M 5 Vertrag über die abschließende Regelung in bezug auf Deutschland (Zwei-plus-Vier-Vertrag), 12. September 1990

*Artikel 1*

(1) Das vereinte Deutschland wird die Gebiete der Deutschen Demokratischen Republik, der Bundesrepublik Deutschland und ganz Berlins umfassen. Seine Außengrenzen werden die Grenzen der Deutschen Demokratischen Republik und der Bundesrepublik Deutschland sein und werden am Tage des Inkraftretens dieses Vertrages endgültig sein. Die Bestätigung des endgültigen Charakters der Grenzen des vereinten Deutschlands ist ein wesentlicher Bestandteil der Friedensordnung in Europa.
(2) Das vereinte Deutschland und die Republik Polen bestätigen die zwischen ihnen bestehende Grenze in einem völkerrechtlich verbindlichen Vertrag.
(3) Das vereinte Deutschland hat keinerlei Gebietsansprüche gegen andere Staaten und wird solche auch nicht in Zukunft erheben. [. . .]

*Artikel 3*

(1) Die Regierungen der Bundesrepublik Deutschland und der Deutschen Demokratischen Republik bekräftigen ihren Verzicht auf Herstellung und Besitz von und auf Verfügungsgewalt über atomare, biologische und chemische Waffen. [. . .]
(2) Die Regierung der Bundesrepublik Deutschland hat in vollem Einvernehmen mit der Regierung der Deutschen Demokratischen Republik am 30. August 1990 in Wien bei den Verhandlungen über konventionelle Streitkräfte in Europa folgende Erklärung abgegeben:

Vertragsunterzeichnung der Außenminister in Moskau. Von links: Baker (USA), Hurd (Großbritannien), Schewardnadse (UdSSR), Dumas (Frankreich), Ministerpräsident de Maizière (DDR) und Genscher (Bundesrepublik).

„Die Regierung der Bundesrepublik Deutschland verpflichtet sich, die Streitkräfte des vereinten Deutschlands innerhalb von drei bis vier Jahren auf eine Personalstärke von 370 000 Mann (Land-, Luft- und Seestreitkräfte) zu reduzieren. Diese Reduzierung soll mit dem Inkrafttreten des ersten KSZE-Vertrags beginnen.[1]) Im Rahmen dieser Gesamtobergrenze werden nicht mehr als 345 000 Mann den Land- und Luftstreitkräften angehören, die gemäß vereinbartem Mandat allein Gegenstand der Verhandlungen über konventionelle Streitkräfte in Europa sind." [. . .]

*Artikel 5*

(3) Nach dem Abschluß des Abzugs der sowjetischen Streitkräfte vom Gebiet der heutigen Deutschen Demokratischen Republik und Berlins[2]) können in diesem Teil Deutschlands auch deutsche Streitkräfte stationiert werden, die in gleicher Weise militärischen Bündnisstrukturen zugeordnet sind wie diejenigen auf dem übrigen deutschen Hoheitsgebiet, allerdings ohne Kernwaffenträger. [. . .]
Ausländische Streitkräfte und Atomwaffen und deren Träger werden in diesem Teil Deutschlands weder stationiert noch dorthin verlegt. [. . .]

*Artikel 7*

(1) Die Französische Republik, die Union der Sozialistischen Sowjetrepubliken, das Vereinigte Königreich von Großbritannien und Nordirland und die Vereinigten Staaten von Amerika beenden hiermit ihre Rechte und Verantwortlichkeit in bezug auf Berlin und Deutschland als Ganzes. [. . .]
(2) Das vereinte Deutschland hat demgemäß volle Souveränität über seine inneren und äußeren Angelegenheiten.

*Presse- und Informationsamt der Bundesregierung (Hrsg.), BULLETIN Nr. 109 vom 14. September 1990, S. 1154 ff.*

*Bundesaußenminister Hans-Dietrich Genscher nannte den Vertrag den „wichtigsten und chancenreichsten [. . .], den Deutschland je geschlossen" habe. Versuchen Sie diese Wertung nachzuvollziehen.*

---

1) Siehe Seite 329

2) Die Bundesrepublik unterstützte die „Überleitung" der sowjetischen Truppen finanziell mit 13,5 Milliarden Mark. In der DDR waren 390 000 Sowjets und 140 000 Soldaten der Nationalen Volksarmee stationiert, in der Bundesrepublik standen 490 000 Bundeswehrsoldaten und 340 000 Soldaten der alliierten Streitkräfte ständig unter Waffen.

## M 6 Das vereinte Deutschland – zwischen Hoffnung und Enttäuschung

*Pfarrer Friedrich Schorlemmer (geboren 1944) war Mitbegründer der Bürgerbewegung „Demokratischer Aufbruch". 1990 trat Schorlemmer der SPD bei, 1993 erhielt er den Friedenspreis des Deutschen Buchhandels. In seiner Dankesansprache untersuchte er die Schwierigkeiten des Zusammenwachsens der Bürger in Ost und West.*

Den Demütigungen in der Diktatur folgten alsbald die Demütigungen in der Freiheit. Den Wettbewerbsbedingungen des Westens waren wir nicht gewachsen. Die rechtmäßigen Eigentumsregelungen brachten und bringen viel Bitternis. Der Aufbruch mündete für Hunderttausende in einen Abbruch. Es gab Auffang- und Aufbauprogramme. Aber der große Aufschwung blieb aus. Das Land wurde farbenfroher – und wurde so erst seines maroden Zustandes gewahr. Auch Erhaltbares wurde plattkonkurriert, ausgeschlachtet, scheinprivatisiert. Der Westen versuchte, dem Osten schnell zu zeigen, „wie man's macht" – da kam der „Wessi" auf, dem der „Ossi" sein Los vorjammerte, bis er ihn als „Besserwessi" erkannte und bald alle als solche brandmarkte. Da waren diese nun enttäuscht oder beleidigt, weil nicht mehr zwischen gerissenen Absahnern und unersetzlichen Fachleuten, einsatzbereiten Idealisten und mittelmäßigen Karrieristen unterschieden wurde. Da hatten wir unsere schöne Teilung wieder – mitten in der Einheit. Wer wollte übersehen, wie sich das Gesicht der Menschen, ja unserer Städte und Dörfer erhellt hat, wie Ostdeutsche ihre Begabungen entdecken und entfalten können. Und wer wollte regierungsamtlich wieder gutreden, was schlechter läuft, als es bräuchte, weil viel Kompetenz und Potenz brachliegt.

Wir haben da Erinnerungen, die überempfindlich machen bei jedwedem Partei-Bonzen-Macht-Gebaren und herzloser Ministerialbürokratie. Da kommt es zu schnellen, zu zu schnellen Gleichset-

*Stefan Wolle, Historiker an der Berliner Humboldt-Universität, war 1990/91 an der Auflösung der Stasi beteiligt; seit 1991 ist er Mitglied der Historischen Kommission der SPD. In einem Zeitungsartikel behandelte Wolle 1994 die Probleme der Wiedervereinigung Deutschlands für die Menschen aus der DDR unter einem anderen Blickwinkel als Schorlemmer.*

Viele Menschen haben in der DDR glücklich und zufrieden gelebt und den Zusammenbruch ihres Staates als Katastrophe erlebt. Da sind zunächst die Mitarbeiter der Partei, des Staatsapparats, die Offiziere der „bewaffneten Organe" von der Stasi bis zur Nationalen Volksarmee. Selbst wenn es ihnen heute materiell besser geht, stehen sie subjektiv auf der Stufenleiter des sozialen Erfolgs ein ganzes Stück weiter unten. Die neue Demokratie und den Rechtsstaat erleben sie als tägliche Demütigung. Dies betrifft leider nicht nur die Stützen des alten Systems. [. . .]

Das Leben in der DDR war armselig, provinziell, kleinkariert und unfrei – aber es war auch ohne wesentliche Risiken. Im Schatten der Mauer blühten manche kleinen Biotope. Westbesucher empfanden DDR-Reisen oft als Reise in die Kindheit. Da gab es noch selbstgebackenen Kuchen, der Weihnachtsbaum wurde mit der Säge aus dem Winterwald geholt und das Geschirr im Abwaschbecken mit der Hand gewaschen. Und diese DDR-Nostalgie grassiert heute nicht nur unter den Günstlingen des untergegangenen Systems. „Man lebte bescheidener, aber glücklicher", werden eines Tages die Großmütter ihren Enkeln erzählen. Und schon heute stimmen Intellektuelle und Künstler in das Klagelied von der verlorenen Idylle mit ein.

Mit äußerstem Geschick spielt die PDS auf der Klaviatur der Legenden. Da ist zunächst die auch im Westen gern kolportierte Meinung, die BRD-Kolonisatoren seien wie eine Dampfwalze übers zungen. Unser Denken und Empfinden, unsere Vorstellungen und unsere Sprache – nicht nur die der einst „überzeugten DDR-Bürger!" – wurden anders geprägt, viel nachhaltiger, als wir das 1989 beim plötzlichen Befreiungsschlag und 1990 beim hastigen Vereinigungsakt dachten.

Das offizielle gesellschaftliche Klima der DDR war verkrampfend, schuf die Friedhofsruhe struktureller Gewalt und verlogener massenhafter Zustimmungsrituale, versuchte Menschen ihrer Individualität zu berauben und ihr Denken in eine geschlossene Ideologie mit bipolarem Denken einzupferchen. Mundtot gemacht, ihrer Würde beraubt, zu Kriechern degradiert, zu Jasagern dressiert, zu einem „wissenschaftlichen" Glauben verführt, zu Schweigern erzogen, haben sich dieselben Menschen schließlich selbst aufgemacht, sind aufgestanden, haben Mut zu sich gefaßt und den Mut, etwas – sich! – zu riskieren. Solch endlich aufgeweckter Bürgersinn, der Gewalt widerstehend, bleibt nötig, darf nicht erlöschen.

Der Selbstfindungs- und Neuorientierungsprozeß wird langwieriger sein und wird uns noch viele innere Differenzen offenbaren. Gegenseitiges Mißverstehen wird noch länger schmerzen. Da ist es schon wunderbar, daß schon so viel glückt, daß schon so viel Durchmischung gelingt, daß so viel innerstes Mitverstehen bei allem Abstand gewachsen ist. [. . .] „Wir sollten doch endlich umlernen", sagen uns häufig Westdeutsche, die selber nichts dazulernen zu müssen meinen. Das ergibt Ver-Stimmung und unnötigen Trotz. Der Selbstbetrug über Länge und Schwere des Weges zueinander mündet vielfach in das altbekannt-deutsche Gemisch aus Selbstmitleid und Selbstüberhebung. Dabei lassen sich die Vereinigungshürden nehmen, wenn man die Latte ostwärts nicht gleich so hoch legt und wenn man sie westwärts etwas niedriger zu legen bereit ist – oder gar die gesamte Bemessung ändert, leLand gegangen. Sie hätten alles niedergemacht, was es in der DDR an sozialen Errungenschaften gegeben hätte. Das Gegenteil ist der Fall. Die Sozial- und Bildungseinrichtungen der DDR befanden sich Ende der achtziger Jahre in einem katastrophalen Verfallszustand. Dort, wo tüchtige Kommunalpolitiker am Werk sind, werden heute Schulen, Bibliotheken, Sozialeinrichtungen, Krankenhäuser, Seniorenheime und anderes großzügig renoviert oder neueröffnet. Auch die Infrastruktur hat sich entscheidend verbessert. Während man früher zwanzig Jahre und länger auf einen Telefonanschluß warten mußte, erfüllt die Telekom die Anschlußwünsche kurzfristig. Im Straßenbau, bei der Abwasserentsorgung oder der Versorgung mit Erdgas ist in den letzten vier Jahren mehr geschehen als in vierzig Jahren Sozialismus. [. . .] Ein Blick über die östlichen Grenzen reicht aus, um sich auszumalen, wie die Situation ohne die Finanzhilfe aus den westlichen Bundesländern aussähe. Natürlich gibt es in den neuen Bundesländern einen Berg sozialer Probleme. Doch ist es eine Perversion des Denkens, deswegen gerade jene Partei zu wählen, welche die wirtschaftliche und soziale Katastrophe zu verantworten hat.

Eine weitere Legende lautet, die intellektuelle Elite der DDR sei ins gesellschaftliche Abseits getrieben worden. Dabei sei das wertvolle Potential der SED schnöde beiseite geschoben worden. Insbesondere die Art und Weise der vom Westen betriebenen „Geschichtsaufarbeitung" würde die Menschen verbittern. Die Kritik an der untergegangenen DDR würde den Menschen ihre Identität rauben und ihre Biographien zerstören. Richtig ist, daß viele Menschen einen Teil ihres Lebens für den Staat DDR gearbeitet haben, ohne dabei Privilegien oder wesentliche Vorteile zu erhalten. Es gab wirklich die Auffassung, die DDR wäre der bessere deutsche Staat, weil er aus antifaschistischen Wurzeln gesprossen wäre. Und es gab immer wieder die Illu-

bensverträglicher justiert. Und verspielen wir das Geschenk der Vereinigung nicht im Gezänk nach rückwärts! [. . .] Nach einem friedlichen Umbruch wird man inneren Frieden am besten erreichen, wenn man sich auch in die Lage der Unterlegenen hineinversetzt: Wer von den Fesseln ideologischer Verblendung befreit wurde und gleichzeitig von dem lassen mußte, was ihm geradezu als unumstößlich galt, von der Macht seiner Wahrheit und der Wahrheit seiner Macht nämlich, der vermag nicht sofort klar zu sehen, sich frei zu bewegen, seine Sprache mitsamt seinem Gebaren zu entrümpeln. Wir anderen aber sollten wissen: Auch Antiideologie ist Ideologie, die verblendet. [. . .] Der Sozialismus hat der Menschheit unter vielen Opfern und jäh enttäuschten Hoffnungen doch einen nicht zu unterschätzenden Dienst erwiesen: Er hat gezeigt, was nicht geht. Nun ist es an uns, zu zeigen, was geht, nicht zu zeigen, daß nichts geht. Darum kann es jetzt nicht um die Diffamierung jeder Utopie gehen, sondern um eine verantwortungsgeläuterte Utopie, die uns einen Weg weist, ohne falsche Versprechungen zu machen, uns aber mit einer orientierenden Perspektive leben läßt.

*Börsenblatt für den Deutschen Buchhandel Nr. 18, 12. Oktober 1993, S. 18 ff.*

sion, der Sozialismus könnte demokratisch reformiert werden. [. . .]
Doch diese zarten Pflänzchen wurden von der Partei und der Stasi zertrampelt. Für Personen, die wegen ihres Eintretens für den Demokratischen Sozialismus in der DDR gemaßregelt oder sogar eingesperrt wurden, ist es besonders empörend, wie die PDS den Begriff des „Sozialismus" okkupiert hat. [. . .]
Die vielleicht wichtigste westliche Fehlwahrnehmung ist die Meinung, die PDS sei politisch links oder linksradikal. Tatsächlich ist sie in ihrer Ideologie reaktionär, und in der praktischen Alltagspolitik bedient sie eher die Ängste des Kleinbürgers vor der modernen Gesellschaft, als daß ihre Konzepte in die Zukunft weisen. [. . .] Zum Teil geht es um Partikularinteressen wie Renten und Eigentumsansprüche. Zum anderen Teil geht es um die Rettung von Lebensgeschichten. Welcher Ex-Funktionär oder Stasi-Spitzel schaut morgens gerne in den Spiegel und sagt sich: „Du warst zeit deines Lebens ein opportunistischer Karrierist und Heuchler." Es ist natürlich viel schöner, sich zu sagen: „Auch wenn das sozialistische Experiment gescheitert ist, so war es doch ein erhabener Traum."
Ihre Neigung zu den Ideen von Rosa Luxemburg, Alexander Dubček oder Robert Havemann hat die Masse derjenigen, die heute mit tragischem Tremolo von der gescheiterten Utopie reden, bis 1989 jedenfalls sehr gut verborgen.

*Frankfurter Allgemeine Zeitung Nr. 173, 27. Juli 1994, Seite 23*

1. *Arbeiten Sie Gemeinsamkeiten und Unterschiede zwischen den beiden ehemaligen DDR-Bürgern heraus.*
2. *Gibt es eine „DDR-Nostalgie"? Wie stehen beide Autoren dazu?*
3. *Untersuchen Sie die zeitliche Bedingtheit beider Texte. Gelten ihre zentralen Aussagen noch oder haben sich im Verlauf des Einigungsprozesses zwischenzeitlich wesentliche Veränderungen ergeben?*

# Europäische Einigung und neuere weltpolitische Konstellationen

## Auf dem Weg zur Einigung Europas

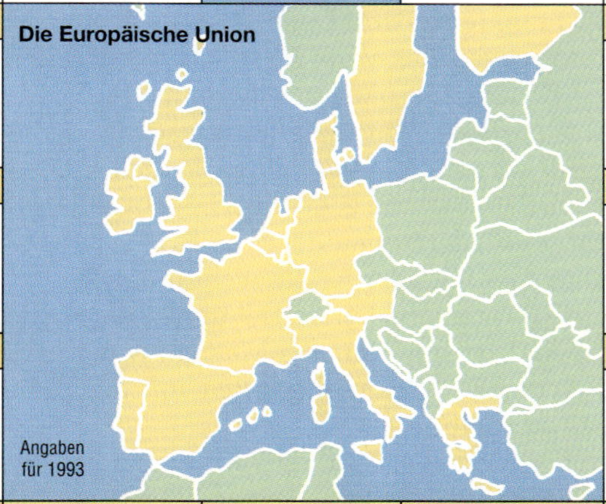


| Land | Beitritt | Einwohner, in Mio. | Wirtschaftsleistung pro Kopf, in Tsd. | Wirtschaftsleistung gesamt, in Mrd. |
|---|---|---|---|---|
| Großbritannien | 1973[2] | 58,8 | 26,4 | 1534 |
| Irland | 1973 | 3,6 | 20,6 | 74 |
| Schweden | 1995 | 8,7 | 35,3 | 307 |
| Finnland | 1995 | 5,0 | 27,0 | 135 |
| Niederlande[1] | 1957 | 15,3 | 33,5 | 512 |
| Dänemark | 1973 | 5,2 | 43,1 | 224 |
| Belgien[1] | 1957 | 10,1 | 34,0 | 343 |
| Deutschland[1] | 1957 | 81,1 | 38,3 | 3108 |
| Luxemburg[1] | 1957 | 0,4 | 42,5 | 17 |
| Österreich | 1995 | 7,8 | 38,5 | 300 |
| Frankreich[1] | 1957 | 57,7 | 36,0 | 2075 |
| Portugal | 1986 | 9,4 | 13,2 | 124 |
| Spanien | 1986 | 39,1 | 20,4 | 799 |
| Italien[1] | 1957 | 58,0 | 28,5 | 1654 |
| Griechenland | 1981 | 10,4 | 11,8 | 123 |

Die Europäische Union am 1. Januar 1995.

| | |
|---|---|
| 1949 | Zehn westeuropäische Staaten gründen den Europarat |
| 1951 | Die Bundesrepublik, Frankreich, Italien und die Beneluxstaaten gründen die Europäische Gemeinschaft für Kohle und Stahl (EGKS) |
| 1957 | Mit den Römischen Verträgen wird die Bildung der Europäischen Wirtschaftsgemeinschaft (EWG) und von Euratom beschlossen |
| 1967 | EWG, Euratom und EGKS werden in der Europäischen Gemeinschaft (EG) zusammengefaßt |
| 1979 | Ein europäisches Währungssystem wird geschaffen (ECU)<br>Zum ersten Mal wählen die Bürger von neun Mitgliedstaaten das Europäische Parlament direkt |
| 1991/ 1992 | In Maastricht einigen sich die zwölf Mitgliedstaaten der EG auf den Vertrag über die Europäische Union |
| 1993 | Der Vertrag von Maastricht tritt in Kraft: Die EU löst die EG ab |
| 1995 | Als bislang letzte Staaten treten Finnland, Österreich und Schweden der EU bei |

[1]) Gründungsmitglieder
[2]) Beitrittsjahr

## Motive der Einigung

Bereits in den zwanziger Jahren, kurz nach der Katastrophe des Ersten Weltkrieges, propagierte eine Reihe von privaten Organisationen in vielen Ländern des Kontinents die Überwindung des Nationalstaates und die Idee eines politisch geeinten Europa. Weitblickende Persönlichkeiten aus Politik und Wirtschaft setzten sich für Völkerverständigung und wirtschaftliche Zusammenarbeit ein. Erinnert sei an die 1924 von *Graf Coudenhove-Kalergi* gegründete *Paneuropa-Union* oder an *Aristide Briand* und *Gustav Stresemann,* die Außenminister Frankreichs und Deutschlands. Später propagierten viele Widerstandskämpfer gegen das verbrecherische NS-Regime die Idee eines föderierten Europa für die Zeit nach der Befreiung.

Der Prozeß der westeuropäischen Integration nach dem Zweiten Weltkrieg war die positive Antwort auf eine Reihe existentieller Herausforderungen, denen sich die westlichen Staaten gegenübergestellt sahen:

1. Der wirtschaftliche Wiederaufbau des vom Kriege zerstörten Europa war ohne eine Zusammenfassung aller Kräfte nicht möglich.
2. Die Furcht vor den hegemonialen Bestrebungen der sowjetischen Militärmacht verlangte ebenso nach geeigneten Maßnahmen wie das Interesse des Westens an einer geregelten Zusammenarbeit mit der Bundesrepublik zur Stärkung der westlichen Welt.
3. Viele Europäer hofften außerdem, daß ein vereintes (West-)Europa sich als dritte Kraft zwischen den Weltmächten etablieren und deren gefährliche Konfrontation verhindern könnte.

Für die Menschen in der Bundesrepublik schließlich bot der europäische Zusammenschluß die Chance zur alsbaldigen Wiedergewinnung internationaler Reputation und einer neuen Identität nach einer Zeit des übersteigerten Nationalismus. Ein vereintes Westeuropa versprach sowohl einen Interessenausgleich mit Frankreich als auch eine mitspracheberechtigte Partnerschaft mit den USA.

Freilich blieb die europäische Integration bis 1989 auf den westlichen Teil Europas begrenzt. Erst seit dem Scheitern des Kommunismus eröffnet sich auch den Völkern in Mittel-, Ost- und Südosteuropa die Chance, in den Einigungsprozeß miteinbezogen zu werden.

## Erste Schritte: OEEC und Europarat

Die erste europäische zwischenstaatliche Einrichtung, die 1948 zur Verwaltung der Marshall-Plan-Hilfe gegründete OEEC, verfolgte originär wirtschaftliche Zielsetzungen.

Ein erster Schritt zur politischen Einigung Westeuropas war dann der 1949 von zehn westeuropäischen Staaten gegründete *Europarat* . Im Gegensatz zu den hochgesteckten Erwartungen vieler namhafter Vertreter der *Europäischen Bewegung,* einer überparteilichen europäischen Bürgerinitiative zur Schaffung der „Vereinigten Staaten von Europa“, blieb der Europarat jedoch ein Beratungsorgan von Parlamentariern *(Beratende Versammlung)* und Regie-

rungsvertretern *(Ministerrat)* ohne Entscheidungsbefugnis. Vor allem England war nicht bereit, hoheitliche Befugnisse auf die in Straßburg tagende Organisation zu übertragen.
Die mittlerweile 38 Mitgliedsländer (Stand 1995) schufen sich mit dem Europarat ein Instrument zur – unverbindlichen – wechselseitigen Information und Konsultation. Eine große Anzahl von zwischenstaatlichen Vereinbarungen (Konventionen) trägt zur Verbesserung der Zusammenarbeit der Mitgliedsländer auf zahlreichen Rechtsgebieten bei. Die wichtigste Vereinbarung ist die *Europäische Konvention zum Schutz der Menschenrechte und Grundfreiheiten* (1950). Sie bietet die Möglichkeit, vor dem *Europäischen Gerichtshof* Klage gegen die Verletzung von Menschenrechten zu erheben.
Für die Bundesrepublik war der Europarat in den fünfziger Jahren das erste und wichtigste internationale Forum, auf dem deutsche Politiker sich wieder Gehör und Anerkennung verschaffen konnten. Vergleichbare Bedeutung hat der Europarat heute für die Länder aus dem früheren sowjetischen Machtbereich, beispielsweise trat Ungarn 1992 als erster Staat des ehemaligen Ostblocks der Menschenrechtskonvention bei.

## Die Europäische Gemeinschaft für Kohle und Stahl (EGKS)

Der Schlüssel zur ökonomischen und politischen Stabilisierung Westeuropas war die Aussöhnung zwischen Franzosen und Deutschen. Allerdings erst die Entschlossenheit der USA, die Bundesrepublik zu einem tragenden Pfeiler des westlichen Bündnisses zu machen, sowie die französische Abhängigkeit von amerikanischer Dollarhilfe und die Furcht vor der sowjetischen Militärmacht ließen Frankreich auf eine europäische Lösung des deutsch-französische Interessengegensatzes einschwenken.
Am 9. Mai 1950 schlug der französische Außenminister *Robert Schuman* vor, die französisch-deutsche Stahl- und Kohleproduktion einer europäischen Behörde zu unterstellen. Durch ein System wechselseitiger Kontrollen sollten die wirtschaftlichen und politischen Interessen beider Länder (andere europäische Länder konnten sich daran beteiligen) verknüpft werden und der jahrhundertealte Gegensatz zwischen Frankreich und Deutschland ein Ende finden. Eine von den Regierungen unabhängige *Hohe Behörde* (Sitz in Luxemburg) sollte verbindliche Entscheidungen über Produktion, Ausfuhr und Preise festlegen (⇨ M 1).
Die am 18. April 1951 zwischen Frankreich, der Bundesrepublik, Italien und den Beneluxstaaten gegründete *Europäische Gemeinschaft für Kohle und Stahl (EGKS, Montanunion)* ging von der Annahme aus, daß eine politische Union nur aus wirtschaftlichen Sachzwängen erwachsen würde. Schneller als erwartet entstand in dem besonders wichtigen Montanbereich ein *„Gemeinsamer Markt"* ohne Zoll- und Handelsschranken. Politisch erfüllte die EGKS drei wichtige Aufgaben: Die Bundesrepublik wurde als *gleichberechtigter* Partner *eingebunden* in ein System nichtdiskriminierender Kontrollen und Zusammenarbeit, das die *wirtschaftliche Kraft Westeuropas* insgesamt förderte.

### Die Europäische Wirtschaftsgemeinschaft

Mit der Abnahme der Furcht vor der Sowjetunion und mit dem wirtschaftlichen Aufschwung in Europa gewannen die nationalstaatlichen Egoismen wieder an Boden. Die schnellen Erfolge der Europäischen Gemeinschaft für Kohle und Stahl bewogen deshalb die sechs Mitgliedstaaten („Kerneuropa"), zunächst auf die Anbahnung einer politischen Union zu verzichten. Die Beseitigung von Handelsbarrieren versprach unmittelbare Vorteile. Die wachsende wirtschaftliche Verflechtung würde ohnedies die Mitglieder einander näherbringen, ohne die nationale Souveränität zunächst anzutasten.
Das Ergebnis war die Gründung der *Europäischen Wirtschaftsgemeinschaft (EWG)* und der *Europäischen Atomgemeinschaft (Euratom)* durch die *Verträge von Rom* vom 25. März 1957. Das unmittelbare Ziel des EWG-Vertrages war der Aufbau einer *Zollunion* mit freiem Warenverkehr zwischen den Mitgliedern und einem gemeinsamen Außenzoll gegenüber Drittstaaten (1968 verwirklicht). Langfristig sollte ein *Gemeinsamer Markt* mit einer *Wirtschafts- und Währungsunion* entstehen. Als Sitz der *EWG-Kommission* bestimmte man Brüssel, ihr erster Präsident wurde der langjährige außenpolitische Berater Adenauers, Staatssekretär *Walter Hallstein* (1958 – 1967).
Großbritannien trat der Gemeinschaft wegen seiner besonderen Beziehungen zu den Ländern des Commonwealth zunächst nicht bei. Es gründete mit sechs weiteren Staaten am 3. Mai 1960 die *Europäische Freihandelszone (EFTA)*, die ab 1967 einen Freihandelsmarkt für industrielle Erzeugnisse etablierte.
1965 erlebte die EWG ihre erste tiefgreifende politische Krise: Die Kommission hatte vorgeschlagen, die Gemeinschaft durch autonome Einnahmen zu finanzieren; außerdem sollten Entscheidungen des *Ministerrats* nach dem Mehrheitsprinzip getroffen werden. Daraufhin zog sich der französische Staatspräsident General de Gaulle ein halbes Jahr von der Mitarbeit in Brüssel zurück. Um Frankreich wiederzugewinnen wurde für alle „wichtigen Fragen" das Einstimmigkeitsprinzip im Ministerrat festgeschrieben, was künftige Entscheidungsprozesse sehr erschwerte.

Europa mit dem Stier. Die Europaidee stand von Anfang an im Widerstreit zwischen dem Ziel eines europäischen Bundesstaates und einem „Europa der Vaterländer".

Der französische Staatspräsident de Gaulle widersetzte sich allen Bestrebungen, im Rahmen der EWG die nationalstaatliche Souveränität Frankreichs zu beschränken. Europa konnte seiner Ansicht nach nur aus einer engen Zusammenarbeit der beteiligten Nationalstaaten entstehen *(„Europa der Vaterländer").* Dabei wies er Frankreich eine Führungsrolle zu und legte zugleich Wert auf eine enge Zusammenarbeit mit der Bundesrepublik (siehe Seite 341). Der antiamerikanische Akzent seiner Europapolitik war ebenso unübersehbar wie seine strikte Ablehnung der Beitrittsgesuche von Großbritannien zur EWG (1961 und 1967).

## Die Europäische Gemeinschaft

1967 wurden EGKS, EWG und Euratom zur *Europäischen Gemeinschaft (EG)* zusammengefaßt. Ihr wirtschaftlicher Erfolg setzte eine regelrechte Beitrittsbewegung in Gang. De Gaulle war inzwischen nicht mehr im Amt, und so kam es 1973 zur ersten Erweiterung der EG durch den Beitritt Großbritanniens, Irlands und Dänemarks; es folgten Griechenland (1981), Spanien und Portugal (1986). Das Europa der Zwölf verkörperte einen Markt von 345 Millionen Menschen, dessen Wirtschaftskraft unmittelbar hinter den USA rangierte. 1957 war das Bruttosozialprodukt der USA noch fast dreimal so hoch gewesen wie das der sechs Gründerstaaten der EG.
Einfacher wurde die Angleichung der unterschiedlichen Interessen durch die Nord- und Süderweiterung der EG allerdings nicht. Ein besonders schwieriges Feld blieb die Agrarpolitik, die durch Marktordnungen, garantierte Mindestpreise und Abnahmegarantien zwar Versorgungssicherheit für die Bevölkerung bewirkte, aber die Überproduktion von Agrarerzeugnissen nahm zwei Drittel des gesamten EG-Haushaltes für sich in Anspruch (1995: 58 Prozent).
Wirtschaftlich gesehen ein Riese, blieb die Europäische Gemeinschaft ein politischer Zwerg. Dem sollten seit 1975 die dreimal im Jahr stattfindenden Gipfelkonferenzen der Staats- und Regierungschefs *(Europäischer Rat)* abhelfen. Die Regierungschefs sollten dabei ungelöste Probleme beheben und außerdem Europa nach außen mit einer Stimme sprechen lassen. Der Europäische Rat der Regierungschefs sowie die 1972 vereinbarte *Europäische politische Zusammenarbeit (EPZ)* der Außenminister zeigte, daß der wirtschaftliche Integrationsgedanke allein nicht ausreichte, um die Europäer eine einheitliche Politik betreiben zu lassen.
Das 1979 durch eine deutsch-französische Initiative eingeführte *Europäische Währungssystem (EWS)* mit einer eigenen Währungseinheit *(ECU)* war der erfolgreiche erste Schritt, in Europa eine stabile Währungszone mit begrenzten Schwankungsbreiten zu schaffen. Ein weiterer Lichtblick in der europäischen Integration war die seit 1979 praktizierte *Direktwahl des Europäischen Parlaments.* Allerdings verfügt dieses Gremium nur über ein begrenztes Kontroll- und Budgetrecht.

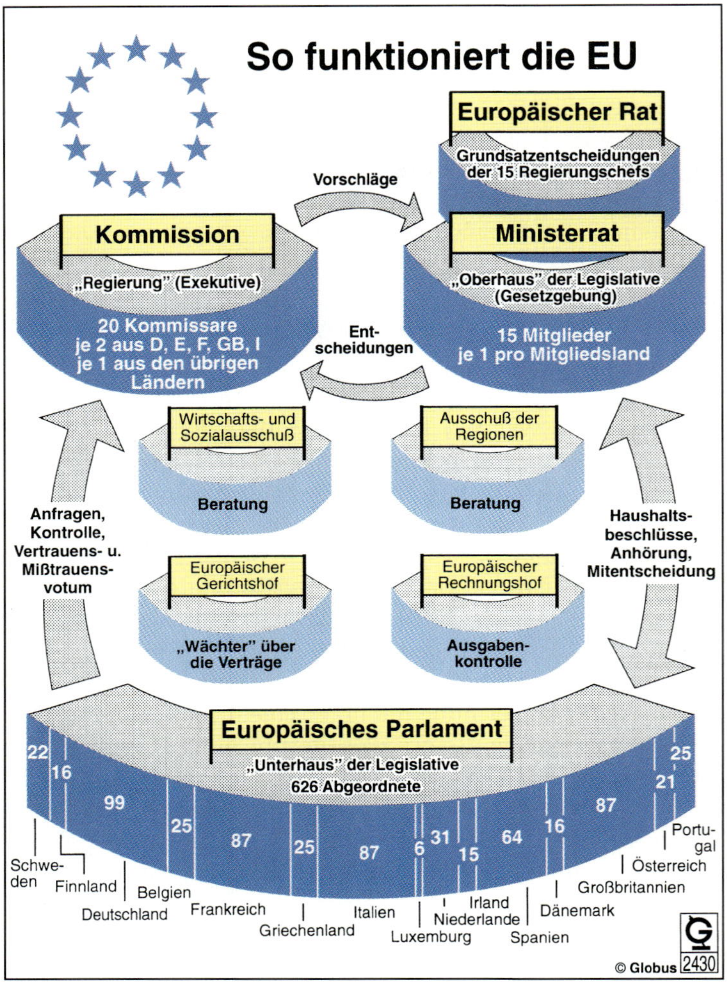


Das Zusammenspiel der Organe in der EG.

## Europäischer Binnenmarkt

Mitte der achtziger Jahre besann sich die Gemeinschaft darauf, immer noch bestehende Hemmnisse zu beseitigen, die der Freizügigkeit von Personen, Waren, Dienstleistungen und Kapital entgegenstanden: unterschiedliche technische Normen, Verbrauchssteuern, Zulassungsbedingungen für Berufe und Dienstleistungen etc. Unter dem Druck der Konkurrenz aus USA und Japan auf den Weltmärkten beschlossen die EG-Staaten, bis zum 31. 12. 1992 den europäischen Binnenmarkt zu vollenden. Als Motor dieser Entwicklung betätigte sich die EG-Kommission unter der Präsidentschaft des Franzosen *Jacques Delors* (1985 – 1995).

Rund 300 Maßnahmen zur Rechtsangleichung in den zwölf Mitgliedstaaten waren nötig, um dieses ehrgeizige Ziel zu erreichen. Möglich wurde die Schaffung des Binnenmarktes vor allem durch den Verzicht auf die Vereinheitlichung aller nationalen Vorschriften. Statt dessen einigte man sich auf das Prinzip der Einführung von Mindeststandards (zum Beispiel beim Lebensmittelschutz) und der gegenseitigen Anerkennung von Qualitätsvorschriften (was in einem Mitgliedsland zulässig ist, soll auch in den anderen gelten). Für den Normalbürger wurde der Binnenmarkt sichtbar durch die Aufhebung der Paß- und Warenkontrollen an den Grenzen, was freilich für die Kriminalitätsbekämpfung neue Probleme schuf. Auch die gegenseitige Anerkennung von Diplomen und beruflichen Qualifikationen erleichtert nunmehr die Mobilität der Bürger innerhalb der EG. Ob der für die Gemeinschaft prognostizierte Wohlstandszuwachs von über 400 Milliarden DM durch den Wegfall von bürokratischen Formalitäten, durch Wirtschaftswachstum und neue Arbeitsplätze erreicht wird, muß sich allerdings erst noch zeigen.

### Die Europäische Union als Ziel

Am 11. Dezember 1991 einigten sich die zwölf Staats- und Regierungschefs auf einer Gipfelkonferenz im holländischen Maastricht auf eine umfassende politische Zusammenarbeit und die Schaffung einer einheitlichen europäischen Währung bis spätestens 1999. Der *Vertrag über die Europäische Union* (⇨ M 2) wurde am 7. Februar 1992 in Maastricht unterzeichnet. Er gilt als die bedeutendste Weichenstellung für ein gemeinsames Europa seit den Römischen Verträgen von 1957.
In einem stufenweisen Prozeß soll eine einheitliche Währung eingeführt werden, über die eine unabhängige *Europäische Notenbank* in Frankfurt am Main nach dem Vorbild der Deutschen Bundesbank wachen soll. Damit die angestrebte Wirtschafts- und Währungsunion eine Stabilitätsgemeinschaft

ECU heißt im Französischen „Schild". Der erste ECU wurde 1266 in Frankreich geprägt und hatte seinen Namen von dem Wappenschild auf der Vorderseite. (Der abgebildete ECU stammt aus dem Jahr 1498.)
Heute wird der ECU als Rechnungseinheit zwischen den EG-Staaten verwendet; es gibt ihn nicht als Banknote oder Münze. Ein in Belgien geprägter ECU gilt nur als Sammlermünze. Das Kopfbild zeigt Kaiser Karl V.

und keine Inflationsgemeinschaft wird, wurden strenge Kriterien (geringer Anstieg der Verbraucherpreise, Begrenzung der Staatsverschuldung, Angleichung der langfristigen Zinssätze, stabile Wechselkurse) für den Beitritt festgelegt, die bislang aber kaum erreicht wurden. Ob eine gemeinsame Währung in der geplanten Frist erreichbar ist, wird von Experten unterschiedlich beurteilt.

Neben seinen wirtschaftlichen Vereinbarungen wird der Maastrichter Vertrag insgesamt als Ausgangspunkt für neue zusätzliche Anstrengungen auf dem Weg zu einer einheitlichen politischen Willensbildung der europäischen Staaten verstanden – mit dem Ziel einer gemeinsamen Außen- und Sicherheitspolitik und einer intensiven Zusammenarbeit in der Innen- und Rechtspolitik. Allerdings wird es auf Betreiben Großbritanniens auch in Zukunft keine Mehrheitsbeschlüsse des Ministerrats *(Rats der Europäischen Union)* in Fragen der Außenpolitik geben; auch eine gemeinsame Sozialgesetzgebung ist zunächst am Einspruch Großbritanniens gescheitert.

Für die Bundesrepublik hat das Bundesverfassungsgericht mit seinem Urteil vom 12. Oktober 1993 ausdrücklich die fortdauernde Souveränität der EU-Mitglieder festgestellt: Alle Staaten bleiben Herren der geschlossenen Verträge, der Maastrichter Vertrag begründet lediglich einen „Staatenverbund". In ihm gilt das Prinzip der *Subsidiarität*, mit anderen Worten: Die EU kann nur Aufgaben an sich ziehen, die von ihren Mitgliedern nicht allein auf nationalstaatlicher Basis geregelt werden können (⇨ M 3). Am 1. November 1993 trat der Vertrag in Kraft.

**Perspektiven**

Seit Anfang 1995 ist die Gemeinschaft durch den Beitritt Österreichs, Schwedens und Finnlands auf 15 Mitglieder angewachsen; mit den wenigen verbleibenden EFTA-Staaten besteht seit 1994 eine enge Verbindung in Gestalt des *Europäischen Wirtschaftsraums (EWR)*, ein gemeinsamer Markt für insgesamt 380 Millionen Verbraucher. So ist die Europäische Union ohne Zweifel zu einem Kraftzentrum in Europa und der Welt geworden, auf das hin sich auch die jungen Demokratien im östlichen Teil des Kontinents orientieren. Erstmals seit Kriegsende ist damit der Begriff „europäische Integration" im geographischen Sinn korrekt.

Umstritten bleibt aber die Frage, ob sich die EU bereits in absehbarer Zukunft für die reformwilligen Staaten aus Mittel- und Osteuropa öffnen soll, um sie zu stabilisieren, oder ob die Verbesserung der eigenen Handlungsfähigkeit und die Angleichung der Lebensverhältnisse in den heutigen Mitgliedsländern Priorität haben müssen (⇨ M 4). Ebenso ungeklärt ist die Frage, ob dem Europäischen Parlament künftig eine einflußreichere Rolle innerhalb der Organe der EU zugewiesen werden soll. Entscheidend ist jedoch, daß die Europäische Union ihre Bürger nicht überfordert und das bleibt, was sie bis heute ist – eine wirtschaftlich prosperierende Friedenszone ohne Vorbild in der europäischen Geschichte, eine „einzigartige Mischung aus wirtschaftlicher Blüte und politischer Freiheit" (Ralf Dahrendorf) (⇨ M 5, M 6).

## Der Schuman-Plan: Weichenstellung für die europäische Integration

M 1

*Der Plan des französischen Außenministers Schuman wurde von Jean Monnet, dem Chef der französischen Planungsbehörde, entwickelt. Am 9. Mai 1950 stimmte ihm das französische Kabinett zu.*

Europa läßt sich nicht mit einem Schlag herstellen und auch nicht durch eine einfache Zusammenfassung: es wird durch konkrete Tatsachen entstehen, die zunächst eine Solidarität der Tat schaffen. Die Vereinigung der europäischen Nationen erfordert, daß der jahrhundertealte Gegensatz zwischen Frankreich und Deutschland ausgelöscht wird. Das begonnene Werk muß in erster Linie Deutschland und Frankreich erfassen.
Zu diesem Zweck schlägt die französische Regierung vor, in einem begrenzten, doch entscheidenden Punkt sofort zur Tat zu schreiten.
Die französische Regierung schlägt vor, die Gesamtheit der französisch-deutschen Kohlen- und Stahlproduktion unter eine gemeinsame Oberste Aufsichtsbehörde (Haute Autorité) zu stellen, in einer Organisation, die den anderen europäischen Ländern zum Beitritt offen steht.
Die Zusammenlegung der Kohlen- und Stahlproduktion wird sofort die Schaffung gemeinsamer Grundlagen für die wirtschaftliche Entwicklung sichern – die erste Etappe der europäischen Föderation – und die Bestimmung jener Gebiete ändern, die lange Zeit der Herstellung von Waffen gewidmet waren, deren sicherste Opfer sie gewesen sind.
Die Solidarität der Produktion, die so geschaffen wird, wird bekunden, daß jeder Krieg zwischen Frankreich und Deutschland nicht nur undenkbar, sondern materiell unmöglich ist. Die Schaffung dieser mächtigen Produktionsgemeinschaft, die allen Ländern offen steht, die daran teilnehmen wollen, mit dem Zweck, allen Ländern, die sie umfaßt, die notwendigen Grundstoffe für ihre industrielle Produktion zu gleichen Bedingungen zu liefern, wird die realen Fundamente zu ihrer wirtschaftlichen Vereinigung legen. [. . .]
Durch die Zusammenlegung der Grundindustrien und die Errichtung einer neuen Obersten Behörde, deren Entscheidungen für Frankreich, Deutschland und die anderen teilnehmenden Länder bindend sein werden, wird dieser Vorschlag den ersten Grundstein einer europäischen Föderation bilden, die zur Bewahrung des Friedens unerläßlich ist.

*Klaus-Jörg Ruhl (Hrsg.), „Mein Gott, was soll aus Deutschland werden?" Die Adenauer-Ära 1949–1963, München 1985, S. 86 ff.*

1. *Skizzieren Sie kurz die bisherige Deutschlandpolitik Frankreichs nach 1945.*
2. *Arbeiten Sie die zentralen Argumente des französischen Außenministers heraus. Worin liegt – in französischer Sicht – die zukunftsweisende Bedeutung der geplanten Montan-Union?*
3. *Erläutern Sie am Beispiel der Europäischen Gemeinschaft für Kohle und Stahl das europäische Integrationskonzept des „Funktionalismus". Welche Annahmen lagen diesem Konzept zugrunde?*

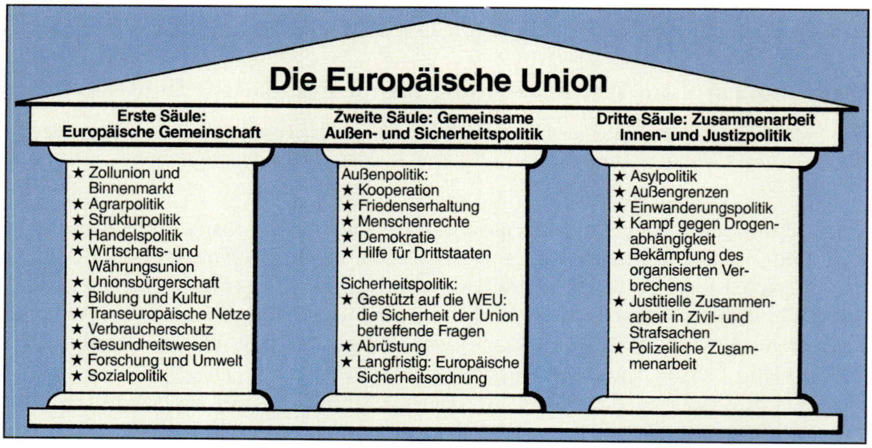


## M 2 Die Ziele der Europäischen Union

*Artikel B des Vertrages über die Europäische Union vom 7. 2. 1992:*

Die Union setzt sich folgende Ziele:

- Die Förderung eines ausgewogenen und dauerhaften wirtschaftlichen und sozialen Fortschritts, insbesondere durch Schaffung eines Raumes ohne Binnengrenzen, durch Stärkung des wirtschaftlichen und sozialen Zusammenhalts und durch Errichtung einer Wirtschafts- und Währungsunion, die auf längere Sicht auch eine einheitliche Währung nach Maßgabe dieses Vertrags umfaßt;
- die Behauptung ihrer Identität auf internationaler Ebene, insbesondere durch eine gemeinsame Außen- und Sicherheitspolitik, wozu auf längere Sicht auch die Festlegung einer gemeinsamen Verteidigungspolitik gehört, die zu gegebener Zeit zu einer gemeinsamen Verteidigung führen könnte;
- die Stärkung des Schutzes der Rechte und Interessen der Angehörigen ihrer Mitgliedstaaten durch Einführung einer Unionsbürgerschaft;
- die Entwicklung einer engen Zusammenarbeit in den Bereichen Justiz und Inneres;
- die volle Wahrung des gemeinschaftlichen Besitzstands und seine Weiterentwicklung, wobei [. . .] geprüft wird, inwieweit die durch diesen Vertrag eingeführten Politiken und Formen der Zusammenarbeit mit dem Ziel zu revidieren sind, die Wirksamkeit der Mechanismen und Organe der Gemeinschaft sicherzustellen.

Die Ziele der Union werden nach Maßgabe dieses Vertrags entsprechend den darin enthaltenen Bedingungen und der darin vorgesehenen Zeitfolge unter Beachtung des Subsididaritätsprinzips, wie es in Artikel 3b des Vertrags zur Gründung der Europäischen Gemeinschaft bestimmt ist, verwirklicht.

*Presse- und Informationsamt der Bundesregierung, Bulletin Nr. 16 vom 12. 2. 1992, Bonn, S. 114*

1. *Welche der aufgeführten Ziele sind leichter, welche schwerer zu verwirklichen? Begründen Sie Ihre Ansicht.*
2. *Erläutern Sie den Begriff der „Subsidiarität" im Zusammenhang mit der europäischen Einigung.*
3. *Diskutieren Sie über den Stand der Entwicklung in der EU, beispielsweise im Hinblick auf die Wirtschafts- oder Außenpolitik.*

M 3

## Das Maastricht-Urteil des Bundesverfassungsgerichts

*Gegen die Unterzeichnung des Maastricht-Vertrags durch die Bundesregierung wurde das Bundesverfassungsgericht angerufen. Es entschied am 12. Oktober 1993:*

2. Das Demokratieprinzip hindert die Bundesrepublik Deutschland nicht an einer Mitgliedschaft in einer – supranational organisierten – zwischenstaatlichen Gemeinschaft. Voraussetzung der Mitgliedschaft ist aber, daß eine vom Volk ausgehende Legitimation und Einflußnahme auch innerhalb des Staatenverbundes gesichert ist.
3. a) Nimmt ein Verbund demokratischer Staaten hoheitliche Aufgaben wahr und übt dazu hoheitliche Befugnisse aus, sind es zuvörderst die Staatsvölker der Mitgliedstaaten, die dies über die nationalen Parlamente demokratisch zu legitimieren haben. Mithin erfolgt demokratische Legitimation durch die Rückkopplung des Handelns europäischer Organe an die Parlamente der Mitgliedstaaten; hinzu tritt – im Maße des Zusammenwachsens der europäischen Nationen zunehmend – innerhalb des institutionellen Gefüges der Europäischen Union die Vermittlung demokratischer Legitimation durch das von den Bürgern der Mitgliedstaaten gewählte Europäische Parlament.
b) Entscheidend ist, daß die demokratischen Grundlagen der Union schritthaltend mit der Integration ausgebaut werden und auch im Fortgang der Integration in den Mitgliedstaaten eine lebendige Demokratie erhalten bleibt.
4. Vermitteln – wie gegenwärtig – die Staatsvölker über die nationalen Parlamente demokratische Legitimation, sind der Ausdehnung der Aufgaben und Befugnisse der Europäischen Gemeinschaften vom demokratischen Prinzip her Grenzen gesetzt. Dem Deutschen Bundestag müssen Aufgaben und Befugnisse von substantiellem Gewicht verbleiben. [. . .]
8. Der EU-Vertrag begründet einen Staatenverbund zur Verwirklichung einer immer engeren Union der – staatlich organisierten – Völker Europas [. . .], keinen sich auf ein europäisches Staatsvolk stützenden Staat. [. . .]
9. [. . .]
c) Die Bundesrepublik Deutschland unterwirft sich mit der Ratifikation des EU-Vertrags nicht einem unüberschaubaren, in seinem Selbstlauf nicht mehr steuerbaren „Automatismus" zu einer Währungsunion; der Vertrag eröffnet den Weg zu einer stufenweisen weiteren Integration der europäischen Rechtsgemeinschaft, der in jedem weiteren Schritt entweder von gegenwärtig für das Parlament voraussehbaren Voraussetzungen oder aber von einer weiteren, parlamentarisch zu beeinflussenden Zustimmung der Bundesregierung abhängt.

*Neue Juristische Wochenschrift, Heft 47/1993, S. 3047*

1. *Arbeiten Sie heraus, welche Rolle das Bundesverfassungsgericht dem Bundestag im Prozeß der europäischen Einigung zuschreibt.*
2. *Klären Sie den Begriff „Aufgaben von substantiellem Gewicht". Warum hat das Gericht diese nicht selbst benannt?*
3. *Erklären Sie den zentralen Begriff des Urteils „Staatenverbund".*
4. *Sprechen Sie über die politische Bedeutung des Urteils. Bremst oder fördert es Ihrer Meinung nach die Integration der Vertragsstaaten?*

## M 4 Die Europäische Union zwischen Vertiefung und Erweiterung

*Bundeskanzler Helmut Kohl:*

Nur eine starke Europäische Union kann mit den neuen Risiken und Unwägbarkeiten fertig werden, mit denen die Auflösung staatlicher und gesellschaftlicher Systeme im östlichen und südlichen Teil unseres Kontinents behaftet ist. Dies ist keine Absage an ein größeres Europa, aber wir werden dieses größere Europa nur schaffen können, wenn wir das heutige Kerneuropa unwiderruflich voranbringen. [. . .]

Darüber hinaus stellt sich auch auf dem Felde der Wirtschaft die Frage nach institutioneller Einbindung Mittel-, Ost- und Südeuropas. Die EG ist auf ökonomischem und zunehmend auch auf politischem Felde das Gravitationszentrum. Die Assoziierung Polens, der CSFR und Ungarns sind substantielle Schritte, aber auch politische Zeichen zur Einbeziehung dieser Länder in die künftige Europäische Union. Andere können hinzukommen. Die volle Mitgliedschaft in der Union wird aber erst erfolgen können, wenn die politischen und ökonomischen Voraussetzungen geschaffen sind.

*Rheinischer Merkur, 19. 6. 1992*

*Der Führer der Sozialisten in Ungarn und spätere Ministerpräsident (seit 1994) Gyula Horn:*

Ich halte es für bedauerlich, daß ein großer Teil der westlichen Staaten Ungarns Anschluß an die Europäische Gemeinschaft immer weiter hinausschiebt.

Einem Land, das die Demontage eines kompletten gesellschaftlichen Systems durchlebt, das Opfer bringt und materielle Lasten tragen muß, kann man nicht so mir nichts, dir nichts sagen: Was ihr wollt, könnt ihr erst in zehn bis 15 Jahren erreichen. [. . .]

Die Lage und die Umgestaltung der ungarischen Wirtschaft erforderten ein viel schnelleres Tempo. Wenn die Länder, die in der Umgestaltung die Nase vorn haben – Ungarn, die Tschechoslowakei und Polen – erst die Bedingungen schaffen sollen, die für die Mitgliedschaft in der EU unerläßlich sind, dann sollte man die Mitgliedschaft von der Schaffung dieser Bedingungen abhängig machen. Es ist möglich, daß in Ungarn diese Bedingungen innerhalb von drei, vier oder fünf Jahren im wesentlichen gegeben sein werden. Warum sollen wir aber noch weitere Jahre warten, bis wir Mitglied der Gemeinschaft werden können?

Die Festlegung konkreter Bedingungen schafft einen bedeutenden Ansporn dafür, daß der wirtschaftliche Systemwechsel, der Ausbau der sozialen Marktwirtschaft beschleunigt wird. Ich bin ferner überzeugt, daß die Zugehörigkeit Ungarns zur EG die Schaffung demokratischer Institutionen mindestens im gleichen Ausmaß begünstigt, wie die wirtschaftliche Umgestaltung. Die Zugehörigkeit Ungarns ist also nicht nur eine wirtschaftliche, sondern gleichzeitig auch eine politische Frage.

*Der Tagesspiegel, 7. 11. 1991*

1. *Arbeiten Sie die wesentlichen Unterschiede in den Ausführungen der beiden Politiker heraus.*
2. *Wägen Sie die Argumente ab. Welcher Weg erscheint Ihnen als der richtige?*

## Die politische Dimension der europäischen Einigung

M 5

*Der ehemalige Bundeskanzler Helmut Schmidt beschreibt in einem Artikel der von ihm mitherausgegebenen Wochenzeitung „Die Zeit" die unterschiedlichen Interessenlagen der europäischen Nationen.*

Als Winston Churchill und Jean Monnet in den frühen Nachkriegsjahren erstmalig von den Vereinigten Staaten Europas gesprochen haben, da hatten sie zwei Motive, nämlich zum einen die Notwendigkeit einer Barriere gegen den Imperialismus Stalins und das Vordringen der kommunistischen Ideologie nach Italien und Frankreich und zum anderen die feste Einbindung der Bundesrepublik Deutschland – damals 48 Millionen Menschen – in einen größeren (west)europäischen Verbund. Das Motiv I war ohne das Motiv II nicht zu verwirklichen; der Appell Churchills an die französische Nation zur Versöhnung mit den Deutschen war eine zwangsläufige Konsequenz.
Als in den sechziger Jahren der ökonomische Erfolg der EWG offensichtlich geworden war, ergab sich für eine Reihe von Staaten zwangsläufig der Wunsch, an den Vorteilen des gemeinsamen Marktes teilzuhaben: Motiv III. Dieses letztere Motiv war und ist entscheidend für den Beitritt beispielsweise Portugals, Spaniens, Irlands, Dänemarks, Österreichs, demnächst wahrscheinlich Finnlands und so weiter, es ist auch das entscheidende Motiv für den – späteren – Beitritt Polens, Tschechiens und Ungarns. Daneben spielt für Großbritannien das Motiv eine wichtige Rolle, auf die entstehende politische Gemeinschaft Einfluß zu haben; für Griechenland, Polen und andere Länder war und ist auch der politische Rückhalt durch die EG beziehungsweise die EU von Bedeutung.
Das Motiv I scheint angesichts der Implosion der Sowjetunion bedeutungslos geworden zu sein, wenngleich in Ostmitteleuropa – beispielsweise in Polen – die Besorgnis vor der Weltmacht Rußland eine Tatsache geblieben ist. Hingegen ist das Motiv II – Einbindung Deutschlands – heute, nach der deutschen Vereinigung, von noch größerer Bedeutung als früher. Es wird auch in Zukunft einer der Hauptantriebe für den Fortgang der europäischen Integration bleiben. Denn ohne Einbindung Deutschlands erscheint den politischen Eliten in Europas Hauptstädten die Zukunft dieses Kontinents offen für Wiederholungen der Variationen der tragischen Verwicklungen der zweiten Hälfte des 19. und des 20. Jahrhunderts. [. . .]
Deutschland hat bei weitem mehr Nachbarn als die anderen Staaten in Europa. Aus unserer geopolitischen Lage ergibt sich unser nationales Interesse am Fortschritt der europäischen Integration und an unserer Selbsteinbindung. Das ist ein vitales eigenes Interesse und nicht etwa deutscher Europa-Idealismus. [. . .]
Es mag zu Beginn des 21. Jahrhunderts vier Mächte von globaler Wirksamkeit geben: die USA, China, Japan und Rußland. [. . .] Im Verhältnis zu ihnen werden die Einflußmöglichkeiten Frankreichs, Englands, Italiens, Polens, Deutschlands – oder auch Indiens, Indonesiens, Nigerias und Brasiliens – eher begrenzt sein. Wahrscheinlich wird sich für die Europäer daraus dann ein zusätzlicher Ansporn für die europäische Integration ergeben, nämlich das Motiv IV: Besorgnis, als Einzelstaaten dem Spiel der Weltmächte nicht gewachsen zu sein.
Wir Deutschen brauchen uns in der EU keineswegs zu verstecken. Aber wir dürfen den schrittweisen Prozeß ihrer Evolution nicht durch apodiktische

Forderungen nach Quanten- und Qualitätssprüngen, durch unseren eingeborenen Hang zu – scheinbar! – perfekten Regelungen und zum Legalismus gefährden. Und erst recht nicht durch den Anschein eines deutschen Sonderweges oder eines deutschen Führungsanspruches. Denn alle sehen uns zwar als die zahlenmäßig Größten, aber keiner hat Anlaß, uns für die Weisesten und Klügsten zu halten.

*Helmut Schmidt, Vor Großspurigkeit wird gewarnt, in: Die Zeit, 30. September 1994, S. 16*

1. *Arbeiten Sie die von Helmut Schmidt genannten vier Einigungsmotive heraus und bewerten Sie deren heutiges Gewicht.*
2. *Was halten Sie von der Ansicht, daß Deutschland die europäische Einheit mehr denn je brauche?*
3. *Erklären Sie die in manchen Nachbarstaaten geäußerte Furcht vor einem „deutschen Europa". – Thomas Mann hat sich bereits 1953 für ein „europäisches Deutschland" ausgesprochen. Welche Akzente setzen die beiden gebrauchten Begriffe? Bemühen Sie sich um eine klare Differenzierung.*

M 6

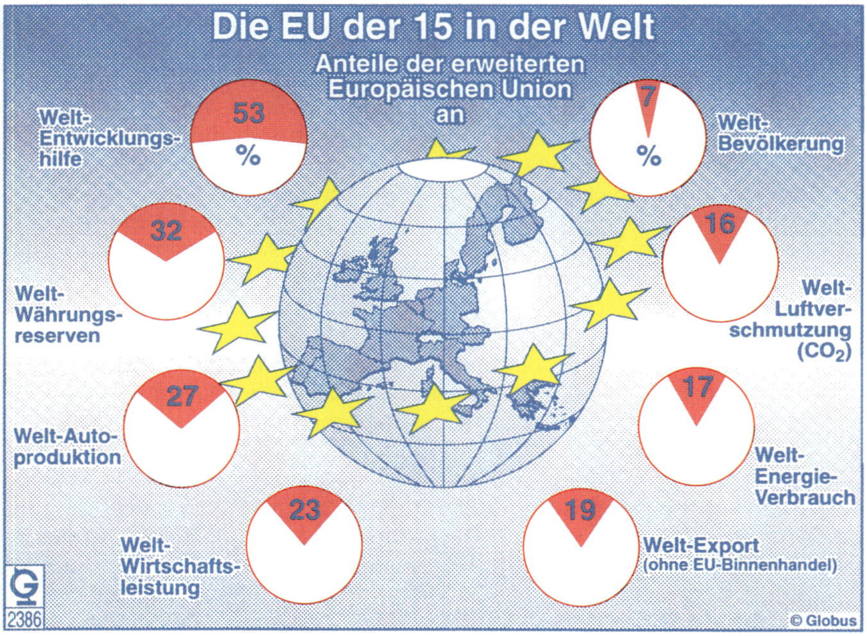


1. *Sprechen Sie über die Stellung der Europäischen Union in der Welt.*
2. *Diskutieren Sie in Gruppen die daraus resultierende Verantwortung und mögliche künftige Maßnahmen, beispielsweise im Bereich der Entwicklungshilfe, des Energieverbrauchs oder der Luftverschmutzung.*

# Im Schatten der Atombombe: der Ost-West-Konflikt

Filmplakat von 1963. Dieser aufwendig gestaltete Agentenfilm brachte 1963 den Kalten Krieg auch ins Kino.

| | |
|---|---|
| 1949 | Die Sowjetunion zündet ihre erste Atombombe |
| 1950–1953 | Der Korea-Krieg erhöht die Verteidigungsbereitschaft der westlichen Welt |
| 1956 | Großbritannien und Frankreich müssen den Suezkrieg nach einer sowjetischen Atomdrohung beenden<br>Sowjetische Truppen schlagen den Volksaufstand in Ungarn nieder |
| 1958–1961 | Die Berlin-Krise führt zur faktischen Anerkennung des sowjetischen Machtbereichs in Deutschland |
| 1962 | Während der Kuba-Krise steht die Welt am Rande eines Atomkriegs |
| 1965–1975 | Die US-Politik scheitert im Vietnam-Krieg: Ganz Vietnam wird kommunistisch |
| 1968 | Truppen des Warschauer Paktes beenden gewaltsam den „Prager Frühling" |

## Bipolarität als Kennzeichen der Epoche

Die Ereignisse unmittelbar nach dem Zweiten Weltkrieg hatten deutlich gemacht, daß der Versuch einer Umwandlung der amerikanisch-sowjetischen Kriegskoalition in eine politische Allianz zur Sicherung des Friedens in der Welt gescheitert war. Seit 1947 kennzeichnete eine zunehmende feindliche *Bipolarität* das Verhältnis der beiden Supermächte und ihrer Bündnispartner. Auf das Expansionsstreben der Sowjetunion unter Stalin hatten die USA schließlich mit der Gründung des Nordatlantikpaktes (NATO) am 4. April 1949 geantwortet. Zum ersten Mal in ihrer Geschichte gingen die USA damit in Friedenszeiten ein Militärbündnis (mit elf weiteren Staaten) ein.
Noch verweigerte der US-Kongreß jedoch die von der militärischen Führung geforderte Erhöhung des Militärhaushaltes, der zwischen 1946 und 1950 von 43 Milliarden Dollar auf 13 Milliarden gesenkt worden war. Das amerikanische Atomwaffenmonopol schien das konventionelle sowjetische Übergewicht mehr als auszugleichen. Das änderte sich im Sommer 1949 mit der *Zündung der ersten sowjetischen Atombombe* (⇨ M 1). Dieses Ereignis sowie die Gründung der kommunistischen Volksrepublik China (Oktober 1949) durch Mao Zedong nach einem langen und blutigen Bürgerkrieg förderten die Neuorientierung der amerikanischen Außen- und Sicherheitspolitik entscheidend. Von nun an ergänzten auch spezifisch militärische Maßnahmen die politische und wirtschaftliche Eindämmung (containment) des sowjetischen Kommunismus.

## Der Korea-Krieg (1950–1953)

Nach der Kapitulation Japans im September 1945 hatten sowjetische und amerikanische Truppen *Korea* besetzt. Aus den beiden Besatzungszonen waren 1948 im Norden eine kommunistische Volksdemokratie, im Süden ein westlich orientierter, autoritär regierter Teilstaat (Republik Südkorea) entstanden. Der überraschende Überfall des Nordens im Sommer 1950 erfolgte zwar ohne sowjetische Truppenhilfe, aber mit Billigung Stalins, der einem chinesischen Einfluß in Korea zuvorkommen wollte.
Der nordkoreanische Angriff wurde im Westen als Beweis für die Aggressivität des internationalen Kommunismus und als Bedrohung der gesamten freien Welt aufgefaßt. Der Sicherheitsrat der UNO entsandte Truppen aus 15 Nationen unter dem Kommando der USA. Das Votum des UN-Sicherheitsrates war allerdings nur möglich geworden, weil die Sowjetunion aus Protest gegen die Aufnahme Taiwans in den Weltsicherheitsrat den entscheidenden Sitzungen ferngeblieben war und daher ihr Veto nicht einlegen konnte.
Die UNO-Streitkräfte unter dem Oberbefehl des US-Generals *MacArthur* eroberten ganz Südkorea zurück und setzten ihre Aktionen nach Nordkorea bis zur chinesischen Grenze fort. Die erfolgreiche Gegenoffensive starker chinesischer Truppeneinheiten wollte MacArthur notfalls mit dem Abwurf

von Atombomben auf militärische Ziele in der Mandschurei beantworten. Daraufhin wurde der in den USA sehr populäre General abberufen, denn Präsident Truman wollte keine Ausweitung des Krieges; nach zweijährigen Waffenstillstandsverhandlungen wurde die ursprüngliche Grenze zwischen beiden Landesteilen entlang des 38. Breitengrades bestätigt.
Die weltpolitische Bedeutung des Korea-Krieges lag darin, daß die amerikanische Öffentlichkeit jetzt die militärische Aufrüstung ihres Landes und die dauernde militärische Präsenz in Europa akzeptierte, das zu einem Bollwerk gegen das Sowjetimperium werden sollte. Innerhalb eines Jahres (1951) erhöhte der Kongreß die Verteidigungsausgaben auf über 48 Milliarden Dollar. Die NATO wurde erst jetzt zu einer wirksamen Militärallianz unter amerikanischem Oberbefehl ausgebaut; auch in Asien und Südamerika schloß die US-Regierung zahlreiche Bündnisverträge gegen ein weiteres Vordringen der UdSSR.

### Aufstände gegen die Sowjetherrschaft

Die Gefahr eines selbstzerstörerischen Nuklearkrieges schuf frühzeitig zwischen beiden Supermächten eine Art stillschweigender Übereinkunft – ganz unabhängig von der offiziellen Propaganda. Der nach dem Wahlsieg der Republikaner seit Anfang 1953 amtierende neue US-Präsident Dwight D. Eisenhower und sein Außenminister *John Foster Dulles* ersetzten zwar die Strategie der Eindämmung durch eine aktive Politik der Zurückdrängung *(„roll back")* des internationalen Kommunismus. Doch bereits wenige Monate später, am 17. Juni 1953, mußten die Aufständischen in der DDR erfahren, daß sie nicht mit amerikanischer Hilfe rechnen konnten.
Drei Jahre später führte in *Polen* ein zunächst blutig niedergeschlagener Streik von Arbeitern dazu, daß der seit 1948 inhaftierte frühere KP-Chef *Gomulka* – ein Vertreter des reformerischen, nationalen Flügels der KP Polens – im August 1956 rehabilitiert und mit sowjetischer Billigung zum neuen Parteichef ernannt wurde. Die von Gomulka versprochene Liberalisierung bezog sich auf die inneren Verhältnisse in Polen (Religionsfreiheit, Aufhebung der Zwangskollektivierung), aber die sowjetische Führungsrolle im Ostblock und das Machtmonopol der Kommunistischen Partei durften nicht angetastet werden.
Der „polnische Oktober" weckte auch in *Ungarn* die Hoffnung auf einen vergleichbaren Umschwung. Der am 23. Oktober 1956 aus Studentenunruhen in Budapest entstandene Volksaufstand brachte den Reformkommunisten *Imre Nagy* an die Regierung. Innerhalb weniger Tage brach die Herrschaft der ungarischen Stalinisten zusammen. Die Kommunistische Partei löste sich auf, demokratische Parteien entstanden, Armee und Polizei schlossen sich den Aufständischen an, politische Häftlinge wurden befreit, und die Truppen der Roten Armee zogen sich aus Budapest zurück. Siegesstimmung machte sich breit.

Als Nagy jedoch am 1. November die Mitgliedschaft Ungarns im Warschauer Pakt kündigte und Ungarns Neutralität nach dem Vorbild der Schweiz proklamierte, schlug die Rote Armee am 4. November und in den folgenden Tagen den Aufstand blutig nieder. 3000 Menschen fielen bei den Kämpfen, 20 000 Personen wurden inhaftiert, Tausende in sowjetische Arbeitslager verbracht, über 2000 hingerichtet (darunter auch Nagy), 200 000 Ungarn flohen in den Westen. Die US-Regierung bekundete zwar ihre moralische Solidarität mit den Unterdrückten, plante jedoch zu keinem Augenblick ein militärisches Eingreifen wegen des Risikos eines Krieges mit der Sowjetunion. Unter dem neuen KP-Chef *Kadar* entwickelte sich Ungarn später zu einer relativ milden Diktatur, deren Zugehörigkeit zum Ostblock jedoch nicht in Frage gestellt wurde.

## Die Suez-Krise

In *Ägypten* verfocht Präsident *Nasser* die Unabhängigkeit seines Landes gegenüber den ehemaligen Kolonialmächten Frankreich und Großbritannien und nahm gegenüber Israel eine drohende Haltung ein. 1955 näherte er sich der Sowjetunion an, die damit begann, im Nahen Osten Einfluß auszuüben. Zum ersten Mal wurden sowjetische Waffen an ein Land außerhalb des eigenen Blocks geliefert. Als Amerika deshalb seine Finanzhilfe für den Bau des Assuan-Staudamms wieder rückgängig machte, reagierte Nasser mit der Verstaatlichung der Suezkanalgesellschaft (Juli 1956). Der wichtigste internationale Wasserweg für die Versorgung der westlichen Welt mit Öl aus dem Persischen Golf war damit dem Einfluß vor allem Großbritanniens entzogen. Großbritannien und Frankreich versuchten deshalb, in einer von Israel ausgelösten Militäraktion (29. Oktober 1956) Nasser zu stürzen. Aber nach der Andeutung einer nuklearen Intervention seitens der UdSSR zwang US-Präsident Eisenhower seine beiden „Junior-Partner" zum Abbruch ihres militärischen Abenteuers. Die Amerikaner demonstrierten damit zwar ihr Interesse an guten Beziehungen zur arabischen Welt, um eine weitere sowjetische Einflußnahme in dieser Region zu verhindern. Gleichzeitig blockierten sie aber erstmals eine eigenständige Weltpolitik der früheren Führungsmächte Großbritannien und Frankreich.

## Die zweite Berlin-Krise (1958–1961)

In der Mitte Europas leitete die Sowjetunion nach der Berlin-Blockade von 1948/49 eine weitere Runde des „Ringens um Deutschland" ein. Ultimativ kündigte Chruschtschow im November 1958 die westlichen Besatzungsrechte in Berlin und verlangte die Umgestaltung West-Berlins in eine entmilitarisierte „Freie Stadt", also die Dreiteilung Deutschlands. Wenige Monate später drohte er mit dem Abschluß eines Separatfriedensvertrages mit der DDR, der entgegen den geltenden Viermächtevereinbarungen der DDR die volle Souveränität gegeben hätte.

„Ich bin ein Berliner!" – Aus Dank für diese Solidaritätsbekundung vor dem Schöneberger Rathaus bereiteten die West-Berliner dem US-Präsidenten Kennedy am 26. 6. 1963 den triumphalsten Empfang seiner Laufbahn.

Ein wichtiges Motiv für die aggressive Haltung der Sowjetunion in der Deutschland- und Berlin-Frage waren die wachsenden Spannungen mit der Volksrepublik China und das seit Ende 1957 erkennbare Streben Mao Zedongs nach ökonomischer Unabhängigkeit von sowjetischer Hilfe, was wenig später zum Bruch zwischen beiden Ländern führte. Moskau schien daher die Festigung seiner Führungsposition in der kommunistischen Welt und die Sicherung seiner seit 1945 errungenen Einflußzone in Europa dringend geboten.

Die Reaktion der Westmächte auf Chruschtschows Drohungen war zwiespältig. Der vor dem Ende seiner zweiten Amtszeit stehende US-Präsident Eisenhower signalisierte jedenfalls eine gewisse Verhandlungsbereitschaft. Die Vier Mächte fanden aber bei der *Konferenz ihrer Außenminister in Genf* (Mai–August 1959) zu keinem Einvernehmen in der Berlin- und Deutschlandfrage – zur Erleichterung des deutschen Bundeskanzlers.

Bei dem Gipfeltreffen in Wien am 3./4. Juni 1961 mit dem neugewählten US-Präsidenten John F. Kennedy erneuerte Chruschtschow sein Berlin-Ultimatum. In der westlichen Welt traute man dem unberechenbaren Chruschtschow alles zu, Furcht vor einem Krieg wegen Berlin breitete sich aus. Kennedy reduzierte daraufhin in einer programmatischen Fernsehansprache an die amerikanische Nation am 25. Juli 1961 die unverzichtbaren Interessen der Westalliierten auf die sogenannten drei „Essentials": Die Sicherheit und Freiheit der West-Berliner, die Anwesenheit der drei Westmächte in West-Berlin sowie der freie Zugang nach West-Berlin würden unter allen Umständen gesichert werden. Diese Schutzgarantie der USA für West-Berlin bedeutete unausgesprochen die Anerkennung des sowjetischen Machtbereiches in Ost-Berlin und der DDR. Damit hatte Chruschtschow sein eigentliches Ziel erreicht, und er achtete streng darauf, daß die DDR-Führung 1961 beim Bau der Berliner Mauer die von Kennedy gesteckte Grenze nicht überschritt.

## Die Kuba-Krise (1962)

Das Zurückweichen der USA vor den sowjetischen Drohungen im Sommer 1961 auf dem begrenzten deutschlandpolitischen Feld veranlaßte Chruschtschow zur Fortsetzung seines massiven Konfrontationskurses in unmittelbarer Nachbarschaft der amerikanischen Weltmacht.
Nach einem jahrelangen Guerillakrieg gegen das korrupte Regime des Diktator *Batista* auf der unter amerikanischem Einfluß stehenden Karibikinsel *Kuba* übernahm der kommunistische Revolutionär Fidel Castro 1959 die Macht in Havanna. Die Enteignung des gesamten US-Besitzes (Raffinerien, Unternehmen, Landwirtschaft) beantworteten die USA mit einem Handelsembargo und dem Abbruch der diplomatischen Beziehungen. Unterstützung fand Castro bei Chruschtschow, der im Sommer 1960 ein Militärabkommen mit Kuba abschloß. Im April 1961 scheiterte eine von US-Präsident Kennedy geförderte Invasion von Exilkubanern zur Entmachtung Castros, dessen Position dadurch erheblich gestärkt wurde. Der sowjetische Parteichef wollte die günstige Gelegenheit nutzen, um sich in Lateinamerika eine Operationsbasis in der westlichen Hemisphäre zu schaffen.
Seit dem 14. Oktober 1962 hatte die US-Regierung durch Luftaufnahmen ihres Geheimdienstes den Beweis in Händen, daß auf Kuba sowjetische Mittelstreckenraketen in Stellung gebracht wurden, die die gesamte amerikanische Ostküste bedrohten. Nach mehreren Krisensitzungen ordnete Kennedy eine Seeblockade an (◊ M 2). In einer Fernsehansprache am 22. Oktober informierte der amerikanische Präsident erstmals die Weltöffentlichkeit von der Existenz sowjetischer Angriffsraketen auf Kuba und von der Forderung seiner Regierung, die Raketen wieder abzubauen. Zu diesem Zeitpunkt bewegten sich 18 sowjetische Frachter, begleitet von U-Booten, auf die Blockadelinie amerikanischer Zerstörer zu; nach einer Überprüfung konnten zwei die Sperre passieren, die übrigen drehten ab und kehrten in ihre Häfen zurück.
Aber noch war die Krise nicht entschärft. Der US-Geheimdienst meldete, daß die auf Kuba bereits vorhandenen Raketen in Kürze einsatzbereit seien. Außerdem wurde am 27. Oktober ein US-Spionageflugzeug über Kuba abgeschossen. Kennedy verzichtete jedoch auf eine weitere militärische Eskalation. Nach einem geheimen Briefwechsel, in dem Chruschtschow den Verzicht der USA auf eine Landung auf Kuba sowie den Abbau der US-Raketen in der Türkei gefordert hatte, erklärte sich der sowjetische Parteichef am 28. Oktober öffentlich zum Abbau und Rücktransport der Raketen bereit (◊ M 3). Kennedy seinerseits verzichtete auf alle Invasionspläne und zog darüber hinaus wenige Monate später die in der Türkei stationierten US-Raketen ab. Dieser „Tausch" fiel ihm um so leichter, als der Abzug dieser veralteten Raketen bereits beschlossene Sache war. Das amerikanische Krisenmanagement hatte funktioniert, weil es das Nachgeben der Sowjetunion nicht ausnutzte und an einer Politik des Ausgleichs bei Anerkennung der gegenseitigen Interessensphären festhielt.

### Der Vietnam-Krieg (1965 – 1975)

In *Vietnam* hatte sich noch während des Zweiten Weltkrieges der Führer der revolutionären kommunistischen Befreiungsbewegung *Vietminh,* Ho Chi Minh, auf amerikanische Hilfe gegen die französische Kolonialmacht gestützt. Nach der Kapitulation Japans, das zeitweilig Indochina erobert hatte, verkündete er am 2. September 1945 die Gründung der *Demokratischen Republik Vietnam.* Unter Bruch eines Abkommens mit Ho Chi Minh versuchte Frankreich jedoch, seine frühere Kolonialherrschaft mit Waffengewalt wiederherzustellen.

Im Verlauf des im November 1946 ausgebrochenen *Indochinakriegs* erhielt die Armee der Vietminh Waffen von Rotchina und der Sowjetunion. Das militärisch unterlegene Frankreich wurde finanziell durch die USA unterstützt. Auf der *Genfer Indochina-Konferenz 1954* wurde das Land entlang dem 17. Breitengrad „vorläufig" zur Sicherung eines Waffenstillstandes geteilt.

*Süd-Vietnam* unterstand der korrupten und autoritären Regierung *Diem.* Dieser weigerte sich, die in Genf vereinbarten gemeinsamen Wahlen aus Furcht vor einem Sieg der Kommunisten in Gesamtvietnam durchzuführen. *Nord-Vietnam* entwickelte sich innerhalb weniger Jahre mit sowjetischer und chinesischer Hilfe zu einem mit Gewalt und Terror herrschenden kommunistischen Einparteien-System. Mit Hilfe der südvietnamesischen Guerillabewegung *Vietcong* wollte Ho Chi Minh den Süden zurückerobern.

Indochina galt nunmehr als strategisch bedeutsames Objekt im Duell der Ideologien. Unter dem Druck der weltpolitischen Konfrontation mit dem Kommunismus verwickelten sich die USA zusehends in den innervietnamesischen Bürgerkrieg. Die wachsende Zahl von amerikanischen „Militärberatern", die Präsident Kennedy nach Saigon schickte, konnte jedoch das von großen Teilen der südvietnamesischen Bevölkerung abgelehnte Regime Diem nicht stabilisieren. Schließlich ordnete der neue US-Präsident *Lyndon B. Johnson*[1]) seit Februar 1965 den massiven Einsatz amerikanischer Bodentruppen und die Bombardierung Nord-Vietnams an. Die Zustimmung des US-Kongresses dazu hatte er nach einem nie ganz aufgeklärten, wahrscheinlich provozierten Angriff auf zwei US-Kriegsschiffe (Tonking-Zwischenfall) erhalten. Der Krieg eskalierte rasch, 1969 waren 550 000 US-Soldaten in Vietnam stationiert. Amerikanische Napalm-Bomben und chemische Kampfmittel verwüsteten das Land, ohne ihren militärischen Zweck der Zerstörung der Nachschubwege vom Norden in den Süden zu erfüllen; die Zivilbevölkerung in den Städten und den Dörfern im Norden und im Süden litt unter den amerikanischen Bombardements ebenso wie unter dem Guerillakampf der kommunistischen Vietcong.

Der inneramerikanische und weltweite Protest gegen das Vorgehen der USA in Vietnam sowie das offenkundige militärische Versagen der amerikani-

---

[1]) Lyndon B. Johnson (1908 – 1973) rückte 1963 nach der Ermordung Kennedys vom Vizepräsidenten zum Präsidenten der USA auf (bis 1969). Seine erfolgreiche Sozialpolitik wurde überlagert von der umstrittenen Verstrickung der USA in den Vietnam-Krieg.

Verängstigt flieht ein kleines vietnamesisches Mädchen vor einem amerikanischen Bombenangriff. Das abgeworfene Napalm hatte ihre Haut verbrannt. Kim Phuc hat den Angriff überlebt, doch Narben und Schmerzen werden sie ein Leben lang begleiten.

schen Truppen im Dschungelkrieg veranlaßten Präsident Johnson zur Beendigung der Bombardierung Nord-Vietnams (1968). Nachdem der Krieg auch noch auf Laos und Kambodscha übergegriffen hatte (1971), brachten Geheimverhandlungen des US-Sicherheitsberaters *Henry Kissinger* mit Vertretern Nord-Vietnams in Paris schließlich Anfang 1973 einen Waffenstillstand und den Rückzug der US-Truppen. Der Krieg endete aber erst am 30. April 1975 mit der Besetzung Saigons. Die offizielle Wiedervereinigung des Landes zur *Sozialistischen Republik Vietnam* wurde am 24. Juni 1976 vollzogen.

Nach amerikanischen Angaben kostete der Vietnam-Krieg über 1,1 Millionen Soldaten, darunter 55 000 Amerikaner, das Leben. Die Opfer unter der Zivilbevölkerung werden auf über 2 Millionen geschätzt. Nach der Niederlage verschwanden rund 200 000 Südvietnamesen in Umerziehungslagern, das Besitzbürgertum wurde enteignet, Millionen Menschen als landwirtschaftliche Arbeiter in sogenannte „Neue Wirtschaftszonen" deportiert. Die staatssozialistische Umgestaltung von Wirtschaft und Gesellschaft Süd-Vietnams und die sich rapide verschlechternden Lebensverhältnisse trieben schätzungsweise eine Million Vietnamesen in die Flucht.

Trotz des Debakels der amerikanischen Eindämmungspolitik in Vietnam kam es auch in Indochina zu keiner direkten Konfrontation der beiden Supermächte. Das Interesse beider Atommächte an einer Entspannungspolitik auf der Basis des Status quo war stärker als die Versuchung, die zeitweilige Schwäche der anderen Seite militärisch auszunutzen.

## Die gewaltsame Unterdrückung des „Prager Frühlings"

Anfang 1968 wurde in der Tschechoslowakei der Slowake Alexander Dubček an die Spitze der Kommunistischen Partei gewählt. Dubček wollte einen „Kommunismus mit menschlichem Antlitz" praktizieren und unter anderem die Einparteiendiktatur über alle Bereiche des gesellschaftlichen Lebens aufheben sowie oppositionelle Parteien zulassen. Der neue Reformkurs wurde von der Bevölkerung begeistert aufgenommen.
Der sowjetische Parteichef Leonid Breschnew fürchtete allerdings Auswirkungen auf andere Staaten des Ostblocks und sah die absolute Vorherrschaft seines Landes in Gefahr. Als die tschechoslowakische Regierung trotz aller Einschüchterungsmaßnahmen ihre Demokratisierungspolitik fortsetzte, marschierten Truppen aus der Sowjetunion, der DDR, Polen und Ungarn am 20. August 1968 in das Land ein. Die führenden Köpfe des „Prager Frühlings" wurden verhaftet, die Abhängigkeit der „sozialistischen Bruderrepublik" von Moskau wiederhergestellt.
Der sowjetische Parteichef rechtfertigte die Intervention des Warschauer Pakts mit der sogenannten *Breschnew-Doktrin*. Danach war die Sowjetunion berechtigt, Abweichungen „vom Weg des Sozialismus" notfalls mit militärischer Gewalt zu unterdrücken (⇨ M 4). Wie schon beim Aufstand in Ungarn nahmen die USA das Vorgehen der Sowjets in deren Einflußbereich tatenlos hin.

„Verdammt! Es muß doch jemand in Prag zu finden sein, der uns zur Hilfe gerufen hat!"

Der Einmarsch des Warschauer Pakts in Foto und Karikatur. In einer Prager Straße setzen Demonstranten einen sowjetischen Panzer in Brand, während die internationale Presse (hier die Baseler Nationalzeitung) angebliche Hilferufe tschechischer Politiker an die sowjetische Führung kritisch hinterfragt.

## M 1 Die Hölle von Semipalatinsk

*1992 erschien der Band „Die Hölle von Semipalatinsk" des in Kasachstan lebenden und auf deutsch schreibenden Autors Igor Trutanow. In seiner Reportage gibt Trutanow Einblicke in die sowjetische Atompolitik seit 1949. Der hier abgedruckte Text stammt aus einer Zeitungsrezension über das Buch.*

Semipalatinsk ist der Name des bis vor kurzem hermetisch abgeschirmten Testgebietes in den Steppen Kasachstans, in dem die Sowjetunion zwischen 1949 und 1989 mindestens 487 Atom- und Wasserstoffbomben zur Explosion gebracht hat, unter der Erde, auf der Erdoberfläche und in der Luft. Das Areal gilt heute als die am stärksten verstrahlte Region der Erde.
Die Lebenserwartung der Bewohner Kasachstans ist infolge der atomaren Verseuchung um 2,7 Jahre gesunken, die Krebsrate liegt um mehr als ein Drittel höher als in den Nachbarrepubliken. Im Kerngebiet selbst ist gegenwärtig jedes fünfte neugeborene Kind körperlich oder geistig geschädigt. Der besondere Zynismus der sowjetischen Atombombenbauer bestand darin, daß sie die 40 000 Menschen, die in unmittelbarer Nähe des Testgeländes lebten, nicht evakuierten und nicht einmal über den lebensgefährlichen Charakter der Tests informierten. Bei Übelkeit wurde ihnen empfohlen, reichlich Wodka zu trinken, weil der Alkohol die atomare Strahlung am besten hinwegspüle. Die Betroffenen wurden von Zeit zu Zeit gründlich von Militärärzten untersucht und dienten den Atomkriegsstrategen somit als menschliche Versuchskaninchen, an denen sich die Wirkung der Bomben ebenso einfach feststellen ließ wie an Schafen, Kühen und Pferden. Das vorhandene „Menschenmaterial" erschien den Verantwortlichen sogar als besonders geeignet, handelte es sich bei den Steppenbewohnern doch fast ausschließlich um Angehörige „feindlicher Völker", um Krimtataren, Tschetschenen, Koreaner, Wolgadeutsche und andere „Verräternationen", die von Stalin zur Strafe in die kasachischen Hungersteppen verschleppt worden waren. [. . .]
Trutanow berichtet detailliert über ein Atommanöver im sibirischen Tozk im Sommer 1954. Dabei wurden 440 000 Sowjetsoldaten schutzlos einer ganzen Serie von Atomexplosionen ausgesetzt, um die Eignung taktischer Kernwaffen im Gefecht zu erproben. Unzählige Manöverteilnehmer erkrankten an Leukämie und starben qualvoll, ohne ärztlich behandelt zu werden. Die Ermittlung der Todesrate war offenkundig Teil des Testprogramms.

*Peter Schütt, Frankfurter Allgemeine Zeitung, 24. 11. 1992, S. 37*

1. *Warum betrieb die sowjetische Führung die atomare Aufrüstung ihres Landes in der geschilderten Weise?*
2. *Die Presse berichtete in den fünfziger Jahren nicht über die geschilderten Vorgänge. Diskutieren Sie über die Rolle der Medien in einem totalitären beziehungsweise in einem demokratischen Staatswesen.*

## Die Idee zur Blockade Kubas wird geboren

M 2

*US-Verteidigungsminister Robert S. McNamara verfaßte ein streng geheimes Protokoll über ein Treffen bei Präsident John F. Kennedy am 21. Oktober 1962.*

5. General Sweeney legte folgenden Plan für einen Luftangriff dar, dessen Zielsetzung die Zerstörung des bekannten kubanischen Raketenpotentials wäre. [. . .]

6. General Sweeney erklärte, er sei sicher, daß der Luftangriff „erfolgreich" sein würde; doch wäre es selbst unter optimalen Bedingungen unwahrscheinlich, daß alle bekannten Raketen zerstört würden.

(Wie in Punkt 4 erwähnt, bilden die bekannten Rakten vermutlich nur 60 % aller Raketen auf der Insel.) General Taylor erklärte: „Das Höchste, was wir Ihnen anbieten können, ist, 90 % der bekannten Raketen zu zerstören." Sowohl General Taylor als auch Generel Sweeney und der Verteidigungsminister betonten nachdrücklich, daß dem ersten Luftangriff ihrer Meinung nach Angriffe an den darauffolgenden Tagen folgen müßten und daß diese zwangsläufig zu einer Invasion führen würden. [. . .]

7. [. . .] Wie oben erwähnt, empfahl General Sweeney dringend, daß ein Luftangriff auch Angriffe auf die MIG-Maschinen und außerdem auf die IL-28-Flugzeuge umfassen sollte. Um die Zerstörung dieser Luftflotte vollständig durchzuführen, sollte man die Zahl der Einsätze auf insgesamt 500 erhöhen. Der Präsident stimmte zu, daß ein Luftangriff, sofern man den Befehl dazu gab, wahrscheinlich auch die Zerstörung der MIG- und der IL-28-Flugzeuge beinhalten sollte. [. . .]

9. Der Präsident ordnete an, wir sollten darauf vorbereitet sein, den Luftangriff am Montagmorgen oder jederzeit danach im Laufe der Woche durchzuführen. Der Präsident nahm zur Kenntnis, daß der Verteidigungsminister gegen einen Luftangriff am Montagmorgen war, während General Sweeney sich dafür aussprach. Er frage den Justizminister[1]) und Mr. McCone nach ihrer Meinung:

a) Der Justizminister erklärte, er sei gegen einen solchen Angriff, weil:

(1) „Es ein Angriff in der Art von Pearl Harbour wäre".

(2) Er zu nicht vorhersehbaren militärischen Gegenmaßnahmen der Sowjetunion führen würde, die so ernster Natur sein könnten, daß sie zu einem umfassenden Automkrieg führen könnten. Er erklärte, wir sollten mit der Einleitung einer Blockade beginnen und es anschließend „auf deren Verletzung ankommen lassen".

b) Mr. McCone schloß sich dem Justizminister an, betonte jedoch, er glaube, wir sollten auf einen Luftangriff und eine anschließende Invasion vorbereitet sein.

*Bernd Greiner, Kuba-Krise. 13 Tage im Oktober. Analysen, Dokumente, Zeitzeugen, Nördlingen 1988, S. 291 f.*

1. *Nennen Sie die Gründe, die gegen einen Luftangriff sprachen.*
2. *Wie beurteilen Sie die Überlegungen der Militärs und die schließlich von Präsident Kennedy getroffene Entscheidung?*

---

[1]) Robert Kennedy (1925–1968), Bruder des Präsidenten

## M 3 Die Lösung der Kuba-Krise

*Brief Nikita Chruschtschows an John F. Kennedy vom 26. Oktober 1962:*

Ich versichere Ihnen im Namen der sowjetischen Regierung und des sowjetischen Volkes, daß Ihre Schlußfolgerungen in bezug auf Offensivwaffen auf Kuba vollkommen unbegründet sind. [...]

Wie können Sie also diese völlig falsche Interpretation geben, die Sie jetzt verbreiten, daß einige Waffen in Kuba Offensivwaffen sind, wie Sie sagen? Alle Waffen dort – das versichere ich Ihnen – sind defensiver Art; sie sind ausschließlich zu Verteidigungszwecken in Kuba gedacht, und wir haben sie auf Bitten der kubanischen Regierung nach Kuba entsandt. Und Sie behaupten, es seien Offensivwaffen. [...]

Sie haben nun piratenhafte Maßnahmen der Art angekündigt, die man im Mittelalter praktiziert hat, als man Schiffe überfiel, die internationale Gewässer befuhren; und Sie haben das eine „Quarantäne" um Kuba genannt. Unsere Schiffe werden wahrscheinlich bald die Zone erreichen, in der Ihre Kriegsmarine patrouilliert. Ich versichere Ihnen, daß die Schiffe, die gegenwärtig nach Kuba unterwegs sind, die harmlosesten, friedlichsten Ladungen an Bord haben. [...]

Lassen Sie uns deshalb vernünftig sein, Herr Präsident. Ich versichere Ihnen, daß die Schiffe, die nach Kuba unterwegs sind, keinerlei Rüstungsgüter an Bord haben. Die Waffen, die zur Verteidigung Kubas notwendig sind, sind bereits dort. Ich will nicht behaupten, daß es überhaupt keine Waffenlieferungen gegeben hat. Nein, es hat solche Lieferungen gegeben. Aber nun hat Kuba die notwendigen Verteidigungswaffen bereits erhalten. [...]

Wenn der Präsident und die Regierung der Vereinigten Staaten zusichern würden, daß die Vereinigten Staaten sich selbst nicht an einem Angriff auf Kuba

*Brief John F. Kennedys an Nikita Chruschtschow vom 27. Oktober 1962:*

Sehr geehrter Herr Vorsitzender,
Ich habe Ihren Brief vom 26. Oktober mit großer Sorgfalt gelesen und begrüße Ihre Absichtserklärung, eine sofortige Lösung des Problems anzustreben. Was jedoch als erstes getan werden muß, ist, die Arbeit an den offensiven Raketenstützpunkten in Kuba einzustellen und alle Waffensysteme in Kuba, die sich offensiv einsetzen lassen, zu entschärfen, und dies unter angemessenen Vorkehrungen der Vereinten Nationen.

Unter der Voraussetzung, daß dies umgehend geschieht, habe ich meinen Vertretern in New York Anweisungen erteilt, die es ihnen ermöglichen, an diesem Wochenende – in Zusammenarbeit mit dem amtierenden Generalsekretär der Vereinten Nationen und Ihren Vertretern – eine Einigung über eine dauerhafte Lösung der Kuba-Frage zu erarbeiten, die sich an den Vorschlägen in Ihrem Brief vom 26. Oktober orientiert. Wie ich Ihren Brief verstanden habe, enthalten Ihre Vorschläge [...] folgende Schlüsselelemente:

1) Sie würden sich bereit erklären, diese Waffensysteme unter angemessener Beobachtung und Überwachung der Vereinten Nationen abzuziehen, und sich verpflichten, geeignete Sicherheitsvorkehrungen vorausgesetzt, die weitere Einfuhr solcher Waffensysteme nach Kuba zu unterbinden.

2) Wir unsererseits würden uns bereit erklären – nachdem die Vereinten Nationen geeignete Vorkehrungen getroffen haben, die Erfüllung und Einhaltung dieser Verpflichtungen sicherzustellen –,
a) die Quarantäne-Anordnungen, die derzeit gelten, umgehend aufzuheben; und
b) Garantien gegen eine Invasion Kubas zu geben. Ich bin zuversichtlich, daß andere Länder der westlichen Hemisphäre bereit wären, das gleiche zu tun.

„O. K. Mr. Präsident, wir reden miteinander." (Karikatur aus der britischen Zeitung Daily Mail von 1962). Das „H" auf den Bomben ist das Zeichen für Wasserstoff.

beteiligen werden und andere von einem solchen Vorgehen abhalten; wenn Sie Ihre Kriegsmarine zurückrufen würden – das würde sofort alles ändern. Ich spreche nicht für Fidel Castro, aber ich glaube, er und die Regierung Kubas würden vermutlich eine Demobilisierung verkünden und würden das kubanische Volk aufrufen, ihre friedliche Arbeit aufzunehmen. Dann würde sich auch die Frage der Waffen erübrigen; denn wo keine Bedrohung ist, stellen Waffen für jedes Volk nur eine Belastung dar. Das würde auch das Herangehen an die Frage ändern, nicht nur die Waffen zu vernichten, die Sie Offensivwaffen nennen, sondern auch alle anderen Arten von Waffen. [. . .]

Lassen Sie uns deshalb staatsmännische Klugheit beweisen. Ich schlage vor: Wir erklären unsererseits, daß unsere Schiffe mit Kurs auf Kuba keine Waffen an Bord haben. Sie erklären, daß die Vereinigten Staaten weder mit eigenen Truppen eine Invasion in Kuba durchführen werden noch andere Truppen unterstützen werden, die eine Invasion in Kuba planen könnten. Damit hätte sich die Präsenz unserer Militärexperten in Kuba erübrigt.

Wenn Sie Ihren Vertretern entsprechende Anweisungen erteilen, gibt es keinen Grund, weshalb wir nicht in der Lage sein sollten, diese Vereinbarungen innerhalb einiger Tage zustande zu bringen und sie der Welt bekannt zu geben. Die Wirkung, die eine solche Klärung für den Abbau der Spannungen in der Welt hätte, würde es uns ermöglichen, auf eine umfassendere Vereinbarung über „andere Rüstungen" hinzuarbeiten, wie Sie es in Ihrem zweiten Brief vorschlagen, den Sie veröffentlicht haben. Ich möchte noch einmal erklären, daß die Vereinigten Staaten sehr daran interessiert sind, die Spannungen abzubauen und den Rüstungswettlauf zu beenden; und sollte Ihr Brief signalisieren, daß Sie bereit sind, Gespräche über eine Entspannung bezüglich der NATO und des Warschauer Paktes zu führen, sind wir gerne bereit, mit unseren Verbündeten über jeden sachdienlichen Vorschlag nachzudenken.

Doch der erste wesentliche Schritt – lassen Sie mich dies betonen – ist die Einstellung der Arbeiten an den Raketenstützpunkten in Kuba und das Einleiten von Maßnahmen, diese Waffen zu entschärfen, und zwar unter wirksamen internationalen Garantien.

*Bernd Greiner, Kuba-Krise, a. a. O., S. 319 ff. und 382 f.*

1. *Arbeiten Sie die zentralen Argumente Chruschtschows heraus und bewerten Sie diese.*
2. *Mit welchen Formulierungen deutete Chruschtschow ein Nachgeben der sowjetischen Seite an?*
3. *Welche Strategien entwickelte US-Präsident Kennedy, um die Situation zu entschärfen?*

## M 4 Grenzen des Selbstbestimmungsrechts – die „Breschnew-Doktrin“

*Die ideologische Begründung des Einmarsches der Truppen des Warschauer Pakts und der Unterdrückung des „Prager Frühlings“ lieferte der sowjetische Parteichef Breschnew öffentlich in einer Rede auf dem V. Parteitag der Polnischen Vereinigten Arbeiterpartei am 12. November 1968.*

Im Interesse der Verteidigung jedes sozialistischen Landes, im Interesse der Entwicklung seiner Wirtschaft, Wissenschaft und Kultur sind die umfassendste Zusammenarbeit zwischen den Bruderländern, eine allseitige Entwicklung der vielfältigen Beziehungen zwischen ihnen und echter Internationalismus notwendig. [. . .]
Die KPdSU ist stets dafür eingetreten, daß jedes sozialistische Land die konkreten Formen seiner Entwicklung auf dem Wege des Sozialismus unter Berücksichtigung der Besonderheiten seiner nationalen Bedingungen bestimmt. Genossen, bekanntlich bestehen aber auch allgemeine Gesetzmäßigkeiten des sozialistischen Aufbaus. Ein Abweichen von ihnen könnte zu einer Abkehr vom Sozialismus selbst führen. Und wenn die inneren und äußeren dem Sozialismus feindlichen Kräfte die Entwicklung irgendeines sozialistischen Landes auf die Restauration der kapitalistischen Ordnung zu lenken versuchen, wenn eine Gefahr für den Sozialismus in diesem Land, eine Gefahr für die Sicherheit der gesamten sozialistischen Staatengemeinschaft entsteht, ist das nicht nur ein Problem des Volkes des betreffenden Landes, sondern ein allgemeines Problem, um das sich alle sozialistischen Staaten kümmern müssen.
Es ist verständlich, daß eine Aktion zur Vereitelung einer Gefahr für die sozialistische Ordnung wie die militärische Hilfe für ein Bruderland eine außerordentliche, notgedrungene Maßnahme ist. Sie kann nur durch direkte Aktionen der Feinde des Sozialismus inner- und außerhalb des Landes hervorgerufen werden, durch Aktionen, die die gemeinsamen Interessen des sozialistischen Lagers gefährden.

*Leonid Breschnew, Auf dem Wege Lenins, Band 2, Berlin 1971, S.343 ff.*

1. *Wie verhält sich die „Breschnew-Doktrin“ zu wesentlichen Prinzipien des Völkerrechts (Souveränität, Nichteinmischung und Unverletzbarkeit des Territoriums)?*
2. *Stellen Sie fest, welche Auswirkung die „Breschnew-Doktrin“ auf die Politik der Staaten des Warschauer Paktes hatte.*

# Phasen der Entspannung und Ende des Ost-West-Konflikts

Von der Konfrontation zur Partnerschaft: Michail Gorbatschow und Ronald Reagan begegnen sich im November 1985 in Genf bei der ersten ihrer fünf Gipfelkonferenzen.

| | |
|---|---|
| 1956 | Der sowjetische Parteichef Chruschtschow propagiert die Abkehr vom Stalinismus und das Prinzip der „friedlichen Koexistenz" |
| 1968 | Der Atomwaffensperrvertrag verhindert die unkontrollierte Verbreitung von Atomwaffen |
| 1972 | Der Salt-I-Vertrag begrenzt erstmals das atomare Wettrüsten zwischen den USA und der Sowjetunion |
| 1975 | Die erste KSZE-Konferenz endet mit der Schlußakte von Helsinki |
| 1979 | Die NATO reagiert mit dem Nachrüstungs-Doppelbeschluß auf die nukleare Aufrüstung der UdSSR<br>Sowjetische Truppen marschieren in Afghanistan ein |
| 1985 | Der neugewählte KP-Chef der Sowjetunion Michail Gorbatschow beginnt seine Politik von Glasnost und Perestroika |
| 1987 | Der INF-Vertrag verpflichtet die beiden Supermächte erstmals zum Abbau von Raketen |
| 1989 | Die kommunistischen Diktaturen im Ostblock werden gestürzt |
| 1991 | Der Warschauer Pakt löst sich auf<br>Nach einem gescheiterten Putsch zerfällt die UdSSR in elf unabhängige Republiken (GUS) |
| 1991/ 1993 | In den Start-Verträgen schrauben die Supermächte ihr Atomwaffenpotential deutlich zurück |

## Das Gleichgewicht des Schreckens

Im Verhältnis der beiden Supermächte wechselten seit den fünfziger Jahren Phasen der Spannung und einer (nicht zu überschätzenden) Entspannung miteinander mehrfach ab. Nach dem Tod des sowjetischen Diktators Stalin am 5. März 1953 versuchte die neue Sowjetführung die wirtschaftliche Situation des Landes durch verbesserte Beziehungen zu den Westmächten zu fördern. Die *Genfer Gipfelkonferenz von 1955* – das erste Treffen der Regierungschefs der Siegermächte seit der Potsdamer Konferenz von 1945 – rückte angesichts des Wettrüstens den Abrüstungsgedanken in den Vordergrund und weckte vorübergehend die Hoffnung auf ein Ende der akuten Konfrontation zwischen beiden Weltmächten („Geist von Genf").

Im Zuge der innenpolitischen Abkehr von den Auswüchsen des Stalinismus auf dem XX. Parteitag der KPdSU im Februar 1956 formulierte Chruschtschow die sowjetische Doktrin von der *„friedlichen Koexistenz"* mit dem Westen neu. Aus dem von Lenin und Stalin proklamierten taktischen Prinzip, das eine Atempause bis zum nächsten, für unvermeidlich gehaltenen Weltkrieg sichern sollte, entwickelte er das Modell einer dauerhaften Vermeidung von Weltkriegen. Ein friedliches Nebeneinander von Staaten mit unterschiedlicher Gesellschaftsordnung galt hinfort wegen der atomaren Gleichrangigkeit der Sowjetunion mit den USA als möglich und nötig. Trotzdem sollte der ideologische Kampf bis zum Sieg des Kommunismus im Weltmaßstab fortgesetzt werden; „friedliche" Revolutionen in Ländern der Dritten Welt (siehe Seite 348 f.) oder der weltweite Wettbewerb um Einflußzonen durften weiterhin stattfinden (⇨ M 1).

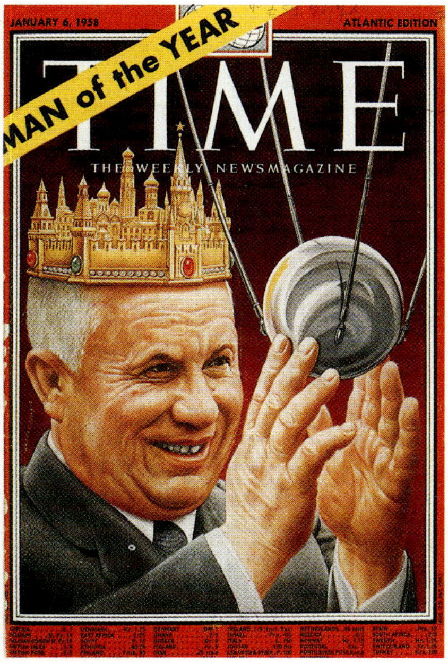


Der Sputnik-Schock und die Hoffnung auf ein „Tauwetter" in den Ost-West-Beziehungen beeindruckten die Amerikaner so tief, daß das Nachrichtenmagazin TIME Chruschtschow 1958 als „Mann des Jahres" würdigte. Ein Jahr später kündigte der sowjetische Parteichef bei einem Besuch in den USA an, daß sein Land binnen einiger Jahre einen höheren Lebensstandard erreichen würde als die Vereinigten Staaten. Den „Westen zu überholen" wurde erklärtes Ziel der Sowjetführung. Als Erfolge ausblieben, wurde Chruschtschow im Oktober 1964 gestürzt.

Die Chancen dafür standen gut, seitdem die Sowjetunion am 4. Oktober 1957, für die internationale Öffentlichkeit überraschend, den ersten künstlichen Weltraum-Satelliten *(„Sputnik")* gestartet hatte. Damit verfügte die Sowjetunion über Interkontinentalraketen, die direkt auf die USA zielen konnten. Die USA hatten ihre atomare Überlegenheit definitiv verloren.

### Das Umdenken beginnt

Der „Sputnik-Schock" sowie die von Chruschtschow verursachte zweite Berlin-Krise beförderten in der amerikanischen Bevölkerung und in der politischen Führung das Interesse an einem Arrangement mit der anderen Supermacht ganz wesentlich. Angesichts des nuklearen „Patts" und der realen Gefahr, daß die USA im Konfliktfall auf dem europäischen Schauplatz unmittelbar durch sowjetische Raketen bedroht waren, gab Kennedy nun auch offiziell das „Roll-back"-Konzept auf. Militärstrategisch trat an die Stelle des Prinzips der „massiven Vergeltung" das Konzept der „abgestuften, flexiblen Reaktion" *(flexible response)*. Das hieß, daß primär mit konventionellen Waffen die Ost-West-Trennungslinie gesichert werden sollte (hauptsächlich durch die europäischen Verbündeten der USA), um die Gefahr einer nuklearen Katastrophe weitgehend auszuschließen.
Die Erfahrungen aus der Kuba-Krise bedeuteten in gewisser Hinsicht einen positiven Wendepunkt im Kalten Krieg. Um Mißverständnisse über die Absichten des Gegners künftig gar nicht erst aufkommen zu lassen, wurde 1963 eine direkte Fernschreibverbindung *(„Heißer Draht")* zwischen Washington und Moskau eingerichtet. Das weltweite „Gleichgewicht des Schreckens" hielt einerseits den militärischen Rüstungswettlauf in Gang (ständige Modernisierung der Waffentechnik, Anhäufung von immer mehr Vernichtungspotentialen, die Fähigkeit zur Kriegführung mußte glaubhaft gemacht werden, damit es nicht dazu kam), förderte aber andererseits im Laufe der sechziger Jahre die Bereitschaft zu Rüstungskontrollverhandlungen und einer begrenzten Kooperation. Eine Mischung von Gegnerschaft (Ideologie), Rivalität (Außenbeziehungen) und partieller Interessenidentität (Sicherheit) kennzeichnete hinfort die Beziehungen zwischen beiden Supermächten.
Erste Rüstungskontrollvereinbarungen bezogen sich auf die Beendigung von überirdischen Kernwaffentests *(Atomteststoppabkommen 1963)* zum Schutz von Menschen und Umwelt vor einer weiteren radioaktiven Verseuchung und auf die Nichtverbreitung von Kernwaffen *(Atomwaffensperrvertrag 1968)* . Die Sowjetunion, Großbritannien und die USA verpflichteten sich, Nuklearwaffen nicht weiterzugeben und auf eine Begrenzung ihrer eigenen Bestände hinzuarbeiten (Frankreich und China lehnten den Vertrag ab); die Nichtkernwaffenstaaten verzichteten auf die Herstellung, die Lagerung und den Erwerb solcher Waffen. Bis 1993 traten – mit Ausnahme potentieller Kernwaffenmächte wie Brasilien, Pakistan oder Indien – 156 Staaten dem Vertrag bei; seine unbefristete Verlängerung wurde auf einer UN-Konferenz in New York 1995 beschlossen.

## Sicherheit durch Kooperation?

Mit dem Amtsantritt von US-Präsident *Richard Nixon*[1]) Anfang 1969 begann in den Beziehungen beider Supermächte eine Phase der Entspannung. Nixons Sicherheitsberater und spätere Außenminister Henry Kissinger plädierte für einen intensivierten sowjetisch-amerikanischen Dialog zur Schaffung eines globalen Gleichgewichtssystems zwischen den beiden Weltmächten unter Einbeziehung Chinas. Auch der sowjetische Parteichef Leonid Breschnew war aus verschiedenen Gründen an verbesserten Beziehungen interessiert:
1. Das Wettrüsten in Ost und West ließ einen Konsens über die Sicherheitspolitik geboten erscheinen.
2. Die Rivalität mit China um die Führungsrolle in der kommunistischen Welt und die sich seit 1971 abzeichnende Hinwendung Chinas zu den USA verlangten nach einem erweiterten außenpolitischen Handlungsspielraum.
3. Vor allem aber sollte amerikanische Technologie bei der dringend notwendigen Modernisierung des zurückgebliebenen Landes helfen.
Vor dem Hintergrund dieser Interessenlage schlossen beide Weltmächte eine Reihe von Verträgen zur Rüstungsbegrenzung und Rüstungskontrolle sowie des wirtschaftlichen Austausches. Das allgemeine Klima der Ost-West-Beziehungen entspannte sich, und insbesondere in Europa wuchs die Hoffnung auf einen gesicherten Frieden im Rahmen des Status quo.
Von besonderer Bedeutung war der 1972 abgeschlossene *Salt-I-Vertrag (Strategic Arms Limitation Talks)* über die Begrenzung der vorhandenen nuklearen Abwehr- und Angriffssysteme und über die Kontrolle des Rüstungswettlaufes. Der bizarren Logik der Rüstungsstrategen im Atomzeitalter folgend sollte sich aus der erstmals festgeschriebenen gegenseitigen Vergeltungsfähigkeit ein Zugewinn an globaler Sicherheit ergeben. Doch weder die Zahl noch die Zerstörungskraft der atomaren Sprengköpfe wurden festgelegt, und viele Bestimmungen waren bewußt vage gehalten. So war letztlich die Tatsache des Vertragsabschlusses wichtiger als dessen Inhalt.
Auch der 1979 von US-Präsident *Jimmy Carter*[2]) und Breschnew in Wien unterzeichnete *Salt-II-Vertrag* schrieb lediglich eine leicht abgesenkte Obergrenze für die Trägersysteme vor, ließ jedoch die Zahl der nuklearen Sprengköpfe und anderer Waffensysteme (U-Boote) für beide Seiten offen.
Gänzlich ohne Ergebnis blieben die seit 1973 in Wien laufenden Verhandlungen zwischen dem Warschauer Pakt und der NATO über eine beiderseitige und ausgewogene Truppenreduzierung *(MBFR, Mutual Balanced Force Reductions)* in Europa. Bis 1989 konnten sich beide Seiten noch nicht einmal in der Frage einer Bestandsaufnahme der vorhandenen Rüstungspotentiale einigen.

---

[1]) Richard M. Nixon (1913 – 1994), Vizepräsident unter Dwight D. Eisenhower (1953 – 1961), 37. Präsident der USA von 1969 – 1974. Wegen des Einsatzes rechtswidriger Mittel im Wahlkampf 1972 mußte Nixon als erster Präsident der USA 1974 von seinem Amt zurücktreten, um einer Amtsenthebung durch Impeachment zuvorzukommen (Watergate-Affäre).

[2]) James Carter (geboren 1924), demokratischer Politiker, 39. Präsident der USA von 1977 – 1981, verlor wegen seiner als zu weich empfundenen Außenpolitik bei den Präsidentenwahlen im November 1980 gegen den republikanischen Kandidaten Ronald Reagan.

Die Suche nach neuen Wegen zum Frieden (Karikatur von Horst Haitzinger aus dem Jahr 1981).

## Der KSZE-Prozeß

Einen Höhepunkt der Ost-West-Entspannung stellte die *Konferenz über Sicherheit und Zusammenarbeit in Europa (KSZE)* dar, zu der sich seit November 1972 35 Länder zusammengefunden hatten, und die am 1. August 1975 mit der Unterzeichnung der sogenannten *Schlußakte von Helsinki* vorläufig endete (⇨ M 2). Die Unterzeichnerstaaten (alle europäischen Länder außer Albanien sowie die USA und Kanada) gingen damit die politisch-moralische Verpflichtung ein, ihre Beziehungen auf friedlicher Basis unter Verzicht auf Gewaltandrohung, im Rahmen der gegebenen Grenzen und bei Respektierung der Menschenrechte im Inneren zu entwickeln. Die Sowjetunion erhielt mit der Anerkennung der Grenzen in Europa ihren Hegemonialanspruch im Ostblock bestätigt, die Westmächte pochten vor allem auf verbesserte Freizügigkeit für die Menschen im sozialistischen Teil Europas. Hinfort mußten die kommunistischen Diktaturen Reiseerleichterungen und Familienzusammenführung gewähren und den Austausch von Informationen erleichtern. Auch wenn sie weiter an ihrer Praxis der Verfolgung Andersdenkender festhielten, konnten sie nicht länger verhindern, daß sich in der Tschechoslowakei (Charta 77), in Polen (Solidarnosc) und später auch in der DDR Bürgerrechtler auf die Prinzipien von Helsinki beriefen. Bereits auf der *ersten KSZE-Folgekonferenz in Belgrad (Oktober 1977/März 1978)* kam es zum Streit zwischen der Sowjetunion und US-Präsident Carter über die Umsetzung der Menschenrechte – ein Signal für die Krise, in welche die Ost-West-Beziehungen mittlerweile wieder geraten waren.

## Rückfall in den Kalten Krieg

Mitte der siebziger Jahre ließen in den USA Verteidigungsmüdigkeit nach dem Vietnam-Debakel und der erzwungene Rücktritt Präsident Nixons das Land in eine politische Krise schlittern. Währenddessen versuchte die Sowjetunion zusammen mit Kuba, durch die Unterstützung marxistischer Befreiungsbewegungen in Angola, Mocambique, Äthiopien, im Süd-Jemen, in der Karibik und im Mittleren Osten ihren weltpolitischen Einfluß zu stärken.

Ausschlaggebend für das sich Ende der siebziger Jahre rasch wieder verschlechternde Verhältnis zwischen beiden Supermächten war jedoch in erster Linie die massive sowjetische Aufrüstungspolitik. Mit einer neuen Generation von Interkontinentalraketen, zusätzlichen atomgetriebenen U-Booten und den neuen Mittelstreckenraketen SS-20 versuchte die Sowjetunion ihre militärische Position, insbesondere in Europa, zu verbessern.

*Militärpotentiale im Jahr 1983*

*a) Konventionelle Streitkräfte von NATO und Warschauer Pakt in Mitteleuropa*

| | NATO | Warschauer Pakt |
|---|---|---|
| Divisionen | 38 | 61 |
| Panzer | 8050 | 16 620 |
| Artillerie | 4400 | 10 270 |
| Taktische Flugzeuge | 1880 | 4 060 |

*b) Nukleare Mittel- und Kurzstreckensysteme in Europa*

| | | |
|---|---|---|
| Mittelstreckenraketen und Marschflugkörper (1000–5000 km) | 41 (572) | über 1200 |
| Raketen kürzerer Reichweite (100–1000 km) | 280 (172) | über 1300 |
| Kampfflugzeuge mit Nuklearwaffen | ca. 800 | ca. 2500 |

*c) Nuklearstrategische Waffensysteme (Interkontinentalraketen)*

| | USA | UdSSR |
|---|---|---|
| Landgestützte Interkontinentalraketen | 1049 (2149) | 1398 (6200) |
| U-Bootgestützte Raketen | 544 (5000) | 950 (1800) |
| Strategische Bomber | 328 (1900) | 345 (345) |
| Gesamtpotential | 1921 (9049) | 2693 (8345) |

(Die in Tabelle b) in Klammern angegebenen Zahlen beziehen sich auf den Stand nach Abschluß der Nachrüstung.
Die in Tabelle c) in Klammern angegebenen Zahlen geben die Gefechtsköpfe an.)
*Die Daten stammen vom Bundesverteidigungsministerium (a), vom Generalsekretariat der NATO (b), sowie aus dem Weißbuch des Bundesverteidigungsministeriums von 1983 (c).*

Erst zwei Jahre nachdem Bundeskanzler Helmut Schmidt erstmals auf die Gefahr eines sowjetischen militärischen Übergewichts in Europa hingewiesen hatte, einigte sich die NATO am 12. Dezember 1979 auf den sogenannten „Nachrüstungs-Doppelbeschluß". In der amerikanischen Innenpolitik gewannen die Gegner der Entspannung wieder an Einfluß. Den Salt-II-Vertrag von 1979 über weitere Maßnahmen zur Rüstungskontrolle ließ der Senat scheitern, und Präsident Carter kündigte die Erhöhung des Verteidigungshaushaltes ab 1981 an.

## Politik der Stärke

Der *Einmarsch sowjetischer Truppen in Afghanistan* am 27. Dezember 1979 beendete schließlich die Ära der Entspannungspolitik für mehrere Jahre. Trotz mehrmaliger Warnungen aus Washington beschloß das Politbüro in Moskau, die zwei Jahre zuvor durch eine Revolution an die Macht gekommene prokommunistische Regierung in Afghanistan gegen eine islamisch-fundamentalistische Oppositionsbewegung mit Waffengewalt zu schützen. Der Westen befürchtete, daß Moskau mittelfristig die Ölvorkommen am Persischen Golf unter seine Kontrolle bringen wollte. Die Regierung Carter beantwortete die sowjetische Aggression mit einer Reihe von Sanktionsmaßnahmen (Stopp von Weizenlieferungen und Gütern der Hochtechnologie, Landeverbot für sowjetische Flugzeuge in den USA, Boykott der Olympischen Spiele 1980 in Moskau) und drohte mit militärischer Gewalt, sollte die Sowjetunion am Persischen Golf tätig werden.
Noch entschiedener setzte nach dem Wahlsieg der Republikaner US-Präsident *Ronald Reagan*[1]) seit Anfang 1981 auf eine Politik der Stärke gegenüber der Sowjetunion, die er als „das Reich des Bösen" bezeichnete. Mit einem gigantischen Rüstungsprogramm, zu dem auch die Planungen für ein weltraumgestütztes Raketenabwehrsystem *(SDI, Strategic Defense Initiative)* gehörte, – der US-Verteidigungshaushalt wuchs bis 1985 um 60 Prozent auf knapp 287 Milliarden Dollar an –, wollte er die Sowjetunion zu Verhandlungen zwingen (⇨ M 3). Dieser harte Kurs fand die Zustimmung einer großen Mehrheit der Amerikaner, die Reagan im November 1984 ein zweites Mal zum Präsidenten wählten.

## Historische Wende in der Sowjetunion

Das Kalkül der US-Regierung ging auf. Im Rüstungswettlauf mit der überlegenen amerikanischen Wirtschaftsmacht konnte die Sowjetunion nicht mithalten. Wie sich wenige Jahre später herausstellte, hatte die sowjetische Führung stets wesentlich mehr Mittel in den Rüstungssektor gelenkt, als die Volkswirtschaft verkraften konnte. Eine schwere Schädigung der Leistungskraft und Innovationsfähigkeit der sowjetischen Volkswirtschaft war die Folge. Außerdem sank der Lebensstandard der Bevölkerung weiter ab – teilweise unter das Niveau der Zarenzeit. Als „Ära der Stagnation" blieben die letzten Jahre Breschnews in der Erinnerung der Zeitgenossen. Auch nach Breschnews Tod 1982 gaben seine beiden nur kurz amtierenden Nachfolger *Juri Andropow* (1982–1984) und *Konstantin Tschernenko* (1984 – 1985) der sowjetischen Politik keine neuen Impulse.
Der Wendepunkt kam erst mit dem Amtsantritt des neuen Generalsekretärs der KPdSU Michail Gorbatschow am 11. März 1985. Mit einer Politik der

---

[1]) Ronald Reagan (geboren 1911), streng konservativer Politiker der Republikaner, verfolgte als 40. Präsident der USA (1981–1989) die Erneuerung der internationalen Führungsposition seines Landes.

„Offenheit" *(Glasnost)* und der „Umgestaltung" *(Perestroika)* versuchte er, die gefährliche ökonomische Krise seines Landes zu beheben. Dazu wollte er den Rüstungswettlauf mit den USA beenden sowie die Ost-West-Beziehungen rasch verbessern (⇨ M 4). Abschaffen wollte er den Sozialismus sowjetischer Prägung nicht, sondern ihn reformieren und leistungsfähiger gestalten. Ein erster Schritt zur Einführung des Parlamentarismus in der Sowjetunion war die Wahl zum *Kongreß der Volksdeputierten* (März 1989). Erstmals seit der Machtübernahme der Bolschewiki konnten die Wähler zwischen mehreren Kandidaten frei und geheim entscheiden. Im März 1990 wurde Gorbatschow in das neu geschaffene Amt eines Präsidenten der UdSSR gewählt. Die Freiheit zur öffentlichen Kritik an den Mißständen im Land und an der Kommunistischen Partei und ihren Funktionären *(Nomenklatura)* entwickelte nun eine Dynamik, die im selben Jahr das Machtmonopol der KPdSU beendete.

### Abkehr von Weltmachtpolitik und Hegemonialanspruch

Auf dem Gebiet der Außenpolitik führte das von Gorbatschow seit 1985 proklamierte „neue Denken" zu einem völligen Bruch mit der bisherigen Militär- und Sicherheitspolitik der Sowjetunion. Zum ersten Mal gab die sowjetische Führung zu, daß die inneren Probleme des Landes wesentlich durch die Hochrüstungspolitik zur Demonstration des eigenen Weltmachtanspruches verursacht worden waren. Gorbatschow machte ein Reihe von Vorschlägen zur Beendigung des Wettrüstens, sprach sich für gute Beziehungen zu den USA aus, betonte erstmals den Gedanken der „gemeinsamen Sicherheit" und forderte die gemeinsame Ausgestaltung des „europäischen Hauses". Um die gesellschaftliche und wirtschaftliche Erneuerung in die Wege zu leiten, betonte er den Wunsch nach enger wirtschaftlicher Zusammenarbeit mit den westlichen Industrieländern.

In relativ kurzer Zeit wandelten sich die sowjetisch-amerikanischen Beziehungen tiefgreifend. Nach mehreren Gipfeltreffen Gorbatschows mit US-Präsident Reagan unterzeichneten beide Regierungschefs in Washington am 8. Dezember 1987 den als historisch zu bezeichnenden *INF-Vertrag (Intermediate Nuclear Forces)* über eine weltweite Beseitigung aller landgestützten Mittelstreckenraketen mit einer Reichweite zwischen 500 und 5500 km. Die Sowjetunion mußte 1500, die USA 500 Systeme verschrotten. Erstmals hatten beide Staaten einen wirklichen Abrüstungserfolg erzielt.

Die Beendigung der Unterstützung sozialistischer Regime in der Karibik, in Afrika und Asien (1986), der Rückzug aus Afghanistan (1988/89), die Ankündigung einer einseitigen Truppenverringerung um 500 000 Soldaten vor der UNO (1989), und vor allem die Anerkennung der nationalen Unabhängigkeit der bisherigen Ostblockstaaten (1987/1988) fügten sich in die von Gorbatschow und seinem Außenminister Eduard Schewardnadse schrittweise verwirklichte Politik der Annäherung an die USA. Der neuen sowjetischen Führung war es ernst mit ihrem Wunsch, ihr Land politisch und wirtschaftlich in die Weltgemeinschaft zu integrieren.

## Demokratische Revolution im Ostblock

Die von Moskau ausgehenden Reformimpulse stärkten die oppositionellen Bürgerrechtsbewegungen in den Mitgliedstaaten des Warschauer Paktes. Als ab 1989 die sowjetische Außenpolitik angesichts innenpolitischer Schwierigkeiten die Entwicklung wieder bremsen wollte, war es zu spät: Das Ende der kommunistischen Parteidiktaturen war nicht mehr aufzuhalten. Vorreiter dieser Entwicklung waren Polen und Ungarn, wo unter Mitwirkung kommunistischer Reformkräfte 1989 bzw. 1990 in freien Wahlen die Grundlagen für Demokratie, Rechtsstaat und Marktwirtschaft gelegt wurden. Auch die DDR, die Tschechoslowakei, Bulgarien, Rumänien, Jugoslawien und Albanien befreiten sich meist friedlich von ihren kommunistischen Regimen. *Am 1. Juli 1991 wurde das Militärbündnis des Warschauer Paktes aufgelöst.*

## Erfolgreiche Abrüstungsverhandlungen

Nach dem Sieg der Reformkräfte in den Staaten des Ostblocks waren die Hindernisse für die jahrzehntelang stagnierenden Gespräche über konventionelle Abrüstung weggefallen. Am 19. November 1990 unterzeichneten die NATO- und Warschauer-Pakt-Staaten anläßlich der KSZE-Folgekonferenz in Paris den *Vertrag über konventionelle Streitkräfte in Europa (KSE-Vertrag)*. Vereinbart wurden ein drastischer Waffenabbau sowie ein detailliertes Überprüfungssystem. Außerdem wurden für die einzelnen Regionen zwischen Atlantik und Ural verbindliche Rüstungsobergrenzen festgelegt.

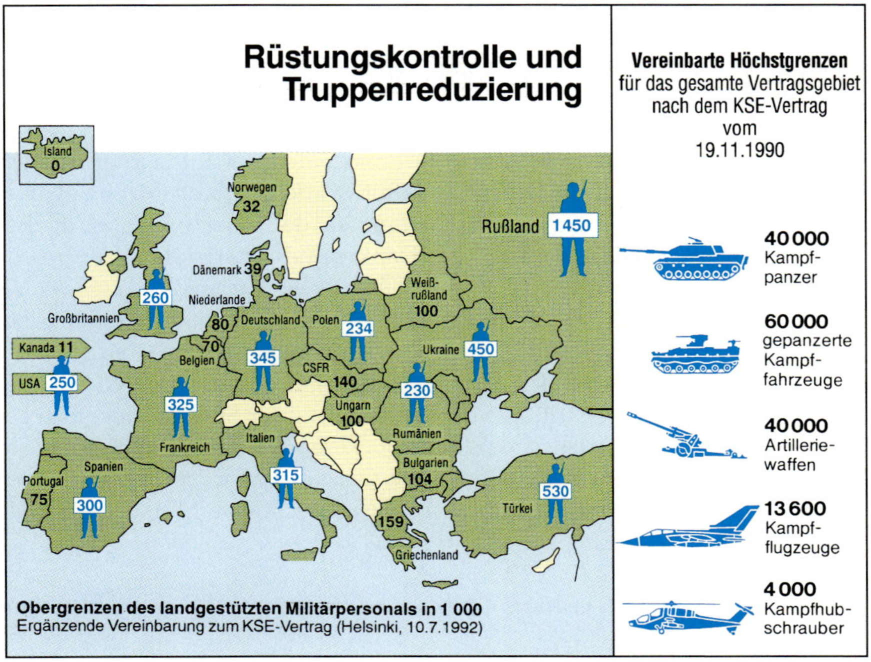

Im Juli 1991 einigten sich die Sowjetunion und die USA nach neunjähriger Verhandlungszeit auf eine Reduzierung ihrer interkontinentalen Atomraketen um knapp 40 Prozent (*Start-I-Vertrag*). Einen weiteren einschneidenden Abbau der atomaren Vernichtungswaffen brachte schließlich der im Januar 1993 unterzeichnete *Start-II-Vertrag*, der die Beseitigung von etwa zwei Dritteln aller Nuklearwaffen bis zum Jahr 2003 festschreibt. Damit wird in etwa der Stand der späten fünfziger Jahre wieder erreicht.
Mit diesen Abkommen wurde der Rüstungswettlauf zwischen den beiden Supermächten und ihren Verbündeten beendet – die logische Konsequenz des in der *Charta von Paris für ein neues Europa* am 21. November 1991 von 34 Staats- und Regierungschefs feierlich verkündeten Endes der Feindschaft zwischen Ost und West. Die Ära des Ost-West-Konflikts war zu Ende (⇨ M 5).

**Das Ende der Sowjetunion**

In der Sowjetunion verstand es Gorbatschow zunächst virtuos, sich an die Spitze der inneren Demokratisierungsprozesse zu stellen und dafür auch den Beifall der gebannt zuschauenden westlichen Öffentlichkeit zu erhalten. Allerdings verfügte er über kein Konzept für den dringend notwendigen Umbau der sowjetischen Planwirtschaft. Die beharrenden Kräfte erwiesen sich stärker als das geforderte „neue Denken". Die Versorgungslage der Bevölkerung wurde immer schlechter, Streiks und Demonstrationen sorgten zunehmend für Unruhe im Land. Zur wirtschaftlichen Krise kamen die lange vernachlässigten Nationalitätenprobleme, und schließlich machte man Gorbatschow auch für den „Verlust" der osteuropäischen Staaten verantwortlich. Angesichts der wachsenden Unzufriedenheit putschte eine achtköpfige Gruppe aus dem engsten Regierungs- und Mitarbeiterkreis Gorbatschows (18. August 1991). Panzer fuhren in Moskau auf. An die Spitze des Widerstands gegen den Staatsstreich stellte sich der Radikalreformer *Boris Jelzin*[1]). Jelzin war im Juni 1991 vom Volk zum Präsidenten der Russischen Sowjetrepublik, dem Kernland der UdSSR, gewählt worden. Er brachte die Bevölkerung hinter sich. Ohne Unterstützung mußten die Verschwörer nach drei Tagen den Putschversuch abbrechen. Dank seines energischen Auftretens war Jelzin jetzt der populärste Politiker in der Sowjetunion. *Er verbot die KPdSU in Rußland* und beschleunigte die Ansätze zu einer durchgreifenden Wirtschaftsreform.
Nach diesem Machtverfall des „Zentrums" erklärten die verschiedenen Sowjetrepubliken ihren Austritt aus der Union. An ihrer Stelle bildeten sie gegen den Widerstand Gorbatschows einen lockeren Zusammenschluß von elf, nunmehr unabhängigen Republiken – die *Gemeinschaft Unabhängiger Staaten (GUS)* (21. Dezember 1991). Rußland als das gewichtigste Mitglied der GUS

[1]) Boris Jelzin (geboren 1931), ursprünglicher hoher Funktionär der KPdSU, verlor 1987 wegen seines radikalen Eintretens für die Perestroika alle hohen Parteiämter. Seinen Wiederaufstieg verdankte er Wahlen durch das Volk.

Moskau, 19. August 1991. Auf einem Panzer stehend spricht der russische Präsident Jelzin vor dem Parlamentsgebäude zu Demonstranten.

nahm den Sitz der UdSSR in der UNO ein. Die baltischen Staaten Estland, Lettland und Litauen hatten bereits im August 1991 ihre Unabhängigkeit erklärt und gehörten der GUS nicht an. Durch diese Entwicklung überrollt, blieb Gorbatschow nichts anderes übrig, als am 26. Dezember 1991 auch offiziell als Präsident der Sowjetunion zurückzutreten (⇨ M 6).

Der Umbruchprozeß war damit noch nicht abgeschlossen, zu einschneidend waren die Veränderungen seit dem Beginn von Glasnost und Perestroika gewesen. Der reformwillige russische Staatspräsident Jelzin sah sich im Parlament *(Duma)* immer mehr einer Opposition aus altkommunistischen Kräften gegenüber. Gestützt wurden sie von Vertretern der *Nomenklatura,* die um den Erhalt ihrer Privilegien fürchteten. Vom Parlament ging schließlich 1993 ein weiterer Putschversuch aus. Jelzin fand aber die Unterstützung der Armee, die nach mehrtägiger Belagerung die Duma stürmte und die Führer des Widerstands verhaftete.

Wahlen zum neuen Parlament ließen die Reformpolitiker noch mehr in die Defensive geraten. Abgeordnete der extrem nationalistischen *Liberaldemokratischen Partei* verfügten jetzt im Zusammenspiel mit dem kommunistischen Flügel über eine Mehrheit. Die russische Regierung scheint seither den ursprünglichen Liberalisierungskurs zurückzuschrauben. Gleichzeitig legt sie eine „großrussische" Außenpolitik an den Tag und versucht, Einfluß auf das „benachbarte Ausland" (die früheren Sowjetrepubliken) zurückzugewinnen. Auch vor dem massiven Einsatz militärischer Mittel schreckte Boris Jelzin nicht zurück, wie 1994/95 der Feldzug gegen die auf Autonomie drängende Provinz Tschetschenien zeigte.

## M 1 Friedliche Koexistenz

*Die von Parteichef Nikita Chruschtschow weiterentwickelte Doktrin von der „friedlichen Koexistenz" wurde 1961 in das Parteiprogramm der KPdSU aufgenommen.*

Die friedliche Koexistenz der sozialistischen und kapitalistischen Staaten ist eine objektive Notwendigkeit der Entwicklung der menschlichen Gesellschaft. Der Krieg kann und darf nicht als Mittel zur Lösung internationaler Streitfragen dienen. Friedliche Koexistenz oder ein katastrophaler Krieg – nur so wird die Frage von der Geschichte gestellt. Sollten sich die imperialistischen Aggressoren dennoch erdreisten, einen neuen Weltkrieg zu entfesseln, so werden die Völker eine Ordnung, die sie in verheerende Kriege stürzt, nicht länger dulden. Sie werden den Imperialismus hinwegfegen und zu Grabe tragen.
Friedliche Koexistenz setzt voraus: Verzicht auf Kriege als Mittel zur Lösung von Streitfragen zwischen den Staaten, Entscheidung dieser Fragen durch Verhandlungen; Gleichberechtigung, Verständigung und Vertrauen unter den Staaten, Berücksichtigung der Interessen des anderen; Nichteinmischung in die inneren Angelegenheiten, jedem Volk muß das Recht zugestanden werden, alle Fragen seines Landes selbständig zu entscheiden; strikte Respektierung der Souveränität und der territorialen Integrität aller Länder; Ausbau der wirtschaftlichen und kulturellen Zusammenarbeit auf der Grundlage der vollständigen Gleichheit und des gegenseitigen Vorteils.

*Der Grundsatz der „friedlichen Koexistenz" wurde auch in den sozialistischen Bruderrepubliken rezipiert. Nachstehender Text stammt aus einem Militärlexikon der DDR.*

Die friedliche Koexistenz ist ihrem Wesen nach eine spezifische Form des Klassenkampfes zwischen Sozialismus und Kapitalismus, in der die sozialistischen Staaten den Kampf gegen die Kriegspolitik der imperialistischen Staaten und für die Erhaltung und Festigung des Friedens führen sowie günstige internationale Bedingungen für den Aufbau des Sozialismus und Kommunismus sowie den Kampf des internationalen Proletariats um die Beseitigung des Imperialismus und für die revolutionäre Umgestaltung der Gesellschaft schaffen.
Sie wird als friedlicher Wettbewerb des Sozialismus mit dem Kapitalismus auf ökonomischem und sozialem Gebiet ausgetragen, in dem die sozialistischen Staaten die wirtschaftliche und politische Stärke des sozialistischen Weltsystems sowie seinen internationalen Einfluß unablässig vergrößern.

*Landeszentrale für politische Bildung Baden-Württemberg (Hrsg.), Aspekte der Sicherheitspolitik, in: Politik und Unterricht, Heft 3/1985, S. 18*

1. *Unterscheiden Sie zwischen eindeutigen und mehrdeutigen Aussagen der Doktrin.*
2. *Welches Ziel verfolgte die Sowjetunion mit dieser Doktrin?*

## KSZE-Schlußakte von Helsinki

M 2

*Die Schlußakte vom 1. August 1975 stellt ausdrücklich kein völkerrechtlich verbindliches Abkommen, sondern eine Absichtserklärung dar.*

*I. Souveräne Gleichheit, Achtung der der Souveränität innewohnenden Rechte*
Die Teilnehmerstaaten werden gegenseitig ihre souveräne Gleichheit und Individualität sowie alle ihrer Souveränität innewohnenden und von ihr umschlossenen Rechte achten, einschließlich insbesondere des Rechtes eines jeden Staates auf rechtliche Gleichheit, auf territoriale Integrität sowie auf Freiheit und politische Unabhängigkeit. Sie werden ebenfalls das Recht jedes anderen Teilnehmerstaates achten, sein politisches, soziales, wirtschaftliches und kulturelles System frei zu wählen und zu entwickeln sowie sein Recht, seine Gesetze und Verordnungen zu bestimmen. [. . .]

*II. Enthaltung von der Androhung oder Anwendung von Gewalt*
Die Teilnehmerstaaten werden sich in ihren gegenseitigen Beziehungen sowie in ihren internationalen Beziehungen im allgemeinen der Androhung oder Anwendung von Gewalt, die gegen die territoriale Integrität oder politische Unabhängigkeit irgendeines Staates gerichtet oder auf irgendeine andere Weise mit den Zielen der Vereinten Nationen und mit der vorliegenden Erklärung unvereinbar ist, enthalten. Die Geltendmachung von Erwägungen zur Rechtfertigung eines gegen dieses Prinzip verstoßenden Rückgriffs auf die Androhung oder Anwendung von Gewalt ist unzulässig. [. . .]

*III. Unverletzlichkeit der Grenzen*
Die Teilnehmerstaaten betrachten gegenseitig alle ihre Grenzen sowie die Grenzen aller Staaten in Europa als unverletzlich und werden deshalb jetzt und in der Zukunft keinen Anschlag auf diese Grenzen verüben. [. . .]

*V. Friedliche Regelung von Streitfällen*
Die Teilnehmerstaaten werden Streitfälle zwischen ihnen mit friedlichen Mitteln auf solche Weise regeln, daß der internationale Frieden und die internationale Sicherheit sowie die Gerechtigkeit nicht gefährdet werden. [. . .]

*VI. Nichteinmischung in innere Angelegenheiten*
Die Teilnehmerstaaten werden sich ungeachtet ihrer gegenseitigen Beziehungen jeder direkten oder indirekten, individuellen oder kollektiven Einmischung in die inneren oder äußeren Angelegenheiten enthalten, die in die innerstaatliche Zuständigkeit eines anderen Teilnehmerstaates fallen. [. . .]

*VII. Achtung der Menschenrechte und Grundfreiheiten, einschließlich der Gedanken-, Gewissens-, Religions- oder Überzeugungsfreiheit*
Die Teilnehmerstaaten werden die Menschenrechte und Grundfreiheiten, einschließlich der Gedanken-, Gewissens-, Religions- oder Überzeugungsfreiheit für alle ohne Unterschied der Rasse, des Geschlechts, der Sprache oder der Religion achten.

*Wolfgang Lautemann, Manfred Schlenke (Hrsg.), Geschichte in Quellen. Die Welt seit 1945, München 1980, S. 691 ff.*

1. *Stellen Sie gegenüber: Welche Teile des Dokuments entsprechen vorwiegend den sowjetischen, welche den westlichen Interessen?*
2. *Sprechen Sie über die langfristige Wirkung dieser Übereinkunft.*

## M 3 Ronald Reagan und die Politik der Stärke

*Ronald Reagan rechtfertigte im Januar 1984 seine Politik in einer Fernsehansprache.*

Die Geschichte lehrt uns, daß Kriege beginnen, wenn Regierungen glauben, daß der Preis einer Aggression niedrig ist. Um den Frieden zu erhalten, müssen wir und unsere Verbündeten stark genug sein, jeden potentiellen Aggressor überzeugen zu können, daß Krieg keinen Vorteil, sondern nur die Katastrophe bringen würde. [. . .]
Die Abschreckung ist von entscheidender Bedeutung für die Erhaltung des Friedens und den Schutz unserer Lebensform, aber die Abschreckung ist nicht Anfang und Ende unserer Politik gegenüber der Sowjetunion. Wir müssen und werden die Sowjets in einen Dialog einbinden, der so ernsthaft und konstruktiv wie möglich ist und der der Förderung des Friedens in den Unruhegebieten der Welt dienen, den Stand der Rüstungen verringern und ein konstruktives Arbeitsverhältnis schaffen wird. [. . .]
Stärke und Dialog gehen Hand in Hand.

*Europa-Archiv, 39. Jahrgang (1984), S. D 109 ff.*

1. *Stellen Sie Unterschiede fest zwischen der Außenpolitik Reagans und der seiner Vorgänger.*
2. *Überlegen Sie, weshalb die außen- und militärpolitische Strategie Reagans unter den NATO-Mitgliedern nicht unumstritten war.*
3. *Beurteilen Sie den Stand der amerikanisch-sowjetischen Beziehungen am Anfang und am Ende der Präsidentschaft Reagans. Nennen Sie Gründe für ihre Entwicklung.*

Die sowjetische Führung hat niemals realistische Zahlen zum Militärhaushalt veröffentlicht. Nach Schätzungen amerikanischer Nachrichtendienste wurden in der Sowjetunion zu Beginn der siebziger Jahre 12 bis 14 Prozent des Bruttosozialprodukts für militärische Zwecke aufgewendet, Ende der achtziger Jahre belief sich der Satz bereits auf 20 bis 25 Prozent. In den USA betrugen die analogen Aufwendungen in den achtziger Jahren rund sieben Prozent des amerikanischen Bruttosozialprodukts.

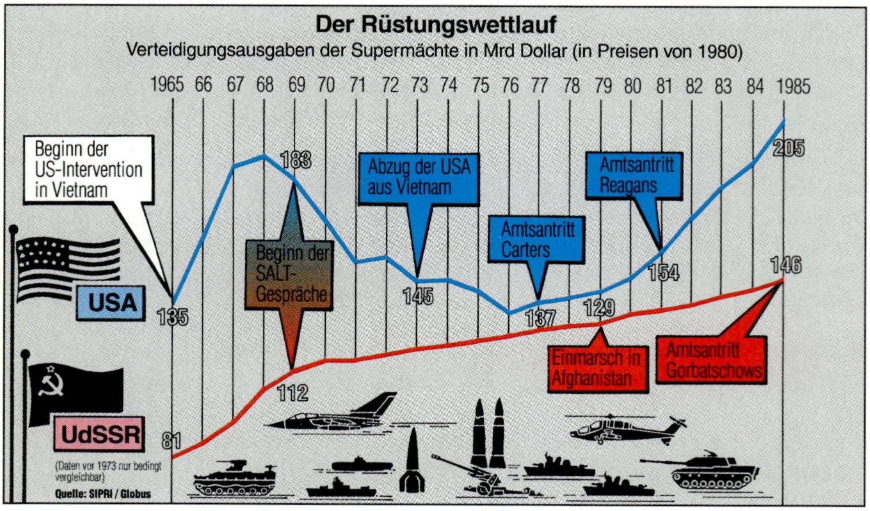

## Perestroika – eine „wahre Revolution"

M 4

*Am 31. Juli 1986 sprach Michail Gorbatschow in der Industriestadt Chabarowsk vor Parteimitgliedern der KPdSU.*

Die derzeitige Umgestaltung umfaßt nicht nur die Wirtschaft, sondern auch alle anderen Seiten des gesellschaftlichen Lebens: die sozialen Beziehungen, das politische System, den geistig-ideologischen Bereich sowie Arbeitsstil und -methoden der Partei und all unserer Kader. Umgestaltung ist ein umfassendes Wort. Ich würde zwischen den Wörtern „Umgestaltung" und „Revolution" ein Gleichheitszeichen setzen. Unsere Umwandlungen und Reformen, die in den Beschlüssen des April-Plenums des Zentralkomitees der Partei und des XXVII. Parteitages der KPdSU vorgesehen sind, stellen eine wahre Revolution im ganzen System der gesellschaftlichen Beziehungen, in den Hirnen und Herzen der Menschen, in der Psyche und im Verständnis der heutigen Zeit dar, vor allem der aus dem stürmischen wissenschaftlich-technischen Fortschritt erwachsenen Aufgaben.
In der KPdSU und im ganzen Land herrscht die einhellige einheitliche Auffassung: Die Antworten auf die Fragen, die das Leben stellt, müssen wir nicht außerhalb des Sozialismus, sondern innerhalb unseres Systems suchen, indem wir das Potential der Planwirtschaft, der sozialistischen Demokratie und Kultur wie auch des Faktors Mensch erschließen und uns auf das lebendige Schaffen des Volkes stützen.
Das gefällt so manchem im Westen nicht. Dort wartet man auf etwas, was einer Abkehr vom Sozialismus gleich käme, darauf, daß wir vor dem Kapitalismus zu Kreuze kriechen und seine Methoden übernehmen.

*Michail Gorbatschow, Augewählte Reden und Aufsätze, Band 4, Berlin 1988, S. 40 f.*

1. *Wie begründete Gorbatschow die Notwendigkeit der Perestroika?*
2. *Beschreiben Sie die Grenzen dieser neuen Politik.*

## „Wir sind nicht länger mehr Gegner"

M 5

*Der amerikanische Präsident George Bush und der russische Präsident Boris Jelzin unterzeichneten Anfang 1992 in Camp David eine gemeinsame Erklärung.*

Zum Abschluß dieses historischen Treffens zwischen einem amerikanischen Präsidenten und dem Präsidenten eines neuen und demokratischen Rußland stimmen wir – die Führer von zwei großen Völkern und Nationen – überein, daß eine Reihe von Prinzipien die Beziehungen zwischen Rußland und Amerika leiten sollten:
Erstens, daß Rußland und die Vereinigten Staaten sich nicht länger als potentielle Gegner betrachten. Von heute an wird ihre Beziehung durch Freundschaft und Partnerschaft charakterisiert sein, die auf gegenseitigem Vertrauen und Respekt und einer gemeinsamen Verpflichtung zu Demokratie und wirtschaftlicher Freiheit beruht.
Zweitens, daß wir daran arbeiten werden, irgendwelche Überreste von Kalter-Kriegs-Feindseligkeit zu beseitigen, eingeschlossen Schritte zur Verringerung unserer strategischen Arsenale.

Drittens, daß wir alles in unserer Macht Stehende tun werden, um gegenseitiges Wohlbefinden unserer Völker zu fördern und die Bindungen so weit als möglich auszubauen, die unsere Völker jetzt vereinen. Offenheit und Toleranz sollten das Markenzeichen der Beziehungen zwischen unseren Völkern und Regierungen sein.
Viertens, daß wir aktiv freien Handel, Investitionen und wirtschaftliche Zusammenarbeit zwischen unseren beiden Ländern fördern.
Fünftens, daß wir jede Anstrengung unternehmen, die Förderung der von uns geteilten Werte der Demokratie, der Herrschaft des Rechts, der Respektierung der Menschenrechte einschließlich der Rechte von Minderheiten, der Respektierung von Grenzen und der friedlichen Veränderung weltweit zu unterstützen.
Sechstens, daß wir aktiv zusammenarbeiten, – die Ausbreitung von Massenvernichtungswaffen und dazugehöriger Technologie zu verhindern und die Ausbreitung von konventionellen Waffen auf der Grundlage von zu vereinbarender Prinzipien zu beschränken; – regionale Konflikte friedlich beizulegen und – Terrorismus entgegenzutreten, Rauschgifthandel zu stoppen und der Umweltschädigung vorzubeugen.
Mit der Annahme dieser Prinzipien beginnen die Vereinigten Staaten und Rußland heute eine neue Ära in ihren Beziehungen. In dieser neuen Ära streben wir nach Frieden, einem anhaltenden Frieden, der auf dauerhaften gemeinsamen Werten beruht. Dies kann ein Zeitalter von Frieden und Freundschaft sein, das nicht nur unseren Völkern, sondern Völkern in der ganzen Welt Hoffnung bringt. Denn während unser Konflikt die Welt für Generationen teilen half, können wir nun, in Zusammenarbeit mit anderen und zwischen uns, die Welt durch unsere Freundschaft vereinigen – eine neue Allianz von Partnern, die gegen die gemeinsamen Gefahren arbeitet, vor denen wir stehen.

*Süddeutsche Zeitung, 3. Februar 1992, S. 27*

1. *Nennen Sie die wichtigsten Gründe für das Ende des Kalten Kriegs zwischen den beiden Weltmächten.*
2. *Welche neuen Konflikte bedrohen den Frieden in Europa und in der Welt? Versuchen Sie, Ursachen dafür zu benennen.*

## M 6 Das Ende der Sowjetunion

*Der Staatspräsident der untergehenden Sowjetunion Michail Gorbatschow trat nach einer Abschiedsrede am 25. Dezember 1991 einen Tag später zurück.*

Verehrte Landsleute! Mitbürger! [. . .] Das Schicksal hat es so gefügt, daß es sich bereits bei meiner Amtsübernahme zeigte, daß es im Land Probleme gab. Gott hat uns viel geschenkt: Land, Erdöl, Gas und andere Naturreichtümer. Und auch viele talentierte und kluge Menschen. Und dabei leben unsere Menschen schlechter als in den anderen entwickelten Ländern. Wir bleiben sogar immer weiter hinter ihnen zurück. Der Grund dafür war schon zu sehen – die Gesellschaft befand sich in der Schlinge eines bürokratischen Kommandosystems. Die Gesellschaft mußte der Ideologie dienen und dabei die furchtbare Last des Wettrüstens tragen. Die Gesellschaft gelangte an die

„Lesen Sie, lesen Sie!" Bei einer Sitzung des russischen Parlaments am 23. August 1991 zwang Boris Jelzin Gorbatschow, ein Dokument zu verlesen, das die Verbindung von Mitgliedern seiner Regierung zu den Putschisten bewies. Unmittelbar darauf unterschrieb Jelzin im Parlament in Gegenwart Gorbatschows, der ja auch Generalsekretär der KPdSU war, den Erlaß „Über die Einstellung der Aktivitäten der Russischen Kommunistischen Partei" in der russischen Sowjetrepublik. Einen Tag später trat Gorbatschow als Generalsekretär der KPdSU zurück. Drei Monate später mußte er auch als Staatspräsident der Sowjetunion aufgeben.

Grenze ihrer Möglichkeiten. Alle Versuche von halbherzigen Reformen – und ihrer gab es nicht wenige – scheiterten nacheinander. Das Land verlor immer mehr an Perspektive. So konnte man nicht weiterleben. Es mußte alles grundlegend verändert werden. [. . .] Mir war klar, daß die Einleitung von solchen großen Reformen in einer solchen Gesellschaft wie der unseren eine äußerst schwere und auch in bestimmter Hinsicht eine riskante Sache ist. Und auch heute bin ich noch von der historischen Richtigkeit der demokratischen Reformen überzeugt, die im Frühjahr 1985 eingeleitet wurden.
Der Prozeß der Erneuerung des Landes und der grundlegenden Veränderungen in der Weltgemeinschaft hat sich komplizierter erwiesen, als man voraussagen konnte. Trotzdem muß man das Vollbrachte gebührend einschätzen. Die Gesellschaft wurde frei. Und das in politischer und geistiger Hinsicht. Und das ist die größte Errungenschaft. Sie wird bei uns jedoch noch nicht gebührend gewürdigt. Und wahrscheinlich deshalb, weil wir es immer noch nicht gelernt haben, die Freiheit richtig zu nutzen. Trotzdem wurde eine Arbeit von historischer Bedeutung geleistet: Es wurde ein totalitäres System beseitigt, das ein weiteres Aufblühen und Wohlergehen des Landes verhinderte. Es wurde ein Durchbruch zu demokratischen Veränderungen vollzogen. Freie Wahlen, eine freie Presse, Religionsfreiheit, wirkliche Machtorgane und ein Mehrparteiensystem wurden zur Realität. Die Menschenrechte wur-

den als oberstes Prinzip anerkannt. Es wurde mit dem Übergang zu einer vielseitigen Wirtschaft begonnen. Alle Formen des Eigentums werden als gleichberechtigt anerkannt, im Rahmen der Bodenreform ist die Bauernschaft wiedererstanden. Farmen wurden gegründet, Millionen Hektar Land werden an Land- und Stadtbewohner übergeben. Die wirtschaftliche Freiheit des Produzenten wurde gesetzlich verankert. Das Unternehmertum, die Gründung von Aktiengesellschaften und die Privatisierung gewannen immer mehr an Kraft. Es muß daran erinnert werden, daß der Übergang zur Marktwirtschaft im Interesse des Menschen erfolgt. In dieser schweren Zeit muß alles für einen sozialen Schutz getan werden. Das gilt vor allem für die alten Menschen und die Kinder.
Wir leben in einer anderen Welt: Der „Kalte Krieg" ist vorbei. Das Wettrüsten wurde gestoppt. Die wahnsinnige Militarisierung unseres Landes, die unsere Wirtschaft, das gesellschaftliche Bewußtsein und die Moral zugrunde richtete, wurde beendet. Die Gefahr eines Weltkrieges wurde beseitigt. Ich möchte noch einmal betonen, daß von meiner Seite in der Übergangsperiode alles für eine zuverlässige Kontrolle der Kernwaffen getan wurde. Wir öffneten uns der Welt und verzichteten auf die Einmischung in fremde Angelegenheiten sowie auf den Einsatz von Truppen außerhalb unseres Landes. Und man antwortete uns mit Vertrauen, Solidarität und Respekt. Wir wurden zu einer der wichtigsten Stützen bei der Umgestaltung der modernen Zivilisation auf friedlicher und demokratischer Basis. Die Völker und Nationen haben die reale Freiheit erhalten, den Weg ihrer Entwicklung selbst zu bestimmen. Die Suche nach einer demokratischen Reformierung unseres Vielvölkerstaates führte uns an die Schwelle eines neuen Unionsvertrages. Ich möchte von ganzem Herzen all jenen danken, die in all diesen Jahren mit mir für die gerechte und gute Sache eingetreten sind. Sicherlich war eine Reihe von Fehlern vermeidbar. Vieles hätte man besser machen können. Aber ich bin überzeugt, daß unsere Völker in einer aufblühenden und demokratischen Gesellschaft leben werden. Ich wünsche Ihnen alles Gute.

*Bundeszentrale für politische Bildung (Hrsg.), Die Sowjetunion 1953–1991, in: Informationen zur politischen Bildung, Bonn, Heft 236/1992, S. 38*

1. *Der amerikanische Diplomat und Sicherheitsexperte Raymond L. Garthoff vertritt die These, die Politik Gorbatschows sei keine Antwort auf die Herausforderung Ronald Reagans gewesen, sondern durch die Einsicht bedingt, daß die Welt nicht der marxistisch-leninistischen Ideologie entspreche. Nehmen Sie anhand des Redetextes zu dieser These Stellung.*
2. *Vergleichen Sie die Rede mit dem Text M 4. Diskutieren Sie die Frage, inwieweit Gorbatschow die Vorgänge in der Sowjetunion und in den Staaten des Warschauer Pakts selbst beeinflußt hat; inwieweit ging die Entwicklung über den gewollten Reformkurs hinaus?*

# Grundlinien der Außenpolitik der Bundesrepublik

Bei einer gemeinsamen Messe in der Kathedrale von Reims am 8. Juli 1962 ziehen Staatspräsident de Gaulle und Bundeskanzler Adenauer einen symbolischen Schlußstrich unter die jahrhundertealte Feindschaft zwischen Frankreich und Deutschland.

| | |
|---|---|
| 1963 | Der Abschluß des deutsch-französischen Freundschaftsvertrages wird zu einem der Eckpfeiler der bundesdeutschen Außenpolitik |
| 1970/72 | Der deutsch-sowjetische und der deutsch-polnische Vertrag fixieren den Status quo in Ostmitteleuropa und bereiten menschliche Erleichterungen vor |
| 1971 | Das Berlin-Abkommen der Vier Mächte sichert die Bindungen West-Berlins an die Bundesrepublik |

### Allgemeine Charakteristik

Stabilität und Berechenbarkeit wurden zu den hervorstechenden Kennzeichen der Außenbeziehungen der Bundesrepublik seit 1949. Die außenpolitische Grundorientierung seit Bundeskanzler Konrad Adenauer lautete: Sicherung von Frieden, Freiheit, Einheit im Rahmen der westlichen Staatengemeinschaft. Kennzeichneten Hegemoniestreben, Revisionismus und zuletzt Wille zum Krieg die deutsche Außenpolitik der ersten Hälfte dieses Jahrhunderts, so bestimmten Friedenspolitik, weltweiter Außenhandel sowie außenpolitische Selbstbindung aus Eigeninteresse und gesellschaftlich verwurzelter Einsicht den außenpolitischen Kurs in der zweiten Hälfte des 20. Jahrhunderts. Vier Jahrzehnte lang gab dabei der Ost-West-Konflikt den Rahmen für jegliches außenpolitisches Handeln ab. Auf Phasen der Spannung wie der Entspannung im Verhältnis der beiden Supermächte zueinander reagierte die Bundesrepublik jeweils durch Anpassung an die internationale Politik.

### Außenpolitik im Zeichen der Westbindung (1949–1969)

Nach dem Sieg über Hitler-Deutschland waren sich alle Besatzungsmächte darin einig, kein unkontrolliertes Deutschland mehr zuzulassen. Am elementaren Bedürfnis nach Sicherheit vor Deutschland änderte auch der seit 1947 mit Wucht einsetzende Kalte Krieg zwischen den beiden Supermächten nichts. Die Sowjetunion und die USA integrierten ihre jeweiligen Besatzungsgebiete in den eigenen Herrschaftsbereich – mit einem freilich ganz wesentlichen Unterschied: Die Westmächte, insbesondere die Amerikaner, suchten von Anfang an nach größtmöglicher Übereinstimmung mit ihrem „besetzten Verbündeten", während die Sowjetunion ohne Rücksicht auf den Mehrheitswillen der Ostdeutschen ihre Fremdherrschaft ausübte.
Aus der Tatsache der vom Ost-West-Konflikt beherrschten bipolaren Staatenwelt zog Bundeskanzler Adenauer die Konsequenz einer politischen, kulturellen und wirtschaftlichen Westorientierung der jungen Bundesrepublik. Aus einer Position der Stärke sollte der freie und ökonomisch attraktive westliche Teilstaat eine unwiderstehliche Anziehungskraft auf die Menschen im sowjetischen Herrschaftsbereich ausüben *(Magnetwirkung).* Die eigene Überlegenheit würde nach Ansicht des Bundeskanzlers eine Wiedervereinigung „in Frieden und Freiheit" zustande bringen, wobei ein künftiges demokratisches Gesamtdeutschland unaufhebbar mit dem Westen verbunden bleiben sollte. Die Bundesrepublik wurde zum „Limes des Abendlandes" (*Wilhelm Röpke*) gegenüber einer allenthalben als expansiv und gefährlich eingeschätzten Sowjetunion.
Die von Adenauer eingeleitete und von der Mehrheit der Bundesbürger spätestens ab 1953 gutgeheißene „außenpolitische Revolution" (*Klaus Hildebrand*) wurde möglich, weil das westliche Sicherheitsverlangen alle anderen Überlegungen in den Schatten stellte. Ergänzt wurde es auf westdeutscher Seite durch ein Motiv, das zu einer wichtigen Triebfeder für die freiwillige und bewußte Anlehnung an die Westmächte wurde – nämlich die Furcht, die gerade erst gewonnene Freiheit und den wirtschaftlichen Wohlstand wieder verlieren zu können.
Der rasante wirtschaftliche Aufstieg des seit 1955 fast souveränen Landes rief Erstaunen, aber keine Furcht hervor, weil er sich im Rahmen europäischer Strukturen entfaltete. Als Vorposten der amerikanischen Eindämmungspolitik gegenüber der Sowjetunion war die Bundesrepublik zu einem Mitakteur im Kreis der Westmächte geworden. Der verhängnisvollen Nei-

gung deutscher Außenpolitik zu machtpolitischer und ideologischer Isolierung (deutscher Sonderweg) war ein Riegel vorgeschoben.
Mit der Herausbildung eines militärischen Gleichgewichts zwischen den beiden atomaren Supermächten seit Mitte der fünfziger Jahre zeigte sich die Abhängigkeit der Bundesrepublik von der amerikanischen Führungsmacht besonders deutlich. Immer mehr mußte Adenauer erkennen, daß bei den Westmächten die Bereitschaft, sich für das Selbstbestimmungsrecht des gesamten deutschen Volkes einzusetzen, im Schwinden begriffen war. Washington respektierte den Status quo.
Die Gründung der Europäischen Wirtschaftsgemeinschaft (1957) betrieb Adenauer nahezu ausschließlich unter dem außenpolitischen Blickwinkel einer Stärkung der westlichen Staatengemeinschaft und der deutsch-französischen Aussöhnung. Die Weltmacht USA blieb zwar wegen ihres Militärpotentials der Sicherheitsanker für die Bundesrepublik und ganz Westeuropa. Doch mit der sorgsam betriebenen Politik der deutsch-französischen Annäherung und dem engen Schulterschluß mit dem französischen Staatspräsidenten Charles de Gaulle – den Höhepunkt bildete der *Deutsch-Französische Freundschaftsvertrag* von 1963 – suchte Adenauer eine Art Rückversicherung für den Fall, daß die USA ihre europäischen Verpflichtungen einem sowjetisch-amerikanischen Stillhalteabkommen unterordnen würden. Einflußreiche Abgeordnete seiner Partei, darunter Außenminister Gerhard Schröder, hielten freilich strikt an der Priorität des deutsch-amerikanischen Bündnisses fest (⇨ M 1).
Seit der Kuba-Krise drohte die Bundesrepublik in eine außenpolitische Isolierung zu geraten. Die amerikanische Hegemonialmacht setzte auf Entspannung und forderte energisch auch vom Bonner Bündnispartner entsprechende Schritte. Die Regierungen Erhard und Kiesinger bereiteten in den sechziger Jahren vor, was dann als neue Ostpolitik der sozialliberalen Koalition der Regierung Brandt/Scheel (1969–1974) zu einer wichtigen Zäsur der Außenpolitik der Bundesrepublik führte.

### Außenpolitik im Zeichen von Westbindung und Ostverbindungen (1969 – 1990)

Vor dem Hintergrund der Entspannungspolitik unter US-Präsident Richard Nixon zielte die Politik Brandts auf ein Arrangement mit der Sowjetunion durch eine Gewaltverzichtserklärung, die Respektierung der polnischen Gebietsansprüche und die Anerkennung der DDR als zweiten deutschen Staat. Nach schwierigen Verhandlungen mit der Sowjetunion, mit Polen und der Tschechoslowakei kam es zum Abschluß einer Serie von Verträgen, in denen die Bundesrepublik den territorialen Status quo in Osteuropa anerkannte.
Der am 12. August 1970 unterzeichnete deutsch-sowjetische Vertrag *(Moskauer Vertrag)* verknüpfte den wechselseitigen Gewaltverzicht mit der Unverletzlichkeit der Grenzen aller Staaten in Europa einschließlich der Oder-Neiße-Linie und der Grenze zwischen der Bundesrepublik und der DDR. In einem „Brief zur deutschen Einheit" an die Sowjetunion unterstrich die Bun-

Bei seinem Besuch in Polen anläßlich der Unterzeichnung des Warschauer Vertrages ehrt Bundeskanzler Willy Brandt am Mahnmal des Warschauer Ghettos die Opfer des nationalsozialistischen Terrors (7. Dezember 1970).

desregierung jedoch ausdrücklich das Recht des deutschen Volkes, „in freier Selbstbestimmung seine Einheit" wiederzuerlangen. Damit sollte dem Wiedervereinigungsgebot des Grundgesetzes (Präambel) Rechnung getragen werden.
Am 7. Dezember 1970 unterzeichneten die polnische und die deutsche Regierung den *Warschauer Vertrag*, in dem beide Staaten auf gegenseitige Gebietsansprüche verzichteten. Die polnische Regierung erklärte sich bereit, die Umsiedlung Deutscher, die aus Polen auszureisen wünschten, zu gewähren.
Nach leidenschaftlichen innenpolitischen Auseinandersetzungen, in deren Verlauf die oppositionelle CDU/CSU der Bundesregierung vorwarf, das Wiedervereinigungsgebot des Grundgesetzes nicht beachtet, friedensvertragliche Regelungen vorweggenommen und den Vertragspartnern größere Zugeständnisse gemacht zu haben, als dies für das auch von der Opposition gewünschte Ziel der Aussöhnung mit dem Osten nötig gewesen wäre, billigte der Bundestag den Moskauer und den Warschauer Vertrag am 17. Mai 1972 (die meisten Unionsabgeordneten enthielten sich der Stimme). Der letzte der Ostverträge (11. Dezember 1973) wurde mit der *Tschechoslowakei* in Prag abgeschlossen. In ihm wurde das Münchener Abkommen von 1938 „als nichtig" bezeichnet, daran sollten sich aber keine nachteiligen Rechtsfolgen für die Betroffenen (vor allem die Sudetendeutschen) knüpfen.

## Alliierte Verhandlungen über Berlin

In einem engen inneren Zusammenhang (Junktim) mit diesen Vertragsabschlüssen standen die Verhandlungen der Vier Mächte über Berlin. Die Bundesregierung hatte von Anfang an deutlich gemacht, daß ohne eine befriedigende Berlin-Regelung der Deutsche Bundestag die Ostverträge nicht ratifizieren würde.
Das *Berlin-Abkommen* der vier Siegermächte vom 3. September 1971 erleichterte schließlich den Transitverkehr von und nach West-Berlin und bekräftigte die „Bindungen" West-Berlins zur Bundesrepublik. Außerdem sah es innerdeutsche Absprachen für verbesserte Kontakte zwischen West-Berlin und der DDR vor. Die Sowjetunion konnte mit Zustimmung der Westmächte durchsetzen, daß West-Berlin kein Bestandteil der Bundesrepublik war. Ihrerseits stimmte sie aber der Vertretung West-Berlins durch die Bundesrepublik zu. Damit war es dem Westen gelungen, die sowjetische Dreistaatentheorie (West-Berlin als besondere politische Einheit) zu unterlaufen und die Sicherheit der West-Berliner zu verbessern.
Aus sowjetischer Sicht fixierten die Ostverträge ihren seit 1945 entstandenen territorialen und politischen Besitzstand. Nach westlicher Auffassung markierten sie dagegen den Beginn einer Entwicklung hin zu mehr Freizügigkeit.

## Die internationale Rolle der Bundesrepublik seit den achtziger Jahren

Den von Bundeskanzler Brandt durchgesetzten Kurs einer Normalisierung der Beziehungen zu den östlichen Ländern setzten seine beiden Nachfolger Helmut Schmidt und Helmut Kohl fort. Neben kulturellen Abkommen und erleichterten Ausreisebedingungen für deutschstämmige Aussiedler wurde vor allem die wirtschaftliche Zusammenarbeit intensiviert. Die Bundesrepublik entwickelte sich rasch zum wichtigsten westlichen Handelspartner der Sowjetunion und der übrigen osteuropäischen Staatshandelsländer. Auf Grund des gewonnenen Vertrauens verfügt die deutsche Regierung seit dem Zusammenbruch der kommunistischen Diktaturen über besonders enge Beziehungen zu den Ländern des ehemaligen Ostblocks (⇨ M 2).
Ihr wirtschaftliches Gewicht sichert der Bundesrepublik auch eine herausgehobene Position und wachsende Verantwortung im Kreis der wichtigsten westlichen Industriestaaten. Die Regierungschefs der *„großen Sieben" (G 7)* USA, Kanada, Japan, Großbritannien, Frankreich, Italien und Deutschland treffen sich seit 1975 jährlich zu einem *Weltwirtschaftsgipfel.* Sie bemühen sich dabei um eine abgestimmte Wirtschafts- und Finanzpolitik und tauschen sich über wichtige Fragen der Weltpolitik aus. (Seit Beginn der neunziger Jahre nimmt auch der russische Präsident an der außenpolitischen Debatte teil.)
Zunehmend versucht die Bundesregierung ihr internationales Renommée zugunsten umweltpolitischer Ziele einzusetzen. In heiklen Krisensituationen der Weltpolitik (Irakkrieg, Konflikt im ehemaligen Jugoslawien) hält sie sich angesichts des düsteren Erbes der nationalsozialistischen Vergangenheit jedoch betont zurück.

Begegnung in Reims
(Karikatur von Fritz Behrendt).

## M 1 Deutsch-französischer Freundschaftsvertrag vom 22. Januar 1963

*In einer gemeinsamen Erklärung wurden die Ziele der deutsch-französischen Zusammenarbeit dem Vertragstext vorangestellt. Gegen den Willen Adenauers beschloß der Deutsche Bundestag im Ratifikationsgesetz vom 15. Juni 1963 eine zusätzliche Präambel zu dem Vertragswerk.*

Der Bundeskanzler der Bundesrepublik Deutschland, Dr. Konrad Adenauer, und der Präsident der Französischen Republik, General de Gaulle, haben sich [. . .]

– in der Überzeugung, daß die Versöhnung zwischen dem deutschen und dem französischen Volk, die eine Jahrhunderte alte Rivalität beendet, ein geschichtliches Ereignis darstellt, das das Verhältnis der beiden Völker zueinander von Grund auf neu gestaltet,

– in dem Bewußtsein, daß eine enge Solidarität die beiden Völker sowohl hinsichtlich ihrer Sicherheit als auch hinsichtlich ihrer wirtschaftlichen und kulturellen Entwicklung miteinander verbindet,

– angesichts der Tatsache, daß insbesondere die Jugend sich dieser Solidarität bewußt geworden ist, und daß ihr eine entscheidende Rolle bei der Festigung der deutsch-französischen Freundschaft zukommt,

– in der Erkenntnis, daß die Verstärkung der Zusammenarbeit zwischen den beiden Ländern einen unerläßlichen Schritt auf dem Wege zu dem vereinigten Europa bedeutet, welches das Ziel beider Völker ist,

mit der Organisation und den Grundsätzen der Zusammenarbeit zwischen den beiden Staaten, wie sie in dem heute unterzeichneten Vertrag niedergelegt sind, einverstanden erklärt. [. . .]

*Vertrag*

A. Auswärtige Angelegenheiten

1. Die beiden Regierungen konsultieren sich vor jeder Entscheidung in allen wichtigen Fragen der Außenpolitik [. . .].

B. Verteidigung

[. . .]

1. Auf dem Gebiet der Strategie und der Taktik bemühen sich die zuständigen Stellen der beiden Länder ihre Auffassungen einander anzunähern [. . .].

C. Erziehungs- und Jugendfragen

[. . .]

2. Der deutschen und französischen Jugend sollen alle Möglichkeiten geboten werden, um die Bande, die zwischen ihnen bestehen, enger zu gestalten und ihr Verständnis füreinander zu vertiefen. Insbesondere wird der Gruppenaustausch weiter ausgebaut.

*Die Präambel zum deutsch-französischen Vertrag*

In der Überzeugung,
daß der Vertrag zwischen der Bundesrepublik Deutschland und der Französischen Republik vom 22. Januar 1963 die Aussöhnung und Freundschaft zwischen dem deutschen und dem französischen Volk vertiefen und ausgestalten wird;
mit der Feststellung,
daß durch diesen Vertrag die Rechte und Pflichten aus den von der Bundesrepublik Deutschland abgeschlossenen multilateralen Verträgen unberührt bleiben;
mit dem Willen,
durch die Anwendung dieses Vertrages die großen Ziele zu fördern, die die Bundesrepublik Deutschland in Gemeinschaft mit den anderen ihr verbündeten Staaten seit Jahren anstrebt und die ihre Politik bestimmen;
nämlich
die Erhaltung und Festigung des Zusammenschlusses der freien Völker, insbesondere einer engen Partnerschaft zwischen Europa und den Vereinigten Staaten von Amerika, die Verwirklichung des Selbstbestimmungsrechts für das deutsche Volk und die Wiederherstellung der deutschen Einheit,
die gemeinsame Verteidigung im Rahmen des nordatlantischen Bündnisses und die Integrierung der Streitkräfte der in diesem Bündnis zusammengeschlossenen Staaten,
die Einigung Europas auf dem durch die Schaffung der Europäischen Gemeinschaften begonnenen Wege unter Einbeziehung Großbritanniens und anderer zum Beitritt gewillter Staaten und die weitere Stärkung dieser Gemeinschaften,
den Abbau der Handelsschranken durch Verhandlungen zwischen der Europäischen Wirtschaftsgemeinschaft, Großbritannien und den Vereinigten Staaten von Amerika sowie anderen Staaten im Rahmen des „Allgemeinen Zoll- und Handelsabkommens“,
in dem Bewußtsein,
daß eine deutsch-französische Zusammenarbeit, die sich von diesen Zielen leiten läßt, allen Völkern Nutzen bringen, dem Frieden in der Welt dienen und dadurch zugleich dem deutschen und dem französischen Volke zum Wohle gereichen wird;
hat der Bundestag das folgende Gesetz beschlossen:

*Auswärtiges Amt (Hrsg.), Die Auswärtige Politik der Bundesrepublik Deutschland, Köln 1972, S. 490 ff.*

1. *Erläutern Sie die Bedeutung des Vertrages.*
2. *Warum hielt es die Regierungsmehrheit („Atlantiker“) der CDU/CSU und FDP für nötig, gegen den Willen von Bundeskanzler Adenauer dem Vertragswerk eine Präambel voranzustellen?*
3. *Benennen Sie die Wirkungen des deutsch-französischen Freundschaftsvertrags bis heute. Könnte er als Vorbild für eine deutsch-polnische Aussöhnung dienen?*

M 2

## Aussöhnung auch mit Polen

*Am 17. Juni 1991 wurde in Bonn zwischen den Regierungen Polens und der Bundesrepublik Deutschland der Vertrag „über gute Nachbarschaft und freundschaftliche Zusammenarbeit" unterzeichnet.*

Artikel 1

(1) Die Vertragsparteien werden ihre Beziehungen im Geiste guter Nachbarschaft und Freundschaft gestalten. Sie streben eine enge, friedliche und partnerschaftliche Zusammenarbeit auf allen Gebieten an. In europäischer Verantwortung werden sie ihre Kräfte dafür einsetzen, den Wunsch ihrer beiden Völker nach dauerhafter Verständigung und Versöhnung in die Tat umzusetzen.

(2) Die Vertragsparteien streben die Schaffung eines Europa an, in dem die Menschenrechte und Grundfreiheiten geachtet werden und die Grenzen ihren trennenden Charakter auch dadurch verlieren, daß wirtschaftliche und soziale Unterschiede überwunden werden.

Artikel 2

[. . .] Sie stellen den Menschen mit seiner Würde und mit seinen Rechten, die Sorge für das Überleben der Menschheit und die Erhaltung der natürlichen Umwelt in den Mittelpunkt ihrer Politik.

Sie verurteilen klar und unmißverständlich Totalitarismus, Rassenhaß und Haß zwischen Volksgruppen, Antisemitismus, Fremdenhaß und Diskriminierung irgendeines Menschen sowie die Verfolgung aus religiösen und ideologischen Gründen.

Sie betrachten Minderheiten und gleichgestellte Gruppen als natürliche Brücken zwischen dem deutschen und dem polnischen Volk und sind zuversichtlich, daß diese Minderheiten und Gruppen einen wertvollen Beitrag zum Leben ihrer Gesellschaften leisten. [. . .]

Artikel 6

(1) Die Vertragsparteien haben in einem sich wandelnden politischen und militärischen Umfeld in Europa das gemeinsame Ziel, auf eine Stärkung der Stabilität und Erhöhung der Sicherheit hinzuwirken. [. . .]

(2) Die Vertragsparteien treten dafür ein, daß Streitkräfte und Rüstungen durch verbindliche und wirksam überprüfbare Vereinbarungen auf ein möglichst niedriges Niveau reduziert werden, das zur Verteidigung ausreicht, aber nicht zum Angriff befähigt. [. . .]

Artikel 8

[. . .] Mit dem Abschluß eines Assoziierungsabkommens zwischen den Europäischen Gemeinschaften und der Republik Polen legen die Europäischen Gemeinschaften, ihre Mitgliedstaaten und die Republik Polen die Grundlage für eine politische und wirtschaftliche Heranführung der Republik Polen an die Europäische Gemeinschaft. Die Heranführung wird von der Bundesrepublik Deutschland im Rahmen ihrer Möglichkeiten nach Kräften gefördert.

*Curt Gasteyger, Europa zwischen Spaltung und Einigung 1945 bis 1993, Bonn 1994, S. 459 ff.*

1. *Benennen Sie die wichtigsten Ziele des deutsch-polnischen Vertrags.*
2. *Vergleichen Sie den Vertrag mit M 1. Berücksichtigen Sie dabei die jeweilige historische Situation bei Vertragsabschluß. Welche Formulierungen des Vertrags von 1991 erscheinen Ihnen besonders „modern"?*

# Der Nord-Süd-Konflikt

Das kleine Mädchen von Ayod (Südsudan). Die Aufnahme des Südafrikaners Kevin Carter entstand 1994.

| | |
|---|---|
| 1955 | Konferenz von Bandung: Die Bewegung der blockfreien Staaten (Dritte Welt) artikuliert erstmals ihre gemeinsamen Interessen |
| 1960 | Die Rohölstaaten gründen ein Kartell: die OPEC |
| 1967 | Die Gruppe der 77 wird als Zusammenschluß der Entwicklungsländer gegründet |
| 1975 | Lomé-Abkommen: Die EG tritt in besondere Vertragsbeziehungen mit einem Teil der Entwicklungsländer |
| 1979 – 1981 | Während der zweiten Ölpreiskrise erreicht der Preis für Rohöl seinen historischen Höchststand |
| 1993 | Das Gatt-Abkommen zielt auf eine Liberalisierung des Welthandels |

### Dekolonisation: Die Weltherrschaft Europas endet

Letztlich ist der sogenannte *Nord-Süd-Konflikt* eine Hinterlassenschaft des Ausgreifens der Europäer über alle Kontinente seit der frühen Neuzeit. Die Errichtung von *Kolonien*, vor allem in Asien und Afrika, erreichte im 19. Jahrhundert ihren Höhepunkt. Bereits damals leisteten die einheimischen Bevölkerungen vereinzelt Widerstand. Die weit verbreitete öffentliche Kritik am Kolonialismus weckte schließlich in den vom Zweiten Weltkrieg erschöpften europäischen Ländern die Bereitschaft zum Rückzug.

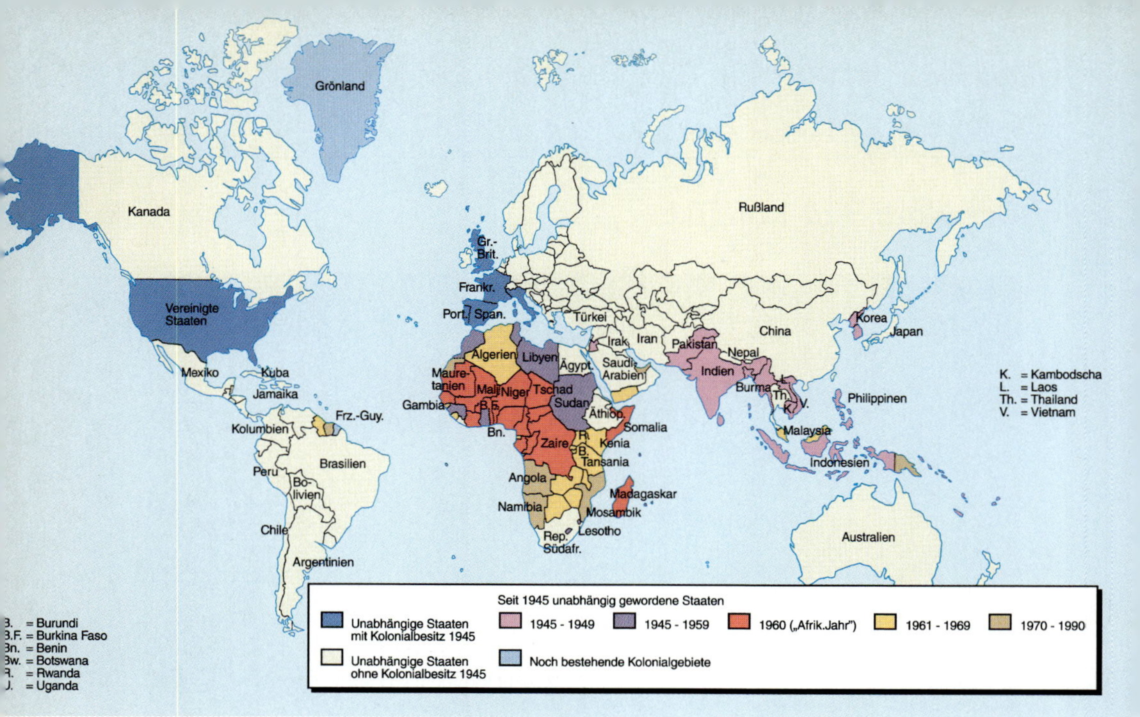


Die Entkolonialisierung seit 1945.

Unterstützung fanden die immer zahlreicher werdenden *Unabhängigkeitsbewegungen* bei der 1945 gegründeten UNO. Unter Berufung auf das Selbstbestimmungsrecht der Völker (Artikel 73 der UN-Charta) setzte sie sich mit Nachdruck für eine *Dekolonialisierung* ein. Die meisten Kolonien erlangten zwischen 1945 und 1960 ihre Selbständigkeit (⇨ M 1). Erbitterte Befreiungskriege fanden vor allem in *Indochina* (1946–1954) und *Algerien* (1954–1962) gegen die französische Kolonialherrschaft statt. Am längsten wehrten sich Spanien und Portugal gegen die Entlassung ihres außereuropäischen Besitzes. In einigen britischen Kolonien hielten sich nach der Unabhängigkeit zunächst weiße Minderheitsregimes an der Macht. In *Rhodesien/Zimbabwe* übernahm die schwarze Mehrheit schließlich nach einem blutigen siebenjährigen Bürgerkrieg 1980 die Regierung. Der ehemalige Guerillaführer *Mugabe* bemüht sich seither um eine *multiracial society.* In *Südafrika* endete die Politik der Rassentrennung *(Apartheid)* erst mit freien Wahlen im Jahr 1994. Als erster Schwarzer wurde Friedensnobelpreisträger *Nelson Mandela* Präsident des Landes.

**Die Dritte Welt**

Die meisten seit der Jahrhundertmitte selbständig gewordenen Länder hatten von Anfang an mit großen wirtschaftlichen, sozialen und kulturellen Problemen zu kämpfen. Die Schuld daran gaben sie den ehemaligen Kolonialmächten. Diese hätten ihre Kolonien ausgebeutet, die traditionellen Strukturen des jeweiligen Landes zerstört und eine erfolgreiche wirtschaftliche Entwicklung durch das Entstehen von Monostrukturen dauerhaft verhindert. Demgegenüber machten die westlichen Industrienationen innere Ursachen für die Unterentwicklung der jungen Staaten geltend.

Die Kluft zwischen dem reichen, industrialisierten Norden und dem armen Süden war jedenfalls offenkundig[1]). Deshalb traten 1955 erstmals 29 afroasiatische Staaten auf der *Konferenz von Bandung* (Indonesien) zusammen, um ihre gemeinsamen Interessen zu formulieren. Seit der ersten Gipfelkonferenz 1961 in Belgrad zählten zu den *Blockfreien* grundsätzlich diejenigen Staaten, die

- sich nicht am östlichen oder westlichen Militärbündnis beteiligten
- auf eine unabhängige Koexistenz mit den beiden großen Machtblöcken hinarbeiteten
- zur Unterstützung nationaler Unabhängigkeitsbewegungen bereit waren.

Führende Repräsentanten der Bewegung waren der jugoslawische Ministerpräsident Josip Tito, der indische Premierminister *Nehru* und der ägyptische Staatspräsident Abd-el-Nasser. Der Weg zwischen den Blöcken, der dritte Weg, gab den Blockfreien bald den Namen: die *„Dritte Welt"*. Da aber die Wirtschaftskraft der meisten Staaten der Dritten Welt hinter den kapitalistischen und sozialistischen Ländern des Nordens zurückblieb, wurde der Begriff allmählich auf alle sogenannten *Entwicklungsländer* (siehe unten) in Asien, Afrika, Süd- und Mittelamerika ausgedehnt.
Die Blockfreien bildeten nur einen losen Zusammenschluß (1994 gehörten ihnen 109 Mitglieder an). Gemeinsam vorgetragene Ziele waren dabei jeweils von der politischen Großwetterlage abhängig. Im Zeichen des Ost-West-Konflikts brachen aber auch immer wieder bewaffnete Konflikte zwischen Ländern der Dritten Welt aus, in denen häufig die Großmächte im Hintergrund um Einfluß in Asien, Afrika oder Lateinamerika rangen (*„Stellvertreterkriege"*). Insgesamt fanden zwischen 1945 und 1991 weltweit 179 Kriege statt, davon 168 zwischen Staaten der Dritten Welt.

## Entwicklungsländer

Weitgehend identisch mit den Staaten der Blockfreienbewegung sind die Mitglieder der *Gruppe der 77*. In dieser Gruppe verfolgen gegenwärtig rund 130 Entwicklungsländer vorrangig das Ziel, den Industrieländern eine aus ihrer Sicht gerechtere Weltordnung entgegenzusetzen. Gebildet wurde die Gruppe der 77 1964 auf der ersten *Welthandels- und Entwicklungskonferenz (United Nations Conference on Trade and Development = UNCTAD)*, drei Jahre später wurde sie offiziell gegründet. Die Zugehörigkeit zu den Entwicklungsländern ist aus politischen Gründen häufig umstritten, doch haben Wissenschaftler und internationale Kreditgeber einen Kriterienkatalog herausgearbeitet, der in den meisten Punkten zutreffen sollte.

---

[1]) Die unter geographischen Gesichtspunkten getroffene Unterscheidung ist nicht präzise, denn einerseits verfügen beispielsweise Australien und Neuseeland über eine sehr hohe wirtschaftliche Produktivität und andererseits bleiben die östlichen Länder des Nordens dabei unberücksichtigt.

| *Merkmale von Entwicklungsländern* | | |
|---|---|---|
| *Ökonomische Merkmale* | *Soziale Merkmale* | *Sozio-kulturelle Merkmale* |
| 1. Niedriges Pro-Kopf-Einkommen<br>2. Niedrige Investitionstätigkeit und Arbeitsproduktivität<br>3. Vorherrschaft von landwirtschaftlicher Betätigung (häufig in Form von Monokulturen)<br>4. Unzulängliche Infrastruktur | 1. Niedrige Lebenserwartung und hohe Kindersterblichkeit<br>2. Ungenügende Ernährung<br>3. Hoher Anteil von Analphabeten und Schulabbrechern | 1. Nicht abgeschlossener Prozeß einer Staatsbildung<br>2. Geringe soziale Mobilität<br>3. Vorherrschen traditionaler (häufig unwirtschaftlicher) Verhaltensweisen |

## Unterschiedliche Interessen der Entwicklungsländer

Die Staaten der Dritten Welt betonen häufig ihren Zusammenhalt und ihre Solidarität, vor allem, um ihren Forderungen gegenüber den westlichen Industrieländern mehr Nachdruck zu verleihen. Dies kann allerdings nicht die wachsende Diskrepanz innerhalb der Entwicklungsländer verbergen.
Beispielsweise zählt zu ihnen die *Gruppe der am wenigsten entwickelten Länder (Least Developed Countries = LLDC)*. Kennzeichnend für diese sogenannte *Vierte Welt* sind besonders niedrige Einkommen, kaum vorhandene Industrialisierung und eine extrem hohe Quote an Analphabeten. 1994 zählten 47 Staaten (die meisten in Zentralafrika) zu diesen ärmsten Ländern der Erde, in denen etwa 500 Millionen Menschen, also knapp 10 % der Weltbevölkerung leben.
Im Gegensatz zur „Unterschicht" der ökonomisch besonders benachteiligten Länder stellen die *Schwellenländer* die Oberschicht. Dank ihrer ökonomischen Eigendynamik stehen sie bereits an der Schwelle zum Industriestaat. Zu dieser Gruppe zählen beispielsweise die europäischen Entwicklungsländer Griechenland und Portugal, die Türkei, die südostasiatischen Staaten Hongkong, Singapur, Südkorea und Taiwan sowie in Lateinamerika Brasilien und Mexiko. Der wirtschaftliche Fortschritt dieser Länder kommt aber keineswegs allen Teilen der Bevölkerung zugute und eilt häufig einer demokratischen und sozio-kulturellen Entwicklung weit voraus.

## Die Sonderrolle der OPEC

Eine Sonderrolle innerhalb der Dritten Welt nimmt die *OPEC (Organization of the Petroleum Exporting Countries)* ein. Mitglied dieses 1960 gegründeten Kartells[1]) können nur Staaten werden, die ganz überwiegend auf den Export von Rohöl angewiesen sind. In harten Auseinandersetzungen mit den inter-

[1]) Kartell: Zusammenschluß selbständig bleibender Wirtschaftseinheiten (Staaten oder Unternehmen), die den Wettbewerb untereinander beschränken wollen

nationalen Ölkonzernen setzten die elf (Stand 1995) OPEC-Mitglieder nach und nach ihre eigenen Interessen durch. Dazu zählten vor allem eine koordinierte Ölpolitik mit stabilen Preisen und die (mehrheitliche) Übernahme von Gesellschaften, die im Besitz einer Bohr-Konzession waren. Mit der Kontrolle über das Erdöl verfügten die OPEC-Staaten – anders als die meisten Länder der Dritten Welt – über einen natürlichen Reichtum, der ihnen die Möglichkeit gab, die westlichen Industrienationen unter Druck zu setzen.
Davon machten die islamischen OPEC-Mitglieder aus dem Vorderen Orient und Nordafrika mit einer konsequent gegen Israel gerichteten Politik Gebrauch. Als sich Israel 1973 im *Jom-Kippur-Krieg* ein weiteres Mal gegen seine arabischen Nachbarn behaupten konnte, setzten die arabischen OPEC-Staaten erstmals das Erdöl als politische Waffe ein: Sie verhängten einen Lieferboykott gegen die USA und den europäischen Umschlagstandort Niederlande. Der Preis für Rohöl vervierfachte sich auf 1,40 Dollar pro Barrel[1]). Dieser massive Eingriff in die internationale Wirtschaftsordnung schürte Inflationstendenzen in den westlichen Industrieländern und trug zu einer allgemeinen Wirtschaftskrise bei. Allerdings löste er auch einen Denkprozeß in den hochindustrialisierten Staaten aus. Forschungsvorhaben suchen seither nach Wegen zur Energieeinsparung oder zur Nutzung „alternativer" Energien, um die Abhängigkeit von dem nicht erneuerbaren Rohstoff Öl zu lockern.
Die aggressive Politik der OPEC erreichte ihren Höhepunkt in der zweiten Ölpreiskrise 1979/81, als der Preis pro Barrel zeitweise um die 36 Dollar lag. Seither ging der Einfluß des Rohstoffkartells zurück. Parallel dazu bewegte sich der Barrel-Preis 1994 nur noch um die 15 Dollar. Hauptsächlich drei Gründe sind für diese Entwicklung auszumachen:
1. Immer mehr Staaten, die nicht Mitglied der OPEC sind, drängen auf den Weltmarkt: Großbritannien, Norwegen, Rußland, Mexiko, Australien und andere liefern bereits mehr als die Hälfte der weltweiten Förderung.
2. Die internationale Nachfrage wächst nur noch langsam, da die Sparmaßnahmen der Industrienationen zu greifen beginnen.
3. Vor allem aber wird die OPEC zunehmend durch Interessengegensätze geschwächt. Die bevölkerungsarmen Staaten, die durch die Preisexplosion zu großem Wohlstand gelangt sind (Saudi-Arabien, Kuwait, Vereinigte Arabische Emirate), setzen auf eine Verknappung des Öls zur Stabilisierung des Preises. Hingegen sind volkreiche Staaten wie Indonesien, Nigeria oder Venezuela an hohen Exportquoten interessiert, um ihre aktuellen Strukturprobleme zu bewältigen.
Zu einer Zerreißprobe für die OPEC wurde 1990/91 ein Krieg am Persischen Golf. *Saddam Hussein,* der Diktator des Irak, ließ das von ihm beanspruchte Kuwait besetzen. Damit wollte er sich weitere Ölquellen sichern, um die wirtschaftlichen Folgen seiner Hochrüstungs- und Kriegspolitik zu überwinden[2]). Nach einem Ultimatum der UNO befreiten Anfang 1991 Truppen aus

[1]) internationale Maßeinheit für Öl: 159 Liter
[2]) Zwischen 1980 und 1988 führte der Irak einen verlustreichen, teueren, letzten Endes aber ergebnislosen Krieg gegen den Iran.

Vor ihrem Rückzug aus Kuwait setzen irakische Truppen die Ölquellen des Scheichtums in Flammen. Dringend benötigte Ressourcen wurden sinnlos zerstört.

28 Ländern das geplünderte und brennende Kuwait. Die OPEC blieb in dem Konflikt gespalten. Während beispielsweise Saudi-Arabien und die Emirate an der von den USA angeführten „Operation Wüstensturm" beteiligt waren, unterstützte Libyen den irakischen Aggressor.
Die Schwächung der OPEC, die einmal das Modell für eine (wirtschaftliche) Gegenmacht der Dritten Welt abgab, zeigt exemplarisch, daß die Abhängigkeiten des Südens von den Industrieländern unverändert weiterbestehen.

## Die Situation der Entwicklungsländer verschärft sich

Anders als die OPEC-Mitglieder sind die meisten Staaten der Dritten Welt in einen Teufelskreis der Armut geraten, aus dem kein Entrinnen möglich scheint (◊ M 2). 1993 lebten mehr als drei Viertel der Menschheit in Ländern, die gerade 20 % der Weltwirtschaftsleistung produzierten. Ein durchschnittlicher *Bevölkerungszuwachs* von 2,2 % jährlich und eine gewaltige *Auslandsverschuldung* gelten heute als die Hauptprobleme der Entwicklungsländer.
1993 beliefen sich die Auslandsschulden der Entwicklungsländer zusammen genommen auf 2823 Milliarden DM. Für diese krisenhaft angewachsene neue Abhängigkeit gibt es externe und interne Gründe. Während die Preise für die Exportgüter der Entwicklungsländer, in erster Linie Rohstoffe und landwirtschaftliche Erzeugnisse, auf Grund des Überangebots auf dem Weltmarkt immer weniger Erlöse brachten, stiegen die Preise für die notwendigen Importe aus den Industriestaaten (◊ M 3). Zu einem wesentlichen Teil schlug auch die Preisexplosion des Erdöls zu Buch.

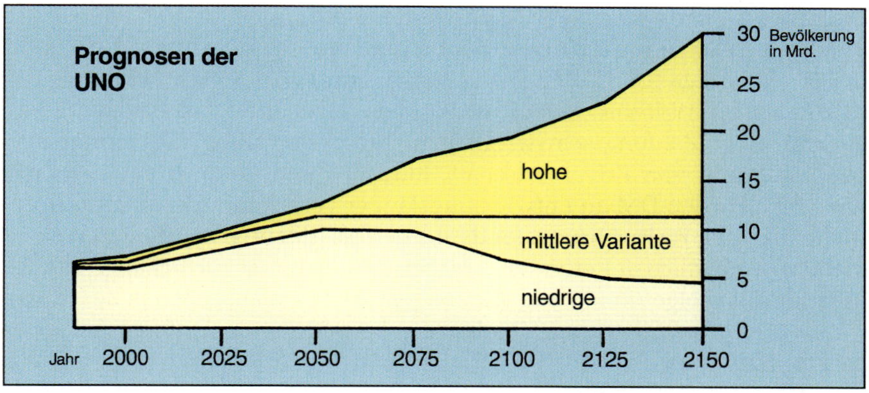


Die Weltbevölkerung wächst gegenwärtig pro Sekunde um drei Menschen, das sind jeden Tag etwa 750 000 Menschen. Nach UN-Hochrechnungen könnte die Weltbevölkerung im Jahr 2050 bis zu 12,5 Milliarden betragen. Zu 95 % entfällt dieses Wachstum auf die Entwicklungsländer; lediglich in einigen Schwellenländern (China, Brasilien) konnte die Geburtenrate zurückgeführt werden.
Das Bevölkerungswachstum kann nicht isoliert gesehen werden, denn damit verbunden steigt die Zahl der Armen, werden die Schwierigkeiten bei der Ernährung und Wasserversorgung größer, nehmen Raubbau der Umwelt (Überweidung, Abholzung von Wäldern, Versalzung) und Slumbildung in den Städten zu.

Mitverantwortlich für die Probleme sind aber ebenso Mißbräuche bei der Verwendung von Krediten sowie Fehlinvestitionen. Vielfach werden die internationalen Darlehen auch nicht für den wirtschaftlichen Aufbau verwendet, sondern fließen für den Rüstungskauf wieder in die Industrieländer und nach China zurück. Erst seit 1992 ist – parallel zu einem allgemeinen Trend – ein deutlicher Rückgang der Waffeneinfuhren festzustellen, aber 1994 wurden vor allem von Staaten im Nahen Osten und in Asien immer noch Waffen für mehr als 25 Milliarden Dollar bestellt – das entspricht 71 % des internationalen Waffenhandels.
Kriege und Bürgerkriege sind denn auch eine weitere Geißel für die Bevölkerung in vielen Ländern der Dritten Welt. Die meist aus sozialen oder religiösen Gründen ausbrechenden Kämpfe sind zum Teil noch ein Erbe der Kolonialzeit, als die Europäer willkürliche Grenzen zogen und dabei häufig verfeindete Volksgruppen zusammenfaßten (⇨ M 4).

## Die Neue Weltwirtschaftsordnung und die Rolle der Vereinten Nationen

Von seiten der Entwicklungsländer wird das bestehende Weltwirtschaftssystem als eigentliche Ursache ihres unzureichenden Lebensstandards angesehen. Ungleiche ökonomische und politische Machtverhältnisse verhinderten ein effektives Funktionieren ihrer Volkswirtschaften. Daraus ergab sich die gemeinsam vorgetragene Forderung nach einer *Neuen Weltwirtschaftsordnung (NWWO).*

Die Diskussion über die Neue Weltwirtschaftsordnung wird vor allem in den Vereinten Nationen und deren Sonderorganisationen geführt. Neben der schon erwähnten UNCTAD zählen dazu der *Internationale Währungsfonds (IWF)* und die *Weltbank*. Beide Institutionen haben 1993 zur Behebung vorübergehender Zahlungsschwierigkeiten, zur Bekämpfung von Armut oder zur Förderung von Privatwirtschaft, Industrie und Umweltschutz Kredite von 50 Milliarden DM an Entwicklungsländer vergeben. Allerdings knüpfen Weltbank und Weltwährungsfonds ihre Unterstützung an die Zusage von marktwirtschaftlichen Reformen oder Sparmaßnahmen zur Bekämpfung der Inflation. Die Folge sind häufig Kürzungen von Sozialausgaben in den Staatshaushalten der Entwicklungsländer, die besonders die ärmeren Schichten hart treffen.
1995 hat als jüngste Unterorganisation der Vereinten Nationen die *Welthandelsorganisation (World Trade Organization = WTO)* ihre Arbeit aufgenommen (siehe unten).

| *Die wichtigsten Forderungen der Entwicklungsländer* | |
|---|---|
| Globale Politik | Anerkennung als gleichberechtigte Partner<br>Recht auf einen eigenen Entwicklungsweg<br>Uneingeschränkte Verfügungsmacht über die eigenen Bodenschätze |
| Handel und Wirtschaft | Größerer Anteil an der Weltindustrie-Produktion<br>Abbau von Handelshemmnissen durch die Industrieländer<br>Förderung der Zusammenarbeit der Entwicklungsländer untereinander |
| Rohstoffe | Vereinbarung von Rohstoffabkommen und Kartellen<br>Verarbeitung von Rohstoffen in den Erzeugerländern |
| Industrialisierung | Steigerung der Investitionen im Industriesektor |
| Technologie | Technologietransfer aus den Industrieländern zu Vorzugsbedingungen (Patente, Lizenzen etc.) |
| Dienstleistungen | Wachstum des Tourismus |
| Landwirtschaft | Unterstützung bei der Hebung der Agrarproduktion |
| Währung und Finanzen | Verbesserter Zugang zu den Kapitalmärkten<br>Schutz vor den Folgen von Inflation und Verschuldung |
| Entwicklungshilfe | Verwirklichung der staatlichen Entwicklungshilfeziele seitens der Industrieländer: 0,7 % des Bruttosozialprodukts<br>Erhöhung der Finanzmittel für die internationalen Entwicklungshilfe-Organisationen |

Tabelle nach Dieter Nohlen (Hrsg.), Lexikon Dritte Welt, Reinbek, 6. Auflage 1994, S. 487 und 489

### Die Haltung der Industriestaaten

Die Industriestaaten sind dem umfangreichen Forderungskatalog der Entwicklungsländer bisher nur zögernd gefolgt. Immerhin läßt sich seit Beginn der 90er Jahre eine allmähliche Stabilisierung der Schuldenlast der Dritten Welt erkennen, nicht zuletzt dank verstärkter Investitionen westlicher Unternehmen. Vor allem aber die ärmsten Länder, deren Rückstand dramatisch wächst, bleiben auf staatliche Finanzhilfen der Industrienationen angewiesen. Die im *Pariser Club* zusammengeschlossenen Geberländer sind zwar durchaus zu einem Schuldenaufschub oder (teilweisen) Schuldenerlaß bereit, machen aber wie die UN-Organisationen Umschuldungen von Reformzusagen der Nehmerländer abhängig.
Besondere vertragliche Beziehungen mit Ländern aus dem afrikanischen, karibischen und pazifischen Raum *(AKP-Staaten)* ist seit 1975 die Europäische Gemeinschaft eingegangen. Das erste Fünfjahresabkommen wurde in Lomé, der Hauptstadt Togos, abgeschlossen. Mittlerweile läuft das vierte *Lomé-Abkommen*, und die Gruppe der AKP-Staaten ist auf 70 (Stand 1995) angewachsen.
Mit den getroffenen Vereinbarungen verpflichten sich die Europäer zu Handelsvergünstigungen, Krediten und nicht rückzahlbaren Zuschüssen. Dafür wurden bis 1993 rund 25 Milliarden DM aufgebracht. Die Europäische Union sieht in dem Abkommen das Kernstück ihrer Entwicklungspolitik. Finanzhilfen möchte sie aber künftig nur noch demokratisch legitimierten Regierungen gewähren, die sich zur Verwirklichung der Menschenrechte in ihren Ländern bekennen. Dies kritisieren die AKP-Staaten als Einmischung in ihre inneren Angelegenheiten.
Die weltweite Rezession zu Beginn der 90er Jahre veranlaßte die Industrienationen zu einer Kürzung ihrer Etats für Entwicklungshilfe. Von der Zielvorgabe der UN (0,7 % des Bruttosozialprodukts) sind die meisten Staaten damit weit entfernt.
Günstig dürfte sich für die Dritte Welt künftig ein 1993 abgeschlossenes weltweites *Zoll- und Handelsabkommen (General Agreement on Tariffs and Trade*

| *Die zehn größten Entwicklungshelfer im Jahr 1992* | | |
|---|---|---|
| *Land* | *Entwicklungshilfe (Mrd. $)* | *Anteil am Bruttosozialprodukt (%)* |
| USA | 11,7 | 0,20 |
| Japan | 11,2 | 0,30 |
| Frankreich | 8,3 | 0,63 |
| Deutschland | 7,6 | 0,39 |
| Italien | 4,1 | 0,34 |
| Großbritannien | 3,2 | 0,31 |
| Niederlande | 2,8 | 0,86 |
| Schweden | 2,5 | 1,03 |
| Norwegen | 1,3 | 1,16 |

= *GATT)* auswirken. Von der Liberalisierung des Welthandels, die einige Punkte aus dem Forderungskatalog zur Neuen Weltwirtschaftsordnung übernimmt, versprechen sich die Entwicklungsländer Vorteile:

- Die Zölle werden um durchschnittlich 40 % gesenkt
- Subventionen und Hemmnisse im Handel mit Agrarprodukten werden schrittweise abgebaut
- Der Schutz der westlichen Textilindustrie vor billigen Importen gilt nur noch bis 2005
- Erstmals können getroffene Regelungen auch überwacht werden. Die neugegründete WTO ist berechtigt, Handelskonflikte zu entscheiden und kann sogar Strafmaßnahmen verhängen.

Die Wirkung all dieser Maßnahmen bleibt abzuwarten, auch wenn zu befürchten steht, daß gerade die am meisten zurückgebliebenen Länder erneut keinen Nutzen daraus ziehen werden. Ebenso bleibt offen, inwieweit die auf der *Weltsozialgipfelkonferenz* (Kopenhagen, 1995) formulierten Leitlinien zur Bekämpfung der Armut Eingang in die praktische Politik finden.

**Entwicklungspolitik: Hilfe zur Selbsthilfe**

In erster Linie bestimmen humanitäre, außenpolitische und wirtschaftspolitische Motive die Entwicklungspolitik. Zwischen 1960 und 1980 verfolgte die internationale Entwicklungspolitik primär die Strategie der nachholenden Entwicklung und Modernisierung in den Ländern der Dritten Welt. Entwicklung wurde fast ausschließlich mit wirtschaftlichem Wachstum gleichgesetzt, in der Annahme, das Wachstum würde nach unten durchsickern und schließlich die ärmeren Bevölkerungsschichten erreichen. Die erwarteten Erfolge traten jedoch bei der Mehrzahl der Entwicklungsländer nicht ein.

Seit Beginn der siebziger Jahre diskutierten Geber- und Nehmerländer deshalb eine grundsätzliche Neuorientierung der Entwicklungspolitik. Ausgangspunkt hierfür war die Erkenntnis, daß wirtschaftliches Wachstum allein noch keine umfassende Entwicklung einleiten kann, da es weder Verteilungsprobleme lösen, noch die sozialen Folgen vorherzusehen vermag. Damit einher ging die Einsicht, daß ein stark steigender Energie- und Rohstoffverbrauch in den Ländern der Dritten Welt eine zusätzliche Bedrohung der Umwelt nach sich ziehen würde. In Abkehr von globalen Entwicklungshilfekonzepten lautete die neue Strategie: „Hilfe zur Selbsthilfe durch angepaßte Entwicklung." Damit sollen einerseits die jeweiligen soziokulturellen und ökologischen Gegebenheiten berücksichtigt und andererseits Menschenrechte und Demokratisierung gefördert werden.

Parallel zu diesem Umdenkungsprozeß der Industrienationen setzte in den Ländern der Dritten Welt eine verstärkte Rückbesinnung auf die eigenen Traditionen und kulturellen Werte ein. Es entstand ein neues Vertrauen auf die eigene Kraft (*Self-Reliance*) als selbstbewußte Gegenposition zu der bis dahin fast kritiklosen Übernahme westlicher Zivilisation. Am deutlichsten tritt diese Abkehr von westlichen Lebensformen heute in der islamischen Welt zutage.

Kurdische Flüchtlinge an der türkisch-irakischen Grenze kämpfen um das Brot, das ein Lastwagen gebracht hat (1991).

Nach dem Sturz des Schah von Persien und der Gründung der Iranischen Republik im Jahre 1979 erfaßte die Re-Islamisierung ziemlich alle Bereiche des öffentlichen und privaten Lebens. Fundamentalisten versuchten, die Lehren des *Koran* als allein gültige Lebens- und Verfassungsbasis durchzusetzen. In Ägypten und Algerien nahmen in den neunziger Jahren Auseinandersetzungen zwischen den Regierungen und Fundamentalisten bürgerkriegsähnliche Züge an. Auch vor Terrorakten im Ausland schreckten die strenggläubigen Gruppen nicht zurück. Dies alles trug dazu bei, daß im Westen ein neues Feindbild zu entstehen drohte: der Islam. Doch befürwortet nur eine Minderheit der Muselmanen fundamentalistische Einstellungen. Gerade das Beispiel des *Fundamentalismus* macht aber die Suche nach einer eigenen kulturellen Identität in den Ländern der Dritten Welt besonders deutlich.

Die westliche Entwicklungspolitik muß heute das wiedererwachte Selbstbewußtsein vieler junger Staaten ebenso berücksichtigen wie das Flüchtlingsproblem der Dritten Welt. Kriege und politische Verfolgung, Hunger, Armut und Umweltzerstörungen sind die Ursachen für die jährlich steigende Zahl von Flüchtlingen. Man schätzt, daß schon in wenigen Jahren 80 - 100 Millionen Menschen ihre angestammte Heimat verlassen haben werden, die meisten von ihnen verbleiben in der Dritten Welt. Dennoch müssen die nordamerikanischen und europäischen Regierungen nach politischen und wirtschaftlichen Mitteln und Wegen suchen, wenn sie einen nicht mehr kontrollierbaren Zustrom von Einwanderern vermeiden wollen (⇨ M 5).

## M 1 Abschied vom weißen Mann

*Vor allem im Süden und Osten Afrikas hatten sich im Zeitalter des Kolonialismus viele Europäer angesiedelt. Hingegen siedelten im Westen nur wenige Weiße. Die Freigabe der Kolonien in die Unabhängigkeit verlief hier deshalb weit weniger gewaltsam. Ein Beispiel liefert Ghana, das sich 1957 als erstes schwarzafrikanisches Land von Großbritannien löste. Der schwarze Führer der Convention People's Party, Kwame Nkrumah, erlebte die ersten Wahlen am 8. Februar 1951 im Gefängnis. Er berichtet darüber.*

Ursprünglich war es nicht meine Absicht, mich für die Wahl aufstellen zu lassen, bis ich einsah, daß es wohl schwerfallen dürfte, meine Entlassung zu erwirken, bevor ich nicht meine Strafe verbüßt hätte. Wenn ich dagegen die Wahl gewänne, müßte es andererseits den Behörden schwerfallen, mich weiterhin im Gefängnis zu halten.
So bestand ich also zunächst darauf, daß mein Name auf die Wahlliste gesetzt wurde. Hiergegen erhob sich viel Widerspruch, ich blieb jedoch hartnäckig, denn das Gesetz gab mir in dieser Beziehung recht. Kein Mensch konnte es mir verbieten zu kandidieren. [...]
Als meine Aufstellung für die Wahl bekannt wurde, erhob sich größter Jubel im ganzen Land, denn die Regierung würde – so glaubte man allgemein – gezwungen sein, meine Kollegen und mich unter dem Druck der öffentlichen Meinung zu entlassen, sofern ich gewählt werden würde. Für die Nacht, die auf die Wahl folgte, wurden von der Gefängnisverwaltung besondere Vorkehrungen getroffen, denn es ging ein Gerücht um, ganz Accra[1]) werde sich auf den Weg machen, um mich aus dem Gefängnis zu befreien. Es blieb jedoch alles ruhig ...
Der Direktor des Gefängnisses hatte angeordnet, daß man mir die Wahlergebnisse stündlich mitteilen solle. Ungefähr um vier Uhr morgens kam die Nachricht durch, ich sei im Bezirk Zentral-Accra gewählt worden. Aber nicht nur das, ich hatte die höchste Stimmenzahl erhalten ..., nämlich 22 780 von 23 122 möglichen Stimmen.
... Am Morgen des 12. Februar zwischen elf und zwölf Uhr ließ mich der Gefängnisdirektor holen und teilte mir mit, ich solle mich bereit machen, das Gefängnis innerhalb der nächsten Stunde zu verlassen. [...] Als sich um ein Uhr die Tore des Gefängnisses hinter mir schlossen, wurde mir klar, warum sich die Regierung bemüht hatte, die Nachricht meiner Entlassung so geheimzuhalten. Ich glaube kaum, daß ich jemals zuvor in meinem Leben eine derart zusammengeballte Menschenmenge gesehen habe. [...]
Dies war der größte Tag meines Daseins, mein Tag des Sieges, und die Menschen um mich waren meine Krieger. Kein General hätte stolzer sein können auf seine Armee als ich, und keine Armee hätte ihrem Führer mehr Anhänglichkeit bewahren können.
Vom James-Fort-Gefängnis bahnte sich die Prozession ihren Weg zum Stadion, und zur Bewältigung dieser Entfernung, die man normalerweise in fünfzehn Minuten zurücklegt, benötigten wir zwei Stunden. Im Stadion, dem Geburtsort meiner Partei, wurde das übliche Sühneopfer vorgenommen. Man opferte ein Schaf, und ich mußte siebenmal mit nackten Füßen durch das Blut schreiten, um mich von der Befleckung durch das Gefängnis zu reinigen ...

[1]) Hauptstadt Ghanas

Ein Tanz des Premierministers Kwame Nkrumah mit der vom britischen Königshaus entsandten Herzogin von Kent beendete die Kolonialherrschaft in Ghana.

Am Tage nach meiner Entlassung wurde ich vom Gouverneur eingeladen, ihn morgens um neun Uhr aufzusuchen. [...] Er hieß mich willkommen und fragte mich, wie es mir ginge. Als wir beide Platz nahmen, hatte ich das Gefühl, daß er mir gegenüber wohl ebenso vorsichtig und mißtrauisch sein mochte wie ich ihm gegenüber. Wir verloren jedoch keine Zeit, sondern kamen gleich zum Wesentlichen...
Ich verließ das Schloß mit dem Auftrag des Gouverneurs, die Regierung zu bilden. Als ich die Stufen hinabschritt, kam es mir vor, als wäre das Ganze ein Traum, aus dem ich bald erwachen würde, um mich im Gefängnis wiederzufinden – auf dem Boden kauernd und einen Topf mit Reisbrei verzehrend.

*Peter Alter und Erhard Rumpf (Hrsg.), Afrikanische Geschichte – Politik – Gesellschaft, Stuttgart 1988, S. 37 ff.*

1. *Beschreiben Sie das Verhältnis zwischen der britischen Kolonialverwaltung und dem Führer der Unabhängigkeitspartei.*
2. *Nicht überall verlief der Unabhängigkeitsprozeß so friedlich. Informieren Sie sich in Arbeitsgruppen beispielsweise über den Freiheitskampf in Algerien oder Kenia, und berichten Sie in Ihrem Kurs darüber.*

## M 2 Teufelskreis der Armut

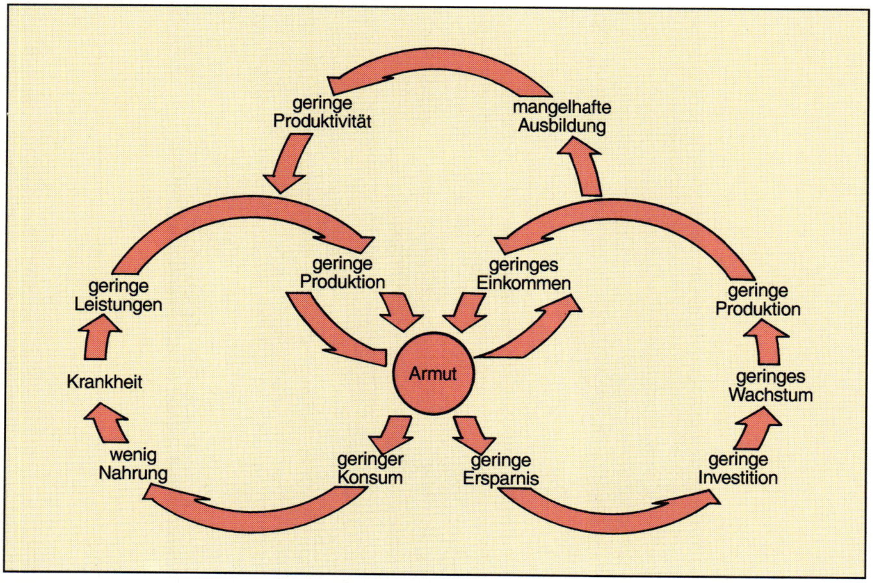


*Bundeszentrale für politische Bildung (Hrsg.), Informationen zur politischen Bildung. Entwicklungsländer, Bonn 1988, S. 10*

1. *Beschreiben Sie die ablaufenden Prozesse in einem unterentwickelten Land.*
2. *Projektunterricht: Beschaffen Sie statistische Daten und Informationsmaterial über ein (afrikanisches) Entwicklungsland Ihrer Wahl. Vollziehen Sie anhand Ihrer Auswertungen in Arbeitsgruppen die verschiedenen Kreise der Graphik nach.*

## M 3 Preisverfall bei Rohstoffen: das Beispiel Kaffee

*Zum Jahreswechsel 1993/94 brach in einer mexikanischen Provinz ein Aufstand aus.*

Auf der Suche nach Ursachen für den Aufstand indianischer Bauern im mexikanischen Chiapas sind Beobachter auch auf eine unschuldige Bohne gestoßen. Denn der weltweite Preisverfall bei Kaffee sowie die Auflösung des mexikanischen Kaffeeinstituts und die radikale Modernisierung des Agrarsektors im Rahmen des Freihandelsabkommens haben in den vergangenen vier Jahren viele Kleinproduzenten in eine Krise gestürzt. Mexikos Kaffeebauern haben schon seit längerem auf das Problem aufmerksam gemacht. Doch erst seit die Nationale Zapatistische Befreiungsarmee (EZLN) an Neujahr zu den Waffen griff und soziale Gerechtigkeit forderte finden die Farmer auch Gehör. 300 Kleinbauern aus Chiapas, das rund 45 Prozent des mexikanischen Kaffees produziert, trafen sich nach der Rebellion mit dem Sozial- und Entwicklungsminister Carlos Rojas und klagten ihr Leid.

Preise für Rohkaffee

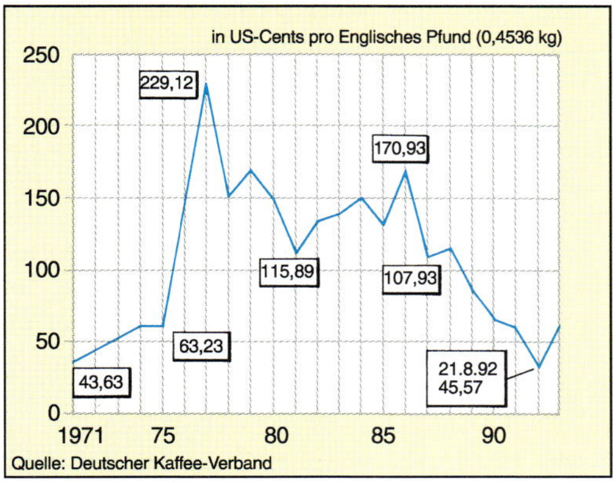


Tausche Kaffee gegen Traktor

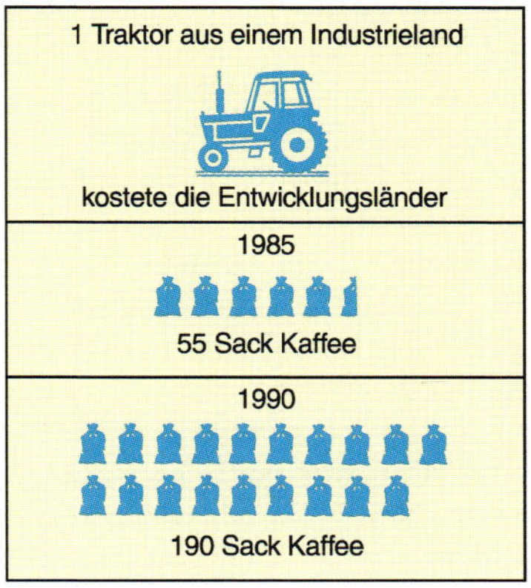


Seit dem Zusammenbruch des Internationalen Kaffeeabkommens 1989 stürzten die Preise in den Keller. Erzielten die Bauern damals für ein Pfund noch 1,20 Dollar, so sank der Preis im vergangenen Jahr auf ein Rekordtief von 0,48 Dollar, um sich nun wieder bei 0,75 Dollar zu erholen. Doch selbst dieser Preis deckt kaum die Produktionskosten. „Zehn bis 15 Cents brauchen wir mindestens noch, damit die Betriebe einen kleinen Gewinn abwerfen", kalkuliert der Schweizer Thomas Flück, der organisch angebauten Kaffee vertreibt.

*Stuttgarter Zeitung vom 28. 1. 1994*

1. *Informieren Sie sich über die Entwicklung der Weltmarktpreise bei anderen landwirtschaftlichen Produkten.*
2. *Diskutieren Sie Lösungsmöglichkeiten für die Rohstoffproduzenten der Dritten Welt.*

## Bürgerkrieg in Ruanda

M 4

*Im mittelafrikanischen Staat Ruanda erreichte 1994 ein Bürgerkrieg zwischen dem Stamm der Tutsi und dem die Regierung stellenden Stamm der Hutu seinen brutalen Höhepunkt. Etwa die Hälfte der Bevölkerung des rund sieben Millionen Einwohner zählenden Landes floh oder wurde vertrieben. Mindestens eine Million Menschen wurde ermordet. Nach dem Sieg der Aufständischen warb die Hilfsmission der Vereinten Nationen (Unamir) um Unterstützung für das geschundene Land.*

Die Sicherheitslage in Ruanda verschlechtert sich nach Einschätzung der Unamir immer weiter. Soldaten der siegreichen Patriotischen Front Ruandas (FPR) bedrohten, beraubten, mißhandelten oder ermordeten zurückkehrende Flüchtlinge, nachts räumten sie in der Hauptstadt Kigali Häuser aus. Eine Patentlösung hat Unamir nicht. Die Erwägung, den seit Monaten nicht bezahlten FPR-Soldaten aus Mitteln der Vereinten Nationen Sold zu bezahlen, hat Unamir nach Mitteilung von Diplomaten verworfen, „weil das Geld auf Schweizer Konten ginge und die Soldaten doch nichts bekämen". [. . .]

Die ruandische Polizei war schon machtlos, als im April das Massenmorden begann; heute gibt es die Polizei nicht mehr. Die Niederlande sollen angeboten haben, Polizisten nach Ruanda zu schicken, während der Hohe Flüchtlingskommissar der Vereinten Nationen (UNHCR) anregt, für den Aufbau einer ruandischen Polizei technische und materielle Hilfe zu geben.
In allen Teilen Ruandas herrschen Angst und Unsicherheit. Im Südosten besetzen Tutsi-Rückkehrer, die schon 1960 nach Tansania und Burundi geflohen waren, die Häuser, Dörfer und Felder, die in den letzten Monaten von Hutu verlassen worden sind, als sie aus Angst vor Rache der vornehmlich aus Tutsi bestehenden FPR-Armee nach Tansania und Burundi flohen. Zurückgebliebene Hutu-Milizionäre ermorden Tutsi-Rückkehrer, die wiederum ermorden zurückgebliebene Hutu, und immer wieder sieht man den Kagera-Fluß hinunter nach Tansania gespülte Tote, offenbar ermordet. [. . .]
In den seit 1990, als der Bürgerkrieg begann, fast menschenleeren Nordosten strömen jeden Tag um die 5000 Tutsi mit ihren Rinderherden. Sie kommen aus Uganda, wo sie seit mehr als 30 Jahren als Flüchtlinge lebten und die meisten schon geboren sind. Sie hatten nach den Massakern von 1959 und 1960 Ruanda verlassen. In dem Gebiet, das nach Angaben des Vertreters der Europäischen Union in Kigali, Kratz, etwa 60 000 Stück Vieh ernähren kann, sind mittlerweile schon mehr als 250 000 Rinder dabei, die dünne Krume zu zertrampeln, das Gras mit der Wurzel auszureißen und das Land in eine Wüste zu verwandeln. Von der FPR schon vor vier Jahren vertriebene Hutu haben keine Aussicht, jemals dorthin zurückzukehren.
Bis zum Beginn des Bürgerkriegs lebten die zu den bantusprachigen Völkern zählenden Hutu und die nilotischen Tutsi, über Jahrhunderte durch Mischehen ethnisch verschmolzen und nur noch über die geerbte Nationalität des – meist ebenfalls gemischtrassischen – Vaters als Hutu oder Tutsi klassifiziert, mit- und durcheinander, die einen eher Ackerbauern, die anderen eher Viehzüchter, alle als Nachbarn. Vertreter der katholischen Kirche vermuten, daß es die FPR jetzt darauf anlege, die beiden Nationalitäten voneinander zu trennen und den Osten Ruandas zum Tutsi-Land zu machen. Das freilich würde die Hutu, von denen es fünf- bis sechsmal so viele wie Tutsi gibt, auf einem Gebiet zusammenpferchen, das nicht ausreichte, sie zu ernähren. Solch eine Trennung würde die Gefahr künftiger Massaker nicht verringern, sondern eher noch vergrößern. Den Hutu bliebe kaum anderes übrig, als im Kampf um Lebensraum die Tutsi zu vertreiben. [. . .]
Verfolgung, Verschwinden, Raub, Mord und die allgegenwärtige Angst davor, sagte einer der Unamir-Sprecher in Kigali, „gefährden die Doppelstrategie der Vereinten Nationen. Wir wollen die Rückkehr aller Flüchtlinge und Vertriebenen und gleichzeitig den Dialog aller Seiten über ein friedliches Zusammenleben. Unamir hat keinen militärischen Auftrag, sondern soll Frieden und ein Auskommen ermöglichen."

*Günter Krabbe, Was soll man tun mit 100 000 Mördern in Ruanda?, in: Frankfurter Allgemeine Zeitung, Nr. 259 vom 7. 11. 1994, S. 7*

1. *Arbeiten Sie die historischen Ursachen des Konflikts heraus. Informieren Sie sich gegebenenfalls in einem Lexikon.*
2. *Nennen Sie die von Unamir angesprochenen Hilfsmaßnahmen. Schließen Sie daraus auf die Möglichkeiten der Vereinten Nationen, eine Verbesserung der Situation zu bewirken.*

Das Foto zeigt Flüchtlinge aus Ruanda, die im Lager Goma mit einer Schubkarre in ein Krankenhaus gebracht werden. Ohne die Hilfe der Weltgemeinschaft wären sie zum Sterben verurteilt.

## Entwicklungshilfe im Dilemma

M 5

*Nathan Keyfitz war Professor an mehreren renommierten amerikanischen Universitäten und übernahm 1983 die Leitung der Forschungsabteilung des Internationalen Instituts für angewandte Systemanalyse in Österreich. In seiner Tätigkeit beschäftigt sich Keyfitz mit den Auswirkungen des Bevölkerungswachstums auf künftige Generationen. Ein von ihm verfaßter Text wurde 1993 anläßlich der Eröffnung eines Kongresses über Bevölkerungs- und Umweltforschung in Neu-Delhi verlesen.*

Ein Land, das anscheinend wirklichen Fortschritt erzielte, war Iran während des Schah-Regimes. Wir müssen dabei jedoch die Demokratie und die Menschenrechte außer acht lassen. Ihr Fehlen war nicht die Ursache des Untergangs dieser Regierung, achten doch die Nachfolger diese Werte noch weniger. Es schien so, als werde die Wirtschaftspolitik intern und auch von ausländischen Beobachtern gebilligt. Ein Beobachter beschrieb die Politik des Schah-Regimes so: „Das Ziel der Ölnutzung, die Errichtung einer selbsttragenden wirtschaftlichen Struktur [. . .] wurde sowohl von den nachfolgenden Regierungen als auch von den oppositionellen politischen Gruppierungen vertreten." [. . .] Das wurde einige Monate nach der Absetzung des Schahs geschrieben, als das neue Regime Ayatollah Chomeinis[1]) die Regierung übernahm –

[1]) Ayatollah Chomeini (1900–1989); Ayatollah nennt man die religiösen Führer der Schiiten. Chomeini steuerte aus dem französischen Exil die Aufstandsbewegung gegen den Schah. In der Islamischen Republik Iran gelten seit 1979 Koran und Glaube als die allein maßgeblichen Grundlagen des (politischen) Lebens, die führende Rolle der schiitischen Geistlichkeit ist in der Verfassung verankert.

eine gute Zeit, die Früchte der Schah-Regierung zu ernten. Derselbe Beobachter verzeichnet einen enormen Fortschritt, vor allem in der Textilindustrie, bei der Schuhproduktion, in der Reifen- und Autoindustrie sowie im Maschinenbau. Die Eisen- und Stahlfabrik in Isfahan, ein Schwerindustriewerk und ein Aluminiumschmelzwerk in Arak, die Traktoren-Fabrik in Tabriz – sie alle profitierten von moderner Technologie. Diese Errungenschaften wurden nicht aufgegeben, aber auch nicht ergänzt. Die Ausrichtung des Staates änderte sich von der Entwicklung zur Religion. Unter der vorigen, mehr oder weniger wohlwollenden Diktatur bestand Aussicht auf religionsneutralen Fortschritt. Nun erleben wir in Iran eine Ära der Geiselnahme, die Anwendung eines strengen Gesetzescodes und die totale Einschränkung der Rechte der Frauen. Was hat der Schah falsch gemacht? Die Anwort ist einfach und bezieht sich auf die wachsende Bevölkerung, die damals Arbeitsplätze suchte: Der Schah hat hochentwickelte technische Anlagen gebaut, die wenig Arbeitsplätze schufen. [...] Sogar die großen Ölvorkommen Irans sorgten nicht für genügend Arbeitsplätze, da jeder Arbeitsplatz teuer war und die Bevölkerungszahl groß. Was erzielt werden sollte, dort wie anderswo, war, das erwirtschaftete Kapital zum Nutzen der gesamten Bevölkerung in den Entwicklungsprozeß fließen zu lassen. Die Teilnahme der Bevölkerung an dem Modernisierungsprozeß sowohl in der Produktion als auch im Konsum ist das Ziel überall auf der Welt. Die Japaner, die nach dem Krieg sehr wenig Kapital besaßen, investierten das gesamte Kapital, das sie hatten, um ein Maximum an Arbeitsplätzen zu schaffen, und sorgten so für soziale Stabilität und für wirtschaftlichen Fortschritt. Die Produktivität war anfangs gering, aber sie konnte allgemein gesteigert werden zu den Ergebnissen, die wir alle nur zu gut kennen. Die weniger entwickelten Länder – Algerien, Ägypten, vielleicht Indonesien –, die das nicht bemerkten, sind in Gefahr, den Weg Irans zu gehen.

Ein weiterer Grund für die großen Einkommensunterschiede ist die Migration. Der Zwang, aus einem Land zu fliehen, wird größer, wenn die Bevölkerungszahl ständig steigt und die Regierungen vieler unterentwickelter Länder eine Politik betreiben, die die Mehrheit ihrer Bürger nicht in den Kreislauf der modernen Produktion und des Konsums einbezieht. In den entwickelten Ländern ist zu hören, um mit diesem Problem fertig zu werden, müsse man mehr Mittel in die am wenigsten entwickelten Länder (LDCs) fließen lassen. Doch wird diese gutgemeinte Politik niemals die Emigration verhindern. Selbst unter besten Bedingungen kann die Entwicklung nicht schnell genug vorangehen; auf kurze Sicht ist die Bevölkerung zu groß, wie viele Mittel die Geber auch immer aufbringen können – abgesehen davon, daß die Industrieländer, die nur bestimmte Fonds für solche Zwecke haben, zur Zeit nicht imstande sind, massive Transfers zu finanzieren, um die Entwicklung anzukurbeln. [...]

Ein anderes Beispiel für die zahlreichen ethischen Zwiespälte, mit denen die moderne Welt konfrontiert ist, ist der Hunger in Afrika und anderen Gebieten. Schon Malthus hat Nahrungsmittellieferungen für die Armen gefordert. Lebensmittel sollten jedoch nur für eine begrenzte Zeit und in begrenzter Menge verschickt werden. Darin müssen wir ihm zustimmen. Denn wenn der Nahrungsmittelmangel chronisch ist, kann die Hilfe zwar im Moment Kinder retten, die aber verhungern, bevor sie erwachsen sind.

Schneller Bevölkerungszuwachs in den armen Ländern führt zu vielen unbequemen ethischen Dilemmata. In den reichen Ländern ist es der Umweltschutz, der zu Problemen führt. Wir müssen lernen, daß unsere Kräfte, Gutes zu tun, begrenzt sind und es moralische Dilemmata gibt, aus denen wir uns nicht freikaufen können.

*Nathan Keyfitz, Bevölkerungswachstum verhindert die Entwicklung, die das Bevölkerungswachstum eindämmen könnte, in: Frankfurter Allgemeine Zeitung Nr. 248 vom 25. 10. 1993, S. 13 f.*

1. *Klären Sie die Fehler des Schah beim Aufbau eines modernen Iran.*
2. *Wie könnte Ihrer Ansicht nach eine erfolgreiche Wirtschafts- und Sozialpolitik in einem Entwicklungsland gestaltet werden?*
3. *Benennen Sie die Ursachen von Migrationsbewegungen und die Möglichkeiten ihrer Bekämpfung.*
4. *Diskutieren Sie den Schlußabsatz des Redners.*

# Zeittafel

| | | |
|---|---|---|
| 1933 30. 1. | | Ernennung Adolf Hitlers zum Reichskanzler |
| | 14. 10. | Austritt Deutschlands aus dem Völkerbund; Verlassen der Abrüstungskonferenz |
| 1934 | 26. 1. | Nichtangriffspakt zwischen Deutschland und Polen |
| | 25. 7. | Gescheiterter nationalsozialistischer Putsch in Österreich |
| 1935 | 13. 1. | Volksabstimmung im Saargebiet |
| | 16. 3. | Einführung der allgemeinen Wehrpflicht im Deutschen Reich |
| | 18. 6. | Flottenabkommen zwischen Deutschland und Großbritannien |
| | 3. 10. | Italienischer Überfall auf das afrikanische Kaiserreich Äthiopien |
| 1936 | 7. 3. | Besetzung des entmilitarisierten Rheinlands durch deutsche Truppen |
| | 17. 7. | Ausbruch des Bürgerkriegs in Spanien (bis 1939) |
| | 1. 11. | „Achse Rom – Berlin" |
| | 25. 11. | Gründung des Antikominternpaktes (Deutschland und Japan) |
| 1937 | 5. 10. | „Quarantäne-Rede" Roosevelts |
| | 6. 11. | Beitritt Italiens zum Antikominternpakt |
| 1938 | 13. 3. | Anschluß Österreichs ans Deutsche Reich |
| | 29. 9. | Münchener Abkommen |
| 1939 | 16. 3. | Erklärung des Reichsprotektorats Böhmen und Mähren |
| | 23. 3. | Eingliederung des Memelgebietes ans Deutsche Reich |
| | 23. 8. | Nichtangriffspakt Deutschland – UdSSR |
| | 1. 9. | Beginn des Zweiten Weltkrieges mit dem deutschen Einmarsch in Polen |
| | 28. 9. | Grenzvertrag Deutschland – UdSSR |
| 1940 | 10. 5. | Beginn des Westfeldzugs der deutschen Truppen |
| | 22. 6. | Waffenstillstand Deutschland – Frankreich |
| | 13. 8. | Beginn des Luftkrieges gegen England |
| | 27. 9. | Dreimächtepakt Deutschland – Italien – Japan |
| 1941 | 22. 6. | Angriff Deutschlands auf die Sowjetunion |
| | 14. 8. | Verkündung der Atlantik-Charta durch Roosevelt und Churchill |
| | 16. 10. | Beginn der Judendeportationen in Deutschland |
| | 7. 12. | Japanischer Angriff auf den US-Flottenstützpunkt Pearl Harbour |
| 1942 | 20. 1. | Wannsee-Konferenz: Bekanntgabe der „Endlösung der Judenfrage" an damit befaßte Dienststellen |
| | 7. 11. | Landung der Westalliierten in Nordafrika |
| 1943 | 14.–25. 1. | Konferenz von Casablanca |
| | 2. 2. | Kapitulation der 6. deutschen Armee in Stalingrad |
| | 18. 2. | Erklärung des „totalen Kriegs" durch Goebbels |
| | 8. 9. | Kapitulation Italiens |
| | 28. 11.– 1. 12. | Erstes Zusammentreffen von Churchill, Roosevelt und Stalin auf der Konferenz von Teheran |
| 1944 | 6. 6. | Landung der Westalliierten in der Normandie |
| | 20. 7. | Attentat auf Hitler |

| | | |
|---|---|---|
| *1945* | *4.–11. 2.* | Zweites Treffen der „Großen Drei" auf der Konferenz von Jalta |
| | *30. 4.* | Selbstmord Hitlers |
| | *7./8. 5.* | Bedingungslose Kapitulation der Deutschen Wehrmacht |
| | *5. 6.* | Übernahme der obersten Regierungsgewalt in Deutschland durch die Alliierten („Berliner Erklärung") |
| | *10. 6.* | Zulassung von Parteien in der Sowjetischen Besatzungszone |
| | *25. 6.* | Gründung der UNO in San Francisco |
| | *17. 7.–2. 8.* | Potsdamer Konferenz |
| | *6./9. 8.* | Abwurf der ersten Atombomben über Hiroshima und Nagasaki |
| | *27. 8.* | Erste Parteizulassungen in der US-Zone (in der britischen Zone: 15. 9.; in der französischen Zone: 12. 12.) |
| | *2. 9.* | Kapitulation Japans; Ende des Zweiten Weltkriegs |
| | *6. 9.* | Beginn der entschädigungslosen Kollektivierung von Grund und Boden in der SBZ |
| | *September* | Länderneugründungen in der US-Zone |
| | *20. 11.* | Beginn des Nürnberger Prozesses gegen NS-Kriegsverbrecher (bis 1. 10. 1946) |
| *1946* | *Januar* | Erste Kommunalwahlen in der US-Zone |
| | *21./22. 4.* | Zusammenschluß von KPD und SPD zur SED in der SBZ |
| | *25. 5.* | General Clay stoppt Demontagelieferungen an die UdSSR (und Frankreich) |
| | *6. 9.* | US-Außenminister Byrnes in Stuttgart: Wende in der amerikanischen Besatzungspolitik |
| | *1. 12.* | Erste Landtagswahlen in der US-Zone |
| *1947* | *1. 1.* | Bildung der Bizone |
| | *12. 3.* | Truman-Doktrin |
| | *5. 6.* | Verkündung des Marshall-Plans |
| *1948* | *16. 4.* | Bildung der OEEC |
| | *20. 6.* | Währungsreform in den drei Westzonen |
| | *23. 6.* | Einführung einer eigenen Währung in der SBZ – Beginn der Berlin-Blockade (bis Mai 1949) |
| | *1. 7.* | Übergabe der Frankfurter Dokumente an elf deutsche Ministerpräsidenten durch die westalliierten Militärgouverneure |
| | *10.–23. 8.* | Verfassungskonvent in Herrenchiemsee |
| *1949* | *25. 1.* | Gründung der RGW (Comecon) in Warschau |
| | *4. 4.* | Gründung der NATO |
| | *23. 5.* | Gründung der Bundesrepublik mit der Verkündung des Grundgesetzes in Bonn |
| | *10. 8.* | Konstituierung des Europarats in Straßburg |
| | *14. 8.* | Wahlen zum Ersten Deutschen Bundestag |
| | *29. 8.* | Bekanntgabe des ersten sowjetischen Atomwaffenexperiments |
| | *15. 9.* | Konrad Adenauer wird erster Bundeskanzler (bis 1963) |
| | *7. 10.* | Gründung der DDR durch die Provisorische Volkskammer |
| *1950* | *25. 6.* | Ausbruch des Korea-Krieges (bis 1953) |
| | *15. 10.* | Erste Volkskammerwahlen in der DDR |
| *1951* | *18. 4.* | Unterzeichnung des Vertrags über die Europäische Gemeinschaft für Kohle und Stahl (EGKS) |
| *1952* | *10. 3.* | Stalins Wiedervereinigungsangebot (Stalin-Note) |
| | *26. 5.* | Unterzeichnung des Deutschlandvertrages: Das Besatzungsstatut wird aufgehoben |
| *1953* | *17. 6.* | Arbeiter- und Volksaufstand gegen das SED-Regime in der DDR |

| | | |
|---|---|---|
| *1955* | *18.–24. 4.* | Konferenz von Bandung |
| | *5. 5.* | Die Bundesrepublik wird souverän |
| | *9. 5.* | Die Bundesrepublik wird Mitglied der NATO |
| | *14. 5.* | Gründung des Warschauer Pakts unter Beteiligung der DDR |
| | *9.–13. 9.* | Aufnahme diplomatischer Beziehungen zwischen der Bundesrepublik und der Sowjetunion |
| *1956* | *23. 10.– 4. 11.* | Niederschlagung des Volksaufstands in Ungarn durch sowjetische Truppen |
| | *29. 10.* | Ausbruch des Suez-Krieges |
| *1957* | *21. 1.* | Rentenreform in der Bundesrepublik („Dynamische Rente") |
| | *25. 3.* | Unterzeichnung des EWG-Vertrages in Rom |
| *1958* | *27. 11.* | Berlin-Ultimatum Chruschtschows (Beginn der zweiten Berlin-Krise bis 1961) |
| *1959* | *13.–15. 11.* | Godesberger Programm der SPD |
| *1960* | *14. 9.* | Gründung der OPEC |
| *1961* | *13. 8.* | Bau der Berliner Mauer |
| *1962* | *22.–28. 10.* | Kuba-Krise |
| *1963* | *22. 1.* | Deutsch-französischer Freundschaftsvertrag |
| | *16. 10.* | Ludwig Erhard wird zweiter Bundeskanzler (bis 1966) |
| | *17. 12.* | Passierscheinabkommen zwischen dem West-Berliner Senat und der DDR |
| *1965* | *13. 2.* | Beginn des Vietnam-Krieges (bis 1975) |
| *1966* | *1. 12.* | Bildung einer Großen Koalition unter Bundeskanzler Kiesinger |
| *1967* | *1. 7.* | EWG, Euratom und EGKS werden in der Europäischen Gemeinschaft (EG) zusammengefaßt |
| | *10.–25. 10.* | Gründung der „Gruppe der 77" als Zusammenschluß der Entwicklungsländer |
| *1968* | | Höhepunkt der jugendlichen Protestbewegung in den westlichen Industrieländern |
| | *1. 7.* | Atomwaffensperrvertrag |
| | *21. 8.* | Niederschlagung des „Prager Frühlings" durch Truppen des Warschauer Pakts |
| *1969* | *21. 10.* | Koalition aus SPD und F.D.P. unter Bundeskanzler Willy Brandt |
| *1970* | *19. 3.* | Erstes Treffen zwischen den Regierungschefs der Bundesrepublik und der DDR |
| | *12. 8.* | Moskauer Vertrag zwischen der Bundesrepublik und der UdSSR |
| | *7. 12.* | Warschauer Vertrag zwischen Polen und der Bundesrepublik |
| *1971* | *3. 5.* | Erich Honecker wird neuer Parteichef der SED |
| | *3. 9.* | Berlin-Abkommen der Vier Mächte |
| *1972* | *26. 5.* | Salt-I-Vertrag zwischen den USA und der Sowjetunion |
| | *21. 12.* | Grundlagenvertrag zwischen der Bundesrepublik und der DDR |
| *1973* | *18. 9.* | Mitgliedschaft beider deutscher Staaten in der UN |
| *1974* | *16. 5.* | Helmut Schmidt wird fünfter Kanzler der Bundesrepublik (bis 1982) |
| *1975* | *28. 2.* | Erstes Lomé-Abkommen zwischen der EG und einem Teil der Entwicklungsländer |
| | *1. 8.* | Schlußakte der Konferenz über Sicherheit und Zusammenarbeit in Europa (KSZE) in Helsinki |

| | | |
|---|---|---|
| *1977* | | Höhepunkt der terroristischen Anschläge der Roten-Armee-Fraktion |
| *1979* | *13. 3.* | Schaffung eines Europäischen Währungssystems |
| | *7.–10. 6.* | Erste Direktwahl des Europäischen Parlaments |
| | *12. 12.* | Nachrüstungsdoppelbeschluß der NATO |
| | *27. 12.* | Einmarsch sowjetischer Truppen in Afghanistan |
| *1980* | *12.–13. 1.* | Zusammenschluß der Partei der „Grünen" auf Bundesebene |
| *1982* | *1. 10.* | Helmut Kohl wird Kanzler einer liberal-konservativen Koalition |
| *1985* | *11. 3.* | Gorbatschow wird neuer Generalsekretär der KPdSU: Beginn von Glasnost und Perestroika |
| *1987* | *8. 12.* | INF-Vertrag über den Abbau von Raketen zwischen den USA und der Sowjetunion |
| *1989* | | Sturz der kommunistischen Diktaturen im Ostblock |
| | *9. 10.* | Bis dahin größte „Montagsdemonstration" gegen die SED-Führung in Leipzig |
| | *18. 10.* | Rücktritt Erich Honeckers |
| | *9. 11.* | Fall der Berliner Mauer |
| *1990* | *18. 3.* | Erste freie Wahlen zur Volkskammer der DDR |
| | *12. 4.* | Lothar de Maizière wird Ministerpräsident der DDR |
| | *1. 7.* | Wirtschafts-, Währungs- und Sozialunion zwischen der Bundesrepublik und der DDR |
| | *31. 8.* | Unterzeichnung des Einigungsvertrages zwischen beiden deutschen Staaten |
| | *12. 9.* | Unterzeichnung des „Zwei-plus-Vier-Vertrags" zwischen beiden deutschen Staaten und den Vier Mächten |
| | *3. 10.* | Wiedervereinigung Deutschlands durch Beitritt der fünf neuen Länder zur Bundesrepublik (Tag der Deutschen Einheit) |
| | *2. 12.* | Erste gesamtdeutsche Wahlen |
| *1991* | *1. 7.* | Auflösung des Warschauer Pakts |
| | *21. 12.* | Zerfall der UdSSR in elf unabhängige Republiken (GUS) |
| *1993* | *1. 11.* | Inkrafttreten der Verträge von Maastricht zur Bildung einer Europäischen Union |

# Literaturverzeichnis


## Internationale Politik und Zweiter Weltkrieg

*Karl Dietrich Bracher/Manfred Funke/Hans-Adolf Jacobsen (Hrsg.): Deutschland 1933–1945. Neue Studien zur nationalsozialistischen Herrschaft, Düsseldorf 1992*

*Joachim Fest: Staatsstreich. Der lange Weg zum 20. Juli, Berlin 1994*

*Wolfgang Michalka (Hrsg.): Deutsche Geschichte 1933 – 1945. Dokumente zur Innen- und Außenpolitik (Fischer TB), Frankfurt/Main 1993*

*Rolf-Dieter Müller/Gerd R. Ueberschär: Kriegsende 1945. Die Zerstörung des Deutschen Reiches (Fischer TB), Frankfurt/Main 1994*

*Marie-Luise Recker: Die Außenpolitik des Dritten Reiches, München 1990*

*Hans-Ulrich Thamer: Verführung und Gewalt. Deutschland 1933 – 1945, Berlin 1986*

*Hans-Erich Volkmann (Hrsg.): Ende des Dritten Reiches – Ende des Zweiten Weltkriegs. Eine perspektivische Rückschau, München 1995*

## Neubeginn im Nachkriegsdeutschland

*Wolfgang Benz: Potsdam 1945. Besatzungsherrschaft und Neuaufbau im Vier-Zonen-Deutschland (dtv), München 1986*

*Wolfgang Benz: Die Gründung der Bundesrepublik. Von der Bizone zum souveränen Staat (dtv), München 1984*

*Adolf M. Birke: Nation ohne Haus. Deutschland 1945 – 1961, Berlin 1989*

*Hermann Graml: Die Alliierten und die Teilung Deutschlands. Konflikte und Entscheidungen 1941 – 1948 (Fischer TB), Frankfurt/Main 1985*

*Rudolf Morsey: Die Bundesrepublik Deutschland. Entstehung und Entwicklung bis 1969, München, 3. Auflage 1995*

*Ludolf Herbst: Option für den Westen. Vom Marshallplan bis zum deutsch-französischen Vertrag (dtv), München 1989*

*Hermann Weber: Die DDR 1945 – 1990, München, 2. Auflage 1993*

*Hermann Weber: Geschichte der DDR (dtv), München 1985*

*Jürgen Weber (Hrsg.): Geschichte der Bundesrepublik Deutschland (5 Bände), München 1991 – 1995*

## Deutschland seit den fünfziger Jahren

*Wolfgang Benz (Hrsg.): Die Geschichte der Bundesrepublik Deutschland (4 Bände, Fischer TB), Frankfurt/Main 1989*

*Peter Borowsky: Deutschland 1969 – 1982, Hannover 1987*

*Anselm Doering-Manteuffel: Die Bundesrepublik Deutschland in der Ära Adenauer. Außenpolitik und innere Entwicklung 1949 – 1963, Darmstadt, 2. Auflage 1988*

*Thomas Ellwein: Krisen und Reformen. Die Bundesrepublik seit den sechziger Jahren (dtv), München, 2. Auflage 1993*

*Karl Wilhelm Fricke: MfS intern. Macht, Strukturen, Auflösung der DDR-Staatssicherheit, Köln 1991*

*Eckard Jesse/Armin Mitter (Hrsg.): Die Gestaltung der deutschen Einheit. Geschichte, Politik, Gesellschaft, Bonn 1992*

*Wolfgang Kenntemich/Manfred Durniok/Thomas Karlauf (Hrsg.): Das war die DDR. Eine Geschichte des anderen Deutschland, Berlin 1993*

*Christoph Kleßmann: Die doppelte Staatsgründung. Deutsche Geschichte 1945 – 1955, Bonn, 3. Auflage 1984*

*Christoph Kleßmann: Zwei Staaten, eine Nation. Deutsche Geschichte 1955 – 1970, Bonn 1988*

*Armin Mitter/Stefan Wolle: Untergang auf Raten. Unbekannte Kapitel der DDR-Geschichte, München 1993*

*Kurt Sontheimer: Die Adenauer-Ära. Grundlegung der Bundesrepublik (dtv), München 1991*

*Rolf Steininger: Deutsche Geschichte 1945 – 1961. Darstellung und Dokumente in zwei Bänden (Fischer TB), Frankfurt/Main, Neuauflage 1995*

*Jürgen Weber (Hrsg.): Der SED-Staat. Neues über eine vergangene Diktatur, München 1994*

### Europäische Einigung und neuere weltpolitische Konstellationen

*Bundesministerium für wirtschaftliche Zusammenarbeit und Entwicklung (Hrsg.): Journalisten-Handbuch Entwicklungspolitik 1994, Bonn 1993*

*Curt Casteyger: Europa zwischen Spaltung und Einigung 1945 – 1990. Darstellung und Dokumentation über das Europa der Nachkriegszeit, Bonn 1990*

*Ernst-Otto Czempiel: Weltpolitik im Umbruch. Das internationale System nach dem Ende des Ost-West-Konflikts (Beck'sche Reihe), 2. neubearbeitete Auflage, München 1993*

*Grupp, Claus D.: Europa 2000. Der Weg zur Europäischen Union, 5. überarbeitete Auflage, Stuttgart 1994*

*Andreas Hillgruber: Europa in der Weltpolitik der Nachkriegszeit 1945 – 1963, München, 4. von Jost Dülffer ergänzte Auflage 1993*

*Dieter Nohlen (Hrsg.): Lexikon Dritte Welt. Länder, Organisationen, Theorien, Begriffe, Personen (rororo), 6. Auflage, Reinbek 1994*

*Hans Wassmund: Die Supermächte und die Weltpolitik. USA und UdSSR seit 1945 (Beck'sche Reihe), München 1989*

*Wichard Woyke (Hrsg.): Handwörterbuch Internationale Politik, 5. aktualisierte und erweiterte Auflage, Opladen 1995*

# Personenregister

# Register historischer Begriffe und Namen

## Die reichsten und die ärmsten Länder

**Ländergruppen nach der Wirtschaftsleistung pro Einwohner**

- bis 675 US-$
- 676 – 2 695 US-$
- 2 696 – 8 355 US-$
- 8 356 und mehr

| Gruppe: | Zahl der Länder: | Einwohnerzahl: |
|---|---|---|
| 1 | 57 | 3 215 000 000 |
| 2 | 69 | 949 000 000 |
| 3 | 43 | 451 000 000 |
| 4 | 38 | 828 000 000 |